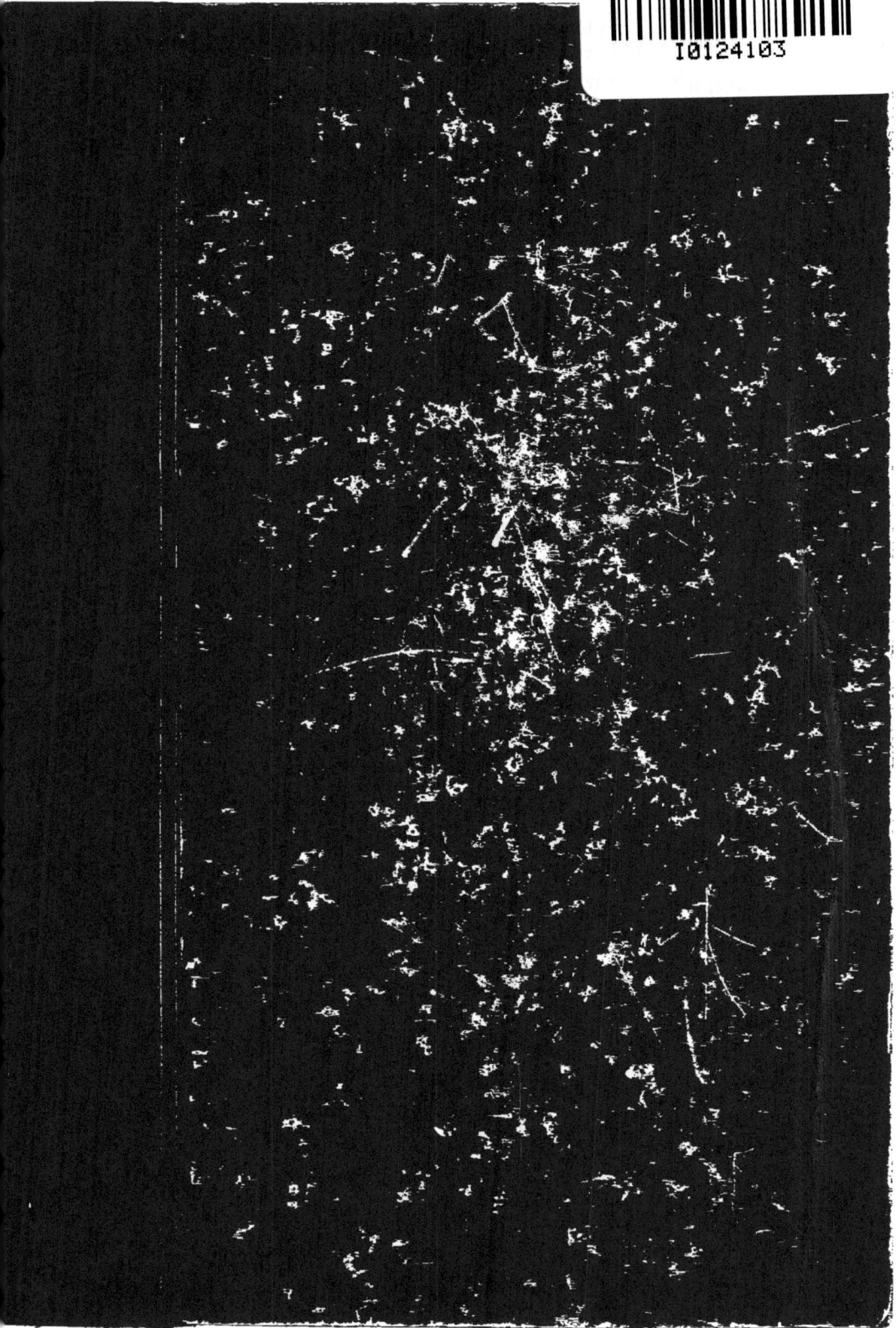

I0124103

I.h 1
96

CH. MALO

CHAMPS
DE
BATAILLES
DE
FRANCE

HACHETTE & Cie

Prix 15. 00

CH. MALO

CHAMPS —DE— BATAILLES
DE · FRANCE

HACHETTE & Cie

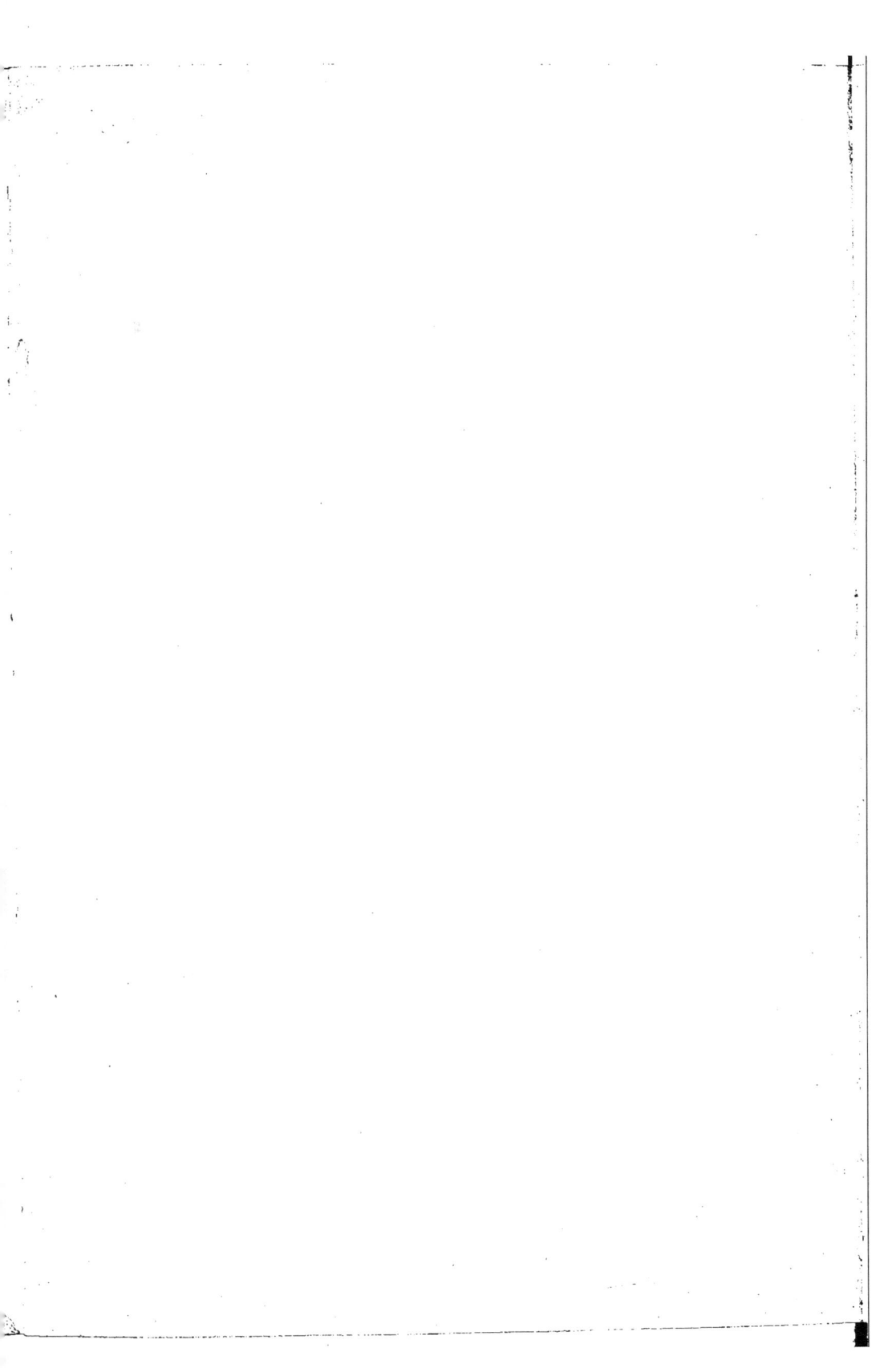

BIBLIOTHÈQUE ...
B F
L'ÉPHÈMÈRE

Champs de Bataille de France

Valmy (20 Septembre 1792)

CHARLES MALO

Champs de Bataille

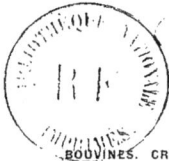

de France

DESCRIPTIONS ET RÉCITS

BOUVINES. CRÉCY. POITIERS. AZINCOURT. IVRY. ROCROY. LENS. LES
DUNES. DENAIN. FONTENOY. VALMY. JEMMAPES. HONDSCHOOTE.
WATTIGNIES. BRIENNE ET LA ROTHIÈRE. CHAMPAUBERT. MONTMIRAIL.
VAUCHAMPS. MONTEREAU. CRAONNE. LAON. PARIS. TOULOUSE. WISSEM-
BOURG. FRŒSCHWILLER. SPICHEREN. RÉZONVILLE. SAINT-PRIVAT. SEDAN.
COULMIERS. CHAMPIGNY. PONT-NOYELLES. BAPAUME. VILLERSEXEL.

HACHETTE ET Cie, 1899

Droits de traduction et de reproduction réservés

Au Lecteur

QUEL que soit le sol où l'on s'est battu, la visite d'un champ de bataille est émou- vante, elle devient un pèlerinage sacré lorsqu'il s'agit du terrain d'une des luttes dernières, où se sont jouées les destinées de la France, où sont tombés les frères ou les fils de ceux qui vivent autour de nous.

De modestes croix de bois, de longues files de tumuli, des monuments rappellent que les combinaisons des capitaines, le hasard souvent, un jour ont amené dans ces campagnes quelque effroyable choc d'armées. Le nom de ce terrain, la veille, était obscur; le lendemain, le monde entier le savait.

En suivant ces plaines, ces coteaux, ces gorges et ces bois, témoins des mêlées héroïques, en traversant ces villages, pris et repris avec acharnement, disputés jusqu'à la mort, on se sent saisi par la poésie tragique de la guerre.

Moins poignante assurément est une pareille excursion sur le théâtre de rencontres anciennes; mais là encore comment ne pas se sentir plein de reconnaissance et de pitié pour ces inconnus ou ces oubliés qui ont versé leur sang pour que la patrie fût plus libre ou plus forte?

Dans cette longue série de visites, l'auteur a fait une part sensiblement égale aux batailles de l'ancienne Monarchie, à celles de la Révolution et de l'Empire et à celles de la dernière guerre Franco-Allemande. Trop de ces luttes sont pour nous des défaites, puisque dès que nos armes ont été heureuses, c'est au delà de nos frontières qu'elles ont porté leurs coups; mais toutes, les revers, comme les victoires, proclament le patriotisme, la vaillance et l'abnégation de nos soldats, toutes sont fécondes en enseignements. Il convient que la piété nationale honore également le courage malheureux et la bravoure que la Victoire couronne.

CES visites aux « Champs de bataille de France » ont toutes été faites ou refaites par l'auteur de ce livre, à l'occasion de la présente publication; ce sont des descriptions de visu que nous offrons au lecteur. Les récits proprement dits, il les a demandés à ceux des historiens militaires ou civils qui ont donné, à son avis, les relations les plus exactes, les plus complètes, les plus impar- tiales, mais surtout les plus claires et les plus vivantes. Des plans, extraits pour la plupart de la carte de l'Etat-major au 1 : 80.000, des portraits authentiques et des vues (notamment de monu- ments commémoratifs) d'après des photographies, précisent le récit et illustrent le texte.

Bouvines

(27 JUILLET 1214)

D<small>E</small> toutes les grandes dates de l'histoire de France, au moyen âge, il n'en est point qui sonne plus joyeusement que celle de la bataille de Bouvines — si ce n'est peut-être celle de la reprise d'Orléans par Jeanne d'Arc — ni qui ait conservé à travers les siècles une plus vive signification. C'est qu'en effet, cette journée est la première manifestation, en même temps que le premier triomphe de l'*unité* nationale; c'est la première victoire bien française et qui mérite d'autant mieux d'être célébrée à ce titre qu'elle a été remportée sur la coalition des ennemis que notre pays n'a cessé de retrouver devant lui, toujours prêts à s'opposer à son développement, toujours ardents à contrecarrer ses destinées : l'Angleterre et l'Allemagne, appuyées sur la grande féodalité du nord et du nord-est.

PHILIPPE-AUGUSTE
D'après un sceau
des
Archives Nationales.
J. 168.

Chancelier GUÉRIN
Bibliothèque Nationale.
Estampes.

A Bouvines a été bien réellement posée et décidée la question de savoir s'il y aurait une nation française ; si, suivant l'expression énergique d'un historien, celui qui était en passe de devenir le roi de France serait contraint de redevenir le roi de Laon, comme les derniers Carolingiens. Et c'était bien l'importance de l'enjeu qui avait réuni dans une sorte de croisade les éléments les plus divers et les plus disparates, excités par une haine commune, et aussi par des appétits communs : Jean sans Terre, ce triste roi d'Angleterre, qui est bien un des princes les plus méprisables, une des figures les plus antipathiques du moyen âge; Othon IV, l'empereur d'Allemagne; Ferrand, comte de Flandre et de Hainaut; Renaud de Dammartin, comte de Boulogne; le comte de Hollande, les ducs de Brabant, de Lorraine et de Limbourg. Les coalisés s'étaient partagé à l'avance le royaume qu'ils ne doutaient pas de conquérir : l'empereur aurait la Champagne et la Bourgogne; les comtes de Flandre et de Boulogne, tout le nord et le centre jusqu'à la Loire ; le roi d'Angleterre, les provinces situées au sud de ce fleuve. Ainsi notre pays, qui déjà préludait à sa puissante unité, était bel et bien menacé de subir une nouvelle dislocation politique et de se voir rejeté dans le chaos féodal d'où il commençait à sortir.

Par bonheur, ni le roi ni le royaume ne s'abandonnèrent. Philippe-Auguste adressa un énergique appel à toutes les forces vives de la France et sut les rassembler en un solide faisceau ; « personne ne faillit au roi, ni la bourgeoisie ni la noblesse ; tous se levèrent en armes à sa voix, les communes comme les barons. » Et il ne fallait rien moins que ce concours dévoué, que cet élan vraiment patriotique (devançant l'idée même de patrie) pour faire face à la double invasion qui menaçait nos frontières : tandis qu'au sud-ouest, Jean sans Terre débarquait à La Rochelle avec une armée imposante, au nord, 80 000 Allemands, Flamands, Brabançons, Hollandais, Lorrains, renforcés par un gros contingent anglais, s'avançaient jusqu'à l'Escaut, sous le commandement d'Othon en personne. Il est vrai que le roi d'Angleterre, peu soucieux de s'engager à fond, tant que ses alliés n'auraient pas obtenu des succès décisifs, se laissait aisément contenir par les troupes que Philippe envoyait dans le Poitou et à la tête desquelles il avait placé son fils Louis (depuis Louis VIII); mais arrêter l'empereur était chose moins facile, et ce fut contre ce dernier que le roi de France tourna tous ses efforts.

Avec ses vassaux, ses arrière-vassaux et les milices communales, il avait environ 25 000 hommes, dont 20 000 à pied et 5 000 à cheval : son armée était donc inférieure des deux tiers à celle avec laquelle elle allait se mesurer [1]. Aussi, à défaut de l'avantage du nombre, Philippe manœuvrat-il pour mettre de son côté l'avantage du terrain, et c'est ce qui explique la série de marches et de contremarches qui précédèrent la bataille : quatre jours avant celle-ci, le 23 juillet, Othon campait à Valenciennes et Philippe à Péronne ; mais, au lieu de marcher directement de la Somme à l'Escaut, le roi de France se porta vers le nord, comme s'il voulait gagner Lille ; puis, arrivé à la hauteur de Douai, fit un brusque à droite et se dirigea sur Tournai. Ce mouvement, qui menaçait les communications des coalisés décida l'empereur à lever son camp et à livrer bataille. Dans cette vue, il vint prendre position près de Mortagne, au confluent de la Scarpe et de l'Escaut. Philippe voulait venir l'y attaquer ; mais, dit un chroniqueur, « ses barons l'en déconseillèrent, parce que les avenues, jusqu'à l'ennemi, étaient

---

1. On attribue ordinairement à Philippe-Auguste 60 000 hommes et à Othon 100 000 et plus ; ces effectifs paraissent fort exagérés. Ceux que nous donnons résultent des calculs minutieux auxquels s'est livré l'historien le plus récent, le plus complet et le plus consciencieux de la campagne de 1214, M. Henri Delpech, dans l'ouvrage intitulé *la Tactique au XIIIe siècle* (Paris, 1886, 2 vol. in-8).

étroites et difficiles », et il se détermina à rétrograder vers l'ouest, pensant
bien entraîner l'ennemi à sa suite. C'est ce qui arriva en effet : au moment
où les Français atteignaient Bouvines, sur la Marcq, et commençaient à
passer cette rivière, ils apprirent que l'armée des alliés s'avançait derrière
eux « en batailles ordonnées » et était sur le point de les rejoindre. Philippe
eut bientôt pris son parti : brusquement, il se retourna et « fit tête » : avant
la fin de la journée, la victoire — une victoire signalée! — allait être la
récompense de cette résolution énergique.

L'EMPEREUR
OTHON IV
Bibliothèque Nationale.
Estampes.

Entre l'Escaut et son sous-affluent la Marcq (dont il reçoit
les eaux par la Lys) s'élève un plateau assez étendu, dont
l'altitude oscille entre 40 et 60 mètres, alors que celle de
la région environnante ne dépasse guère 30 mètres et descend
même jusqu'à 15. Ce plateau, dont le sol argileux constitue
une excellente terre à blé, était, dès le xiii⁰ siècle, déboisé et
mis en culture. Mais, à cette époque, les fonds qui le bornent
du côté du nord étaient beaucoup plus marécageux qu'à pré-
sent, et, au sud, s'étendait une vaste et épaisse forêt, reste de la fameuse forêt
Charbonnière. Le terrain ainsi découvert où pouvaient se mouvoir et se
déployer les armées, entre Tournai et Bouvines, était donc strictement
limité : c'était la partie du plateau traversée par la voie romaine de Tournai
à Seclin, retrouvée de nos jours par M. Henri Delpech, et les recherches
de cet écrivain l'ont judicieusement conduit à placer le théâtre même
de l'action à environ 3 kilomètres à l'est de Bouvines, entre ce bourg
et les villages de Créplaine et de Camphin. Othon, débouchant par
la voie romaine, l'abandonna à Créplaine, pour prendre position un peu
au nord, sur l'éminence allongée et aux pentes adoucies où s'est élevée
depuis la Chapelle-aux-Arbres. Philippe-Auguste, revenu sur ses pas,
rangea ses troupes en bataille à 200 mètres environ des alliés, sur un front
parallèle au leur et, par suite, orienté sensiblement de l'ouest à l'est. Ce
dispositif lui permettait de couvrir le pont de Bouvines, qui était sa seule
ligne de retraite, et, d'autre part, d'avoir le soleil à dos, ce qui ne laissait pas
d'avoir son importance par cette chaude journée de juillet; il était beaucoup
mieux entendu, à coup sûr, que celui de l'Empereur, qui, pour occuper une
crête légèrement dominante, était allé s'adosser à des fondrières, où il
risquait fort d'être jeté en cas d'insuccès.

On longe aujourd'hui l'extrémité occidentale du champ de bataille de 1214,
lorsqu'on se rend de Lille à Orchies par la ligne secondaire qui se détache,
à Ascq, de celle de Tournai. Bouvines reste à 1 kilomètre à peu près sur
la droite, et, du chemin de fer, on n'aperçoit point la belle église, de style

ogival, bâtie il y a une quinzaine d'années, sur l'emplacement de celle où, suivant la tradition, Philippe-Auguste était entré pour prier avant de marcher à l'ennemi. Dans le voisinage de cette église, on montre encore la source au bord de laquelle le roi se reposa, sous un frêne que les gens du pays renouvelaient pieusement, jusqu'à une époque très rapprochée de nous, pour perpétuer le souvenir qui s'y rattachait.

Quant au monument commémoratif de la bataille, qui a été érigé en 1863 par les soins de la commission historique du département du Nord, il se trouve à l'entrée du bourg, du côté de la station, à demi masqué, malheureusement, par une maison avançant sur la route : c'est un obélisque en pierre, des plus simples, de 6 m. 50 de haut, avec cette laconique inscription :

BATAILLE

DE

BOUVINES

27 JUILLET

1214

A quelques pas de là, une élégante petite chapelle, dont une statue en pied de Philippe-Auguste orne la façade, rappelle également cette journée mémorable. Naguère elle avait aussi son monument à Paris, l'église Sainte-Catherine, à l'entrée de laquelle on lisait, sur deux tables de pierre, d'un côté : « A la prière des sergents d'armes Monsieur Saint Louis fonda cette église et y mit la première pierre, et fut pour la joye de la victoire qui fut au pont de Bouvines l'an mil deux cent quatorze » ; et, de l'autre côté : « Les sergents d'armes, pour le temps gardaient ledit pont et vouèrent (firent vœu) que si Dieu leur donnait la victoire ils fonderaient une église à Madame Sainte Katherine, et ainsi fut-il ». L'église a été démolie en 1782 pour faire place à un marché, et il n'en reste plus le moindre vestige ; mais, tout près de Senlis, à Villemétrie, dans un parc, on peut encore admirer les ruines imposantes de l'abbaye de la Victoire, fondée par Philippe-Auguste en mémoire de celle qu'il avait remportée sur Othon, et, sans nul doute, à l'instigation d'un homme qui joua un grand rôle ce jour-là et pendant tout le reste du règne : le célèbre chancelier Guérin.

Guérin (Garinus, dans les chroniques) était, en effet, évêque de Senlis depuis 1213. Ancien frère profès de l'ordre des Hospitaliers de Saint-Jean de Jérusalem, il se distingua comme homme de guerre, non moins que comme homme d'État, et même fut réellement le bras droit — sinon la *tête* — de Philippe à la bataille de Bouvines. Les dispositions qu'il prit ou conseilla avant et pendant l'action dénotent de véritables talents militaires, et il contribua d'autant plus puissamment au gain de la journée que, dans le camp opposé, un seul homme aurait pu rivaliser avec lui, — un Français aussi, du reste, — le comte Renaud de Boulogne. Toutefois, il ne faut pas se dissimuler que, dans cette bataille, on chercherait en vain quelques signes précurseurs de la renaissance de l'art militaire : c'est le type de la *bataille féodale*, de l'attaque parallèle, du choc de front, suivis d'une effroyable mêlée, mais sans trace de manœuvre. Le combat général se décompose en

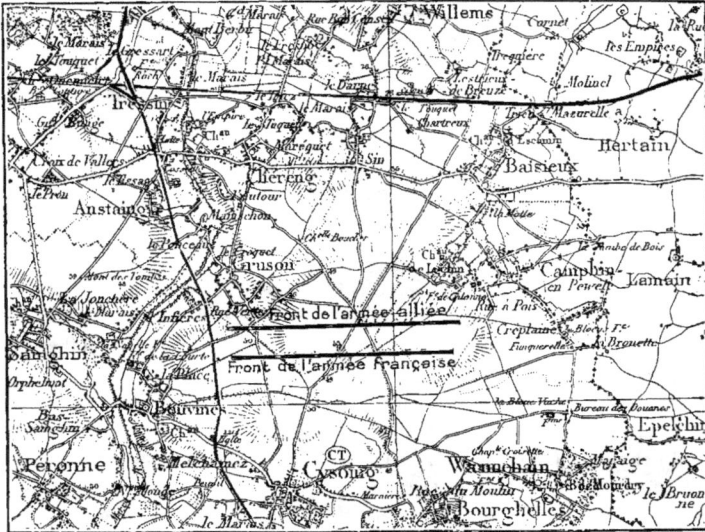

CHAMP DE BATAILLE DE BOUVINES.
Extrait de la carte de l'État-major au 1 : 80 000. — 1 centimètre = 800 mètres

une infinité de combats singuliers, de duels corps à corps, où chacun se rue sur celui qui lui fait face. On y voit les rois jouer le même rôle et courir les mêmes dangers que les simples écuyers, et, comme l'a fait remarquer le général Lamarque, les capitaines y sont bien plus occupés à tuer qu'à commander. *Vir virum legit* — l'homme « empoigne » l'homme : toute la tactique du temps des croisades est comprise dans ces trois mots.

Quoi d'étonnant ? La tactique et la chevalerie étaient, pour ainsi dire, incompatibles, inconciliables, et le colonel Rocquancourt, dans son *Traité d'art et d'histoire militaires* si connu, en a fort bien expliqué la raison : « La première, dit-il, repousse toute action individuelle et morcelée, pour prescrire exclusivement l'emploi des masses; la seconde, au contraire, ignorant ou dédaignant l'art d'organiser celles-ci, ne reconnaît et n'estime que la *prouesse* — mot ancien, mais très expressif, pour indiquer un fait d'armes isolé dans lequel le héros doit plus à sa bravoure et à sa force physique qu'à la réflexion. » C'est pourquoi l'art de la guerre ne commencera à faire de sérieux progrès que lorsque les armes à feu auront tué la chevalerie en mettant brutalement un terme aux « vaillantes chevauchées » et aux belles « passes d'armes » où elle se complaisait et où elle excellait. Et c'est pour avoir été le berceau, pour être restée la terre classique des méthodes et des mœurs chevaleresques que la France paiera par tant de revers, au cours de la guerre de Cent Ans, le succès si complet et si décisif qu'avaient suffi à lui assurer, à Bouvines, la bouillante valeur du roi Philippe et le courage réfléchi de l'évêque-chancelier Guérin.

> [*La bataille de Bouvines est la première du moyen-âge — après celle d'Hastings, toutefois — sur laquelle nous possédions des renseignements circonstanciés et parfaitement authentiques, grâce au double récit que nous en a laissé un témoin oculaire, Guillaume le Breton, chapelain de Philippe-Auguste, d'une part, dans sa chronique intitulée : DE VITA ET GESTIS PHILIPPI-AUGUSTI (tome XVII du RECUEIL DES HISTORIENS DE FRANCE) ; de l'autre, dans les livres X et XI de son poème latin la PHILIPPIDE. Plus récemment, le savant M. Henri Delpech a entrepris, dans la TACTIQUE AU XIIIᵉ SIÈCLE, ouvrage cité plus haut, une restitution de la campagne de 1214 extrêmement intéressante et beaucoup plus exacte que la MONOGRAPHIE DE LA BATAILLE DE BOUVINES publiée en 1835 par un officier érudit, M. Lebon. Ne pouvant reproduire la relation de M. Delpech, qui n'occupe pas moins de 175 pages dans son volume, nous y avons du moins eu recours pour corriger et développer au besoin celle que nous avons empruntée à Sismondi (HISTOIRE DES FRANÇAIS, t. IV), lequel a fondu assez heureusement les narrations de Guillaume le Breton et des chroniqueurs flamands.*]

Le 27 juillet, au matin, le roi Philippe se dirigeait de Tournai sur Lille, lorsque le vicomte de Melun et frère Guérin, des Hospitaliers de Saint-Jean, évêque élu de Senlis, qui s'en étaient allés reconnaître l'ennemi, vinrent l'avertir qu'Othon s'était, de son côté, mis en mouvement de Mortagne, et que, d'après l'ordre où marchaient ses troupes, ils ne doutaient point que l'Empereur ne se préparât à livrer bataille. Othon, en effet, avait compté attaquer les Français après que la moitié de leur armée aurait passé le pont de Bouvines; ce pont traverse une petite rivière, la Marcq, qui se jette dans la Lys.

L'armée des alliés s'avançait sur trois colonnes: celle de gauche, à la tête de laquelle se trouvait le comte Ferrand, se composait de la noblesse flamande et hollandaise ; celle du centre, conduite par l'Empereur lui-même, comprenait les divers corps allemands ; celle de droite, aux ordres de Renaud de Boulogne, les vassaux de ce grand feudataire, l'âme de la coalition, les bandes de Brabançons qu'il avait prises à sa solde : enfin le contingent anglais, fort de 6 000 chevaliers ou archers, sous le comte de Salisbury, frère naturel de Jean sans Terre.

Lorsque les coureurs éclaireurs d'Othon atteignirent l'arrière-garde des Français, la moitié de l'armée française avait déjà défilé par le pont de Bouvines. Le roi lui-même, fatigué du poids de ses armes et de la longueur du chemin, se reposait à l'ombre d'un frêne, près d'une église consacrée à saint Pierre. Averti de l'approche de l'ennemi, il entra dans l'église, adressa une courte prière au Seigneur, puis en ressortit le visage tout joyeux, « comme s'il se rendait à des noces » et monta aussitôt son cheval [1]. Et aussitôt on entendit retentir au travers du champ le cri : « Aux armes! aux armes »! Les trompettes sonnaient, les escadrons qui avaient déjà passé le pont revenaient en arrière. On fit redemander aussi l'oriflamme de Saint-Denis, qui, dans les combats, doit précéder toutes les autres ; mais comme elle tardait à revenir, on ne l'attendit pas, et Philippe se rendit à la première ligne, où une petite élévation le séparait des ennemis.

Ceux-ci voyant, contre leur espérance, que le roi était de retour, et frappés d'étonnement, tournèrent sur la droite et s'étendirent à l'occident, pour occuper la partie la plus élevée de la plaine. Le roi déploya son armée au midi, vis-à-vis d'eux, ayant dans le dos le soleil, qui était, ce jour-là, plus ardent que de coutume. Avec l'aide de l'évêque élu de Senlis, il la rangea sur une seule ligne d'environ 1 000 pas de longueur.

L'ordre de bataille des Français était le suivant : A la droite, que commandait le duc de Bourgogne, étaient les hommes d'armes et les milices de la Bourgogne, de la Champagne, du Soissonnais et de la Picardie. Au centre, autour du roi et de ses chevaliers, devaient se masser, au fur et à mesure de leur arrivée, les communes de l'Ile-de-France et de la Normandie, rappelées de la rive gauche de la Marcq : à la gauche, sous les comtes de Dreux et de Ponthieu, étaient les milices du Perche, du Ponthieu et du Vimeu. L'armée française n'avait aucune réserve, si ce n'est les 150 « sergents d'armes » du roi, préposés à la garde du pont de Bouvines et à la surveillance des bagages laissés au hameau voisin de l'Hôtellerie. Quant à l'armée des alliés, son ordre de bataille dérivait de son ordre de marche même : la colonne de droite (le corps de Renaud de Boulogne et les Anglais de Salisbury) était devenue l'aile droite, s'étendant vers la Marcq ; celle de gauche (les Flamands du comte

---

1. C'est ici que se placerait la célèbre scène racontée pour la première fois par le moine Richer : Philippe plaçant la couronne sur l'autel et s'écriant : « Elle est au plus digne ! » Guillaume le Breton ni aucun des contemporains ne mentionnent cette *sortie* théâtrale. Seulement, on lit dans la *Chronique de Reims* que le roi, mangeant une soupe au pain et au vin » avec ses principaux barons, près de l'église Saint-Pierre, leur dit comme en se jouant : « S'il y a nul d'entre vous qui pense mauvaiseté et tricherie, qu'il ne s'approche mie point). » De fait, on soupçonnait quelques-uns d'entre eux (et notamment le comte de Saint-Pol) d'hésitation, sinon de trahison, et Philippe voulait sans doute les sonder. Mais alors « tous les barons s'approchèrent en si grand'presse qu'ils ne purent tous venir jusqu'au hanap du roi... Alors celui-ci, moult liés (joyeux) reprit : « Vous êtes tous mes hommes et je suis votre sire, qui ne vous fit jamais tort, ni déraison, et vous a toujours menés par droit. Ains (pourtant), si vous voyez que la couronne soit mieux employée en l'un de vous qu'en moi, je m'y octroie volontiers. » Sur quoi les barons, « pleurant de pitié », s'écrièrent tout d'une voix : « Dieu merci, nous ne voulons roi, sinon vous, et sommes appareillés pour vous. Or donc, chevauchez hardiment contre vos ennemis. »

Ferrand, l'aile gauche, en avant de Camphin; enfin le centre restait formé par les Allemands d'Othon, de sorte que l'Empereur se trouvait face à face avec le roi de France.

Les armées demeurèrent ainsi en présence pendant quelque temps, n'étant séparées l'une de l'autre que par un court espace. Autour de Philippe se pressaient les plus vaillants chevaliers de l'armée française, Guillaume des Barres, Galon de Montigny, Pierre de Mauvoisin, Barthélemy de Roye, Étienne de Longchamp, Guillaume de Mortemart, Guillaume de Garlande, le jeune comte de Bar, et d'autres encore. Derrière le roi s'était placé Guillaume le Breton, son chapelain, à qui nous devons une curieuse relation de la bataille. Le Breton, de concert avec un autre clerc, ne cessa de chanter des psaumes pendant tout le combat, bien que sa voix, nous apprend-il lui-même, fût souvent entrecoupée par des larmes et des sanglots.

La bataille s'engagea un peu avant midi, à la droite des Français. Ceux-ci envoyèrent un corps de 150 gendarmes pour escarmoucher avec les Flamands, qui n'eurent point de peine à l'emporter tout d'abord. Mais le combat fut bientôt rétabli par l'entrée en ligne des chevaliers, que dirigeait le comte de Montmorency, et s'étendit progressivement au centre et à la gauche. Dans cette lutte, qui devint bientôt acharnée, on vit se distinguer, par la plus brillante bravoure, le comte Gaucher de Saint-Pol, un de ceux dont ce s'était défié et qui avait dit à l'évêque élu de Senlis « qu'il lui ferait voir qu'il était bon traître ». Le vicomte de Melun, comme Saint-Pol, fit une trouée au milieu des ennemis et revint par un autre endroit, après avoir traversé deux fois leur ligne. On faillit faire prisonnier le duc de Bourgogne, qui avait eu un cheval tué sous lui et qui, doué d'un fort embonpoint, ne pouvait parvenir à se dégager : l'intervention de ses Bourguignons le tira toutefois d'affaire. Enfin, après trois heures de combat, tout le poids de la bataille s'abattit sur Ferrand et les siens. Blessé et renversé à terre, le comte de Flandre fut pris avec beaucoup de ses chevaliers; il avait presque perdu le souffle lorsqu'il se rendit à Hugues de Moreuil et à Jean, son frère.

Pendant ce temps, les milices de l'Ile-de-France, accourues de l'autre rive, avaient fait leur apparition sur le champ de bataille et étaient venues se ranger au centre, où elles voyaient flotter l'étendard fleurdelisé, que portait ce jour-là le brave Galon de Montigny. Celles de Corbie, Amiens, Beauvais, Compiègne et Arras, passant entre les rangs des chevaliers, vinrent se mettre en bataille devant le roi; mais elles furent chargées incontinent par les chevaliers et les piquiers allemands, « hommes très belliqueux et très audacieux », qui les refoulèrent en désordre et parvinrent presque jusqu'à Philippe. Ce que voyant, les barons qui formaient la garde du roi s'élancèrent en avant pour le mieux couvrir, sans prendre garde qu'il restait entouré par des hommes de pied allemands et brabançons; l'un de ceux-ci, l'ayant saisi avec son crochet, le jeta à bas de son cheval; mais la bonté de son armure le sauva : il fut impossible d'y trouver un joint pour faire passer la pointe d'une épée ou d'un poignard. Galon de Montigny, qui, en agitant son étendard, appelait du secours, réussit enfin à arracher Philippe des mains de l'ennemi, et, avec l'aide de Pierre Tristan, put le remettre en selle.

Presque au même instant, l'Empereur courait un non moins grand péril. En effet, les chevaliers français avaient percé jusqu'à lui, et, pendant que Pierre de Mauvoisin saisissait la bride de son cheval, Gérard Scropha le frappait à coups de dague

Bouvines (27 Juillet 1214)

dans la poitrine, sans pouvoir néanmoins traverser son armure, qui n'était pas moins bien trempée que celle de Philippe. Un autre lui porta un vigoureux coup de masse d'armes ; mais ce fut son cheval qui, en se cabrant, le reçut sur la tête, ce qui, après un instant d'étourdissement, le fit tourner sur lui-même et partir au galop du côté où il était venu. En voyant l'Empereur tourner ainsi le dos, le roi dit aux siens : « Vous ne verrez plus sa face d'aujourd'hui ! » Cependant, au bout de peu de chemin, le cheval d'Othon tomba mort ; mais on lui en présenta aussitôt un autre, avec lequel il put reprendre sa course. Deux fois, Guillaume des Barres l'avait rejoint et tenu par son heaume : mais il fut sauvé par la rapidité de sa monture et par l'épaisseur des rangs de ses soldats.

La bataille ne finit pourtant point par la fuite d'Othon. Le comte de Tecklenburg, le comte de Dortmund et plusieurs autres vaillants chevaliers d'outre-Rhin firent encore une fois reculer les Français ; mais ces derniers, revenant en plus grand nombre, ils furent tous pris ou se rendirent. Ce fut alors qu'on commença à voir le duc de Louvain, le duc de Limbourg, Hugues de Boves et bien d'autres s'éloigner précipitamment du champ de bataille par groupes de cinquante ou cent à la fois, Renaud, comte de Boulogne, s'obstinait au combat : « Il bataillait si durement que nul ne le pouvait vaincre, ni surmonter, et le vide se faisait autour de son cimier en fanons de baleine. » Il avait formé en cercle ses hommes de pied : c'était comme une forteresse hérissée de piques, d'où il faisait de brillantes sorties et où il se retirait quand le combat l'avait mis hors d'haleine, pour de nouveau se lancer dans la mêlée. De ce côté aussi, les Anglais opposaient à toutes les attaques une résistance indomptable. A cette vue, l'évêque de Beauvais, Philippe de Dreux, n'y tient plus : une massue de frêne à la main, afin de ne pas transgresser les canons de l'Église qui défendent de frapper avec le fer et de verser le sang, il se jette au plus fort des Anglais et assomme le comte de Salisbury avec bon nombre de ses compagnons, recommandant aux miliciens de Picardie qu'il avait entraînés à sa suite de « dire que c'était eux qui avaient fait ce grand abatis ».

Enfin Renaud lui-même succomba : blessé et renversé de son cheval, il allait être tué, lorsque l'évêque Guérin intervint et obtint qu'on lui fît quartier. Il ne restait plus dès lors que 700 piquiers brabançons, qu'Othon avait placés au milieu de son front de bataille. Ils y demeurèrent les derniers : après que tout avait fui autour d'eux, ils opposaient encore aux Français un mur inébranlable. Philippe les fit charger par Thomas de Saint-Valery, qui, avec 50 chevaliers et 2000 fantassins, réussit à les entamer et en fit un carnage horrible. Alors le roi, bien assuré que la victoire était complète et craignant de perdre quelques-uns des importants prisonniers qu'il avait faits, ordonna aux trompettes de sonner le rappel : c'est pourquoi les ennemis ne furent guère poursuivis que dans l'espace d'un mille. Parmi les captifs de marque, plusieurs furent abandonnés aux communes, pour que chacune pût s'enorgueillir de la part qu'elle avait eue à la victoire et s'enrichir de la rançon de quelque seigneur. L'histoire a conservé le nom de ces communes qui prêtèrent assistance à la royauté en cette circonstance décisive : c'était celles de Noyon, Montdidier, Montreuil, Soissons, Bruyères, Hesdin, Cerny, Crépy-en-Laonnois, Canteleu, Velay, Corbie, Compiègne, Roye, Amiens et Beauvais.

2

Rien ne prouve mieux que la victoire de Bouvines fut une victoire nationale, dans le vrai et plein sens du mot, que la joie avec laquelle la nouvelle en fut accueillie dans la France entière. Le retour de Philippe à Paris eut tout l'éclat d'un triomphe. Toutes les villes, tous les villages qu'il traversait étaient décorés de tapisseries et jonchés de verdure et de fleurs ; partout les cloches sonnaient à toute volée ; dans les rues et par les chemins, comme dans les églises, retentissaient des chants d'actions de grâce. Jamais encore le peuple français n'avait pris une part si franche et si vive au succès de ses rois.

Philippe-Auguste, sans doute, ne tira pas de ce grand succès tous les résultats qu'il aurait pu produire. Le comte Ferrand fut gardé prisonnier pendant treize ans dans la nouvelle tour du Louvre, mais la Flandre resta à sa femme ; de même, le comté de Boulogne fut laissé à la fille de Renaud. Quant à Jean sans Terre, le roi marcha bien, presque aussitôt, contre lui avec une partie de son armée victorieuse ; mais l'intervention du pape Innocent III, qui voulait entraîner la France dans la croisade contre les Albigeois, et plus encore l'offre opportune d'une sorte d'indemnité de guerre de 60000 livres anglaises amenèrent la conclusion d'une trêve de cinq ans, qui devait d'ailleurs être renouvelée à son expiration en 1219.

Ainsi les choses restèrent en l'état, au nord comme au midi de la Loire, et aucune acquisition nouvelle ne fut le prix de la victoire du 27 juillet. Et c'est bien là ce qui en fait mieux ressortir la portée réelle, ce qui achève de lui donner son caractère à part. D'autres journées ont pu être matériellement plus fructueuses ; aucune n'aura mérité d'être appelée, comme celle-là, « l'acte de baptême de la nationalité française ».

II

Crécy

PHILIPPE VI
Bibliothèque Nationale.
Estampes.

J. DE LUXEMBOURG
ROI DE BOHÊME
Bibliothèque Nationale.
Estampes.

LA bataille de Bouvines avait dégoûté pour longtemps l'Empereur allemand d'intervenir dans
les affaires du royaume de France; mais elle n'a-
vait nullement mis fin à la rivalité existant entre
la France et l'Angleterre depuis la conquête de ce
dernier pays par les Normands, et ravivée par
le mariage d'Éléonore de Guyenne avec Henri
Plantagenet. Les successeurs de celui-ci dési-
raient naturellement conserver et accroître leurs possessions continen-
tales; les rois de France n'avaient pas moins à cœur de rejeter dans leur île
ces étrangers, devenus leurs voisins les plus dangereux. Au début, la lutte
n'avait pas, à proprement parler, un caractère national : c'était plutôt un
débat féodal, une querelle de vassal à suzerain. Mais les hostilités, incessamment renouvelées, ne tardèrent pas à créer entre les deux races aux prises
une antipathie véritable, tant par les intérêts multiples qu'elles froissaient
que par les calamités dont elles étaient la cause. Ainsi naquit cette animosité
héréditaire qui devait survivre à la pacification du xvᵉ siècle et que, de nos
jours encore, on a tant de peine à faire entièrement oublier.

Il faut bien reconnaître aussi que rarement pays fut plus éprouvé que le
nôtre pendant cette effroyable commotion qui, s'étant prolongée pendant un
peu plus d'un siècle, a reçu le nom de « guerre de Cent Ans ». Toutefois,
elle n'offre pas seulement cette particularité qu'un triomphe presque inattendu, mais décisif, est venu couronner une série de revers inouïs : malgré
les malheurs dont elle fut la cause, malgré les ruines qu'elle accumula, elle
constitua, pour la nation comme pour la monarchie, une épreuve d'autant
plus féconde, une crise d'autant plus salutaire qu'elles avaient été plus terribles. Suivant l'expression si juste et si originale d'un récent historien, ce fut
« une longue et douloureuse *maladie de croissance* dont la France, dont la

royauté sortirent délivrées, transformées » [1]. On peut dire, avec le même écrivain, que c'est la guerre de Cent Ans qui a créé la patrie française : « C'est la présence constante de l'étranger, ses ravages, sa prétention à s'installer sur le sol français qui ont fait naître le sentiment national, source de cet esprit d'unité et de solidarité que représente le mot de patrie. »

Voilà pourquoi ces noms de Crécy, de Poitiers, d'Azincourt, si désagréablement qu'ils sonnent encore à nos oreilles, ne doivent pas seulement réveiller en nous de pénibles souvenirs : n'eussent-ils pas eu, dans notre histoire, le retentissement qui nous commande de ne les point passer sous silence, que nous ne saurions nous dispenser de parcourir les champs de bataille qui les évoquent. Là, nos ancêtres ont fait preuve, après tout, de la bravoure la plus héroïque, sinon la plus intelligente; là, en tout cas, une rude expérience leur a appris que toutes les vertus chevaleresques ne sauraient prévaloir contre l'ordre, contre la discipline, contre de bonnes méthodes de guerre, et de grandes et utiles leçons s'en sont dégagées pour eux — à la longue! Ne s'est-on pas, de tout temps, beaucoup plus et bien mieux instruit par les revers que par les succès?

Et combien n'avions-nous à apprendre, après cette longue éclipse de l'art militaire que constitue le moyen âge et que les croisades n'avaient pas peu contribué à prolonger? Pour comble de disgrâce, nous nous trouvions alors face à face avec la seule nation de l'Europe qui eût encore compris que la guerre n'est point un *tournoi*, que les « belles passes d'armes » ne sont pas le meilleur ou, en tout cas, le seul moyen de s'assurer la supériorité sur le champ de bataille, et qu'on ne l'emporte sur ses adversaires qu'à la condition d'être mieux préparés qu'eux. Édouard III, le premier, avait institué une sorte de service militaire obligatoire, qui lui permit de mettre sur pied, dans ses luttes avec les Écossais, une armée véritablement nationale, et de conduire un peu plus tard en France des troupes moins nombreuses, mais triées avec soin et ne comprenant que des hommes d'élite. L'armement, d'autre part, avait été l'objet des préoccupations du roi d'Angleterre, et, en attendant la transformation prochaine due à l'invention de la poudre, on l'avait vu augmenter le plus possible dans son armée de campagne la proportion des corps munis d'armes de jet, sur lesquelles il faisait à bon droit bien plus de fond que sur les armes de choc. Ce n'était pas seulement, du reste, à leur excellent arc en bois d'if, bien plus maniable que l'arbalète française et permettant de tirer quatre fois plus vite, que les archers anglais devaient leur réputation et leurs succès : c'était aussi au soin avec lequel, en tout temps, ils s'exerçaient au tir. Rarement ils manquaient leur but, et leurs

1. A. Coville, *la Guerre de Cent Ans*, dans la grande *Histoire générale* de MM. Lavisse et Rambaud, t. III.

flèches portaient avec justesse jusqu'à 200 mètres : la balle, pendant longtemps, ne fournira guère de plus beaux résultats.

Mais ce qui achevait de rendre les Anglais redoutables dans les rencontres,
c'est qu'ils avaient d'ores et déjà une tactique, et une tactique raisonnée.
Elle apparaît nettement dans la bataille de Halidon-Hill, gagnée en 1333 sur
l'Écossais Douglas, et qui est le prélude et le modèle de toutes les grandes
actions de la guerre de Cent Ans. Édouard III, bien convaincu que la lourde
cavalerie féodale peut et doit être battue par l'infanterie, a véritablement
fait de celle-ci « la reine » de ses batailles. Ses archers forment l'infanterie
légère, qui engage la lutte avec l'appui des *coustilliers* ou piqueurs gallois,
irlandais, etc., dont le rôle consiste surtout à achever l'ennemi à terre et à
poursuivre les fuyards; puis entre en scène l'infanterie de ligne, formée en
« *batailles* » (corps de bataille), solides, mais non rigides, et qui n'est autre
que la gendarmerie ayant, en grande partie, mis pied à terre, tandis que le
reste des hommes d'armes, demeurés à cheval, constituent la réserve, en
arrière ou sur les ailes.

Du côté des Français, on n'agit point de même. L'action, il est vrai, est
entamée aussi par les gens de trait; mais, presque tout de suite après, on en
vient aux charges de la gendarmerie, c'est-à-dire de la chevalerie, dont l'ardeur s'accommode mal de l'attente — et de la discipline. Sans doute, elle n'a
pas tort, en principe, de mettre sa confiance dans l'offensive, qui va si bien
à son tempérament; mais elle oublie que l'offensive désordonnée ne mène à
rien, si ce n'est à se faire battre, surtout lorsqu'on a affaire à des Anglais,
habiles entre tous à choisir les plus fortes positions et passés maîtres dans
cette tactique défensive qui « s'allie bien avec l'opiniâtreté et le froid courage
de leur nation ».

Et c'est bien là ce qui fait leur grande force, car, ainsi qu'on l'a fait remarquer
avec beaucoup de raison, dans l'art des mouvements, des manœuvres, en un
mot dans ce que l'on appelle aujourd'hui la *stratégie*, les Français (agissant,
à la vérité, dans leur propre pays) se montrent constamment supérieurs à
leurs adversaires. La campagne de 1346 va nous montrer Édouard III acculé
à la Somme et dans une fort mauvaise situation, lorsque Crécy vient le
sauver; plus tard, son fils, le Prince Noir, se trouvera pareillement cerné par
le roi Jean et ne se tirera d'affaire que grâce à sa victoire de Poitiers; à Azincourt, enfin, nous verrons Henri V presque aux abois, ayant sa retraite coupée
par le connétable d'Albret, mais sachant se rouvrir de vive force le chemin
de Calais et de l'Angleterre. Mais que prouvent ces exemples, sinon que les
manœuvres ne sont qu'un moyen, tandis que la bataille est le but et que d'elle
seule dépend réellement la *décision*, c'est-à-dire la solution définitive?

Lorsque le roi anglais débarqua à Saint-Waast-la-Hougue en Cotentin, le

12 juillet 1346, avec 4 000 hommes d'armes, 10 000 archers anglais et 18 000 fantassins légers, gallois et irlandais, Philippe de Valois n'avait pas encore achevé de rassembler l'armée qu'il comptait opposer à l'envahisseur. Édouard traversa donc tranquillement toute la Normandie sans rencontrer de résistance ailleurs qu'à Caen, dont les bourgeois firent une belle défense ; mais, lorsqu'il arriva sur la Seine, il trouva les Français qui l'attendaient, au nombre de 60 000. La partie lui parut trop inégale, et il n'eut garde d'accepter la bataille ; sa position n'en restait pas moins fort aventurée, car tous les ponts de la Seine avaient été rompus ; mais, ayant réussi à rétablir celui de Poissy, il put se dérober à l'étreinte de son adversaire et se dirigea vers le Pas-de-Calais, tant pour se remettre en communication avec sa flotte que pour se rapprocher des Flamands, qui étaient rentrés dans son alliance. Philippe le suivit d'assez près et pensait l'atteindre sur la Somme, dont les divers passages étaient également coupés ou gardés, lorsqu'il apprit que l'armée anglaise venait de lui échapper pour la seconde fois. Un traître, le palefrenier Agache, de Saint-Valery, qui se trouvait parmi les prisonniers d'Édouard, avait indiqué à celui-ci le gué de Blanquetaque (Blanche-Tache), entre le Crotoy et Noyelles-sur-Mer, où l'on pouvait passer sans danger à marée basse. Il y avait bien de ce côté un corps français de 12 000 hommes aux ordres de Godemar du Fay, mais il n'arriva pas à temps ou ne sut pas s'opposer au passage. La rivière franchie, Édouard se trouvait sur les terres de Ponthieu, comté qu'il avait hérité de sa mère, Isabelle, la fille de Philippe IV : ce fut une des raisons qui le déterminèrent à s'arrêter à Crécy pour y faire tête à l'ennemi, accourant par Abbeville à sa poursuite.

ÉDOUARD III
National Gallery.

Crécy-en-Ponthieu est un gros bourg aisé, propre et calme, bâti sur la rive droite de la Maye, dont le massif de la forêt domaniale de Crécy domine l'autre rive. On s'y rend d'Abbeville par un chemin de fer à voie étroite, qui se prolonge au nord jusqu'à la vallée de l'Authie. Son église, qui ne manque point de style et d'originalité, ne remonte pas au delà du XVe siècle ; mais, sur le marché, une curieuse croix romane du XIIe était certainement en place (là où ailleurs) à l'époque de la bataille. La tradition n'y rattache toutefois aucun souvenir, tandis qu'elle rapporte, par contre, qu'une autre croix de pierre, si vieille et si rongée par le temps qu'elle n'est plus guère qu'un bloc informe, marque, à 1 500 mètres environ de Crécy, du côté de Fontaine-sur-Maye, l'endroit où serait tombé, sous les coups des Anglais, Jean de Luxembourg, le vieux roi de Bohême. La tradition veut aussi que deux larges fosses situées dans la même direction, à la jonction de la vallée de la Maye et d'un ravin aux pentes douces, appelé la *Vallée aux Clercs*, aient reçu, le lendemain de la bataille, les corps de nombreux soldats des deux nations ; nombre d'autres ont été, plus sûrement, ensevelis à Crécy-Granges (à 1 kilomètre au nord de Crécy), naguère dépendance de l'abbaye de Valloires, dans cette abbaye même (à 12 kilomètres au nord-ouest) ; enfin, au petit village de Brailly-Cornehotte, sur la route d'Hesdin, à l'endroit où s'élève

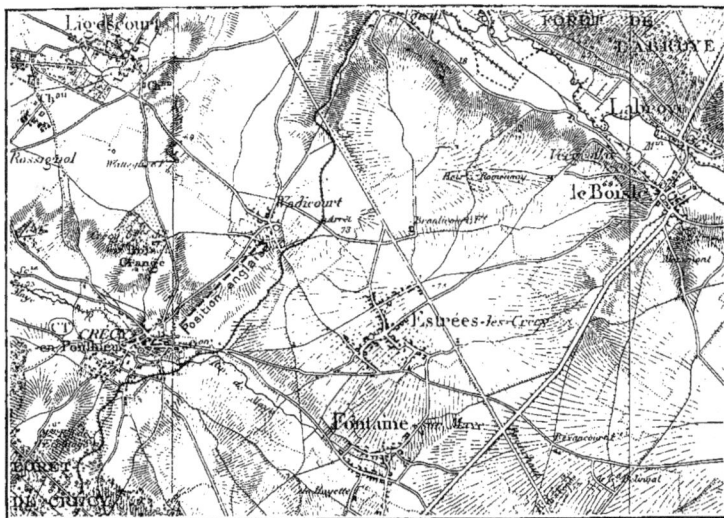

CHAMP DE BATAILLE DE CRÉCY.
Extrait de la carte de l'État-major au 1 :80 000.

encore une vieille chapelle portant le nom significatif de *Moriamini*. Quant au fameux moulin à vent de Crécy, qui servit d'observatoire à Édouard III pendant toute l'action, on n'en voit plus que la motte : mais celui qu'on a démoli, il y a quelques années, ne datait pas, paraît-il, de plus d'un siècle ou deux, bien qu'on eût soin de le faire passer, aux yeux des touristes anglais, pour contemporain de la bataille.

C'est à ce moulin que l'armée anglaise avait sa droite, tandis que sa gauche s'appuyait au village de Wadicourt ; elle occupait, par conséquent, face à l'est, la longue croupe qui s'étend au nord de Crécy et avait son front couvert par la Vallée aux Clercs[1]. Débouchant d'Estrées-lès-Crécy,

1. Le général Ambert, bien connu par de nombreux travaux d'histoire militaire, ne partage pas, il est vrai, l'opinion commune. Dans un long et intéressant *Mémoire sur l'expédition anglaise de 1346 et sur la bataille de Crécy*, qu'il a rédigé sur les lieux lorsqu'il tenait garnison à Abbe-

après avoir fait un grand circuit par Noyelles-en-Chaussée pour éviter la vallée marécageuse de la Maye, Philippe de Valois allait donc aborder la position par sa partie la plus forte, alors qu'il eût pu la tourner aisément par Wadicourt. Toutefois, les formes du terrain ne sont point tellement accusées dans cette plaine aux larges ondulations, pour qu'une attaque de front ne pût pas également réussir. Si celle des Français échoua, — et le récit de l'action le fera suffisamment ressortir, — il le faut attribuer principalement à la précipitation qu'ils mirent à s'engager, harassés comme ils l'étaient par une longue marche, et au désordre incroyable dans lequel ils marchèrent à l'ennemi.

[*Il n'existe, à vrai dire, qu'un seul récit authentique de la journée de Crécy : c'est une lettre écrite le 4 septembre suivant, devant Calais, par Michel de Northburg, clerc d'Édouard III, et témoin oculaire de la bataille; mais cette lettre, qui a été reproduite par un contemporain, Robert d'Avesbury, dans ses* MEMORABILIA GESTA MAGNIFICI REGIS ANGLIE EDUARDI TERTII, *ne saurait être comparée, pour l'abondance et la précision des détails, à la relation de Froissart, qui a été mise à contribution par tous les historiens ultérieurs. Le célèbre chroniqueur avait neuf ans en 1346; mais on sait avec quel soin et quelle persévérance il recueillait ses informations, et il nous apprend lui-même qu'il fit un voyage dans le Ponthieu « pour ouïr et savoir les nouvelles ». Parmi les écrivains qui ont pris pour base le texte de Froissart (que Villani, par parenthèse, n'a guère fait que copier), nul ne nous semble l'avoir mieux compris et éclairé que le général Ambert, dans le Mémoire cité plus haut, et c'est sa narration que nous reproduisons ci-après, en supprimant toutefois quelques longueurs, ainsi que les passages de pure discussion. (*SPECTATEUR MILITAIRE, *Paris, Lavauzelle.*)]

Le samedi 26 août, Édouard se leva de bonne heure, et entendit la messe avec le prince de Galles, son fils; tous deux communièrent ensuite. La plupart des Anglais imitèrent le pieux exemple du roi... Après la messe, Édouard fit prendre les armes à ses troupes et chacun vint se placer au lieu désigné la veille... Le roi fit former par

ville comme chef d'escadrons au 1ᵉʳ régiment de carabiniers, et publié dans le *Spectateur militaire* en 1845 et 1846, il émet l'avis qu'Édouard III a dû prendre position au nord, non pas de Crécy, mais bien d'Estrées-lès-Crécy, donc à quelques kilomètres plus loin, du côté de l'Authie. Toutefois, les raisons qu'il donne, pour ingénieuses qu'elles soient, ne nous ont pas paru suffisamment convaincantes pour que nous rompions en visière à une tradition aussi bien établie.

Par contre, nous croyons devoir nous ranger à l'opinion, fortement motivée, du général touchant les fameux canons de Crécy. Sans doute, on avait déjà construit des bombardes; mais il serait étrange qu'on s'en fût servi ce jour-là, sans que ce fait caractéristique et quasi-merveilleux par sa nouveauté fût venu à la connaissance du seul témoin oculaire de la bataille, le clerc anglais Michel de Northburg. Or, celui-ci n'en dit point un mot, pas plus du reste que Froissart, dont on a vainement torturé un passage. L'erreur provient du florentin Villani, copiste des chroniques françaises, qu'il a apparemment traduites ici de travers.

son connétable et ses maréchaux trois corps de bataille. Le premier, commandé par le jeune prince de Galles, avec le comte de Warwick, le comte de Kentfort, messire Godefroy d'Harcourt, etc., pour lieutenants, était d'environ 800 hommes d'armes, 2 000 archers et 1 000 fantassins légers du pays de Galles, bien en ordre, chaque chevalier, sous sa bannière et son pennon, entouré de ses gens. Au second corps était le comte de Noranthone (Northampton), le comte d'Arundel et plusieurs autres « excellents aux batailles »; ce corps comprenant environ 500 hommes d'armes et 1 200 archers, en tout (avec les fantassins légers) 3 700 combattants. Le roi Édouard prit en personne le commandement du troisième corps, qui se composait de 700 hommes d'armes et 2 000 archers, au total 5 500 hommes environ. Il avait dans son armée une si grande quantité de bons chevaliers et écuyers qu'il put les placer dans les trois lignes en nombre suffisant pour bien mener la bataille...

Lorsque toutes ces habiles dispositions furent prises et que chaque corps fut sur le terrain qui lui avait été désigné, le roi d'Angleterre réunit les comtes, barons et chevaliers, afin de dire à chacun ce qu'il devait faire; puis tous retournèrent à leur place. Alors Édouard, monté sur un petit cheval, un bâton blanc à la main et accompagné de ses maréchaux, parcourut doucement et au pas les trois lignes, parlant à ses gens et les priant de *bien faire la besogne*. A midi, sa revue étant terminée, le roi donna à tous l'ordre de manger et de boire..; puis, sur l'ordre des maréchaux, le soldat s'assit à terre, mettant sa coiffure et ses armes devant lui, pour être plus frais et plus *nouveau* lorsque l'ennemi viendrait...

[Pendant ce temps], depuis Abbeville jusqu'à Crécy, le pays se couvrait de gens armés qui couraient sur l'Anglais. Les chemins ne pouvaient contenir la foule, qui alors débordait dans les champs. L'armée française marcha dans cet état, sans ordre et dans une confusion entière, jusqu'auprès des Anglais; tout le monde était mêlé : chevaux, gens à pied, communes, charrettes et aventuriers; ceux-ci couraient au pillage, les chevaliers à la gloire et aux prouesses. Chaque banneret voulait que son pennon fût le premier, chaque commune que sa bannière servît de guide aux autres. Le peuple des communes était encore à trois lieues de l'ennemi que, de tous côtés, on mettait l'épée à la main en criant : *A la mort ! à la mort !*...

Aussitôt que ceux qui marchaient en avant dans la bande de Philippe de Valois aperçurent les Anglais, ils reculèrent en foule amoncelée et dans un tel désordre que ceux qui étaient derrière furent surpris, croyant que les premiers combattaient et se faisaient repousser. Lorsqu'ils virent ce premier à-coup dans la marche des Français, les soldats d'Édouard, assis jusque-là, se levèrent tous. Les trois corps se trouvèrent formés, celui du prince de Galles en avant, les archers « mis en manière d'une herse » et les gens d'armes au fond de la « bataille ».

Quand le roi de France arriva en face de la position des ennemis et qu'il les vit, il sentit le sang lui bouillir dans les veines, « car il haïssait les Anglais ». Alors Philippe dit à ses maréchaux : « Faites passer les archers devant et commencer la bataille, au nom de Dieu et de monseigneur saint Denys ». Les Génois auraient préféré le repos, car « ils étaient las et travaillés d'aller à pied ce jour, à plus de six lieues, tout armés et de leurs arbalètes porter. Ils dirent donc à leurs connétables [Doria et Grimaldi] qu'ils n'étaient guère en train de faire grand exploit de bataille ». Dans le moment, un grand orage éclata sur les champs : une pluie épaisse inonda les deux armées, fouettant les Français au visage et les aveuglant, tandis

3

que les Anglais l'avaient au dos. Quand le temps se fut éclairci, l'inconvénient fut
autre, car alors le soleil se montra « bel et clair, droit dans l'œil des Français et par
derrière les Anglais ».]

Cependant les seigneurs à cheval se mirent à pousser devant eux les arbalétriers.
Ceux-ci *jappèrent* (crièrent) épouvantablement pour effrayer l'ennemi ; néanmoins,
les soldats d'Édouard se tinrent cois et parurent n'avoir point entendu. Les aventuriers jetèrent alors une seconde fois leur grand cri de bataille et marchèrent
ensuite « un petit pas avant » : les Anglais conservèrent l'immobilité et le silence.
Pour la troisième fois, les arbalétriers crièrent de toutes leurs forces, s'avancèrent
encore un peu et tendirent leurs arbalètes ; mais la pluie en ayant détrempé les
cordes, les « carreaux » retombèrent impuissants à moitié chemin. Ce que voyant,
les Anglais qui, pendant l'orage, avaient eu la précaution de garantir leurs arcs, se
portèrent à leur tour en avant et firent voler leurs flèches avec tant d'ensemble et de
justesse qu'elles tombèrent « comme neige » sur les aventuriers, qui, presque tous,
prirent la fuite en se débarrassant de leurs armes.

Comme ils se rejetaient sur la première ligne formée en arrière d'eux par les
chevaliers montés et richement parés, le roi Philippe, très mécontent et courroucé
de ce que les arbalétriers cette infanterie si chèrement soldée lâchaient pied,
s'écria : « Or, tôt, tuez toute cette ribaudaille, car ils nous empêchent la voie sans
raison ! » Vous eussiez vu alors les gens d'armes tomber sur les aventuriers génois
et les assommer, car ils se croyaient trahis. Ce fut un triste spectacle que ce massacre des arbalétriers désarmés par les seigneurs couverts de fer : le récit même en
est douloureux. Les Anglais ne perdaient pas une minute et tiraient toujours avec
ensemble une grêle de traits sur cette foule qui s'entre-déchirait. Toute flèche anglaise
portait : gens et chevaux roulaient les uns sur les autres. Les serviteurs descendaient
de cheval pour relever ou secourir les seigneurs ; les aventuriers, de leur côté,
mettant les couteaux à la main, éventraient les chevaux, coupaient les sangles, les
brides, les jarrets, et jetaient des cris horribles, car on les égorgeait tous. Les chevaliers criaient : *Trahison* ! tue ! Les autres : Malédiction ! vengeance !... En cet
instant, les fantassins légers du prince de Galles abandonnant leurs rangs, coururent
en vrais pillards, et armés de grands coutelas, se jeter sur les gens d'armes français
qui achevaient les arbalétriers. Beaucoup de comtes, barons, chevaliers et écuyers
de France furent ainsi tués par ces Gallois, ce dont Édouard fut mécontent, car il
les aurait volontiers pris à rançon.

[Ce fut alors que] le brave messire Jean de Luxembourg, roi de Bohême, qui ne
voyait rien, étant aveugle, mais entendait la bataille, demanda à ses gens : «Que
fait-on ? » — « Monseigneur, lui répondit un chevalier, tous les arbalétriers sont
déconfits, le roi Philippe a donné ordre de les tuer tous : entre nos seigneurs et eux, il
y a un grand embarras ; ils trébuchent et tombent les uns sur les autres, et nous
empêchent d'aller en avant. » — « Ah ! répondit le roi de Bohême, c'est mauvais
signe ! » Et, après avoir demandé où était son fils Charles, ce qu'ignoraient les
chevaliers, le croyant cependant en avant, à combattre, le vieux monarque ajouta :
« Seigneurs, vous êtes mes hommes, mes amis et mes compagnons. Je vous prie et
vous requiers qu'à la journée d'aujourd'hui, vous me meniez si avant que je puisse
férir un coup d'épée. » Lemoine de Bastle et quelques autres bons chevaliers du
Luxembourg, qui étaient là, eussent volontiers refusé ; mais d'autres, « qui son

honneur et leur avancement voulaient », le lui accordèrent. On lia donc aux *freins* (brides) des chevaux, le cheval du roi de Bohême. Le vieil aveugle mit l'épée à la main et tous ensemble s'avancèrent aux ennemis : et, dit Froissart, « le roi de Behaigne et ceux qui avec lui étaient, si avant se boutèrent sur les Anglais que tous y demeurèrent et furent trouvés le lendemain sur la place autour de leur seigneur, et leurs chevaux tous liés ensemble »...

Lorsque les chevaliers français eurent assommé les arbalétriers, ils se trouvèrent en présence de la troupe commandée par le prince de Galles. Ils coururent les uns après les autres pour faire prouesse, regrettant de n'avoir pas à combattre les chevaliers d'Angleterre, qui se tenaient à pied au fond de la bataille, mais seulement d'obscurs archers, dont les flèches frappaient au loin, comme armes de lâches... Le comte d'Alençon alla ainsi sur les Anglais, avec le comte de Flandre, le comte de Blois, le duc de Lorraine, le comte d'Harcourt, le comte de Saint Pol.., et beaucoup d'autres. Ces seigneurs et leurs gens, en côtoyant ou renversant les archers, vinrent jusqu'au corps où se trouvait le prince de Galles et se battirent vigoureusement et longtemps. Le roi Philippe de Valois, qui apercevait leurs bannières, y voulait bien venir aussi ; mais il y avait devant lui une si grande haie de gens qu'il ne put réussir à passer. Les Français étaient excessivement fatigués, « mais les vaillants hommes et les bons chevaliers chevauchaient toujours en avant par honneur, car ils préféraient la mort à vilaine faute »...

Comme ils combattaient main à main, très vaillamment, avec les gens d'armes du prince de Galles, ceux qui entouraient ce dernier envoyèrent un chevalier de sa « bataille », nommé Thomas de Norwich, au roi Édouard, qui avait été se placer sur le monticule d'un moulin à vent : « Sire, dit le chevalier au roi d'Angleterre, les seigneurs qui sont auprès du prince, votre fils, ont grandement à faire et combattent rudement les Français. Ils vous prient donc de leur venir en secours avec votre bataille... » Le roi Édouard répondit : « Messire Thomas, mon fils est-il mort ou renversé à terre ? ou tellement blessé qu'il ne puisse agir ? » — « Nenni, monseigneur, si Dieu plaît ! répondit l'autre ; mais il est en dur parti d'armes et aurait grand besoin de votre aide. » — « Messire Thomas, répondit encore le roi, retournez devers le prince, mon fils, et dites de ma part à ceux qui m'ont envoyé que je désire qu'ils laissent l'enfant gagner ses éperons, car je veux, si Dieu le permet, que l'honneur de la journée soit à lui, et à ceux à qui je l'ai confié. »

Cette réponse encouragea les gens de la première bataille.

A l'impétueuse valeur des chevaliers de France, les hommes d'armes à pied d'Angleterre opposent leur froid courage. Pourtant la bataille est assaillie avec une telle vigueur, les efforts des Français sont tels que les Anglais sont en grand danger : ils plient sous quelques points et vont être rompus. Alors accourt la deuxième bataille, celle des comtes de Northampton et d'Arundel, qui se tenait à mi-côte, sur l'aile et en arrière de la première. Il était temps ; ce renfort rétablit le combat. Les Français d'abord ne se découragent point et engagent toute leur gendarmerie ; leur roi, qui a fini par se faire faire place, s'expose comme les autres et a son cheval tué sous lui... Mais rien ne peut triompher de l'opiniâtre bravoure des hommes d'armes anglais. Les deux batailles, réunies alors sous les ordres du prince de Galles, demeurent invincibles. Les comtes d'Alençon, de Flandre, d'Harcourt, d'Aumale, d'Auxerre, de Saint-Pol tombent avec beaucoup des leurs. La chevalerie française jonche le sol de ses hommes et de ses chevaux ; les cavaliers renversés sont égorgés par les coustilliers gallois, cornouailliens et irlandais, qui ne faisaient grâce à personne[1].

Le désordre était à son comble et l'obscurité commençait à envelopper les combattants. Les gens d'armes, écuyers et seigneurs, perdaient leurs maîtres dans la foule et dans la nuit et venaient donner dans les corps anglais. Bientôt entourés, ils tombaient percés de coups. Nul ne fut pris à rançon ni à merci, l'ordre ayant été donné le matin aux Anglais de ne pas faire de quartier, à cause du grand nombre de peuple qui suivait le roi de France...

Dans cette extrémité, Philippe de Valois, le cœur tout endolori de voir ses gens exterminés par une poignée d'Anglais, demanda conseil à messire Jean de Hainaut : « Sire, répondit cet ancien ennemi devenu si loyal serviteur, le meilleur conseil que je puisse vous donner, c'est de vous retirer et de vous mettre en sûreté, car je ne vois plus pour vous de ressource. Vous pourriez, en chevauchant, vous aller jeter au milieu des Anglais et tomber entre leurs mains. » Tout frémissant de colère et de dépit, le roi ne répondit pas. Mais, un instant après, comme il n'avait plus autour de lui que 60 hommes de différentes bannières, seigneurs, chevaliers ou simples écuyers : « Sire, lui dit encore messire Jean de Hainaut, retirez-vous, il en est temps ; si vous avez perdu à cette fois-ci, vous recouvrerez à une autre » ; lors Jean de Hainaut prit par la bride le cheval qu'il avait donné au roi et l'emmena ainsi comme par force. »

Il était nuit. Le bruit de la bataille avait cessé. On n'entendait plus çà et là que les cris de désespoir des hommes de France. Ceux de la même bannière s'appelaient et se répondaient au loin. Les communes, restées simples spectatrices du combat et maintenant saisies de terreur, s'éloignaient à pas précipités. Au centre du cercle sanglant formé par les morts et les mourants, une masse noire restait immobile : c'était le camp d'Édouard... En somme, à peine les Anglais avaient-ils fait dans la journée quelques légers mouvements partiels. Les archers, au début, s'étaient portés dix à douze pas en avant ; le deuxième corps s'était porté au secours du premier, mais le troisième n'avait pas bougé. Il n'y avait donc pas eu 7 000 hommes d'engagés dans tout le cours de la journée du côté des vainqueurs. Le soir, pas un seul Anglais ne se mit à la poursuite des Français ; chacun conserva son rang.

Le lendemain matin, le brouillard était si épais qu'on se voyait à peine à quelques pas. Édouard, cependant, fit partir 500 hommes d'armes et 2 000 archers pour aller à la découverte et savoir si les Français ne s'étaient pas réunis en quelque lieu ; quant à lui, il demeura dans son camp avec le reste de son armée. Précisément, ce dimanche matin, les communes de Rouen et de Beauvais, qui ignoraient le malheur de la veille, étaient parties d'Abbeville et de Saint-Riquier. Ces pauvres gens vinrent se heurter aux éclaireurs d'Édouard. Les Anglais leur coururent sus « et là de rechef y eut grand'bataille et dure ». Les communes, après une vigoureuse résistance, furent massacrées ; s'il eût fait clair, pas un n'eût échappé... Les Anglais poursuivirent leur reconnaissance, pourchassant les Français, pour les empêcher de se

---

1. Ce récit du troisième « *moment* » de la bataille de Crécy est emprunté à peu près textuellement à M. de la Chauvelays (avec lequel la bataille de Poitiers va nous permettre de faire plus ample connaissance), celui de notre auteur étant ici développé au point de devenir quelque peu diffus.

réunir. Beaucoup de ceux de l'armée de Philippe qui s'étaient égarés le samedi furent ainsi surpris le lendemain.

Bien assuré qu'il ne serait plus attaqué, le roi d'Angleterre envoya reconnaître les morts : deux chevaliers furent désignés pour relever les seigneurs, deux hérauts pour examiner les armes 'armoiries', deux clercs pour écrire les noms. On fit savoir par tout le pays qu'il était accordé une trève de trois jours pour enterrer les cadavres. Après avoir ouï la messe, Édouard était revenu avec son jeune fils au lieu où tant de héros avaient péri. Là, entouré de cadavres, il aurait dit au prince de Galles : « Que vous semble, mon fils, d'une bataille ? Croyez-vous que ce soit un jeu bien agréable¹ ? » Il partit ensuite, se dirigeant vers Montreuil; ses maréchaux marchèrent sur Hesdin... Le dimanche 3 septembre, une semaine après la bataille de Crécy, le roi d'Angleterre mettait le siège devant la forte ville de Calais.

Le soir de Crécy, Philippe de Valois, arraché du champ de bataille par Jean de Hainaut et accompagné seulement de quelques serviteurs fidèles, frappait à la porte du château de la Broye, sur les bords de l'Authie. A la demande du seigneur de ce lieu, venu lui-même à la guérite du rempart, un falot à la main, le roi aurait répondu, d'après une légende longtemps accréditée : « Ouvrez, ouvrez, c'est la *fortune* de la France! » Froissart lui fait dire plus simplement : « C'est l'*infortuné* roi de France. » — parole moins fière, mais plus conforme à la réalité de la situation.

Par bonheur pour Philippe, Édouard n'était pas en mesure de poursuivre immédiatement le cours de ses succès : il n'avait pas une place à laquelle il pût s'appuyer, pas un port par où il pût recevoir des renforts d'Angleterre. Ce fut par nécessité, au moins autant qu'en raison des avantages que pouvait lui assurer, dans cette vue même, la possession de Calais, qu'il alla mettre aussitôt le siège devant cette ville. On sait que ce siège dura onze mois, qui suffirent à peine au roi de France pour rassembler une nouvelle armée. Celle-ci, du moins, ne fut prête qu'en juillet 1347 et, même alors, se contenta de faire de simples démonstrations qui ne pouvaient inquiéter beaucoup Édouard, ni retarder la chute de la place. Avec la prise de Calais, qu'immortalisa le touchant dévouement d'Eustache (de Saint-Pierre) et de ses cinq compagnons, prend fin la première période de la guerre de Cent Ans. Le terrible fléau qui commençait alors à ravager la France, l'Angleterre et l'Europe tout entière, la peste noire, rendait bien difficile la continuation des opérations, lorsque la médiation du pape Clément VI amena la conclusion, entre les deux adversaires, d'une trève dont la rupture ne devait avoir lieu qu'en 1355.

A cette époque, Philippe de Valois est mort depuis cinq ans, et Jean, dit

1. *Chronique de Tramecourt* (manuscrite).

le Bon, son fils, porte la couronne. Mais, au lieu du prince habile et prudent qu'il faudrait à la France pour réparer les désastres et les hontes du règne précédent, c'est entre les mains d'un roi chevalier, fort brave, mais incapable et ignorant, — d'un « batailleur à courtes vues », suivant une expression fort juste, — que ses destinées sont de nouveau remises. Le résultat ne saurait se faire attendre bien longtemps : après Crécy, vient Poitiers ; après la défaite, la débâcle.

III

Poitiers

(19 SEPTEMBRE 1356)

JEAN LE BON
D'après le portrait original conservé à la Bibliothèque Nationale.

LE PRINCE NOIR
Bibliothèque Nationale, Estampes.

L A France et l'Angleterre étaient séparées par des intérêts trop opposés et déjà aussi par trop de haine pour que la trêve conclue après Crécy fût longtemps observée. Déjà, en 1350, Philippe de Valois vivant encore, le commandant français de Saint-Omer, Geoffroy de Charny, avait essayé de s'emparer de Calais par surprise, et la guerre avait failli se rallumer. Mais ce fut surtout à partir de l'avènement de Jean le Bon que la reprise en devint inévitable, le nouveau roi, imbu des idées de chevalerie si fort honneur alors, ne devant avoir de repos qu'il n'eût vengé la sanglante défaite éprouvée à la fin du règne précédent.

Jean le Bon méritait bien son surnom, qui, dans la langue du moyen âge, signifiait plutôt le *brave* : valeureux et magnifique, il regardait le courage militaire, la prodigalité et aussi la galanterie comme les qualités essentielles, sinon uniques d'un roi ; mais, d'une nature brutale et d'un esprit borné, il ignorait l'art de combattre, aussi bien que celui de gouverner, et le soldat intrépide n'était rien moins que doublé en lui d'un habile général. C'est à tort cependant qu'on l'a accusé d'imprévoyance en même temps que d'incapacité au point de vue militaire. S'il n'avait pas compris grand'chose, selon toute apparence, aux procédés tactiques déjà couramment employés par les Anglais, il avait du moins reconnu la supériorité de leur organisation sur la nôtre, et l'on n'a pas accordé assez d'attention à l'ordonnance du 30 avril 1351, qui avait pour but de remédier aux vices les plus criants des armées féodales. Entre tous les écrivains militaires, M. de la Chauvelays est, à notre connaissance, le seul qui ait suffisamment fait ressortir, dans sa *Tactique dans les guerres du moyen âge*, l'importance de cette « très belle » ordonnance, par laquelle nous voyons le roi Jean s'occuper, le premier, de lever une infanterie soldée et triée avec soin, pourvue en partie d'armes de main et en partie d'armes de trait. Il l'organise par *connétablies* ou compagnies régulières de 25 à 30 hommes, en stipulant que chaque « arbalétrier, pour y être admis, devra prouver son adresse au commissaire de la « montre ». D'autre part, il ne met pas moins de soin à recruter et à discipliner sa cavalerie, qu'il forme en *grosses routes* ou escadrons de 25 à 80 « lances fournis » suivant la qualité du capitaine — chaque « lance » se composant d'un homme d'armes et de son « varlet-haubergeon », c'est-à-dire de deux chevaux. Toutes ces réformes ne s'appliquent naturellement qu'aux corps levés en vue et au moment de la guerre, et nous sommes encore loin des armées permanentes. Mais n'est-ce pas déjà un premier progrès que cette institution de troupes soldées, qui permettra de choisir dans les milices féodales les éléments les plus guerriers, et aussi de pouvoir les conserver tout le temps nécessaire ?

Cette réorganisation accomplie, le roi Jean devait se croire en mesure d'affronter la lutte contre l'Anglais. Aussi entra-t-il volontiers en campagne lorsque les intrigues de Charles le Mauvais, roi de Navarre, ramenèrent en France Édouard III. Ce ne fut pas toutefois avec ce dernier qu'il allait avoir à se mesurer, le roi d'Angleterre ayant été presque aussitôt rappelé dans ses États, de nouveau menacés par les Écossais, mais bien contre le fils d'Édouard, le prince de Galles, plus connu sous le nom de *Prince Noir*, qu'il devait à la couleur de son armure. Après avoir fait la conquête de l'Aquitaine, le prince de Galles avait résolu de traverser toute la France occidentale pour appuyer l'insurrection soulevée en Normandie par Jean d'Harcourt et par Charles le Mauvais. Parti de Bordeaux au mois d'août 1356, avec une quinzaine de mille hommes, il avait traversé, en les dévastant, le Périgord, le Quercy, l'Auvergne, le Limousin, le Berry, et était parvenu, le 3 septembre, à Romorantin, qu'il avait incendié. Mais le roi Jean s'était porté de son côté à Chartres, où il avait convoqué toute sa noblesse, et, à son approche, les Anglais avaient battu en retraite sur la Touraine et le Poitou, ne cherchant qu'à regagner Bordeaux par le chemin le plus court. Bientôt l'armée française, dont le gros avait passé la Loire à Blois, ne tarda pas à être sur les traces du Prince Noir ; mais, dans son ardeur, — et dans son inhabileté à s'éclairer, — elle le dépassa, le prévint à Poitiers et fut fort étonnée d'apprendre qu'il avait rangé son armée en bataille à deux petites lieues en deçà de cette ville.

Longtemps, les archéologues ont disputé sur le terrain de la rencontre si funeste à la France : quelques-uns ont persisté à le chercher au nord de Poitiers, près du village de Beaumont-sur-Clain ; mais il a été péremptoirement démontré dans divers mémoires publiés par la *Société des Anti-quaires de l'Ouest* que c'est au sud-est de la ville, sur le territoire des communes de Beauvoir et de Nouaillé, qu'a eu lieu le choc décisif entre le Prince Noir et le roi Jean. On est même parvenu à indiquer avec la plus grande précision la position occupée par les Anglais : c'est le petit plateau qui s'élève entre le village de Beauvoir et la vallée profondément encaissée du Miosson, affluent du Clain, et dont les pentes étaient alors couvertes de vignes et hérissées de haies « espineuses, drues et fortes ». Le front de

CHAMP DE BATAILLE DE POITIERS
Extrait de la carte de l'état-major au 1 : 80 000.

l'armée anglaise, adossée au bois et à l'abbaye de Nouaillé, s'étendait de la ferme appelée aujourd'hui la Cardinerie — « autrefois Mauperluis », comme le porte la carte de l'état-major — jusque vers les hameaux des Bordes et de Caderouse (ou de Cadrouse). L'armée française, venant du côté de Poitiers, s'avançait dans la direction du sud-est, sa droite au ravin du Miosson, sa gauche à la voie romaine que longe aujourd'hui la ligne ferrée qui mène au Dorat, d'une part, et au Blanc, de l'autre. Tout près de la station de Mignaloux-Nouaillé, où elle se bifurque, à 800 mètres au nord de la Cardinerie, se trouve « le Champ de la Bataille », théâtre de rudes engagements pendant la seconde phase du combat : la charrue y a bien longtemps ramené des débris d'armures et des ossements humains, recherchés avidement par les

4

Anglais, qui manquent rarement, lorsqu'ils passent par Poitiers, d'aller visiter *leur* champ de bataille.

Bien conseillé par Jean Chandos et James Audley, ses principaux lieutenants, le prince de Galles avait partagé son armée en trois « batailles » : il commandait en personne celle du centre, ou le corps de bataille proprement dit ; la première, ou l'avant-garde, était aux ordres des comtes de Warwick et de Suffolk ; la troisième, ou l'arrière-garde, sous le commandement des comtes de Salisbury et d'Oxford. De son côté, le roi Jean, qui avait fait reconnaître la position des Anglais, le 17 septembre, par Eustache de Ribemont et trois autres chevaliers, avait disposé ses troupes en quatre batailles, une à cheval et trois à pied. La première était aux ordres du connétable Gautier de Brienne, duc d'Athènes, et se fractionnait elle-même en deux corps, dont un d'avant garde, formé de 300 chevaliers d'élite et conduit par les maréchaux de Clermont et d'Audrehem : c'était celui qui était destiné à engager l'action, à disperser les archers anglais embusqués derrière les haies et à ouvrir passage au reste de l'armée. Les trois « batailles » à pied, échelonnées en arrière, avaient pour chefs : l'une, le duc de Normandie, fils aîné de Jean le Bon ; l'autre, le duc d'Orléans, frère du roi ; la dernière, le roi lui-même, ayant auprès de lui Philippe, son plus jeune fils, et tous les chevaliers de l'ordre récemment créé de l'Étoile, c'est-à-dire la fleur de la noblesse française. Il est à noter que, la veille, Jean avait congédié l'infanterie des communes, dont il faisait peu de cas, ne gardant avec lui que ses gens d'armes et ses compagnies soldées. Son armée n'en restait pas moins forte d'au moins 40 000 hommes — d'autres disent même 50 000 — et, dans tous les cas, bien supérieure à l'armée anglaise, qui comptait 3 000 hommes d'armes, 7 000 archers et 5 à 6 000 *bidaux* ou « brigands » (fantassins basques et gascons), soit en tout 16 000 soldats au maximum.

La journée du 18 septembre, qui était un dimanche, se passa en pourparlers. Deux légats du pape Innocent VI, les cardinaux de Talleyrand et Capoccio, s'étaient interposés pour amener une suspension d'hostilités et avaient vivement insisté auprès du Prince Noir pour qu'il acceptât les conditions du roi de France. Mais les prétentions de ce dernier étaient vraiment exagérées. Jean ne se contentait pas de la restitution de toutes les conquêtes opérées en dernier lieu par les Anglais : il voulait encore que son adversaire se livrât lui-même en otage avec 100 de ses principaux chevaliers. Le Prince répondit qu'on ne le prendrait, lui et ses hommes, que les armes à la main, et les négociations furent rompues. Après réflexion cependant, il pensa qu'il ferait mieux de se dérober, et déjà son avant-garde était presque toute au delà du Miosson lorsque l'action s'engagea, le lundi 19 septembre, vers six heures du matin. A midi, la défaite des Français était complète : 8 000 d'entre eux gisaient à terre, morts pour la plupart; 2000, dont le roi, avaient été faits prisonniers; la poursuite devait coûter encore la vie à 3000 hommes. Le vainqueur n'avait perdu que 1 900 hommes d'armes et 1 500 archers.

Toute réserve faite sur la part qui doit revenir à Jean Chandos, un des hommes de guerre les plus remarquables du moyen âge, on peut dire que le prince de Galles s'est montré encore plus habile à Poitiers que son père à Crécy. Sa position était plus forte, mais aussi son infériorité plus sensible; néanmoins, il sut passer, en temps opportun, de la défensive à l'offensive et faire remonter à cheval toute sa gendarmerie pour convertir en déroute l'échec éprouvé par l'ennemi dans son attaque de front. Quant au roi Jean, il avait cru expédient de transformer une grande partie de ses hommes d'armes en infanterie de ligne : il n'avait certainement pas tort, en principe, des positions défensives comme celles que les Anglais excellaient à choisir et à retrancher étant difficilement abordables pour la cavalerie. Mais la bouillante valeur de la noblesse française s'accommodait mal de ce mode de combat, qui, dans l'offensive, convenait encore moins à son équipement : alourdis par leurs pesantes armures, les chevaliers étaient hors d'haleine au moment du choc, et tombaient sous les coups redoublés des archers anglais, si prompts et si adroits à lancer leurs flèches. La victoire fut due sans contredit à ces derniers, non moins qu'aux bonnes dispositions adoptées par le Prince Noir, et si le malheur nous poursuivit si longtemps encore sur les champs de bataille, peut-être est-ce surtout parce que nous fûmes toujours hors d'état d'opposer à ces redoutables « gens de trait » une troupe d'égale valeur.

M. de la Chauvelays, que nous avons cité plus haut et que nous aurons à citer encore, a fort exactement raconté la bataille de Poitiers dans LA TACTIQUE DANS LES GUERRES DU MOYEN AGE *(Paris, 1893, chez Lavauzelle) : c'est de ce remarquable ouvrage que sont extraites les quelques pages qui suivent.]*

Arrivé aux plaines qui s'étendent en avant de la Cardinerie et de Beauvoir, au pied du plateau occupé par les Anglais, le roi de France, dont les forces étaient très supérieures à celles du prince de Galles, ordonna à Eustache de Ribemont, Jean de Landas, Guichart de Beaujeu et Guichart d'Angle de reconnaître les positions ennemies. Les quatre chevaliers ne contournèrent pas le plateau de Maupertuis; n'ayant en vue qu'une attaque directe et de vive force, ils reconnurent seulement la position du campement anglais qui faisait face à l'armée française. S'ils avaient fait le tour du plateau, ils auraient vu que le Miosson ne le bornait qu'en arrière et sur la gauche, et que, changeant brusquement de direction à l'est, il laissait à découvert le flanc droit ennemi; ils auraient vu également que, de ce côté, il existait un large chemin conduisant au plateau et que, par conséquent, il était possible de tourner sur sa droite la position de l'adversaire. Ne l'ayant pas fait, Ribemont, de retour de la reconnaissance et parlant au nom des quatre chevaliers, ne s'occupa que de l'attaque de front ; il se borna à dire que les Anglais, dont il évalua mal le nombre, et dont il déclara, du reste, n'avoir vu et reconnu que la première bataille, pouvaient être estimés 2000 hommes d'armes, 4000 archers et 1500 brigands. Il ajouta qu'ils étaient « en forte place » et qu'il fallait, pour les joindre, prendre un chemin direct et étroit qui conduisait de front au plateau. Il constata que cette voie bordée de haies et de buissons avait été garnie des deux côtés d'archers ; on ne pouvait, ajouta-t-il, arriver à l'ennemi que par ce chemin et sous les coups de ces archers. Le roi lui ayant demandé comment il conseillait d'attaquer, Ribemont parla ainsi : « Il faudra prendre 300 des nôtres, preux chevaliers, hardis, tous bien armés et montés sur fleur de coursiers, qui chargeront vigoureusement, sans épargner eux ni leurs montures. Ces 300 gens d'armes devront ouvrir et dérompre les archers d'Angleterre, et puis nos batailles qui sont grandes et grosses et composées de braves gens d'armes devront suivre vivement à pied, car il y a tant de vigne que les chevaux ne pourraient s'en tirer. » — « C'est le meilleur conseil que je sache, par l'âme de mon père, répondit le roi de France ; Messire Eustache, vous avez bien parlé : il sera fait comme vous l'avez dit... »

L'armée étant disposée comme l'avait proposé le sire de Ribemont, le signal de l'attaque est donné par Gautier de Brienne ; les maréchaux et leurs 300 cavaliers se précipitent à fond de train dans le défilé. Alors, des deux côtés du chemin, et bientôt aussi des hauteurs où se tiennent encore les archers rangés en herse, une grêle de longues flèches, de *sajettes barbues*, est décochée ; elle tombe épaisse sur ces cavaliers pressés. Les chevaux refusent d'avancer, se cabrent, se dérobent, se traversent, font tête à queue. Atteints par les traits, ils se renversent ou tombent en écrasant leurs cavaliers, ou bien les jettent à terre, ou encore les emportent en bouleversant, en brisant les rangs qui les suivent et s'opposent à leur fuite. Les cavaliers qui rompent les haies, ceux qui atteignent le sommet du défilé font à peine impression sur les archers ; ils arrivent trop peu nombreux pour enfoncer la bataille des hommes d'armes de l'arrière-garde anglaise. Une partie de ces hommes d'armes ennemis est à pied, l'autre est remontée à cheval en voyant l'adversaire engager le combat avec sa cavalerie.

Dès qu'il a appris l'attaque française, le prince de Galles, dont l'avant-garde a déjà passé le Miosson, est accouru pour soutenir l'arrière-garde engagée. Il amène à son aide le corps de bataille, envoie l'ordre aux maréchaux de Warwick et de Suffolk de repasser la rivière et de venir reprendre leurs positions de combat. Au moment où le prince s'approche du lieu de l'action, le brave James Audley lui demande la faveur d'être le premier des hommes d'armes à porter un coup à l'adversaire et de se rendre au plus fort du danger. Alors, se détachant du corps de bataille, il court à la tête de ses quatre écuyers, se placer en avant des lignes de l'arrière-garde anglaise ; il prend la direction des gens d'armes demeurés à cheval en cette bataille, et engage l'action contre les quelques cavaliers des maréchaux qui ont pu atteindre le haut du défilé et essaient de déboucher sur le plateau. Bientôt le corps de bataille et l'avant-garde des Anglais, revenus sur leurs pas, ont repris leurs dispositions de la veille ; dans chaque bataille, les archers sont sur deux rangs en première ligne ; les brigands ou bidaux pyrénéens se tiennent en seconde ligne, prêts à s'ouvrir et à se rejeter au besoin derrière les hommes d'armes à pied qui, en troupe serrée, forment la réserve. Les mieux montés de la gendarmerie, ceux dont les chevaux sont bardés, demeurent à cheval sur l'aile de leurs batailles respectives, prêts à recevoir la cavalerie adverse ou à charger les batailles à pied, si les unes ou les autres passent le défilé ou forcent les haies. Sur le conseil de James Audley et de Jean Chandos, le Prince Noir complète ces dispositions en plaçant sur une hauteur, à sa droite, une embuscade de 300 hommes d'armes et de 300 archers, les uns et les autres à cheval. Des bois, des arbres et des haies doivent dissimuler aux Français la marche de cette troupe et lui permettre de tomber à l'improviste sur le flanc gauche de la bataille du duc de Normandie, qui se tient au pied de la pente.

Tandis que le prince de Galles fait rentrer en lice ses deux premières batailles et les reforme pour le combat, l'action se continue dans le défilé où les plus entreprenants des cavaliers des maréchaux d'Audrehem et de Clermont ont été refoulés sur le reste de leur division. James Audley, qui les a empêchés de prendre pied sur le plateau, entre à leur suite dans le chemin creux avec ses quatre écuyers et d'autres cavaliers. Des brigands gascons se glissent en même temps dans l'étroit passage; et, comme les Gallois, Cornouailliens et Irlandais à Crécy, éventrent les chevaux des hommes d'armes français et égorgent les cavaliers à terre. Gens d'armes à cheval d'Audley, fantassins basques et gascons achèvent l'œuvre des archers. En vain Arnoul d'Audrehem combat-il en vaillant chevalier; il est blessé et fait prisonnier. L'autre maréchal, le brave Jean de Clermont, est renversé et tué. Les survivants de l'escadron des 300 gens d'armes se replient en désordre sur la troupe des cavaliers allemands aux ordres des comtes de Sarrebrück et de Nassau, qui forment la seconde ligne de la bataille du connétable. James Audley et le chevalier d'Auberchicourt les suivent, et ce dernier, dans son ardeur, va se faire prendre par les soldats à pied placés en soutien de la troupe des maréchaux.

A la vue de la victoire des siens dans le défilé, Chandos, qui est resté auprès du Prince, donne le signal aux soldats embusqués sur la droite. Les 600 cavaliers tombent à bride abattue sur le flanc gauche de la bataille du duc de Normandie. Cette bataille se courbe, commence à s'ouvrir et à se rompre sous ce choc impétueux. Chandos voit l'hésitation des Français, il comprend qu'il ne faut pas leur laisser le temps de se reconnaître. « Sire, dit-il au prince, en avant! la journée est vôtre. Adressez-vous au roi de France : là sera le fort de l'action; par vaillance, il ne fuira pas et restera votre prisonnier. Mais en avant! Vous avez dit, tout à l'heure, qu'on vous verrait bon chevalier! » — « En avant, répond Édouard, vous ne me verrez pas reculer aujourd'hui. »

Au signal de Chandos, tous les cavaliers, hommes d'armes, archers montés ou autres se remettent en selle. Une partie des Anglais franchit le défilé à la suite des vaincus; une autre partie débouche par la droite, du côté où sont déjà sortis les 600 cavaliers embusqués; archers anglais à pied, brigands pyrénéens descendent en courant la rampe de la colline. Les Anglais qui franchissent le défilé se trouvent en face des cavaliers allemands et des gens d'armes français à cheval, débris de l'escadron des maréchaux repliés sur ces Allemands. Les archers anglais criblent de leurs flèches ces cavaliers déjà démoralisés. Les gens d'armes anglo-gascons les chargent ensuite au galop, aux cris de *saint Georges et Guyenne*! Les Allemands sont écrasés. Alors l'armée française n'a plus de cavalerie, et, contrairement à ce qui s'est passé jusqu'ici dans les batailles entre les deux nations, toute la gendarmerie de France à pied va combattre toute la gendarmerie d'Angleterre à cheval.

Les hommes d'armes et autres cavaliers français ont, en effet, mis pied à terre depuis le commencement de l'engagement ; pour combattre en fantassins, ils ont retaillé leurs lances à la longueur de cinq pieds ; les pages qui tiennent les chevaux sont en arrière et vont bientôt s'enfuir devant l'ouragan de cavaliers qui, du haut du plateau, s'abat sur l'armée française. Beaucoup d'hommes d'armes anglais, ceux au moins qui n'ont pas quitté leurs chevaux durant la bataille, ont conservé la longueur de leur lance. On est en rase campagne et les Anglais à cheval, pourvus, en partie au moins, d'une arme plus longue, soutenus par d'excellents archers, ont tout avantage contre une infanterie improvisée qui inaugure, dans d'aussi mauvaises conditions, une tactique nouvelle pour elle en bataille rangée.

A la vue de la défaite des cavaliers allemands, le trouble s'empare de la bataille du duc de Normandie, à ce moment chargée de nouveau avec furie par les 600 cavaliers de l'embuscade, que va bientôt soutenir une masse plus forte. Découverte par la déroute de la bataille de cavalerie, menacée en face, assaillie sur son flanc gauche, la première bataille à pied est bien ébranlée, quand une sorte de défaillance lui porte le dernier coup. Le roi avait envoyé l'ordre de mettre en sûreté ses fils, et 800 hommes d'armes abandonnent le champ de bataille pour les escorter. Ce départ disloque et dissout la division ; les lâches fuient et les plus braves vont rejoindre le corps de bataille ou réserve que commande le roi. A ce moment, la plaine est inondée par toute la cavalerie anglo-gasconne. En même temps que la fraction sortie du défilé a attaqué de face l'armée française et culbuté la cavalerie allemande, la fraction, plus nombreuse encore, qui a débouché par la droite à la suite des 600 cavaliers se répand sur le flanc gauche des batailles françaises, et vient même les prendre à dos. La deuxième bataille à pied, celle du duc d'Orléans, encore intacte, mais menacée ainsi de front et de flanc, recule et se retire derrière la bataille du roi. Ici, encore, un certain nombre de braves hommes d'armes, plutôt que de fuir, vont grossir les rangs des troupes d'élite qui défendent leur prince et l'oriflamme. Ce sont donc les guerriers de la bataille de Jean, ou pour mieux dire tous les vaillants de l'armée réunis en une seule bataille, qui vont supporter le choc des vainqueurs envahissant le champ de bataille de deux côtés à la fois.

Le roi ne se laisse point intimider par le danger, et, l'oriflamme et ses bannières en avant, il s'oppose aux Anglais, la hache d'armes à la main, à la tête de ses troupes. Les flèches ennemies déciment la bataille française ; la gendarmerie anglo-gasconne la charge ensuite sur plusieurs points. Un violent choc se produit ; les Anglais crient toujours : « Saint Georges et Guyenne » ! les Français répondent : « Montjoye et Saint-Denis » ! Chevaliers et écuyers de la bataille royale résistent vaillamment et soutiennent quelque temps sans se rompre l'effort de leurs adversaires à cheval : ce n'est point sans peine que ceux-ci entrent dans les rangs français ; mais enfin l'adresse des archers anglais, les charges furieuses des cavaliers anglo-gascons aux longues lances triomphent de la vaillante phalange des hommes d'armes de France à pied. La bataille royale est ouverte en plusieurs endroits ; la gendarmerie à cheval d'Édouard y pénètre ; elle est suivie des archers et des bidaux. La résistance, toutefois, ne cesse point encore. Nos chevaliers démontés combattent les hommes d'armes ennemis à cheval, d'abord avec la lance, puis avec la hache d'armes et l'épée. Après l'ouverture de leur bataille, ils se pelotonnent et la plaine devient le théâtre d'une foule d'actions séparées, où des troupes de nos guerriers succombent les uns après les autres. Les braves gentilshommes français vendent chèrement leur vie. Le plus héroïque de tous ces groupes, le plus assailli est celui qui entoure le roi. La hache d'armes au poing, Jean combat si vaillamment que, dit Froissart, si le quart de ses gens en eût fait autant, la journée eût été pour la France. Aux côtés du roi, se tient son fils, âgé de quatorze ans, Philippe, que sa valeur, en ce jour, fit surnommer le Hardi. Attentif aux dangers que court son père, le jeune prince lui crie à chaque instant : « Père, gardez-vous à droite ! Père, gardez-vous à gauche ! » *Le roi fait de sa main merveilles d'armes.* Les chevaliers de l'ordre de l'Étoile meurent sur place à ses côtés. Geoffroy de Charny tombe pour ne plus se relever, l'oriflamme entre ses mains. Partout ailleurs, la bataille a cessé ; partout ailleurs les autres groupes français ont été écrasés. Les gens d'armes qui les composaient sont morts ou prisonniers, et le roi de France tient encore. A la fin, entouré d'ennemis, resté le dernier combattant du champ de bataille, le roi se rend à Denis de Morbeke, gentilhomme flamand qui sert sous le Prince Noir, et, tout vaincu qu'est l'héroïque Jean, Édouard de Galles le proclame le plus brave homme d'armes de la journée.

Le succès des Anglais passait à tel point leurs espérances qu'ils ne songèrent pas à attaquer Poitiers ni aucune autre place : « estimant grand exploit, s'ils pouvaient mener le roi Jean et toute leur conquête en la cité de Bordeaux », ils se hâtèrent de reprendre le chemin de la Guyenne. En véritable chevalier qui ne croit rien avoir à se reprocher du moment qu'il a fait bravement son devoir sur le champ de bataille, Jean passa tout l'hiver à Bordeaux, au milieu des joûtes et des festins, se consolant de la ruine de son royaume par les éloges que le vainqueur prodiguait à sa valeur. On le conduisit ensuite en Angleterre, où le plus brillant accueil et la plus splendide hospitalité achevèrent de lui faire oublier sa couronne perdue et sa patrie absente.

Une trêve de deux ans avait bien été conclue après Poitiers ; mais, à la guerre contre l'Anglais, avaient succédé, en France, l'anarchie et la guerre civile. Les souffrances du peuple était si grandes, la misère si générale, qu'on s'explique aisément cette formidable insurrection des paysans contre les nobles qui a reçu le nom de *Jacquerie* : bourgeois et seigneurs la noyèrent dans le sang, et d'épouvantables boucheries terrifièrent le pays. Enfin, en 1359, Jean le Bon, fatigué de sa captivité, conclut avec Édouard III ce honteux traité dont la lecture faite à Paris, dans la grande cour du palais, par le chancelier Guillaume de Dormans, arrache à tous les assistants un cri d'indignation : pour prix de son inutile liberté, Jean promettait une rançon de quatre millions d'écus d'or et cédait au roi d'Angleterre toute la moitié occidentale de la France, toute la région maritime, tous les ports ! Le Dauphin, régent pendant la captivité de son père, fut d'accord avec les États généraux pour refuser la ratification de ce pacte infâme et les hostilités reprirent. Ce fut une toute autre guerre que celle à laquelle les Anglais étaient habitués : une campagne strictement défensive de notre part, pendant laquelle ils errèrent vainement autour des places bien fermées, où l'on avait tout fait rentrer, corps de troupes et populations, approvisionnements et récoltes. Après quelques mois de promenades aussi vaines que triomphales à travers les campagnes désolées, où ils ne rencontraient ni hommes, ni vivres, nos ennemis, sur le point de périr de faim, s'estimèrent heureux de signer avec le Dauphin le célèbre traité de Brétigny : la France devait payer encore trois millions pour revoir son roi ; mais, du moins, elle n'abandonnait que le pays au sud de la Loire, et bientôt elle allait pouvoir se refaire et respirer sous le gouvernement de Charles V, période de réparation et de repos entre les désastres du règne de Jean le Bon et les calamités, plus affreuses encore, de celui de Charles VI.

IV

Azincourt

CONNÉTABLE
D'ALBRET.
Bibliothèque Nationale.
Estampes.

HENRI V.
National Gallery.

L A sagesse et l'habileté de Charles V avaient cicatrisé les plaies du royaume, si tristement éprouvé sous les deux règnes précédents : l'ordre avait été rétabli à l'intérieur, l'autorité royale affermie, l'unité territoriale reconstituée. Sans goût ni aptitude pour la guerre, mais sachant se servir de ceux qui s'y entendaient, tels que l'illustre Du Guesclin, le fils de Jean le Bon avait si bien manœuvré que, sans grandes opérations et sans batailles générales, il avait fini par rentrer en possession de presque toutes les provinces perdues par son père. A sa mort, les Anglais ne possédaient plus guère sur le continent que Bordeaux, Bayonne et Calais.

Ce que Charles V avait ainsi regagné sur l' « ennemi héréditaire », son fils, malheureusement, devait bientôt le reperdre. Ses premières guerres furent pourtant heureuses, et peu s'en fallut qu'en 1386, l'Angleterre ne se vît à son tour envahie et rançonnée. Excité par le connétable de Clisson, qui disait les Anglais « de moitié plus faciles à vaincre chez eux qu'au dehors », le jeune Charles VI prépara l'expédition la plus formidable qui ait menacé ce peuple jusqu'à celle de Napoléon ; il avait réuni dans le port de l'Écluse tous les navires qu'on avait pu trouver, depuis les côtes de l'Espagne jusqu'à celles de la Prusse, et, sur ces 1387 bâtiments, devaient s'embarquer 20 000 chevaliers ou écuyers et 20 000 archers, sans compter « un nombre infini de menu peuple et de *gros varlets* ». L'entreprise échoua par la mauvaise volonté des oncles du roi, dépités de ce qu'elle eût été conçue et organisée par d'autres que par eux, et ce fut la France qui, de nouveau, connut les malheurs et les hontes de l'invasion étrangère.

Celle-ci ne devait se produire, toutefois, qu'après une longue accalmie imposée par les dissensions intestines où la minorité de leurs souverains plongeaient en même temps les deux royaumes. Mais l'Angleterre ne tarda pas à en sortir, lorsqu'Henri IV, de Lancastre, eût détrôné Richard II, tandis que la France, sous un roi qui n'était sorti de tutelle que pour tomber en démence, se trouvait plus que jamais déchirée par les factions. La lutte des Armagnacs et des Bourguignons l'avait fait descendre au degré d'abaissement et de misère, quand on apprit qu'Henri V, qui venait de succéder à son père Henri IV, faisant revivre inopinément les prétentions d'Édouard III, revendiquait la couronne de France et, pour commencer, réclamait la restitution immédiate de toutes les provinces cédées naguère par le traité de Brétigny. Repoussé fièrement par les princes français, il partait aussitôt de Southampton, avec 6000 lances et 24000 archers, abordait, le 14 août 1415, à l'embouchure de la Seine, et, trois jours après, mettait le siège devant Harfleur. La place fut vaillamment défendue par les sires de Gaucourt et d'Estouteville; mais, comme l'armée royale, réunie du côté de Vernon, ne fit aucun mouvement pour la sauver, elle fut obligée de se rendre le 22 septembre, et vit ses habitants aussi bien que sa garnison envoyés prisonniers en Angleterre.

Cette conquête, il est vrai, coûtait cher aux Anglais : les fatigues du siège et les maladies engendrées par des chaleurs excessives avaient réduit de près de moitié l'armée d'Henri V. Celui-ci reconnut l'impossibilité de mener à bien une campagne offensive et se résigna à rentrer en Angleterre. Mais, déjà, une partie des navires qui l'avaient amené (ceux qu'il avait tirés de la Zélande et de la Hollande) étaient retournés dans leur pays, et les autres avaient été dispersés par une série de tempêtes; force lui était donc bien de revenir par une autre voie. Il résolut, comme jadis Édouard III, de gagner Calais par la Picardie et l'Artois, en franchissant également la Somme au gué historique de Blanquetaque, près de Saint-Valery. Cependant, un prisonnier lui ayant affirmé que ce passage était gardé par 6000 hommes, il se rabattit par le Beauvoisis et l'Amiénois pour en chercher un autre, se heurta partout, en remontant la rivière, à des ponts ou à des gués barrés, et finit par se trouver dans une situation des plus critiques.

Il n'en fût pas sorti si les Français avaient su mettre à profit leur supériorité numérique pour l'acculer à la Somme. Depuis Rouen, en effet, il était suivi de près par l'armée française, forte de 14000 lances et de 40000 hommes de pied, aux ordres de Charles d'Albret, connétable de France. Mais celui-ci, homme de guerre médiocre, laissa échapper les meilleures occasions d'engager le combat et s'en alla attendre son adversaire à Péronne, où, à la vérité, les Anglais, repoussés sur tous les points, ne pouvaient se dispenser de passer. Seulement, il arriva cette fois encore ce qui s'était produit avant Crécy : peu soucieux de voir triompher les Armagnacs, alors maîtres du pouvoir, le duc de Bourgogne paya, dit-on, un paysan pour indiquer à Henri V le gué de Bethencourt, près de Ham. Comme il fallait franchir non seulement la rivière, mais encore les marais qui la bordent, les Anglais y jetèrent les échelles, les portes et les volets du village; le connétable n'apprit leur passage, auquel il lui eût été si facile de s'opposer victorieusement, que lorsqu'ils étaient déjà sur la rive gauche et retranchés sur les hauteurs d'Athies. D'Albret prit alors le parti d'aller chercher lui-

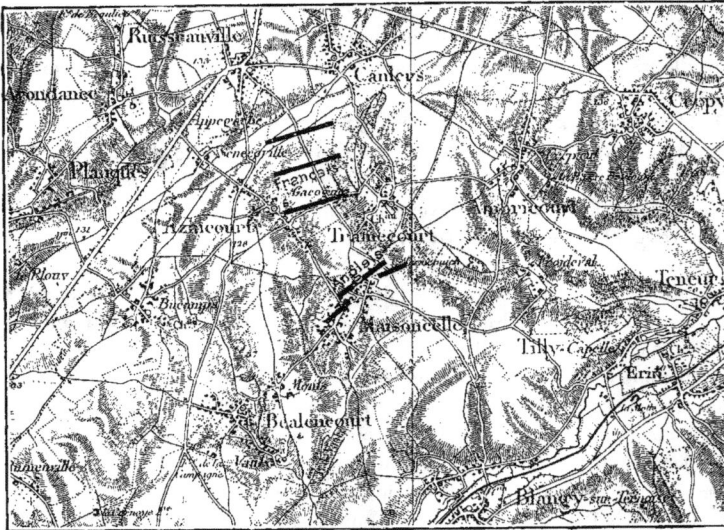

CHAMP DE BATAILLE D'AZINCOURT.
Extrait de la carte de l'État-major au 1 : 80000.

même, dans le comté de Saint-Pol, quelque bonne position où il pût leur barrer la route de Calais.

Pourquoi le connétable choisit-il de préférence celle d'Azincourt, à 12 kilomètres au nord-est d'Hesdin? On ne s'en rend pas très bien compte quand on la visite aujourd'hui, et on se demande pourquoi, au lieu de s'arrêter dans cette plaine assez fortement ondulée, mais très argileuse, et que des pluies un peu prolongées rendent, comme alors, presque impraticable aux mouvements des armées, d'Albret ne s'est point porté plutôt sur les hauteurs qui la bordent du côté du sud, d'Anvin à Blangy et à Rollencourt. N'ayant pu surprendre les Anglais au passage de la Somme, il pouvait prendre sa revanche au passage de la Ternoise, rivière de troisième ordre, mais néanmoins assez large et assez profonde pour ne pouvoir pas être aisément franchie en dehors des ponts. Les hauteurs dont nous venons de parler sont particulièrement dominantes et d'abord difficile aux environs de Blangy, où les Anglais arrivèrent le 24 octobre, dit Monstrelet « en grande disette de boire et de manger, et très fort fatigués de chevaucher ou d'aller à pied, car il faisait très laid temps de pluie et de vent ». Dans ces conditions, ils n'eussent certainement pas enlevé une telle position avec la même commodité que celle d'Azincourt, devant laquelle ils parurent le lendemain, refaits et reposés. D'ailleurs, le plateau où ils passèrent la nuit, à Maisoncelles et aux abords, leur était singulièrement plus favorable pour prendre leur ordre de bataille que celui où, en face, s'étaient établis d'avance leurs adversaires, ne fût-ce qu'à cause de la circonstance locale rapportée par les historiens : « Les Anglais étaient logés sur jachères et en dure terre; les Français au contraire, étaient sur les blés (c'est-à-dire dans des terres labourées) entre un bois et une palissade, et ceux de leur avant-garde étaient fort en détresse, car ils enfonçaient profondément leurs pieds dans la terre détrempée par la pluie. »

Le bois dont il est question est celui d'Azincourt, qui, quoique probablement assez réduit, existe toujours, ainsi que celui de Tramecourt, autour duquel régnait la « palissade » indiquée dans la chronique et qui, en partie défriché, est encore clos sur plusieurs points par de fortes haies. Dans l'étroit espace compris entre ces deux bois, le connétable ne pouvait déployer un front plus grand que celui d'Henri V; il ne pouvait pas non plus manœuvrer sur un pareil terrain pour envelopper l'armée anglaise, et il en arrivait ainsi à perdre tout l'avantage du nombre. De là, l'ordre de bataille en profondeur que prit, en ce jour, l'armée française; l'impossibilité où ses diverses fractions se trouvèrent de se prêter appui, ne pouvant s'engager que successivement; l'encombrement et le désordre qui s'ensuivirent; enfin la *boucherie* à laquelle les Anglais purent se livrer, dès que leur « ordonnance » très simple et très souple leur eût permis d'entamer et de rompre les massifs et pesants bataillons des Français : comme l'a fort bien observé M. de la Chauvalays, « c'était, dans les pires conditions, le combat de la légion contre la phalange ».

Il n'en faut pas davantage pour expliquer le désastre, et c'est vraiment bien à tort qu'on a reproché au connétable d'Albret d'avoir refusé le concours des 6 000 arbalétriers offerts au début de la campagne par la bourgeoisie parisienne : « Nous devons faire fi de tous ces gens des métiers, avait dit le sire de Beaumont; nous serions trois fois plus nombreux que les Anglais ! » — Il ne se doutait probablement pas que, sous une forme injustement dédaigneuse, il exprimait une idée juste, et les historiens qui ont avancé qu'à Azincourt ce renfort eût changé la face des choses, n'ont point étudié la marche de l'action ni pénétré les vraies causes de la défaite. On avait assez de « gens de trait » et d'hommes de pied : le tout était de les bien employer — ou plus exactement de savoir choisir un champ de bataille qui se prêtât mieux à leur emploi. De même, on n'a pas été plus juste, cette fois du moins, en attribuant la perte de la bataille à « l'indiscipline de la noblesse ». Comme le dit encore l'auteur que nous venons de citer, « la chevalerie française fut indisciplinée aux Croisades, à Courtray, à Crécy et ailleurs : mais à Cocherel, à Auray, à Azincourt, elle obéit à ses chefs avec dévouement, avec résignation ».

Trois chroniqueurs du XIVᵉ siècle surtout ont raconté, avec plus ou moins de détails, la journée d'Azincourt: Lefèvre de Saint-Remy, Enguerrand de Monstrelet et « le Religieux de Saint-Denis », que Juvénal des Ursins ne fait guère que reproduire: mais le premier, seul, avait assisté à la bataille — dans les rangs anglais — en qualité de héraut d'armes, et de tous se montre incontestablement le mieux informé. C'est en s'appuyant sur ces divers auteurs que M. de Barante a écrit l'intéressante relation que l'on trouve dans le tome IV de sa célèbre HISTOIRE DES DUCS DE BOURGOGNE DE LA MAISON DE VALOIS, *et que nous reproduisons ci-après comme la plus vivante. Toutefois, nous en avons éclairci ou complété quelques parties à l'aide de l'ouvrage de M. de la Chauvelays sur* LA TACTIQUE DANS LES GUERRES DU MOYEN AGE, *auquel nous avons emprunté précédemment le récit de la bataille de Poitiers.*

Ayant appris que le roi d'Angleterre avait réussi à entrer en Picardie, le connétable et les princes envoyèrent demander au roi l'ordre de livrer bataille. Un nombreux conseil fut réuni pour résoudre cette grande affaire. D'après tout ce qu'on savait, la victoire semblait si bien assurée que, sur trente-cinq conseillers, trente furent d'avis qu'il fallait combattre. Le duc d'Aquitaine, et même le roi, voulaient se rendre à l'armée : mais le duc de Berry, qui s'était déjà opposé à la bataille, ne permit point que son neveu y allât. Il se souvenait de Poitiers, où il avait combattu soixante ans auparavant : on était sûr aussi de la victoire, et le roi Jean, son père, y avait été pris par les Anglais : « Il vaut mieux, dit-il, perdre la bataille, que de perdre le roi et la bataille. »

Après la réponse du roi, le connétable et les princes envoyèrent au roi d'Angleterre trois officiers d'armes pour lui dire qu'étant résolus de le combattre, ils lui offraient de convenir du jour et du lieu. Le roi d'Angleterre reçut joyeusement ces messagers et leur donna de beaux présents: puis il envoya sa réponse par ses hérauts. Il faisait savoir aux princes de France qu'étant parti de sa ville de Harfleur, il se rendait en Angleterre, et que, ne s'arrêtant dans aucune ville ou forteresse, on pouvait, tous les jours et à toute heure, le rencontrer en pleine campagne. Et il continua sa route sans trouver d'obstacles, en se dirigeant toujours vers Calais.

Le 24 octobre, il sut que les Français marchaient à lui, coupant la route de

Calais, et allaient venir se loger dans les villages de Ruisseauville et d'Azincourt. Il avait devant lui la rivière de Blangy [1], dont le passage était difficile et dangereux. Les Français n'avaient point songé à le garder; il se hâta de passer. Alors les armées se trouvèrent en présence. On crut que la bataille allait commencer et, des deux côtés, on se prépara à combattre; mais les Français n'attaquèrent point. On vit que ce serait pour le lendemain. Les Anglais se logèrent au village de Maisoncelles et aux environs.

Le connétable ordonna que chacun passât la nuit où il était. La soirée était froide; il pleuvait. Les Français commencèrent à planter leurs bannières et à allumer de grands feux. Les pages et les valets couraient de toutes parts, cherchant de la paille et du foin pour étendre sur la terre trempée. Les chevaux allaient et venaient, piétinant sur un sol humide et enfonçant dans la vase. C'était un mouvement et un bruit continuels : on entendait de loin les chevaliers français s'appeler les uns les autres. Enfin, de ce côté, tout semblait en rumeur.

Chez les Anglais, au contraire, régnait un grand silence. Leur position était mauvaise : devant eux, était une armée trois ou quatre fois plus nombreuse; ils étaient mal vêtus, épuisés par une route pénible; aucune retraite n'était ouverte derrière eux, et la victoire semblait impossible. Mais leur roi, que rien ne pouvait abattre, soutenait leur courage. Il leur disait que sa cause était juste; qu'il était venu reprendre l'héritage conquis par la valeur de leurs ancêtres; il leur rappelait les victoires de Crécy et de Poitiers. « Jamais, ajoutait-il, l'Angleterre n'aura à payer de rançon pour moi. Aucun Français ne triomphera en me voyant captif. Il y va pour moi d'une glorieuse mort ou d'une illustre victoire... » Puis il exhortait ses gens à se confesser et à se réconcilier avec leur Créateur avant la bataille; ce qu'ils s'empressaient de faire, tellement que les prêtres n'y pouvaient suffire. Pour augmenter leur désir de bien combattre, il leur promettait que leurs prisonniers seraient à eux et qu'il leur laisserait toute la rançon. Aux archers des communes, qui faisaient la force de son armée, il faisait espérer les franchises de la noblesse et leur disait que les Français avaient juré de leur couper trois doigts de la main droite pour les empêcher de tirer des flèches. La nuit se passa ainsi, chacun apprêtant ses armes, rajustant les courroies de sa cuirasse, les archers mettant des cordes neuves à leurs arcs...

Quand le matin fut venu, Henri s'arma et commença par entendre dévotement trois messes; puis il mit son casque orné d'un beau cimier et d'une couronne d'or. Ainsi vêtu avec tout l'éclat royal, il monta sur son petit cheval gris et alla ranger son armée en bataille. [Il disposa ses troupes sur le plateau, resserré entre deux bois, au milieu duquel se trouvait le village de Maisoncelles. Il plaça au centre ses hommes d'armes, parmi lesquels il voulait combattre, et, en avant et sur leurs ailes, les archers, qui les encadraient ainsi de trois côtés [2]. Henri avait donné à ces derniers un long pieu, aiguisé des deux bouts, qui devait être planté en terre, la pointe inclinée vers l'ennemi. L'ensemble de ces pieux présentait ainsi une sorte de

---

1. La Ternoise.
2. Monstrelet parle d'une embuscade de 200 archers établis dans le bois de Tramecourt, sur la gauche de l'armée française, et le commandant Hardy a adopté cette version dans ses *Origines de la Tactique française*. Cependant Lefèvre de Saint-Rémy, témoin oculaire, dit n'en avoir point eu connaissance et nous croyons devoir imiter la réserve de M. de la Chauvelays.

rempart de lances contre la cavalerie. Toute la gendarmerie anglaise descendit de ses chevaux, qu'elle laissa sur les derrières, à Maisoncelles.] Les bagages étaient encore plus loin en arrière, gardés seulement par 10 lances et 20 archers. L'armée étant en bataille, le roi passa devant les rangs, exhortant une dernière fois ses gens à se bien conduire ; il leur ordonna encore de se mettre à genoux, et de faire une courte prière ; un évêque leur donna la bénédiction et alors tous se tinrent prêts.

Du côté des Français, tout ne pouvait pas être si bien réglé. Le connétable était bien le chef de l'armée, de par sa charge ; mais il avait avec lui tant de princes qui avaient aussi leur volonté, que l'obéissance n'était pas chose facile à obtenir... Chacun était jaloux de porter les premiers coups. La victoire semblait si assurée qu'on n'avait d'autre crainte que celle de n'y point prendre part. Le duc de Bretagne était déjà à Amiens ; il allait arriver dans deux jours [avec 6 000 hommes] ; le maréchal de Loigny devait joindre l'armée dans la journée même ; on ne les voulut point attendre.

Il fut résolu que l'armée serait divisée en trois corps : l'avant-garde devait marcher sous les ordres du connétable, et, avec lui, les ducs d'Orléans, de Bourbon, de Richemont, le comte d'Eu, le maréchal de Boucicault... ; les deux ailes de cette avant-garde, formées de cavalerie, étaient commandées, celle de droite par le comte de Vendôme, celle de gauche par messire Aignel de Brabant, amiral de France. Le corps de bataille avait pour chefs principaux les ducs de Bar et d'Alençon.. ; l'arrière-garde marchait sous les comtes de Dammartin, de Marle et de Fauquembergue. [Mais, faute d'espace pour se déployer entre les deux bois, ces trois corps, rangés à la queue l'un de l'autre, ne pouvaient s'engager qu'à tour de rôle.] D'ailleurs, l'empressement était tel pour combattre que la plupart des jeunes princes et seigneurs du corps de bataille y laissèrent leurs gens et s'en vinrent dans les rangs de l'avant-garde, au risque d'y augmenter encore l'encombrement...

Avant de commencer le combat, on voulut cependant essayer quelques pourparlers de paix. Le connétable fit proposer au roi d'Angleterre de renoncer à toute prétention sur la couronne de France, de rendre Harfleur et de se contenter de Calais avec ce qui lui était resté en Guyenne. Henri demandait tout le duché de Guyenne ; cinq bonnes villes qu'il nommait, le comté de Ponthieu et huit cent mille écus d'or pour la dot de Madame Catherine. On ne pouvait s'accorder ; chacun retourna à son armée pour y combattre de son mieux.

La distance entre les deux armées était à peine d'un quart de mille. Selon l'usage des Anglais, Henri avait résolu de garder la défensive ; mais Crécy et Poitiers avaient appris aux Français combien il était difficile de battre en position la solide armée anglaise. D'accord en cela avec le maréchal de Boucicault, d'Albret se tint immobile, afin d'obliger les Anglais à l'attaquer et à s'ouvrir ainsi de vive force la route de Calais. Cette immobilité des Français déconcerta tout d'abord le roi d'Angleterre ; mais l'hésitation de ce vaillant capitaine fut courte ; rapidement il prit son parti et accepta le rôle d'assaillant.

A dix heures du matin, environ, « les Anglais commencèrent à braire, à crier et à huer par trois fois, en marchant rapidement au-devant des Français ». Ils étaient précédés de leurs archers, qui, sortis de leur retranchement de pieux, s'avancèrent jusqu'à portée du trait et commencèrent à tirer une grêle de leurs fortes flèches, qui avaient trois pieds de long. Les plus hardis des Français étaient contraints de baisser la tête [pour empêcher que les traits ne pénétrassent par les trous des visières et des vantaux]. Ils n'avaient point d'archers qui pussent rendre flèches pour flèches ; on n'avait point voulu des gens des communes, et le peu qu'on possédait d'arbalétriers trouvait difficilement place à l'avant-garde, où se pressaient les hommes d'armes. Ceux-ci, cependant, les lances baissées, marchent sur l'ennemi. Ils étaient si serrés qu'ils ne pouvaient remuer leurs bras et s'embourbaient tellement dans la terre amollie par la pluie qu'à grand'peine ils en pouvaient sortir.

En même temps que son infanterie s'avançait, le connétable donnait le signal à ses deux ailes de cavalerie, afin qu'elles s'en allassent rompre la ligne des archers anglais. Ils partirent aussitôt, en répétant le cri de France : « Montjoie et Saint-Denis ». Mais les archers, après leurs décharges, s'étaient vivement repliés et ralliés derrière leur rempart de pieux inclinés et y attendaient le choc des hommes d'armes à cheval, tout en recommençant à tirer de plus belle. A grands coups d'éperon, les escadrons français s'étaient ébranlés : malheureusement, dans l'état du terrain, leur course ne pouvait avoir d'impétuosité. D'autre part, les flèches tombaient si serrées que le cœur manqua à beaucoup d'hommes d'armes à ce point que, lorsqu'ils arrivèrent au front des Anglais, les chefs ne se trouvaient plus qu'avec 300 hommes. Ils n'attaquèrent pas avec moins de vaillance ; mais bien peu de cavaliers arrivèrent jusqu'aux pieux, au milieu desquels vinrent trébucher et s'abattre leurs chevaux. Pour serrer l'ennemi de plus près et ne point s'embarrasser les uns les autres, ils avaient raccourci leurs lances de moitié, de sorte qu'ils ne pouvaient atteindre ces archers qui, avec leurs pourpoints déchirés, leurs jambes nues, leurs méchantes cuirasses d'osier ou de cuir bouilli, bravaient la puissance des chevaliers français et les abattaient à coups de flèches.

Ainsi repoussés, les hommes d'armes se rejetèrent en désordre sur l'avant-garde, dont ils rompirent les rangs. On voulut se rallier en arrière ; mais le sol était si trempé qu'hommes et chevaux ne pouvaient se tirer de la fange. Les pesantes armures gênaient tous les mouvements : on enfonçait jusqu'aux genoux, sans qu'il fût possible de se relever. Pendant ce temps-là, les flèches des Anglais continuaient leur ravage. Enfin, voyant l'avant-garde toute rompue, les archers, laissant leurs arcs, sortirent du rempart de leurs pieux ; saisissant les mauvaises épées, les haches ou les maillets qu'ils portaient à leur ceinture, ils tombèrent sur les Français et en commencèrent un horrible massacre. Alors, seulement, le corps de bataille s'avança pour recueillir et appuyer l'avant-garde. Ce fut là le fort de la mêlée. Mais la troupe légère anglaise, dont les rangs n'étaient pas trop serrés et qui avait toute la liberté de ses mouvements, attaquait avec avantage cette épaisse *bataille* : leur foule compacte empêchait les Français de manier utilement la lance, et la lourdeur de leurs armures acheva de leur enlever toute chance, dans le corps-à-corps qui s'engageait ; « les archers les abattaient à tas, et semblait que ce fussent enclumes sur quoi ils frappassent ».

Henri et ses hommes d'armes, tous à pied, accoururent à la suite des archers et pénétrèrent dans la trouée que ceux-ci venaient d'ouvrir] Bientôt, ce ne fut plus une bataille : les Français, dispersés par petits groupes, se défendaient avec un incroyable courage. Il y eut, au milieu de ce désastre, les plus nobles faits d'armes. Le duc d'Alençon se distingua entre tous : à la tête de dix-huit chevaliers qui avaient fait serment de pénétrer jusqu'au roi d'Angleterre et d'abattre sa couronne, il perça les rangs des Anglais et parvint presque seul au lieu où combattait le roi : il renversa le duc d'York ; Henri accourut au secours de son oncle. Alors le duc d'Alençon le frappa de sa hache et fit sauter une partie de sa couronne ; mais le roi se releva et se mit vaillamment en défense. Les barons anglais qui lui servaient de gardes du corps environnèrent à l'instant le chevalier qui venait de mettre en péril la vie de leur maître. Il éleva la main en disant : « Je suis le duc d'Alençon ! je me rends à vous. » Le roi n'eut pas le temps de lui répondre : les gardes l'avaient tué. Le duc de Brabant, accouru presque seul pour prendre part à l'action, était tombé percé de coups, presque en même temps que le connétable lui-même.

Ainsi, le corps de bataille des Français avait subi à son tour le sort de l'avant-garde. L'élite de l'arrière-garde était venue se faire tuer à sa suite ; mais la plupart des gens de cette troisième *bataille* demeurèrent à cheval et s'enfuirent sans avoir combattu.

C'était surtout, à la vérité, des valets chargés de garder les chevaux des hommes d'armes ou des soldats de classes inférieures, les plus braves des miliciens qui se trouvaient là s'étant portés en avant avec la noblesse pour soutenir le duc d'Alençon dans sa vaillante résistance contre les vainqueurs.

Dès que la journée sembla décidée, les Anglais commencèrent à faire autant de prisonniers qu'ils pouvaient. Ils s'occupaient de mettre à rançon les grands seigneurs qu'ils avaient pris, lorsque le roi apprit tout à coup qu'un corps français avait assailli les derrières de l'armée anglaise et s'était emparé de ses bagages. C'était la garnison d'Hesdin, qui avait 500 ou 600 paysans des environs sous la conduite de Robert de Bournonville et d'Isambert d'Azincourt, étaient tombés sur les chariots, plus par amour du pillage que dans l'espoir de rétablir la bataille. En même temps, le bruit se répandait que le duc de Bretagne arrivait avec ses 6 000 hommes, et déjà l'on voyait l'arrière-garde française s'arrêter dans sa déroute, et relever ses bannières. Pour lors, le roi, se croyant tombé dans un grand péril, ordonna que chacun tuât son prisonnier. Comme personne ne voulait obéir, ni renoncer à l'argent qu'il espérait bien gagner par la rançon, Henri commanda à un gentilhomme de prendre avec lui 200 archers et d'exécuter son ordre. Ce fut une horrible chose que de voir toute cette noblesse française égorgée ainsi de sang-froid, massacre d'autant plus déplorable que c'était une fausse alarme. L'arrière-garde reprit bientôt sa fuite et ce moment d'hésitation n'eut d'autre effet que de coûter la vie à tant de braves gentilshommes.

Au reste, dès que le roi fut rassuré, il fit cesser le carnage et s'occupa à faire relever les blessés. De ce nombre étaient le duc d'Orléans et le comte de Richemont, qui furent emmenés prisonniers avec le maréchal de Boucicault, le duc de Bourbon, les comtes d'Eu et de Vendôme, et bien d'autres, en nombre infiniment moins grand cependant que ceux qui avaient péri. On estime que plus de 8 000 gentilshommes étaient restés sur le terrain : jamais tant de si nobles hommes n'étaient tombés en une seule bataille: toute la chevalerie de France avait été moissonnée.

Le héraut d'armes de France avait été pris. « Montjoie, lui dit d'un ton moqueur le roi d'Angleterre, qui de nous deux a la victoire, de moi ou du roi de France ? — C'est vous et non pas lui, » répondit Montjoie. « Et comment se nomme ce châtel que je vois assez près de moi ? continua Henri. — Il a nom Azincourt, » lui dit-on. « Pourtant, ajouta le roi, que toutes les batailles doivent porter le nom de

6

la plus prochaine forteresse, village ou bonne ville où elles sont faites, celle-ci dès maintenant et perdurablement aura en nom bataille d'Azincourt ! »

La journée d'Azincourt ne devait pas être moins funeste à la France que celle de Crécy et celle de Poitiers ; elle l'ouvrait et la livrait de nouveau à la conquête anglaise. Les résultats de la victoire ne furent pas, toutefois, immédiats pour Henri V, qui n'avait gagné, en somme, que la liberté de la retraite. Mais, à peine de retour en Angleterre, il leva de nouveaux subsides et de nouvelles troupes, et, ce qui nous fut plus fatal encore, ouvrit des négociations avec le duc de Bourgogne. Jean sans Peur, qui avait accusé hautement les Armagnacs de lâcheté et de complicité avec l'ennemi, signa avec celui-ci un traité secret par lequel il reconnaissait les prétendus droits de Henri V à la couronne de France, en suspendant, à la vérité, l'exécution de ses clauses jusqu'à ce que le roi d'Angleterre fût maître de la plus grande partie du royaume.

Henri ne doutait point d'y parvenir avant peu. Le 1ᵉʳ août 1417, il remettait le pied en Normandie et s'emparait de toutes les places de cette province, dont Rouen sauva du moins l'honneur par sa belle résistance de sept mois. Après ce succès, il se montra tellement arrogant que le duc de Bourgogne lui-même opposa à ses prétentions une résistance tardive : « Beau cousin, lui fut-il répondu, nous aurons tout ce qu'avons demandé, ou bien nous bouterons votre roi, et vous aussi, hors du royaume ! » Mais, sur ces entrefaites, Jean sans Peur fut assassiné à Montereau par les gens du dauphin, et son fils Philippe le Bon signa avec le roi d'Angleterre le traité de Troyes, ratifié par la triste reine Isabeau au nom de son mari, et qui stipulait qu'à la mort de Charles VI, Henri entrerait définitivement en possession de la couronne.

Cet odieux traité eut cela de bon qu'il exaspéra en France le *sentiment national*, qui avait déjà fait explosion après Poitiers Autour du Dauphin déshérité et renié même par sa mère, se groupe et se serre une bonne partie de la noblesse indignée et frémissante ; beaucoup de villes ferment leurs portes aux Anglais et se préparent à faire bonne défense ; enfin, dans les campagnes ravagées sans merci depuis trois quarts de siècle, des cris de colère et de vengeance s'élèvent partout contre les auteurs de tant de souffrances. Le patriotisme est décidément né : il ne lui reste plus, pour agir efficacement, qu'à trouver dans la « Vierge de Domrémy » son incarnation la plus noble et la plus pure.

V

Ivry

(14 mars 1590)

HENRI IV.
D'après Porbus
Musée du Louvre.

Plus d'un siècle et demi s'est écoulé depuis la dernière bataille dont nous avons évoqué le souvenir. Dans cet intervalle, une véritable révolution s'est opérée, tant dans la constitution et l'organisation générales des armées, qui sont devenues permanentes, que dans les méthodes de guerre et dans les procédés de combat, radicalement transformés par l'adoption universelle des

DUC DE MAYENNE
Bibliothèque Nationale.
Estampes.

armes à feu. Toutefois, si la renaissance des lettres et des arts a coïncidé avec la renaissance de l'art militaire lui-même, celui-ci ne prendra réellement et définitivement sa forme *moderne* que dans la première moitié du siècle suivant, avec Gustave-Adolphe. L'illustre roi de Suède est, en effet, le véritable restaurateur de la stratégie, cet art de faire mouvoir les armées sur de vastes échiquiers et de mettre au service d'une politique à vues plus ou moins étendues et plus ou moins profondes les grandes combinaisons de la guerre. Entre ce prince et les trois grands capitaines de l'antiquité, Alexandre, Annibal et César, il n'y a point de nom qui s'élève à leur hauteur commune, point d'intermédiaire qui puisse être comparé à aucun d'eux, même de loin.

En revanche, de temps à autre, dans l'antiquité, au moyen âge et de plus en plus fréquemment au fur et à mesure que nous avançons dans le xvie siècle, nous rencontrons des tacticiens éminents, c'est-à-dire des généraux habiles à amener, dans les conditions les plus favorables, les troupes sur le champ de bataille; à improviser, grâce à leur coup d'œil et à leur sang-froid, des dispositions propres à décider la victoire en leur faveur, et aussi — quoique plus rarement, il faut en convenir — à tirer de leur succès tous les fruits qu'il peut produire. Le duc d'Albe, Alexandre Farnèse, Ambroise Spinola, du côté des Espagnols; Coligny, La Noue, Saint-André,

Henri IV enfin, chez les Français, sont de ceux-là, et c'est à leur école que se forment les deux généraux éminents qui vont être, dans les premières années du XVIIe siècle, les précurseurs immédiats du grand Gustave : Maurice de Nassau et le duc de Rohan.

Henri IV, en particulier, était, suivant l'expression de Carrion-Nisas, « né avec le plus beau génie pour la guerre ». Seulement, il occupe un rang trop élevé parmi les grands politiques et les fins diplomates pour qu'on accorde ordinairement à ses talents militaires toute l'estime et même toute l'attention qu'ils mériteraient. Chacun sait qu'il était brave, d'une bravoure héroïque et chevaleresque dont témoignent maintes anecdotes, et connaît le nom des principales victoires qu'il a remportées : Coutras, Arques, Ivry, Fontaine-Française ; mais on ignore généralement, ou, du moins, l'on ne prend pas assez garde qu'il les a gagnées par une science profonde du terrain et du maniement des troupes, bien plus encore que par sa vaillance légendaire : ce n'est pas uniquement un grand soldat, c'est aussi un vrai général, et les rivaux de la France l'eussent sans doute appris à leurs dépens, s'il n'avait été empêché de mener à bien son « grand dessein » par le coup de couteau de François Ravaillac.

Entre les diverses batailles qu'il livra, nous avons choisi de préférence celle d'Ivry, non seulement comme la plus célèbre et la plus décisive, mais aussi comme celle qui fait le mieux connaître l'homme de guerre, arrivé à sa pleine maturité. Les circonstances dans lesquelles il la donna sont assez connues pour que nous nous bornions à les rappeler brièvement. Roi, de droit, depuis quelques mois, Henri ne l'était pas encore de fait et avait, comme il l'a dit lui-même, à « conquérir son royaume ». Le succès d'Arques, en septembre 1589, avait rétabli ses affaires plutôt qu'il ne les avait avancées. La capitale était toujours aux mains des Ligueurs et, après une première tentative restée infructueuse, il avait dû renoncer à s'en rendre maître de vive force. Aussi se résolut-il à l'envelopper dans une sorte de cercle qui irait toujours en se rétrécissant de plus en plus, et, pour commencer, dans l'hiver de 1589-1590, il s'empara successivement des principales plaines du Maine et de la Normandie. En dernier lieu, il avait mis le siège devant Dreux, qu'il pressait vivement et pensait réduire avant peu.

Cette ville avait alors une grande importance, à cause de sa situation à mi-chemin d'Orléans et de Rouen, dont elle couvrait — ou barrait — les communications ; le duc de Mayenne, chef et général de la Ligue, résolut donc de la délivrer. Il venait de recevoir du duc de Parme, commandant de l'armée espagnole des Pays-Bas, un important renfort de troupes wallonnes, que lui avait amené le comte d'Egmont. À la tête de son armée reconstituée, il se dirigea sans retard sur Mantes, où il passa la Seine. Averti de son approche,

Henri n'eut garde de l'attendre sous les murs de Dreux. auquel il venait de
livrer un assaut inutile : il se porta à la rencontre des Ligueurs. mais non
pas toutefois directement. Faisant surveiller la marche de l'ennemi par un
détachement posté à Ivry, sous le maréchal d'Aumont, et par un corps
léger poussé plus loin encore. à Pacy-sur-Eure, aux ordres du marquis de
Rosny (le futur duc de Sully). il prit, avec le gros de ses forces, la direction
d'Évreux, comme s'il avait l'intention de se retirer en Normandie. Son but,
en agissant ainsi. était d'attirer son adversaire hors de la vallée de l'Eure,

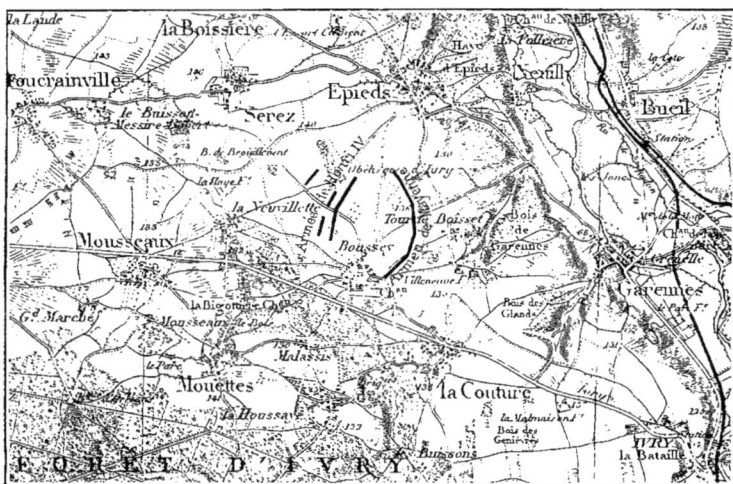

CHAMP DE BATAILLE D'IVRY.
(Extrait de la carte de l'État-major s. au 1 : 80.000.

où la cavalerie royale, regardée comme bien supérieure à celle de la Ligue.
sinon en nombre, du moins en qualité, n'aurait pu agir aussi efficacement
que dans les plaines découvertes qui s'étendent, à l'ouest, entre cette rivière
et son affluent de gauche. l'Iton. La feinte réussit à souhait. De Mantes,
Mayenne, qui s'était porté d'abord sur Ivry, obliqua à droite. vers Saint-
André, et cela avec d'autant moins d'hésitation que d'Aumont venait de se
replier lui-même dans cette direction, pour rejoindre le roi. Celui-ci, alors.
fit un changement de front vers l'est et, de Nonancourt, qu'il venait d'atteindre, marcha droit sur Saint-André, puis, de là, par Foucrainville, sur Ivry.

Cette petite ville, qui a donné son nom à la bataille et en a pris son
surnom, — Ivry « la Bataille » s'appelait auparavant Ivry-la-Chaussée, —

était une ancienne place forte qui avait joué un certain rôle dans la guerre de Cent Ans et avait été, en dernier lieu, prise et démantelée par Dunois. Elle conservait néanmoins quelque valeur militaire, à cause de ses ponts sur l'Eure, que l'on ne peut passer à gué, au-dessus et au-dessous, qu'en un petit nombre d'endroits. Mais le duc de Mayenne ayant déjà effectué son passage lorsque ses coureurs se heurtèrent à ceux du roi, Ivry est resté complètement en dehors du théâtre de l'action, sinon de la poursuite ; c'est à 6 ou 7 kilomètres au nord-ouest que les deux armées en sont venues aux mains, et, pour la visite du champ de bataille, il est plus court et plus pratique de partir de la station de Bueil, où la ligne de Dreux, par Ivry et Anet, s'embranche sur celle de Paris à Cherbourg. De là, on gagne du côté de l'ouest, à travers les prairies, le petit village de Neuilly, où un chemin « montant, sablonneux, malaisé » permet d'escalader le plateau où a eu lieu la rencontre.

Ce plateau, très fertile et très bien cultivé, mais uniforme et, par suite, un peu monotone, porte le nom de « plaine de Saint-André », et domine le thalweg d'environ 80 mètres. De la vallée, et notamment d'Ivry, on y accède par plusieurs ravins assez fortement encaissés ; mais, par le sentier que nous avons choisi, nous montons directement de Neuilly à Épieds, village situé sur la lisière de la forêt de Mérey, dont nous traversons l'extrémité méridionale, la Haie (le bois) d'Épieds — la « Haie des Prés », dans les anciens historiens. Tournant ensuite au sud (nous gagnons à 1 kilomètre environ), l'endroit où s'élève le monument commémoratif de la journée du 14 mars 1590, au rond-point qui termine une belle allée de tilleuls se détachant, sur la droite, du chemin d'Épieds à La Couture. En nous avançant encore de quelques centaines de pas du côté de Boussey, hameau dont les toits émergent d'un massif d'arbres, à moins de 1 kilomètre et demi vers le sud-ouest, nous nous trouverons au centre du champ de bataille . un peu en avant de l'emplacement actuel du monument, Mayenne avait son aile droite ; son centre, décrivant un arc de cercle, c'est-à-dire un « rentrant » assez prononcé, était au hameau de Tourne-Boisset, qu'un étroit ravin sépare du bois de Garennes, lequel domine immédiatement la vallée de l'Eure ; sa gauche s'appuyait à Boussey, que nous venons de mentionner. En face des Ligueurs, les troupes royales, campées ou cantonnées la veille à Foucrainville et à Batigny [1], avaient pris un ordre de bataille sensiblement parallèle, à cela près toutefois qu'elles n'avaient point refusé leur centre, comme Mayenne avait jugé bon de le faire. Ainsi Henri avait sa droite vers Boussey et étendait sa gauche dans la direction d'Épieds. Entre les deux armées, non plus

---

1. Ce village se trouve un peu en dehors de notre plan, au sud-ouest de Foucrainville.

d'ailleurs que sur leurs flancs, pas un accident de terrain notable; le plateau est, à la vérité, légèrement ondulé, mais aucune des rides du sol n'a un *commandement* de plus de 4 à 5 mètres, et il serait assez difficile de désigner exactement. aujourd'hui l' « éminence » où, d'après les auteurs, le grand maître de l'artillerie du roi, Philibert de la Guiche, disposa les six pièces qui, avec deux coulevrines, constituaient tout « le canon » de l'armée royale, à la bataille d'Ivry. Dans une plaine aussi unie et aussi découverte, on conçoit l'importance exceptionnelle acquise, ce jour-là, par un groupe de

VUE DU CHAMP DE BATAILLE D'IVRY.
Dessin de Heudier, d'après un croquis de l'auteur.

trois poiriers qui s'apercevaient d'assez loin pour que le roi les ait indiqués à ses compagnons comme point de direction et de ralliement.

A la place même qu'occupaient ces arbres historiques, se dresse aujourd'hui le monument destiné à perpétuer le souvenir de la bataille. C'est un obélisque de pierre, se terminant en pyramide, dont le soubassement est entouré d'une grille circulaire. Il est haut de 17 mètres et très simple. Sur les quatre faces du piédestal sont placées autant de plaques de bronze, dont les deux latérales sans inscriptions, ni ornements. Celle qui fait face à l'allée d'accès porte en relief l'inscription ci-contre :

Au-dessus de cette plaque, dans la partie inférieure de la pyramide, est enchâssé un médaillon en marbre blanc où l'on a sculpté le profil traditionnel du Béarnais entre deux branches de laurier ; sur la face opposée, un médaillon semblable porte les armes de la maison de Bourbon, et la plaque du même côté une seconde inscription. (V. page 48.)

> C'EST ICI
>
> L'ENDROIT DE L'ENTÉ
>
> OU SE TINT
>
> LE ROY HENRI IV
>
> LE JOUR DE
>
> LA BATAILLE D'IVRY
>
> DONNÉE
>
> LE 14 MARS 1590

C'est à Bonaparte, en effet, qu'est dû l'obélisque actuel, qui fut érigé en 1804, à la place d'un premier monument élevé, dans la seconde moitié du xvıııe siècle, par le duc de Penthièvre, et que la Révolution avait détruit, encore qu'il ne rappelât qu'une journée glorieuse pour les armes françaises et que le vainqueur eût été

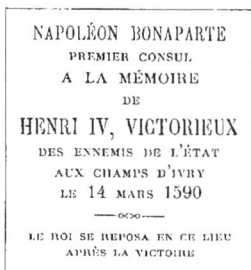

> NAPOLÉON BONAPARTE
> PREMIER CONSUL
> A LA MÉMOIRE
> DE
> # HENRI IV, VICTORIEUX
> DES ENNEMIS DE L'ÉTAT
> AUX CHAMPS D'IVRY
> LE 14 MARS 1590
> ——◦◦◦◦——
> LE ROI SE REPOSA EN CE LIEU
> APRÈS LA VICTOIRE

Le seul roi dont le peuple ait gardé la mémoire,

suivant le vers si connu de la *Henriade* de Voltaire [1].

Quelques mots maintenant sur la force et la composition des deux armées en présence.

Celle du roi se composait de 8000 hommes de pied et de 2500 chevaux; dans cet effectif, les troupes suisses entraient pour un peu plus du quart, et la cavalerie venait d'être renforcée par un bel « escadron » [2] de 300 reîtres (*Reiter*, cavaliers) allemands levés et commandés par le comte de Schomberg. Ce corps faisait partie de l'aile droite, aux ordres du maréchal de Biron ; le roi s'était réservé la conduite de son centre, où il se tenait à la tête de son propre escadron, fort de 600 chevaux et disposé sur cinq rangs, dont le premier était composé de princes et de grands seigneurs. Le duc de Montpensier commandait l'aile gauche, avec le maréchal d'Aumont en sous-ordre. Nous avons déjà vu que l'artillerie consistait en 6 canons (plus 2 coulevrines) et que le grand maître, Philibert de la Guiche, la dirigeait en personne.

Le duc de Mayenne n'avait à lui opposer que 4 (d'autres disent 5) bouches à feu ; mais il était sensiblement supérieur à son adversaire en infanterie (13500 hommes), aussi bien qu'en cavalerie (3500 chevaux). Une bonne moitié de ces troupes étaient étrangères : c'étaient des Suisses, des reîtres, des lansquenets — levés pour Henri IV et passés à la Ligue moyennant une légère augmentation de solde, ce qui explique le massacre qu'on en fit

---

1. Un autre grand poète, Victor Hugo, a célébré également Henri IV et sa gloire. Mais le malheur a voulu que, faisant allusion à la victoire du 14 mars 1590, il confondit Ivry-sur-Seine, le faubourg de Paris, avec Ivry-la-Bataille, dans ces vers, d'ailleurs assez faibles, de son *Ode à la Statue d'Henri IV* :

> Assis près de la Seine, en mes douleurs amères,
> Je me disais : *la Seine arrose encore Ivry* ;
> Mais les flots sont passés où, du temps de nos pères,
> Se peignaient les traits de Henry.

2. Ici, et plus loin, nous prenons le mot *escadron*, dans le sens qu'il avait à l'époque. Il désignait tout corps de cavalerie réuni sous un même chef, et qui pouvait comprendre de 2 à 6, 8 et même 10 subdivisions de la force de nos escadrons actuels.

Ivry (14 Mars 1590)

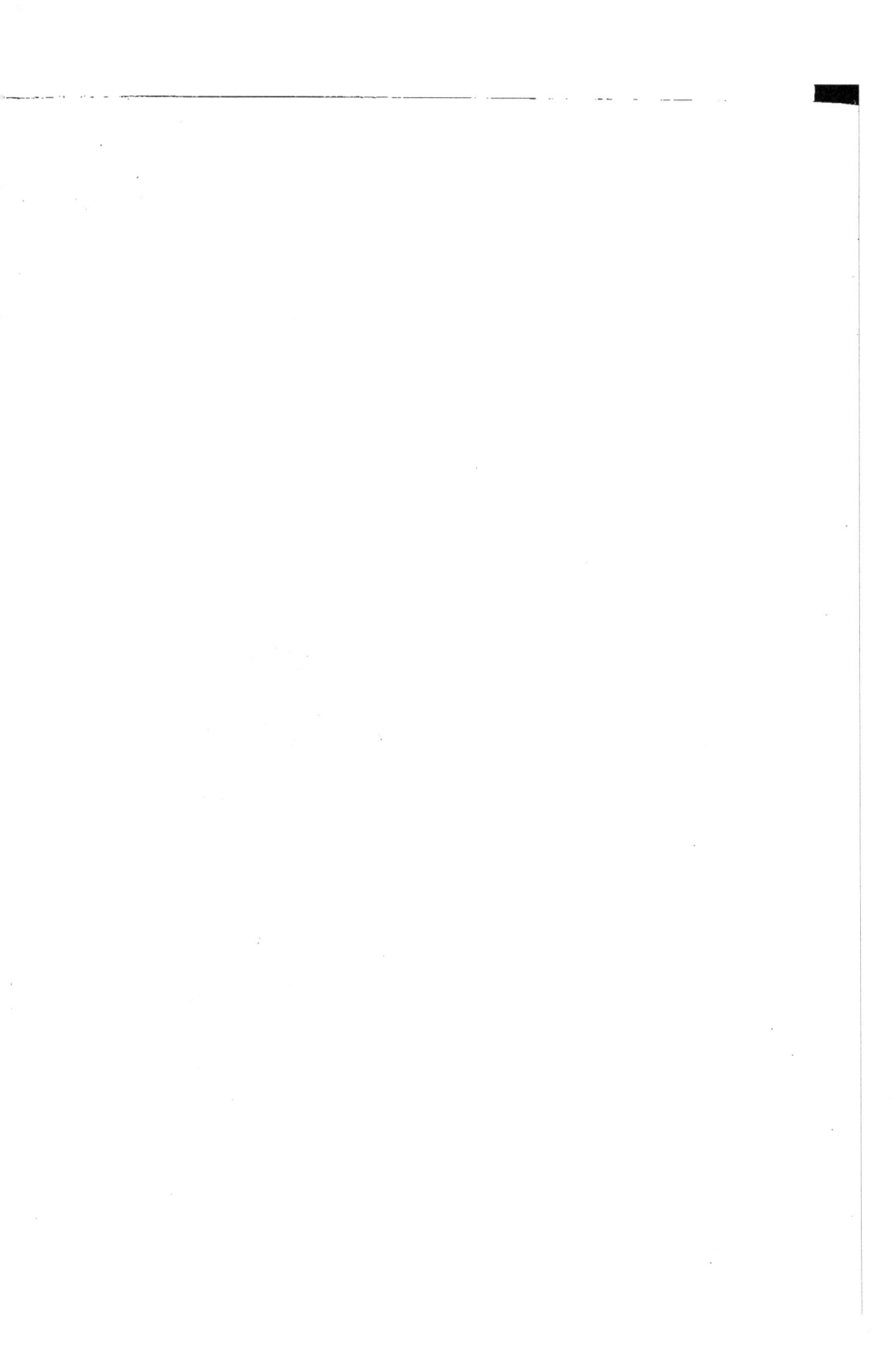

après la bataille — des chevau-légers flamands, italiens et même albanais, des arquebusiers et carabins espagnols. mais surtout de ces fameuses « lances wallonnes » venues avec le comte d'Egmont. Celui-ci était au « corps de bataille », c'est-à-dire au centre, avec le duc de Mayenne qui tenait à mener lui-même le gros « escadron » de 1800 chevaux. qu'il comptait opposer à celui du roi : à la tête de l'aile droite se trouvait le duc de Nemours, faisant face, par conséquent, au duc de Montpensier: à la tête de l'aile gauche, le duc d'Aumale, opposé ainsi au maréchal de Biron.

Des dispositions prises de part et d'autre se déduit aisément le plan de bataille de chacun des généraux en chef. Mayenne, en déployant son armée sur une ligne concave, très longue et relativement mince, annonçait l'intention de profiter de sa supériorité numérique pour déborder l'armée royale par l'une ou l'autre de ses ailes, voire même par toutes les deux à la fois; Henri IV, au contraire, en massant ses troupes sur un front peu étendu. eu égard à sa profondeur, se proposait manifestement de percer l'armée ennemie avec son centre renforcé. Ainsi le premier méditait, comme on dirait aujourd'hui, une attaque enveloppante, tandis que le second préparait une de ces attaques centrales dont Napoléon. qui y a eu souvent recours, a dit qu'elles étaient les plus meurtrières, mais aussi les plus décisives. Toutefois. le caractère des deux chefs aura, sur l'issue de la journée, une influence encore plus grande que leurs dispositions tactiques :

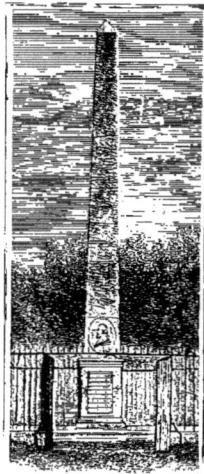

MONUMENT DE LA BATAILLE D'IVRY
A EPIEDS.
D'après une phototypie.

autant le duc montrera, au « moment psychologique », d'indécision et de mollesse, autant le roi déploiera de sagacité. de présence d'esprit et de vigueur, et c'est avec raison qu'à tous les égards. la victoire d'Ivry a été considérée comme son plus beau fait d'armes.

Les récits de la bataille d'Ivry sont ordinairement un peu confus et souvent incomplets. Nous avons donné la préférence à celui qu'a publié. en 1834. le colonel Saint-Yon dans le SPECTATEUR MILITAIRE. *sous le titre de :* FRAGMENT DE L'HISTOIRE MILITAIRE DE LA FRANCE; GUERRES DE RELIGION DE 1585 A 1590. *Paris. Larauzelle — en nous réservant cependant de le rectifier et de le compléter éventuellement à l'aide de la relation donnée par le commandant (depuis général) Hardy. dans son excellent ouvrage sur* LES ORIGINES DE LA TACTIQUE FRANÇAISE *Paris. 1881.*

Le 31 mars, à la nuit close. les troupes royales campèrent entre Foucrainville et

Batigny. Le quartier d'Henri IV avait été marqué dans ce dernier village. Avant de s'y rendre, le roi voulut reconnaître le terrain environnant ; il visita ses postes, et ce ne fut qu'à neuf heures du soir qu'il arriva dans le logement qui lui avait été préparé.

« Toute cette nuit, dit l'historien Davila, se passa de part et d'autre en un travail perpétuel et en grande inquiétude. On allumait à tout moment de grands feux entre les deux camps, et il y avait par toute la plaine des sentinelles posées. Les mestres-de-camp en faisaient la ronde et prenaient soin de les changer toutes les demi-heures. Cependant l'armée du roi, pour l'abondance des vivres et la commodité des maisons (outre que l'infanterie s'était close et fortifiée partout de bonnes palissades), avait sur celle de la Ligue l'avantage de se reposer plus tranquillement et de se délasser ainsi de la fatigue des armes. »

Le 14, avant le jour, un coup de canon fit prendre les armes aux troupes du roi. Celui-ci voulut faire, avec de Vic, l'office de sergent de bataille et ranger lui-même son armée. A ce moment même, Rosny recevait à Pacy-sur-Eure la lettre que voici, écrite la veille au soir : « Mon amy, je ne pensai jamais mieux donner une bataille que ce jour d'huy ; mais tout s'est passé en légères escarmouches et à essayer de se loger chacun à son avantage. Je m'assure que vous eussiez eu regret toute votre vie de ne vous y être pas trouvé ; pourtant, je vous avertis que ce sera pour demain, car nous sommes si près les uns des autres que nous ne nous en saurions dédire. Je vous conjure donc de venir et d'amener tout ce que vous pourrez. Adieu, mon amy. » Au reçu de cette lettre, Rosny fit sonner le boute-selle et marcha avec tant de diligence qu'il arriva une heure avant la bataille.

Pendant que l'armée royale prenait entre Epieds et Boussey une formation « quasi en ligne droite, dont le bout gauche faisait un peu plus de corne que le droit »[1], les maréchaux de camp de Mayenne, Jean de Saulx, vicomte de Tavannes et le baron de Rosne, rangeaient en demi-cercle sur la rampe du plateau d'Epieds, l'un les escadrons, l'autre les bataillons de la Ligue. Comme à Coutras, les deux armées offraient un contraste remarquable : les armes des ligueurs, disent les historiens du temps, étaient brillantes d'or et de clinquant, tandis que les soldats du roi n'étaient chargés que de fer.

L'armée de la Ligue restant immobile dans sa position, le roi résolut de ne pas différer l'attaque. Après avoir placé sur son front, en guise d'avant-garde, les compagnies que venait d'amener Rosny : « Quant à vous, dit-il à son ami, venez avec moi ; je veux vous apprendre aujourd'hui votre métier. » Bientôt, l'armée entière s'ébranla ; mais, après une courte marche, le roi fit faire halte et rectifia les distances et les alignements. Ce fut alors qu'il fit faire à son aile droite un léger mouvement de conversion, afin de se rapprocher de 150 pas de l'aile gauche ennemie et de tourner le dos au vent et au soleil. Monté sur un grand coursier bai et armé de toutes pièces, il passa ensuite devant le front de ses troupes et sa présence aussi bien que ses discours portèrent l'enthousiasme au plus haut degré parmi elles. — « Ils sont plus nombreux que nous, lui dit un reître. — Tant mieux, répondit-il ; plus de gens, plus de gloire! D'ailleurs, la cavalerie défaite, nous aurons beau jeu des gens de pied. » Ayant rencontré Schomberg, auquel il avait parlé, deux jours auparavant, avec vivacité : « Je vous ai blessé, lui dit-il, mais je connais votre mérite ; pardonnez-moi. » La réponse du capitaine allemand fut digne de ces nobles

1. Mathieu. — *Histoire d'Henri IV*.

paroles : « Il est vrai que Votre Majesté me blessa l'autre jour ; mais aujourd'hui elle me tue, car l'honneur qu'elle me fait m'oblige de mourir pour son service. » Schomberg devait tenir parole.

Ce qui préoccupait surtout le roi, c'était le ralliement des escadrons après la charge. Il montra à ses capitaines trois poiriers qui formaient une masse distincte, en arrière de l'aile droite ennemie : « C'est là qu'il faudra se réunir, mes compagnons, leur dit-il ; j'y serai, et, si vous perdez vos cornettes, ralliez-vous à mon panache blanc [1] ! » Sur ces entrefaites, on vint annoncer au roi que les sieurs d'Humières et de Mouy ne tarderaient pas d'arriver avec 300 chevaux levés en Picardie, et beaucoup de gentilshommes de cette province. Le maréchal de Biron proposa de les attendre ; mais, impatient de combattre, Henri ne suivit pas ce conseil. L'ordre fut envoyé à d'Humières et à de Mouy de se joindre à la réserve, et l'armée royale continua son mouvement. Lorsqu'elle fut à portée de canon, le roi ordonna au grand maître de l'artillerie d'ouvrir le feu.

Il était près de midi quand M. de la Guiche commença ses canonnades. Il tira neuf volées à bon escient avant que l'artillerie de Mayenne eût répondu, les canonniers qui la servaient étant peu exercés. M. de Rosne se trouvait à la droite de l'armée de la Ligue avec un corps de cavalerie légère : l'artillerie royale lui faisant éprouver des pertes considérables, il s'avança pour la charger. Le maréchal d'Aumont s'aperçoit de ce mouvement, s'élance contre le corps ennemi, le prend en flanc et le met en désordre. Cependant, les deux corps de reîtres placés en arrière de la cavalerie que commandait de Rosne avaient suivi le mouvement de celui-ci et s'étaient portés avec beaucoup de résolution vers l'artillerie du roi ; mais, ayant été chargés par les escadrons de Givry et du comte d'Auvergne, ils tournèrent bride en criant qu'ils étaient aussi « de la religion ». Dans leur fuite, ils se jetèrent sur les Suisses, puis sur les lansquenets qui baissèrent leurs piques contre eux et, après avoir mis l'aile droite de Mayenne en grand désordre, ils disparurent du champ de bataille.

Les lanciers wallons du comte d'Egmont s'ébranlèrent pour rétablir le combat et dérober à l'armée du roi le désordre qu'avait occasionné la fuite des reîtres. Chargée par eux, la cavalerie légère du comte d'Auvergne et de Givry fut enfoncée. Elle aurait été entièrement défaite si le baron de Biron [2] et le duc de Montpensier n'avaient marché rapidement pour la soutenir. Les Wallons plièrent à leur tour et vinrent se rallier à la droite à l'escadron de Mayenne. Ce fut alors seulement que s'ébranla ce corps d'élite. Exécuté plus tôt, son mouvement aurait pu être décisif ; mais, occupé de rétablir l'ordre dans le centre de son armée, le chef des Ligueurs avait laissé échapper l'occasion de s'assurer la victoire.

Henri avait, au plus haut degré, ce coup d'œil rapide et cette vigueur dans l'exécution qui manquaient à son adversaire. Il sentit que le moment de charger avec

---

1. C'est la version à laquelle s'en tient le commandant Hardy et que nous adoptons nous-même de préférence au « mot historique » qui se trouve dans d'Aubigné et que rapporte le colonel Saint-Yon : « *Compagnons, Dieu est pour nous ; voilà ses ennemis et les vôtres ; voici votre Roi : donnons à eux. Si vos cornettes vous manquent, ralliez-vous à mon panache blanc ; vous le trouverez toujours au chemin de l'honneur et de la victoire.* »

2. C'est le fils du maréchal ; il remplissait dans l'armée royale les fonctions de maréchal de camp.

ses meilleurs troupes était venu. Aussitôt, il s'élance à la tête de son escadron : une décharge des arquebusiers espagnols à cheval ne l'arrête pas un moment. La mêlée fut terrible. Le roi, combattant comme un simple gendarme courut les plus grands dangers et tua de sa main plusieurs cavaliers ennemis. Schomberg périt à ses côtés, tandis que, dans le parti opposé, d'Egmont était tué d'un coup de pistolet, après avoir montré la plus brillante valeur. « Les deux troupes furent tête à tête un quart d'heure durant, frappant à qui mieux mieux, avant que nul ne cédât et que les escadrons ployassent; enfin les Wallons se firent jour et presque toute la gauche de l'escadron royal s'enfuit[1]. »

Le maréchal de Biron, resté jusque-là « en conserve », prit alors part au combat. La marche du corps qu'il commandait jeta l'épouvante dans la cavalerie de Mayenne; elle tourna le dos sur tous les points. Le roi la poursuivit l'épée dans les reins et s'empara de trois étendards wallons. La rapidité de sa course l'avait séparé des siens : s'étant aperçu que douze ou quinze cavaliers seulement l'accompagnaient, il s'arrêta, de peur de fâcheuse rencontre, sous les trois poiriers — là où s'élève aujourd'hui une pyramide commémorative — et ses cavaliers vinrent de tous côtés se rallier à son panache blanc.

Lorsque les siens le rejoignirent, des cris de : « Vive le roi ! » se firent entendre de toutes parts. La joie fut d'autant plus vive que son éloignement avait causé plus d'alarmes. Le jeune comte de Rhodes, atteint pendant la mêlée d'un coup de feu qui l'avait privé de la vue, fut emporté par son cheval; comme il portait la cornette blanche, les bruits les plus sinistres circulèrent un moment. Mais bientôt le baron de Biron, le maréchal d'Aumont et le duc de Montpensier furent réunis autour du monarque. Le maréchal de Biron les suivait ; Henri alla au-devant de lui : « Sire, lui dit le maréchal, vous avez fait le devoir du maréchal de Biron, et le maréchal de Biron a fait ce que le roi aurait dû faire. »

De tous côtés, l'infanterie royale s'avançait dans la plaine pour achever l'œuvre de la cavalerie. Le désordre était à son comble parmi les Ligueurs. Au lieu de couvrir la retraite de l'infanterie, leurs escadrons fuyaient à toute bride. Les lansquenets ne tardèrent pas à être atteints et égorgés sans pitié, en souvenir de leur trahison : 1 300 de ces étrangers restèrent sur la place[2]. Seule, l'infanterie helvétique de la Ligue, quoique abandonnée à elle-même au milieu d'une vaste plaine, faisait bonne contenance. Le roi fit avancer contre elle son artillerie ; en même temps, l'infanterie de l'aile droite qui n'avait point encore combattu se disposa à l'attaquer. Les Suisses allaient subir le même sort que les lansquenets; mais, se rappelant les services rendus par leurs compatriotes à la couronne de France, Henri fit suspendre l'attaque. Sommés de se rendre, ils déposèrent les armes et furent admis à capitulation ; l'acte qui leur laissait leurs enseignes et leur accordait de l'argent et des vivres pour retourner dans leur pays fut signé après la bataille.

Après avoir si vaillamment combattu pour la victoire, le roi voulut en recueillir le fruit en ne laissant pas de relâche à l'armée battue. Il prit le galop avec ce qu'il put réunir de cavalerie; le prince de Conti, le duc de Montpensier, le comte de Saint-Paul, le maréchal d'Aumont, le sieur de la Trémouille le suivirent. Mais les pour-

1. *Mémoires de Sully*.
2. C'est alors que le Roi se serait écrié, dit-on : « Sauvez les Français, et main basse sur l'étranger! »

parlers engagés avec les Suisses avaient pris du temps : Mayenne le mit à profit pour
repasser l'Eure à Ivry et détruire les ponts. Beaucoup de fuyards, et surtout les
reîtres, perdirent ainsi tout moyen de retraite : une partie se noya en essayant de
franchir à la nage la rivière grossie par les pluies. D'autres, après avoir cherché un
asile dans les bois voisins du champ de bataille, tombèrent sous les coups des
paysans, plus impitoyables pour eux que les Royaux. Un certain nombre s'étaient
barricadés dans les rues d'Ivry : le maréchal de Biron ayant reçu l'ordre d'attaquer
le bourg avec son infanterie, les barricades n'arrêtèrent les vainqueurs que quelques
instants ; 400 reîtres et beaucoup de cavaliers et de fantassins français y furent tués ;
l'artillerie et les bagages, empêtrés dans les rues, tombèrent au pouvoir des troupes
royales.

Pendant l'attaque d'Ivry, le Roi avait fait chercher un gué pour sa cavalerie. Ceux
de Buchaille et de Nantilly, en aval, ayant paru trop dangereux, il remonta la rivière et la franchit au gué de la Tourniole. Mayenne s'était dirigé vers Mantes : la
cavalerie royale suivit ses traces jusqu'au milieu de la nuit et fit bon nombre de prisonniers. Le roi soupa et coucha au château de Rosny.

Quoique la bataille n'eût duré que trois heures, Henri n'en avait pas encore
gagné d'aussi décisive. Du côté des Ligueurs, 2 400 hommes de pied et 1000 cavaliers restaient sur le champ de bataille. Le nombre des prisonniers était plus considérable encore : à peine un quart de l'armée de Mayenne parvint à s'échapper ;
son canon et beaucoup de ses enseignes tombèrent entre les mains des vainqueurs.
L'armée du Roi, au contraire, n'avait pas perdu 500 hommes.

La consternation fut grande, dans Paris, lorsqu'on y reçut la nouvelle de la
défaite de Mayenne. Il est même probable que le roi aurait pu s'emparer assez
aisément de la ville s'il s'y était porté sans perdre un instant. Des conseils
trop prudents et qui n'étaient point absolument désintéressés, selon les uns ;
la nécessité de laisser quelque repos à l'armée qui, comme toutes les troupes
d'alors, aimait mieux commencer par jouir de la victoire que de la pousser
à fond, selon les autres ; le mauvais temps, si l'on en croit Davila ; de
graves embarras d'argent, d'après Sully lui-même, obligèrent Henri IV à
s'arrêter quinze jours à Mantes. Ce répit permit aux Ligueurs de se remettre
de leurs frayeurs et d'organiser plus fortement que jamais la défense de la
capitale. Mais le roi reprit alors l'exécution de son plan, occupa par capitulation ou emporta de vive force Lagny, Corbeil, Provins, Moret, Montereau, Melun, Brie-Comte-Robert, etc., en un mot, se rendit maître de toutes
les avenues de la capitale et de toutes les rivières par lesquelles elle pouvait
s'approvisionner. Dès lors, un étroit blocus devenait possible et la reddition
de Paris était inévitable à brève échéance, si le duc de Parme, accourant
à la tête de l'armée espagnole, ne fût venu retarder le moment de sa chute et
la pacification du royaume.

La victoire d'Ivry n'eut donc pas, à proprement parler, des résultats matériels immédiats ; mais son effet moral fut considérable, comme aussi son

retentissement. On commença à voir dans le Béarnais un général heureux, capable de l'emporter sur ses rivaux par ses talents, et peut-être le peuple lui sut-il encore moins gré de son habileté que de sa fortune. On loua, tout autant que son courage, sa cordialité, son humanité, sa compassion pour les pauvres gens, sa familiarité avec la noblesse, qu'il affectait de traiter d'égal à égal, ne prétendant qu'à être, disait-il lui-même, « le premier gentilhomme de son royaume ».

Quelque vingt-cinq ans après, sous la minorité de Louis XIII, Legrain, conseiller de la Régente, terminait ainsi le récit qu'on l'avait chargé de faire au jeune prince de la bataille de 1590 : « ...Ne passez pas plus avant, Sire, sans tirer profit et instruction de cette grande victoire d'Ivry, qui fut comme le coup d'État qui redressa la couronne sur la tête du Roi votre père, et l'affermit par là sur la vôtre, devant que vous ne fussiez né. Considérez sa diligence de toujours suivre l'ennemi à la trace et de ne le point perdre de vue; son courage en l'attaquant toujours en nombre inégal; sa prévoyance en ses entreprises, sa suffisance en ses conseils; sa capacité en l'assiette de son armée, son jugement à assigner leur rang à ses chefs; son bon sens et sa vaillance dans la mêlée; son mépris du butin pour suivre l'ennemi jusqu'en sa retraite; enfin sa clémence envers les vaincus prisonniers, ce qui fut la plus grande et la plus utile victoire qu'il gagna, puisqu'il se vainquit lui-même et sut renverser les chatouillements que donne au cœur des princes victorieux le désir de la vengeance... » On ne saurait que souscrire sans réserve à ce jugement, car, en termes un peu oratoires, le bon conseiller a fort bien démêlé et résumé les véritables causes des succès de Henri IV, — et de ses succès politiques aussi bien que de ses succès militaires !

VI

Rocroy

19 MAI 1643

DUC D'ENGHIEN
Buste par Coysevox.
Musée du Louvre.

MARIE HEL
L'...........
Estampe de Nanteuil.
Lol....jou.

L A France avait perdu, dans les derniers jours
de l'année 1642, le grand cardinal qui était
l'âme de son gouvernement. à l'intérieur comme à
l'extérieur. Mais, du moins, Richelieu avait-il pu
voir, avant de mourir, triompher partout sa politique et réaliser presque entièrement son grand
dessein : l'abaissement de la maison d'Autriche.
Ne léguait-il pas d'ailleurs le pouvoir au plus
intime confident de ses vues. à l'homme le plus propre à achever et
à consolider l'œuvre entreprise, l'Italien Mazarin, et n'était-il pas sûr que
cette œuvre serait poursuivie. sinon avec autant de vigueur et surtout de
grandeur, du moins avec la même ténacité et avec encore plus de sou-
plesse ?

Aussi fut-ce en vain que, quelques mois après, lorsque le roi Louis XIII
eut suivi dans la tombe son illustre ministre, les ennemis de la France. et
le plus acharné d'entre eux. le roi d'Espagne Philippe IV, s'efforcèrent de
mettre à profit les troubles qui sont l'accompagnement ordinaire d'une
minorité et de la régence d'une femme. L'occasion paraissait pourtant
doublement propice, une grande partie des forces françaises étant occupée
à la fois en Allemagne. en Italie, sur la frontière de Catalogne et sur celle
des Pays-Bas : de ce dernier côté, notamment, la situation de l'Espagne
semblait excellente, puisqu'elle avait en Flandre et dans le Hainaut tout
prêts à rentrer en campagne une de ses meilleures armées et son plus
habile général, don Francisco de Melo. Celui-ci, qui suivait attentivement les événements, avait résolu de prendre l'offensive sans attendre que
se produisît le changement de règne prévu et escompté : il avait compris
qu'aucun point n'était plus favorable pour envahir la France que cette
extrémité de la Champagne qui s'avance entre l'Oise et la Meuse et qui

n était alors défendue que par la seule place de Rocroy. Dès le commencement d'avril, il avait résolu de mettre le siège devant cette ville, assez mal fortifiée, encore plus dépourvue de moyens de défense, et fatalement destinée à succomber après quelques jours de tranchée ouverte.

Mais, dans le même temps, Louis XIII mourant signait la nomination du duc d'Enghien au commandement de son armée de Flandre, et l'importance stratégique de Rocroy n'avait point échappé non plus à ce général de vingt-deux ans, de l'impétueuse jeunesse de qui on ne laissait pas de se méfier un peu, puisqu'on lui imposait comme lieutenant-général et comme mentor un vieux soldat plein de sagesse et d'expérience, le maréchal de L'Hôpital. Passant outre aux ordres prudents de la cour et aux conseils circonspects de son guide, il avait aussitôt donné l'ordre de réunir l'infanterie sur la Somme et la cavalerie sur l'Oise, pendant qu'un corps assez important, sous le maréchal de Gassion, son principal lieutenant, s'établissait en avant de Doullens pour couvrir le rassemblement de l'armée et dissimuler ses premiers mouvements.

Melo, à la vérité, s'inquiétait peu de ces derniers. Au commencement de mai, la température jusque-là fort rude, s'étant notablement radoucie, il achemina vers Rocroy les divers corps destinés à en former le siège — au total, 28000 hommes. Le 12, la ville était investie par le comte d'Ysembourg, commandant les troupes espagnoles dites d'Alsace ; le 15, la tranchée était commencée, et le 16 on se trouvait déjà en mesure d' « attacher le mineur » au corps de place. Le même jour, Melo arrivait avec le reste de l'armée, que dirigeait sous ses ordres, en qualité de mestre-de-camp général, le brave comte de Fuentes (ou de Fontaine). Mais, ce même jour aussi, l'avant-garde du duc d'Enghien arrivait en vue de Rocroy, et Gassion, qui la commandait, refoulait les gardes avancées de l'ennemi jusque sur le front de bandière de son camp. Puis le lendemain 17, le gros de l'armée française atteignait à son tour Bossu, distant de 20 kilomètres de la forteresse, et le jeune prince y rassemblait immédiatement un conseil de guerre auquel prenait part, avec le maréchal de l'Hôpital, les maréchaux de camp de Gassion, d'Espenan et de la Ferté-Senecterre, le « maréchal de bataille » La Vallière, et les mestres-de-camp généraux de l'infanterie et de la cavalerie, Persan et Sirot.

Le maréchal prince de Ligne a dit spirituellement et non sans raison que « quand un général ne veut rien faire, il réunit son conseil ». Tel n'était cependant pas ce jour-là, tant s'en faut, l'intention du duc d'Enghien ; mais il sentait que son âge et la gravité de la situation générale — il venait d'apprendre et était encore seul à connaître la mort de Louis XIII, qui remontait au 14 — lui faisaient un devoir de prendre ou tout au moins de

DON FRANCISCO
DE MELLO.
Bibliothèque Nationale.
Estampes.

COMTE DE FUENTES.
Bibliothèque Nationale.
Estampes.

paraître prendre, pour mettre sa responsabilité à l'abri, l'avis des officiers généraux qui composaient son entourage. Il leur déclara que, pour son compte, il était résolu à livrer bataille sans plus attendre, la place étant à la dernière extrémité, et ne se laissa point ébranler par les objections de l'Hôpital. Celui-ci représentait que les bois et les marais dont Rocroy était entouré n'en permettaient l'accès que par l'étroit passage que suit la route de Champagne et au débouché duquel l'ennemi avait placé un gros poste; mais Gassion, qui venait de reconnaître le pays, avait trouvé deux autres défilés assez praticables, par où l'on pouvait gagner, au sud-ouest, les environs de la forteresse; aussi se rangeait-il à l'opinion du prince, qui, là-dessus, coupa court à toute discussion. Son parti était définitivement pris : au sortir du conseil, il envoya ses bagages à Aubigny et à Aubenton, et arrêta l'ordre de bataille que l'armée prendrait le lendemain au point du jour. Le 18, en effet, à l'heure dite, toutes les troupes s'ébranlaient dans la direction de Rocroy.

Cette toute petite ville, la plus insignifiante à coup sûr des sous-préfectures de France, — car elle n'a que 800 âmes de population « agglomérée », dans son enceinte de cinq bastions, sur les 2300 que lui attribue le dernier recensement, — est bâtie au centre d'un plateau découvert et assez froid, de 6 kilomètres de rayon, dont les pentes couvertes de bois s'abaissent rapidement à l'est vers la Meuse, et au sud vers son affluent de gauche, la Sermonne. Ce plateau offre ceci de caractéristique que son sol argileux garde presque toutes les eaux qu'il reçoit, faute d'écoulement suffisant, et constitue, sinon tout à fait un marécage, du moins une vaste lande très humide, que l'on désigne dans les Ardennes sous le nom de *rièzes*. De nos jours, l'agriculture est parvenue, en réchauffant le terrain à force d'engrais et surtout en y creusant des rigoles d'assèchement, à transformer une partie de ces *rièzes* en excellents pâturages; mais, sur plus d'un point, elles offrent encore l'aspect qu'elles avaient au XVIIe siècle, et il ne pousse guère que des genêts, des mousses et des plantes palustres sur ce sol ingrat et stérile. Les bois qui entourent la petite plaine où s'élève la ville et qui n'est, en somme, qu'une grande clairière, ont également une physionomie à part : ce ne sont plus les épaisses forêts de la Thiérache et des Ardennes, et les taillis semés d'arbres rabougris ont succédé aux chênes et aux autres essences de haute futaie. Les fondrières n'y sont pas rares et, aujourd'hui encore, on n'y circule pas aisément en dehors des chemins, eux-mêmes peu nombreux.

8

Il n'y en avait aucun en 1643, si ce n'est celui dit de Champagne (maintenant la route nationale n° 51, d'Orléans à Givet) et, sur le plateau, comme aux abords, on ne rencontrait aucun lieu habité, aucune maison, en dehors de la forteresse; les deux « défilés » qu'utilisa l'armée française pour arriver en vue de celle-ci étaient deux dépressions où les taillis étaient plus clairs et le sol un peu plus ferme.

Le champ de bataille proprement dit s'étend à environ 2 kilomètres au sud-ouest de la ville, entre la grande route et le chemin (actuel) de Maubert-Fontaine. Les Français étaient déployés en travers des rièzes de Rouge-Fontaine, ayant leur gauche où se trouve à présent le champ de tir de la garnison ; en face, les lignes espagnoles coupaient obliquement les rièzes des Censes-Maubert et le Pré-Champagne, appuyant leur droite aux fonds marécageux où sourd le ruisseau de Sainte-Anne; de ce côté, un petit étang, depuis longtemps disparu, était le seul obstacle naturel qui séparât les deux armées. Le duc d'Enghien avait là 18 bataillons et 32 escadrons, présentant de 22 000 à 23 000 combattants, dont 6 000 à 7 000 cavaliers. Ces derniers étaient répartis entre les deux ailes, la gauche commandée par La Ferté, la droite aux ordres de Gassion; l'infanterie, sous d'Espenan, formait « la bataille », c'est-à-dire le centre, derrière lequel se trouvait la réserve : trois bataillons et quatre escadrons, sous Sirot. La formation de l'armée espagnole était sensiblement la même. Elle comprenait deux ailes exclusivement composées de cavalerie (les régiments de Flandre, sous le duc d'Alburquerque à gauche; les régiments d'Alsace, sous le comte d'Isembourg à droite), et un centre, constitué principalement par les *tercios viejos*, cette redoutable infanterie d'Espagne, que commandait le comte de Fontaine; les 5 tercios (gros bataillons) d'Espagnols « naturels » étaient flanqués à droite par 3 tercios d'Italiens, à gauche par 2 tercios de Bourguignons (Comtois), et derrière eux, en seconde et en troisième ligne, étaient rangés 5 tercios de Wallons et autant d'Allemands. Au total, et sans compter le corps du général Beck, qu'on attendait, mais qui pouvait difficilement arriver à temps, don Francisco de Melo disposait de 26 à 28 000 hommes, dont un tiers de cavalerie, et, en outre, de 18 pièces d'artillerie, auxquelles son adversaire ne pouvait opposer que 12 canons, de moindre calibre et, aussi, moins bien servis.

Mais l'artillerie, en ce temps-là, n'avait guère de rôle à jouer qu'au début de l'action; tout le poids de celle-ci retombait sur l'infanterie, jusqu'au moment où l'intervention de la cavalerie fixait le sort de la journée. La bataille de Rocroy est peut-être celle où cette intervention fut la plus prompte, la plus complète et la plus décisive, et toute la gloire en revient sans contredit au duc d'Enghien, comme on le verra par le récit que nous donnons plus loin. Peut-être y trouvera-t-on un peu trop restreinte la part qu'eut dans le succès final le lieutenant — qui aurait pu être le maître — du jeune général, le maréchal de Gassion. Mais, d'autre part, il mettra en pleine lumière les causes de la victoire, et, quand on l'aura lu, on sera certainement tenté de s'inscrire en faux contre cette appréciation d'ensemble du général Lamarque que « Condé n'a fait faire aucun progrès à l'art militaire », et contre cette autre, particulière à la bataille de Rocroy, du colonel Rocquancourt, « qu'il est étonnant qu'une action où le duc d'Enghien et son armée se couvrirent d'une gloire immortelle ait été si peu favorable

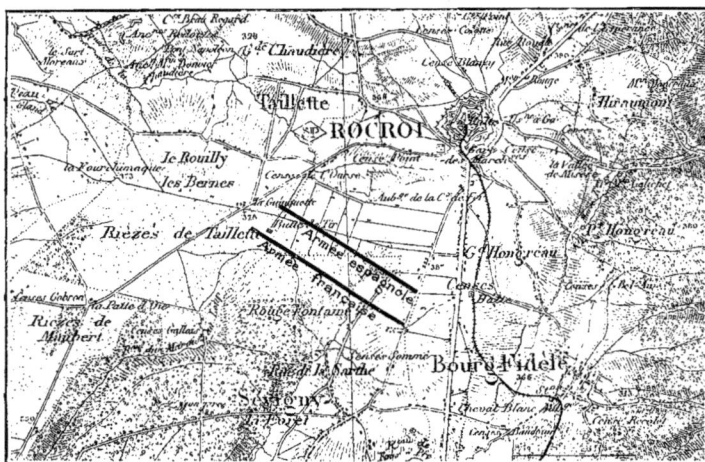

CHAMP DE BATAILLE DE ROCROY.
(Extrait de la carte de l'État-major au 1 : 80 000)

au développement de ce même art ». Il se peut que le merveilleux parti que sut tirer de sa cavalerie un chef intrépide, au moment « psychologique », ait contribué à « diminuer la considération naissante de l'infanterie », et c'est effectivement le reproche que Rocquancourt lui adresse. Cependant, nous ne voyons pas que cet emploi vraiment « génial » de la cavalerie sur le champ de bataille, pour rétablir et décider une action compromise, ait été pour faire rétrograder « l'art » — bien au contraire! Et, dans tous les cas, à une époque où l'on mettait toute sa science et tout son espoir dans des manœuvres bien lentes et bien compassées, ce n'était pas une « leçon de choses » à dédaigner que celle que donnait ainsi un capitaine à peine arrivé à l'âge d'homme, en montrant ce que l'on peut faire lorsque l'on sait tout oser, et en prouvant que, plus d'une fois, en tactique comme en géométrie, la ligne droite, qui est le plus court chemin, sera aussi le plus sûr.

[*Nombreux sont les récits de la bataille de Rocroy ; mais il en est un qui laisse
loin derrière lui tous les autres, tant par son exactitude, sa précision et
sa clarté, que par sa superbe ordonnance et « par le souffle de joie héroïque dont on le sent traversé »* — *suivant la belle expression de M. Jules
Lemaître : c'est celui qui se trouve au tome IV de* l'HISTOIRE DES PRINCES
DE CONDÉ PENDANT LES XVI° ET XVII° SIÈCLES, *par Henri d'Orléans, duc
d'Aumale, et que nous n'hésitons pas à reproduire, malgré son étendue.
(Paris, Calmann Lévy, éditeurs.)*]

La nuit était survenue et les flammes des foyers allumés par les troupes brillaient
sur un fond sombre, lorsqu'Anguien[1] s'arrêta, sans aller jusqu'à la cavalerie de l'aile
droite, déjà au repos. Les gardes de M. le Duc ne sont pas auprès de lui, mais à
l'extrême avant-garde de la droite, où ils renforcent les deux régiments de Croates.
Les aides de camp et les volontaires font au prince une brillante escorte. Gassion
vient les joindre avec quelques officiers ; tous mettent pied à terre « au feu de
Picardie ».

Le silence était profond ; les gardes veillaient, échangeant le mot de ralliement :
Anguien ; « nos soldats, couchés en bataille sur leurs armes, n'attendaient qu'un
signe pour se lever, souffler sur la mèche et l'abattre sur le serpentin » (Sirot).
L'ordre étonnant maintenu dans le camp français fut pour les contemporains un
objet d'admiration. Le prince s'étendit sur la terre et s'endormit profondément.
Bossuet a peint cette nuit et ces deux armées « enfermées dans les bois et dans des
marais pour décider leur querelle comme deux braves en champ clos ». Le lecteur
ne nous pardonnerait pas de changer un seul mot dans ce récit dont l'éloquence ne
surpasse pas l'exactitude. Voici pourtant un détail à compléter : ce n'est pas le matin « à l'heure marquée », c'est en pleine nuit qu'il fallut « réveiller cet autre
Alexandre ».

Un cavalier vient de se présenter à nos avant-postes ; c'est un Français qui avait
pris parti chez les Espagnols. On l'amène, il se jette aux pieds du prince et implore
sa grâce, bien payée d'ailleurs par l'importance des renseignements qu'il apporte :
l'ennemi attend Beck le 19 vers sept heures du soir et attaquera immédiatement ;
toujours préoccupé d'une tentative de secours venant de notre gauche, le capitaine
général a ramené une partie de la cavalerie d'Alsace dans son ancien quartier à l'ouest
de la place ; si l'aile droite française est assez hardie pour s'engager la première, elle
sera bien reçue par mille mousquetaires qui passent la nuit « sur le ventre » dans
les bouquets de bois tout près d'elle. Le cavalier achève à peine son récit que déjà
M. le Duc a modifié certaines parties de son plan et donné de nouveaux ordres
d'exécution. Puis il demande un cheval, ses armes, revêt sa cuirasse et met sur
sa tête un chapeau orné de cette plume blanche qu'avait illustrée Henri IV, et qui
est restée dans l'armée française l'insigne du commandement en chef.

Il faisait encore obscur lorsque les escadrons de première ligne de l'aile droite
montèrent à cheval pour dégager le front de la seconde ligne. Au même moment,
les soldats de Picardie se levaient et s'avançaient sans bruit, laissant auprès des
feux quelques hommes dont les ombres, passant devant la flamme, dissimulaient le

1. Le duc d'Aumale a tenu à rétablir l'ancienne forme française du nom porté par le prince
de Condé dans sa jeunesse ; en effet, la forme belge (Enghien) n'a prévalu que plus tard.

départ du régiment. « Les enfants perdus », conduits par le sergent-major de Péda-
mont, pénètrent dans les bouquets de bois, surprennent les mousquetaires ennemis
dans cet instant critique où un lourd sommeil s'empare de l'homme qui a veillé.
Quelques coups de feu retentissent, les fantassins espagnols se lèvent en désordre,
la panique les saisit ; les uns sont frappés par nos piquiers ; les autres se jettent hors
du bois et tombent dans un flot de cavaliers ; aucun n'échappa. La lueur grise de
l'aurore succédait aux ténèbres de la nuit. Il était trois heures du matin, le
19 mai 1643.

La cavalerie a suivi le mouvement des enfants perdus ; son front est doublé ; tous
les escadrons sont sur une seule ligne. Gassion en conduit sept et prend à droite,
Anguien à gauche, un peu en arrière, avec huit ; le bouquet de bois les sépare et les
masque quelque temps. Les cavaliers ennemis ont sauté en selle à la première alerte ;
c'est la troupe de Gassion qui se montre d'abord. Alburquerque veut lui faire face ;
au moment d'en venir aux mains, il est tourné par le duc d'Anguien et pris de
flanc en flagrant délit de manœuvre. Le choc fut dur ; les cornettes abordées ne s'en
remirent pas et disparurent du champ de bataille, suivies par nos Croates. Le duc
d'Alburquerque et ses lieutenants, Vivero et Villamor, rétablissent leur seconde
ligne derrière la gauche de l'infanterie ; les escadrons français sont ralliés ; un nouveau combat s'engage avec la même issue que le premier. Au milieu de la fumée et
de la poussière, plusieurs cornettes ennemies passent sans rencontrer nos cavaliers
et arrivent jusqu'à Picardie, qui, le bois nettoyé des mousquetaires, se trouvait isolé
en avant de notre ligne de bataille. Le régiment enveloppé se forme en octogone et
montre une grande fermeté.

L'aile gauche de l'armée espagnole est dispersée. En moins d'une heure, le duc
d'Anguien s'est révélé ; il a conquis sur ses cavaliers cet ascendant qu'une sorte de
courant rapide donne au chef digne de commander sur des soldats dignes de le
suivre. Il peut maintenant arrêter sa troupe sans diminuer son courage, la faire manœuvrer au fort de l'action, lui rendre l'élan sans qu'elle lui échappe ; il va avoir
besoin de toute son autorité. Le succès de notre aile droite avait amené le général
en chef sur une ondulation d'où, en se retournant, il dominait le terrain occupé par
le reste de son armée. Le spectacle qui s'offrit à ses yeux était fait pour troubler une
âme moins ferme.

Les coups de mousquet partis de notre droite avaient mis fin à la « trêve de Dieu »
observée toute la nuit par une sorte d'accord tacite ; les postes placés entre les deux
armées avaient aussitôt commencé le feu ; les piquets étaient accourus. Deux lignes
de tirailleurs couvrent tout le centre d'un nuage de fumée ; bientôt le canon mêle
sa voix tonnante aux éclats de la mousqueterie. À notre gauche, les premières
clartés du jour montrent à La Ferté l'aile droite des ennemis dégarnie ; en effet,
Isembourg, avec presque toute la cavalerie d'Alsace, avait passé la nuit dans son
camp à l'ouest de la place, à la tête des tranchées, pour mieux garder les avenues et
repousser cette tentative de secours, qui, jusqu'au dernier moment, préoccupa surtout l'état-major espagnol. Voyant ce vide devant lui, La Ferté oublia et l'échauffourée
de la veille et les recommandations de son général ; de nouveau, il voulut franchir
le marais et tourner l'étang. Comme la veille, Isembourg survint avec ses escadrons, mais cette fois il ne s'arrêta pas ; prenant le galop à bonne distance, favorisé
par la pente, il aborde la cavalerie française, la met en désordre, la sépare de l'in-

fanterie et la pousse vivement devant lui. La Ferté combat avec vaillance : atteint d'un coup de pistolet, percé de deux coups d'épée, il tombe aux mains de l'ennemi. L'ardeur de la poursuite, l'attrait du pillage, l'espoir d'arriver jusqu'aux bagages des Français entraînent au loin bon nombre de cavaliers allemands. Encore aujourd'hui, on retrouve des armes brisées jusque dans les rièzes de Regniowez.

Avec le gros de sa troupe, Isembourg tourne à gauche, culbute nos mousquetaires, nos artilleurs, et s'empare du canon : La Barre est tué sur ses pièces. L'Hôpital, homme d'honneur, un peu responsable du malheur de La Ferté, essaye d'y remédier. Il rallie quelques cavaliers, se met à la tête des bataillons de notre gauche et reprend le canon perdu. Mais aux cornettes qu'Isembourg a gardées sous la main se réunissent celles qui, venant de l'autre aile, se sont un moment égarées, et qui, après avoir tâté Picardie, ont coulé derrière les tirailleurs espagnols du centre. L'infanterie italienne les soutient. Les troupes de L'Hôpital sont entourées ; un coup de feu lui casse le bras ; on l'emporte. Quelques bataillons fuient ; Piémont et Rambures font ferme ; ils sont très maltraités et obligés de reculer, abandonnant le canon une seconde fois.

L'ennemi a maintenant trente bouches à feu pour battre notre centre, qui n'avait pas encore été sérieusement engagé ; nous n'avons plus une pièce pour répondre. Nos mousquetaires, déployés sur deux rangs en avant des bataillons, continuent leurs salves, mais ils perdent du terrain. L'anxiété est profonde ; la gauche est battue, chacun le voit ; la droite a disparu, le général en chef avec elle ; quelques coups de feu, un nuage de poussière jalonnent la direction qu'elle a suivie ; elle est aux prises avec la cavalerie ennemie ; mais est-elle victorieuse ? Toute cette infanterie, qui souvent déjà s'est vue abandonnée par la cavalerie, se trouble facilement. Un mot d'ordre, venu on ne sait d'où, passe comme une traînée fatale de bataillon en bataillon : « La journée est perdue ! en retraite ! » Et lentement, graduellement, sans que personne dirige le mouvement, toute la ligne recule. Où donc est Espenan ? où sont les officiers généraux ?

En voici un : c'est le maréchal de bataille (chef d'état-major), La Vallière ; il a rejoint dans la nuit ; en ce moment, il arrive de la gauche ; il va de régiment en régiment, parle aux chefs de corps : il ne sait rien du duc d'Anguien ; il a vu tomber L'Hôpital ; il engage les mestres de camp à replier leurs troupes en ordre. Le mouvement s'accélère ; déjà ceux de nos bataillons qui n'ont pas été rompus par Isembourg se sont rapprochés de la réserve. Sirot se détache de sa troupe : « Que faites-vous donc ? demande-t-il. — Tout le monde bat en retraite, lui répondent les premiers qu'il rencontre ; la bataille est perdue. — Perdue ? s'écrie-t-il, allons donc ! Sirot et ses compagnons n'ont pas donné ! Face en tête ! »

Entre cinq et six heures du matin, notre gauche était battue, notre canon pris, La Ferté prisonnier, L'Hôpital hors de combat, La Barre tué, notre centre en retraite ; l'infanterie italienne s'avançait et les tercios viejos allaient la soutenir. Du point où le duc d'Anguien avait fait halte pour rallier derrière la ligne espagnole ses escadrons victorieux, il ne pouvait saisir les détails de ce tableau ; mais la direction de la fumée, la plaine couverte de fuyards, la marche de la cavalerie d'Alsace, l'attitude de l'infanterie ennemie, tout lui montrait, en traits terribles, la défaite d'une grande partie de son armée. Il n'eut pas un instant d'accablement, il n'eut qu'une pensée : arracher à l'ennemi une victoire éphémère, dégager son aile battue, non en volant à son secours, mais en frappant ailleurs. Quelques minutes de repos données aux chevaux essoufflés lui ont suffi pour arrêter le plan d'un nouveau combat, conception originale dont aucune bataille n'offre l'exemple. Laissant Gassion sur sa droite avec quelques escadrons pour dissiper tout nouveau rassemblement de la cavalerie wallonne, il fait exécuter à sa ligne de colonnes un changement de front presque complet à gauche, et aussitôt, avec un élan incomparable, il la lance, ou plutôt il la mène en ordre oblique sur les bataillons qui lui tournent le dos.

Dans les rangs pressés de l'infanterie ennemie, il était malaisé de suivre les incidents qui se succédaient depuis que la cavalerie d'Alburquerque et celle du duc d'Anguien étaient aux prises. Les yeux, les esprits, les cœurs étaient tout entiers à la bataille engagée devant le front, et chacun, chefs et soldats, se préparait à y prendre part quand la troisième ligne fut subitement abordée et poussée sur la seconde. C'est une suprême épreuve pour une troupe qu'une attaque imprévue sur ses derrières. « Nous sommes tournés ! » est un cri d'alarme qui émeut les plus braves. Peut-être les Wallons, mécontents de quelques-uns des actes de Melo, n'étaient-ils pas, ce jour-là, disposés aux grands sacrifices; mais Wallons et Allemands, tous étaient là placés dans des conditions défavorables. Beaucoup de mousquetaires détachés la nuit aux avant-postes n'avaient pas reparu : nous savons où ils gisaient. D'autres avaient déjà été dirigés sur le front en prévision d'un mouvement offensif; peu d'armes à feu pour arrêter les chocs qui se pressent. Et avec quelle ardeur arrivaient nos cavaliers, menés par un tel chef ! Ils passent comme un torrent au milieu des bataillons. Ceux-ci sont si rapprochés, qu'ils craignent de tirer les uns sur les autres et que la contagion du désordre est bien vite incurable; en quelques minutes, toute l'infanterie wallonne et allemande est complètement rompue. Les fuyards, qui se jettent en dehors, dans la direction des bois, sont ramassés par Gassion ; une masse confuse roule instinctivement vers la place laissée vide par la cavalerie d'Alsace.

C'est là que Melo avait choisi son poste. Inquiet, agité durant la nuit, il commençait à reprendre confiance et suivait d'un œil complaisant les progrès de son aile droite lorsqu'on vint lui apprendre la défaite d'Alburquerque. Il veut y courir avec quelques cornettes que lui a laissés Isembourg et tombe au milieu de son infanterie en déroute. Aveuglé par la fumée et la poussière, il allait se jeter dans un escadron français quand son capitaine des gardes, Duque, l'arrête et le ramène auprès d'un brave mestre de camp, le comte de Ritberg, qui cherchait à retenir son régiment. Le capitaine général harangue les soldats, essaye de les entraîner; mais le flot le déborde. Les chevau-légers français le reconnaissent, le pressent ; son bâton de commandement lui échappe et il n'a que le temps de chercher refuge dans le bataillon du chevalier Visconti. « Je veux mourir avec vous, messieurs les Italiens », crie don Francisco. — « Nous sommes tous prêts à mourir pour le service du roi », répond Visconti. Et il fut pris au mot, car il fut tué quelques instants après; sa troupe fit ferme et repoussa les premiers cavaliers français. On se souvient que ces Italiens, placés à la droite de la « bataille » du roi catholique, venaient de s'avancer pour soutenir la cavalerie d'Alsace ; Fontaine allait probablement faire suivre ce premier échelon par le reste de son infanterie ; déjà le tercio de Velandia s'était détaché de la phalange et marquait le mouvement, lorsque les soldats du duc d'Anguien arrivèrent par derrière, pêle-mêle avec l'escorte de Melo. Ainsi l'infanterie du roi catholique commençait à marcher par échelons, l'aile droite en avant, méthodiquement, à rangs serrés, comme il convenait à son tempérament et à celui de son chef, lorsque l'audace inspirée du duc d'Anguien lui enleva sa seconde et sa troisième ligne. La première était intacte ; précédée de son artillerie et de ses mousquetaires, elle présentait ce front imposant devant lequel reculait l'infanterie française, seule, en plaine, sans cavalerie, sans artillerie, sans direction.

Sirot avait ralenti ce mouvement en arrière ; officiers et soldats s'arrêtaient pour l'entendre discuter vivement avec La Vallière et contester cet ordre de retraite que le général en chef n'avait pas donné. Quelques-uns des bataillons maltraités de la gauche s'étaient mis en ligne auprès de la réserve ; mais un retour offensif de la cavalerie d'Alsace, qui voulait rester maîtresse de cette partie de la plaine, rejette notre infanterie dans le désordre. Sirot la dégage en chargeant avec les gendarmes et son régiment. La cavalerie ennemie fait mine de revenir; mais, cette fois, elle y va mollement; elle sait vaguement ce qui se passe ailleurs et ne songe qu'au ralliement.

Le commandant de notre réserve a rempli son devoir avec autant d'intelligence que d'énergie : maintenir sa troupe jusqu'au bout à la disposition du général en chef sans se laisser émouvoir par les incidents ou par les ordres dépourvus d'autorité. Sa tâche n'est pas achevée. Sauf quelques bataillons débandés, notre infanterie reste formée en groupes bien distincts ; les unités se sont rapprochées sans se confondre ; les vieux régiments français ou étrangers ne sont pas rompus; mais tous ont été canonnés, beaucoup ont reçu des horions, quelques-uns ont été bousculés ; ils sont hésitants et prennent au mot les injonctions de La Vallière, qui croit toujours à la nécessité de la retraite. Sirot s'interpose de nouveau. « Face en tête ! crie-t-il ; personne ne vous poursuit ; la journée n'est pas terminée. Nous ne pouvons abandonner notre général. A l'ennemi ! je vous conduirai ! » Déjà les officiers ramènent leurs hommes en levant les chapeaux : « A M. de Sirot ! à M. de Sirot ! » Et voilà que celui-ci leur montre au milieu d'un groupe de cavaliers le panache blanc du duc d'Anguien reparaissant là où l'on voyait le matin les escadrons d'Isembourg.

Rien ne peut rendre la surprise, l'émotion de tous, l'effet produit sur le soldat par l'apparition soudaine du duc d'Anguien sortant de cette mêlée furieuse, les cheveux épars, les yeux pleins d'éclairs, l'épée à la main. Ce n'est plus le jeune homme à l'aspect un peu délicat qui passait la veille devant le front des troupes ; il est transformé ; l'action l'a grandi ; son visage irrégulier est devenu superbe ; c'est le général obéi de tous ; c'est le premier soldat de l'armée ; c'est le dieu Mars.

Devinant en quelque sorte la pensée de son chef, cherchant à le seconder par son initiative intelligente, Sirot veut aussitôt tirer parti des courages ranimés. Il a rétabli une ligne d'environ huit bataillons, qu'il porte en avant. Placés en premier échelon, les Italiens n'attendent pas le choc de cette infanterie, car ils sont déjà pris de flanc et culbutés par nos chevau-légers. Mais le tercio de Velandia, qui venait ensuite, « ne branle pas ». Chargé, fusillé, il perd tous ses mousquetaires sans se laisser rompre et, maintenu par son chef expirant, il recule à petits pas jusqu'à ce qu'il s'adosse au gros de l'infanterie. Grâce à la fermeté de ce régiment, les Italiens furent moins maltraités que les autres nations et purent se retirer, mal en ordre, sur les bois au nord, laissant deux de leurs mestres de camp et bon nombre de soldats sans vie sur le terrain. Les Français ne peuvent reprendre que les douze pièces

Rocroy (19 Mai 1643)

par eux perdues le matin, encore renversées et à peu près hors de service. Le canon espagnol continue de tirer ; son feu et les salves de la mousqueterie arrêtent le mouvement de la ligne française.

Isembourg reste quelque temps dans cette plaine qu'il avait un moment conquise et où il avait, pendant plusieurs heures, manœuvré et combattu avec autant d'habileté que de vaillance ; il essaye de rassembler ses escadrons, trop dispersés peut-être ; Vivero, un des lieutenants d'Alburquerque, l'a rejoint et l'assiste. De la droite, de la gauche, tous les cavaliers qui veulent ou peuvent se battre ont été conduits sur ce point par les incidents de la journée, mais ils sont enveloppés. Quand le vent de la fortune tourne, il ramène à celui qu'il favorise des secours inattendus ; beaucoup de chevau-légers des troupes de La Ferté reparaissaient, des escadrons qu'on croyait anéantis se reformaient. Entre les revenants de la défaite de la gauche et les vainqueurs de la droite, la cavalerie d'Alsace fut écrasée. Isembourg est criblé de blessures, son cheval s'abat ; il est pris un moment par un cuirassier de Gassion, puis dégagé ; ses cavaliers, qui l'adoraient, l'entraînent presque mourant loin du champ de bataille. Un brave colonel, Savory, essaye de prendre sa place et veut tenter un effort désespéré contre l'infanterie française ; il est frappé avant d'avoir pu charger, et les derniers débris des 105 cornettes qui, le matin, composaient la brillante cavalerie du roi catholique, sont dispersés.

Au bruit et au tumulte du combat succèdent, pour quelques instants, un silence et un calme presque aussi effrayants. Hommes, chevaux sont à bout : il faut à tous quelques instants de repos. Chacun semble se recueillir pour une lutte suprême. Le duc d'Anguien est auprès de Sirot, remet l'infanterie en ordre, veille au ralliement de la cavalerie de La Ferté ; celui-ci a été tiré des mains de l'ennemi, mais blessé grièvement et hors de combat ; Gassion empêche les fuyards de se rassembler et veille du côté du nord, guettant l'armée du Luxembourg, car Beck peut encore survenir. C'est le souci du duc d'Anguien, c'est le dernier espoir de l'infortuné Melo, que la défaite des Italiens a rejetés dans le gros des « Espagnols naturels ».

De toute l'armée du roi catholique, les tercios viejos sont seuls debout. Ils forment un rectangle allongé. Leurs rangs se sont grossis des épaves de l'infanterie frappée auprès d'eux : Bourguignons, Italiens, officiers sans troupe, cavaliers démontés ou blessés se pressent ou plutôt s'encadrent parmi eux, bouchant les vides, remplissant les intervalles déjà trop étroits qui séparaient les bataillons. Ils ne peuvent plus manœuvrer, ils sauront mourir.

M. le Duc attendra-t-il, pour reprendre l'action, que ses escadrons soient reposés ou réunis, ses bataillons remis des chocs qu'ils ont reçus, le canon relevé ? — Mais si l'infanterie espagnole essayait de se déployer, de prolonger ses lignes de feu ! — Que recèle ce grand rectangle, cette forteresse vivante ? Et si Beck arrivait ! Il faut battre le fer, user les forces de l'ennemi, lui rendre toute manœuvre impossible, le paralyser jusqu'au moment où on pourra le détruire. Cela coûtera cher peut-être, mais la victoire est à ce prix. L'attaque commence sans délai ; les bataillons les moins fatigués ou les premiers rétablis s'avancent : Picardie et La Marine à droite, les Royaux, les Écossais et les Suisses au centre, Piémont et Rambures à gauche. M. le Duc est avec eux, suivi de ses gardes et de quelques escadrons qui ne l'ont pas quitté, prêts à se jeter dans la première brèche ouverte. Des mousquetaires précèdent la ligne pour engager l'escarmouche.

9

A l'un des angles de la phalange, un homme est élevé sur les épaules de quatre porteurs; sa longue barbe blanche le fait reconnaître : c'est le comte de Fontaine. Il a juré, dit-on, de ne combattre les Français ni à pied ni à cheval, et il tient son serment; car il est assis sur la chaise où le clouent ses infirmités, « montrant qu'une âme guerrière est maîtresse du corps qu'elle anime ». Tout est immobile en face de nous : Fontaine, sa canne appuyée sur son pied, les mousquetaires au port d'armes et derrière eux la forêt des piques. Les Français approchent; si quelque coup de feu de leurs enfants perdus porte, les rangs se resserrent sans nulle riposte. Les assaillants commencent à voir distinctement ces hommes de petite taille, au teint basané, à la moustache troussée, coiffés de chapeaux étranges, appuyés sur leurs armes.

Tout à coup la canne de Fontaine se dresse, dix-huit bouches à feu sont démasquées, tous les mousquets s'inclinent, une grêle de balles et de mitraille balaye le glacis naturel sur lequel s'avance la ligne française. Celle-ci flotte un moment, puis recule, laissant le terrain jonché de cadavres. Quand le vent eut dissipé la fumée, la phalange était de nouveau immobile, les mousquets relevés, Fontaine à la même place. Le duc d'Anguien a bientôt arrêté ses troupes: deux fois il les ramène, et deux fois encore il est repoussé. Ses gardes, les gendarmes sont décimés, son cheval blessé est tout couvert de sang; il a reçu une contusion à la cuisse et deux balles dans sa cuirasse.

Cependant quelques vides se sont faits dans les rangs espagnols: les hommes semblent toujours impassibles et résolus, mais la dernière décharge était moins nourrie; le canon s'est tu; les munitions manquent. On ne voit plus Fontaine sur sa chaise; il est là gisant, la face contre terre, le corps traversé par les balles; Dieu a épargné au vieux soldat la suprême douleur de voir enfoncer cette infanterie qu'il croyait invincible. Les Français étant parvenus à relever trois ou quatre des pièces qu'ils ont reprises, le duc d'Anguien fait abattre à coups de canon un des angles de la forteresse vivante. D'autres bataillons ont rejoint et prolongent notre ligne de feu. Gassion s'est rapproché avec ses escadrons; les chevau-légers de La Ferté, ralliés, menacent les tercios d'un autre côté. M. le Duc achevait ses dispositions pour ce quatrième assaut, lorsqu'on le prévint que plusieurs officiers espagnols sortaient des rangs en agitant leurs chapeaux comme s'ils demandaient quartier. Il s'avance pour recevoir leur parole; mais, soit malentendu, soit accident, plusieurs coups de feu partent, sont pris pour un signal et suivis d'une décharge à laquelle le prince échappa par miracle et qui « mit les nôtres en furie ». Cavaliers, fantassins, tous s'élancent; la phalange est abordée, percée de toutes parts. L'ivresse du carnage saisit nos soldats, surtout les Suisses, qui avaient beaucoup souffert aux premières attaques et qui font main basse sur ceux qu'ils rencontrent. Le duc d'Anguien, que personne n'avait dépassé, désarme de sa main le mestre de camp Castelvi, reçoit sa parole, celle de Garcies et de Peralta, seuls chefs survivants. Les vaincus, officiers, soldats, se pressent autour de lui, jetant leurs armes, implorant sa protection. Le prince crie que l'on fasse quartier, que l'on épargne de si braves gens; ses officiers l'assistent; le massacre cesse; les tercios viejos ont vécu !

Lorsque, le tumulte du combat apaisé, Anguien embrassa d'un coup d'œil ce champ de bataille couvert de débris fumants, ces longues files de prisonniers qu'on lui amenait, ces drapeaux qu'on entassait à ses pieds, tous ces témoins d'une lutte terrible et d'un éclatant triomphe, il se découvrit et son cœur s'éleva vers Celui qui venait de bénir les armes de la France : *Te, Deum, laudamus!*

Commencée entre trois et quatre heures du matin, la bataille de Rocroy était terminée avant dix heures. C'était, sans contredit, la victoire la plus complète et la plus éclatante remportée depuis un siècle par les armées françaises : elle n'avait pas été payée trop cher au prix de 2000 tués et à peu près autant de blessés (les Espagnols avaient perdu 7 à 8000 hommes et en laissaient 6 à 7000 entre nos mains), tant étaient considérables ses résultats matériels et le devaient être encore plus ses conséquences morales : Rocroy délivré, l'invasion arrêtée net, le Hainaut et la Flandre à notre discrétion, et, d'autre part, comme dit Bossuet, « les menaces d'un redoutable ennemi tournées à sa honte, la régence affermie, la France en repos, et un règne, qui devait être si beau, commencé par un si heureux présage ».

Mais ce qui fait, par-dessus tout, que Rocroy marque dans notre histoire militaire une date si importante, c'est que cette journée voit s'effondrer et disparaître les vieilles « bandes » espagnoles et wallonnes, qui, depuis Charles-Quint, régnaient sur tous les champs de bataille et étaient devenues l'effroi des nations. La suprématie qu'elles avaient si longtemps détenue sans conteste passe maintenant au soldat français, « la fougue disciplinée, l'idéal du genre », suivant la jolie expression de Michelet. Dès lors, la France prend en Europe, d'une manière incontestée, la première place, que l'Espagne y avait occupée si longtemps ; et, si bien d'autres éléments concourent à sa grandeur et à sa puissance, on peut dire que leur principal instrument et leur plus ferme soutien, c'est cette supériorité militaire qu'elle a su arracher à sa rivale et que sauront lui conserver, jusqu'à la fin du siècle, l'habileté de ses généraux et la vaillance de ses soldats.

VII

Lena

(20 août 1648)

MARÉCHAL
DE GRAMONT
Bibliothèque Nationale.
Estampes.

L'ARCHIDUC LÉO-
POLD D'AUTRICHE
Bibliothèque Nationale.
Estampes.

Si décisive qu'eût été la victoire de Rocroy, elle n'avait été remportée, en somme, que sur l'une des nombreuses armées que la maison d'Autriche avait mises sur pied, dans l'Europe occidentale et centrale, pour tenir tête à la grande coalition de la France, de la Suède et des princes protestants d'Allemagne. Plusieurs années, signalées de part et d'autre par les plus vigoureux efforts, devaient encore se passer avant que prît fin cette lutte gigantesque que l'histoire a appelée la guerre de Trente Ans. Dans ce laps de temps, le duc d'Enghien, devenu bientôt le prince de Condé par la mort de son père, changea plus d'une fois d'adversaires et de théâtre d'opérations. On le vit, en août 1644, livrer, avec Turenne pour second, cette sanglante série de combats connue sous le nom de bataille de Fribourg, et qui eut pour résultat la retraite plutôt que la défaite du fameux général bavarois Merci. Puis, l'année suivante, toujours sur Merci et avec Turenne, « M. le Prince » gagna non sans peine, en Franconie, la grande bataille de Nœrdlingen — le « Norlingue », des historiens français du temps. Enfin, en 1646, il revint commander dans les Pays-Bas, d'où on l'envoya, vers le milieu de 1647, en Espagne. Mais ce n'était qu'en Allemagne qu'on faisait alors la *grande guerre*, la guerre d'invasion et de mouvements : en Flandre, en Italie, en Catalogne, on se bornait à assiéger des places — qu'on ne prenait pas toujours. C'est ce qui arriva à Condé lui-même, devant Lérida, et l'on assure que cet échec ne fut point absolument désagréable à Mazarin, qui n'avait pas placé sans arrière-pensée à la tête d'une armée délabrée et opérant dans des conditions difficiles le prince du sang dans lequel sa perspicacité avait deviné un chef de parti redoutable entre tous.

Mais, à la fin de 1647, les affaires de la France avaient fini par aller très
mal sur presque tous les points. La révolte des Weimariens, les anciens
soldats de Gustave-Adolphe et de Bernhard de Weimar passés sous les ordres
de Turenne, avait empêché celui-ci de manœuvrer avec sa rapidité et son
habileté accoutumées. Il s'était vu prévenu dans les Pays-Bas par l'archiduc
Léopold, tandis qu'en Allemagne même, l'électeur de Bavière battait le
général suédois Wrangel, le rejetait sur la Weser et pénétrait dans le Palatinat. Les plans de Mazarin étaient bouleversés : il fallut rappeler Condé de
Catalogne pour lui rendre l'armée de Flandre qui fléchissait devant les
Espagnols, et Turenne dut revenir en Allemagne pour faire lâcher prise
à l'électeur de Bavière, en portant le ravage dans ses propres États. Cette
incursion, bien conduite, eut pour effet de hâter la conclusion de la paix
dite de Westphalie, en mettant un terme aux hésitations et aux fluctuations
des plénipotentiaires depuis si longtemps réunis à Munster.

Mais le roi d'Espagne ne voulut point accéder aux traités conclus avec
l'empereur et les princes d'Allemagne, et la guerre continua en Catalogne
et en Flandre; elle devait durer dix ans encore (jusqu'à la paix des Pyrénées). Dès la reprise des hostilités, la fortune redevint favorable à nos armes :
d'un côté, le maréchal de Schomberg prit Tortose ; de l'autre, Condé fit capituler Ypres, que l'archiduc Léopold ne réussit point à sauver. Mais alors,
le commandant en chef des forces espagnoles, profitant de ce que son
adversaire venait de s'affaiblir d'un gros détachement confié au maréchal
de Rantzau pour faire une tentative sur Ostende, s'en vint mettre le siège
devant la petite place de Lens, en Artois. Condé, auquel d'Erlach amenait
d'Allemagne, sur ces entrefaites, un renfort de 4 000 hommes, suivit aussitôt
l'archiduc et résolut de lui livrer bataille. Malheureusement, Lens, mal défendue, venait d'ouvrir ses portes, lorsqu'il déboucha dans la vaste plaine qui
s'étend entre cette ville, Béthune et la Bassée.

Cette plaine de Lens a bien changé d'aspect depuis le xviie siècle. Nue,
aride et monotone, surtout à la fin de l'été, elle a vu sa physionomie complètement modifiée par les progrès de la culture et plus encore par ceux de
l'industrie. Les arbres y sont presque aussi rares qu'autrefois, à part les
bouquets de bois et les vergers qui signalent du côté du nord des villages
clairsemés, cachés dans les plis de terrain. Mais, dans la partie sud, — celle
où a eu lieu la bataille, — on voit s'élever de tous côtés les hautes cheminées
d'exploitations houillères qui comptent parmi les plus productives du grand
bassin du Nord et du Pas-de-Calais. Les constructions qu'elles ont nécessi-
tées, et plus encore les *corons* ou cités ouvrières habitées par les mineurs,
ont pris un développement énorme et permettent à peine de se rendre compte

des formes du terrain . Celui-ci apparaît toutefois, dans son ensemble, comme une succession de rides et de plis sensiblement parallèles, que le duc d'Aumale a fort bien comparés à « ces grandes ondes que le vent du nord-ouest pousse à travers l'Océan, depuis Terre-Neuve jusqu'à la côte de Portugal ». C'est sur celle de ces ondulations qui court en avant du village de Loos que M. le Prince avait, le 19 août dans la matinée, rangé son armée en bataille, en face de l'armée espagnole adossée, elle, à la Souchez (ou ruisseau de Lens), la droite au château de Lens, la gauche en avant de Liévin.

Mais, dans la soirée, les Français firent entendre des plaintes dont le commandement ne pouvait manquer de se préoccuper : hommes et chevaux mouraient de soif au milieu de cette plaine aride, et les généraux proposaient un léger déplacement du côté de l'ouest, de façon à amener les troupes à proximité du ruisseau de Nœux descendu des hautes collines de l'Artois, qui dominent, au sud, la plaine de Lens. Condé était d'autant mieux disposé à donner satisfaction à ce légitime désir qu'il avait reconnu la difficulté d'attaquer avec succès l'armée ennemie dans la position solide et bien appuyée qu'elle occupait : nul doute qu'un mouvement qui aurait toutes les apparences d'un commencement de retraite ne l'incitât à en sortir. Mais, d'un autre autre côté, M. le Prince ne voulait pas que ce mouvement, exécuté à la faveur de l'obscurité, ressemblât à une fuite nocturne, et c'est seulement le 20, au point du jour, qu'il consentit à l'ordonner. L'armée, du reste, l'effectua avec calme et précision, sans rompre son ordre de bataille. Ce que voyant, l'archiduc fit brusquement charger par sa cavalerie la droite française, qui fut mise en désordre : Condé, qui s'y tenait de sa personne, ne dut son salut qu'à la vitesse de son cheval. Cette échauffourée, toutefois, n'eut pas de graves conséquences, et M. le Prince ne s'en inquiéta pas autrement[2]. L'aile enfoncée fut vite ralliée, la gauche et le centre s'affermirent dans leur position nouvelle et, du mamelon où s'est élevé longtemps « l'arbre de Condé », — un grand tilleul déraciné par une tempête il y a seulement vingt ans et depuis remplacé par une colonne sur laquelle sont gravés deux vers du Lutrin, — le

1. Aussi est il fort difficile, dans une visite du champ de bataille de Lens, de se faire une idée exacte des positions que les armées ont occupées : là où s'étendent en files rectilignes interminables les petites maisons basses à toits rouges des corons, où se groupent, en masses sombres, les bâtiments des charbonnages, il n'y avait naguère que les champs ou des friches. C'est ce qu'il ne faut pas non plus oublier en examinant les positions reportées dans notre plan sur la carte d'état-major — Nous aurons à faire les mêmes observations à propos des batailles de Denain et de Jemmapes livrées, elles aussi, dans des contrées devenues entièrement industrielles.

2. C'est à cet... incident, qui « aurait causé à d'autres un certain embarras », dit le duc d'Aumale, que se rapporte le passage si connu de La Bruyère : « ...On lui a entendu dire : Je fuyais, avec la même grâce qu'il disait : Nous les battîmes. »

vainqueur de Rocroy acheva tranquillement de prendre les dispositions grâce auxquelles il allait être aussi le vainqueur de Lens.

L'armée de France n'avait fait, en somme, que reculer de 2 000 pas et avait fait halte sur une ondulation semblable, pour l'altitude et l'orientation, à celle qu'elle venait d'abandonner. Elle comptait à peu près 16 000 hommes (12 bataillons, 45 escadrons, 18 pièces). La cavalerie légère était répartie entre les ailes : 17 escadrons à droite, 16 à gauche, les uns et les autres

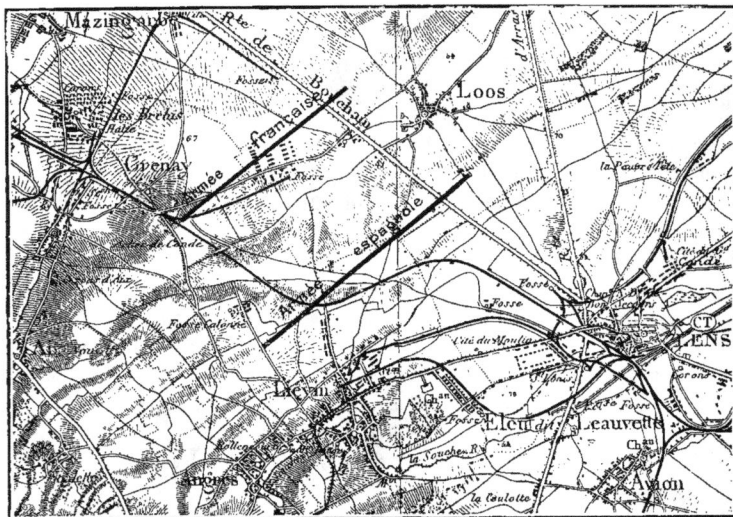

CHAMP DE BATAILLE DE LENS.
(Extrait de la carte d'État-Major au 1 : 80 000.)

formés sur deux lignes. L'infanterie constituait le centre ou « la bataille », dont l'artillerie couvrait le front : elle avait 7 bataillons en première ligne et 5 en seconde ligne ; 6 escadrons de gendarmerie (grosse cavalerie) étaient intercalés entre les deux. En réserve enfin venaient 6 escadrons de Weymariens, que commandait le célèbre d'Erlach. Le centre obéissait au maréchal de Châtillon, la gauche au maréchal de Gramont ; M. le Prince s'était réservé la droite.

L'armée d'Espagne était un peu plus forte que la nôtre, avec ses 18 000 hommes et ses 38 bouches à feu. Son infanterie, placée au centre, ne comprenait que 4 bataillons d' « Espagnols naturels », qui n'avaient des anciens tercios viejos que le nom, étant tous de nouvelle levée ; les autres étaient wallons, lorrains ou irlandais. Aussi leur avait-on donné comme soutien 13 escadrons rangés entre les deux lignes, et comme réserve 2 autres escadrons gardés en arrière. Le reste de la cavalerie était à la droite (24 escadrons ou « compagnies franches » de cuirassiers wallons), et à la gauche (20 escadrons lorrains, aux ordres du vaillant comte de Ligniville) ;

c'étaient ces derniers qui déjà, dans la matinée, avaient mis en fuite les cavaliers de Condé et ce prince lui-même. Sous l'archiduc Léopold, frère de l'Empereur, commandaient le sage comte de Fuensaldaña, représentant la vieille école espagnole dans la politique comme dans la guerre, et l'ardent Beck, imbu des traditions et des méthodes allemandes, qui

COMTE DE
FUENSALDAÑA
Bibliothèque Nationale.
Estampes.

ne pouvait se consoler d'être arrivé trop tard pour prendre part à la journée de Rocroy et qui ne craignait qu'une chose :
c'était que l'armée française n'échappât. Nous avons vu qu'elle ne songeait à rien moins qu'à se dérober, et nous allons voir que sa défensive calculée ne tardera pas à se changer en une vigoureuse offensive.

[*Pour la bataille de Lens, comme pour celle de Rocroy, nous n'avons garde de nous adresser à un autre auteur qu'au brillant historien du grand Condé, à celui qui fut l'héritier de ses qualités militaires si françaises, en même temps que de son beau domaine de Chantilly, au tant regretté duc d'Aumale.*]
(Paris, Calman Lévy, éditeurs).

Huit heures étaient passées lorsque l'archiduc, gravissant le rideau qui lui avait caché les derniers mouvements de son adversaire, découvrit l'armée française qui s'avançait en bon ordre, descendant à petits pas la pente qui s'allongeait devant elle. Un simple demi-tour individuel avait transformé la retraite en offensive ; « l'armée du Roy », que l'on croyait éperdue, épuisée par les privations, troublée par l'échec de son arrière-garde, presque en fuite vers Béthune, apparaissait subitement, toute déployée et « marchant aux ennemis ».

Le canon la précède dans le vallon, conduit par Cossé-Brissac et ses lieutenants, La Guette et Des Hayes. Les officiers ont eu le temps d'étudier le terrain ; ils ouvrent le feu contre l'ennemi qui se montre sur la hauteur ; bien servies, bien pointées, leurs pièces tirent de bas en haut : tous les coups portent. Arrivant à la hâte, mettant en batterie sans préparation, l'artillerie espagnole ne peut profiter du commandement qu'elle possède et de sa supériorité numérique 38 pièces contre 18 . Son tir est peu efficace, tandis que celui des Français trouble la formation de l'ennemi et prépare par ses ravages l'engagement qui va suivre.

C'est à notre aile droite que l'action commence. La cavalerie de Lorraine lui est opposée : les deux troupes marchent l'une contre l'autre. Arrivés à cent pas, les Lorrains prennent le trot pour charger ; les Français font halte. L'ennemi, étonné, s'arrête à son tour ; on est à dix pas, le pistolet haut. Nos gens restent immobiles ; tous ont l'œil fixé sur M. le Prince qui est devant le front, entre les deux escadrons de « Villette » ; il peut compter sur ce régiment : c'était celui de Gassion. M. de Salm est en face de lui. Après quelques instants d'hésitation, les Lorrains envoient une décharge générale. Bon nombre des nôtres sont par terre ; mais l'épée de Condé est hors du fourreau et reluit au soleil : c'est le signal. — « Souvenez-vous de Rocroy, » crie-t-il aux vieux soldats de Gassion. — A coups d'épée et de pistolet, nos cavaliers abordent ceux du prince de Salm ; la première ligne des ennemis est enfoncée.

M. de Ligniville se tenait un peu en arrière ; il lance à propos huit escadrons qui arrêtent l'élan des nôtres. A son tour, M. le Prince qui, le premier coup frappé, a repris son métier de chef, appelle sa seconde ligne et la fait passer en avant ; ce sont les escadrons qui ont tourné le dos le matin ; Condé se met à leur tête, et cette fois ils le suivent vaillamment, regagnent le terrain perdu.

Le général lorrain est homme de ressources ; il a l'avantage du nombre et sait en profiter ; peut-être cependant se laisse-t-il emporter. Comme son front débordait le nôtre, il a conservé quelques escadrons intacts dont il se sert pour rallier son monde et soutenir le combat. La mêlée est bientôt complète ; c'est un va-et-vient dans lequel, de part et d'autre, on s'arrache les prisonniers. La Moussaye est ramassé blessé sous son cheval mort et conduit loin du champ de bataille. Villequier, désarmé de la propre main de Ligniville, qui avait l'habitude de prendre des généraux, eut l'heureuse inspiration de se faire mener à Lens ; il fut comme on le verra, bien servi par sa présence d'esprit. Ces accidents jettent quelque trouble dans nos rangs. Cependant le lieutenant de M. de Lorraine a tout engagé ; sa troupe se resserre, s'entasse ; au milieu de cette confusion, les Français restent mieux groupés, plus en main.

A ce moment, d'Erlach paraît sur le flanc.

Quelle que fût son application à observer l'ordre donné et à conserver l'alignement général, Gramont n'avait pu venir aux mains aussitôt que M. le Prince. Déjà moins rapproché de l'ennemi, le maréchal rencontra devant son front le hameau de Notre-Dame de Loos ; il s'entendait aux manœuvres et ne perdit pas cette occasion de faire exécuter à sa cavalerie diverses évolutions. Bientôt la ligne de bataille, reformée, se trouve en face des « compagnies franches », cavaliers un peu lourds, chargés d'armes, mais bien montés, bien exercés, conduits par un chef populaire et généreux, le prince de Ligne ; de Buquoy l'assistait de son expérience. Selon l'usage des cuirassiers wallons, tous ont le mousqueton haut, la crosse appuyée sur la cuisse.

Ce qui s'était passé à notre droite se renouvela ici : nos cavaliers ne chargèrent qu'après avoir essuyé de pied ferme le feu de l'ennemi. Le combat, très bien conduit, fut terminé à notre avantage ; il y eut quelques retraites un peu promptes des ralliements opportuns, de beaux retours offensifs qu'il est permis d'admirer sans suivre Gramont dans ses entraînements de Gascon, lorsqu'il peint Saint-Maigrin « ramenant plus de dix fois les troupes au combat ». D'ailleurs le maréchal avait l'œil à tout ; il sut garder quelques escadrons dans sa main, et avec beaucoup d'à-propos, par un mouvement de flanc, arrêta un gros de cavalerie qui prenait d'écharpe notre infanterie pendant le très sérieux combat de front que celle-ci avait à soutenir.

Entre les actions de cavalerie à la droite et à la gauche, cet engagement du centre, commencé presque en même temps, s'était développé avec plus de lenteur. Partant du sommet de rideaux opposés, les deux « batailles » descendent l'une vers l'autre. Beck conduit celle du Roi catholique. Amenés rapidement de leurs bivouacs, essoufflés, un moment décousus, les Espagnols se rétablissent graduellement. — Les « batailles » se rapprochent ; une dizaine de toises les séparent ; elles s'arrêtent. Les Français, reposés, calmes, dans un ordre parfait, attendent le premier feu de l'ennemi. Tout à coup la patience manque aux deux bataillons qui tiennent le centre de notre ligne.

« Nous ne tirons jamais les premiers, » criait d'Auteroche à lord Charles Hay sur la crête du ravin de Fontenoy ; les gardes françaises de 1745 se souvenaient-ils de la cruelle leçon que leurs devanciers reçurent dans la plaine de Lens ? — Très brillant, déjà illustre, souvent morcelé et retenu dans les garnisons agréables, ce régiment était inférieur aux autres pour l'instruction, la discipline. Il « mangea l'ordre », comme on disait jadis ; au moment du contact, chefs et soldats furent dominés par l'émotion, mais l'émotion des braves. Les officiers agitent leurs chapeaux, les mousquetaires envoient leur décharge ; tous se ruent sur l'ennemi et, dans leur irrésistible élan, enfoncent trois bataillons, les poussent confondus l'un sur l'autre. Mais ils sont en flèche avec leurs mousquets vides, leurs flancs découverts, et laissent une large baie ouverte dans notre front. Le terrible Beck les guettait : il lance infanterie et cavalerie sur ces trois bataillons (car les gardes suisses, par esprit de confraternité, avaient suivi leurs camarades de la Maison du Roi. « Jamais il ne fut un si grand massacre. Tout le malheur du combat est tombé sur les pauvres gardes. »

Châtillon a promptement mesuré la portée d'une généreuse et funeste erreur ; il y pourvoit aussitôt, fait avancer la seconde ligne et l'encadre entre les bataillons de la première, qui sont restés immobiles sous le feu, dociles à la consigne. En vain, plusieurs cornettes d'Espagne tentent de pénétrer par les fissures du front brisé ; « Condé » et « Conti » les repoussent ; Châtillon, se jetant à la tête des gendarmes, appuie le mouvement par une charge vigoureuse et reprend le canon un moment perdu.

Les débris des régiments culbutés sont recueillis, ralliés en arrière. Ramenés à leur tour, les gendarmes exécutent froidement le passage de ligne en retraite ; ceux qui essayent de les suivre rencontrent un front impénétrable. Et l'infanterie de France, la ligne, — pourquoi ne pas l'appeler déjà de ce nom glorieux et si cher? — la ligne lançant des salves régulières, s'avance, correcte, comme à la parade. Tout plie, tout recule devant elle, et bientôt tout fuit.

Avec les troupes sous ses ordres, et sans autre secours, Châtillon avait paré aux suites d'un accident imprévu et qui pouvait être fatal. Les escadrons de réserve n'étaient plus là pour le soutenir ; ils décidaient ailleurs le sort de la journée.

D'Erlach avait bien jugé l'importance du combat qui se livrait à notre aile droite. Lorsqu'il vit la cavalerie de Lorraine déborder un moment celle de M. le Prince et tenter de l'envelopper, il fit rompre aussitôt, marcha par sa droite, et, se reformant à gauche en bataille, prit position sur le flanc de la mêlée ; nous l'avons vu s'y établir. Saisissant le moment où M. de Ligniville essayait de rassembler sa troupe par un suprême effort, il le charge, donne la main à Condé, et tous deux ensemble dispersent la fameuse cavalerie du duc Charles.

Le corps de réserve ennemi, trop longtemps retenu par la prudence de Fuensaldaña et l'hésitation de l'archiduc, ne peut atténuer cette défaite ; il est entraîné par les fuyards. Condé « les fait suivre par quatre ou cinq régiments desbandés » (en fourrageurs]. Lui-même se rapproche du combat, qui continue encore auprès de lui, et va prendre à revers la « bataille » du Roi catholique. Bientôt il rencontre Gramont, qui, ayant achevé la défaite des « compagnies franches », cherche à se réunir aux vainqueurs de l'aile droite pour consommer la ruine de l'ennemi. Les deux amis s'abordent joyeusement, veulent s'embrasser. Échauffés par l'action, leurs chevaux se jettent l'un sur l'autre, se frappent, se mordent ; cette rixe d'étalons ne fut pas le moindre péril que le prince et le maréchal aient couru dans la journée.

La contagion de la panique saisit les escadrons de soutien attachés à l'infanterie d'Espagne, Beck n'est plus là pour les maintenir et les entraîner. Un coup de feu lui a fracassé l'épaule. Quelques officiers, le soutenant péniblement sur son cheval, essayent de l'emmener loin du champ de bataille, de lui épargner la douleur de tomber vivant entre les mains des Français.

L'infanterie du Roi catholique reste seule. Elle a fait un effort vigoureux, arrêté un moment la roue de la fortune ; maintenant, enveloppée de toutes parts, elle est pressée sur son front par celle de France. Le découragement a succédé à un excès de confiance. Ces bataillons wallons, italiens, lorrains, espagnols, intercalés avec tant d'art, s'écartent, se rapprochent, s'éparpillent, se confondent sans se reconnaître, et finissent par s'entasser, obéissant à une sorte d'instinct et à la force de la tradition. — Lancé sur cette masse avec une cinquantaine de chevaux, de Roches, lieutenant des gardes de M. le Prince, y fait brèche le premier. Débouchant encore une fois par les intervalles des bataillons, les infatigables gendarmes y pénètrent sur d'autres points. La résistance est moins longue et moins glorieuse qu'à Rocroy : c'est une déroute.

Nos cavaliers se partagent la poursuite ; les uns ramènent les prisonniers épars, d'autres reçoivent à quartier des bandes entières ; ceux-ci sont sur la trace de la cohue qui roule vers Douai. Car il faut fuir ou se rendre au vainqueur. Le vaillant Isembourg, qui nous avait si longtemps disputé le vallon de Rocroy, et qui assistait, sans commandement, à la bataille, dégage l'archiduc un moment perdu dans la bagarre et même tenu au collet par Saint-Maigrin. Le prince de Ligne, blessé, a été désarmé et pris. Beck est tombé, épuisé par la souffrance et la perte de son sang. Relevé par un officier weymarien et conduit à Arras dans le carrosse de M. le Prince, ce guerrier farouche expira deux jours après sans avoir proféré une parole, arrachant les bandages pour mettre fin à une vie qu'il ne voulait pas devoir aux Français. Environ 5 000 prisonniers de tout rang furent recueillis sur le champ de bataille ou dans la poursuite ; Saint-Maigrin et Noirmoutier en ramassèrent bon nombre qui se débattaient dans les marais après avoir vainement essayé de pénétrer dans Lens.

Les portes de cette ville ne s'étaient pas rouvertes devant les fuyards. Villequier, conduit prisonnier au château dès les premières heures de l'action, avait eu l'idée originale de haranguer la garnison, 500 à 600 malingres, éclopés, assez médiocrement commandés, sans doute. Le captif fut écouté de ses gardiens et leur persuada sans peine que, s'ils attendaient l'assaut, leur vie serait en grand péril. A lui seul, il reprit cette place si souvent disputée. Lorsque M. le Prince se présenta aux portes, c'est son lieutenant-général qui lui en offrit les clefs.

Outre les 5000 prisonniers ramassés par les Français, l'armée espagnole avait eu 3000 morts, perdu toute son artillerie et une centaine de drapeaux ou d'étendards. La nôtre avait environ 1500 hommes hors de combat ; mais certains corps avaient particulièrement souffert, et, entre tous, la gendarmerie du Roi : « Souvenez-vous des pauvres gendarmes, écrivait M. le Prince le lendemain de la bataille ; ils ont bien gagné ce qu'on leur doit. » Condé, du reste, se plaisait à rendre justice à tous ceux qui l'avaient bien secondé ; c'est ainsi que, deux mois plus tard, présentant d'Erlach au jeune Louis XIV, il lui disait : « Sire, voici l'homme à qui vous devez la victoire de Lens. » Ce n'était vrai qu'en partie toutefois, car celui qui avait gagné la bataille, c'était avant tout, sans contredit, le général en chef lui-même, car c'était lui seul qui avait conçu, préparé et dirigé la manœuvre hardie et délicate qui avait décidé du succès : un vigoureux retour offensif au milieu d'une retraite générale vivement suivie par l'ennemi. Mais, pour la mener à bien, il fallait incontestablement des troupes aussi exercées et aussi « cousues » ensemble que celles dont Condé disposait, et des lieutenants aussi vaillants et aussi expérimentés que les d'Erlach, les Gramont, les Châtillon, — sans parler des officiers de moindre rang et des « volontaires », tel que l'était alors François de Montmorency-Boutteville, le futur duc et maréchal de Luxembourg.

La déroute des Espagnols était bien propre à décourager leur roi ; mais, dans le même temps, les troubles grandissaient à Paris, où s'organisait la « première Fronde », et Condé, plus suspect que jamais à Mazarin, n'allait pas tarder à être rappelé de la frontière. Aussi Philippe IV tint-il bon, ne doutant pas de pouvoir avant peu pêcher largement en eau trouble. Il ne se trompait pas ; néanmoins, si l'alternative de revers et de succès réservée à ses armes devait permettre à l'Espagne de prolonger la guerre pendant dix ans encore, la lutte n'en devait pas moins se terminer à la gloire et à l'avantage de la France. Ce ne sera qu'après une autre grande bataille, celle des Dunes, que se conclura la paix des Pyrénées, et, dans cette bataille encore, nous retrouverons le prince de Condé, mais Condé passé à l'ennemi, Condé battu, Condé ternissant, en un mot, les lauriers que lui avaient valus ses exploits de Rocroy, de Fribourg, de Nordlingue et de Lens.

VIII

Les Dunes

(14 juin 1658)

TURENNE.
Bibliothèque Nationale.
Estampes.

DON JUAN
D'AUTRICHE
Bibliothèque Nationale.
Estampes.

DES deux hommes de guerre dont les éclatantes victoires ont illustré la première période du règne de Louis XIV, l'un, Condé, nous est déjà connu par le récit des journées de Rocroy et de Lens; la bataille des Dunes va nous montrer à l'œuvre l'autre, Turenne, si différent, par tant de côtés, de son émule de gloire. Dans le temps que l'on se plaisait aux parallèles, un juge compétent, le général Lamarque, disait du premier qu'il était né général et du second qu'il l'était devenu : « Condé, ajoutait-il, se dirigeait par ses inspirations, que Bossuet appelait ses *illuminations*; Turenne, par la réflexion et les leçons de l'expérience. » Ce jugement, que la critique moderne n'a pas laissé de reviser en ce qui concerne le prince du sang, — dont le travail, comme l'a montré le duc d'Aumale, n'avait pas peu contribué à perfectionner les dons naturels, — est resté vrai de tous points pour ce qui regarde le maréchal. Celui-ci a consacré sa vie entière à l'étude incessante, persévérante, de l'art et des choses de la guerre; aussi son génie n'a-t-il jamais cessé de grandir : « Pour le connaître, il faut le suivre jusqu'à Sassbach : chez lui, chaque jour marque un progrès; aucune leçon n'est perdue. La prudence était de son tempérament; la réflexion lui donne l'audace : sa dernière campagne sera la plus hardie et la plus belle. » (DUC D'AUMALE.) Toutefois, à défaut de cet admirable duel stratégique avec Montecuculli, qui ne rentre pas dans notre cadre, une bataille de la maturité de Turenne, telle que celle des Dunes (né en 1611, il avait quarante-huit ans quand il la livra), peut nous donner une idée suffisante de son talent et de sa méthode; c'est même, de l'avis de Napoléon, son « action la plus brillante[1] », et elle est

---

1. L'Empereur a consacré à son illustre devancier les plus belles, peut-être, de ses « dictées de Sainte-Hélène »; du moins, son *Précis des campagnes de Turenne* est-il une des parties

d'autant plus intéressante à étudier qu'il s'y retrouve en face de Condé lui-même combattant pour les ennemis de la France, et sur lequel il prend largement sa revanche de Valenciennes.

Le siège de cette dernière place, en 1656, avait été pour les Français l'occasion d'un échec signalé. L'armée espagnole, dès lors conduite par Don Juan d'Autriche et Condé, les avait obligés à la retraite. Toutefois, la faute n'en était pas tant à Turenne qu'au collègue indocile qui lui avait été imposé par Mazarin, le maréchal de la Ferté. La campagne de 1657, en vue de laquelle une alliance avait été conclue entre le royaume de France et la République d'Angleterre, avait été fort peu décisive ; elle s'était passée tout entière en marches et en manœuvres. Celle de 1658 s'ouvrit à son tour, suivant le mot de Turenne, « avec de fort méchantes apparences de succès ». Notre principal objectif, cette année-là, était la prise de Dunkerque, que les Anglais et les Français devaient assiéger en commun, — malheureusement au seul profit des premiers, puisque Cromwell avait expressément stipulé que la ville lui serait remise, à seule charge d'y maintenir la religion catholique. Le grand désir qu'avait Mazarin d'en finir une bonne fois avec l'Espagne, la seule ennemie dont le traité de Westphalie ne lui eût pas permis d'avoir raison, l'avait amené à passer condamnation sur cette clause humiliante.

Dunkerque devait être bravement défendue ; mais, si opiniâtre que fût la résistance de son gouverneur, l'énergique marquis de Leyde, la place, investie le 25 mai, devait succomber tôt ou tard, d'autant que la flotte anglaise la bloquait étroitement par mer. Aussi, dès les premiers jours de juin, le général en chef des forces espagnoles dans les Pays-Bas, Don Juan d'Autriche, résolut-il de faire un effort vigoureux pour la délivrer, et marcha rapidement par Nieuport et Furnes sur Zuydcoote, à 11 kilomètres de Dunkerque. Condé qui nominalement partageait avec lui le commandement, mais que sa qualité de prince de sang royal et son passé militaire ne mettaient pas à l'abri de la défiance et de la jalousie qui sont le juste lot de quiconque passe au service de l'étranger, Condé, disons-nous, aurait voulu qu'on attendît, pour attaquer, l'artillerie retardée par le mauvais état des chemins, et que, jusque-là, on prît la précaution de se couvrir par des retranchements ; mais Don Juan et ses *ad latus*, don Estevan de Gamarre et le marquis de Caracena, supportaient impatiemment ces représentations, bien qu'elles fussent appuyées vivement par un autre prince étranger réfugié au camp espagnol, le duc d'York, fils de Charles Ier. Ils étaient persuadés que leur seule présence suffirait à faire lever le siège, sans se douter qu'ils

de ses *Mémoires* où l'on trouve le plus d'observations générales — et géniales — sur l'art militaire.

ne tarderaient pas à être punis de tant de présomption jointe à tant d'impéritie.

En effet, Turenne, à peine instruit de l'apparition de l'ennemi à quelques lieues de ses lignes, s'était hâté d'aller reconnaître en personne les positions espagnoles : ne se souciant pas d'être assailli dans son camp comme à Valenciennes, il résolut de prendre l'offensive dès le lendemain 14 juin,

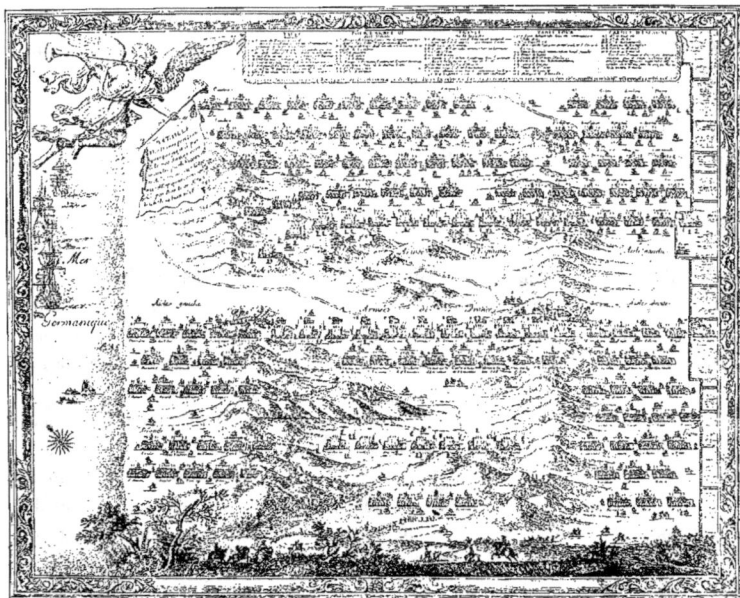

PLAN DE LA BATAILLE DES DUNES.
(D'après un plan de l'époque.)

d'autant mieux qu'il venait d'être informé que don Juan n'avait pas encore son canon.

Le terrain où les deux adversaires allaient en venir aux mains n'est pas de ceux que les armées recherchent d'ordinaire comme position de bataille : c'était, en effet, le rivage de la mer et le « bourrelet » de dunes, large d'environ 1200 mètres, qui borde cette partie du littoral de la mer du Nord. Les dunes, toutefois, ne s'étendent pas jusqu'au canal de Dunkerque à Furnes, auquel l'armée espagnole appuyait sa gauche et l'armée française sa droite. Mais cette partie du champ de bataille, étroite zone de prairies marécageuses et spongieuses coupées de fossés et de rigoles (*watergands*), n'était guère plus propre aux mouvements des troupes que les monticules et plages de sable qui constituaient l'autre. Au delà du canal, du reste, le pays eût été encore moins praticable : là, en effet, s'étendait la dépression occupée par les Moëres, sorte de lacs où l'eau de mer se mêlait à l'eau douce et qui infectaient la contrée de leurs émanations putrides. Une trentaine d'années auparavant, Coebergher, ingénieur anversois, en avait entrepris et mené à bien le dessèchement ; mais son œuvre avait été anéantie en une seule nuit lors du premier siège de Dunkerque par les Français, en 1646 : il avait suffi au gouverneur de la place d'ouvrir les écluses pour que la cuvette des Moëres, inférieure au niveau de la mer, se remplît instantanément. En 1658, l'inondation, de nouveau tendue par le marquis de Leyde, ne laissait point aux armées le choix du terrain : elles devaient s'avancer à la rencontre l'une de l'autre sur l'isthme étroit qui s'étend entre le canal et la plage, si lents et si pénibles que dussent être leur marche et leur déploiement dans le sol inégal et mouvant des dunes.

Mais, dans cette circonstance, Turenne donna une preuve nouvelle de sa prévoyance et de sa sagacité. Il comprit tout de suite l'avantage qu'il aurait à manœuvrer sur l'*estran*[1], c'est-à-dire sur la grève laissée découverte par le reflux. Aussi son plan de bataille fut-il bientôt fait : « s'il affecta, dit Carrion-Nisas (dans son *Histoire générale de l'Art militaire*), une marche beaucoup plus lente et beaucoup plus pesante encore que ne l'y obligeait la nature du sol, et s'il mit trois heures à faire un quart de lieue en bataille, c'est qu'il avait ses motifs et son but, et qu'il voulait attendre l'effet d'un calcul dont il espérait le succès de la journée. » Or, ce calcul était fort simple : au moment où, en se déployant lui-même, il forçait son adversaire à prendre position en travers des dunes, la marée atteignait sa plus grande hauteur ; mais, tandis que les Français s'avançaient à pas comptés, le reflux commençait à se produire ; et, lorsque enfin les deux armées se trouvèrent immédiatement en présence, la mer s'était déjà suffisamment retirée pour que l'aile gauche de Turenne, composée de cavalerie, pût, par une offensive rapide, déborder la droite de Don Juan, qui n'avait manifestement point songé à cette modification temporaire du théâtre de l'action et aux conséquences qu'elle pouvait entraîner. On a dit, à la vérité, qu'en ne prolongeant point jusqu'à la plage son ordre de bataille le général espagnol avait voulu éviter que son flanc ne fût en prise à l'artillerie de la flotte anglaise, qui était venue croiser en face des dunes ; mais, à cette époque, la portée du canon était trop faible pour que les boulets inquiétassent sérieusement

---

1. « Est ainsi appelée, » dit la Mesnardière, dans son récit de la bataille, « du mot *strang*, qui, en flamand, signifie rivage, la belle grève, si ferme et si unie que la mer laisse découverte depuis le flot jusqu'aux dunes de sable, quand elle s'est retirée. »

les troupes rangées sur le rivage, du moins à marée basse, et, dans tous les cas, il ne s'agissait que de tenir une réserve prête à occuper l'estran, pour s'opposer efficacement à l'ingénieuse manœuvre de Turenne[1].

Chose digne de remarque : au commencement de ce siècle (en 1600), les Espagnols avaient, dans le voisinage, perdu la bataille de Nieuport contre Maurice de Nassau, pour avoir également négligé de tenir compte de l'alternance du flux et du reflux ! En les voyant retomber dans la même faute, on doit croire qu'ils avaient totalement oublié cette leçon : Turenne, le meilleur élève de Maurice, ne pouvait manquer de s'en souvenir[2].

[*Turenne a donné, dans ses* Mémoires, *un récit de la bataille des Dunes fort exact, mais un peu concis et où sa personnalité s'efface le plus possible, selon son habitude. Celui qu'on trouve dans les* Mémoires *du duc d'York, qui combattait dans les rangs opposés, est également véridique, mais assez sec. L'un et l'autre ont servi de base aux relations plus animées de Ramsay, l'historien de Turenne, et de Désormeaux, l'historien de Condé, qui ont, en outre, utilisé les récits d'autres témoins oculaires, tels que Talon et La Mesnardière. Mais ces documents ont été encore mieux mis en œuvre, avec nombre de pièces inédites trouvées dans les Archives, par le lieutenant-colonel Jules Bourelly, dans une très intéressante monographie parue en 1886 (chez Perrin et Cie)* Deux Campagnes de Turenne en Flandre ; la Bataille des Dunes. *C'est à lui que nous empruntons la relation qui suit, à l'exception des ordres de bataille que nous avons puisés dans notre propre* Précis des campagnes de Turenne, 1644-1675 *(Bruxelles, tome II de la Bibliothèque internationale d'histoire militaire publiée par l'éditeur Muquardt.)*]

Le 13 juin au soir, Turenne communiqua aux lieutenants-généraux sous ses ordres son intention de marcher à l'ennemi ; tous jugèrent, dit Talon, que « c'était

---

1. « Il résulte des relations de Clerville et de la Mesnardière que la flotte de Cromwell louvoyait à peu près à portée de canon de l'estran ; mais nous n'avons trouvé aucun document nous permettant de conclure qu'elle l'ait effectivement balayé de son feu. » (Colonel Bourelly, *la Bataille des Dunes.*)

2. Il est certain que les dunes mobiles qui furent le théâtre de l'action, entre Zuydcoote et Rosendaël, n'ont plus aujourd'hui la physionomie et les formes qu'elles avaient en ce temps-là ; aussi ne donnons-nous ici ni vue du champ de bataille, ni plan extrait de la carte d'état-major, mais seulement la reproduction d'un ancien plan « perspectif » qui permet de se rendre suffisamment compte du terrain et de la disposition des armées. — Il n'existe d'ailleurs aucun souvenir de la journée du 14 juin 1658, et la chapelle de Notre-Dame des Dunes que l'on voit à Dunkerque, du côté de Rosendaël lui est fort antérieure. Cette chapelle, qui était alors en dehors de la ville et fut enclavée plus tard dans les fortifications construites par Vauban, a été fondée au xve siècle, en mémoire de la découverte miraculeuse d'une statuette de la sainte Vierge dans les sables de la côte. Transformée en poudrière sous la Révolution, et en partie détruite par une explosion en 1794, elle a été rebâtie en 1815-1816 et agrandie en 1858. On assure toutefois que c'est là que fut déposé mourant le maréchal d'Hocquincourt, grièvement blessé dans une escarmouche du côté de Zuydcoote, l'avant-veille de la bataille. (*Notice historique sur la chapelle de Notre-Dame des Dunes.*)

le meilleur parti qu'il y eût à prendre ». Le maréchal envoya alors un capitaine de
son régiment au général Lockhart, pour l'instruire des raisons de sa conduite ;
mais Lockhart répondit à l'officier « qu'il s'en fiait bien au prince et qu'il s'informe-
rait de ses raisons après la bataille [1] ».

Ce soir-là, les généraux espagnols soupçonnaient si peu les desseins de Turenne
« ou affectaient si fort de ne point les craindre que le duc d'York, soupant avec le
marquis de Caracene et ayant dit qu'il croyait que si les Français ne les attaquaient
point cette nuit même, ils livreraient infailliblement bataille le lendemain, le
marquis et don Estevan de Gamarre répondirent que c'était ce qu'ils demandaient :
à quoi le duc répliqua qu'il connaissait si bien M. de Turenne qu'il promettait qu'ils
auraient satisfaction [2] ». Toute la nuit, tandis que les troupes de la tranchée
tentaient, dans un effort suprême, de se rendre maîtresses de la contrescarpe, celles
qui étaient commandées pour sortir des lignes filèrent à petit bruit du côté du
quartier du Roi. Elles se rassemblèrent dans un fond voisin des dunes occupées
dans la nuit précédente et où Turenne régla lui-même l'ordre de bataille; avant la fin
de la nuit, l'armée du Roi se trouvait prête à marcher. Le maréchal, n'ayant plus
rien à faire, s'enveloppa dans son manteau et se coucha sur le sable...

« Le jour commençait à paraître avec une clarté fort agréable, et l'on entrevoyait
déjà sur tous les visages de nos soldats une gaîté de bon présage pour le succès de
la journée [3] ». Après avoir parcouru le front de la ligne de bataille pour s'assurer que
chacun était à son poste, Turenne donna, à cinq heures du matin, le signal de la
marche en avant. Une partie de l'armée suivit l'estran, une autre le chemin de
Dunkerque à Furnes et les prairies longeant le canal; le reste s'engagea à travers
les dunes, sur un terrain très inégal, et vint déboucher dans une petite plaine
ouverte du côté des positions des Espagnols. L'armée entière devait s'arrêter lorsque
les troupes marchant au centre atteindraient le pied de deux dunes hautes opposées
l'une à l'autre sur l'estran et sur le chemin de Furnes. On n'y arriva qu'un peu
avant huit heures, bien que la distance à parcourir fût seulement d'une demi-lieue [4].

[L'armée française s'avançait sur deux lignes, entre la plage et le canal de Furnes.
Sa droite, appuyée au canal, était commandée par le marquis de Créqui; elle se
composait de 23 escadrons, dont 13 (parmi lesquels 5 de cavalerie lorraine) en
première ligne et 10 en seconde ligne. Le centre, ou corps de bataille, comprenait
en première ligne 13 bataillons, dont 4 anglais, aux ordres du comte de Gadagne,
et, en seconde ligne, 7 bataillons, sous le marquis de Bellefonds. L'aile gauche, à la
tête de laquelle se trouvait le marquis de Castelnau-Mauvissière, était forte de
22 escadrons (13 en première, 9 en seconde ligne). Derrière le centre se tenaient, en
soutien, 7 escadrons de gendarmes et de chevau-légers sous le marquis de la Salle;
en réserve, enfin, venaient 4 escadrons sous le marquis de Richelieu. Au total,
l'armée française comptait 20 bataillons et 56 escadrons, soit environ 9 000 hommes
de pied et 6 000 chevaux. Le front de bataille avait à peu près 4 000 pas (3 200 mètres)
de développement.

Quand les Français apparurent, l'armée espagnole était si peu préparée au

---

1. Ramsay.
2. *Mémoires du duc d'York.*
3. La Mesnardière. — *Relations de guerre* (manuscrites).
4. Nous avons vu plus haut le véritable motif de cette lenteur calculée.

combat que la moitié de leur cavalerie avait été envoyée au fourrage. Don Juan d'Autriche alla même jusqu'à répondre au prince de Condé, qui lui signalait le péril, que, sans doute, l'ennemi « voulait seulement enlever la garde avancée ». Ce fut alors que Condé « voyant le duc de Glocester, [frère du duc d'York], lui demanda s'il s'était jamais trouvé à une bataille ; il répondit que non. Sur quoi, le prince lui dit : « Dans une demi-heure, vous verrez comment nous en perdrons une ! »[2].

Bientôt, néanmoins, Don Juan dut se rendre à l'évidence, et il se hâta de prendre son ordre de bataille dans l'ordre ci-après : à droite, sur les dunes qui bordent immédiatement le rivage, se trouvait toute l'infanterie (15 bataillons) déployée sur une seule ligne, et, en arrière, mais appuyant plutôt vers la gauche, 40 escadrons sur 2 lignes : à gauche, dans les prairies coupées de fossés et de canaux qui longent le canal de Furnes, Condé était à la tête de 22 escadrons qu'il avait dû placer sur cinq lignes, faute d'espace pour se déployer. Réunie tout entière, l'armée espagnole eût été forte de 14 000 hommes environ ; mais, par suite de l'absence d'une partie de sa cavalerie, elle n'en devait pas compter plus de 10 000, au début de la journée].

Les armées opposées n'étaient plus distantes que de quelques centaines de pas, lorsque, sous les yeux de Turenne, et par son ordre, un essaim d'enfants perdus se détacha des gardes françaises et préluda à l'engagement général en chassant devant lui, de dune en dune, quelques escadrons avancés de l'ennemi. Plusieurs décharges d'artillerie, tirées des deux dunes élevées situées à droite et à gauche de l'infanterie française, commencèrent à jeter le désordre au milieu des bataillons espagnols les plus rapprochés. Enfin Turenne commanda « fièrement » d'entamer le combat par l'aile gauche.

Il était environ huit heures, quand le premier bataillon du régiment [anglais] de Lockhart, précédé d'une nuée d'enfants perdus tirés de ses propres rangs, atteignit le pied de la dune dont le régiment de Don Gaspard Bonifaz occupait la crête. Lockhart à leur tête, les soldats républicains s'élancent à l'escalade de cette hauteur sous le feu le plus violent, s'animant les uns les autres par leur cris... A mi-pente, une terrible escopetterie des Espagnols les arrête court ; mais le second bataillon du même régiment ne fait qu'un bond jusqu'à la dune et l'on recommence l'assaut. Le feu de mousqueterie cesse alors de part et d'autre ; les piques se croisent : c'est une lutte corps à corps, comme sur la brèche d'un bastion. Renversés à coup de crosse de mousquet, les assaillants se relèvent et retournent à la charge avec furie. Morts et blessés roulent pêle-mêle le long des flancs escarpés de la colline de sable.

A ce moment, le marquis de Castelnau donne l'ordre à M. de Lettancourt de s'approcher avec le canon jusqu'à portée de pistolet du pied de la dune et de tirer sur les Espagnols qui la défendent : puis il se jette par l'estran sur le flanc droit et les derrières de la cavalerie de Don Juan, pendant que deux escadrons lorrains du comte de Ligniville la chargent sur son front. Le succès de ces attaques combinées et l'heureux effet des décharges d'artillerie excitent jusqu'au paroxysme l'ardeur des soldats de Lockhart ; dans un suprême effort, ils gravissent les dernières pentes qui les séparent du sommet et y plantent leur drapeau bleu. Les Espagnols, poursuivis avec une véritable rage, sont culbutés dans les fonds et tués à coup de pique ou assommés sans pitié.

2. *Mémoires du duc d'York.* — Nous citons textuellement la phrase, que les historiens ont plus ou moins modifiée.

Déjà les Anglais, poussant devant eux les fuyards, descendaient le flanc opposé de la dune conquise, lorsqu'ils rencontrèrent les gardes du duc d'York et ceux de Don Juan. Le duc en personne commandait cette troupe. Vivement repoussé, il ne parvint à rallier que 40 des siens : avec ce petit groupe et ce qu'il avait d'hommes du régiment de Bonifaz sous la main, il rentra en action contre d'autres bataillons qui gravissaient les dunes du côté de la mer; mais l'arrivée, sur son flanc gauche, du marquis de Castelnau avec trois régiments de cavalerie... déterminèrent sa retraite et, en même temps, celle de Don Juan et de Caracène. De son côté, la cavalerie lorraine chargea l'ennemi au moment où celle-ci venait d'essuyer le feu des Anglais et, à elle seule, fit 2000 prisonniers. En joignant ce qui lui restait de troupes fraîches de première ligne à la deuxième ligne, encore intacte, Castelnau acheva la déroute de l'aile droite espagnole. On poursuivit l'ennemi jusqu'en vue de Nieuport; quelques bataillons et escadrons à moitié rompus, ayant voulu opérer leur retraite par l'estran, furent complètement taillés en pièces.

L'attaque du centre et de l'aile gauche de Don Juan avait lieu à peu près en même temps que celle de sa droite. Au centre, 3 bataillons et les gardes françaises s'étaient portés droit devant eux à l'assaut des dunes, sous la protection de leurs enfants perdus. Après une décharge de mousqueterie exécutée presque à bout portant, l'infanterie de Caracène s'était mise en retraite de toutes parts, sans opposer de résistance sérieuse... Mais à l'aile gauche, l'épée de Condé tenait en échec la fraction de l'armée du Roi commandée par le marquis de Créqui. Les dernières pentes des dunes tournées vers le canal de Furnes dissimulant en grande partie le dispositif adopté par le prince, Turenne avait donné l'ordre de s'approcher de l'ennemi à pas comptés. Dès qu'on fut à bonne portée, Créqui fit avancer Saint-Hilaire, qui salua la première ligne de Condé par deux volées de canon. Aussitôt après, 4 escadrons conduits par le comte de Bussy-Rabutin s'engagèrent assez témérairement dans l'étroit passage compris entre le pied des dunes et les prairies marécageuses qui côtoyaient le canal de Furnes. Ils essuyèrent le feu de la première ligne ennemie au passage d'un watergand qui la couvrait et leur marche en fut un peu ralentie; mais, cet obstacle une fois franchi, ils la poussèrent rudement devant eux pendant trois ou quatre cents pas.

Condé se tenait alors dans les dunes près du chemin de Furnes... La nouvelle de la défaite de l'aile droite lui était déjà parvenue... ; rien ne lui parut plus urgent pour assurer la liberté de ses mouvements que de chasser de l'espèce de défilé où ils s'étaient aventurés [les escadrons de Bussy-Rabutin, ainsi qu'un bataillon de gardes françaises et un peloton de 50 mousquetaires du Roi qui y avaient suivis et en occupaient les flancs]. Le régiment de cavalerie de Guitaut reçut cette mission; mais il fut rompu en un instant par une charge des escadrons français et le feu nourri des mousquetaires.

Là-dessus, le prince, « qui avait, en pareilles rencontres, des ressources que les autres n'ont pas », prend la tête de 4 escadrons, se rue, avec sa fougue accoutumée, sur les escadrons du Roi qui ont refoulé la cavalerie de Guitaut et les rejette, sans leur donner le temps de se reconnaître, sur le front de l'aile droite de Turenne. Sans l'infanterie française qui reçoit, piques basses, le choc de cette charge terrible et couvre de ses feux la retraite des escadrons du Roi, le prince faisait peut-être une trouée à travers les troupes de l'aile droite, perçait les lignes du camp et rejoignait dans Dunkerque le marquis de Leyde. Mais l'heure du plus grand péril suivit de près, pour Condé, celle où il avait cru entrevoir la possibilité d'un retour de fortune. Les gardes françaises et les mousquetaires du Roi qui se trouvaient postés sur son flanc droit, quand il était passé comme un ouragan à la tête de ses escadrons pour fondre sur la cavalerie française, avaient conservé leurs positions, d'où ils ouvrirent à petite portée, sur sa troupe, un feu des plus meurtriers... Cependant, une manœuvre imprudente des gardes françaises, dont le prince s'aperçut, lui donna une lueur d'espoir, la dernière! Mais à peine venait-il de demander un renfort de cavalerie fraîche, que les escadrons de Bussy, reformés sous la protection de l'infanterie, le chargeaient sur ses deux flancs, pendant que les mousquetaires redoublaient leur feu.

Dans la mêlée qui s'ensuivit, Condé, cerné de tous côtés, faillit être fait prisonnier deux fois. Une première fois, il échappa à la poursuite du sieur de Saint-Martin, maréchal des logis de l'armée, en franchissant un fossé d'une grande largeur. Une seconde fois..., son cheval, blessé de quatre mousquetades, s'étant abattu, il prit celui d'un de ses gentilshommes. Il était temps : deux escadrons français étaient accourus pour lui couper la retraite. Avec cet admirable sang-froid qu'aucun danger ne déconcertait, il s'élança vers le plus rapproché de ces escadrons et en rasa le flanc de toute la vitesse de son cheval, juste au seul moment où il pouvait éviter d'être enveloppé ; puis, laissant loin derrière lui ceux qui le poursuivaient, il eut encore assez de temps et de présence d'esprit pour donner des ordres de ralliement, et se dirigea enfin sur Zuydcoote par les prairies.

Avant d'y arriver, il rencontra Don Juan, le duc d'York et le duc de Glocester. Don Juan, resté un des derniers sur le champ de bataille, s'écria, en le quittant, qu'il était vaincu « par des bêtes enragées ». Il devait à son capitaine des gardes, don Francisco de Romero, de n'avoir pas été fait prisonnier. Le marquis de Caracène n'était parvenu à se dégager des mains d'un soldat qu'en lui promettant une forte rançon. Quant au duc d'York, il n'avait pas été reconnu par les troupes françaises au milieu desquelles il s'était audacieusement frayé un chemin... Les fuyards gagnèrent Furnes, Dixmude et Nieuport.

La bataille avait duré quatre heures ; à midi, Turenne était de retour dans ses lignes.

La bataille des Dunes ne fut pas, en effet, une action très vivement disputée, ni fort sanglante : Don Juan d'Autriche eut « au plus » 1000 hommes hors de combat; Turenne lui-même ne perdit que 300 à 400 hommes, Anglais compris. Par contre, on ramassa dans les dunes ou dans les marais près de 4000 prisonniers, la plupart « Espagnols naturels », comme on disait encore ; la bataille de Rocroy avait porté un coup mortel à cette « vieille infanterie d'Espagne », si redoutée au xvie siècle et dans la première moitié du xviie : la journée des Dunes l'acheva. Aussi la victoire de Turenne jeta-t-elle un vif éclat sur les armes françaises et son effet moral fut immense. Le Roi, qui « ne se sentait pas de joie », selon l'expression de Mazarin, « n'avait plus qu'à chercher quel progrès il voudrait faire, la faiblesse des ennemis étant trop connue et trop visible pour douter qu'il n'y eût lieu d'entreprendre tout avec succès ».

Quelques jours après, Dunkerque capitulait, et le jeune Louis XIV venait prendre en personne possession de la place, qu'il ne remit qu'en frémissant aux Anglais, comme Mazarin s'y était engagé. Puis on investit Gravelines, dont le siège fut poussé avec d'autant plus de vigueur que cette ville, du moins, devait rester entre nos mains. Enfin, Turenne entra avec son armée dans les Pays-Bas espagnols ; mais, au lieu de marcher droit sur Bruxelles, comme on s'y serait attendu, il s'attarda à prendre diverses petites places qui auraient pu gêner ses communications, puis à les remettre en état de défense. Ce manque de résolution a été nettement blâmé par Napoléon, qui estime que le maréchal « aurait dû frapper un grand coup » et lui reproche d'avoir violé cette règle qui dit : « Profitez des faveurs de la fortune, lorsque ses caprices sont pour vous ; craignez qu'elle ne change, de dépit : elle est femme ! » — phrase bien des fois reproduite et quasi passée en proverbe.

Toutefois, le parti que le sage Turenne ne prit sans doute qu'après mûre réflexion était, sinon le plus brillant, du moins le plus sûr et le mieux approprié aux circonstances. La campagne de 1658 avait été désastreuse pour l'Espagne, non seulement dans les Pays-Bas, mais encore en Italie et en Portugal. Philippe IV n'avait plus d'armée et se voyait enfin obligé de faire fléchir son orgueil ; Mazarin, de son côté, n'aspirait plus qu'à la paix, que réclamait impérieusement l'état du royaume épuisé par vingt-cinq ans de guerre, et ne s'était jamais trouvé en si bonne posture pour en dicter les conditions : il était donc bien inutile de pousser la guerre à outrance. De fait, dans le courant de l'hiver, s'ouvrirent les négociations qui devaient aboutir, le 7 novembre 1659, à la conclusion du Traité des Pyrénées, « l'un des plus beaux monuments de la diplomatie nationale ». Et lorsque, quelques mois plus tard (5 avril 1660), le grand capitaine dont les succès avaient seuls rendu possible cette paix glorieuse fut nommé « maréchal général des camps et armées du Roi », Louis XIV put dire à bon droit, dans le préambule de l'ordonnance qui conférait à Turenne cette dignité extraordinaire : « Nous ne pouvions faire un meilleur choix, ni qui reçût plus d'applaudissement, pour l'estime et la réputation universelles que les recommandables qualités qui sont en sa personne et les grands et signalés services qu'il nous a rendus et à cet État, lui ont acquises. »

IX

Denain

MARÉCHAL DE
VILLARS
D'après le portrait
peint par Rigaud.

GEORGES MONK
DUC D'ALBEMARLE
D'après une National
Estampes.

QU'EST-CE, au point de vue purement militaire,
que la journée de Denain? Rien moins qu'une
« bataille », au sens exact, c'est-à-dire tactique
du mot, mais seulement une rapide marche stratégique terminée par un brillant, mais très court
combat, — une jolie « affaire », comme on disait
naguère, et rien de plus en soi. Peu de victoires,
cependant, ont eu dans notre histoire un plus
grand retentissement, parce qu'il en est peu effectivement qui aient eu
de si grands résultats pratiques : quel que soit le nom qu'on lui donne,
cette journée a bien réellement sauvé la France.

Il faut se rappeler l'état désastreux où se trouvait, après la défaite de
Malplaquet, le royaume épuisé d'hommes et d'argent, pour comprendre la joie
que causa la revanche un peu tardive, mais éclatante et complète, remportée
par le maréchal de Villars sur son redoutable vainqueur de 1709, le prince
Eugène de Savoie. Une armée de 120 000 hommes, commandée par cet
illustre capitaine et enorgueillie par neuf années de succès presque ininter-
rompus, avait envahi la Flandre française. Il semblait qu'on fût revenu aux
jours néfastes de l'invasion de Charles-Quint : les coureurs de l'ennemi péné-
traient dans l'Artois, la Picardie, la Champagne, ravageant tout le pays et
insultant les villes ouvertes. Paris était directement menacé, et d'ailleurs
l'ennemi ne cachait pas que son objectif était cette fois la capitale de la
France ; on agitait même à Versailles la question de savoir s'il ne convenait
pas de transporter la cour sur la Loire. Mais, au moment où la nation perdait
courage, Louis XIV sentait s'exalter le sien : s'il mérita jamais le titre de
« grand roi », à coup sûr ce fut dans ces circonstances presque désespérées,
et l'histoire ne rapporte rien de plus émouvant que la scène mémorable de
ses adieux à Villars, lorsqu'il remit à celui-ci le commandement suprême et

les destinées du royaume. « Vous voyez, dit le monarque, où nous en sommes : il faut vaincre ou périr, chercher l'ennemi et donner bataille. — Sire, c'est votre dernière armée!... — N'importe, je n'exige pas que vous battiez l'ennemi, mais que vous l'attaquiez. Si la bataille est perdue, vous ne l'écrirez qu'à moi seul ; vous ordonnerez au courrier de ne parler qu'à Blouin (le concierge du château de Versailles, honoré de la confiance particulière du Roi). Je monterai à cheval, je passerai par Paris, votre lettre à la main. Je connais les Français : je vous mènerai deux cent mille hommes pour tenter un dernier effort, et, s'il ne réussit pas, nous nous ensevelirons avec eux sous les ruines de la monarchie. » Tant de fermeté et de grandeur d'âme devaient trouver leur récompense, et Villars allait montrer que, comme il l'avait dit dans sa propre réponse aux nobles paroles de son roi, « les partis les plus glorieux sont presque toujours les plus sages ».

MARÉCHAL
DE MONTESQUIOU
D'après le portrait
peint par Mme Rochard.
Musée de Versailles.

Ce n'est pas tant une description particulière du champ de bataille de Denain qui convient ici qu'une description générale du théâtre des opérations qui aboutirent à l'action décisive du 24 juillet 1712 : ce théâtre embrasse dans son ensemble le pays compris entre la Scarpe et la Sambre ; il est arrosé dans sa partie moyenne par l'Escaut et par ses deux affluents de droite, l'Écaillon et la Selle. Le prince Eugène, après s'être rendu maître du Quesnoy, avait investi Landrecies, sur la Sambre, dernière place qui lui barrât le chemin de Paris. Mais ses dépôts de matériel et d'approvisionnements étaient restés à Marchiennes, sur la Scarpe, et, pour maintenir libres ses communications avec cette dernière place, devenue ainsi l'entrepôt général de la coalition, il avait établi dans une situation intermédiaire, à Denain, sur l'Escaut, un vaste camp retranché formant tête de pont, dont il avait confié la garde à 13 bataillons et à 30 escadrons hollandais aux ordres du général anglais comte d'Albemarle. Du côté du nord, ce camp était relié à Marchiennes par une double ligne de retranchements renforcés par des redoutes de distance en distance ; vers le sud, une autre ligne d'épaulements appuyés à des « redans » s'étendait depuis Denain jusqu'au village de Thiant, sur l'Écaillon, par la vallée duquel on gagnait, sous la protection d'autres ouvrages, la lisière de la forêt de Mormal, en arrière de laquelle est bâti Landrecies. Grâce à ce système de communications fortifiées, couvertes du côté de l'ouest par la Selle, rivière qui coule parallèlement et à peu de distance de l'Écaillon, les convois de vivres et de munitions pouvaient circuler continuellement entre Marchiennes et les tranchées devant Landrecies sans avoir rien à craindre des coureurs ennemis. Quant à l'armée française, elle étendait ses cantonnements depuis Arras jusqu'à Cateau-Cambrésis, c'est-à-dire depuis la haute Scarpe jusqu'aux sources de la Selle; mais le gros en était concentré autour de Cambrai, sur l'Escaut, où Villars avait établi son quartier général dès le 20 avril.

Des trois cours d'eau qui devaient jouer un rôle dans la campagne de juillet 1709, l'Escaut est sans doute le seul qui possède une véritable valeur militaire; néanmoins, la Selle et l'Écaillon constituaient un obstacle assez appréciable dans la circonstance dont il s'agit, non seulement à cause de la direction de leurs vallées, mais encore en raison de la nature de leurs rives : ils n'ont, à la vérité, que quelques mètres de largeur; mais leur lit est profond et encaissé, de sorte qu'il est assez difficile de les franchir en dehors des ponts. L'un et l'autre ne creu- sent d'ailleurs, comme l'Escaut lui-même, que d'insi- gnifiantes dépressions à travers la grande plaine de Flandre, et ce n'est que plus à l'est, vers la Sambre, que le terrain devient relativement accidenté. Partout, le pays est ouvert, uniforme; les reliefs y sont peu marqués, les pentes adoucies, et c'est à peine si la vue y est arrêtée, çà et là, par des rideaux d'arbres et des bouquets de bois.

MONUMENT COMMÉMORATIF DE LA BATAILLE DE DENAIN.

Mais, depuis longtemps, l'industrie, et plus parti- culièrement celle de la houille, a complètement trans- formé les environs de Denain et toute la région au nord de l'Escaut, de Somain à Valenciennes, comme nous l'avons déjà vu à Lens, comme nous le verrons plus tard à Jemmapes. De tous côtés s'élèvent les bâtiments des charbonnages et des *corons* (cités ouvrières), qui en sont les annexes obligées; de tous côtés se dressent les hautes cheminées des puits d'extraction, et l'aspect particulier de la campagne, presque partout recouverte d'une épaisse couche de poussière noire, indique assez que l'on se trouve en plein bassin minier. Aussi bien, le sous-sol est-il presque tout entier la pro- priété de la puissante Compagnie d'Anzin, fondée fort peu de temps après la bataille (en 1717), et c'est aussi à elle qu'appartiennent les voies ferrées con- struites pour le service des houillères, qui couvrent toute la contrée d'un réseau à mailles serrées. Malgré tant de bouleversements, on peut retrouver, en quelques endroits, la trace des lignes construites par le prince Eugène, et le souvenir de la bataille est encore consacré par un obélisque monolithe de 12 mètres de haut, qui s'élève à 1 kilomètre et demi au sud-est de la ville, sur le bord de la grande route de Cambrai à Valenciennes [1].

1. Le monument actuel, qui date de 1823, remplace celui qui avait été érigé au même endroit sous Louis XVI et qui fut renversé par les Autrichiens lors de l'invasion de 1793.

Un terrain tel que celui que nous venons de décrire est très propre aux grandes évolutions de troupes, mais rien moins que favorable aux surprises. Or, ce n'était que par un coup de surprise que l'on pouvait agir efficacement contre une armée aussi fortement retranchée que celle du prince Eugène, et il n'est point étonnant que Villars ait si longtemps hésité, tâtonné, tergiversé, avant de se décider à l'attaque sur Denain. Que l'idée première de cette opération lui ait été suggérée par le roi et ses conseils, ainsi que cela semble bien résulter de la correspondance officielle du temps, ou qu'elle lui ait été conseillée par son lieutenant Montesquiou, comme l'ont affirmé les amis de celui-ci, — notamment le duc de Saint-Simon, dans ses célèbres *Mémoires*, — il n'en reste pas moins au maréchal l'honneur de la préparation et de l'exécution, ce qui suffit à sa gloire. Un de ses meilleurs biographes, — celui-là même auquel nous demanderons la relation de la bataille, — le marquis de Vogüé, l'a fort bien fait ressortir : « Dans cette conception stratégique, dit-il, nous retrouvons la manœuvre favorite de Villars et la marque de son empreinte : c'est la manœuvre de Friedlingen et Stollhofen, celle qui avait assuré la prise de Kehl et devait assurer celle de Landau, — à savoir une série de mouvements trompant l'ennemi, puis une contremarche rapide portant toutes les forces sur le point secrètement choisi, enfin une attaque si brusquement et si vigoureusement menée que la position est enlevée avant que l'ennemi, revenu de son erreur, ait eu le temps de la réparer. »

[*Le récit suivant est tiré de l'ouvrage intitulé :* Villars, d'après sa correspondance et des documents inédits, *par le marquis de Vogüé, de l'Institut ; Paris, 1888, 2 vol. in-8°* (chez Plon, Nourrit et Cie). *L'auteur, comme nous le disions à l'instant, a justement restitué au maréchal toute la part qui lui revient dans le succès de la journée, en s'appuyant sur les documents les plus authentiques.*]

Le 22 juillet, Villars était au Cateau-Cambrésis. C'est là que, vers midi, il reçut les rapports de Broglie, lui annonçant qu'il renonçait à attaquer Denain. Il lui fut alors démontré que l'opération sur ce camp, telle qu'elle était comprise dans le cabinet du Roi, c'est-à-dire une diversion exécutée par un détachement, était impossible. Pour prendre Denain, il fallait en écarter l'ennemi et y employer toute l'armée. Qu'on donnât suite au projet ainsi modifié, ou que l'on se décidât à essayer de débloquer directement Landrecies, il fallait se porter sur la Sambre. C'est ce que fit Villars; dans l'après-midi, il passa la Selle, et, laissant sa gauche au Cateau, il s'établit avec sa droite au petit village de Mazinghien, sur la Sambre. Informé de ce mouvement, Eugène, sans quitter son quartier général de Bermerain, rapprocha aussi sa gauche de la Sambre et garnit de troupes et d'artillerie le retranchement à peine achevé qui joignait cette rivière aux bois. L'attaquer dans ces positions était fort difficile : le seul moyen d'aborder l'ennemi avec quelques chances de succès était de passer la Sambre, de tâcher d'empêcher Eugène de la passer à son tour, et d'attaquer la circonvallation de la rive droite. Albergotti et Geoffreville, qui avaient été reconnaître le terrain, déclaraient l'opération praticable : Villars l'adopta en apparence. Dès le 23 au matin, les colonnes se massèrent sur les bords de la rivière ; des détachements passèrent sur la rive droite; on commença ostensiblement des ponts au Catillon et près de l'abbaye de Frémy ; le bruit se répandit dans le camp que la bataille était proche et y excita tous les esprits. Cependant la pensée de Villars était ailleurs, et son parti était pris.

Une fois bien décidé, il n'hésite plus ; l'homme d'action se réveille, il se retrouve avec ses qualités d'activité, de décision, de prévoyance. Enfermé avec Montesquiou et ses cinq officiers d'état-major[1], Contades, Puységur, Beaujeu, Monteviel et Bongars, il combine avec eux tous les détails de la journée du lendemain. L'opération est des plus délicates qui se puissent tenter. Il faut faire devant l'ennemi, et à son insu, une marche de flanc de huit à neuf lieues, passer une rivière et enlever des retranchements bien défendus, avant qu'il ait eu le temps de venir prendre l'assaillant en queue. La première condition du succès est le secret le plus absolu ; pour tromper l'ennemi, il convient d'abord de tromper les siens : « toutes les ruses petites ou grandes sont bonnes[2] » et ne sont pas négligées. Aucun des chefs de corps n'est prévenu ; tous croient à une attaque sur Landrecies et s'y préparent. Albergotti vient même la discuter avec Villars ; il la trouve très hasardée, il croit de son devoir d'en signaler à son chef les dangers : « Allez vous reposer quelques heures, monsieur d'Albergotti, se contente de lui dire Villars : à trois heures du matin, vous saurez si les retranchements de l'ennemi sont aussi bons que vous le croyez. »

On travaille bruyamment aux ponts sur la Sambre : des escouades ouvrent des passages pour l'artillerie dans les bois de Frémy, sur la rive droite ; d'autres coupent des fascines pour combler le fossé de la circonvallation : tous les travaux s'exécutent avec entrain et ardeur. Poussant la prévoyance plus loin, Villars n'envoie pas de courrier à Versailles; il a mandé la veille au roi qu'il renonçait provisoirement à l'entreprise sur Denain, il le laisse dans l'inquiétude que lui cause cette nouvelle évolution; s'il écrit, ce sont des billets destinés à tromper l'ennemi. Vers midi, il envoie tous ses hussards battre la plaine entre l'Escaut et la Selle jusqu'à la hauteur de Bouchain, afin qu'aucun coureur ennemi ne puisse passer d'une rivière à l'autre et surprendre le mouvement qui se prépare.

Eugène avait été informé des dispositions prises sur la Sambre : tout semblait lui démontrer que l'intention de son adversaire était de débloquer Landrecies; mais la longue inaction de Villars lui faisait douter de son audace. Il ne quitta pas son quartier général de Bermerain; néanmoins il prit à tout événement ses dispositions de combat, serrant sa gauche sur la place, rappelant à lui le corps de droite, sauf six bataillons qui furent laissés dans les lignes de Thiant, sur la rive droite de l'Escaut.

Cependant le jour tombait : le moment d'agir était venu. Les officiers de détail vont porter les ordres de marche à tous les chefs de corps : ceux-ci croient à une erreur et protestent ; mais les ordres étaient formels, on obéit. Les soldats, voyant

1. On les appelait alors « officiers de détail ».
2. *Mémoires de Villars*, tome III.

qu'on leur fait tourner le dos à l'ennemi, croient à une nouvelle défaillance ; des murmures se font entendre. Montesquiou, qui préside lui-même à l'exécution des détails, est obligé d'insister. A l'entrée de la nuit, tout s'ébranle selon l'ordre convenu. En tête, marchent Vieux-Pont avec 30 bataillons, une brigade d'artillerie et les équipages de pont. Broglie le suit avec sa cavalerie ; il a pour mission de surveiller la colonne et d'empêcher qu'aucun homme ne s'en détache. Albergotti vient ensuite avec 20 bataillons et 40 escadrons. Coigny effectue avec sa cavalerie une démonstration sur la rive droite de la Sambre, en face de Landrecies ; puis, aussitôt la nuit close, il repasse sans bruit la rivière et fait l'arrière-garde de l'armée. On marche toute la nuit sans obstacle, parallèlement à l'Escaut et à la Selle, dans la plaine qui sépare ces deux cours d'eau. Au point du jour, c'est-à-dire vers quatre heures du matin, les têtes de colonnes atteignent l'Escaut, près du moulin de Neuville. Les soldats sont fatigués de cette longue marche dans les ténèbres ; les chevaux qui traînaient les lourds équipages de pont, exténués et de qualité médiocre, n'ont pu suivre ; il se produit un temps d'arrêt qui amène un moment d'hésitation : on parle de camper sur place et de se retrancher. Montesquiou combat cette idée absurde ; Villars, accouru dans sa chaise de poste, occupe gaiement le temps en faisant manger aux troupes une bouchée. Cependant les pontons ont rejoint ; on procède fiévreusement à la construction de trois ponts. Il est maintenant sept heures du matin : les éclaireurs ennemis commencent à paraître de l'autre côté de l'Escaut. Il n'y a pas un instant à perdre : il y va du salut de l'armée et de la France.

Vers le même moment, Eugène, prévenu du mouvement de Villars, s'est rapidement porté à cheval, avec quelques officiers, sur une hauteur d'où il peut découvrir l'armée française. Parmi les aides de camp qui l'accompagnent, se trouve le jeune Maurice de Saxe, le futur vainqueur de Fontenoy, alors âgé de dix-sept ans, volontaire au service de l'Empereur : il nous a laissé un récit de cette chevauchée matinale [1]. Eugène voit des régiments français massés dans le coude de l'Escaut ; il ne leur suppose pas l'intention de passer la rivière, ni la hardiesse d'attaquer ses retranchements ; Villars n'a plus de ces audaces ! « Allons dîner », dit-il à son escorte. S'il avait compris ou mieux jugé son adversaire, il pouvait lui créer les plus sérieuses difficultés ; il avait le temps de ramasser une force suffisante et d'atteindre l'armée française à cheval sur l'Escaut, c'est-à-dire dans la position la plus dangereuse de toutes. « Elle était perdue, » écrit le maréchal de Saxe. La confiance injurieuse d'Eugène la sauva : il devait payer cher ce mouvement de dédain. A peine était-il à table qu'un courrier d'Albemarle vint lui annoncer que les Français avaient passé l'Escaut et faisaient mine de l'attaquer. Il était dix ou onze heures : Eugène saute à cheval et court bride abattue vers Denain, en donnant à ses troupes l'ordre de se former et de le suivre. Mais il était trop tard : l'occasion était passée.

Villars, aussitôt ses trois ponts achevés, avait fait passer Broglie et sa cavalerie. Celui-ci ramenait sans peine quelques patrouilles ennemies, se portait au galop à Escaudain, à travers la plaine unie, y abordait la double ligne qui menait de Marchiennes à Denain, ce chemin fortifié que l'ennemi, dans sa confiance dédaigneuse,

---

1. *Rêveries du maréchal de Saxe*, liv. II, ch. v.

appelait déjà « le grand chemin de Paris » ; il franchissait avec ses chevaux l'épaulement dégarni de troupes, trouvait un convoi de pain qui cheminait vers Denain sous la protection de deux bataillons, tombait sur l'escorte, la dispersait, s'emparait des voitures, et, s'établissant solidement en travers de la route, coupait la communication avec Marchiennes.

Pendant ce temps, le corps de Vieux-Pont a passé l'Escaut à son tour. Villars a défilé en tête de la brigade de Navarre ; il est à cheval ; il a mis son *buffle* des jours de bataille, celui « qui lui porte bonheur ». Son entrain se communique aux soldats

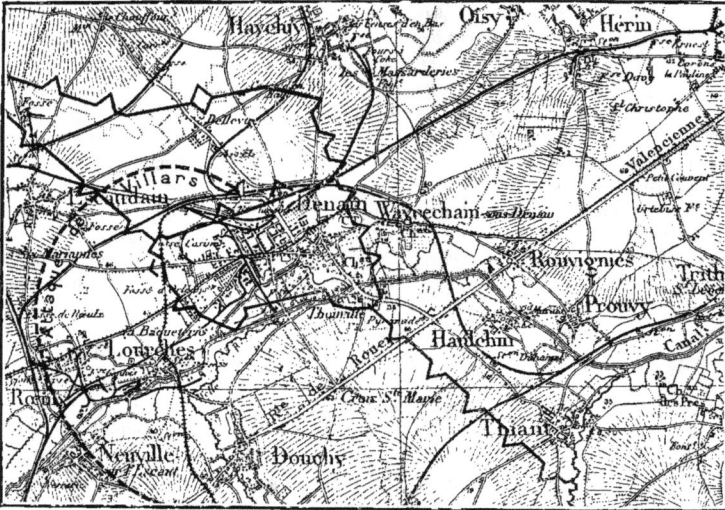

CHAMP DE BATAILLE DE DENAIN.
(Extrait de la carte de l'État-major au 1 : 80.000, avec indication des lignes de 1712.)

qui traversent gaiement, dans la boue jusqu'aux genoux, les marais qui bordent le fleuve. Les colonnes se forment dans la plaine, la traversent sans obstacle, pénètrent à la suite de Broglie, près d'Escaudain, entre les lignes fortifiées. Laissant Montesquiou les disposer pour l'attaque à mesure qu'elles arriveront, Villars retourne aux ponts ; le défilé des troupes est trop lent à son gré. Il s'attend à voir Eugène paraître par la Selle et tomber sur son arrière-garde ; crainte de surprise, il la fait mettre en bataille, appuyée aux lignes que l'ennemi a faites, l'année précédente, autour de Bouchain. Les troupes attendent ainsi leur tour de passer l'Escaut.

Ces précautions étaient inutiles. Eugène n'a pas pris au sérieux l'opération de Villars et n'a pas fait le mouvement qui aurait pu si gravement la compromettre. Arrivé seul de sa personne à Denain, vers midi, il a vu les têtes de colonnes françaises en marche et compris sa faute. Il s'est hâté de faire sortir du camp la cavalerie, désormais inutile, ainsi que les bagages en danger, et d'y faire entrer les six bataillons qui gardaient les lignes de Thiant ; puis, recommandant à Albemarle de tenir jusqu'à la dernière extrémité, il est retourné au galop au-devant de ses troupes, afin de presser leur marche.

Les 33 bataillons français sont disposés en 11 colonnes, chaque colonne de trois bataillons déployés, précédés des grenadiers et piquets qui forment comme une quatrième ligne ; dans l'intervalle des colonnes sont les petites pièces de campagne qui tirent tout en marchant. A la droite des lignes sont les deux maréchaux de France ; à la gauche, Albergotti. Les officiers généraux sont distribués dans les colonnes, les colonels marchent en tête de leurs régiments. Ainsi que l'a prédit Villars, le premier coup de canon a dissipé toutes les hésitations des derniers jours. L'infanterie, vigoureusement menée, voyant clairement le but et sentant la gravité des circonstances, a retrouvé ses incomparables qualités offensives. Elle marche en ordre admirable, comme à la parade, l'arme au bras, sans tirer un coup de fusil ; son canon seul envoie de temps à autre d'inoffensives volées. L'artillerie du camp répond, au contraire, par de meurtrières décharges : les boulets, puis la mitraille font dans les rangs de sanglantes trouées. Arrivées à portée de mousquet, les colonnes sont accueillies par le feu le plus vif : elles continuent, sans broncher, leur marche ferme et silencieuse ; à vingt pas, le feu redouble ; plus de 1.500 hommes jonchent la terre. 2 bataillons seulement hésitent et « font un coude » ; les 30 autres, poussés en avant par l'ivresse communicative de la charge, descendent dans le fossé, toujours l'arme au bras, et escaladent le retranchement palissadé : les Hollandais, stupéfaits, dominés par l'ascendant moral de cette fière attitude, n'attendent pas le choc ; ils reculent. Le torrent humain bondit par-dessus l'épaulement et déborde de toutes parts ; fusillés à bout portant, poursuivis la baïonnette dans les reins, les Hollandais tourbillonnent. Ils courent à l'Escaut ; le pont de Denain s'écroule sous la masse accumulée des premiers fuyards ; il n'y a plus d'issue : tout est tué ou pris. Le comte d'Albemarle a essayé en vain de tenir dans les cours de l'abbaye avec un petit groupe d'hommes déterminés ; cerné et obligé de se rendre, il remet son épée à Villars lui-même, ainsi que le prince d'Holstein, le prince d'Anhalt et plusieurs officiers généraux.

Eugène, arrivé sur la rive droite de l'Escaut avec ses premières colonnes, ne peut qu'assister impuissant au désastre. Le pont de Prouvy n'a pas été coupé : il y court ; mais Tingry, sorti de Valenciennes avec sa garnison, l'occupe en force. Eugène engage à travers le fleuve une fusillade sans effet ; l'infanterie française, à l'abri derrière les retranchements conquis, y répond victorieusement. Après avoir inutilement fait tuer encore 700 ou 800 hommes, Eugène renonce à passer le fleuve, et, mordant ses gants de dépit, donne l'ordre de la retraite.

Telle fut la bataille — ou, pour mieux dire, la *manœuvre* de Denain, dont les résultats immédiats étaient certainement importants, mais devaient être de beaucoup dépassés par ses conséquences ultérieures. Le moral de l'armée ennemie, effectivement, en reçut une telle atteinte, que le prince Eugène qui, somme toute, n'avait subi qu'un échec partiel, n'osa plus faire aucun mouvement pour arrêter la marche de Villars. Celui-ci, poursuivant ses succès avec d'autant plus de vigueur qu'il avait retrouvé, et son armée avec lui, la confiance que leur avait enlevée une longue série d'infortunes, se rendit

maître successivement de Marchiennes, de Saint-Amand, de Douai, de Bouchain, du Quesnoy. Pendant ce temps, son adversaire levait le siège de Landrecies, et se retirait, profondément découragé, sous le canon de Mons.
« Jamais, écrivait Villars lui-même à Mme de Maintenon, jamais miracle ne
fut mieux marqué, ni révolution si subite ; il y a trois mois que nous étions
sans troupes, sans munitions, sans artillerie, et, ne pouvant qu'être spectateurs de ce que M. le prince Eugène voulait faire. Et maintenant, c'est lui
qui est spectateur à Mons... » Le fait est qu'il ne devait plus rien tenter pour
sauver les conquêtes si chèrement achetées, ni cette année, ni la suivante,
où l'on vit le vainqueur de Denain, dans une dernière et brillante campagne,
reprendre Landau et Fribourg, devant le vainqueur de Malplaquet paralysé
et impuissant. Ainsi, une journée heureuse avait suffi pour relever la France,
tombée si bas et, en dernier lieu, menacée dans son existence même : l'année
d'après, à Utrecht, elle pouvait signer une paix honorable, qui lui assurait,
au nord et à l'est, les mêmes frontières que le traité de Nimègue et effaçait
le souvenir de neuf années de transes, d'épreuves et de revers.

X

Fontenoy

(11 MAI 1745)

MARÉCHAL DE SAXE
Bibliothèque Nationale.
Estampes.

DUC DE CUMBERLAND
D'après Vanloo.

Au milieu de ce long règne de Louis XV, dans son ensemble si triste et si peu glorieux pour la France, trois années consécutives brillent cependant du plus vif éclat : 1745, 1746 et 1747, — les années de Fontenoy, de Raucoux et de Lawfeld. L'Angleterre et la Hollande, associées aux rancunes de Marie-Thérèse d'Autriche, ont juré d'abaisser la France, qui n'a trouvé dans la Prusse qu'une alliée égoïste, incertaine et intermittente ; mais, à la coalition nouée contre elle, elle a la bonne fortune de pouvoir opposer un grand général, étranger de naissance à la vérité, mais tout dévoué à son pays d'adoption : celui que le grand Frédéric appelle « le Turenne du XVIIIᵉ siècle », le maréchal de Saxe.

On a bien essayé de rabaisser Maurice de Saxe après l'avoir un peu trop exalté, peut-être, et les plus modérés en sont venus à déclarer avec Rocquancourt que, s'il méritait le premier rang comme écrivain militaire, il devait se contenter d'être placé au second comme capitaine. Un ouvrage récent nous le représente même comme « ayant eu assez de bonheur pour gagner à Fontenoy une bataille à laquelle il ne fit qu'assister », et va jusqu'à l'accuser d'avoir été, avec Louis XV, le principal auteur de notre décadence militaire, en introduisant dans notre armée de déplorables habitudes de luxe, de débauche et de maraude. Mais l'écrivain anonyme par les soins de qui a été publiée la dernière édition des *Rêveries* — l'œuvre capitale du maréchal de Saxe — l'a lavé sans grand'peine de ces accusations imméritées ; sans doute, Maurice était bien de son temps, c'est-à-dire fort léger de mœurs et d'un fâcheux scepticisme ; mais il n'en était pas moins bon, juste, humain, plein de sollicitude pour ses troupes, toujours très attentif à leurs besoins, très ménager de leur sang, et ce n'est pas sans raison que le peuple et le soldat l'aimèrent et

Fontenoy (11 Mai 1745)

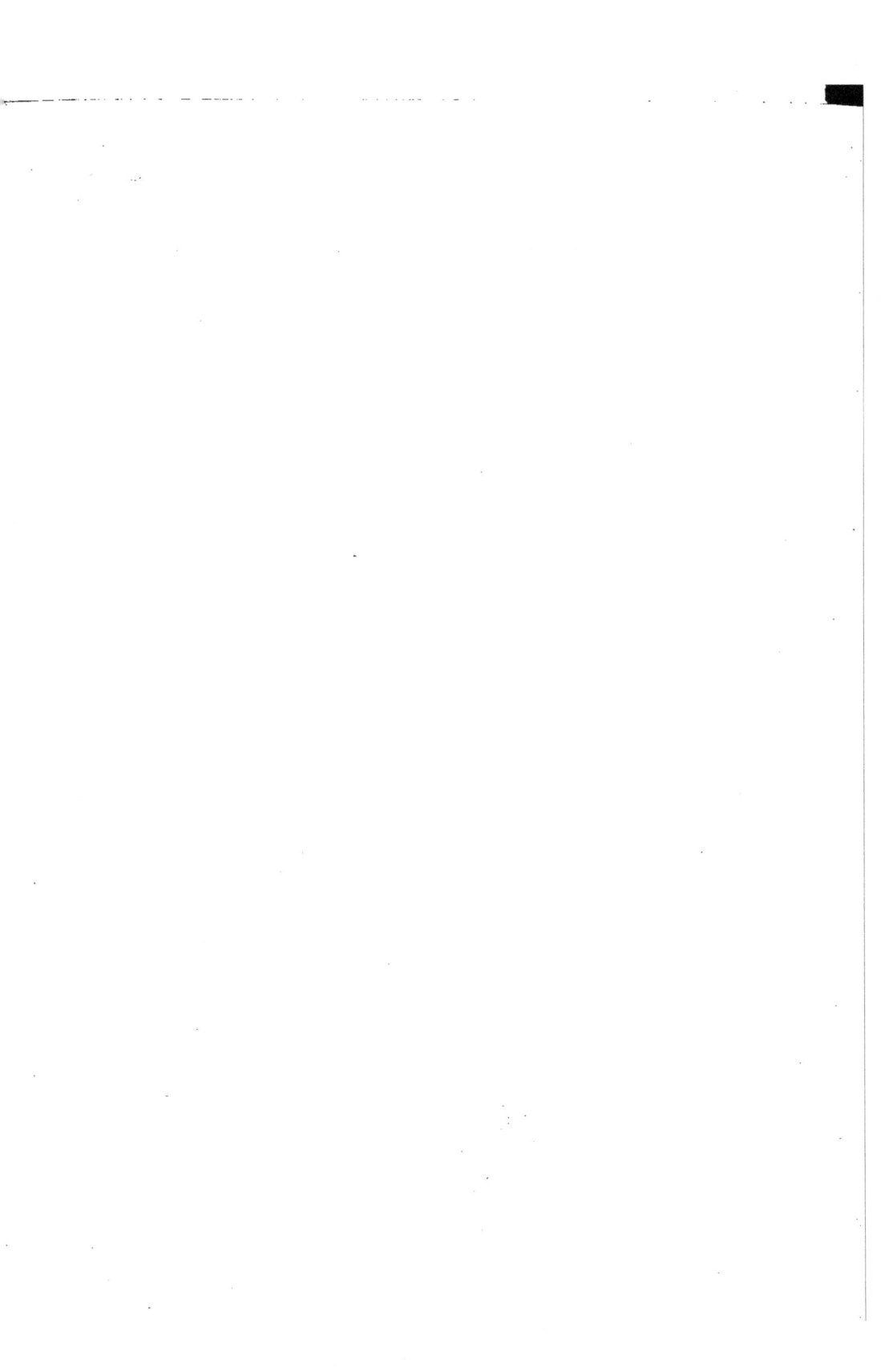

le pleurèrent. Quant à ses talents militaires, on s'efforcerait en vain de les contester : « Les plus grands hommes de guerre qui aient existé après lui ne parlent de lui qu'avec déférence, avec admiration même, et s'ils ont souvent dit « l'art des Eugène et des Maurice » en parlant de l'art militaire, c'est apparemment qu'ils reconnaissaient en lui un maître [1]. »

Ce qui est certain, en tout cas, c'est que la victoire de Fontenoy est bien à lui, — comme, du reste, celle de Raucoux et celle de Lawfeld. Dans la campagne de 1745, en particulier, il assuma toute la responsabilité des opérations, en conçut le plan, en assura et en dirigea l'exécution : l'honneur du succès doit donc lui revenir sans partage. Ce qui n'est pas pour diminuer son mérite, c'est que, pendant toute cette campagne, il souffrait d'une maladie grave : une hydropisie qui mit ses jours en danger. Seule, l'énergie de sa volonté pouvait lui permettre, non seulement d'exercer le commandement, effectif, mais encore de déployer une activité vraiment prodigieuse au milieu des plus cruelles douleurs. On connaît sa belle réponse à Voltaire, étonné qu'il songeât à se rendre à l'armée dans un tel état de faiblesse : « Il ne s'agit pas de vivre, mais de partir ! » Et tout le monde sait aussi que le jour de Fontenoy, c'est dans une petite voiture d'osier, dont chaque cahot lui arrache un gémissement vite comprimé, qu'il prépare, surveille, rétablit et, finalement, gagne la bataille.

Celle-ci devait suivre de très près l'entrée en campagne. Les coalisés avaient réuni dans les Pays-Bas une armée d'opérations de 65 000 hommes, Anglais, Hollandais, Hanovriens et Autrichiens, aux ordres du duc de Cumberland ; ils en avaient, en outre, 33 000 dans les forteresses de « la Barrière » élevée contre la France par le traité d'Utrecht, c'est-à-dire à Namur, Charleroi, Ath, Mons, Saint-Ghislain et Tournay. Ce fut contre cette dernière place que Maurice de Saxe résolut de diriger ses efforts ; le 26 avril, il l'investit avec 80 000 hommes ; le 30, la tranchée fut ouverte, et la vigueur avec laquelle les travaux étaient menés permettait d'espérer une prompte issue, lorsqu'on annonça l'arrivée de l'armée de secours par la route de Bruxelles. A cette nouvelle, Maurice, laissant 20 000 hommes dans ses lignes, se porta avec le reste au-devant de l'ennemi. Louis XV, prévenu de l'imminence d'une rencontre, se hâta d'accourir de Versailles avec le Dauphin et rejoignit le quartier général dans l'après-midi du 8 mai. Ce même jour, les alliés atteignaient Ellignies, au sud de Leuze. D'après la direction même de leur marche, il était aisé de prévoir qu'ils prononceraient leur attaque au sud-ouest de Tournay, vers Antoing, en filant le long de la lisière méridionale du bois de Bary : le maré-

[1]. Introduction à la nouvelle édition de *Mes Rêveries*, par le maréchal de Saxe (dans la Collection des Grands Écrivains militaires ; Paris, 18.., librairie Charles-Lavauzelle).

13

chal de Saxe résolut de les y arrêter et d'organiser à l'avance son champ
de bataille.

C'est donc en avant (à l'est) et sur la rive droite de l'Escaut, à environ
8 kilomètres au-dessus de Tournay, que s'est livrée la bataille du 11 mai 1745.
Le terrain, sans être accidenté à proprement parler, est plus mouvementé
et surtout plus *coupé* que les plaines auxquelles il confine. De grands bois
en couvrent la partie orientale : le bois de Bary, au nord, et le bois de Maubray (ou de Wasmes), au sud ; dans la trouée ou clairière qui s'étend
entre les deux, est bâti le gros village de Vezon. Celui-ci est séparé,
par un pli de terrain où coule un petit ruisseau, de Fontenoy, localité
moins importante, et de son « écart », le hameau de Bourg — Bour-
geon, sur les anciens plans. Au delà, c'est-à-dire encore plus à l'ouest,
s'élève le bourg d'Antoing, beaucoup moins important au siècle dernier et
que dominent les massives constructions de son beau château féodal, récemment rebâti et agrandi. Aujourd'hui, le champ de bataille est traversé
diagonalement par la ligne de Tournay à Mons, dont se détache, à Antoing
même, un embranchement qui relie le réseau belge au réseau français du
Nord par Saint-Amand ; cette ligne laisse, à moins de 1 kilomètre sur la
gauche, le village qui a donné son nom à la journée et dont on aperçoit le
clocher et les premières maisons. On y passerait sans le soupçonner, si l'on
ne consultait la carte, car on n'y retrouve aucun souvenir de la bataille. Le
seul monument commémoratif de celle-ci s'élève à plusieurs lieues de là,
sur le territoire français, à Cyzoing, tout près de Bouvines ; c'est une pyramide en pierre de 17 mètres de haut, qu'il faut aller chercher dans la pro-
priété privée qui a remplacé l'ancienne abbaye de Cyzoing, et qui a été
érigée par les soins des moines, chez lesquels Louis XV vint coucher
l'avant-veille de la bataille.

Voici maintenant quelles étaient les positions occupées par les deux
armées. Celle du maréchal de Saxe formait un angle ouvert, sa droite à Antoing, soigneusement retranché, son centre à Fontenoy, également mis en
état de défense, sa gauche vers Gaurain-Ramecroix. Entre ce village et Fontenoy, vers la pointe du bois de Bary, le front était couvert par deux grosses
redoutes et par de nombreux abatis ; il y avait trois autres redoutes, mais
plus petites, entre Fontenoy et Antoing, dont une en face du hameau de
Bourg, que l'on avait incendié le 10, pour empêcher l'adversaire de s'y appuyer
et de s'y abriter. Le gros de l'armée française était rangé sur deux lignes, la
première formée d'infanterie, la seconde de cavalerie ; en arrière, plusieurs
corps de cavalerie et d'infanterie et la Maison du Roi tout entière étaient
gardés en réserve. Pareille disposition avait été adoptée par le duc de Cum-

berland, qui s'avançait, le 11 au matin, dans l'ordre suivant : à l'aile droite, les Anglo-Hanovriens, débouchant par Vezon sur Fontenoy ; à l'aile gauche, les Hollandais, se portant de Maubray sur Bourg, et étendant leur gauche jusqu'à Péronnes, au sud d'Antoing. En ligne, l'ennemi avait à peu près 53 000 hommes, et les Français un peu plus de 40 000.

D'après ce que nous venons de dire, — et cela ressortira encore mieux du récit lui-même, — on voit que c'est à l'emploi judicieux de la fortification

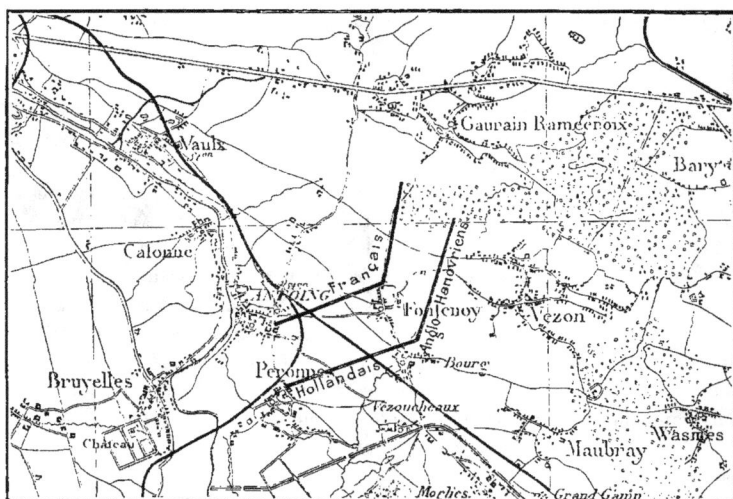

PLAN DE LA BATAILLE DE FONTENOY.
Extrait de la carte de l'État-major au 1 : 80 000.

rapide que le maréchal de Saxe dut surtout ses avantages. « Rien de mieux combiné que ce dispositif de défense, a dit un juge compétent, le général Pajol : il dénote une grande justesse de coup d'œil ; malgré la brièveté du temps, rien de ce qui est indispensable à une vigoureuse résistance n'est oublié. » Ajoutons que le maréchal avait eu la précaution de faire établir en arrière de la position, à Calonne, sur l'Escaut, des ponts couverts par de forts retranchements, pour faciliter, en cas d'échec, la retraite de l'armée. Mais cette précaution resta fort heureusement inutile : la prévoyance du chef, son énergie, son intrépidité, son attention à se trouver partout pour parer à tout, devaient décider de la victoire, si douteuse et si chancelante qu'elle ait pu paraître un instant.

[Tous les récits sérieux de la bataille de Fontenoy sont tirés de celui qu'en a donné le baron d'Espagnac (mort lieutenant-général), qui remplissait ce jour-là les fonctions « d'aide-major » et eut à jouer en cette qualité un rôle assez important dans son Histoire, si justement estimée, du maréchal de Saxe. C'est également la relation qu'a principalement suivie le général de division comte Pajol, au tome III de son bel ouvrage : Les Guerres sous Louis XV *(Paris, 1889 ; chez Firmin Didot et Cⁱᵉ, 5 vol. in-8°) ; mais, comme il n'a pas laissé de la compléter et de la rectifier, sur plusieurs points, à l'aide de documents inédits puisés dans les Archives de la guerre, c'est à lui que nous emprunterons de préférence les pages qui vont suivre.]*

Le dimanche 9, au matin, le roi s'entretint quelque temps avec le maréchal sur l'approche des ennemis, et lui laissa la liberté de prendre les mesures nécessaires, leur arrivée à Leuze ne permettant plus de douter qu'ils ne vinssent l'attaquer incessamment.

Le maréchal forme donc son ordre de bataille, composé de 66 bataillons, et 129 escadrons avec 60 pièces de canon. D'autres troupes sont destinées à la garde des ponts et de plusieurs postes. Le surplus de l'armée restera devant Tournay et en continuera le siège. Les troupes destinées au combat reçoivent l'ordre de se tenir prêtes à marcher au champ de bataille reconnu en avant du camp, de l'autre côté de l'Escaut. La plus grande partie de la cavalerie, qui était sur la rive gauche, traversa la rivière et fut en partie établie sur le terrain qu'elle devait occuper. L'infanterie fut disposée de manière à suivre en deux heures. Le mauvais temps, ce jour-là, empêcha sans doute l'ennemi de marcher en avant ; mais il prononça plusieurs mouvements à droite et à gauche. Comme on ne pouvait encore juger de son dessein, il fallut se mettre à couvert sur toute la demi-circonvallation à la droite de l'Escaut, où la plupart des troupes furent d'abord rangées. Quoique les prévisions du maréchal de Saxe eussent été justes, les mouvements qu'il fit excitèrent parmi les officiers beaucoup de critique ; le roi, instruit de ces propos, dit en pleine assemblée au maréchal : « En vous confiant le commandement de mon armée, j'entends que tout le monde vous y obéisse ; je serai le premier à en donner l'exemple. » Chacun se tut. Dans la soirée, le roi visita les troupes, en fut acclamé, repassa l'Escaut et logea dans le château de Calonne ; le maréchal passa la nuit à la Chartreuse. « On ne parle ici que des actions du roi, qui est d'une gaieté extraordinaire ; il a visité les troupes, les camps, les magasins, les hôpitaux, il a goûté le bouillon des malades et le pain du soldat. » *(Journal de Barbier.)*

Le 10 mai au matin, les ennemis se montrèrent par leur gauche vers le haut Escaut et se portèrent sur Wasmes et Maubray ; ce voisinage détermina le maréchal à faire passer la partie de l'armée qui était sur la rive gauche de cette rivière, et à diriger chaque troupe sur son poste de combat. La journée du 10 se passa à toutes ces dispositions, généralement approuvées par le roi, par l'officier et par le soldat. Quant à la disposition des ennemis, elle fut la conséquence de la nôtre : leur droite s'appuyait au bois de Bary, et la gauche en équerre tirant sur Antoing.

Jamais le roi ne montra plus de gaieté, et, dans la soirée, la conversation roula sur les batailles où les rois s'étaient trouvés en personne ; depuis celle de Poitiers, aucun roi de France n'avait combattu avec son fils, et aucun n'avait remporté de victoire contre les Anglais : il espérait être le premier...

Le 11, qui était un mardi, eut lieu la bataille. Le maréchal de Saxe, en effet, vit l'ennemi se former à demi-portée de canon à la faveur d'un petit brouillard ; aussitôt qu'il fut dissipé, l'ennemi nous tira quatre coups de canon, sans doute le signal de son mouvement. Pour lui répondre, on pointa sur la cavalerie hollandaise, dans la même position que la veille, ce qui l'obligea à se retirer un peu en arrière ; mais en même temps elle démasqua sur sa droite une batterie de canons et d'obusiers, qui tirèrent pendant toute la bataille. Comme des troupes paraissaient sur notre gauche vers Vezon, le maréchal ne douta plus que l'ennemi ne fût en pleine marche ; il ordonna à toutes les batteries, depuis Antoing jusqu'à la redoute de la droite sur le front du bois de Bary, de faire feu sur tout ce qui voudrait déboucher. Il se porta lui-même le long des lignes, et ensuite se plaça près de cette redoute, en attendant le commencement de l'action. Notre artillerie cependant tirait, depuis cinq heures du matin, avec un feu terrible. L'ennemi s'avançant sur nous en souffrit tellement que trois fois il proféra ses cris ordinaires, sans oser approcher. Pour en imposer au feu de nos batteries, les Anglais firent précéder leur colonnes de plusieurs pièces de canon qui tirèrent d'abord sur la première redoute du bois de Bary : un boulet fracassa le haut de la cuisse de M. de Gramont, à la tête de la brigade des gardes : il en mourut. Sur ces entrefaites, M. du Brocard, commandant l'artillerie, proposa d'avancer une batterie sur le haut du régiment de Courten. Cette batterie fit beaucoup de mal à l'ennemi, qu'elle prenait en flanc ; mais elle attira un feu très vif des batteries en face de la redoute, dont la direction fut changée. M. du Brocard restait toujours à cette batterie, qui était au centre : comme il lui indiquait un mouvement pour laisser la liberté de la manœuvre aux troupes que l'ennemi se disposait à attaquer, il fut tué.

Le maréchal, voyant que l'ennemi s'avançait dans son ordre de bataille, les Anglais à la droite et les Hollandais à la gauche, se porta à la tête des dragons pour observer les mouvements de ces derniers, qui semblaient devoir commencer l'attaque. Leur infanterie longeait un chemin venant de Baugnies et Vezon sur Fontenoy. Elle était protégée par leur cavalerie, qui marchait dans la plaine et s'y déploya. L'infanterie s'arrêta vis-à-vis de Fontenoy, à la hauteur d'une maison brûlée qu'elle ne dépassa pas, parce que le feu du village, non seulement l'empêcha d'aller plus loin, mais la contraignit même de se retirer sur sa gauche. Une seconde colonne d'infanterie hollandaise suivit le chemin de Condé à Antoing, à couvert d'un rideau qui longe aussi le ruisseau de Vezon. Dès qu'elle se fit voir, la batterie de Bettens et celle d'Antoing tirèrent dessus, et elle s'arrêta tout court. Ainsi notre canon et le feu du flanc droit de Fontenoy tinrent d'abord l'ennemi en respect. La contenance fière de la cavalerie, ayant à sa tête M. le comte d'Eu, acheva d'assurer notre tranquillité de ce côté.

Les arquebusiers des Grassins et nos gardes avancées, s'étant repliés du front de notre gauche, l'on vit alors marcher droit, entre Fontenoy et la redoute du coin du bois, trois grosses colonnes d'infanterie anglaise et hanovrienne, séparées de l'infanterie hollandaise au bas du village de Fontenoy. Leur cavalerie marchait sur une quatrième colonne à leur droite, entre le chemin de Mons et le bois de Bary ; mais le feu de notre canon fit bientôt reculer cette cavalerie, qui ne reparut plus qu'un instant avant la retraite. C'est à la tête de cette cavalerie que le général Cambert, qui la commandait, eut la cuisse emportée. L'infanterie anglaise et hanovrienne se mit en bataille par un simple à gauche, la droite vis-à-vis la tête des gardes françaises, la gauche à la hauteur du village de Fontenoy, qu'elle voulait absolument tourner.

Le maréchal, à la manœuvre des Hollandais, ayant jugé sa droite protégée suffisamment, se porta sur sa gauche pour observer les mouvements des Anglais, lorsque à peine arrivé entre les deux premières lignes, en face de ces derniers, il essuya le feu de la mousqueterie ennemie commençant à tirer sur le village de Fontenoy, et continuant tout le long du corps de bataille jusqu'à leur droite [1]. Quelques-uns de nos bataillons qui essuyèrent ce feu ne purent en soutenir la violence et se retirèrent en arrière de la brigade de cavalerie en réserve, laquelle, de son côté, fut contrainte de marcher par sa gauche pour se mettre à couvert sous le feu de la redoute.

L'ennemi, se voyant plus libre sur son front, se forma en carrés à trois faces pleines, tant pour avancer dans le centre que pour envelopper de droite et de gauche la redoute et le village de Fontenoy. Mais, bien loin que ce mouvement lui réussît, l'imprudence qu'il eut de déborder la hauteur de l'un et de l'autre le mit en danger; car le maréchal, s'apercevant de cette faute, ordonna sur-le-champ à quelques brigades, tant de cavalerie que d'infanterie, de tourner l'ennemi par notre droite, à la faveur du village de Fontenoy, pendant qu'il envoyait ordre à d'autres troupes de l'envelopper par notre gauche, sous la protection de la redoute.

La droite exécuta ses ordres un peu trop promptement, de sorte que l'ennemi, en sûreté du côté de notre gauche pas encore ébranlée, tourna tout son feu sur la droite, qui seule l'attaquait. Il fut si terrible qu'il jeta du désordre dans nos troupes ; l'ennemi ne put pourtant pas en profiter, parce que les brigades d'infanterie de la réserve le continrent sur notre droite, pendant que sur notre gauche le régiment des Vaisseaux et le feu de la redoute l'inquiétaient au point de l'empêcher d'avancer. Ce fut même pour faire face à ce double feu qu'il se forma en carré long. Il se passa encore près d'une heure dans l'indécision : nos troupes faisaient des mouvements sans succès, ainsi que l'ennemi. Cette situation dura depuis les huit heures du matin jusqu'à deux heures après midi, empêchant toujours l'ennemi, par plusieurs charges renouvelées, de se porter sur le village de Fontenoy, le point capital.

Enfin le maréchal, fatigué de ces incertitudes, rallia lui-même l'infanterie qui avait d'abord plié et qui revint à la charge. Il la joignit à la brigade irlandaise déjà formée devant l'ennemi, sous milord Clare, ordonnant d'avancer au régiment de Normandie, ainsi qu'à celui des Vaisseaux, qui avait soutenu longtemps le feu de l'adversaire et s'était toujours rallié avec une vigueur admirable. M. de Lowendal,

---

1. A ce moment, un régiment des gardes anglaises de Campbell et un autre de Royal-Écossais marchaient en tête, commandés par le comte d'Albemarle et M. Churchill, petit-fils naturel du duc de Marlborough. Les officiers anglais saluèrent les Français en ôtant leurs chapeaux, les Français leur rendirent leur salut. Milord Charles Hay, capitaine aux gardes anglaises, s'étant avancé hors des rangs, le comte d'Auteroche, lieutenant des grenadiers, ne sachant ce qu'il voulait, fut à lui : « *Monsieur*, lui dit Charles Hay, *faites tirer vos gens.* — *Non, monsieur*, répondit le comte d'Auteroche, *à vous l'honneur!* » — La version populaire est, comme on sait : « Messieurs les Anglais, tirez les premiers ! »

placé à la tête de ces troupes en colonne par brigades, se porta sur l'ennemi par le flanc droit pendant que la Maison du Roi, la gendarmerie et les carabiniers, conduits par M. le duc de Richelieu, fonçaient l'épée à la main sur le centre, où les quatre pièces mises en réserve et pointées avaient déjà jeté l'épouvante. C'était de la véritable chevalerie. Ce spectacle fut celui d'une grande lice du temps d'Édouard et du roi Jean. Chacun se fit honneur de l'idée d'avoir brisé cette colonne d'attaque. Les uns l'attribuent au maréchal de Saxe lui-même ; Voltaire, si courtisan pour ses amis et ses protecteurs, la donne au duc de Richelieu ; une note de la correspondance de l'époque, aux archives de la guerre, constate que ce fut un simple capitaine au régiment de Touraine, du nom d'Isnard, qui, voyant quatre pièces disponibles et quatre autres que l'on pouvait amener rapidement sur le terrain, indiqua le moyen de prendre la colonne en écharpe. Bientôt elle demeura dans la plaine comme une masse inerte et ne forma plus que des monceaux de mourants et de blessés.

Dès que nos troupes de la droite, vers Fontenoy, virent celles de la gauche en mouvement, elles s'élancèrent aussi de leur côté, et dans un instant cette colonne d'un effectif encore de 10 000 Anglais et Hanovriens, poussée comme un torrent, fut enfoncée, culbutée et mise en déroute, abandonnant le champ de bataille et une partie de son artillerie.

Nos troupes marchèrent sur les fuyards ; mais comme les Anglais avaient jeté de l'infanterie dans les haies de Vezon, sous la protection d'un corps de cavalerie en deçà de ce village, et que, sur notre droite, les Hollandais étaient toujours restés en panne dans leur même position, le maréchal contint l'ardeur des troupes et se contenta d'envoyer pour le moment, par les bois de Bary, un corps de Grassins, qui, ayant pris en flanc la cavalerie des ennemis destinée à protéger leur retraite, l'obligea de se retirer précipitamment. Ainsi se termina la bataille. Ce jour-là, on cessa de poursuivre l'ennemi. Le roi, s'étant rendu sur le champ de bataille, embrassa le maréchal, recommanda les mêmes soins aux blessés ennemis qu'à ceux de ses troupes, et passa devant le front de tous les régiments qui avaient combattu.

Le 12 au point du jour, les Grassins, lancés à la poursuite de l'ennemi, trouvèrent une grande quantité de munitions et plusieurs pièces de canon, et s'emparèrent du château de Briffœil, où restaient près de 1 200 blessés. A huit heures, M. d'Estrées, détaché sur Leuze, ramassait sur sa route plus de 3 000 prisonniers. La perte de l'ennemi fut de 12 à 14 000 hommes, tant tués que blessés, et 32 pièces de canon : la nôtre s'évalue à 5 161 hommes : 53 officiers tués, 336 blessés ; 1 662 sous-officiers et soldats tués, et 3 110 blessés.

Après l'action, le maréchal de Saxe dit au roi : « Sire, j'ai assez vécu ! » puis ajouta modestement : « Vous voyez à quoi tiennent les batailles. » Louis XV aurait pu répondre : « Au courage des soldats, au sang-froid des officiers, au génie du général. » Soldats, officiers, général, tous avaient fait au delà même du devoir. Le roi parcourut les rangs de l'armée victorieuse au milieu des acclamations, donnant à chaque corps et à chacun les éloges qu'ils méritaient. Quand vint la nuit, il conduisit le Dauphin sur le champ de bataille et lui montrant les milliers de morts dont il était couvert : « Mon fils, lui dit-il, méditez sur cet affreux spectacle ; apprenez à ne pas vous jouer de la vie de vos sujets et ne prodiguez jamais leur sang dans des guerres injustes. »

Les alliés s'étaient flattés de rejeter les Français au delà de l'Escaut : ce fut eux qui durent battre en retraite précipitamment, et comme les Anglo-Hanovriens et les Hollandais ne cessaient de se quereller au sujet d'une défaite dont ils s'accusaient mutuellement, leur armée ne tarda pas à se séparer en deux moitiés hors d'état de rien entreprendre. Non seulement Tournai ne tarda point à capituler, mais encore on vit se rendre, l'un après l'autre, Gand, Bruges, Audenarde, Dendermonde, Nieuport et enfin Ostende, considérée jusque-là comme imprenable : jamais on n'avait réduit aussi rapidement et aussi facilement ces fameuses forteresses de la Flandre. Le reste de la campagne ne fut qu'une suite de succès remportés sous les yeux d'un ennemi affaibli et consterné qui, nulle part, n'essayait de tenir. Bientôt d'ailleurs, la victoire du prétendant Charles-Édouard à Preston-Pans, en Écosse, obligea l'Angleterre à rappeler le duc de Cumberland et son armée, de sorte que le prince de Waldeck resta seul avec les Hollandais et une poignée d'Allemands pour défendre les Pays-Bas.

Aussi les campagnes de 1746 et de 1747 seront-elles la digne continuation de celle de 1745 ; une série d'opérations constamment heureuses, sièges et combats, prises de villes et conquêtes de provinces et, au milieu de tant de succès de détail, deux grandes batailles rangées, Raucoux et Lawfeld, deux victoires qui soutiendront la gloire de Fontenoy et mettront le comble à celle de l'illustre capitaine dont le nom en est resté inséparable, — « si bien, dit M. Saint-René Taillandier (le meilleur biographe moderne de Maurice, que l'opinion publique oubliera dans sa joie les maux d'une guerre absurde, l'épuisement de nos ressources, le dépérissement du pays, et que cette noble France, tout en marchant vers l'abîme où la pousse la monarchie dégénérée, fera retentir pendant trois ans comme un perpétuel *Te Deum* ».

XI

Valmy

GÉNÉRAL.
KELLERMANN
D'après Ausiau.
Musée de Versailles.

DUC
DE BRUNSWICK
Musée de Versailles.

Le 20 septembre 1792, c'est-à-dire la veille même du jour où la Convention nationale devait déclarer la royauté abolie et proclamer la République, avait lieu, sur les confins de la Champagne et des Trois-Évêchés, à mi-chemin de la frontière violée, à Paris en révolution, une action de guerre assez molle, assez confuse et qui, sur le moment, put paraître assez peu décisive pour que les vaincus aient couché, deux jours après, sur les positions occupées d'abord par les vainqueurs. Les écrivains militaires ne savent trop de quel nom la désigner : la plupart s'en tiennent à la qualification modeste de « combat » ; plusieurs même, trouvant l'expression encore trop ambitieuse, l'appellent tout simplement « la canonnade de Valmy » ; il n'y a guère que le peuple et les livres populaires qui se servent couramment et sans hésiter du grand mot de « bataille ». Mais peu importe ici le nom et sa précision technique : Valmy..., c'est Valmy ! c'est-à-dire une journée qui retentira dans l'histoire à l'égal des plus célèbres rencontres ; une victoire qui est presque exclusivement une victoire morale et qui n'offre, au point de vue tactique, qu'un intérêt des plus minces, mais dont la portée a été néanmoins si grande et le résultat si extraordinaire, qu'aucune autre peut-être, dans les temps modernes, n'a été plus fertile en conséquences militaires aussi bien que politiques.

En vain, les historiens allemands se sont-ils plu à rabaisser le mérite des vainqueurs et la qualité du succès remporté en faisant observer que les alliés étaient déjà fort entamés et à demi battus quand ils arrivèrent en face de ces hauteurs appelées à devenir si célèbres ; que Brunswick comprenait enfin combien les émigrés l'avaient trompé — ou s'étaient trompés eux-mêmes — en lui représentant l'invasion de la France comme une simple

14

« promenade militaire » ; que son armée en proie à la disette et décimée par les épidémies n'était plus capable d'aucun effort... Tout cela est exact, assurément ! Mais que l'on jette un coup d'œil sur le camp opposé et l'on se convaincra que la situation n'y était guère plus enviable et plus encourageante. Sans doute, Dumouriez, peu de jours auparavant, dans une inspiration de génie, s'était saisi de ces fameux défilés de l'Argonne qu'il appelait, non sans raison, les « Thermopyles de la France ». Seulement, moins heureux dans l'exécution que dans la conception, il s'était vu presque aussitôt débusqué de positions qui n'avaient de valeur réelle qu'autant qu'elles pouvaient être occupées entièrement et fortement. En fait, dès le 15 septembre, les « Thermopyles » de Dumouriez étaient tournées, comme naguère celles de Léonidas, et l'on assistait à ce spectacle peu commun d'une armée d'invasion faisant face du côté de la frontière par où elle avait débouché, et barrant à l'armée adverse le chemin de la capitale que celle-ci avait pour mission de couvrir !

D'autre part, le moral des troupes françaises — ce moral qui justement allait peser d'un si grand poids dans la balance, le 20 septembre — paraissait profondément atteint. Les paniques succédaient aux paniques, et le dernier rapport du général en chef au ministre de la guerre constatait que 10 000 hommes, frappés d'une terreur folle, avaient pris la fuite devant 1 200 hussards prussiens ! L'artillerie, la plus solide d'entre nos troupes, et qui devait se signaler avec tant d'éclat quelques jours plus tard, l'artillerie elle-même avait attelé ses canons et voulait les ramener à Châlons. Ces deux alarmes pouvaient avoir des suites d'autant plus funestes qu'elles avaient causé dans tout le pays en arrière la plus fâcheuse impression. Des fuyards avaient pénétré avec une vitesse incroyable jusqu'à 30 et 40 lieues dans l'intérieur, faisant circuler les bruits les plus sinistres, disant l'armée anéantie, criant — naturellement ! — à la trahison, et assurant qu'ils avaient vu de leurs propres yeux Dumouriez passer à l'ennemi ! Et ce qu'il y avait de pis, c'est que toutes ces fausses nouvelles, répandues parmi les corps que le général en chef s'efforçait de concentrer sur l'Aisne et dont il hâtait la marche par des rappels réitérés, avaient fini par intimider ses propres lieutenants et par les plonger dans de cruelles incertitudes : c'est ainsi que Beurnonville, qui venait du nord, et Kellermann, qui arrivait de l'est, pouvaient croire à une défaite déjà consommée, suspendaient leur marche, opéraient même un instant des mouvements rétrogrades. Que la réunion des diverses fractions de l'armée se trouvât seulement retardée de vingt-quatre heures; que les coalisés montrassent quelque peu de clairvoyance et de résolution, et le cours des événements se trouvait changé du tout au tout.

Mais c'est ici que l'on voit, plus qu'en aucune autre circonstance historique, quelle peut être l'influence d'un chef dont le caractère est à la hauteur du talent, sinon supérieur au talent même. Dumouriez n'a pas été, il est vrai, un « général complet » ; mais il en avait d'assez belles parties et l'a suffisamment prouvé, dans ces conjonctures difficiles, pour qu'on affirme sans hésitation que c'est à lui surtout que fut dû le salut de la patrie. Qu'importe ce qu'il a pu faire et devenir par la suite, s'il a dans sa vie — sans compter Jemmapes — cette page ineffaçable : comme l'a si bien dit M. Thiers, « il

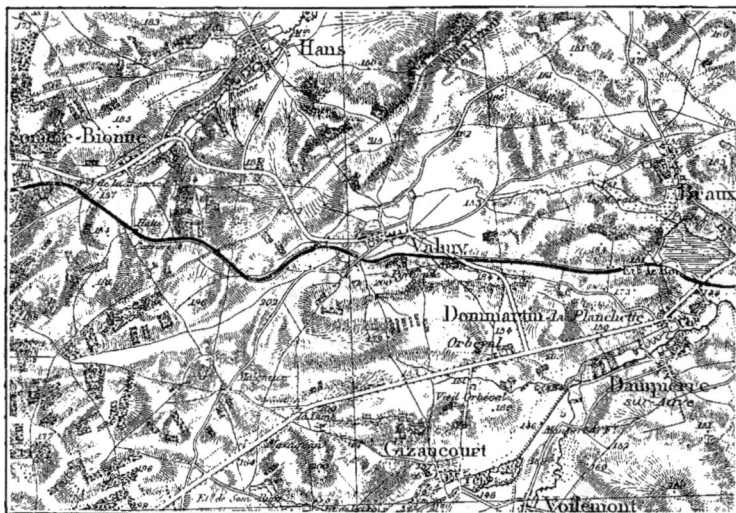

CHAMP DE BATAILLE DE VALMY.
Extrait de la carte de l'État-major au 1 : 80 000.

nous a abandonnés, mais il nous avait sauvés ». Ce fut bien réellement lui, et lui tout seul, l'âme de la défense nationale, en ce mémorable automne de 1792, et il ne se vantait point quand il terminait son rapport sur la panique qui venait d'avoir lieu à Montcheutin par cette assurance un peu présomptueuse de la part de tout autre et dans toute autre circonstance : « Tout est réparé et je réponds de tout. » Tout fut réparé, en effet, grâce à l'attitude personnelle du général en chef, grâce à l'inaltérable sérénité qu'il affectait, grâce à l'activité avec laquelle il se prodiguait, courant à travers les rangs, haranguant les corps, répétant partout : « Confiance ! confiance ! » En deux ou trois fois vingt-quatre heures, cette armée, si profondément troublée et à demi démoralisée, se ressaisit complètement, et quand enfin Kellermann et Beurnonville eurent opéré leur jonction aux alentours de Valmy, en présence même de l'ennemi dont l'avant-garde apparaissait déjà sur les hauteurs à l'ouest, un observateur pénétrant et perspicace eût déjà pu pronostiquer presque à coup sûr l'issue de la journée.

Le champ de bataille de Valmy, dont on côtoie la partie septentrionale quand on se rend, en chemin de fer, de Saint-Hilaire-au-Temple à Verdun, est situé sur la gauche, c'est-à-dire au nord de la grande route de Châlons à Sainte-Menehould, à 10 kilomètres environ avant d'arriver à cette dernière ville. On en peut prendre une bonne vue d'ensemble au sommet d'un petit plateau que la route coupe en biais, de l'endroit où elle croise un très ancien chemin de traverse menant de Somme-Bionne, sur la Bionne, à Gizaucourt, dans la vallée de l'Auve. Ce carrefour, appelé de temps immémorial « la Lune », sans doute à cause de sa forme circulaire, et où l'on voyait alors une maison isolée, auberge ou plutôt cabaret, a joué dans la journée du 20 septembre 1792 un rôle très important. C'est de là, en effet, que l'avant-garde du duc de Brunswick aperçut l'armée française prenant son ordre de bataille sur les coteaux de Valmy, et c'est sur le plateau aride et nu qui s'étend entre les sources de l'Auve et celles de la Bionne que l'armée prussienne effectua son déploiement et garda son camp pendant plusieurs jours.

Presque aussi dénudées, mais plus fertiles, sont les hauteurs qui se développent en demi-cercle en avant du petit village de Valmy. Celui-ci est bâti dans un pli de terrain s'ouvrant au nord-est, d'où son nom, qui vient évidemment de *mi-val*, de sorte que, de la Lune et des alentours, on n'aperçoit guère que le haut de son clocher émergeant d'un groupe d'arbres. Immédiatement au-dessus du village, vers le sud, se dresse le tertre ou la butte de Valmy, fort bien défini par Michelet « une espèce de promontoire, de mamelon avancé » ; le moulin à vent qui le couronnait à l'époque de la bataille et dont il est question dans toutes les relations de celle-ci, a disparu depuis longtemps, et à sa place (ou approximativement, car il se trouvait, dit-on, un peu en contre-bas de la crète), s'élève, depuis 1830, la pyramide qui renferme le cœur de Kellermann, conformément aux dernières volontés de celui-ci. Un autre monument, que surmonte la statue du même général, brandissant son épée et agitant son grand chapeau (car, de Dumouriez, il n'est et ne pouvait guère être question), a été érigé à peu de distance à l'occasion du centenaire de la journée. Plus loin sur la gauche (en supposant toujours l'observateur placé au carrefour de la Lune), au delà de Valmy et des prairies alors très marécageuses qui touchent au village, se profile la croupe allongée du mont Yvron, qui, tout en n'étant qu'une simple colline, a, sur tous les environs un notable « commandement ». A l'horizon enfin, au delà de Sainte-Menehould et de la vallée de l'Aisne, apparaissent les massifs boisés de la chaîne de l'Argonne, qui forment un fond agréable à ce paysage d'un assez triste aspect. A la tombée du jour, et lorsqu'on évoque les souvenirs qui s'y rattachent, il n'est assurément pas dépourvu de grandeur et de poésie; mais, au plein soleil, il apparaît vraiment désolé, surtout dans la partie qui avoisine la Lune. On conçoit que cette extrémité de la Champagne Pouilleuse, où la craie affleure partout le sol à peine recouvert d'une mince couche de terre végétale, ait reçu autrefois le nom significatif de « marche à famine » : Brunswick et ses troupes, qui faillirent y mourir de faim et de soif, durent trouver que ce nom n'était que trop justifié.

Les hauteurs de Valmy venaient à peine d'être couronnées par l'armée française lorsque l'ennemi apparut, et ce n'est même qu'assez avant dans la matinée que le gros acheva de s'y ranger. Kellermann, qui arrivait par la route de Vitry, aurait voulu s'établir sur les coteaux de la rive droite de l'Auve, en arrière de Gizaucourt et de Dampierre, et la position eût sans doute été meilleure en soi, couverte qu'elle était par un cours d'eau aux rives maré-

Cliché Schuwer.

MONUMENT DU CENTENAIRE, 1892. PYRAMIDE CONTENANT LE CŒUR DE KELLERMANN.

cageuses, s'il n'avait dû se lier étroitement aux armées de Beurnonville et de Dumouriez. Or, celles-ci étaient déjà disposées au nord et au nord-est de Valmy, et Kellermann n'eut pas le loisir d'effectuer le mouvement projeté. En somme, le 20 septembre au matin, les Français garnissaient l'hémicycle (saillant) de coteaux que nous venons de décrire : à la droite, Stengel, l'un des meilleurs lieutenants de Dumouriez, occupait le mont Yvron avec ses escadrons, ayant derrière lui les 16 bataillons de Beurnonville formés en colonne; au centre, les 17 bataillons et les 30 escadrons de Kellermann étaient massés sur la butte de Valmy, que défendaient 36 pièces de canon ; à la gauche, en équerre dans la pleine aux abords de la maison de poste d'Orbeval, les corps de Desprez-Crassier, de Valence et de Chazot, de l'armée de Dumouriez. Ajoutons que ce dernier avait détaché à l'extrême droite le général Le Veneur avec 12 bataillons et 8 escadrons pour tourner la gauche des Prussiens, et qu'il était en droit d'attendre un grand effet de ce mouvement débordant.

On ne possédait guère que des relations diffuses et emphatiques de la bataille de Valmy, — qui a plus souvent tenté, sinon mieux inspiré, les historiens politiques que les historiens militaires, en raison de son mince intérêt tactique, — lorsqu'un professeur de l'Université, passionné pour les choses de la guerre, M. Arthur Chuquet, a eu l'heureuse idée d'étudier et de raconter les premières campagnes de la Révolution, non pas seulement, comme ses devanciers, d'après les sources françaises, mais encore d'après les livres et documents publiés à l'étranger et plus spécialement en Allemagne. Il s'est trouvé ainsi amené à faire paraître toute une série de volumes, des plus substantiels et en même temps des plus vivants, dont un consacré tout entier à VALMY, à ses préliminaires et à ses conséquences (Paris, 1888, in-12; à la librairie Léopold Cerf). Plon, Nourrit et Cie. C'est à cette excellente monographie que sont empruntées les pages ci-après.

L'avant-garde prussienne avait passé la nuit du 19 au 20 septembre à Somme-Bionne. Elle se mit en marche le lendemain, entre six et sept heures du matin, en deux colonnes... Le duc de Brunswick était venu lui-même donner ses instructions au prince de Hohenlohe. Comme la veille, on n'avait qu'un seul but : rejoindre la route de Châlons en tenant toujours la crête des hauteurs. Une pluie fine et froide tombait depuis la pointe du jour, et un brouillard épais enveloppait la contrée d'un voile impénétrable. Hohenlohe et son chef d'état-major Massenbach déployèrent la carte de Cassini et ordonnèrent aux paysans qui leur servaient de guides de les mener droit à Maigneux. C'était une ferme située sur l'emplacement d'un village détruit par les Anglais au temps de Charles VII ; elle est à 800 mètres de la grande route et à 1 500 mètres de la maison de la Lune.

L'avant-garde avait fait à peine quelques centaines de pas, lorsque retentirent des coups de canon, les premiers de la journée. Les artilleurs de Desprez-Crassier, postés en avant du mont d'Yvron, entre Hans et Valmy, ouvraient le feu sur la ligne sombre qu'ils voyaient se mouvoir au loin à travers la brume. Hohenlohe ne riposte pas. Il poursuit sa marche vers Maigneux et s'arrête à quelque distance de la ferme... Mais une vapeur de plus en plus dense, couvrant la plaine, dérobe aux Prussiens la vue de l'adversaire, et la batterie française n'apparaît qu'à de rares intervalles, lorsque le vent fait çà et là une trouée dans le brouillard.

Tout à coup, pendant que les boulets qui partent de l'Yvron tombent au hasard sur la gauche de l'avant-garde prussienne, une grêle de projectiles s'abat sur sa droite. Une autre batterie française vient de s'installer sur la route de Châlons, à l'embranchement du chemin de traverse et de la chaussée nationale, près de l'auberge de la Lune. Au milieu du nuage grisâtre qui s'étend sur le plateau, les Prussiens voient s'agiter de gros points noirs, et surgir par instants le toit des maisons. C'était la réserve de l'armée du Centre. Pris au dépourvu, forcé de changer de terrain et d'improviser tant bien que mal son ordre de bataille, désireux de gagner quelques heures, Kellermann envoyait sa réserve sur la hauteur de la Lune et la chargeait de soutenir son avant-garde et de couvrir par une vigoureuse diversion les mouvements de son armée qui occuperait, pendant ce temps, ses positions de combat.

Valence était à la tête de cette réserve composée des deux régiments de carabiniers, de quelques escadrons de dragons et de quatre bataillons de grenadiers. Il
déploie ses troupes sur une seule ligne en avant de la grande route. Il place près de
l'auberge de la Lune deux compagnies d'artillerie à cheval. Sans ce mouvement de
Valence, la journée se terminait peut-être par la défaite des Français. Aussi Kellermann louait-il le lendemain la valeur, le sang-froid et les talents militaires de son
lieutenant : « M. de Valence a contenu longtemps les ennemis sur une hauteur en
avant de celle où je formai mes troupes. »

La canonnade engagée par l'artillerie de Valence fut extrêmement violente. Elle
força l'avant-garde de Hohenlohe à suspendre sa marche et fit reculer un des
meilleurs corps de la cavalerie prussienne... Quelques coups de canon isolés
s'échangent encore de part et d'autre ; mais, en réalité, la lutte est interrompue.
Pendant que Hohenlohe attend l'arrivée de l'armée prussienne, qui suit avec une
extrême lenteur le mouvement de son avant-garde, Kellermann range et dispose
ses troupes. Les deux adversaires semblent profiter du brouillard qui dure encore
pour se préparer, l'un à l'attaque, l'autre à la défense...

Cependant l'avant-garde prussienne restait immobile près de la ferme de Maigneux. Massenbach et Forstenbourg jugèrent qu'il fallait occuper la Lune sur-le-
champ, avant un retour offensif des Français... Brunswick se rend aux raisons du
major et le charge de s'établir à la Lune avec un bataillon et deux batteries.

Pendant que Massenbach prenait possession de la Lune, l'armée prussienne arrivait sur le champ de bataille en deux colonnes, l'une commandée par le duc de
Brunswick et le roi, l'autre par Kalkreuth. Elle avait quitté Somme-Tourbe et
Somme-Suippes vers huit heures du matin, et marchait, comme l'avant-garde,
à travers la brume et la pluie, sans rien voir autour d'elle, lentement, péniblement,
arrêtée à tout instant. Mais on entendait le bruit du canon, et les soldats avaient
reçu l'ordre de préparer leurs armes et de charger leurs fusils.

Enfin, peu à peu, toutes les brigades arrivèrent sur le plateau de Maigneux. L'armée s'arrêta derrière l'avant-garde et fit face à la fois au mont d'Yvron et à la butte
de Valmy. Sa droite s'appuyait à la grande route et à sa gauche à la Bionne. Il était
midi lorsque toutes les dispositions furent achevées. Le brouillard se déchirait peu
à peu. Le roi, Brunswick, Nassau-Siegen, les officiers de l'état-major se portèrent
en avant pour reconnaître la position de l'ennemi. Mais bientôt le dépit, l'étonnement, l'embarras se peignirent sur tous les visages. Voilà les troupes qu'on croyait
trouver en défaut et surprendre dans la confusion d'une retraite précipitée ! Elles
acceptaient la bataille, et les unes sur les hauteurs, les autres dans la plaine, attendaient avec un courage ferme et tranquille le choc de l'adversaire ! Nassau-Siegen,
le Prince royal de Prusse, Gœthe ont retracé le spectacle inattendu qui frappait
leurs yeux. « Les Français, dit Gœthe, s'étaient postés dans une sorte d'amphithéâtre et montraient le plus grand calme et la sécurité la plus profonde[1]. » — « Leur
armée, rapporte le Prince royal, s'étendait sur les deux flancs de la hauteur de Valmy
qui domine tout le terrain ; ses deux ailes paraissaient un peu repliées, et, en avant
d'elles, une cavalerie nombreuse se tenait dans la plaine. »

Qu'allaient faire les Prussiens ? L'état-major était unanime : il fallait attaquer

1. Gœthe. — *Campagne de France*, 90.

avec toutes ses forces la butte de Valmy; c'était là qu'on voyait le plus de monde ; c'était là qu'on devait marcher et jeter le désordre ; les Prussiens avaient pour principe d'attaquer toujours le point le plus fort de la position ennemie. Massenbach proposait d'assaillir en même temps le mont d'Yvron, où l'on apercevait une très forte batterie qui prendrait les Prussiens en écharpe dans leur attaque sur le moulin. Mais on lui répondait qu'il suffirait de tenir en échec la batterie de l'Yvron en lui opposant une batterie d'égale puissance.

De tous ceux qui parlaient de donner bataille, Nassau-Siegen était le plus ardent. Ses discours respiraient l'impatience des émigrés, leur mépris pour les armées de la Révolution, leur hâte d'en finir avec la guerre méthodique de Brunswick et de tout décider par un coup de hardiesse. Il soutenait qu'on avait devant soi des troupes indisciplinées et qu'en les chargeant avec vigueur on les mettrait aisément en déroute. Il assurait que l'armée de ligne qui faisait face aux Prussiens n'était qu'un ramas de fédérés poltrons et de volontaires sans expérience. Mais Brunswick ne partageait pas les illusions de Nassau-Siegen. Il ne cessait d'observer, la lorgnette à la main, la position de l'adversaire. Il songeait qu'il avait fait un détour de douze lieues pour ne pas attaquer les Islettes : irait-il attaquer Valmy, plus abordable, il est vrai, que les Islettes, et plus exposé au feu de l'artillerie, mais garni d'une armée nombreuse et résolue? Avait-il assez de monde pour vaincre? Il ne voyait, dit Caraman, que la disproportion entre ses forces et celles qui lui étaient opposées, et toutes ses observations révélaient ses inquiétudes. Tantôt il demandait conseil à l'un et à l'autre, tantôt il se portait seul ou presque seul en avant des troupes, et on le vit s'avancer, en défendant qu'on le suivît, jusqu'à la hauteur la plus voisine du moulin, à quatre ou cinq cents toises des Français.

Le roi de Prusse était aussi perplexe que son généralissime. Que de fois pourtant il avait craint que l'ennemi ne se dérobât ! Que de fois il avait souhaité de toucher au terme de la lutte, de tenir ensemble Dumouriez et Kellermann, d'écraser d'un seul coup les forces de la Révolution ! Le jour qu'il attendait ardemment était venu ; mais le souverain si impétueux, si désireux de se battre avait perdu sa fougue coutumière. Comme Brunswick, il fixait ses regards sur la position de l'armée française ; comme lui, il paraissait inquiet et préoccupé ; seul, se consultant, délibérant avec lui-même. Son fils le voit s'arrêter sur un petit tertre ; il court à lui et demande ce qu'on va faire; mais le roi reste silencieux...

Enfin, vers une heure, Frédéric-Guillaume s'arrache à son indécision et donne l'ordre d'attaquer ; il s'est convaincu que la butte de Valmy est le point capital où doit se porter tout l'effort, et que le succès de la bataille dépend de la prise du moulin. L'artillerie de l'armée, dirigée par Tempelhof, s'était déjà jointe à celle de l'avant-garde. 54 bouches à feu établies sur le plateau formaient comme un arc de cercle autour des Français. Elles couvraient, de même qu'à Mollwitz, le front de l'armée, en restant néanmoins assez près des troupes pour ne pas redouter une brusque attaque de l'ennemi...

Cependant l'armée prussienne se déploie en arrière et à droite de la Lune. L'avant-garde quitte la position qu'elle occupait depuis le matin et se porte plus à gauche, en face du moulin de Valmy. Ses chasseurs et ses fusiliers se dispersent en tirailleurs et s'abritent dans les plis du terrain, en avant de l'artillerie. L'armée royale se forme derrière l'avant-garde en deux lignes. La cavalerie se masse sur les ailes.

Bientôt l'infanterie entière s'ébranle en bon ordre, au bruit des tambours. On n'avait jamais vu de troupes se mouvoir si facilement ni se déployer avec autant de précision sur un champ de bataille. « Rien de plus beau et de plus imposant, raconte Nassau-Siegen ; on eût dit qu'on se trouvait à une manœuvre de Potsdam bien compassée ; jamais je n'avais plus fermement cru à une victoire, et ce spectacle eût exalté l'âme la plus froide. L'ardeur des officiers et des soldats s'était réveillée ; ils oubliaient les fatigues de la veille ; le Prince royal, montrant aux grenadiers de Brunswick la butte de Valmy, affirmait qu'il ne s'agissait que de gravir, comme aux grandes revues de Magdebourg, le Butterberg, près de Cörbelitz, et les soldats lui répondaient par un sourire confiant.

Il faisait un grand vent, et la petite pluie pénétrante qui tombait depuis le matin n'avait pas cessé. Mais la canonnade, ébranlant l'atmosphère, ne tarda pas à dissiper les nuages, et « le plus beau soleil, écrit Caraman, vint éclairer cette journée qui devait être trop fatalement décisive pour nous ». Les mouvements se dessinaient à tous les yeux avec netteté, et, de la butte du moulin, on découvrait parfaitement les deux armées. Déjà l'inquiétude avait saisi quelques-uns de nos bataillons. Les soldats se troublaient en apercevant devant eux cette infanterie prussienne si célèbre et si redoutée. Sauraient-ils résister à ces troupes depuis si longtemps victorieuses, si bien disciplinées, et animées d'un orgueil qu'excitait encore la présence de leur roi ?

Mais Kellermann, calme et imperturbable, forme rapidement ses troupes en trois colonnes d'un bataillon de front ; il leur commande d'attendre les assaillants sans tirer un seul coup, et de les charger à la baïonnette dès qu'ils auront gravi la hauteur ; il met son chapeau, surmonté du panache tricolore, au bout de son épée qu'il élève en l'air, et s'écrie : « Vive la nation » ! L'armée entière lui répond : « Vive la nation ! Vive la France ! Vive notre général » ! Ce cri se fait entendre sur toute la ligne de bataille et se répète pendant plusieurs minutes ; il se mêle au bruit du canon et aux airs entraînants de la musique qui joue le *Ça ira* ; il exalte les âmes. Les soldats, saisis d'enthousiasme, élèvent leurs chapeaux sur leurs baïonnettes et leurs sabres : « Qu'ils nous attaquent, se disent-ils les uns aux autres, et ce sera le plus beau moment de notre vie ! »

On lit dans les relations françaises de la bataille que les cris poussés par l'armée de Kellermann arrêtèrent les Prussiens. « Ils avaient quelque chose de barbare, assure sérieusement un des meilleurs historiens de la campagne, et ne sont plus d'usage chez les peuples civilisés ; ils étonnèrent l'ennemi et ralentirent son ardeur. » Il est peu vraisemblable que les Prussiens aient été intimidés par les clameurs de l'adversaire. Mais ce qu'ils virent avec surprise, ce fut l'attitude fière et déterminée de l'armée française, qui formait une masse imposante et restait inébranlable, comme certaine de sa force. Ils ne croyaient pas livrer un combat long et disputé ; ils comptaient qu'à leur approche et après quelques volées de canon, les patriotes céderaient le champ de bataille. « Nos attaques, déclarait superbement Moellendorff, ont lieu par plusieurs décharges générales ; puis nous marchons, et notre infanterie, étant la plus maniable et la plus aguerrie, fait aisément ployer l'infanterie opposée. »

1 200 mètres séparaient encore les deux armées. Mais c'étaient les Prussiens et non les Français qui commençaient à se déconcerter et à perdre leurs rangs. Les canonniers de l'armée du Centre ne cherchaient plus, comme auparavant, à

démonter les pièces de l'ennemi. Ils essuyaient le feu de l'artillerie prussienne sans lui répondre, et, impassibles, ne visaient que l'infanterie qui, jusque-là hors de portée et de prise, s'exposait de plus en plus à chaque pas qu'elle faisait en avant. Bientôt les boulets tombent au milieu des colonnes d'attaque ; quelques-uns parviennent même jusqu'à la réserve ; mais c'est surtout au milieu de l'avant-garde et dans le centre de la première ligne, parmi les bataillons des fusiliers et les régiments de Hohenlohe et de Kleist, que l'artillerie française exerce ses ravages....

Brunswick, persuadé que l'attaque serait à la fois meurtrière et inutile, arrêta la marche de ses troupes. L'infanterie avait à peine parcouru 200 pas, comme on l'a raconté ; Frédéric-Guillaume mettait son honneur à ne pas reculer devant l'armée des rebelles. Les soldats demeurèrent où ils étaient, immobiles, les uns murmurant contre Brunswick, les autres approuvant sa résolution, tous recevant les boulets français avec un courage résigné.

La canonnade reprit des deux parts, plus nourrie, plus serrée encore qu'auparavant. Brunswick, n'osant enlever de vive force le moulin de Valmy, essayait au moins d'ébranler l'adversaire par le feu de son artillerie, et ce feu, dit Kellermann, « était le plus soutenu qu'on pût voir ». Quoique peu favorablement placées par Tempelhof, les batteries prussiennes faisaient un grand mal aux Français, parce que le moulin à vent leur servait de point de mire. Celles de l'aile droite, établies en avant du cabaret de la Lune, quoique les plus éloignées, tiraient avec le plus de succès ; elles battaient en flanc le tertre de Valmy, et leurs projectiles venaient assez souvent éclater dans les rangs de l'armée de Kellermann. Mais l'artillerie française rendait coup pour coup, et ne cessait de tirer avec une justesse, une précision, une rapidité qui surprenaient l'ennemi. « On était déconcerté, rapporte Caraman, en voyant les Français, non seulement manœuvrer avec ensemble et prendre militairement leur position, mais répondre à notre feu par un feu non moins bien dirigé.

Les officiers prussiens allaient et venaient au milieu de leurs soldats et leur recommandaient le courage et le sang-froid. Le roi de Prusse était le plus intrépide de tous. Il se promenait au petit pas, d'un air calme et assuré, sur le front de la première ligne et au milieu de l'avant-garde. Les soldats du régiment de Kleist baissaient la tête pour laisser passer les boulets : il vint se placer devant le premier rang, immobile sur son cheval, offrant sans crainte sa haute stature aux projectiles.

Mais l'intrépidité des généraux français égalait celle du roi de Prusse. Kellermann était à cheval, près du moulin, dans l'endroit le plus dangereux, en avant du régiment de cuirassiers. A ses côtés se tenaient les deux fils du duc d'Orléans, le duc de Chartres, qui commandait une brigade de cavalerie composée du 14ᵉ et du 17ᵉ régiment de dragons, et son jeune frère, le duc de Montpensier, qui servait d'aide de camp à son aîné. « Les princes français ne m'ont pas quitté, écrivait Kellermann, et se sont montrés au mieux ; Chartres a déployé un grand courage, et Montpensier, un sang-froid que son extrême jeunesse rend encore plus remarquable. » Les deux chefs de l'artillerie de l'armée du Centre, le lieutenant-général d'Aboville et le maréchal de camp Senarmont dirigeaient le feu des batteries. Linch, Muratel, Pully exhortaient l'infanterie et la cavalerie : « La contenance des nôtres, dit Pully, était superbe, et les rangs se serraient à mesure qu'ils étaient éclaircis par le canon. » Senarmont eut son cheval tué sous lui. Le lieutenant-colonel du 5ᵉ bataillon de gre-

nadiers réunis. Lormier, fut mortellement blessé ; ses soldats s'empressaient autour
de lui, pour le relever et lui témoigner leur douleur : « Mes amis, leur répondit-il,
demeurez à votre poste ; je meurs content, la cause de la liberté triomphera. »

Kellermann faillit périr : son cheval fut atteint par un boulet qui perça sa scha-
braque et déchira le bas de sa capote. Une députation des régiments vient le prier
de ne pas s'exposer davantage : mais il donnait l'exemple à ses troupes, et il a remarqué lui-même que sa propre fermeté contribua plus que tout le reste à l'incroyable
fermeté de son armée. « Nous avons tremblé plusieurs fois pour la vie de notre
général, lisons-nous dans une lettre d'un de ses soldats ; il a eu son cheval tué sous
lui et, pendant huit minutes qu'il est resté à pied, quinze à dix-huit boulets sont
tombés à ses côtés. »

Dumouriez arrivait vers cet instant à la butte du moulin, « au fort de l'affaire et
dans le feu le plus vif ». On le vit s'entretenir froidement avec son collègue, au
milieu des projectiles qui pleuvaient autour de lui : « Vous connaissez sa valeur, man-
dait Kellermann à Servan, c'est tout dire ! » Mais Dumouriez avait autant de clairvoyance que de bravoure. Il vit aussitôt que Kellermann avait pris une position trop
resserrée et commis une grande faute en négligeant de se maintenir sur le haut de
la Lune : il jugea que Brunswick n'oserait pas attaquer et, certain du dénouement
de l'affaire, il revint à son camp où il attendit le résultat de l'expédition qu'il avait
confiée à Le Veneur.

Malheureusement les troupes de Kellermann étaient entassées près du moulin de
Valmy : « Ce rassemblement si maladroit, observe le général Pully, non seulement
gênait le service de l'artillerie, mais nous coûtait beaucoup de monde. » Vers deux
heures, un obus parti de la Lune fit sauter trois caissons. Le fracas de l'explosion
fut terrible ; il retentit sur tout le champ de bataille et fut suivi d'un grand cri,
puis d'un profond silence. L'artillerie française se tut pendant dix à douze minutes ;
des jets d'une fumée épaisse s'élevaient au-dessous du moulin : comme par instinct,
les canonniers prussiens suspendirent leur feu.

Kellermann assure, dans son rapport du 21 septembre qui fut inséré dans le *Moni-
teur* et lu devant la Convention, que l'explosion a fait perdre à ses troupes des
rangs entiers, mais qu'elles n'ont pas sourcillé ni dérangé leur alignement. Le
mémoire qu'il rédigea plus tard révèle la vérité. Les caissons étaient trop rapprochés de l'infanterie : la première ligne recula ; le désordre se mit dans deux anciens
régiments allemands au service de France, Salm-Salm et Nassau (62e et 96e) ; les
conducteurs du train d'artillerie, qui n'étaient alors que des charretiers sans discipline, s'enfuirent en toute hâte : ce fut, reconnaît le général, un « instant très
critique ».

Massenbach voyait de la Lune cette scène de confusion. Il crut la bataille gagnée
et courut à bride abattue vers le duc de Brunswick. Charles-Ferdinand se tenait
devant le premier rang de l'infanterie, calme, impassible, sans qu'on pût remarquer
sur son visage la moindre trace de l'émotion qui agitait son cœur.... Massenbach le
prie d'envoyer sur la hauteur de la Lune des renforts d'artillerie et d'infanterie, et
de diriger de ce point l'attaque contre le moulin. Le major était hors de lui : « Si
jamais homme a parlé avec une langue de feu, ce fut moi en ce moment. —
À l'endroit où vous êtes, Excellence, on ne peut voir la position ennemie, on ne
la voit que de la Lune.... »

« Allons », répond Brunswick ; et, suivi de Massenbach, il se dirige vers la hauteur.

Mais déjà tout avait changé de face. Au moment où les caissons éclataient, Kellermann surveillait avec d'Aboville l'installation d'une nouvelle batterie, qui devait attirer le feu des ennemis et soulager par cette diversion les troupes postées près du moulin. Au bruit de l'explosion, il accourt; il arrête de la voix et du geste la première ligne qui se retirait; il s'efforce de la remettre en bon ordre. Bientôt le tumulte cesse ; l'infanterie reprend son aplomb et se reforme ; les cavaliers démontés se placent dans ses rangs, la carabine sur l'épaule ; le duc de Chartres amène deux batteries d'artillerie légère, celle de la 3ᵉ et celle de la 6ᵉ compagnie, qui s'établissent en avant de la première ligne, à l'ouest du moulin. La canonnade, un instant interrompue, recommence avec intensité, et c'est alors qu'elle se fait entendre dans toute sa force. La terre, assurent tous les témoins de l'action, tremblait au sens le plus vrai du mot. Une grêle de projectiles tombait au milieu des Prussiens....

Cependant Brunswick était sur la hauteur de la Lune. Allait-il tenter de nouveau la chance et entreprendre une seconde attaque? Profiterait-il de l'approche des Autrichiens de Clerfayt qu'il venait d'appeler en toute hâte sur le champ de bataille? Mais le duc vit les Français encore fermes à leur poste; il vit leur artillerie redoubler la violence de son feu ; il vit dans la plaine, au pied de la butte, entre Orbeval et l'Auve, les dragons, les chasseurs, les carabiniers mettre pied à terre et, parmi les boulets qui venaient s'enfoncer dans la terre vaseuse et mourir à leurs pieds, donner tranquillement l'avoine à leurs chevaux. Il se tourna vers les officiers qui l'entouraient : « Voyez, messieurs, à quelles troupes nous avons affaire : ces Français attendent que nous soyons sur eux pour monter à cheval et nous charger ! »

Sa résolution était prise. Il manda le lieutenant-colonel Manstein et causa quelques instants avec lui sur la grande route. Il fallait, avant de persuader le roi, convaincre l'aide de camp qui possédait sa confiance. Bientôt après arriva le monarque, suivi de Nassau-Siegen. Frédéric-Guillaume et Brunswick s'entretinrent avec vivacité. Grawert, Hohenlohe, Manstein, Nassau s'étaient groupés autour d'eux. On avait fait signe aux officiers de l'état-major de rester à l'écart. Un conseil de guerre se tenait en plein air et, au bruit du canon, près de l'auberge de la Lune. Brunswick prononça le mot décisif : *Hier schlagen wir nicht!* — « Ce n'est pas ici qu'il faut se battre »! Hohenlohe, Grawert, Manstein approuvèrent le duc. Le roi céda. Charles-Ferdinand parlait avec énergie, sur un ton d'autorité qu'il n'avait encore pris dans aucune circonstance. Il affirma que la bataille serait perdue, et que, même gagnée, elle était aussi funeste qu'une défaite. Cette conviction, rapporte un de ses confidents, « fut le ferme rocher où il s'appuya dans cet orage ».

Nassau-Siegen, exaspéré, tente un suprême effort. Suivi de quelques émigrés, il avance sur la route et agite un mouchoir blanc. Des chasseurs français étaient à quelque distance ; l'un d'eux se détache ; il accourt au galop, si près de la maison de la Lune et du groupe royal que Massenbach et ses compagnons, craignant pour la vie de leur souverain, se jettent à sa rencontre. Le chasseur cause avec Nassau ; mais bientôt il pique des deux et disparaît. Ce fut la seule tentative d'embauchage que firent les émigrés dans la journée de Valmy ; pas un soldat français ne déserta : « pas une âme, dit un Prussien, ne vint à nous ».

Pendant que cette scène dramatique se passait à l'aile droite de l'armée prussienne,

et que Brunswick renonçait pour la seconde fois à l'attaque du moulin, le lieutenant-général Kalkreuth canonnait le mont d'Yvron. Il disposait d'une seule batterie
dirigée par le lieutenant Hahn ; mais, durant quelque temps, elle fut hors de portée et
trop loin de l'Yvron pour faire un mal sérieux à l'ennemi. Hahn la poussa plus avant,
à 500 pas du monticule qu'il occupait d'abord. Mais sur l'Yvron, comme sur la
butte de Valmy, l'artillerie française riposta vivement au feu des Prussiens.

Pourtant, à la fin de la journée, quelques pièces étaient démontées, et les munitions faisaient défaut. Heureusement la nuit tombait ; les Prussiens ne purent
profiter de leur avantage, et d'ailleurs l'avant-garde de Stengel, renforcée par les
vieilles troupes du camp de Maulde, avait essuyé la canonnade avec la même constance et le même sang-froid que l'armée de Kellermann sur le tertre voisin. Beurnonville passait de rang en rang : « Enfants, dit-il, asseyez-vous ; le danger sera
moins grand. » Mais personne ne s'assit, et on répondit au général : « Vous êtes bien
à cheval ! » La journée s'écoulait, et la bataille restait ce qu'elle était depuis le
matin, un duel d'artillerie.

Enfin, à quatre heures, Brunswick fit un mouvement. Il n'avait pas vaincu les
Français, mais s'il s'établissait fortement en travers de la grande route, il les
coupait de Châlons et de Paris. Sur son ordre, 3 régiments, qui formaient la
moitié de la première ligne, franchirent la chaussée et se postèrent près de la
Lune, en face d'Orbeval et de Gizaucourt ; 3 régiments de hussards couvraient
le flanc droit de cette infanterie. Kellermann s'imagina que les Prussiens voulaient l'attaquer. Il fit une seconde allocution à ses « braves frères d'armes »
et donna l'ordre à son artillerie de ne tirer qu'à bonne portée, afin d'ébranler plus
sûrement la tête des colonnes ennemies. On lui répondit par de nouveaux cris
d'allégresse : « Vive la nation ! vive notre général » ! On éleva, comme trois heures
auparavant, les chapeaux sur les baïonnettes et sur les sabres. Toute l'armée, fière
de son attitude, convaincue qu'elle avait déjà fait reculer l'assaillant, fatiguée, selon
le mot de Kellermann, d'être « tirée de but en blanc », attendait avec impatience
l'assaut des Prussiens. L'artillerie redoubla son feu ; 24 pièces de canon étaient
alors installées près du moulin de Valmy ; elles tirèrent à pleines volées. Mais
l'ennemi ne faisait qu'une simple manœuvre ; on crut qu'il se retirait encore ; il
opérait une conversion à droite et s'établit à la Lune avec le même calme méthodique, la même régularité de mouvements, le même ensemble que s'il défilait sur un
champ de manœuvres. Le soir venait. La canonnade cessa peu à peu. Des deux
côtés on n'avait plus de munitions que pour une seule bataille. « Si j'ai encore une
affaire, disait Kellermann, elles me manqueraient totalement. » Entre cinq et six
heures, expiraient les derniers feux.

Et voilà tout Valmy ! Tactiquement, c'est, sans contredit, une de ces
journées que l'on qualifie d' « indécises ». Dans la nuit suivante, en effet,
Kellermann, trouvant à bon droit sa position hasardée, puisque l'ennemi
peut le tourner par sa gauche et couper ses communications, décampe dans
le plus grand silence et va s'établir derrière l'Auve, — si bien que, deux
jours après, les « vaincus ». peuvent coucher sur les positions précédemment
occupées par les « vainqueurs » ! Ceux-ci, du reste, ne font rien pour accen-

tuer ou même *marquer* leur succès ; le mouvement de Le Veneur a avorté, et quand le conseil exécutif de Paris est mis au courant de la situation, il incline à ordonner la retraite de l'armée derrière la Marne. Dumouriez, à la vérité, s'y oppose énergiquement ; mais lui-même ne tente plus aucune opération sérieuse, aucun mouvement offensif, et il se verra plus tard accusé, avec quelque apparence de raison, d'avoir fait un « pont d'or » à l'adversaire pour le décider à évacuer la Lorraine.

Mais il s'agit bien des résultats matériels de la rencontre ! Ce sont les conséquences morales qu'il faut voir ; et celles-là, ne craignons pas de le répéter, sont immenses, inattendues, inouïes ! Certes, il ne se trompait pas, le grand Gœthe, qui, le soir du 20 septembre, dans le camp prussien, entreprenait de prouver à ses compagnons d'armes étonnés qu'ils étaient encore bien plus battus qu'ils ne croyaient l'être, et terminait sa démonstration par ces paroles prophétiques : « De ce lieu et de ce jour date une époque nouvelle dans l'histoire du monde, et vous pourrez dire : J'y étais ! » Ce puissant esprit avait été profondément frappé d'un fait que les militaires qui l'entouraient n'étaient portés à considérer tout d'abord que comme un simple incident — ou accident — de guerre : il avait vu de vieilles troupes, formées par le grand Frédéric, aguerries et enorgueillies par une longue série de luttes et de succès, — il avait vu, disons-nous, les meilleurs soldats de l'Europe s'arrêter, comme interdits, devant des bandes mal armées, mal équipées, aussi peu instruites que peu disciplinées, mais qui avaient, malgré tout cela, si fière mine et qui criaient : *Vive la Nation !* d'une voix si formidable et si unanime, qu'on se sentait véritablement en présence d'une force inconnue jusque-là et s'annonçant comme irrésistible.

Oui, il fallait qu'elle fût bien enthousiaste et bien terrifiante, l'attitude de cette masse « électrisée » par Kellermann et, à son exemple, agitant furieusement ses grands chapeaux à la pointe des sabres et des baïonnettes, pour qu'après un échange, en somme nullement décisif de coups de canon, les ennemis s'avouassent vaincus et regagnassent piteusement les positions d'où ils étaient descendus, l'instant d'avant, avec un si ferme espoir de vaincre. Une démonstration menaçante des troupes françaises a suffi pour que les armées allemandes, clouées sur place, démoralisées, ne songent plus qu'à repasser la frontière au plus vite. Le prestige de la supériorité militaire qu'elles possédaient sans conteste depuis un siècle, en un clin d'œil s'est évanoui, ou plutôt a passé tout entier à cette jeune armée qui, la veille, s'ignorait elle-même, qui ne savait pas trop si elle devait « fuir en avant » ou en arrière, et qui demain tiendra fièrement tête à toute l'Europe, en attendant qu'elle l'envahisse et la subjugue à son tour.

XII

Jemmapes [1]

(6 NOVEMBRE 1792)

DUC DE CHARTRES
Bibliothèque Nationale.
Estampes.

DUMOURIEZ
Bibliothèque Nationale.
Estampes.

APRÈS le prodigieux succès de Valmy, dont il avait dû partager l'honneur avec Kellermann, Dumouriez s'était empressé d'accourir à Paris et avait obtenu du Conseil exécutif, avec le commandement en chef des armées du Nord et des Ardennes réunies, l'autorisation d'entreprendre la conquête des Pays-Bas autrichiens, c'est-à-dire de la Belgique. Il en avait conçu le projet dès la rupture avec les puissances, et si les événements de l'est l'avaient forcé d'en différer l'exécution, il n'en restait pas moins persuadé qu'aucune expédition ne pouvait servir plus utilement les intérêts de la France. De fait, la majorité des Belges appelaient nos soldats de tous leurs vœux et se déclaraient prêts à coopérer activement à la lutte engagée contre leurs anciens oppresseurs : au point de vue politique, évidemment, il importait de ne pas abandonner le seul peuple qui eût fait jusque-là sa révolution, à l'exemple des Français ; au point de vue militaire, il était particulièrement avantageux de s'assurer, par l'occupation de la Belgique, une excellente base offensive et défensive en vue de la prochaine campagne sur le Rhin, où la coalition devait vraisemblablement reparaître avec toutes ses forces réunies. D'autre part, en portant aussi nos armes sur un territoire étranger, nous soulagions nos départements du nord d'un poids qu'ils commençaient à trouver bien

---

1. Nous n'ignorons pas que le gros village de la banlieue de Mons qui a donné son nom à la bataille s'appelle en réalité, et paraît s'être toujours appelé *Jemappes* ; néanmoins, nous croyons devoir nous en tenir à l'orthographe consacrée chez nous par l'usage (et même, sous le premier Empire, par la géographie administrative, puisqu'il y eut un « département de Jemmapes »). S'il ne s'agissait que d'une simple rectification de lettres, nous l'adopterions sans hésiter ; mais en changeant ici la forme du nom, on change aussi sa prononciation et par suite sa *physionomie*, et c'est pourquoi nous préférons le reproduire tel qu'il est inscrit sur l'Arc de Triomphe et sur les drapeaux de notre armée.

lourd, et c'est ce qui faisait que, contre l'ordinaire, le ministre des finances (qui était alors Clavière) se prononçait plus énergiquement que qui que ce fût pour le plan de Dumouriez. Enfin celui-ci ne manquait pas de faire valoir auprès des membres les plus influents de la Convention une raison d'ordre tout sentimental, mais par cela même d'autant plus assurée de prévaloir : n'était-il pas bon que les premiers coups tombassent sur l'armée commandée par cet « odieux » duc Albert de Saxe-Teschen, qui avait profité de ce que nos principales forces étaient retenues au loin pour insulter notre frontière et détruire à moitié la malheureuse ville de Lille par un impitoyable bombardement?

L'offensive fut donc résolue, et Dumouriez se trouva à la tête d'environ 80 000 hommes, avec lesquels il lui était facile d'accabler un adversaire qui avait tout au plus la moitié de cet effectif, même en faisant état des 10 000 hommes que Clerfayt ramenait de Lorraine, et qui s'obstinait à étendre ses faibles cantonnements « en cordon », depuis Namur jusqu'à la mer,

DUC ALBERT
DE SAXE-TESCHEN
Bibliothèque Nationale.
Estampes.

conformément au pernicieux système en faveur dans les armées impériales depuis la mort d'Eugène de Savoie. Il suffisait pour cela de rassembler rapidement sur la Meuse toutes les forces disponibles en Flandre et dans les Ardennes, et de descendre la rivière jusqu'à Namur pour prendre à revers les positions du duc Albert. Au pis-aller, on pouvait opérer du côté opposé, sur l'extrême gauche des Autrichiens, et profiter de l'excessive dispersion de leurs corps pour les battre les uns après les autres. Dumouriez, cependant, ne fit ni l'un ni l'autre, et se contenta de ramener une partie de ses forces à Valenciennes et à Maubeuge pour, de là, se porter sur Mons, c'est-à-dire pour attaquer l'ennemi de front. Dans cette circonstance, il prouva bien que, suivant le mot souvent cité d'un spirituel écrivain, il n'était que « l'ébauche imparfaite d'un grand homme », et il ne retrouva plus l'étincelle de génie qui l'avait illuminé lorsqu'il avait conçu et exécuté la belle marche de Sedan aux Islettes.

Ajoutons qu'il ne se montra pas plus habile dans son « dispositif » d'attaque, puisqu'il crut devoir partager son armée en quatre corps isolés, destinés à agir de la Meuse à la mer et dont il ne sut pas même combiner les mouvements. Aussi se trouva-t-il n'avoir plus que 40 000 hommes réunis pour attaquer les positions dans lesquelles le duc de Saxe-Teschen avait fini par rencontrer le gros de ses forces, qui pouvait monter à 20 000 combattants environ avec le renfort de Clerfayt.

On raconte que Wellington, revenant à Waterloo, — d'autres disent aux Quatre-Bras, — plusieurs années après 1815, s'écriait : « On m'a changé

Jemmapes (6 Novembre 1792)

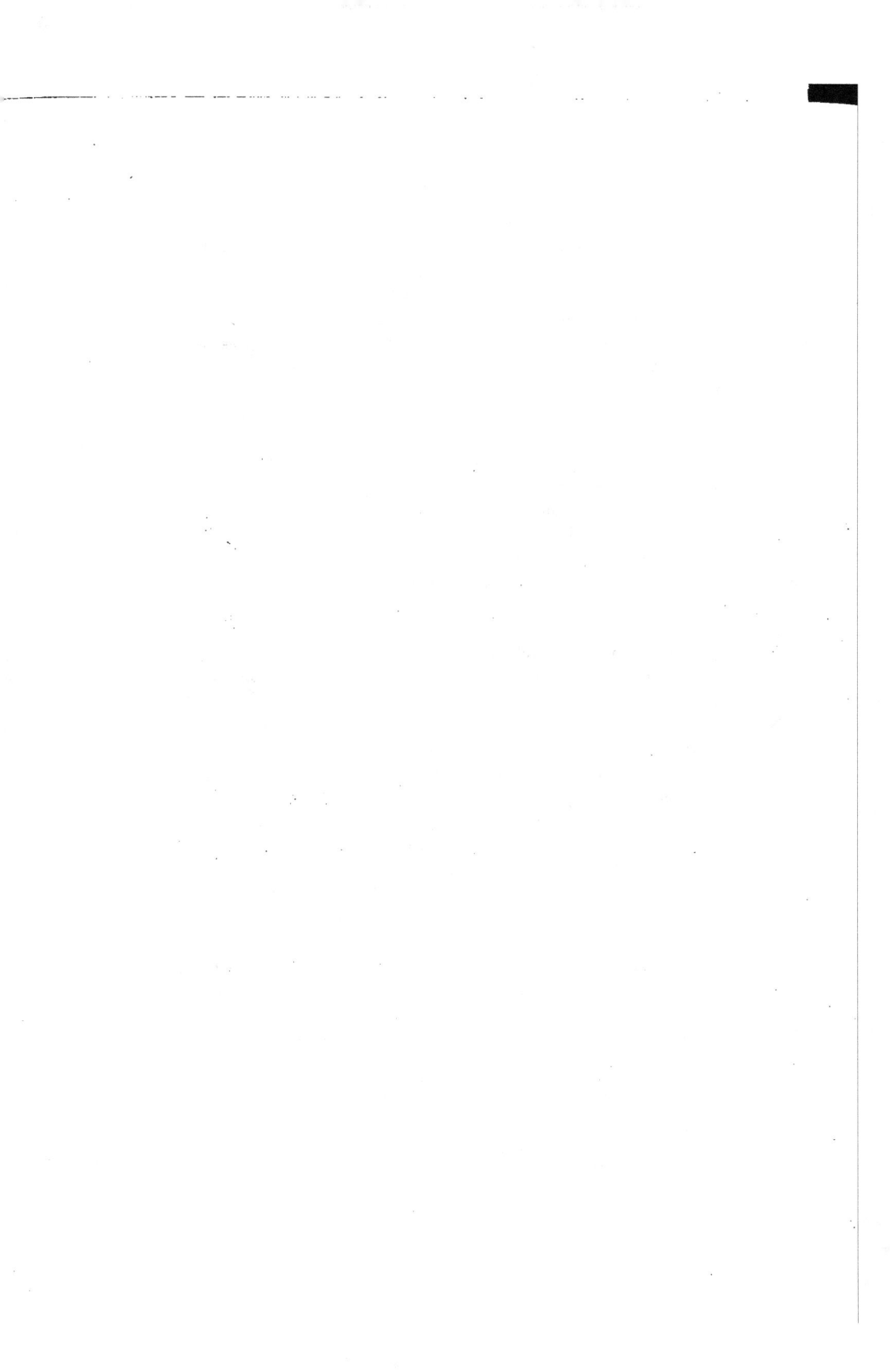

son champ de bataille ! » Combien plus Dumouriez serait-il en droit de pousser pareille exclamation s'il lui était donné de revoir le théâtre de sa dernière victoire ! Là, encore bien davantage qu'à Lens et à Denain, l'industrie moderne a effectué et poursuit chaque jour son œuvre de transformation — on peut même dire de *transfiguration*. Non seulement, le pays (c'est la partie du Hainaut connue sous le nom de Borinage) a totalement changé d'aspect, couvert qu'il est aujourd'hui « de charbonnages », d'usines et de constructions de toutes sortes qui n'existaient pas il y a un siècle, mais encore le sol lui-même a vu modifier ses formes [1]. D'une part, l'ensemble du terrain s'est progressivement affaissé sous l'action des travaux souterrains : on évalue à *quarante* mètres environ la dépression générale qui s'est produite depuis 1792 ; de l'autre, les amas de scories se sont multipliés et peu à peu surélevés dans les environs des puits d'extraction, au point de constituer de véritables collines artificielles qui en viennent à écraser de leur masse les coteaux naturels du voisinage, au relief souvent moins accentué. Il va sans dire que toutes les localités ont vu au moins quadrupler leur superficie en même temps que leur population, et que les bouquets d'arbres dont la région était semée autrefois en ont presque totalement disparu — comme aussi le bois de Flénu, au sud de Jemmapes, qui joua un grand rôle dans la bataille [2].

Néanmoins, on peut encore se faire une idée générale du théâtre de l'action en escaladant le beffroi de Mons, ou même simplement le monticule *intra muros* qu'il surmonte, et du haut duquel on jouit d'une vue des plus étendues. C'est, en effet, aux portes mêmes de la capitale du Hainaut qu'a eu lieu la rencontre ; à telles enseignes que, pendant quelque temps, elle a porté le nom de « bataille de Mons ». En se tournant du côté du sud-ouest, on a, à sa droite, la dépression couverte de prairies où coulent la Haisne et son affluent la Trouille, et que côtoie le chemin de fer menant à Valenciennes et à Tournay. En face, se déroule la ligne de hauteurs au pied et sur les pentes desquelles sont bâtis les gros villages de Quaregnon, de Jemmapes, de Cuesmes et de Ciply (ou Siply), ces deux derniers touchant presque à Bertaimont, qui n'est qu'un faubourg de Mons. C'est cette ligne de hauteurs et de localités qu'occupait, en 1792, l'armée du duc de Saxe-Teschen, tandis que celle de Dumouriez se déployait, au sud, sur une

---

1. Il y avait cependant, dès lors, une quinzaine de mines de houille en activité ; mais c'étaient de modestes exploitations qui n'influaient pas sensiblement sur la physionomie de la contrée.

2. C'est ce qui nous a décidé à reproduire un plan déjà ancien (emprunté à l'ouvrage allemand de Schulz : *Geschichte der Kriege in Europa 1792-1815*), au lieu de notre extrait habituel de la carte d'état-major. Il n'existe d'ailleurs aucun monument commémoratif ni aucun autre souvenir de la journée.

seconde ligne de coteaux enveloppant la première et que jalonnaient les villages de Wasmes, Pâturages et Frameries.

Décidé à recevoir la bataille sur les positions dont nous venons de parler, le commandant en chef des troupes autrichiennes avait eu soin de les organiser défensivement : quatorze redoutes, sans parler de nombreux abatis, en couvraient les points les plus accessibles. Toutefois, ces positions restaient toujours fort étendues pour une armée aussi faible : si la droite paraissait bien établie à Quaregnon ; si le centre, appuyé à Jemmapes et couvert en avant par le bois de Flénu, semblait suffisamment solide, la gauche, en revanche, se trouvait quelque peu en l'air entre Cuesmes et Ciply, et les prairies marécageuses situées sur les derrières ne laissaient guère d'autre issue, en cas de retraite forcée, que les rues étroites et tortueuses de la vieille place de Mons. Le 3 novembre, les Autrichiens occupaient encore, en avant de leur front, quelques postes détachés d'une certaine importance ; mais la prise du moulin de Boussu, le plus avantageusement situé d'entre eux, dans la journée du 4 novembre, obligea le duc Albert à replier tous ses détachements. On assure que Beaulieu, qui servait sous ses ordres, avait alors émis l'avis de marcher résolument à l'ennemi et de le bousculer, mais que « le conseil » — le trop fameux conseil de guerre de toutes les armées autrichiennes ! — trouva plus expédient d'attendre dans ses retranchements l'attaque des corps français.

Ceux-ci occupaient, le 6 au matin, les positions ci-après : la gauche, que commandait Ferrand, et sous lui Rosières, faisait face à Quaregnon, et devait y attaquer la droite ennemie ; le centre, sous le « général Égalité fils », — autrement dit le duc de Chartres, plus tard le roi Louis-Philippe, — était en avant de Wasmes et de Pâturages, vis-à-vis du bois de Flénu, et par conséquent de Jemmapes, qu'il avait pour mission d'enlever ; la droite, aux ordres de Beurnonville, assisté du maréchal de camp de Dampierre, s'étendait de Pâturages à Frameries, et avait pour objectif les redoutes de Cuesmes ; enfin, à l'extrême droite, un corps détaché, sous Harville, devait se porter sur Bertaimont et chercher à déborder la gauche autrichienne. Cette dernière disposition était bien conçue ; mais le général en chef en annulait l'effet par cela seul qu'il prescrivait à Harville « de toujours se tenir à la hauteur de Beurnonville », car il est évident que, dans ce cas, il ne pouvait plus y avoir de mouvement *débordant*. Combien les résultats eussent-ils été plus décisifs et plus rapidement obtenus si, se bornant à exécuter une fausse attaque contre la droite du duc de Saxe-Teschen, partie la plus forte de son ordre de bataille et qu'aucun intérêt particulier ne commandait de forcer, Dumouriez avait dirigé son attaque principale sur le flanc gauche, moins avantageusement posté, des Autrichiens, de façon à tourner la ligne des redoutes qui couvrait leur front, et à les couper de Mons et de la Meuse !

Au lieu de cela, on eut une *bataille parallèle*, « la bataille-type des généraux qui ne savent point manœuvrer », et la résistance que ne pouvait manquer de rencontrer l'attaque de front contre des positions retranchée sauva l'armée ennemie en un instant où tout semblait conspirer à sa ruine. Hâtons-nous d'ajouter que si Dumouriez se conduisit « comme dans l'enfance de l'art » — le mot est de Rocquancourt, — et si Jomini a pu dire tout au moins de son plan de bataille qu'il offrait « un singulier mélange de fautes graves et d'habileté », il fit preuve dans la conduite du combat, d'un coup d'œil, d'une

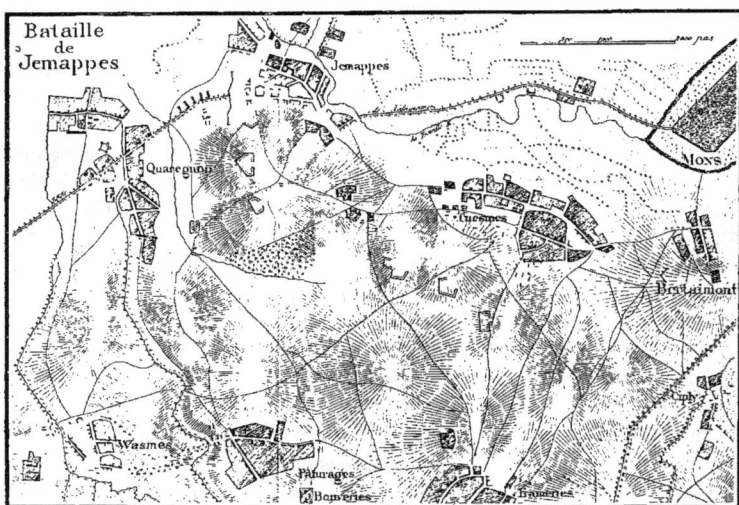

CHAMP DE BATAILLE DE JEMMAPES.
D'après un ancien plan allemand.

énergie et d'un sang-froid qu'on est heureux de retrouver chez plusieurs de ses sous-ordres, notamment chez son aide de camp Thouvenot, le duc de Chartres, Kilmaine, Dampierre. Quant aux troupes, elles furent tout bonnement admirables et y eurent d'autant plus de mérite qu'elles se virent soumises à de rudes épreuves. Volontaires et troupes de ligne rivalisèrent d'ardeur et de courage ; les « vieux régiments » de la monarchie entraînèrent les jeunes bataillons de la République, et c'est à Jemmapes, on peut le dire, que l'ancienne armée française enseigna à la nouvelle le chemin de l'honneur et de la victoire.

[Comme pour Valmy, et pour les mêmes raisons, nous nous adresserons à M. Arthur Chuquet et extrairons le récit de la bataille de Jemmapes de son intéressant volume : JEMMAPES ET LA CONQUÊTE DE LA BELGIQUE, *1792-1793 (Paris, 1890, in-12 ; chez Léopold Cerf).]* Plon, Nourrit et Cie.

La canonnade s'ouvrit de part et d'autre avec vivacité dès sept heures du matin et dura jusqu'à dix heures. Toute l'artillerie française avait filé sur le front de l'armée et croisait ses feux sur les batteries fixes des Autrichiens. Dumouriez parcourut la ligne des troupes. Les soldats se montraient impatients ; ils désiraient se mesurer de près avec l'adversaire, et les généraux, le duc de Chartres, Beurnonville, Dampierre, proposaient de marcher en avant et d'aborder les ennemis à la baïonnette. Mais Dumouriez contenait l'ardeur de ses bataillons pour la rendre plus vive encore, et il attendait la prise de Quaregnon. Il n'ordonna l'attaque générale qu'à midi précis.

La gauche avait déjà pris Quaregnon, non toutefois sans hésitations et sans lenteurs. Ferrand, qui la commandait, était un vieux soldat, combattant de Lawfeld et de Clostercamp ; il s'honora l'année suivante par la défense de Valenciennes ; mais il manquait de décision et d'énergie. Il attaqua très mollement le village de Quaregnon. Heureusement, à dix heures, Dumouriez vint trouver son lieutenant et diriger en personne le mouvement de l'aile gauche. Il commanda à Rosières d'entrer en ligne avec deux pièces de douze et quatre bataillons d'infanterie légère, et, sous les yeux de Dumouriez, Rosières emporta aussitôt Quaregnon.

Dès lors Ferrand et Rosières pouvaient tourner leurs efforts contre l'extrémité droite de Jemmapes. Ferrand eut ordre de marcher à travers les prairies, tête baissée, la baïonnette au bout du fusil, tandis que Rosières monterait par la grande route. Mais, à onze heures, Dumouriez, qui s'était rendu au-devant de son armée, n'avait aucune nouvelle de Rosières et de Ferrand. Inquiet, il pria Thouvenot de courir à l'aile gauche et d'en prendre le commandement.

Thouvenot voit Ferrand qui craint d'avancer sous le feu des redoutes autrichiennes et qui s'est engagé dans des prairies marécageuses et pleines de fossés. Il voit Rosières qui se cache derrière les maisons de Quaregnon et n'ose déboucher. Il voit des troupes qui murmurent et se rebutent, une artillerie qui se forme en ordre de bataille sur les derrières de l'infanterie, sans autre instruction que de tirer à mitraille pour protéger la retraite.

La présence de Thouvenot réveille les courages qui s'endorment et ranime l'action qui languit. Il se met à la tête des troupes et les lance contre l'extrémité droite de Jemmapes. 12 bataillons s'ébranlent, et parmi eux, les 2 bataillons du 29e régiment ci-devant Dauphin, le 1er bataillon du 54e régiment ci-devant Roussillon, le 1er bataillon des Deux-Sèvres, le bataillon des Gravilliers, le bataillon des Lombards que Dumouriez a promis de placer au poste d'honneur. Les chefs donnent l'exemple aux soldats : Laroque, colonel du 29e et l'un des plus anciens officiers de l'armée ; Dumesnil, colonel du 54e et l'un des combattants de Valmy ; Rouget de La Fosse, lieutenant-colonel du bataillon des Deux-Sèvres, qui eut le bras cassé d'une balle et mourut le lendemain ; Lavalette, qui commande le bataillon des Lombards. Le vieux Ferrand recouvre sa vigueur ; il reçoit une contusion à la jambe et son cheval est tué sous lui; il reste néanmoins sur le champ de bataille et combat à pied durant toute l'action.

Mais Clerfayt dirigeait la défense de Jemmapes, et sa froide intrépidité s'était communiquée à ses bataillons. Il passait au milieu des rangs, en grande tenue, la poitrine couverte de tous ses ordres ; les jours de bataille étaient, disait-il « ses jours de fête ». Un feu très meurtrier accueillit les colonnes que guidait Thouvenot et, par deux fois, brisa leur élan. Elles reculèrent en désordre et se rejetèrent à droite, vers l'entrée de Jemmapes. Mais ce mouvement leur fait découvrir en un angle rentrant, au point où la première redoute des Impériaux se rattache au village, un endroit dégarni. La masse des soldats se précipite par cette brèche et pénètre dans Jemmapes.

Dans le même instant, 3 bataillons tournent Jemmapes par la gauche ; ils ont découvert, on ne sait où, des bateaux et des madriers ; ils passent la Trouille, ils passent les marais, et, à l'extrême surprise des Autrichiens, apparaissent soudainement dans le village [1].

Le centre de l'armée française s'était mis en mouvement après la prise de Quaregnon. A midi, l'infanterie du duc de Chartres se déploie en colonnes de bataillons, traverse rapidement la plaine, reçoit sans broncher le feu de l'ennemi, et, après n'avoir perdu que très peu de monde, approche du bois de Flénu. « Il est impossible, écrit le duc de Chartres, de se représenter ce moment ; la joie de tous les soldats et la vue de nos colonnes marchant avec un ordre admirable, formaient un spectacle superbe et imposant. »

Mais bientôt la scène change et, comme dit Dumouriez dans son rapport, les obstacles se multiplient, et le centre court du danger. Les bataillons qui pénètrent dans le bois de Flénu sont chassés de buisson en buisson par la vive fusillade des chasseurs tyroliens. La brigade Drouet, formée d'un régiment de dragons et de deux bataillons de volontaires, s'effraie à la vue de quelques escadrons impériaux qui se montrent dans la plaine, se blottit derrière un pâté de maisons et laisse un espace vide dans la ligne de bataille. La brigade qui marche à la gauche de la brigade Drouet s'arrête à demi-portée de fusil des redoutes autrichiennes, et les trois colonnes qui la composent, exposées à la mitraille, se pressent, se pelotonnent, s'entassent et n'avancent pas.

La bataille serait-elle perdue ? Il faut ranimer ces troupes du centre qui flottent et tourbillonnent, incertaines, confuses, prêtes à se débander. Il faut rallier les bataillons chassés du bois de Flénu, rallier la brigade Drouet, rallier la brigade qui flanque celle de Drouet.

Dumouriez, Moreton, les officiers de l'état-major, les aides de camp, le valet de chambre Baptiste Renard, courent de tous côtés dans la plaine et s'efforcent de rassembler, de remettre en ordre, de rappeler à la bataille les troupes qui se dispersent. Dufresse, aide de camp de Moreton et capitaine de la garde nationale, se jette au milieu d'un bataillon de volontaires en déroute, leur crie de le suivre, leur chante : *Amour sacré de la Patrie...* : et les volontaires, s'arrêtant et chantant avec lui, retournent vers Jemmapes. Mais les premiers parmi ceux qui raffermissent ce

---

1. Schels, 321. Les relations françaises ne mentionnent pas cet incident ; les relations autrichiennes le regardent comme très important et presque décisif ; on n'avait jamais cru, dit Schels à deux reprises, que Jemmapes pût être tourné.

centre tout en désarroi, sont Baptiste Renard, Kilmaine et le duc de Chartres.
Dès qu'il voit le désordre de la brigade Drouet, le brave et intelligent Baptiste part
à bride abattue. Il aborde Drouet, lui fait honte de sa retraite. Drouet revient sur
ses pas et tombe mortellement blessé. Mais Baptiste ramène la brigade, et bientôt
l'arrivée de Kilmaine rétablit le combat. Le vaillant Irlandais avait sous ses ordres
le 3ᵉ régiment de chasseurs et le 6ᵉ de hussards. Dumouriez lui commande d'occuper
la trouée qu'avait laissée la brigade Drouet et de contenir les escadrons autrichiens
qui menacent de percer par cet endroit. « Kilmaine, disait-il quelques semaines plus
tard, est un des officiers les plus expérimentés de l'armée, et il a sauvé le centre de
ma ligne d'infanterie. »

Mais le jeune duc de Chartres est peut-être celui qui montre le plus de présence
d'esprit et de courage. Il rallie les soldats qui sortaient du bois de Flénu et tous
ceux qui s'écartent sous prétexte de chercher leur bataillon. Il les forme en une
grosse colonne qu'il nomme gaiement le *bataillon de Mons*, et donne à ce bataillon
une pièce de canon ; il lui donne des officiers et un commandant ; il lui donne un
drapeau, le premier qu'il rencontre, et toutes les fois qu'un homme se présente et
demande son bataillon : « Votre bataillon, dit-il, le voilà, marchez. » Enfin, il fait
battre la charge et, sous la mitraille, s'élance avec son « bataillon de Mons » vers les
redoutes. Il entraîne toutes les troupes du centre. Le colonel du 5ᵉ régiment, ci-
devant Navarre, se retourne vers ses soldats, et, se dressant sur son cheval, s'écrie,
l'épée haute : « En avant, Navarre sans peur ! » et, le régiment répète : « En avant,
Navarre sans peur ! » Le 17ᵉ, ci-devant Auvergne, marche à quelque distance et
répond aussitôt par son cri de guerre : « Toujours Auvergne sans tache ! » On se
jette dans le bois de Flénu, on en chasse les tirailleurs ennemis, on s'élance sur les
pentes de Jemmapes. Les Autrichiens opposent à ce furieux assaut une résistance
obstinée. L'adjudant-général Montjoye reçoit dans la bouche un coup de fusil qui
lui brise sept dents : « Il faut, dit Dumouriez, livrer un nouveau combat sur
la hauteur. » Mais voici que Thouvenot et Ferrand sortent de Jemmapes et montrent les têtes de leurs colonnes victorieuses. Les Impériaux, pris entre deux feux,
se retirent sur Mons avec leur artillerie, les uns par la grande route, les autres par
le faubourg de Bertaimont. Plus de 400 se noyèrent au passage de la Haisne.

Gagnée à l'aile gauche et au centre, la bataille se gagnait en même temps à l'aile
droite, avec de semblables péripéties. Beurnonville avait 4 pièces de 16, 16 pièces
de 12, et, pour diriger cette artillerie, le colonel La Fayette, un des meilleurs
officiers de l'arme. Il fit canonner chaque redoute autrichienne par 2 batteries
de 2 pièces. Puis, à midi, la première ligne de son infanterie, commandée par Dampierre, et composée de 8 bataillons, se mit en mouvement. Dampierre rapporte
que cette manœuvre compliquée s'exécuta, sous le feu le plus vif, comme en temps
de paix. Lui-même précédait sa troupe à deux cents pas. Dès que le déploiement
fut achevé, il fit battre la charge et donna l'ordre de marcher en avant. Aussitôt les
bataillons se précipitent, gravissent l'escarpement de Cuesmes et débordent la gauche
des redoutes. Derrière eux, à l'extrême droite, à cent pas, s'avancent, en échelons,
10 escadrons de hussards, de dragons et de chasseurs. Plus loin, en seconde ligne,
est le reste de l'infanterie et de la cavalerie sous les ordres de Beurnonville.

Tournés par les bataillons de Dampierre, les Autrichiens se hâtent d'évacuer les
redoutes et d'emmener leur artillerie sur la hauteur. Il est trop tard ; les chasseurs

de Normandie et les hussards de Chamborant et de Berchiny arrivent au galop sur leur flanc gauche et les mettent en désordre. Le 1er bataillon de Paris s'empare d'une pièce de 16, le 6e bataillon de grenadiers et le 19e régiment tournent une pièce de 7 contre l'ennemi et lui envoient le boulet qui leur était destiné.

Mais soudain deux escadrons du régiment des dragons de Cobourg, tout frais encore et intacts, se ruent sur la cavalerie française. Ébranlés déjà par le feu maladroit du général d'Harville, qui les canonne de Ciply au lieu de canonner les Impériaux. Normandie. Chamborant. Berchiny tournent bride. Dans le même instant débouche au grand galop un escadron de Latour. Il est commandé par l'intrépide Brabançon Mesemacre, un de ces six frères Mesemacre qui servaient tous dans l'armée autrichienne et dont la mère reçut de l'empereur le titre de « mère des braves ». Mesemacre reprend les canons et achève de mettre en déroute les hussards et les chasseurs. Dampierre abandonne les redoutes conquises. Son infanterie recule vers la plaine. Le bataillon de Saint-Denis prend la fuite. Déjà Clerfayt ordonnait à toute sa cavalerie d'accourir, et, si le terrain n'avait été coupé de fossés et de nombreuses flaques d'eau, cette charge suprême eût peut-être décidé du gain de la bataille.

Dumouriez arrivait à son aile droite au milieu de cette débandade. Il comptait l'enflammer par sa présence. « l'électriser », comme on disait alors, ou bien, si son centre échouait, la ramener dans la plaine de Pâturages, et lui faire protéger la retraite de l'armée. Il passe devant les bataillons de Dampierre. C'étaient ses vieilles troupes du camp de Maulde. Il leur dit qu'elles n'ont rien à craindre et que leur père combat à leur tête. Elles lui répondent par les cris de : Vive Dumouriez! et se reforment. Vainement les dragons de Cobourg et de Latour s'efforcent de les rompre. Trois fois ils fondent sur le 71e régiment; trois fois le 71e, l'ancien Vivarais, les repousse avec vigueur. Le 1er bataillon de Paris leur envoie une décharge à bout portant et se fait un rempart d'hommes et de chevaux. Le bataillon de Saint-Denis, ramené par ses deux lieutenants-colonels, regagne sa place de combat. Normandie. Berchiny se jettent sur les dragons de Cobourg et les enfoncent. Toute l'infanterie. Vivarais, Flandre, les 3 bataillons de Paris, les brigades que conduit Beurnonville, s'élancent entre les redoutes. Dumouriez lui-même se met à la tête des hussards et des chasseurs; il entonne les premiers vers de cette *Marseillaise* devenue, depuis la campagne de l'Argonne, l'hymne national des Français, et « gaiement, avec un courage qu'on ne peut pas décrire », il tourne à gauche les redoutes de Cuesmes. y pénètre par la gorge, tombe ainsi sur les derrières de l'infanterie autrichienne. A deux heures, Cuesmes est en notre pouvoir.

Mais Dumouriez craignait encore pour son centre. Il emmène avec lui 6 escadrons de chasseurs et l'aîné des Frégeville; puis, prenant le grand trot, il longe le village de Cuesmes. A peine avait-il fait cinq cents pas qu'il vit arriver ventre à terre le jeune duc de Montpensier, frère et aide de camp du duc de Chartres. Montpensier annonçait la prise de Jemmapes. Bientôt accourait Thouvenot vainqueur, lui aussi, à l'aile gauche.

Du haut de leurs remparts, les habitants de Mons voyaient l'armée française se répandre sur la ligne des hauteurs. On n'entendait plus que de rares coups de canon tirés de Ciply par Harville, et de Cuesmes par le lieutenant-colonel belge Stephan. Les soldats s'embrassaient avec des larmes de joie, ils jetaient leurs chapeaux en

l'air; ils chantaient le *Ça ira!* et criaient : « Vive la République! Vive la liberté des
Belges » ! Dumouriez passait devant le front des troupes et répondait à leurs acclamations en les félicitant de leur bravoure. Il pleurait d'émotion et on l'entendit
répéter plusieurs fois avec attendrissement : « Quelle nation! Qu'on est heureux de
commander à de pareils hommes et de les conduire à la victoire! »

La conquête rapide de toute la Belgique fut le prix de la victoire de Jemmapes ; mais on aurait tort de croire que c'est seulement à ce résultat matériel
— d'ailleurs, trop vite compromis — qu'elle doit la popularité dont elle a
toujours joui en France ; et, quand les historiens militaires étrangers se
demandent « comment cette affaire si simple en apparence, a pu être regardée comme un prodige », ils oublient que, comme Valmy, et succédant de si
près à Valmy, Jemmapes a été une victoire d'une immense portée morale.
L'issue inattendue de la journée du 20 septembre 1792 avait frappé de stupeur l'Europe coalisée ; cependant, il faut bien l'avouer, le peu de profit *militaire* que le vainqueur avait su tirer de son succès et particulièrement la
mollesse de sa poursuite, n'avaient pas tardé à rendre quelque espoir aux
ennemis de notre pays : « les savetiers », comme ils disaient avec un mépris
qui témoignait surtout de leur frayeur, avaient bien pu arrêter une armée
affaiblie par les privations et par les maladies ; mais, en fait, ils n'avaient exécuté aucune manœuvre véritable, pour la raison bien simple qu'ils étaient totalement incapables de manœuvrer ; devant un adversaire résolu, en possession
de tous ses moyens et sachant user de toutes les ressources de la tactique,
il ne leur suffirait plus de crier, d'agiter leurs grands drapeaux, de brandir
leurs baïonnettes et leurs sabres ! N'était-ce pas, au reste, une opinion fermement accréditée dans toutes les armées européennes, depuis la guerre de
Sept Ans, que les troupes françaises étaient hors d'état de vaincre en
« bataille rangée » ?
Or, c'était bel et bien une bataille « dans toutes les règles » que ces troupes
avaient gagnée le 6 novembre 1792, et, si leurs chefs avaient fait des fautes avant,
après, voire même aussi pendant l'action, elles, du moins s'étaient signalées
par une bravoure, une intelligence et une audace bien faites pour dessiller les
yeux des plus incrédules et des plus prévenus. Après Jemmapes, on pouvait
encore douter, si l'on voulait, de la capacité de nos généraux : il n'était plus
permis de mettre en suspicion la valeur de leurs hommes. Désormais, on
savait qu'il faudrait compter avec le soldat français et, en dépit des nombreux
revers qui l'attendaient encore, la réputation qu'il avait su se faire — ou
plutôt se refaire, — ne devait plus cesser de grandir.

XIII

Hondschoote

(6-8 SEPTEMBRE 1793)

LA victoire de Jemmapes, suivant de si près celle de Valmy, avait porté à la coalition formée contre la France un coup dont il ne semblait point qu'elle dût se relever. En fait, elle était presque dissoute, lorsque l'exécution de Louis XVI, véritable « défi jeté à l'Europe », vint resserrer ses liens près de se rompre et lui donner des forces nouvelles. L'Angleterre, qui jusque-là s'était montrée plutôt favorable à la Révolution, rompit ouvertement avec elle ; son accession entraîna celle de la Hollande et de l'Espagne, et, grâce aux subsides qu'elle prodiguait dès lors sans compter, près de 400 000 hommes furent mis sur pied avant la fin de l'hiver de 1793, pour en finir, une bonne fois, avec « l'orgueilleuse nation ».

Celle-ci, toutefois, ne s'abandonna point dans ce péril extrême. La Convention nationale fit des efforts prodigieux, décréta la levée en masse et organisa, sinon les « quatorze armées » de la légende, du moins un nombre de corps suffisants pour faire tête de tous les côtés. Malheureusement, ce n'est point avec des *hommes*, mais avec des *soldats* que se remportent les victoires, et l'enthousiasme patriotique le plus vif ne saurait suppléer au défaut d'expérience et d'instruction militaires. La défaite de Neerwinden, en mars, nous fit perdre la Belgique, et, le mois suivant, nous en étions déjà réduits à disputer péniblement aux alliés la frontière de Vauban. Avec un peu de décision et d'énergie, Cobourg eût percé jusqu'à Paris ; mais, au lieu de prendre une vigoureuse offensive, à laquelle notre armée du Nord, démoralisée par ses derniers revers, eût été hors d'état de s'opposer, le généralissime de la Coalition tint à procéder méthodiquement et à s'emparer, au préalable, de toutes les forteresses qui pourraient gêner — plus ou moins — ses communications. C'est ainsi qu'il assiégea tout d'abord Condé et Valen-

G.ᵃˡ HOUCHARD
Bibliothèque Nationale.
Estampes.

G.ᵃˡ WALMODEN
Bibliothèque Nationale.
Estampes.

17

ciennes; puis, quand ces deux places furent tombées, à quelques jours d'intervalle (10 et 23 juillet), il alla investir Le Quesnoy. Ce fut alors que Pitt eut l'idée de faire confier au corps anglo-hanovrien adjoint à l'armée de Cobourg et que commandait le duc d'York, une opération particulière, secondaire peut-être au point de vue de la conduite générale de la guerre, mais d'une grande importance au regard de ses compatriotes : il l'envoya assiéger Dunkerque, dont la prise devait donner à l'Angleterre, sur le continent, une base d'opérations bien à elle, une « tête de pont » dont la possession incontestée de la mer augmenterait encore la valeur, sans parler de l'effet moral que ne pouvait manquer de produire, en France, la conquête de ce nouveau Calais.

Le Comité de Salut public comprit combien ce coup nous pourrait être funeste et prit toutes ses mesures pour le parer. En expédiant à Houchard, qui venait d'être appelé au commandement de l'armée du Nord à la place de Custine — destitué pour n'avoir pu empêcher la chute de Condé et de Valenciennes et, dès lors, voué à l'échafaud — l'ordre de marcher sans retard sur Dunkerque et de le délivrer coûte que coûte, le Comité, ou plutôt Carnot, avait fort bien marqué d'avance le caractère et la portée de l'entreprise : « Ce n'est pas précisément sous le rapport militaire que ce point est important, écrivait-il; c'est parce que l'honneur de la nation est là.... Portez des forces immenses dans la Flandre et que l'ennemi en soit chassé ! »

GÉNÉRAL YORK
Bibliothèque Nationale.
Estampes.

Il est vrai qu'à côté de ces ordres, « pleins d'étincelles de génie », — c'est Jomini qui parle, — « Houchard en recevait d'autres, moins pompeusement rédigés et surtout moins ostensiblement promulgués, qui lui prescrivaient de couvrir toutes les trouées, de peur que les patriotes d'un département laissé à découvert ne criassent à la trahison ». C'est à ces besognes accessoires que fut employée la plus grande partie des 35 000 hommes de renfort tirés des armées du Rhin et de la Moselle, que la chute de Mayence obligeait à se tenir sur la défensive, si bien que les « forces immenses » destinées à la délivrance de Dunkerque se réduisirent, en somme, à une cinquantaine de mille hommes, dont 40 000 vrais combattants. Néanmoins, c'était plus qu'il n'en fallait pour venir à bout du duc d'York, qui n'en avait pas davantage et avait dû diviser son armée en deux fractions : un corps de siège, de 28 bataillons et 19 escadrons, qu'il commandait en personne, et un corps d'observation de 18 bataillons et 38 escadrons, aux ordres du feld-maréchal Freytag, qui avait pris position entre Bergues et Furnes. Les obstacles du terrain, et principalement les deux dépressions aquatiques, appelées la Grande et la Petite Moëre, empêchaient ces deux corps de s'appuyer et

de se secourir mutuellement : le général français n'avait donc qu'à réunir
toutes ses forces pour tomber sur le plus rapproché (celui qui couvrait le
siège), dont la défaite entraînerait forcément la retraite immédiate de l'autre.

Tel était, en effet, le projet du général Houchard ; mais, pour qu'il réussît,
il fallait apporter à l'exécution une décision et une vigueur dont le nouveau
commandant de l'armée ne paraissait guère capable. C'était un vieux « par-
tisan », lorrain d'origine, qui faisait campagne depuis l'âge de quinze ans (il
en avait alors cinquante-trois), et qui possédait, sans contredit, l'intelligence
des détails, mais à qui ses innombrables *raids* et ses cinquante-cinq blessures n'avaient pu donner qu'imparfaitement celle de la grande guerre. Fort
brave, mais encore plus irrésolu, il ployait sous le far-
deau du commandement en chef, qui lui avait été imposé ; les objurgations des « représentants en mission »,
chargés de le surveiller et de le stimuler, achevaient
de lui faire perdre la tête — d'autant plus que ces
commissaires de la Convention, eux-mêmes remplis
de courage personnel et d'exaltation patriotique,
étaient absolument étrangers au métier des armes et
fort ignorants des principes les plus élémentaires de
l'art militaire.

Quoi qu'il en soit, Houchard, ayant concentré la
plupart de ses corps dans les environs de Cassel, tint,
dans la matinée du 4 septembre, en présence des représentants Levasseur (de la Sarthe) et Delbrel, un

MONUMENT COMMÉMORATIF DE LA
BATAILLE DE HONDSCHOOTE.
(D'après une photographie.)

conseil de guerre où il fut décidé que, le surlendemain 6, on dirigerait contre
les positions anglaises une attaque générale. Mais, dit un historien de cette
campagne, qui y fut aussi acteur (l'adjudant-général Gay de Vernon), « dans un
pays où l'on voit à peine à cent pas devant soi, tellement il est coupé de
haies, de fossés, de ruisseaux et de bois, l'opération générale, qui allait se
développer sur une étendue de dix lieues, devait nécessairement se décom-
poser en une foule d'opérations partielles, et l'on calcula que l'action pourrait
durer trois ou quatre jours ». De fait, ce que l'on appelle la bataille de Hondschoote, parce qu'elle eut, en effet, son dénoûment autour de cette localité, se
décompose en plusieurs combats distincts, livrés dans les journées des 6, 7
et 8 septembre 1793, par des corps insuffisamment liés entre eux, et il faut
bien dire que le décousu de l'attaque ne saurait être uniquement imputable
aux difficultés du pays.

Celui-ci est bien tel d'ailleurs que le décrivait le témoin oculaire que nous
venons de citer, et il ne paraît pas que le terrain ait beaucoup changé d'as-

pect depuis lors. On est au cœur de la Flandre maritime, région basse, autrefois recouverte par les eaux et que de persévérants travaux de dessèchement n'ont conquis qu'assez tard à la culture. A part le mont Cassel, colline isolée de 150 mètres d'altitude, d'où l'on découvre un horizon immense, on n'aperçoit dans toute cette plaine aucune éminence ni même aucune ondulation sensible. Les champs y alternent avec les prairies, les uns et les autres ordinairement entourés de fossés et coupés de rigoles d'assèchement; mais la vue ne s'étend pas souvent au delà de la pièce de tertre où l'on se trouve, tant les rideaux et les bouquets d'arbres sont nombreux et serrés. Çà et là émergent les clochers des villages enfouis dans la verdure et dont les maisons basses, construites en briques, se succèdent sur une longueur parfois assez considérable.

Le champ de bataille ou, pour parler plus exactement, le théâtre des opérations, est aujourd'hui parcouru dans toute son étendue par le petit chemin de fer à voie étroite de Hazebrouck à Hondschoote. Les noms de ses stations, à partir de Steenworde, rappellent les divers combats partiels soutenus par l'armée du Nord en 1793 : Herzeele, Bambecke, Rexpoëde, Killem, ont été successivement pris, perdus, repris par Houchard et ses lieutenants. Quant à Hondschoote, *terminus* de la ligne aussi bien que de la bataille, c'est une petite ville paisible, qui fut naguère peuplée et industrieuse, puisqu'elle compta, dit-on, jusqu'à 20000 habitants. Les guerres et les incendies qui l'ont dévastée et réduite à 3500 âmes ont toutefois respecté sa superbe église et son bel hôtel de ville, tous deux datant de la Renaissance espagnole et également dignes d'une grande cité. C'est sur la place qui les sépare et qui est bordée de maisons peintes en blanc, en vert clair, en brun, en jaune, en rose, suivant la mode flamande, que s'élève, depuis 1890, le monument commémoratif de la bataille, œuvre de M. Darcq : une belle statue en bronze de la République brandissant une épée et serrant, de l'autre main, un drapeau. L'inscription qui se lit sur la face principale du piédestal rappelle simplement le nom et la date de la victoire ; sur les deux faces latérales, deux inscriptions plus longues (et, par parenthèse, assez mal rédigées) [1], énumèrent, l'une les principaux faits militaires de la première quinzaine de septembre 1793, l'autre les personnages officiels qui ont assisté à l'inauguration. Ce monument n'est pas dépourvu de grandeur; toutefois, le haut clocher de l'église voisine

---

1. Le rédacteur, évidemment, n'était pas bien sûr de la nationalité des adversaires de Houchard, car, en deux endroits, il a fallu faire un *raccord* sur la pierre, et l'on n'y avait pas écrit tout d'abord, comme il convient: anglo-hanovriens et anglo-hollandais. — De l'autre côté, on lit que l'inauguration a eu lieu en présence du général Jung, gouverneur de Dunkerque, et de *Monsieur* Loizillon, commandant du corps d'armée!

l'écrase quelque peu. A l'hôtel de ville, on montre un grand tableau de Bellangé, représentant la bataille du 8 septembre ; mais il a été peint à une

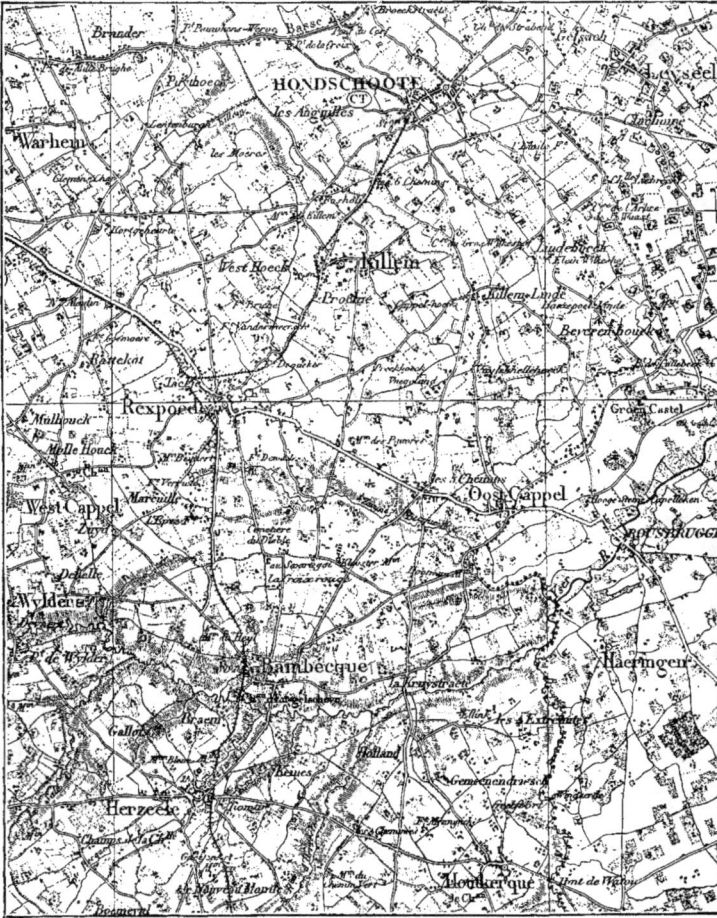

CHAMP DE BATAILLE DE HONDSCHOOTE.
(Extrait de la carte de l'État-major au 1 : 80 000.)

époque où l'on avait, moins qu'aujourd'hui, le souci de la *restitution* historique, et il ne saurait avoir, à aucun égard, la valeur d'un document.

Sur le terrain dont nous venons de donner une idée, Houchard avait mis en mouvement ses colonnes, le 6 septembre au matin, dans l'ordre suivant : A l'extrême droite, la division Dumesnil se portait sur Ypres, pour en surprendre ou tout au moins en contenir la garnison ; à la droite, la division Hédouville s'avançait par Rousbrugge, pour menacer la retraite des alliés ; au centre, Jourdan marchait par Houtkerke avec une partie de sa division contre le gros de Freytag, établi à Bambecke, pendant que Houchard conduisait l'autre partie par le chemin de Herzeele ; à gauche, la division Landrin devait occuper par de fausses attaques Walmoden, principal lieutenant de Freytag, qui était à Wormhoudt, puis rallier la garnison de Bergues (3 500 hommes sous le général Leclair) pour se rabattre le long du canal de la Basse-Colme et s'interposer entre le corps de siège et le corps d'occupation. Dans son ensemble, le mouvement n'était pas mal combiné ; seulement, il livrait trop à eux-mêmes des généraux sur lesquels Houchard n'exerçait pas assez d'autorité et dont il ne pouvait pas attendre un concours également intelligent et également actif : tous ne le secondèrent pas, on va le voir, aussi brillamment que Jourdan.

[*Les relations un peu détaillées et en même temps suffisamment claires de la bataille de Hondschoote n'abondent pas précisément. Jomini lui-même ne lui consacre pas trois pages dans son* HISTOIRE CRITIQUE ET MILITAIRE DES GUERRES DE LA RÉVOLUTION, *et presque tous les autres auteurs en ont dit encore moins, faute, sans doute, de pouvoir débrouiller toutes les péripéties de cette action passablement confuse. A notre avis, un seul historien s'en est acquitté convenablement : c'est le baron Gay de Vernon, ancien officier d'état-major, dans son* MÉMOIRE SUR LES OPÉRATIONS MILITAIRES DES GÉNÉRAUX EN CHEF CUSTINE ET HOUCHARD PENDANT LES ANNÉES 1792 ET 1793 (*Paris, 1844, chez Firmin-Didot). Fils de l'ancien adjudant général qui fut le « bras droit » de ces deux chefs d'armées, et surtout de Houchard, dans les campagnes dont il s'agit, le baron Gay de Vernon a tiré d'utiles éclaircissements des papiers de son père, et c'est à son récit que nous donnerons la préférence.*]

Le 6 septembre, à sept heures du matin, le général Collaud reconnut la position de Houtkerke et l'enleva à la baïonnette. Elle était défendue par 2 000 Autrichiens et Hollandais, soutenus par un régiment d'infanterie anglaise. Les Autrichiens se replièrent sur Ypres ; les Anglais et les Hollandais sur Herzeele et Bambecke. Houchard ordonna alors à Jourdan de se porter sur Herzeele. Le général Falkenhausen y commandait 4 000 Hessois ou Anglais, qui s'opiniâtrèrent dans la défense de leurs retranchements. Le village fut enlevé, perdu et repris par Jourdan. A la fin, Falkenhausen se retira en bon ordre derrière l'Yser, sur la position de Bambecke.

Le pont de pierre qui conduit à ce village était couvert par une bonne flèche [1],

---

1. On appelle *flèche* un petit ouvrage ayant la forme de fer de flèche et ouvert à la gorge, qui sert à couvrir un point déterminé, porte ou pont, dont il bat les abords par des feux de flanc.

enveloppée d'abatis et armée de 3 pièces de 3 ; sur l'autre rive, on avait établi 2 autres batteries. Tout annonçait que l'ennemi avait l'intention de nous disputer vivement le passage de la rivière, dont la rive gauche était occupée par 6 000 Anglais. Jourdan fit avancer 2 pièces de 8, qui canonnèrent la tête du pont; mais, à ce moment, un orage affreux, qui dura près de trois heures, ralentit nos attaques. Aussitôt que la pluie eut cessé de tomber à torrents, un bataillon du 36ᵉ passa le gué en amont de Bambecke et chargea vigoureusement la droite des Anglais. Ceux-ci, pressés en tête et en flanc, abandonnèrent leur position et reculèrent en désordre jusqu'à Rexpoëde. Il était six heures du soir lorsque nous entrâmes dans Bambecke. Là, nous apprîmes que le général Hédouville n'avait rencontré partout qu'une faible résistance et qu'après avoir franchi l'Yser à Rousbrugge, il se dirigeait sur Oost-Kappel pour lier ses avant-postes à ceux de Jourdan.

Nos soldats, qui marchaient et combattaient depuis treize heures, avaient besoin de nourriture et de repos. Chacun pensait que nous emploierions les trois quarts d'heure de jour qui restaient à bien établir nos postes et nos bivouacs, et à nous affermir sur le terrain que nous avions conquis. C'était l'intention de Houchard ; mais, dans notre armée, la volonté du général en chef n'était pas le dernier mot du commandement supérieur : par delà, il fallait encore en appeler aux décisions des représentants du peuple. Or, le conventionnel Hentz venait de dire que « les hommes libres n'étaient jamais fatigués de combattre les esclaves des tyrans et qu'ainsi l'armée devait continuer son mouvement », de sorte que Houchard donna aussitôt l'ordre de marcher sur Rexpoëde. Nos troupes, animées par le désir de terminer cette longue journée, enlevèrent ce village avec ardeur. La nuit vint ; elle était sombre et pluvieuse, et nos soldats se débandèrent dans les maisons pour s'abriter et préparer leur repas. 3 des bataillons de Jourdan et 1 régiment de cavalerie occupèrent Rexpoëde. L'adjudant-général Ernouf, qui connaissait bien le pays, se chargea de démêler, au milieu de la plus profonde obscurité, quelques bons emplacements pour y établir nos postes.

[La précaution n'était point inutile, car] l'ennemi avait dispersé son infanterie dans les bois et les vergers qui avoisinent Rexpoëde; sa cavalerie était établie derrière une forte batterie sur le chemin de Killem.... A dix heures, les Anglais attaquèrent Rexpoëde avec une telle impétuosité que, dès la première charge, nos postes, rejetés en désordre, abandonnèrent deux pièces de canon. Au milieu d'une nuit des plus sombres, nos soldats s'appelaient à grands cris et tiraient de tous côtés et à tout hasard des coups de fusil, autant pour s'éclairer que pour se défendre.... Jourdan courut les plus grands périls, mais parvint à rétablir un peu d'ordre. Cependant notre cavalerie avait repoussé les gardes hanovriennes, qui débouchaient par la rue principale; nos grenadiers avaient repris l'artillerie perdue au premier choc ; le prince Adolphe d'Angleterre tomba blessé, ainsi que le maréchal Freytag, qui, dit-on, demeura un moment au pouvoir de nos cavaliers. A trois heures du matin, nous étions rentrés dans nos postes autour du village. Mais l'ennemi reformait ses colonnes d'attaque et nous écrasait de mitraille et d'obus. Houchard se décida à la retraite; il fit replier les divisions de Jourdan sur Bambecke, repassa l'Yser dans la matinée [du 7 septembre] et vint prendre position entre Herzeele et Houtkerke.

Là, nous nous occupâmes à rassembler des vivres, des munitions, et à les distribuer aux bataillons qui, tous, avaient épuisé leurs sacs et leurs gibernes.

Pendant cette journée de repos, nos soldats raccommodèrent leur chaussure ruinée par les mauvais chemins et nettoyèrent leurs armes, qui en avaient grand besoin après les pluies battantes de la veille et de la nuit. On a beaucoup blâmé ce mouvement rétrograde de Houchard ; quelques personnes lui en ont fait un crime et ont supposé une trahison : elles ont eu tort. La faute ne consistait pas à se retirer sur Herzeele, mais à marcher sans désemparer vers Rexpoëde, ainsi que l'avaient ordonné les représentants. En effet, si Houchard se fût arrêté le 6 au soir à Bambecke et qu'il eût occupé la position en avant de ce village, il aurait lié les postes de Jourdan avec ceux de Hédouville, et l'armée aurait eu le temps de s'établir de manière à passer tranquillement la nuit ; le lendemain, à la pointe du jour, nous aurions pu nous porter sur Hondschoote, où Freytag n'avait alors que 12 000 hommes au plus. Mais, à la suite du combat de nuit, notre corps de bataille se trouvait dans un désordre presque complet. Il faut faire la part des lieux, des temps et des circonstances : sur un terrain aussi coupé, nos colonnes communiquaient difficilement entre elles ; les ordres arrivaient tard, souvent mal à propos, quelquefois pas du tout ! Notre armée était pleine d'ardeur, de patriotisme et de courage ; mais nos soldats manquaient d'expérience et l'on savait combien les troupes, au moindre revers, étaient promptes à s'effrayer ; les exemples récents ne manquaient point à cet égard, et l'on devait à la vigueur de Jourdan que la nocturne échauffourée de Rexpoëde ne se fût pas changée en déroute....

Tandis que nous reculions derrière l'Yser, Hédouville et Vandamme, qui s'étaient réunis le 6 au soir, couchèrent à Oost-Kappel et marchèrent [le 7] sur Rexpoëde. Ils reprirent ce village à trois heures de l'après-midi. Le combat fut des plus vifs ; enfin Walmoden, qui avait succédé à Freytag blessé, se replia sur Hondschoote. A la gauche, Landrin s'était emparé de Wormhoudt et de Wilder ; Leclair débouchait de Bergues et chassait devant lui tous les postes ennemis placés le long de la basse Colme. Mais à droite, Dumesnil s'était obstiné à rester immobile dans son camp de Bailleul, de sorte que l'occasion de reprendre Ypres fut perdue.

Le 7, à six heures du soir, toute l'armée marcha sur Hondschoote. Vandamme qui, depuis la reprise de Rexpoëde, menait la tête de nos attaques [avec ses chasseurs du Mont-Cassel], s'avança pendant la nuit vers la gauche de Killem ; Hédouville se dirigea sur Bergues ; Jourdan et Collaud passèrent l'Yser, le premier à Bambecke, le second à Rousbrugge. Le général en chef marchait avec la colonne de Jourdan. Houchard envoya l'adjudant-général Gay-Vernon reconnaître la position ennemie : les gens du pays assuraient qu'elle n'était occupée que par 5 000 Anglais et 15 pièces d'artillerie ; ils se trompaient ou nous trompaient.... Les détachements chassés de Bambecke, de Rexpoëde, de Wormhoudt, formaient à Hondschoote un corps de 12 000 hommes, qu'avaient rejoint à minuit 6 000 Hessois ou Anglais venus de l'armée de siège.

Le terrain monte en pente douce jusqu'à Hondschoote, dont tous les points accessibles étaient fraisés d'abatis, barricadés ou défendus par des ouvrages en terre. 6 pièces de canon, des haies, des fossés et des bois [taillis] couvraient la gauche de la position. Au centre, on avait pratiqué de larges coupures et élevé, en travers de la route, un épaulement et une batterie de 8 pièces de position et de 4 obusiers, qui balayait une clairière où se croisent les chemins venant de Bergues, de Killem et d'Oost-Kappel. La droite s'appuyait à un bout de canal, sur le bord duquel on avait construit, derrière une flaque d'eau, une redoute armée de 2 canons. Auprès de la batterie du centre, l'ennemi avait négligé d'abattre quelques maisons.

A neuf heures du matin, Collaud, étant arrivé en ligne, forma notre droite. Au centre, Jourdan se couvrit habilement des haies et des bois que traverse la route où marchait sa colonne. Vandamme reçut l'ordre de se réunir à Leclair et tous deux de prononcer ensemble leur attaque le long de la basse Colme. Le mouvement du général Hédouville sur Bergues nous privait de 5000 combattants et réduisait nos forces à moins de 21 000 hommes.

Collaud engagea le combat. Jourdan fit passer en tête de sa colonne 10 pièces de canon pour répondre à la batterie qui lui était opposée. La position de notre artillerie n'était pas très avantageuse; cependant, son feu bien dirigé causa de grands ravages parmi les canonniers anglais, dont beaucoup furent blessés par les éclats de bois que nos boulets enlevaient des maisons voisines et qu'ils jetaient dans la batterie. Nos troupes se formèrent alors des deux côtés de la route; mais, en entrant dans les bois, elles rencontrèrent la division du général Kochenhausen, qui défendait les approches des retranchements. Là se livra un furieux combat d'infanterie : l'ennemi résista plus de deux heures sans perdre un pouce de terrain. Enfin, nos soldats l'emportèrent; Kochenhausen reçut une blessure mortelle et ses troupes furent ramenées derrière leurs retranchements.

Jourdan poursuivit ce succès et donna ordre à sa division de marcher vite et sans tirer. A ce moment, un boulet lui rasa la poitrine et l'obligea à quitter le champ de bataille. Collaud et Maingaud tombèrent blessés. Ce fut un grand malheur que ces trois généraux eussent été atteints presque au même instant: nos troupes, qui avaient besoin d'être encouragées et soutenues par l'exemple de leurs principaux chefs, s'arrêtèrent, reculèrent et furent promptement éparpillées derrière les fossés et dans les bois, pour se dérober aux coups de l'ennemi. En peu de temps, la route et la clairière se dégarnirent, et les divisions de Jourdan se dispersèrent en tirailleurs. Ce n'était plus un combat régulier, mais une mêlée, une foule d'engagements singuliers et de duels où, suivant l'expression pittoresque du chef d'état-major Barthélemy, *on se poignardait* littéralement.

Notre position devint critique. L'infanterie anglaise gagnait du terrain sur nous. Notre principale batterie pouvait être compromise en ne bougeant pas, et compromettait infailliblement le sort de la journée en se retirant, car le moindre mouvement rétrograde de cette artillerie aurait été le signal de la déroute la plus complète. Houchard crut un moment la bataille perdue. Dans cette extrémité, il fit tout ce qu'on devait attendre de sa vaillance: il mit le sabre à la main, ordonna à son nombreux état-major de l'imiter, et s'avança à la tête du 17ᵉ de cavalerie, qu'il tenait en réserve. Ce régiment était superbe, et comptait plus de 500 chevaux. Il arriva au grand trot et se déploya dans le meilleur ordre. A son approche, les Anglais s'arrêtèrent, nos canonniers reprirent courage et quatre bataillons (environ 2 000 hommes), rassurés par la belle contenance du 17ᵉ de cavalerie et par la présence du général en chef, se reformèrent en ligne derrière notre batterie.

Houchard avait invité les représentants du peuple Levasseur et Delbrel à se porter, l'un à la tête de la division de Jourdan, l'autre à la tête de celle de Collaud : ils acceptèrent cette dangereuse mission et l'accomplirent avec un dévoûment digne d'éloges. Le brillant courage de ces députés, la vue des panaches et des écharpes

18

tricolores qui flottaient à leurs chapeaux produisirent, comme toujours, un effet électrique. Bientôt les soldats s'animèrent les uns les autres par les cris mille fois répétés de : *Vive la nation! Vive la République!* Ils s'excitaient mutuellement et chantaient à tue-tête la *Marseillaise* et la *Carmagnole*. Houchard ordonna de marcher au pas de course et d'aborder sans tirer les retranchements ennemis.

Un bataillon de grenadiers nationaux du Pas-de-Calais s'avança contre la gauche de la batterie qui couvrait le centre de la position de Hondschoote. A ce moment, le feu des Anglais commença à se ralentir et nous vîmes qu'ils faisaient des mouvements de retraite. De notre côté, la charge battait de plus en plus chaudement à notre gauche, sur le canal de Furnes : les grenadiers du Pas-de-Calais enlevèrent les retranchements et y pénétrèrent en même temps que les gendarmes à pied de Paris et les chasseurs.

On dut en grande partie ce succès aux attaques vigoureuses de Vandamme et de Leclair. Ce dernier était sorti de Bergues et avait marché droit sur Hondschoote. Il se heurta d'abord au corps autrichien mis en observation à Warhem ; mais ce détachement, après une faible résistance, se replia derrière la petite Moëre. Lorsque Leclair déboucha sur la redoute, en avant du port de Hondschoote, les volontaires de l'Orne, qui formaient sa tête de colonne, s'effrayèrent et se rompirent. Mais, derrière ces soldats novices, marchaient les gendarmes à pied de Paris et le 1ᵉʳ bataillon d'un de nos plus vieux et de nos meilleurs régiments, le 24ᵉ de ligne, autrefois régiment de Brie. A la vue de ce désordre, les soldats du 24ᵉ et les gendarmes se précipitent, traversent la flaque d'eau, où ils s'enfoncent jusqu'à la poitrine, arrivent au pied de la redoute qu'ils entourent et qu'ils escaladent, en montant sur les épaules les uns des autres, ou en faisant des échelons avec leurs sabres ou leurs baïonnettes fichés dans l'escarpe. Là, un bataillon anglais de 500 hommes est pris ou tué. Leclair s'est réuni à Vandamme et tous deux ont refoulé l'ennemi, l'ont chassé de poste en poste et l'ont enfin acculé sur la batterie du centre, qui est aussitôt envahie par nos soldats.

Alors le combat cesse sur les avenues de Hondschoote pour recommencer dans la ville. Les régiments hanovriens qui couvraient la retraite s'y étaient retranchés : ils s'opiniâtrent à défendre, sur la place du Marché, un grand corps de garde et les maisons environnantes. Nous éprouvâmes là une vigoureuse résistance qui arrêta court la poursuite de Leclair : il fallut soutenir un combat à l'arme blanche, et ce ne fut qu'à trois heures du soir qu'enfin l'armée ennemie fut entièrement chassée de la position de Hondschoote. Sur ces entrefaites, arriva la division d'Hédouville ¹.... On la mit aussitôt avec les troupes légères à la poursuite de Walmoden, qui se retirait sur Furnes par Houthem et le long de la grande Moëre. Nos troupes étaient presque désorganisées par une bataille qu'elles avaient livrée et

---

1. Le mouvement tardif d'Hédouville fut, comme le fait observer Gay de Vernon, la faute la plus grave commise dans ces trois journées ; mais il semble bien qu'elle lui soit exclusivement imputable. En effet, ce général avait été prévenu dans la soirée du 7 que l'intention de Houchard était de marcher le lendemain sur Hondschoote, et laissé maître de choisir le parti le plus convenable, en ne prenant conseil que des circonstances. N'ayant pas rencontré l'ennemi, il devait marcher au canon ; alors sa division, au lieu de battre l'estrade inutilement du côté de Bergues, aurait pu, pendant l'attaque de Hondschoote, déborder la gauche des Anglais et couper leur principale ligne de retraite.

soutenue en tirailleurs. On perdit plus de deux heures à débrouiller leur pêle-mêle
Pendant ce temps, Houchard alla reconnaître les bords de la grande Moëre, y
reçut quelques rapports et jugea avec raison que le duc d'York devait être en pleine
retraite.... On lui proposa alors de faire passer, par le gué qu'avaient suivi les Hanovriens, un corps de 4000 hommes de cavalerie et de chasseurs à pied, en confiant
cette opération à Vandamme, qui connaissait bien le pays. Mais, dans les circonstances importantes, il fallait, pour que Houchard se décidât à donner un ordre,
que la présence des commissaires de la Convention autorisât, soutînt ou excitât ses
résolutions. Malheureusement, ils étaient demeurés dans Hondschoote avec le chef
d'état-major Barthélemy, afin de presser la recomposition des bataillons. Houchard
n'eut pas la force de s'arracher à ses habitudes de tâtonnement; il courut aux renseignements, questionna les habitants; finalement, craignant de compromettre sa
cavalerie, il adopta un de ces demi-moyens vers lesquels il inclinait volontiers
et ordonna à Vandamme de passer la Moëre avec 60 cuirassiers, afin de reconnaître
et d'inquiéter les mouvements du duc d'York.

En effet, à quatre heures du soir, ce prince, que Hoche avait attaqué dans la matinée
avec un détachement de la garnison de Dunkerque, s'était décidé à battre en retraite
sur Furnes. A minuit, Vandamme déboucha près de Ghyvelde et se réunit à Hoche.
Ensemble, ils attaquèrent l'arrière-garde anglaise et s'emparèrent d'une grande
quantité de bagages. Ces trois journées coûtèrent à l'armée ennemie 6000 hommes,
3 généraux, 3 drapeaux et 9 canons (sans compter 52 bouches à feu, presque toutes
de 24, 300 milliers de poudre et un attirail complet de siège abandonnés devant
Dunkerque). Notre perte s'éleva à 1 800 morts ou blessés.

La victoire de Hondschoote excita dans toute la France un vif enthousiasme, non seulement parce que c'était, depuis Jemmapes, le premier
succès affirmé de nos armes, dans la lutte que nous soutenions sur la frontière
du Nord, mais encore parce qu'il avait été remporté sur notre vieil
« ennemi héréditaire », — sur ces fiers Anglais qui jusque-là s'entendaient
beaucoup mieux à soudoyer contre nous des coalitions qu'à se mesurer
directement avec nos troupes sur les champs de bataille. Cette victoire,
pourtant, fut sans lendemain, ou du moins n'eut d'autre résultat que
d'amener la levée du siège de Dunkerque. Il en eût été tout autrement, sans
doute, si Houchard avait poursuivi avec quelque vigueur York et Walmoden ; comme il était sensiblement plus près qu'eux de Furnes, il ne tenait
qu'à lui de leur couper la retraite. Il n'en fit rien et préféra se porter sur
Ypres, qu'il couvrit inutilement de boulets et d'obus, puis sur Menin et
Werwick, d'où il délogea, à la vérité, les Hollandais, les 12 et 13 septembre,
mais pour repasser presque aussitôt la frontière : l'apparition, sur le flanc
de l'armée, de quelques escadrons autrichiens avait suffi à déterminer une de
ces paniques auxquelles sont exposées les vieilles troupes et, à plus forte raison, les jeunes. Le général en chef ne put pas ou ne sut pas rallier les siennes

et vint se réfugier sous le canon de Lille, après avoir abandonné son artillerie et ses équipages.

Cette journée, d'ailleurs sans autre conséquence fâcheuse, décida du sort de Houchard. Décrété d'arrestation par le Comité de Salut public, l'infortuné vétéran fut transféré à Paris, où le tribunal révolutionnaire eut tôt fait d'instruire son procès. Convaincu de faiblesse et d'« incivisme », il fut condamné à mort, bien qu'il se fût défendu avec autant de précision que de fermeté, et, le 17 novembre suivant, il portait sa tête sur l'échafaud. Assurément, il avait commis des fautes, mais combien d'autres en avaient à se reprocher de plus lourdes ! C'était, en somme, sous son commandement que la victoire était revenue sous nos drapeaux, et cette seule considération eût dû le préserver d'un sort aussi cruel. « Les Romains, écrit Jomini à ce propos, avaient décapité Manlius pour avoir combattu et vaincu contre les ordres du Sénat ; les Anglais punirent l'amiral Byng de n'avoir pas triomphé à Minorque : mais c'était le premier exemple qu'un général victorieux fût traîné au supplice pour n'avoir pas réussi à détruire entièrement l'ennemi qu'il venait de battre ! »

Wattignies

GÉNÉRAL JOURDAN
Bibliothèque Nationale.
Estampes.

CARNOT
Bibliothèque Nationale.
Estampes.

Lorsque Houchard eut payé de sa tête le tort de n'avoir pas répondu jusqu'au bout aux espérances de la Convention, le commandement en chef de l'armée du Nord échut à celui de ses lieutenants qui s'était le plus signalé à Hondschoote par son intelligence et par sa vigueur : le général de division Jourdan. Cette désignation, pour flatteuse qu'elle fût, ne laissa pas d'inquiéter celui qui en était l'objet et il fit tout ce qu'il put pour s'y soustraire, non pas tant par modestie que par prudence. Mais on lui démontra péremptoirement qu'il n'avait pas plus le droit que le moyen de l'éluder, et, placé « dans l'alternative de mériter une couronne de lauriers ou de monter à l'échafaud », il se hâta de rejoindre son quartier général de Gavarelle, emportant avec lui l'ordre impératif de « purger le sol français de ses ennemis avant la fin de la campagne ».

C'était beaucoup plus facile à décréter qu'à exécuter, même après la victoire de Hondschoote. Sans doute, on avait alors obtenu un succès positif : la délivrance de Dunkerque, si ardemment convoité par les Anglais ; mais, comme Houchard avait laissé échapper le duc d'York, la situation stratégique était restée à peu près la même qu'auparavant sur la frontière du Nord. Encore pouvait-on la considérer comme plutôt empirée depuis que les alliés, instruits par l'expérience et d'ailleurs maîtres du Quesnoy (contre lequel ils s'étaient acharnés si bénévolement), avaient enfin décidé de mettre le siège devant Maubeuge : c'était en effet la seule place dont la chute importât réellement à leurs desseins, puisque c'était aussi la seule qui leur barrât le chemin direct de Paris, grâce à sa position dans la haute vallée de la Sambre, d'où rien n'empêche plus de déboucher dans les bassins de la Somme et de l'Oise.

Maubeuge fut donc rapidement investi par des forces imposantes. Les défenseurs ne lui manquaient point, car, outre la garnison renfermée dans

ses remparts, 20 000 hommes de troupes régulières occupaient un camp
retranché en avant de la ville; malheureusement on n'avait rien fait pour
approvisionner une forteresse aussi exposée, de sorte que les munitions et
les vivres y faisaient également défaut. Dans ces conditions, dont l'ennemi
n'avait pas manqué d'être instruit, il était assez inutile d'entreprendre un
siège en règle. Après avoir, le 28 septembre, replié sur toute la ligne les
postes avancés et s'être rendu maître des hauteurs qui commandaient le
camp, Cobourg se contenta de bloquer une place qu'il était sûr de réduire
par la famine, et de repousser les sorties que tentaient ses défenseurs dans
l'espérance d'élargir un peu le cercle d'investissement. Ces sorties, du reste,

PRINCE DE
SAXE-COBOURG.
Bibliothèque Nationale.
Estampes.

d'abord fréquentes et vigoureuses, devinrent de
plus en plus rares et de plus en plus molles : à
l'ardeur et à la confiance qu'avait d'abord montrées la garnison succédèrent l'abattement et la
tristesse; enfin, la réduction forcée de la ration
de vivres à la moitié du taux ordinaire et la recrudescence des maladies qui devait être la conséquence d'une telle mesure achevèrent de dé-

GÉNÉRAL CLERFAYT.
Bibliothèque Nationale.
Estampes.

moraliser les troupes. Dès le 15 octobre, la ville et le camp de Maubeuge
étaient à bout de forces et n'attendaient plus leur salut que de la prompte
arrivée d'une armée de secours.

Celle-ci, il est vrai, n'était plus bien loin. Instruit du dénûment qui régnait
dans la place et de l'imminence d'une capitulation, Jourdan n'avait pas
perdu de temps, et, appelant à lui les troupes des camps de Cassel, auxquelles
était venue se joindre une division de l'armée des Ardennes, il avait marché
sur la Sambre avec environ 50 000 hommes. C'était peu, sans doute, pour
combattre les 65 000 vieux soldats que comptait l'armée de Cobourg, d'autant
que les divisions françaises et leurs généraux, réunis de la veille et se
connaissant à peine, s'inspiraient réciproquement peu de confiance, et que
nos bataillons, pour la plupart de nouvelle levée, étaient aussi mal armés
que mal équipés. Certainement, Jourdan aurait eu difficilement le dessus,
si son adversaire, bien inspiré, s'était borné à laisser 15 000 hommes devant
Maubeuge et s'était porté au-devant de l'armée du Nord avec les 50 000 autres.
Mais, fidèle aux détestables errements de ses devanciers, le généralissime
autrichien fit tout le contraire, c'est-à-dire qu'il crut devoir maintenir sous la
place la moitié au moins de ses forces, et, comme le duc d'York à Dunkerque,
détacha en avant un « corps d'observation » d'une trentaine de mille hommes,
aux ordres de Clerfayt. Il convient toutefois de dire que ce dernier sut
s'établir dans des positions très avantageuses, à cheval sur la route de
Maubeuge à Avesnes, et qu'il s'appliqua à les renforcer encore par des

retranchements et des abatis. En les visitant, le 14 octobre, le prince de
Cobourg affecta la sécurité la plus complète ; on prétend même qu'il dit en
plaisantant à son entourage : « Assurément, les Français sont de fiers républicains ; mais, s'ils parviennent à me déloger d'ici, je me fais républicain moi-
même. » Ces paroles, rapportées à Jourdan par quelque paysan et qu'il eut
grand soin de faire courir dans l'armée, eurent pour effet d'exciter les soldats,

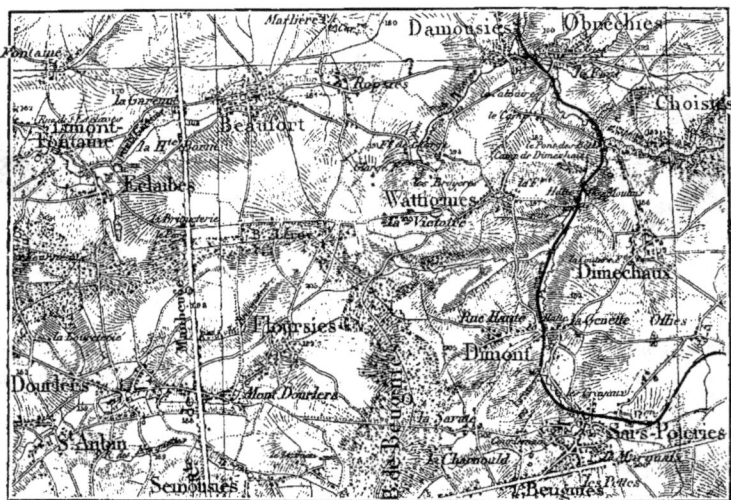

CHAMP DE BATAILLE DE WATTIGNIES.
Extrait de la carte de l'État-major au 1 : 80 000.

qui se promirent bien de relever cet insolent défi : « Hé bien ! s'écrièrent-ils
gaîment, nous allons tâcher de rendre Cobourg républicain dès ce soir. »

Les positions qu'occupait l'armée autrichienne n'avaient qu'un inconvénient :
leur trop grande étendue. Elles se développaient en arc de cercle saillant depuis
le confluent de l'Helpe-Majeure et de la Sambre, à l'ouest, jusqu'au delà de la
Solre, à l'est, suivant une ligne sinueuse de *croupes* assez élevées et en grande
partie boisées, dans le flanc desquelles s'ouvrent de nombreux ravins. Nous
ne sommes plus ici en Flandre, mais dans le Hainaut français, région presque
aussi accidentée et aussi agreste que la Thiérache, à laquelle il confine du
côté du sud. Aussi a-t-on quelque peine à se rendre compte de la configuration du champ de bataille, dont on n'embrasse l'ensemble d'aucun point.
De Wattignies même, point culminant de la contrée, on n'en découvre qu'un
coin, où se sont passés à la vérité les événements les plus importants ;

ce n'est qu'en allant de là à Aulnoye par Hoursies, Dourlers, Saint-Aubin Saint-Rémy-Chaussée et Monceau-Saint-Waast, c'est-à-dire en suivant la dépression où coule le petit ruisseau des Marquettes, qu'on arrive à se faire une idée des dispositions respectives de l'attaque et de la défense. Obligé de garder une ligne d'au moins 15 kilomètres, Clerfayt n'avait pu naturellement en garnir toutes les parties; mais il en avait du moins occupé fortement les points essentiels, à savoir : Saint-Waast, où s'appuyait sa droite, sous Bellegarde ; Dourlers, au centre (sur la grande route de Maubeuge à Avesnes), dont la garde était confiée à Kinsky ; et enfin Wattignies, où était établie la

MONUMENT DE WATTIGNIES.

gauche, aux ordres de Terzy, couvert lui-même sur son flanc (du côté du nord) par un fort détachement posté à Obrechies, sous Haddick. Toutefois, le général autrichien avait accumulé plus de troupes à son centre qu'à la gauche, ne discernant pas que le vallon profond de la Solre ouvrait sur Maubeuge un chemin presque aussi direct et beaucoup plus sûr que la grande route, que, de ce côté aussi, on pouvait faire tomber le reste de ses positions en les prenant à revers, et que, par suite, la « clef » de tout le champ de bataille était à Wattignies bien plutôt qu'à Dourlers.

Il faut reconnaître que, du côté des Français, on ne saisit pas non plus du premier coup toute l'importance des hauteurs de Wattignies. Carnot, qui venait d'arriver à l'armée, où son autorité primait celle de Jourdan, avait bien fait avec celui-ci, le 14 octobre, une reconnaissance générale des lignes autrichiennes ; mais le point décisif leur avait échappé, et, dans leur prédilection pour le système des attaques morcelées, qu'ils auraient mieux fait de laisser à leurs adversaires, ils s'étaient arrêtés à un plan de bataille consistant à agir simultanément par la droite et par la gauche, pendant que l'on contiendrait le centre ennemi par de simples démonstrations. C'est pourquoi l'armée française, arrivée aux environs d'Avesnes, fut partagée en cinq colonnes, ainsi disposées : à l'extrême droite, le corps venu des Ardennes (15 000 hommes), sous Beauregard, ayant ordre de marcher de Solre-le-Château sur Obrechies ; à la droite, la division Duquesnoy (10 000 hommes), dirigée sur Wattignies ; au centre, la division Balland (12 000 hommes), envoyée devant Dourlers ; à gauche, la division Cordelier (6 000 hommes) ; et enfin, à l'extrême gauche, la division Fromentin (15 000 hommes), ayant pour objectif commun les coteaux de Saint-Waast et de Saint-Rémy.

C'est dans cet ordre qu'a lieu l'attaque du 12 octobre, qui échoue,

Wattignies (15-16 Octobre 1793)

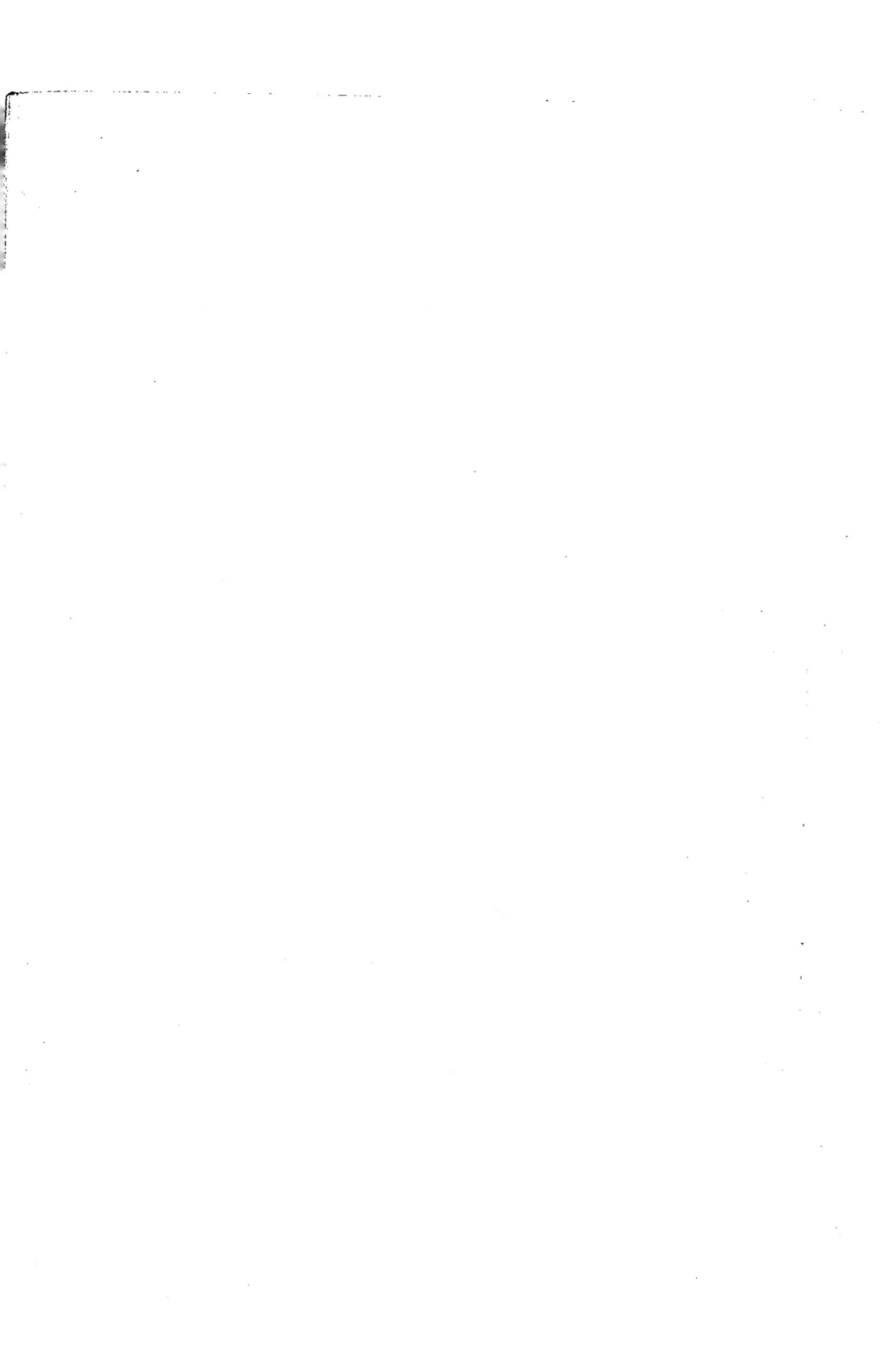

mais a du moins pour résultat de faire réfléchir Carnot et Jourdan. Un examen plus approfondi des lieux et des dispositions de l'ennemi leur apprendra que la victoire dépend de la possession de Wattignies, et, le lendemain, pour la première fois depuis le commencement de la guerre contre la Coalition, nos forces recevront une direction conforme aux enseignements du grand Frédéric, si vite oubliés par ses propres successeurs. Nous n'hésiterons pas à dégarnir notre gauche et à assigner à notre centre un rôle tout d'expectative, jusqu'au moment où notre droite, considérablement renforcée, aura enfoncé la ligne ennemie du côté de Wattignies. Ces attaques, combinées avec sagesse et exécutées avec vigueur, auront le succès qu'on peut se promettre toutes les fois qu'on applique à propos les principes de l'art, et c'est à bon droit que s'élève, depuis 1893, à la sortie ouest du village de Wattignies « la Victoire », en un endroit où l'on découvre tous les environs, la belle pyramide de marbre gris surmontée du coq gaulois, dédiée « AUX VAINQUEURS DE WATTIGNIES ».

[Wattignies n'a guère inspiré heureusement, ni, du reste, beaucoup tenté la plume de nos historiens militaires ou non militaires : nous n'en connaissons pas un seul récit un peu détaillé qui soit à la fois clair, exact et complet. Aussi en sommes-nous réduit à emprunter le nôtre à un recueil déjà ancien et démodé, d'un mérite d'ailleurs très inégal : LA FRANCE MILITAIRE, d'Abel Hugo, fils et ancien aide de camp du général de ce nom et par conséquent frère du grand poète. C'est encore lui, assurément, qui a le mieux exposé les péripéties de la bataille et nous avons eu soin de corriger au besoin sa relation à l'aide de celle plus sommaire qu'a donnée le général Jomini dans son HISTOIRE CRITIQUE ET MILITAIRE DES GUERRES DE LA RÉVOLUTION.]

Le 15 octobre, à neuf heures du matin, les divisions Fromentin et Cordelier réunies s'avancèrent intrépidement à la baïonnette sur les hauteurs escarpées de Saint-Waast et de Saint-Rémy, où s'appuyait la droite des coalisés, et, malgré la grêle de balles et de mitraille qui partait des retranchements autrichiens, leur charge fut d'abord couronnée d'un plein succès. Malheureusement le vallon de Saint-Waast était occupé par une masse de cavalerie autrichienne placée en échelons, et Jourdan, auquel sa présence n'avait point échappé, avait donné à Fromentin l'ordre positif de ne point s'engager avec ses troupes et de gagner Éclaibes en longeant la lisière des bois. Mais, dans l'ivresse d'un premier triomphe, Fromentin oublia les prescriptions du général en chef et s'aventura dans le vallon, où il fut presque aussitôt assailli par les escadrons impériaux conduits par Bellegarde. Soldats jeunes et novices, les républicains se rejetèrent en désordre dans le ravin de Saint-Rémy. Bientôt, néanmoins, ils se rassurèrent, reformèrent leurs rangs, et, quoique leur artillerie eût été perdue tout entière, tinrent tête énergiquement à l'ennemi.

19

Pendant que ceci se passait à la gauche des Français, Balland, au centre, cherchait à contenir Kinsky par le feu d'une forte batterie de pièces de 12 et de 16 (livres) établie en face de Dourlers. D'autre part, Duquesnoy, avec ses 10 000 hommes, s'avançait à droite sur Wattignies, et, après un combat opiniâtre, s'était déjà emparé de Dimont et de Dimechaux. A la nouvelle des premiers succès obtenus par Fromentin et Duquesnoy, Carnot crut le moment venu de faire donner aussi le centre, qui se dépitait de l'inaction dans laquelle on le laissait et réclamait qu'on le menât à l'attaque : malgré les représentations de Jourdan, qui trouvait ce mouvement hasardé ou tout au moins prématuré, les commissaires de la Convention ordonnèrent à la division Balland de se lancer à l'assaut des hauteurs de Dourlers, pour couper sur ce point la ligne autrichienne. La division se jeta donc dans le ravin, en délogea les tirailleurs ennemis et gravit les pentes au pas de charge. Mais, en arrivant hors d'haleine sur le plateau, elle se trouva en face des batteries autrichiennes qui la criblèrent de mitraille. Sa situation était critique, car il lui était impossible de se maintenir sous un tel feu et, d'un autre côté, il était à craindre qu'en repassant le vallon, elle ne fût prise en flanc par la cavalerie autrichienne. Aussi Jourdan, qui éprouvait comme un transport de frénésie à cause du mot par lequel, dans la discussion, Carnot avait qualifié sa prudence, se dévoua-t-il pour entraîner les troupes, et, par trois ou quatre fois, se mit à leur tête pour essayer de franchir ce dangereux passage. Ce fut en vain : un massacre effroyable fut l'unique résultat de cette opiniâtreté. Déjà les Autrichiens, ayant réussi à contenir Fromentin, ramenaient un des corps de leur aile droite sur Saint-Aubin pour couper la retraite à la division Balland, lorsque Carnot, témoin de l'inutilité de l'effort tenté par ses ordres et, s'effrayant à son tour des conséquences probables de son obstination, se décida à abandonner une entreprise qui pouvait compromettre le sort de l'armée. Les bataillons du centre regagnèrent en désordre leur première position et ce n'est que sous la protection des batteries qu'on parvint à les reformer. Heureusement, l'ennemi n'envoya même pas contre eux un escadron, de sorte que les soldats de Balland eurent tout le temps de se remettre. Mais à la suite de cette échauffourée, qui avait coûté inutilement 1500 hommes mis hors de combat, la droite comme la gauche n'avaient plus qu'à se replier, et, quand la nuit arriva, les positions autrichiennes restaient partout intactes.

L'échec du 15 ayant donné raison à Jourdan, celui-ci proposa, pour le lendemain, ses plans à Carnot qui, cette fois, les accueillit : il s'agissait, au lieu d'éparpiller ses efforts, de les concentrer au contraire sur la droite, où la résistance avait été moindre et dont la situation topographique permettait de déborder et de tourner la position ennemie. Fromentin était à la vérité maintenu devant Saint-Waast ; mais Balland devait se borner à canonner les hauteurs de Dourlers, jusqu'à ce que le coup décisif eût été frappé à Wattignies. En conséquence, le 16 au matin, le général en chef et les commissaires se transportèrent à la droite, où, grâce à des renforts envoyés dans la nuit, Duquesnoy disposait de 22 000 hommes, sans compter le corps de Beauregard, qui avait reçu l'ordre de se rabattre sur Obrechies. Jourdan comptait que Cobourg n'aurait apporté aucun changement à la distribution de ses forces, ce qui se trouva heureusement exact.

Un brouillard épais, qui persista encore quelque temps après le lever du soleil, favorisa beaucoup les Français, en dérobant leurs derniers mouvements à la vue de l'ennemi jusqu'au moment où ils se trouvèrent en mesure de commencer l'attaque. Celle-ci s'opéra sur trois colonnes, par Dimont, Dimechaux et Choisies. Le début n'en fut pas très heureux, et, par deux fois, les tirailleurs de Duquesnoy furent rejetés sur les pentes qui montent à Wattignies. Mais Jourdan, qui sentait toute la portée d'un nouvel échec subi sur un point aussi important, ordonna une charge concentrique et simultanée des trois colonnes en se plaçant lui-même à la tête de la principale. L'impétuosité du choc des républicains, qui se savaient à l'instant décisif, fit refluer les masses autrichiennes, canonnées en même temps par des batteries volantes activement servies, dont les bataillons français facilitaient le jeu en ouvrant à propos leurs intervalles. Tel était le fracas de la mousqueterie et de la canonnade que le prince de Cobourg avoua, dit-on, « ne s'être jamais trouvé à pareille fête » !

Bientôt le village de Wattignies est emporté. Les grenadiers autrichiens qui défendaient le bois du Rince (bois Leroy) et reliaient la gauche au centre de Clerfayt sont abordés à la baïonnette et contraints de plier, sans que Cobourg, qui n'a reconnu que trop tard les intentions de son adversaire, ait eu le temps d'appeler sur ce point des renforts capables de balancer le succès des républicains. La victoire pouvait donc être considérée comme décidée en faveur de ces derniers, malgré la charge impétueuse de la cavalerie autrichienne, accourue au secours des troupes attaquées, lorsqu'un moment d'indécision ou de faiblesse du général Gratien faillit tout perdre. Sa brigade ne soutint pas une nouvelle charge des cavaliers impériaux. Ses soldats plièrent, et leur mouvement rétrograde ouvrit dans la ligne de bataille une trouée où les masses ennemies cherchèrent à se précipiter. Cet incident imprévu suspendit l'élan des troupes françaises, et cet arrêt allait peut-être leur devenir fatal, lorsque Jourdan, s'en apercevant, s'élança au milieu de la brigade épouvantée, la rallia et la ramena au combat. Le conventionnel Duquesnoy, frère du général, en prit le commandement après l'avoir ôté brusquement au général Gratien. En même temps, le colonel Carnot-Feulins, frère du représentant, installait, avec beaucoup d'intelligence et de présence d'esprit, une batterie de 12 pièces qui prenait d'écharpe la cavalerie ennemie devenue trop pressante et l'obligeait à une prompte retraite. La charge reprenait sur toute la ligne, et le corps de Terzy tout entier s'échappait à travers les bois dans la direction de Beaufort.

Le combat, il est vrai, n'avait pas eu partout un résultat aussi avantageux. Fromentin et Balland, se renfermant dans le rôle passif qui leur avait été assigné, s'étaient bornés à des démonstrations qui, tout en étant aisément contenues, remplirent cependant leur objet, qui était d'inquiéter l'ennemi. Mais à l'extrême droite française, Beauregard échoua dans l'attaque dont il avait été chargé. En le voyant déboucher de Solrinnes sur Obrechies, les Autrichiens furent plus alarmés d'un mouvement qui semblait tendre à les couper du corps du siège que de l'assaut livré à Wattignies même, et portèrent au-devant de lui le corps de Haddick, soutenu par plusieurs escadrons que le général Chasteler dirigeait en personne. A l'approche de cette colonne, dont on apprécia mal la force, la division Beauregard, effrayée, se retira en désordre vers le bois de Solre, vivement poussée par les impériaux, qui lui enlevèrent une partie de son artillerie. Cet échec, pourtant, n'eut pas d'autre suite fâcheuse et fut, du reste, assez vite réparé par l'apparition de la réserve de

Jourdan, envoyée à propos vers Obrechies. Telle était l'importance de la position de Wattignies que, celle-ci une fois conquise, la bataille était virtuellement gagnée. C'était bien ce que sentait le prince de Cobourg, puisqu'il fit évacuer précipitamment les points où ses troupes avaient réussi à se maintenir et profita de la nuit, rendue encore plus obscure par un brouillard épais qui persista jusque dans la matinée du 17, pour faire passer toute son armée sur la rive droite de la Sambre.

Cobourg n'eût pas, sans doute, opéré sa retraite sans encombre si la garnison de la place et du camp de Maubeuge avait saisi l'occasion pour effectuer une grande sortie. L'ancienne ardeur des troupes assiégées s'était réveillée au bruit du canon de Jourdan, et elles demandaient à grands cris qu'on les menât à l'ennemi. C'était aussi l'avis de plusieurs de leurs chefs, notamment du général Chancel ; mais le commandant supérieur, Ferrand, prétendit que la canonnade entendue n'était qu'une ruse de l'ennemi pour l'attirer au dehors, et se garda bien de bouger. Sans doute, les assiégeants avaient bien assez de monde pour s'opposer à cette tentative, puisque les corps tout entiers de Latour et de Colleredo étaient restés devant la forteresse et continuaient à la bloquer étroitement. Néanmoins, Ferrand devait attaquer, fût-ce à chances inégales, puisque, en retenant ou en attirant sur lui le plus possible de forces ennemies, il contribuait à faciliter sa délivrance et la rendait plus certaine. Faut-il en croire le général Thiébault, présent au camp de Maubeuge, qui affirme qu'une inaction aussi déplorable doit être exclusivement imputée « aux énergumènes qui, alors, ne laissaient à beaucoup de chefs militaires que l'apparence du commandement », et qui firent prévaloir la résolution « de ne sortir du camp que lorsqu'on pourrait donner la main à l'armée de secours ». Ce qui semble le prouver, c'est que Carnot, dans son rapport officiel, se borna à regretter l'inaction de la garnison de Maubeuge, sans désigner ni même chercher aucun coupable. Pourtant, comme, à chaque faute commise, il fallait au Comité de Salut public une victime expiatoire, on arrêta le général Chancel, c'est-à-dire celui-là même qui avait opiné le plus énergiquement pour la sortie, et on le traduisit sans retard devant le tribunal de mort, qui fit son œuvre.

Croirait-on qu'il s'en fallut de peu que Jourdan n'éprouvât le même sort ! Comme il n'avait plus rien tenté de sérieux après la délivrance de Maubeuge et la retraite de Cobourg en Belgique — si ce n'est, dans la vue de hâter celle-ci, une diversion du côté de Charleroi — et qu'il soutenait, à bon droit, qu'il fallait profiter de l'hiver pour donner plus d'aplomb à l'armée en perfectionnant son organisation, son instruction et sa discipline, un mandat d'amener fut lancé contre lui, et il dut se rendre à Paris. Les réclamations de Carnot, de Duquesnoy et des autres représentants qui l'avaient vu et apprécié à l'œuvre le sauvèrent toutefois de la prison, vestibule de l'échafaud, et il en fut quitte pour « recevoir » sa retraite. qui ne devait être, au demeurant, que toute momentanée. Aussi bien, l'injustice et l'ingratitude eussent-elles été trop criantes, cette fois. Certes, la part de Carnot dans la victoire fut importante, et il n'est que juste qu'il figure sur le monument commémoratif de la bataille, en tête des généraux qui se distinguèrent dans cette journée; mais les services qu'on lui dut ne sauraient pas nous faire oublier ceux, plus signalés encore, que rendit le brave Jourdan, héros modeste, à qui la suite de sa carrière réservait plus d'un déboire, mais dont le nom n'en vivra pas moins à jamais dans nos annales militaires, inséparable qu'il est des noms glorieux de Wattignies et de Fleurus.

XV

Brienne & La Rothière

GÉNÉRAL GÉRARD
Bibliothèque Nationale,
Estampes.

MARÉCHAL BLÜCHER
Bibliothèque Nationale,
Estampes.

Des vingt campagnes de guerre conduites par Napoléon Ier, il en est deux surtout qui, encore plus vivement que les autres, ont frappé l'imagination des hommes et sont restées plus particulièrement *populaires* chez nous : c'est la première et la dernière — si l'on met à part, comme il convient, historiquement et militairement, la fulgurante, mais fugitive apparition du météore à son déclin dans les champs de Ligny et de Waterloo! — la campagne de 1796, en Italie, et la campagne de 1814, en France. Et même, il est permis de dire que c'est par celle-ci principalement que l'image du grand capitaine s'est fixée dans l'esprit et reste gravée dans le souvenir de ses compatriotes. Arcole et Rivoli, c'était bien beau, mais bien loin ; plus lointains encore Austerlitz, Iéna, Friedland, Wagram.... Ce n'était que par les « bulletins », et à la longue, que l'on connaissait les péripéties de ces mémorables journées; le théâtre des opérations restait totalement inconnu à la plupart des Français et, tout en s'enivrant de la gloire qu'y récoltaient à l'envi l'Empereur, ses généraux et ses soldats, ils se montraient nécessairement plus frappés de la grandeur des résultats que de celle de la lutte elle-même.

En 1814, au contraire, les résultats sont, hélas! presque toujours médiocres, ou du moins presque toujours précaires et remis en question dès le lendemain; ils sont d'ailleurs bientôt effacés par celui qui clôt, résume et domine toute cette campagne de trois mois : la chute irrémédiable de l'homme qui l'a soutenue, l'effondrement du régime fondé par lui, et aussi, malheureusement, la perte de nos frontières naturelles. Mais la France n'a pas seulement pu sonder la profondeur de l'abîme où l'avait entraînée le « rude et dur guerrier » par son ambition sans mesure et sans frein : elle

a appris en même temps à le connaître lui-même en le regardant à l'œuvre.
Pour la première fois peut-être, à le voir dépenser des trésors d'activité,
d'énergie et d'audace, et épuiser toutes les ressources de l'art pour la
défense du sol national, elle a senti toute la puissance et toute l'étendue de
son génie. Si détachée de lui qu'elle pût être alors, elle s'est involontaire-
rement reprise à l'aimer, et l'admiration que lui a inspirée le général a fait
taire un moment les trop légitimes ressentiments que s'étaient attirés le
despote. Qu'on ne s'y trompe point : ce qu'on a appelé la « légende napoléonienne » a sa vraie source dans la campagne de France, et la captivité
de Sainte-Hélène n'a fait que la consacrer et l'ennoblir. Certes, l'exil a grandi
encore l'Empereur déchu, et bien peu, parmi ceux qui l'avaient combattu
le plus ardemment, ont pu se défendre d'une pitié profonde à la vue d'une
si cruelle infortune ; de même, les récits pathétiques des vieux soldats rendus malgré eux à leurs foyers n'ont pas peu contribué à faire regretter et
plaindre Napoléon par les générations qui n'avaient pas souffert de ses
fautes. Mais si, comme a dit Béranger dans les *Souvenirs du peuple,*

> On *a parlé* de sa gloire
> Sous le chaume bien longtemps,

c'est parce qu'il avait été donné à chacun de l'y voir entrer pour se reposer
entre deux batailles, de le contempler à son aise, même de toucher de ses
doigts la fameuse redingote grise noircie par la poudre ou couverte de la
poussière des combats, et que, de l'Aisne à la Marne et de l'Aube à la Seine,
maint enfant, pendant longtemps, a pu répéter avec celui du poète :

> Il s'est assis là, grand'mère ?
> Il s'est assis là !

Quoi qu'il en soit, la campagne de 1814 reste une des plus instructives,
une des plus émouvantes de la grande époque, voire de tous les temps, non
seulement par ses immenses conséquences politiques, mais encore par l'importance, la rapidité et la variété des événements militaires dont l'enchaîne-
ment la compose. Qui ne se sentirait ému par le courage au milieu des
dangers et la fermeté au milieu des revers que déploie cet Empereur, non
plus oppresseur, non plus conquérant, mais disputant pied à pied à l'Europe
tout entière en armes le sol sacré de la patrie ? Qui voudrait marchander
son enthousiasme à Napoléon redevenu Bonaparte, se montrant, en cet
instant de glorieuse agonie, aussi ardent, aussi infatigable, aussi fécond en
combinaisons et en ressources qu'aux temps de Montenotte et de Castiglione,

et n'hésitant pas à « chausser de nouveau les bottes du général de l'armée d'Italie », comme il se plaisait à le dire lui-même en son langage pittoresque ?

Pour défendre la France envahie par toutes les armées de la Coalition, il ne dispose, relativement, que d'une poignée d'hommes, la plupart conscrits levés de la veille et sachant à peine se servir de leurs armes. Mais son génie semble grandir avec les difficultés et les périls : il est partout, fait face à

Cliché Merez, à Brienne.

STATUE DE NAPOLÉON A BRIENNE.

tout, sait tirer parti de tout; la moindre faute de l'ennemi est tout aussitôt aperçue, exploitée et retournée contre lui; les moindres chances de succès qui se présentent sont immédiatement saisies et mises à profit. A trois ou quatre reprises, les alliés paraissent réduits à la dernière extrémité et sont bien près de désespérer complètement eux-mêmes. A la fin pourtant, l'Empereur est vaincu par la distance encore plus que par le nombre, et sa vaillante épée s'échappe de sa main fatiguée; mais on ne le voit pas succomber sans garder, malgré tout, l'impression qu'il s'en est fallu de bien peu que la victoire ne couronnât ses efforts une fois de plus : peut-être seulement d'un peu plus de vigueur de la part de quelques-uns de ses lieutenants, et d'une fidélité moins chancelante de la part de certains autres.

En tout cas, son plan de campagne était des mieux conçus, des mieux adaptés à la situation, en même temps que des plus simples. Le temps n'était plus où il pouvait se flatter de faire, à son gré, la loi à l'adversaire : c'était la loi de l'adversaire qu'il lui fallait subir à son tour! Aussi, rapprochant les rapports que lui signalaient jour par jour la marche des alliés, et ayant compris de bonne heure, avec sa pénétration ordinaire, qu'ils voulaient réunir leurs armées au nord du plateau de Langres pour, de là, marcher sur Paris, il s'était décidé à rassembler le peu de forces dont il disposait entre Châlons et Vitry. Il se plaçait de la sorte à proximité du point de jonction présumé de l'armée de Blücher, accourant par Nancy, et de l'armée de Schwarzenberg, s'avançant par la trouée de Belfort vers la haute Marne, tout prêt à s'élancer sur les corps qui seraient les plus à sa portée, afin de les battre isolément. Sans doute, comme l'a fait remarquer Clausewitz, il eût peut-être été préférable, stratégiquement, qu'il allât prendre une « position de flanc » plus au sud, vers Dijon, car, très certainement, les alliés n'auraient jamais osé marcher sur Paris en le laissant sur leurs derrières ; il lui aurait suffi alors de manœuvrer, sans trop fatiguer ses troupes, pour détourner presque indéfiniment le coup qui menaçait sa capitale et qui devait immanquablement l'atteindre au moindre faux mouvement. L'illustre écrivain mili-

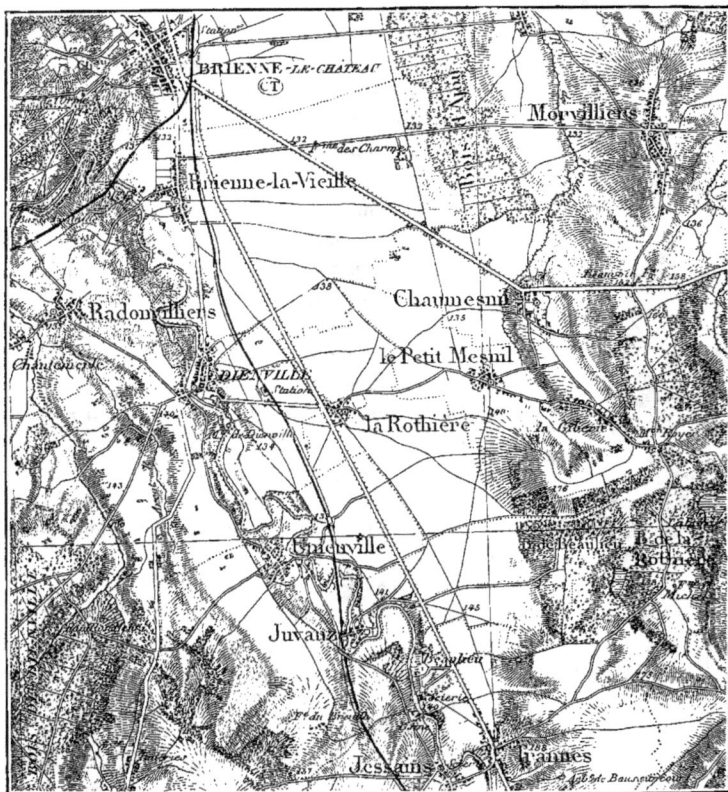

CHAMP DE BATAILLE DE BRIENNE ET DE LA ROTHIÈRE.
Extrait de la carte de l'État-major au 1 : 80 000.

taire allemand n'a certainement pas tort en principe ; seulement il oublie que Paris n'était pas en état de défense, et que, dans l'état de nervosité où se trouvait sa population, il était absolument indispensable qu'elle sentît toujours le grand capitaine entre elle et l'armée ennemie. L'état général des affaires était tel, au surplus, qu'il n'y avait rien à espérer d'opérations conduites « dans toutes les règles » : pour imposer à ses ennemis, il fallait que Napoléon multipliât les coups de vigueur, sans se préoccuper autrement

20

des risques à courir. Et, précisément, nous allons le voir ouvrir la campagne
par un de ces coups qui, par malheur et pour des raisons assurément indépendantes de sa volonté et de sa prévoyance, n'atteindra qu'en partie le but, de
sorte qu'il se trouvera placé, dès le début, dans une situation des plus critiques et n'aura pas trop de tout son sang-froid pour se retirer d'affaire.

D'après la position des différents corps ennemis, au 25 janvier 1814, jour
où l'Empereur quitta Paris pour se mettre à la tête de ses troupes, après
avoir confié la régence à l'Impératrice et nommé son frère lieutenant-général
de l'Empire, c'est contre l'armée de Silésie que doit se prononcer tout
d'abord son offensive. Aussi ardent que Schwarzenberg est circonspect,
Blücher a déjà atteint la Marne et n'a plus qu'une ou deux étapes à faire
pour tendre la main, vers Troyes, à l'armée de Bohême, qui commence à
déboucher par Chaumont. Alors même que la principale concentration des
forces françaises qui s'achève autour de Vitry-le-François (corps de Ney, de
Marmont et de Victor) et vers Châlons (corps de Macdonald) ne rendrait pas
un mouvement contre lui préférable à toute opération dirigée contre Schwarzenberg, devant lequel ne se trouve que le corps de Mortier, Napoléon ne
saurait hésiter : il tient à donner avant tout une bonne leçon à celui de ses
adversaires qu'il considère à bon droit comme le plus acharné et le plus
redoutable. Toutefois, lorsqu'il arrive à Vitry, Blücher a pris une avance
plus grande qu'on ne le supposait, et un premier combat, livré le 27 à Saint-
Dizier, démontre qu'on n'a plus devant soi qu'une division isolée (celle de
Landskoï) laissée là pour couvrir la marche du gros sur Brienne. C'est donc
de ce côté que va se rabattre l'Empereur, dans l'espoir de rejoindre l'armée
de Silésie avant qu'elle n'ait opéré sa jonction avec l'armée de Bohême, et
peut-être de la surprendre sur l'Aube en flagrant délit de passage.

Brienne, ainsi appelé à jouer dans les premières opérations de la
campagne un rôle fort peu enviable, est une petite ville très ancienne,
berceau d'une puissante famille comtale qui a donné au moyen âge des ducs
à Athènes, un roi à Jérusalem et un empereur à Constantinople. Elle est
située à l'extrémité d'une plaine ondulée en partie boisée, qui s'abaisse au
nord vers la Voire et au sud-ouest vers l'Aube, à 1 kilomètre de cette
dernière rivière. Plusieurs routes ou grands chemins y aboutissaient, dès
1814, notamment, au nord-ouest, la route de Troyes, par Lesmont, que suivait
l'armée de Blücher; au nord-est, le chemin de Montierender, par où débouchait Napoléon; au sud-est, la route de Joinville, par Chaumesnil et Soulaines;
au sud, enfin, celle de Bar-sur-Aube, par la Rothière et Trannes, qui pouvait
établir la communication entre les deux armées alliées et qui sera l'axe de
la bataille du 1er février. Dans le prolongement du chemin de Montierender

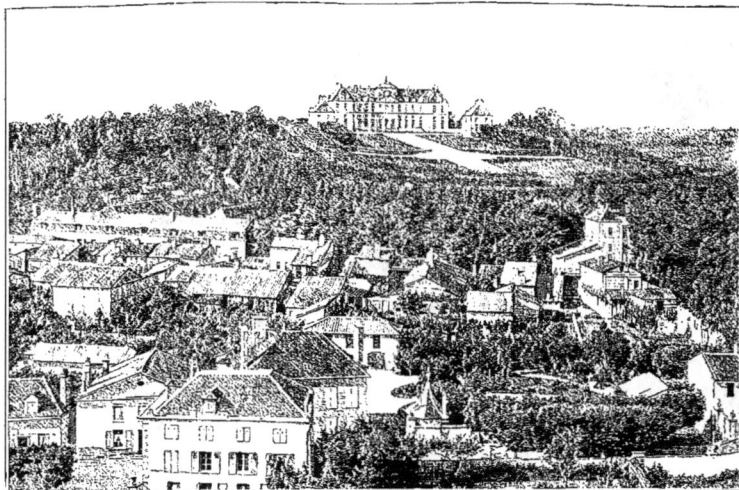

VUE DE BRIENNE.
(D'après une photographie.)

et, par conséquent, au sud-ouest de la ville, s'élève, sur un monticule qui la
domine de très près, le beau château bâti de 1770 à 1778 par l'architecte
Fontaine pour le cardinal de Loménie de Brienne, ministre de Louis XVI,
qui appartient aujourd'hui au prince de Bauffremont-Courtenay. Ce château,
entouré de vastes communs et de jardins magnifiques que prolonge un
grand parc, a été, comme on le verra plus loin, le théâtre de l'épisode le
plus sanglant du combat de 1814[1]; mais la ville elle-même n'eut guère moins
à en souffrir, car on se battit jusqu'à la nuit close dans les rues et dans les
jardins, et une grande partie des maisons furent détruites par les boulets et
surtout par l'incendie. Désireux de contribuer à sa reconstruction et aussi,
sans doute, en souvenir de ses années de jeunesse, Napoléon avait couché
Brienne sur son testament pour une somme de 1 200 000 francs : ce legs
ne fut jamais acquitté; mais, plus tard, Napoléon III fit compter à la ville
400 000 francs à titre de dédommagement tardif des souffrances et des
pertes qu'elle avait dû subir, et lui fit présent d'une statue de Bonaparte
à l'âge de quinze ans, par le sculpteur Rochet, qui fait encore l'ornement de
la place principale. Sur la face antérieure, on lit cette inscription : Pour

1. Ce n'est pas dans le château, comme on le dit quelquefois, que se trouvait l'École
militaire, succursale de celle de Paris, où le jeune Napoléon Bonaparte fit ses études de
1779 à 1784; elle était installée dans un collège fondé en 1730 par les Minimes et y resta
jusqu'à sa suppression, en 1790.

MA PENSÉE, BRIENNE EST MA PATRIE. C'EST LA QUE J'AI RESSENTI LES PREMIÈRES
IMPRESSIONS DE L'HOMME[1].

Quant à la bataille dite de la Rothière, du nom de la localité qui fut le
centre de l'action, — les coalisés la nommèrent d'abord, et quelques historiens allemands l'appellent encore : « bataille de Brienne », — elle a eu pour
théâtre la partie de la plaine qui s'étend au sud-est de cette ville. Le terrain,
très plat à partir de celle-ci sur un espace d'une dizaine de kilomètres, c'est-
à-dire jusqu'au delà de la Rothière, se relève, à la hauteur de Trannes, en un
plateau mamelonné, qui s'étend depuis ce village jusqu'à celui d'Eclance et
dont l'extrémité orientale porte le bois de Beaulieu. Limité, au sud, par le
plateau en question, le champ de bataille est encadré à droite et à gauche
par des obstacles naturels : du côté de l'ouest, la rivière d'Aube, qui est
assez profonde et dont la rive gauche est bordée de coteaux à pentes raides
dominant partout la rive droite; du côté de l'est, par une ligne sinueuse de
hauteurs, courant, au nord, jusqu'au village de Morvilliers. Entre Morvilliers
et Brienne, le terrain est parfaitement plat, mais coupé par un ruisseau qui
s'étend au nord vers la Voire et par un bois marécageux, de largeur médiocre,
mais très long, appelé encore aujourd'hui le bois d'Ajou. A la sortie de
Brienne, les routes de Bar-sur-Aube et de Joinville divergent en éventail et
ne sont encore écartées l'une de l'autre que de 3 kilomètres environ, lorsque
la première traverse Chaumesnil et la seconde la Rothière; le chemin qui
unit ces deux villages passe par celui de Petit-Mesnil, en avant duquel se
trouve le hameau de la Giberie, puis se prolonge jusqu'à l'Aube, qu'il atteint
à Dienville, assez gros bourg d'où deux autres chemins mènent à Vendœuvres et à Troyes. Ces diverses localités jalonneront, dans la journée du
1er février, le front de l'armée française, dont la gauche s'étendra vers le
nord-est jusqu'à Morvilliers, en avant du bois d'Ajou; elles ont naturellement beaucoup souffert des combats terribles dont elles étaient devenues
l'enjeu; mais toute trace de la lutte a depuis longtemps disparu; aucun
monument, même funéraire, ne la rappelle, et c'est à peine si les habitants
d'aujourd'hui en ont conservé le souvenir.

> [*La relation du combat de Brienne et de la bataille de la Rothière est très
> claire, très exacte et suffisamment détaillée dans l'*HISTOIRE DU CONSULAT
> ET DE L'EMPIRE, *de M Thiers. (Paris, Société d'Édition et de Librairie); c'est
> donc à cet ouvrage classique que nous nous adresserons ici.*]

Le 29 janvier, l'armée française partit de Montierender pour Brienne. On eut, comme
la veille, beaucoup de peine à s'avancer sur les chemins défoncés par les pluies.

1. On prétend que, visitant Brienne après son sacre (3 avril 1805), la ville et le château de
Brienne, Napoléon se serait écrié, en contemplant de la terrasse du château le panorama de

Enfin, vers trois ou quatre heures de l'après-midi, Grouchy, qui commandait la cavalerie de l'armée, et Lefebvre-Desnoëttes celle de la garde, en débouchant du bois d'Ajou, découvrirent, dans une plaine légèrement ondulée, la cavalerie du comte Pahlen, appuyée par quelques bataillons légers de Scherbatow. Un peu plus loin, on apercevait la petite ville de Brienne, avec son château bâti sur une éminence et entouré de bois; l'Aube coulait au delà. Des troupes nombreuses se montraient le long de l'Aube, et elles paraissaient rebrousser chemin. Voici ce que signifiaient ces divers mouvements.

Blücher, parvenu à Bar-sur-Aube, petite ville située sur la rivière de l'Aube fort au-dessus de Brienne, s'était imaginé que Mortier cherchait à passer cette rivière pour se réunir à Napoléon vers la Marne, et il avait résolu de l'en empêcher. En conséquence, il s'était porté sur Brienne, Lesmont et Arcis, dans l'intention de couper les ponts de l'Aube. Mais, informé de l'apparition de Napoléon, il s'était hâté de revenir sur ses pas, et en ce moment il traversait, à la tête du corps de Sacken, la ville de Brienne, pour remonter vers Bar-sur-Aube. Afin de couvrir ce mouvement, Pahlen, avec sa cavalerie et quelques bataillons légers du prince Scherbatow, observait la plaine et la lisière des bois par lesquels devait déboucher l'armée française. Le général Olsouvief gardait les approches de Brienne, que traversait, en rétrogradant sur Bar, le grand parc d'artillerie des Prussiens.

Dès qu'il reconnut les escadrons du comte Pahlen, Lefebvre-Desnoëttes s'élança sur eux avec sa cavalerie légère, et les força de se replier sur les bataillons de Scherbatow formés en carré. La cavalerie russe vint, en effet, s'abriter derrière ces bataillons et se placer à droite de la ligne ennemie, en face de notre gauche. Pendant ce temps Olsouvief s'était déployé en avant de la ville, et le corps de Sacken, arrêté dans sa marche rétrograde, était venu prendre position à côté d'Olsouvief, afin de protéger Brienne, qu'il importait de bien occuper pour que le parc d'artillerie prussien pût défiler en sûreté.

L'infanterie française était encore engagée dans les bois. Napoléon fut réduit à canonner la ligne russe, que ses cavaliers ne pouvaient entamer, et on se borna ainsi pendant plus de deux heures à un échange de boulets qui ne laissait pas que d'être assez meurtrier. Enfin, Ney et Victor commençant à déboucher, Napoléon ordonna d'attaquer sur-le-champ. Victor avait laissé la division Duhesme à Marmont[1], et Ney n'avait que deux faibles divisions de la garde; nous disposions ainsi tout au plus de 10 000 à 11 000 hommes d'infanterie, et de 6 000 de cavalerie. Blücher avait 30 000 hommes au moins. Napoléon n'hésita pas toutefois, car on ne comptait plus les ennemis, et au contraire on comptait les heures. Il poussa Ney en deux colonnes directement sur Brienne, et il porta vers sa gauche le reste de ce corps, de manière à menacer la route de Brienne à Bar, ce qui devait déterminer la retraite de de Blücher.

Ces dispositions eurent tout d'abord le succès désiré. Nous avions bien peu de vieilles troupes; la jeune garde ne comprenait que des conscrits à peine vêtus, et

la plaine : « Quel beau champ de bataille ce serait ici! » Mais nous ne saurions garantir, naturellement, l'authenticité de l'anecdote.

1. Le duc de Raguse avait été laissé vers Saint-Dizier pour couvrir le flanc gauche de l'armée contre une attaque éventuelle de l'armée de Bohême; il rejoindra le gros de l'armée à temps pour prendre part à la bataille du 1er février.

n'ayant jamais tiré un coup de fusil. On les appelait des *Marie-Louise*, du nom de la régente, sous laquelle ils avaient été levés et organisés. Mais ils étaient placés dans de vieux cadres et conduits par le maréchal Ney. Ces jeunes gens supportèrent un feu violent sans être ébranlés et forcèrent l'infanterie russe à se replier sur Brienne, quoique trois fois plus nombreuse qu'eux. Malheureusement, un accident survenu à notre aile gauche ralentit ce succès. Vers cette aile, la faible colonne de Victor, que Napoléon avait dirigée sur la route de Bar afin de menacer la ligne de retraite de Blücher, s'était trouvée en face de la cavalerie russe ramenée tout entière de ce côté, tandis que la nôtre était au côté opposé. Abordée brusquement par plusieurs milliers de cavaliers, l'infanterie de Victor éprouva une sorte de surprise et fut contrainte de rétrograder. Napoléon, qui était au milieu d'elle, courut le plus grand danger, et vit enlever sous ses yeux quelques pièces d'artillerie. Ce mouvement rétrograde de notre gauche arrêta l'essor de Ney. Mais, en ce moment, la brigade détachée de Victor sur la droite avait tourné Brienne, pénétré à travers le parc du château, assailli et enlevé le château lui-même. Elle avait failli prendre Blücher avec son état-major, et elle captura le fils du chancelier de Hardenberg. De notre côté, nous perdîmes le brave contre-amiral Baste, des marins de la garde, qui, dans cette journée, termina une vie héroïque par une mort glorieuse. La conquête de cette position dominante causa un fort ébranlement parmi les Russes. Ney alors les poussa vivement, entra dans Brienne à leur suite, et emporta la ville à l'instant même où l'artillerie de l'ennemi achevait de la traverser. Blücher, piqué du résultat de cette première rencontre, craignant pour la queue de son parc d'artillerie, voulut faire un dernier effort pour reprendre Brienne et l'occuper au moins pendant quelques heures. Il exécuta, en effet, vers dix heures du soir, une attaque furieuse contre la ville et le château, à la tête de l'infanterie de Sacken. L'attaque sur la ville, favorisée par la nuit, eut un commencement de succès contre nos jeunes troupes surprises de ce retour offensif. Mais un brave officier, le chef de bataillon Enders, qui gardait le château avec un bataillon du 56°, culbuta les assaillants dans la ville, et ceux-ci, reçus par nos soldats qui étaient revenus de leur trouble, furent tous tués ou pris. Ce succès ranima notre élan; on poussa l'infanterie de Sacken hors de la ville, et notre artillerie, qui était nombreuse, tirant aussi juste que l'obscurité le permettait, couvrit les Russes de mitraille.

Il était onze heures du soir lorsque ce combat fut terminé. La confusion était si grande que Napoléon ne crut pas devoir prendre gîte au château. Il coucha dans un village voisin, se trouva un moment entouré de Cosaques en regagnant son bivouac, et fut sur le point d'être enlevé. Berthier, précipité dans la boue, en fut retiré tout meurtri.

Le lendemain matin, on vit plus clair dans la position. On sut qu'on avait eu affaire à plus de 30 000 hommes, et que Blücher se retirait dans la vaste plaine qui s'étend au delà de Brienne, sur la route de Bar-sur-Aube. On le suivit avec une centaine de bouches à feu, et on le cribla de boulets jusqu'au village de la Rothière, où il s'arrêta.

Ce combat était fort honorable pour nos jeunes soldats, qui, se battant dans la proportion d'un contre deux, avaient fini par l'emporter sur les vieilles bandes de la coalition, menées par le plus brave de ses généraux. Malheureusement ce n'était pas un contre deux, mais un contre cinq qu'il faudrait bientôt se battre pour tâcher de sauver la France ! L'ennemi avait laissé dans nos mains environ 4 000 hommes morts ou blessés. Nous en avions près de 3 000 hors de combat. Mais le champ de bataille étant à nous, les blessés n'étaient pas de notre côté des hommes perdus. L'effet moral importait plus encore que le résultat matériel. Nos soldats, démoralisés lorsque Napoléon les avait rejoints à Châlons, commençaient à recouvrer leur courage en le voyant, en se retrouvant au feu avec lui, et en reprenant sous sa forte impulsion l'habitude de vaincre.

Le combat du 29 janvier n'était que le prélude d'une action beaucoup plus importante et qui ne devait pas avoir un dénouement aussi heureux. Elle était inévitable du moment que les deux adversaires s'obstinaient à rester en « présence », et le dénouement lui-même ne l'était pas moins, Napoléon n'ayant pas 40 000 hommes à opposer aux 170 000 que les alliés pouvaient jeter sur lui. Mais s'il était naturel que Blücher, maintenant assuré de l'appui immédiat d'une grande partie de l'armée de Bohême, ne voulût point démordre d'une semelle, et si son attitude expectante pendant les journées des 30 et 31 janvier prouvait simplement qu'il voulait attendre l'arrivée de tous les renforts promis par Schwarzenberg pour attaquer la petite armée de l'Empereur, on comprend plus difficilement à première vue que celui-ci, désormais pleinement édifié sur la force, la position et les projets des alliés, n'ait pas profité de l'inaction de son adversaire pour se dérober et repasser derrière l'Aube, où il pouvait se renforcer assez promptement lui-même et où il avait, en tous cas, la ressource et les moyens de manœuvrer.

Toutefois, si l'on veut bien envisager la situation dans son ensemble et se souvenir que Napoléon avait à tenir compte de multiples considérations politiques et morales, tout autant, sinon plus que des conditions stratégiques et tactiques, on s'explique mieux sa conduite et l'on se convainc qu'il ne pouvait guère agir autrement qu'il l'a fait. Déçu dans son espoir d'atteindre et d'écraser Blücher avant que celui-ci n'eût pu faire sa jonction avec Schwarzenberg, il n'avait plus, évidemment, au point de vue purement militaire, qu'à se replier au plus vite et à essayer d'une autre combinaison. Par contre, au point de vue moral, il eût été du plus fâcheux effet qu'on le vît décamper au lendemain de sa première rencontre avec les Alliés, et après avoir remporté un avantage qu'il lui importait d'exploiter, si léger qu'il fût, pour ranimer le patriotisme des populations, faciliter la levée en masse, imposer silence aux ennemis du gouvernement, achever, enfin, de *galvaniser* ses propres troupes, déjà toutes réconfortées par la seule nouvelle de son arrivée. Se sentant hors d'état de poursuivre fructueusement l'offensive entamée avec tant de décision, il voulait du moins choisir son heure, *s'en aller* et non point reculer. Voilà pourquoi il crut devoir maintenir pendant quarante-huit heures sa petite armée en avant de Brienne, dans une position tactiquement peu favorable et, tout au moins, trop étendue pour les faibles effectifs dont il disposait. Comme il se préparait à opérer, le 1er février au matin, une retraite calme et fière, on lui signala l'approche et le déploiement de l'armée ennemie : il n'y avait plus qu'à faire tête.

Le 30 janvier, lendemain du combat de Brienne, le prince de Schwarzenberg mit en mouvement tous ses corps sur l'une et l'autre rive de l'Aube. Blücher s'était retiré un peu en arrière de la Rothière, sur les coteaux boisés de Trannes. Le prince de Schwarzenberg rangea derrière lui les corps du général Giulay et du prince de Wurtemberg, qui, en poursuivant le maréchal Mortier, s'étaient arrêtés à Bar-sur-Aube. Il dirigea sa gauche, composée de toutes les réserves autrichiennes sous le prince de Colloredo, sur Vandœuvres, à la rive gauche de l'Aube, afin de menacer le flanc droit de Napoléon et de contenir le maréchal Mortier. Il porta sa droite, composée des Bavarois, à Éclance, un peu au delà de Trannes, et envoya l'ordre à Wittgenstein, déjà parvenu à Saint-Dizier, de s'avancer en toute hâte jusqu'à Soulaines. Le corps d'York, qui avait été laissé devant Metz, reçut également l'ordre de se rendre à Saint-Dizier. Enfin au centre, où déjà le prince de Wurtemberg et le général Giulay étaient venus appuyer Blücher, il disposa un dernier renfort en y attirant les gardes russes et prussiennes.

C'était là une immense accumulation de forces, car Blücher, après le combat de Brienne, conservait bien 28 000 hommes, en comptant Sacken, Olsouvief et Pahlen ; le général Giulay et le prince de Wurtemberg ne lui amenaient pas moins de 25 000 hommes de secours ; on en supposait autant au maréchal de Wrède ; autant au prince de Colloredo ; on estimait à 30 000 les gardes russes et prussiennes, à 18 000 le corps de Wittgenstein, à 15 000 celui du général d'York. Le tout formait par conséquent 170 000 hommes, dont plus de 100 000 concentrés autour de la Rothière. Or, on voyait Napoléon en face de soi, ayant une aile sur l'Aube, l'autre sur le coteau boisé d'Ajou, et pour toute défense au centre le village de la Rothière : qu'avait-il de troupe dans cette position ? 30 000 hommes, si on en juge par le combat du 29 janvier, et peut-être 40 000 ou 45 000 hommes, si Mortier, qu'on savait à Troyes, avait pu le rejoindre. C'était donc le cas ou jamais de se jeter sur lui, avant qu'il fût renforcé, et de l'accabler avec les 170 000 hommes qu'on avait dans un espace de quelques lieues, et dont 100 000 étaient déjà réunis dans la plaine de la Rothière. Ces raisons décisives mirent fin aux discussions des jours précédents, et il fut résolu qu'on livrerait bataille. D'ailleurs, entre Chaumont et Bar-sur-Aube, on ne pouvait pas vivre ; il fallait avancer ou reculer, et reculer ne convenant à personne, la bataille, condition de tout mouvement en avant, était inévitable. Seulement, à l'audace de Napoléon, à ses vives allures, on regarda comme possible qu'il prît l'initiative, et on voulut la lui laisser, car on se trouvait sur les plateaux boisés de Trannes et d'Éclance, et on avait tout avantage à l'y attendre.

La journée du 31 janvier se passa dans cette attente, Napoléon étant resté immobile, on se décida, le 1er février, à aller le chercher dans la plaine de la Rothière. On avait un certain espace à franchir ; les corps étaient encore assez éloignés les uns

des autres, les chemins étaient argileux et difficiles à parcourir, bien qu'il eût fait
froid, et par tous ces motifs la bataille ne pouvait commencer de bonne heure. Le
maréchal Blücher fit doubler les attelages de son artillerie, afin de n'être pas
retardé, mais cette précaution l'obligea de laisser la moitié de ses canons en arrière.
Il employa la matinée à se porter de Trannes à La Rothière. Le plan convenu était
le suivant :

Le maréchal Blücher devait, avec Sacken, Olsouvief, Scherbatow et Pahlen,
aborder La Rothière et l'enlever, ce qui paraissait facile pour lui, car il n'avait d'autre
obstacle à vaincre qu'un village situé au milieu d'une plaine presque unie, et s'éle-
vant en pente insensible. Pendant ce temps, le général Giulay devait se porter sur
Dienville, pour enlever le pont de l'Aube où Napoléon appuyait sa droite, tandis
que le prince de Wurtemberg, agissant vers le côté opposé, à travers les bois
d'Éclance, devait enlever La Giberie et Chaumesnil, petits villages qui se reliaient au
bois d'Ajou, où Napoléon avait sa gauche. Enfin, le maréchal de Wrède devait
attaquer cette gauche, formée par le maréchal Marmont. Il fallait pour cela qu'il
s'enfonçât dans un ruisseau fangeux et boisé qui passe au pied du village de
Morvilliers, qu'il le franchît, enlevât Morvilliers, et traversât ensuite une plaine
découverte et creuse bordée par le bois d'Ajou. Derrière 70 000 hommes qui allaient
s'engager de la sorte, les gardes russe et prussienne devaient marcher en réserve,
ce qui porterait à 100 000 le nombre des combattants. Enfin, aux deux extrémités de
cette ligne de bataille, Colloredo, qui était à la gauche de l'Aube, Wittgenstein et
d'York, qui traversaient la forêt de Soulaines, devaient, en exécutant un double
mouvement circulaire, envelopper Napoléon avec 70 000 hommes répartis sur les
deux ailes. Quelle probabilité qu'il s'en tirât, eût-il 30 000, 40 000 et même
50 000 combattants ?

Telle était l'opinion que les coalisés se faisaient de la situation de l'armée française. Cette situation était au moins aussi fâcheuse qu'ils la supposaient. Ce n'étaient
pas 50 000 combattants, ce n'étaient même pas 40 000 que Napoléon pouvait opposer
aux 170 000 hommes de la coalition. mais 32 000 au plus. Il avait, il est vrai, une
position bien choisie[1], son génie et le dévouement de ses soldats ! On va voir comment
il usa de ces ressources.

Dès le matin, il avait remarqué un grand mouvement parmi les troupes de Blücher,
et, sachant que le prince de Colloredo s'était montré de l'autre côté de l'Aube, vers
Vendœuvres, il inclinait à quitter les bords de cette rivière et à se replier sur
Troyes, pour s'y réunir à Mortier et tenir tête à la masse des coalisés qui semblait
prendre cette route, lorsqu'au milieu du jour il apprit par quelques transfuges et
par les dispositions manifestes de l'ennemi qu'il allait être attaqué de front à La
Rothière. Dès ce moment, il n'était ni de son caractère ni d'un bon calcul de se
retirer. Il résolut de faire tête à l'orage, de recevoir chaudement l'attaque qui
s'annonçait, sauf à se retirer ensuite dès qu'il aurait assez résisté pour ne paraître
ni découragé ni vaincu.

Napoléon, comme nous l'avons dit. avait sa droite appuyée sur l'Aube, à Dienville,

---

1. En ce sens que les villages fournissaient un point d'appui à la défense ; mais nous avons
vu précédemment qu'elle était trop étendue, à telles enseignes que l'Empereur dut employer
sa cavalerie, sensiblement inférieure à celle des alliés, pour combler les vides existant sur son
front, ce qui l'empêcha d'en conserver suffisamment en réserve.

21

où se trouvait, sous le général Gérard, la division Dufour (première de réserve), et la division Ricard détachée du corps de Marmont. Il avait son centre formé des troupes du maréchal Victor, à La Rothière, coupant la grande route et s'étendant jusqu'à La Giberie ; il avait sa gauche en avant du bois d'Ajou, protégée par le ruisseau et le village de Morvilliers. Cette gauche, composée du corps de Marmont, qui était réduit en ce moment à la division de la Grange, n'était pas de plus de 4 000 hommes. Elle possédait, il est vrai, beaucoup de canons que le maréchal Marmont avait adroitement disposés, et de manière à contenir les Bavarois quand ils attaqueraient le ruisseau et le village de Morvilliers. Enfin, avec deux divisions de la jeune garde, la cavalerie [non employée sur le front] et une nombreuse artillerie, Napoléon se tenait en réserve derrière La Rothière, et un peu à sa gauche, de manière à secourir ou Marmont ou Victor. Il est certain, d'après les appels faits le matin, qu'il ne comptait pas plus de 32 000 hommes.

Le feu ne commença pas avant deux heures de l'après-midi ; Blücher, après avoir franchi avec peine l'espace qui le séparait de nos positions, s'avança sur La Rothière en deux fortes colonnes, l'une composée des troupes de Sacken, l'autre de celles d'Olsouvief et de Scherbatow. Une vive canonnade s'engagea de part et d'autre ; mais comme nous avions beaucoup d'artillerie, ce ne fut pas à l'avantage des Russes, que Blücher commandait dans cette journée. Bientôt, celui-ci voulut agir plus sérieusement, et il poussa ses masses d'infanterie sur les premières maisons de la Rothière. C'était la division Duhesme, du corps du maréchal Victor, qui occupait ce village. Nos jeunes soldats, bien embusqués dans les maisons et les jardins, répondirent par un feu des plus violents aux tentatives des soldats de Blücher, et parvinrent ainsi à les arrêter. Le maréchal Victor, abattu en sortant de Strasbourg, avait retrouvé toute l'énergie de la jeunesse dans cette grave circonstance, et il était au plus fort du danger, donnant l'exemple à ses soldats, qui le suivaient noblement.

Tandis qu'au centre Blücher luttait contre cet obstacle, le général Giulay, ayant défilé derrière lui pour se porter sur Dienville, y rencontra notre aile droite, établie dans ce bourg et sur les bords de l'Aube. Le général Gérard avait disposé une partie de ses troupes dans l'intérieur du bourg, l'autre dans la plaine, en liaison avec La Rothière, et sous la protection d'un grand nombre de bouches à feu. Le général Giulay, d'abord accueilli comme Blücher par une forte canonnade, ne fut pas plus heureux et voulut en vain aborder le bourg lui-même. Il perdit beaucoup de monde sans y pénétrer. Afin de se donner plus de chance de succès, en attaquant Dienville par les deux côtés de l'Aube, il porta la brigade Fresnel sur la rive gauche de cette rivière, par le pont d'Unienville situé un peu en amont. Cette brigade, après avoir franchi l'Aube et être arrivée devant Dienville, en trouva le pont barricadé, et essuya la fusillade d'une multitude de tirailleurs embusqués au bord de la rivière. Tout ce qu'elle put faire, fut de prendre position sur le sommet d'un coteau opposé à Dienville, et de tirer par dessus l'Aube avec son artillerie. La division Dufour, rangée sur l'autre rive, supporta ce feu avec un rare aplomb, et y répondit par un feu non moins meurtrier.

Sur notre droite, comme à notre centre, les alliés avaient donc rencontré une résistance opiniâtre. A notre gauche, le prince royal de Wurtemberg, après avoir franchi les bois d'Éclance, avait essayé d'enlever le petit hameau de La Giberie, qui flanquait

La Rothière, et se liait avec le bois d'Ajou occupé par Marmont. Il s'y trouvait un détachement du maréchal Victor, qui, vaincu par le nombre, fut obligé d'abandonner le hameau. Mais le maréchal Victor, se mettant à la tète de l'une de ses brigades, reprit La Giberie, et repoussa fort loin les Wurtembergeois. Enfin, à l'extrémité de ce champ de bataille, où la ligne des alliés se recourbait autour de notre flanc gauche, les Bavarois, après avoir débouché de la forêt de Soulaines, avaient été arrêtés par le maréchal Marmont, qui avait parfaitement disposé son artillerie et en faisait un usage des plus redoutables.

Ainsi, après deux heures d'une canonnade et d'une fusillade des plus violentes, l'ennemi n'avait gagné de terrain nulle part. Mais il ne pouvait se résigner à être tenu en échec par une armée qui lui paraissait être d'une quarantaine de mille hommes tout au plus, tandis qu'il en avait environ 100 000 en ne comptant pas ses deux ailes extrêmes.

Il tenta donc un effort décisif vers quatre heures de l'après-midi. Blücher, derrière lequel étaient venues se placer les gardes russe et prussienne, marcha l'épée à la main sur La Rothière, tandis que, sur la demande pressante du prince de Wurtemberg, l'empereur Alexandre envoyait une brigade de ses gardes pour seconder le prince dans l'attaque de La Giberie. L'action alors devient terrible. Les colonnes de Sacken entrèrent dans La Rothière, en furent repoussées, puis y pénétrèrent de nouveau, n'ayant affaire qu'à la division Duhesme, qui était au plus de 5 000 hommes. Cette division, conduite par le maréchal Victor en personne, n'abandonna le poste qu'à demi détruit. Pendant ce temps, pour remplir l'espace compris entre La Rothière et La Giberie, la cavalerie de la garde, suivie de son artillerie attelée, se jeta sur la cavalerie de Pahlen et de Wassiltchikoff, et la culbuta sur l'infanterie de Scherbatow. Mais, arrêtée par l'infanterie russe, chargée en flanc par un corps de dragons, elle perdit dans cette échauffourée une partie de ses canons, qu'elle n'eut pas le temps de ramener. Le prince de Wurtemberg, soutenu par les gardes russes, pénétra dans La Giberie, et, de leur côté, les Bavarois, honteux de se voir arrêtés par le petit nombre des soldats de Marmont, franchirent enfin le ruisseau qui leur faisait obstacle, emportèrent le village de Morvilliers et débouchèrent dans la plaine qui s'étend au pied du bois d'Ajou, afin de se débarrasser de notre artillerie, qui leur causait le plus grand dommage.

Le moment était critique, et Napoléon, qui n'avait cessé d'ordonner tous les mouvements sous une grêle de projectiles, résolut, quoiqu'il fit déjà nuit, de ne pas laisser tant d'avantage à ses adversaires. Sentant que la retraite n'était possible avec honneur et avec sûreté qu'en intimidant l'ennemi, il lança brusquement les deux divisions de jeune garde qui étaient sa dernière ressource sur les deux points principaux. Il dirigea sur La Rothière la division Rothenbourg, sous la conduite du maréchal Oudinot, avec ordre de tout renverser devant elle, et lui-même dirigea sur la gauche la division Meunier, entre Marmont, qui s'était replié sur le village de Chaumesnil, et Victor, qui avait perdu La Giberie. Ces deux jeunes troupes, conduites par Napoléon et Oudinot, marchèrent avec la résolution du désespoir. La division Meunier, placée entre Chaumesnil et La Giberie, arrêta net la marche des Bavarois et des Wurtembergeois. Oudinot, à la tête de l'infanterie de Rothenbourg, se déploya sans fléchir sous un feu épouvantable, fit plier les masses ennemies, et parvint même à leur enlever le village de La Rothière. La nuit était déjà profonde; on combattit corps à corps avec une sorte de fureur dans l'intérieur du village, et ce ne fut qu'à dix heures du soir, quand l'ennemi ne pouvait plus inquiéter notre retraite, que l'héroïque Oudinot se replia de La Rothière sur Brienne. Notre mouvement rétrograde s'exécuta en bon ordre, couvert par les divisions de la jeune Garde et par les dragons de Milhaud qui, chargeant et chargés tour à tour, occupèrent le terrain, mais en y perdant l'artillerie, qu'il était impossible de ramener. Nous en avions une trop grande quantité, comparativement à notre infanterie, pour pouvoir la protéger, et, après s'en être servi, on l'abandonnait, en se contentant de sauver les canonniers et les attelages. Du reste, tandis que le centre, composé de la Garde, de la cavalerie et des débris de Victor, se retirait sans être entamé, la gauche, sous Marmont, se dérobait très heureusement à travers les bois d'Ajou, et la droite, sous Gérard, qui s'était montrée inébranlable à Dienville, se repliait sans échec le long de l'Aube, après avoir tué ou blessé un nombre considérable d'hommes à l'ennemi.

Ainsi se termina cette terrible journée, où la résistance de 32 000 hommes contre 170 000, dont 100 000 engagés, fut, on peut le dire, un vrai phénomène de guerre. Cette résistance était due à l'habileté et à l'énergie du général Gérard, au bon emploi que le maréchal Marmont avait fait de son artillerie, au dévouement héroïque des maréchaux Oudinot et Victor, et par-dessus tout à la ténacité indomptable de Napoléon. Sans son caractère de fer, il aurait été précipité dans l'Aube. Sa tenue était de nature à faire réfléchir l'ennemi, et sauvait pour le moment sa situation. Il avait perdu 5 000 hommes en tués ou blessés, et en avait mis hors de combat 8 000 ou 9 000 aux alliés, grâce à l'avantage de la position et au grand emploi de l'artillerie : différence qui était une satisfaction sans doute, mais un faible succès militaire, car les moindres pertes étaient pour nous bien plus sensibles, que les plus considérables pour la coalition. Notre sacrifice en artillerie fut d'une cinquantaine de bouches à feu, mais presque sans perte d'artilleurs et de chevaux, ce qui prouvait que c'étaient bien plutôt des pièces abandonnées que des pièces conquises par l'ennemi. Napoléon n'avait livré ce combat si disproportionné que pour couvrir sa retraite : dans la nuit, il passa sans confusion le pont de Lesmont et gagna Troyes en bon ordre.

La résistance si honorable opposée pendant toute une journée aux efforts redoublés d'une armée si supérieure en nombre et, on peut bien l'ajouter, en qualité, avait permis à Napoléon de se dégager de son étreinte et de se retirer sur ses renforts. Cela n'empêchait point qu'il eût été bel et bien battu et son vieux renom d'invincibilité en devait recevoir une nouvelle atteinte. Tel était cependant le prestige qui entourait encore le grand capitaine, que le vainqueur ne se montra rien moins que pressé de mettre son succès à profit et se garda d'inquiéter trop vivement l'armée française dans sa retraite : « Il semble, a dit un historien[1], qu'on ait eu au quartier

1. COMMANDANT H. WEIL. — La campagne de 1814 d'après les documents des Archives impériales et royales de Vienne (Paris 1891-1897, 4 vol-in-8°). C'est incontestablement le récit le plus récent, le plus complet et le plus exact de cette campagne immortelle.

général des alliés une sorte de terreur superstitieuse de l'Empereur, et qu'on ait craint de l'acculer et de le pousser à bout. »

Toujours est-il que, comme si l'on appréhendait de voir la guerre finie d'un seul coup, on prit dans les conseils de la coalition la résolution la plus propre à faire traîner les opérations en longueur et surtout à fournir au redoutable adversaire qu'on laissait ainsi échapper bénévolement le moyen et l'occasion de prendre avant peu sa revanche. A peine réuni, on n'eut rien de plus pressé que de se séparer de nouveau, afin, sans doute, d'éviter les heurts politiques, plus dangereux que les chocs militaires, et l'on décida de marcher sur Paris en deux grandes masses, qui descendraient parallèlement les vallées de la Marne (armée de Silésie) et de la Seine (armée de Bohême). C'était donner à Napoléon toute facilité d'opérer par la *ligne intérieure*, — sa manœuvre favorite! — c'est-à-dire de s'interposer entre les deux armées pour leur courir sus alternativement et les battre l'une après l'autre. Les conséquences d'une telle faute ne se feront pas longtemps attendre.

XVI

Champaubert, Montmirail, Vauchamps

NAPOLÉON Iᵉʳ
(D'après Meissonier.)

GÉNÉRAL SACKEN
(D'après une gravure de Müller.)

CHAMPAUBERT, Montmirail, Vauchamps : trois journées assurément bien distinctes, au point de vue tactique, et que l'on ne saurait pourtant séparer, tant elles se suivent de près et sont liées intimement dans le temps comme dans l'espace, tant elles s'enchaînent et se complètent sous le rapport de la stratégie ! La première et la troisième, à la vérité, ne sont que de violents combats ; la seconde seule mérite le nom, souvent mal employé, de « bataille ». Mais Champaubert est le prologue, le prélude indispensable de cette belle action de guerre ; sans le brillant succès remporté ce jour-là, il n'y aurait pas de victoire le lendemain ; et cette victoire elle-même, toute signalée qu'elle ait pu être, ne pourrait passer pour décisive, sans l'épilogue de Vauchamps qui permet d'en recueillir tous les fruits — tous les fruits qu'elle est susceptible de porter, s'entend. Aussi bien est-ce une véritable *trilogie* qui s'impose à nous, au milieu de la série de monographies que nous avons entreprises. Le lecteur ne s'en plaindra point, sans doute : rarement le génie de Napoléon s'est déployé plus à l'aise, s'est montré à la fois plus inventif, plus souple et plus puissant.

En quelques jours, nous l'avons vu, les circonstances étaient redevenues sensiblement plus favorables pour lui, grâce à la séparation inattendue de Schwarzenberg et de Blücher, et au singulier parti qu'ils avaient pris de marcher sur Paris en deux colonnes mal reliées. Toutefois, la situation n'en demeurait pas moins grave — difficile en tout cas, — pour l'Empereur, chacune des masses entre lesquelles il se proposait de manœuvrer étant plus forte que toute son armée réunie, et tout mouvement offensif dirigé contre l'une d'elles ne pouvant s'effectuer qu'à l'abri d'un « rideau » défensif laissé devant l'autre. D'autre part, jamais il n'avait été plus nécessaire d'appliquer strictement le grand principe de l'*économie du temps et des forces* : Napoléon n'avait pas plus le loisir que les moyens de réparer ni ses fautes, ni ses pertes; la moindre erreur d'appréciation ou de direction, la moindre fausse manœuvre, le moindre retard pouvaient avoir pour lui les plus funestes résultats.

Et d'abord devait-il tomber de préférence sur l'armée de Silésie ou bien sur l'armée de Bohême? Sur cette dernière ont soutenu quelques critiques, — Clausewitz entre autres, — car, ayant continué à marcher sur Troyes aux environs duquel s'étaient rassemblés la plupart des corps français, c'était celle qui était le plus à portée de l'Empereur, aux coups duquel il semblait qu'elle vînt s'offrir. Rien de plus juste; seulement, cette armée était de beaucoup la plus nombreuse et, en outre, son chef savait la tenir très concentrée. — pour le moment, — tandis que Blücher, qui n'avait que quatre corps sous ses ordres, s'inquiétait moins de les avoir réunis que de les voir marcher vite. On avait donc chance de rencontrer son armée dispersée ou, pour parler plus exactement, *échelonnée* sur la route de Paris ; et comme ce serait certainement celle qui, la première, menacerait la capitale, c'était une raison de plus d'agir contre elle en premier lieu. Puis, il fallait tenir compte du caractère si différent, si complètement opposé même, des deux chefs. Schwarzenberg, ce nouveau Fabius Cunctator, n'avait nul besoin d'être battu personnellement pour redoubler de circonspection et par suite de lenteur, tandis que, pour faire reculer Blücher, l'offensive incarnée, il fallait le battre lui-même et plutôt deux fois qu'une. En un mot, la nouvelle d'un échec partiel éprouvé par l'armée de Bohême ne devait probablement pas suffire pour arrêter l'armée de Silésie sur le chemin de Paris, tandis que l'annonce du plus petit insuccès de Blücher déterminait sûrement Schwarzenberg à faire un pas en arrière,... et même plusieurs.

Son parti pris, Napoléon n'a plus qu'à choisir entre les deux lignes d'opérations qui s'offrent à lui : l'une, par Nogent-sur-Seine, Provins et Meaux, la plus sûre, parce qu'elle permet de s'interposer entre Paris et l'ennemi, la plus commode aussi, parce que la région qu'elle traverse abonde en voies de communication et en moyens de subsistance; l'autre, par Sézanne sur Château-Thierry, la plus courte, puisqu'elle mène directement sur le flanc droit de Blücher; mais, en même temps, la plus pénible, tant le pays par où elle passe est couvert de marécages et de forêts, pauvre en chemins, aussi bien qu'en ressources. C'est cependant pour la seconde ligne que se prononce l'Empereur, car, tout en ne se dissimulant pas les difficultés d'exécution, — jugées insurmontables par la plupart de ses lieutenants, — il sait que c'est en s'avançant par là qu'il a le plus de chances de surprendre l'adversaire, de tomber au milieu de ses colonnes dispersées et de remporter, au besoin en plusieurs journées, une victoire complète. S'il y a plus de risques à courir de ce côté, les résultats seront aussi plus décisifs : il n'y a point à hésiter.

Et dès le 9 février s'ouvre une seconde période de la campagne, bien différente de la première. De Troyes, position maintenant trop « en flèche » pour être efficacement défendue par le peu de troupes que Napoléon compte laisser devant l'armée de Bohême et d'ailleurs serré déjà de trop près par celle-ci, les divers corps français ont été ramenés à Nogent-sur-Seine. Là, où un peu en avant, resteront les corps de Victor et d'Oudinot, avec deux corps (faibles divisions) de cavalerie, chargés de contenir Schwarzenberg le plus longtemps possible, c'est-à-dire de lui disputer le terrain pied à pied. Le reste de l'armée suivra l'Empereur, qui l'achemine, les 7 et 8 février, dans la direction du Nord. Le corps de Marmont, précédemment envoyé à Sézanne, marche en tête avec les deux divisions de cavalerie Doumerc et Piquet; puis viennent le corps de Ney, la vieille Garde (divisions Friant et Michel), sous le maréchal Mortier; enfin les quatre divisions de cavalerie Colbert, Guyot, Laferrière-Lévêque et Lefebvre-Desnoëttes, avec les généraux de Nansouty et de Grouchy comme commandants supérieurs : en tout une trentaine de mille hommes au maximum. Blücher en a environ le double; mais l'Empereur compte bien compenser son infériorité numérique par la rapidité de ses manœuvres. Le matin du 9, un peu avant qu'il se mît en route, le duc de Bassano, son ministre, vient présenter à sa signature les dépêches et instructions qu'attend impatiemment Caulaincourt, le plénipotentiaire français au Congrès qui va s'ouvrir à Châtillon; il trouve Napoléon penché sur ses cartes, le compas à la main, et se voit accueilli par ces paroles : « Ah ! vous voilà ? Il s'agit maintenant de bien d'autres choses ! Je suis en ce moment à battre Blücher de l'œil : il s'avance par la route de Montmirail; je pars; je le battrai demain, je le battrai après-demain. Si ce mouvement a le succès qu'il doit avoir, l'état des affaires va entièrement changer, et nous verrons alors [1] ! »

Ce n'est pas seulement sur le terrain particulier des rencontres du 10, du 11 et du 14 février qu'il nous faut maintenant jeter un coup d'œil, mais aussi sur l'ensemble de la région, théâtre de la belle manœuvre stratégique qui les amène coup sur coup. Au reste, les trois champs de bataille se

1. BARON FAIN. — *Manuscrit de 1814.*

touchent presque, renfermés qu'ils sont dans un espace de quelques
lieues carrées, et leur physionomie ne saurait différer que par quelques
détails. Ils sont situés dans la partie méridionale du plateau qui sépare
la vallée de la Marne de celle de son affluent, le Petit-Morin, et dont le
revers oriental forme le prolongement de la grande falaise tertiaire
appelée « Falaise de Champagne ». La vieille route de Châlons à Paris

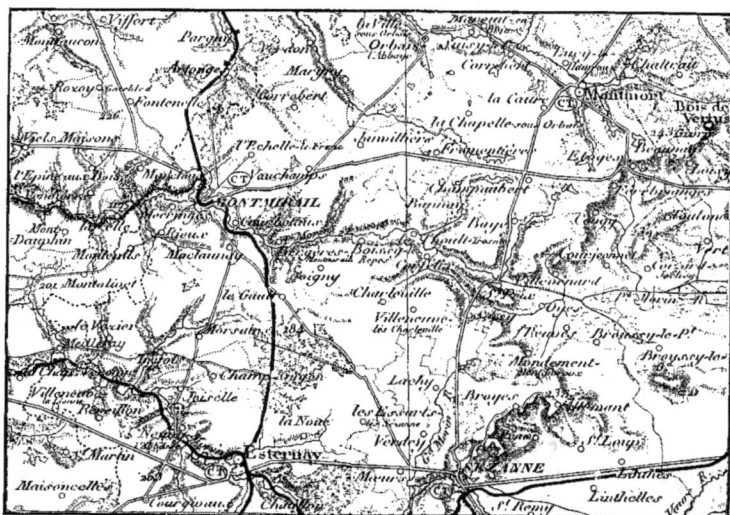

MONTMIRAIL, CHAMPAUBERT, VAUCHAMPS.
(Extrait de la carte de l'État-major au 1 : 320 000.)

escalade ce plateau à Éloges, longe des bois et des étangs, puis coupe à
angle droit la route (alors mauvais chemin de traverse) allant de Sézanne
à Montmort et à Épernay par laquelle arrivait Napoléon. C'est à la croisée
des deux routes qu'est bâti le village de Champaubert, qui ne compte qu'un
petit nombre de maisons avec une vieille église romane. Sur la droite du carrefour, s'élève la colonne commémorative fort simple du combat de 1814 ;
tout près de là se trouve une ferme où Napoléon coucha le soir du 10 février,
et dans la façade de laquelle un boulet est resté encastré, soigneusement respecté par les habitants et montré par eux avec un certain orgueil. Toutefois,
Champaubert n'a vu que la fin, le dénoûment de l'action. Celle-ci s'est
engagée à 7 ou 8 kilomètres plus au sud, au pont de Saint-Prix (appelé
naguère Saint-Prix-les-Hameaux). C'est là que la route de Sézanne traverse
le Petit-Morin, qui, à peine sorti des vastes marais de Saint-Gond, dont il
n'est à proprement parler que la « rigole d'écoulement », s'engage dans la

22

vallée étroite, aux pentes boisées, qu'il suivra jusqu'à Montmirail et à la Ferté-sous-Jouarre. De Saint-Prix, un vallon latéral, d'abord assez marécageux lui-même, remonte vers le nord jusqu'à Baye, petit bourg avec un vieux château flanqué de tours, situé à peu près à moitié chemin du Petit-Morin à Champaubert. Les Russes s'y défendirent avec vigueur et ne tinrent pas moins énergiquement à Bannay, qui se trouve à 3 kilomètres vers l'ouest, derrière un bois. Ainsi, le fort du combat a eu lieu dans le quadrilatère compris entre Champaubert, Baye, Bannay et l'étang des Déserts (3 kilomètres de la croisée des routes du côté de Montmirail, et bien plus étendu qu'aujourd'hui), dans lequel nombre de Russes furent jetés et trouvèrent la mort.

En reprenant à Champaubert la route de Paris, qui file droit à l'ouest à travers un pays doucement ondulé et semé de bouquets de bois, on rencontre d'abord le gros village de Fromentières (dont l'église possède un « retable » célèbre); puis, une bonne heure plus loin, celui, moins important, de Vauchamps, situé entre la forêt de Beaumont et un petit bois qui, l'un et l'autre, ont joué un grand rôle dans la journée du 14 février. Encore une heure de marche[1] et l'on atteint la petite ville de Montmirail, naguère entourée de murailles et siège d'un duché-pairie, aujourd'hui simple chef-lieu de canton de 2500 âmes. Elle doit son nom (dérivé du latin : *Mons mirabilis*) à sa situation, effectivement assez pittoresque au sommet et sur les pentes d'un coteau qui s'abaisse sur la riante vallée du Petit-Morin. Elle n'offre d'ailleurs rien de remarquable, en dehors de son église du XIIIe siècle et d'un superbe château du XVIIe, qui appartient au duc de La Rochefoucauld. Ni ce château ni la ville elle-même, n'ont eu à souffrir de la bataille du 11, qui s'est livrée, à plusieurs kilomètres au delà, aux environs de Marchais, de la Haute-Épine et de Fontenelle.

Lorsqu'on sort de Montmirail par la route de Paris, on traverse d'abord un ravin arrosé par un petit ruisseau qui se jette un peu au-dessous dans le Petit-Morin, dont on laisse sur la gauche la vallée sinueuse et profonde. Puis on remonte sur le plateau, on passe devant le monument commémoratif de la bataille, — une colonne surmontée d'un aigle aux ailes déployées, — et l'on atteint la ferme des Grenaux, près de laquelle la route se bifurque :

---

1. Il y a exactement de Saint-Prix à Champaubert 7 kilomètres (d'Étoges à Champaubert, 6 kilomètres); de Champaubert à Vauchamps, 12 kilomètres; de Vauchamps à Montmirail, 6 kilomètres; enfin de Montmirail à Marchais et à la Haute-Épine, 9 kilomètres (13 kilomètres jusqu'à Viels-Maisons). — N'oublions pas que le combat dit de Vauchamps engagé devant cette dernière localité s'est poursuivi tout le long de la route de Châlons, par Fromentières et Champaubert, jusqu'à Étoges, où il a pris fin. L'action s'est ainsi déroulée sur un espace de 18 kilomètres, mais sans beaucoup s'étendre au nord et au sud de la chaussée.

la branche de droite conduit à Château-Thierry par Fontenelle, petit village
que l'on aperçoit à 3 kilomètres vers le nord ; la branche de gauche continue à courir dans la direction de Paris, en traversant le hameau de la Haute-
Épine ; puis, un peu plus loin, le village de Viels-Maisons. Celui de Marchais,
et son « écart » le Tremblay, restent à 1 kilomètre environ sur la gauche
(au sud) de la ferme des Grenaux ; celui de l'Épine-aux-Bois, qui fut égale-

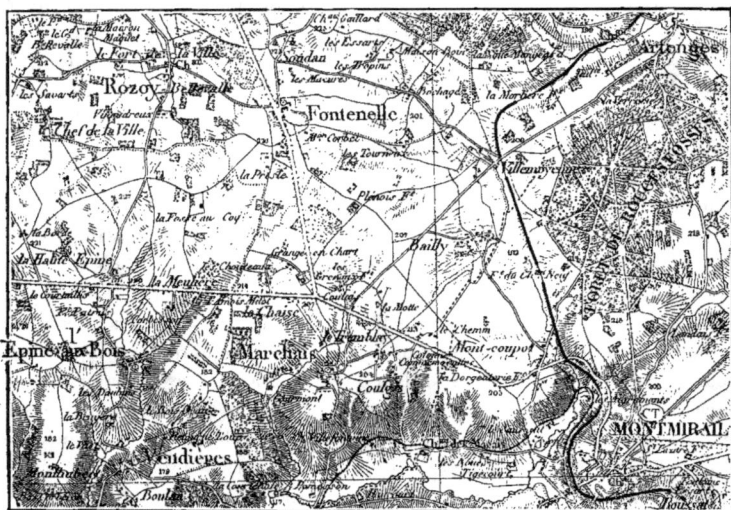

CHAMP DE BATAILLE DE MONTMIRAIL.
(Extrait de la carte de l'État-major au 1 : 80 000.)

ment fort disputé, à la même distance, à peu près, au sud de la Haute-Épine.
De ce côté, plusieurs petits ravins, entre autres ceux de Pommessone et
de Vendières, descendent assez rapidement vers le Petit-Morin, auquel ils
amènent les eaux du plateau. Ce dernier n'offre d'ailleurs pas d'autres accidents de terrain notables ; mais les bouquets de bois et les buissons y sont
nombreux, et la résistance trouvera maints points d'appui dans les diverses
localités que nous venons de signaler, ainsi que dans les fermes et maisons
isolées éparses dans la campagne.

Mais il nous faut maintenant revenir en arrière et nous reporter au matin
du 10 février, jour où Napoléon « prend le contact » avec l'armée de Silésie.
Il la trouve éparpillée, comme il s'y attendait, sur un espace considérable.
Blücher, persuadé que Schwarzenberg pousse devant lui la majeure partie de
l'armée française et qu'il n'a rien à craindre pour son flanc, ne songe qu'à
poursuivre le faible corps que Macdonald a ramené de Mézières à Châlons,

la veille de la bataille de La Rothière, puis de Châlons sur Paris, pour couvrir tant bien que mal la capitale. Aussi le corps (russe) de Sacken, plus particulièrement chargé de rejoindre et de couper Macdonald, est-il déjà parvenu à la Ferté-sous-Jouarre; le corps d'York (prussien), à qui avait d'abord incombé cette mission, vient d'atteindre Château-Thierry. A une assez grande distance en arrière, à Champaubert, se trouve un autre corps russe, celui d'Olsouvief; enfin, plus loin encore, à Vertus, sont les corps de Kleist (prussien) et de Kapzevitch (russe), avec lesquels marche Blücher. Sur ces entrefaites, le vieux général apprend que de la cavalerie ennemie, avec laquelle on assure que Napoléon marche en personne, s'est montrée à Saint-Prix, sur le Petit-Morin, au sud de Champaubert. Très étonné et un peu effrayé, il envoie aussitôt à Olsouvief l'ordre de se retirer sur Étoges, et à Sacken, ainsi qu'à York, celui de se replier par Montmirail. Mais il est déjà trop tard : avant le soir, l'armée de Silésie va se trouver coupée en deux.

Le récit qui suit est tiré des MÉMOIRES POUR SERVIR A L'HISTOIRE DE LA CAMPAGNE DE 1814, *par le « chef de bataillon d'état-major » (depuis général) F. Koch, qui fut successivement aide de camp du général Jomini et du maréchal Masséna — dont il a publié plus tard les* MÉMOIRES. *Quoique sa relation soit une des premières qui aient paru sur cette campagne, elle compte encore parmi les plus exactes, au moins pour la période qui nous occupe.*

L'Empereur arriva fort avant dans la nuit du 9 au 10 février à Sézanne. Il y trouva les maréchaux Marmont et Ney, dont les troupes cantonnaient aux environs de la ville. La marche de la Garde, qui le suivait, fut extrêmement pénible; elle s'effectua sur des levées étroites et fangeuses que la neige et la gelée rendaient encore plus difficiles. On traversa pendant une nuit épaisse la forêt marécageuse de la Traconne, où l'artillerie serait infailliblement restée embourbée, si tous les chevaux du pays, requis par le maire de Barbonne, et la bonne volonté des habitants n'eussent aidé à la tirer de ces fondrières. Elle y perdit néanmoins quelques hommes et quelques chevaux, aussi bien que la grosse cavalerie: plusieurs détachements s'étant écartés de la route s'égarèrent dans les ténèbres et ne rejoignirent qu'au jour. Enfin, l'ardeur des vétérans de l'armée triomphant des obstacles du terrain, tous se trouvèrent réunis le 10 février à Pont-Saint-Prix, à l'exception de la division Michel et des grenadiers à cheval, qui furent obligés de rester à Sézanne à cause de l'encombrement.

Pendant que Napoléon se préparait ainsi à écraser les corps épars de l'armée de Silésie, son adversaire, immobile dans son quartier général de Vertus, attendait l'effet des ordres de concentration qu'il avait envoyés si tardivement. Vainement, le comte Pahlen, qui battait l'estrade entre les deux armées alliées avec ses escadrons, lui donna, dès le matin, confirmation de l'arrivée de Napoléon sur son flanc gauche : il ne sut prendre aucune mesure pour échapper au désastre qui le menaçait. Il en eût été temps encore, car il suffisait de porter rapidement sur Montmirail les corps de Kleist et de Kapzevitch, et de rallier en passant celui d'Olsouvief. Ce mouvement n'eût pas, à la vérité, empêché Napoléon de déboucher de Pont-Saint-Prix ; mais il aurait bien changé la face des choses, puisque, au lieu d'un seul corps, Napoléon en aurait rencontré trois, et qu'au pis-aller, le feld-maréchal, en se repliant sur Montmirail, y pouvait toujours effectuer sa jonction avec les deux autres [ceux de Sacken et d'York].

Au lieu d'en agir ainsi, par une imprévoyance inexplicable, le feld-maréchal laissa Olsouvief en l'air et dirigea les corps de Kleist et de Kapzevitch sur Fère-Champenoise, dans l'intention vague de se lier avec la grande armée et de tenir en échec l'Empereur, s'il n'avait pas encore dépassé Sézanne. D'aussi mauvaises dispositions, une ignorance aussi complète de la position de son ennemi et de ce qui se passait pour ainsi dire sous ses yeux ne pouvaient manquer d'amener une catastrophe. En effet, le duc de Raguse, ayant la cavalerie de Doumerc en tête de colonne, arriva [le 10] vers neuf heures du matin sur la hauteur qui domine la vallée de Petit-Morin ; il y découvrit le corps d'Olsouvief, composé des divisions d'infanterie Udom et Karniélof, formant environ 5000 hommes de pied et 24 pièces de canon. La cavalerie française poussa ses coureurs en avant ; mais ils ne tardèrent pas à s'arrêter, ne pouvant être soutenus ni par l'artillerie, ni par l'infanterie, qui avaient beaucoup de peine à s'arracher des boues.

L'ennemi ne profita pas de ce retard, qui lui laissait une voie de salut. Au lieu de commencer de suite sa retraite et de faire sauter le pont de Saint-Prix, sur le Petit-Morin, il se disposa à le défendre avec deux pièces de canon. L'Empereur arriva sur ces entrefaites et ordonna l'attaque. Le général Lagrange, suivi de la division Ricard, traversa les marais de Saint-Gond, s'empara du pont et poussa les Russes jusqu'à Baye, où leur gros se déploya sous la protection de l'artillerie, dont le 1er corps de cavalerie essuya d'abord tout le feu. Mais bientôt la division Lagrange, gravissant le plateau qui s'étend entre Baye et Bannay, arriva à son soutien, pendant qu'un bataillon de marine, appuyé par le 2e régiment d'infanterie légère, se dirigeait sur la droite du bois, par où les Russes pouvaient déboucher. Attaqué de front et en flanc, Olsouvief se retira insensiblement de Baye, s'étendant vers Bannay, qu'il occupa fortement. Le duc de Raguse fit attaquer sur-le-champ ces deux villages. Le 4e léger s'empara de Baye ; mais la brigade Pelleport fut repoussée devant Bannay. Le moment était décisif : l'Empereur fit monter le reste des troupes du corps de Marmont sur le plateau, ordonna à l'infanterie du prince de la Moskowa de les suivre et de se déployer dans la plaine, en même temps qu'il dirigeait toute son artillerie contre Bannay.

Le général Olsouvief, effrayé de la supériorité des forces contre lesquelles il se voyait engagé, se disposa enfin à battre en retraite. L'Empereur ordonna au comte Girardin, aide de camp du prince de Neuchâtel, de prendre, avec les escadrons de service, la tête de la cavalerie de Doumerc et de gagner la route de Paris pour y attendre l'ennemi. Jusqu'alors les Russes avaient combattu avec un aplomb et un sang-froid admirables ; mais cette manœuvre, contre laquelle leur général n'était pas en mesure, les ébranla : il y eut du flottement et de l'incertitude dans leur marche en retraite, bien qu'ils ne cessassent point d'opposer un feu assez nourri à celui dont ils étaient accablés. Ils parvinrent ainsi jusqu'à Champaubert, où un escadron de lanciers, conduit par le général Bordessoulle, chargea leur gauche et la rejeta dans le village. Presque au même moment, la division Ricard, qui avait longé la lisière des bois à droite [à l'est], se rabattit par la route de Châlons et, entrant au pas de charge dans le village, ôta au général Olsouvief tout espoir de retraite sur Épernay ou Étoges. Voyant qu'il ne lui restait plus pour s'échapper que la route de Montmirail, il changea de direction et chercha à s'y engager. Ce mouvement occasionna un moment d'hésitation dont les cuirassiers du général Bordessoulle profitèrent : ils chargent avec impétuosité les carrés devenus tête de colonne, les acculent aux bois et aux étangs des Déserts, les enfoncent et réduisent le corps russe tout entier à chercher son salut dans la fuite.

Le combat se changea alors en un véritable carnage et, dans la chaleur de l'action, on fit peu de prisonniers. La cavalerie ramassa un butin énorme : 21 bouches à feu et leurs caissons, le général Olsouvief et ses deux divisionnaires, 47 officiers et 1837 hommes furent capturés ; 1200 Russes restèrent sur le champ de bataille ; les étangs des Déserts en engloutirent plus de 200, et c'est à peine si 1500 purent s'échapper à la faveur de la nuit et gagner le lendemain Fère-Champenoise. L'armée française perdit environ 600 tués ou blessés.

Après le combat de Champaubert, soupant dans une misérable auberge en compagnie de ses maréchaux, Napoléon s'écriait gaîment : « Si, demain, je suis aussi heureux qu'aujourd'hui, dans quinze jours j'aurai ramené l'ennemi sur le Rhin !... Et du Rhin à la Vistule, il n'y a qu'un pas ! » Nous ne savons que trop jusqu'à quel point l'Empereur s'abusait ; mais qui oserait le blâmer de cet élan de joie et de confiance, après un début si brillant de l'opération dans laquelle il avait mis toutes ses espérances, et qui s'étonnerait qu'il en fût venu de nouveau à ne plus douter de rien, après n'avoir eu que trop de raison de douter de tout, voire de lui-même !

Ce qui est certain, c'est qu'il ne négligea rien pour affirmer et poursuivre son succès et que, dans la nuit même, il prit les dispositions qui devaient lui permettre de tirer tout le parti possible de ce retour de fortune. Deux partis s'offraient à lui : tourner immédiatement à droite, c'est-à-dire à l'est, pour tomber sur Blücher ; ou bien se rabattre non moins vivement à gauche (vers l'ouest), afin de « couper » et de défaire les corps d'York et de Sacken. Mais, dans le premier cas, il n'était pas sûr d'en finir avec le général en chef de l'armée de Silésie, qui pouvait refuser systématiquement le combat et rétrograder lentement sur Châlons pour donner à ses lieutenants le temps de le rejoindre par la vallée de la Marne ; au contraire, en se portant rapidement vers l'ouest, il avait toute chance d'atteindre Sacken et York, — ou tout au moins le premier, — avant qu'ils ne fussent revenus de la surprise qu'avaient dû leur causer l'apparition subite de l'armée française sur leurs derrières et l'écrasement du corps d'Olsouvief.

Napoléon n'eut pas un instant d'hésitation. Quand le jour parut, la plus grande partie de ses forces était déjà en marche sur Montmirail.

Le 11 février, vers cinq heures du matin, Napoléon laissa le duc de Raguse avec la cavalerie du comte de Grouchy et la division Lagrange à Éloges, pour observer les corps ennemis qui tenteraient de déboucher de Vertus, et mit son armée en mouvement dans la direction de Montmirail. La division de grenadiers à cheval, qui avait été retardée par la difficulté des chemins, se joignit au général Nansouty, qui alla prendre position sur les hauteurs de Montconpeau. L'infanterie de la Garde et le 2ᵉ brigade de la division Ricard s'ébranlèrent une heure avant le jour, précédées de la division de chasseurs aux ordres du général Lefebvre-Desnoëttes. L'Empereur arriva de sa personne à Montmirail vers dix heures. Il trouva le général Nansouty manœuvrant pour retarder la marche de Sacken qui, parti la veille à neuf heures du soir de La Ferté-sous-Jouarre, montrait déjà ses têtes de colonne en avant de La Renauderie.

De son côté, le général York s'approchait également de Montmirail. Son avant-garde, ainsi que sa réserve de cavalerie, étaient en pleine marche sur Sézanne où elles comptaient arriver le lendemain matin. Lui-même, avec le corps de bataille, avait quitté la veille Château-Thierry, pris des cantonnements resserrés sur la rive gauche de la Marne, et laissé seulement le prince Guillaume de Prusse avec la réserve d'infanterie et deux escadrons pour garder le pont et pousser des partis sur Épernay et La Ferté.

Le premier soin de Napoléon, après une rapide reconnaissance de terrain, fut d'envoyer le général Ricard garder le village de Pommessone, situé dans le fond du vallon par où les Russes semblaient vouloir déboucher, et d'ordonner au prince de la Moskowa de porter ses deux divisions dans celui de Marchais, la cavalerie vint se placer sur deux lignes à droite, entre les routes de Château-Thierry et de La Ferté. Les 2ᵉ et 4ᵉ légers, détachés de la division Ricard, prirent position, pour les soutenir, à la lisière du petit bois de Bailly, sur la droite de la ferme de la Haute-Épine. La division Friant occupa la route de Châlons, en colonne serrée par pelotons, chaque bataillon à 100 pas de distance.

Arrivé à Viels-Maisons, Sacken, se voyant prévenu à Montmirail, avait à opter entre deux partis : continuer sa marche en avant, ou se jeter à gauche, pour joindre le corps prussien. Le dernier paraissait plus prudent : le général York le lui conseillait, et c'était aussi l'avis du général Wassiltchikof ; mais il préféra employer la force pour exécuter littéralement les ordres de son général en chef. Toutefois, il obliqua un peu au sud, dans la vue de forcer le passage par le vallon du Petit-Morin ; forma sa droite, aux ordres du comte Liéven, près de la ferme de la Haute-Épine, située sur le bord de la route de Châlons à La Ferté, et appuya sa gauche, sous le prince Scherbatof, au village de Blessine, dont il chassa les avant-postes français. Son front se trouva couvert, sur une étendue de 1000 mètres, par un ravin tapissé de buissons, qui conduit de la ferme de la Haute-Épine au village de l'Épine-aux-Bois. 40 pièces de canon en battirent les approches; des essaims de tirailleurs garnissaient les buissons derrière lesquels s'étendaient ses lignes d'infanterie en colonne par bataillon ; la cavalerie se prolongeait à l'extrême gauche sur deux lignes.

Le combat s'engagea dans cette position, et jusqu'à midi, sans succès marqués du côté des Russes. L'Empereur le remarquait avec plaisir ; il attendait le duc de Trévise, qui amenait la division Michel. Aussitôt qu'elle déboucha de Montmirail, le signal de l'attaque fut donné : il était deux heures. Elle devait nécessairement avoir lieu sur la ferme de la Haute-Épine, point décisif du champ de bataille ; mais l'ennemi y avait accumulé tant de moyens, que, pour réussir, il fallait en détourner son attention. Le comte de Nansouty reçut ordre de se prolonger vers la droite afin de lui donner de l'inquiétude sur sa gauche, et l'on prescrivit au général Ricard de céder avec mesure le village de Pommessone, afin de l'enhardir par l'apparence d'un succès sur le Morin. En même temps, le général Friant, avec 2 bataillons de chasseurs et 2 de gendarmes, s'avança à 300 pas de la tête de colonne de la vieille Garde, prêt à fondre sur la ferme.

Le général Sacken, comme on l'avait prévu, donnant tête baissée dans le piège, dégarnit le point important pour renforcer à la fois sa gauche menacée et sa droite victorieuse. Tout à coup le prince de la Moskowa, à la tête des 4 bataillons conduits par le général Friant, se jette comme un lion sur la ferme de la Haute-Épine. Les tirailleurs ennemis, épouvantés, s'enfuient sur leurs masses ; l'artillerie se tait ; la fusillade elle-même est bientôt éteinte, et la baïonnette la remplace. Le baron Sacken, reconnaissant sa méprise et appréciant, mais trop tard, l'avis qu'il avait rejeté le matin, forme sa droite en colonnes et veut traverser la route de La Ferté, pour s'appuyer au général York, dont les coureurs se montrent déjà sur la route de Fontenelle. L'Empereur, pénétrant son dessein et voyant que la cavalerie russe ne manœuvrait que pour son propre salut en cherchant à se lier aux Prussiens, laissa devant elle le général Nansouty avec les divisions Laferrière-Lévêque, Colbert et Lefebvre-Desnoëttes, et ordonna au général Guyot de pousser rapidement avec les escadrons de service et les grenadiers, dragons, chasseurs et lanciers de l'extrême droite sur la grande route pour y charger l'infanterie. Cette manœuvre s'exécute avec ensemble et précision : les brigades Dietrich et Blagovensko tombent sous le sabre de ces escadrons d'élite, qui les foulent aux pieds des chevaux, et en font une horrible boucherie. Aucun homme n'eût échappé si le comte Nansouty, en s'étendant beaucoup trop sur la droite, n'eût facilité à la tête de la colonne le moyen de se lier aux Prussiens vers Fontenelle.

Les premières troupes du corps d'York débouchaient alors de ce village. La brigade Pirch prit sur-le-champ position sur les hauteurs en avant de la ferme des Tourneux, jeta un millier d'hommes en tirailleurs dans le petit bois, et les fit soutenir par 6 pièces qui commencèrent aussitôt leur feu. Le général York crut faire tourner les chances du combat en ordonnant à 4 bataillons, soutenus par une brigade, de s'avancer sur le flanc droit des Français, tandis que les Russes renouvelleraient leurs attaques de front : mais cette disposition n'eut pas le temps d'être exécutée. Le duc de Trévise, qui n'avait pas encore pris part au combat, s'avança au moment même avec 6 bataillons de la division Michel, nettoya le bois, balaya tout ce qui se trouvait devant lui, et entra, de vive force dans Fontenelle. Il ne manqua à ce beau mouvement, pour obtenir un succès complet, que d'avoir été exécuté une demi-heure plus tôt, car alors il eût détruit tout espoir de jonction entre les deux corps alliés.

Cependant le combat se soutenait avec opiniâtreté à la gauche des Français. La

Champaubert (10-14 Février 1814)

division de Bernodosof, sans s'inquiéter de ce qui se passait autour d'elle, prit et perdit plusieurs fois en moins d'une heure les villages de Pommesone et de Marchais; dans ce moment même, le dernier était au pouvoir de l'ennemi, qui en avait chassé la division Meunier. Les efforts des Russes sur ce point ne servirent qu'à mieux assurer leur perte. L'Empereur, tournant ses regards de ce côté, pressait alternativement le général Meunier et le général Ricard d'enlever le village; mais les deux divisions aux ordres du premier, considérablement réduites depuis le combat de Brienne, et composées de conscrits qui commençaient à connaître et à craindre le danger, n'étaient plus capables d'un effort vigoureux; de son côté, le comte Ricard ayant perdu beaucoup de monde, demandait des renforts. 2 bataillons de la vieille Garde lui furent successivement envoyés; néanmoins, jugeant que l'attaque en exigeait 4, et qu'il compromettrait inutilement cette belle troupe, il la tenait en réserve et différait son attaque.

Napoléon, désirant terminer la journée par un coup semblable à celui qui l'avait commencée, ordonna alors au comte Defrance de se porter avec les Gardes d'honneur sur la route de La Ferté, jusqu'à la hauteur de l'Épine-aux-Bois, et, là, de faire un à gauche pour couper la retraite aux Russes qui tenaient Marchais. Au même instant, 2 bataillons de chasseurs, conduits, l'un par le maréchal duc de Dantzig, l'autre par le grand maréchal du palais comte Bertrand, marchent baïonnettes croisées sur le village. A la vue de cette double attaque, le général Ricard se précipite de Pommesone dans le vallon pour mettre l'ennemi entre deux feux. Les Russes se défendent pendant quelques minutes avec le courage du désespoir; mais, chassés du village et trouvant la cavalerie sur leur passage, ils se débandent et cherchent un refuge dans les bois. On courut à leur poursuite jusqu'à la lisière de la forêt de Nogent [l'Artaud], dans laquelle la division de Ricard tua ou prit tout ce qui fut rencontré les armes à la main.

La nuit vint ensuite arrêter la poursuite des vainqueurs, entre les mains desquels restèrent 6 drapeaux, 26 bouches à feu, tant russes que prussiennes, 200 voitures de bagages ou de munitions, et seulement 708 prisonniers; mais plus de 3 000 tués ou blessés ensanglantèrent le champ de bataille. Cette victoire coûta aux Français environ 2 000 hommes; parmi les blessés, on comptait les généraux Michel et Boudin, et presque tous les officiers supérieurs de la division Ricard; du côté des alliés, le général Pirch.

A huit heures, l'armée établit ses bivouacs sur le champ de bataille; l'Empereur coucha dans la ferme de Haute-Épine.

Si l'on en croyait les historiens étrangers, les Français, à Montmirail, auraient combattu à nombre égal. C'est une erreur manifeste: les corps de Sacken et d'York comptaient ensemble 30 000 hommes, tandis que Napoléon n'en put engager que 15 000, soit exactement la moitié. Il est vrai que, ce jour-là, il fit donner à fond la vieille Garde, infanterie et cavalerie, ce qui rétablissait aisément l'équilibre, et au delà! Napoléon, dans sa *Correspondance*, ne tarit pas d'éloges sur la valeur déployée par cette troupe incomparable, réduite, malheureusement, à une poignée d'hommes : « La vieille

23

Garde, écrit-il au ministre de la guerre, a de beaucoup surpassé tout ce que je pouvais attendre d'une troupe d'élite. Elle faisait sur les ennemis l'effet de la tête de Méduse.... » Et au duc de Rovigo : « Ce que ces hommes ont fait ne peut se comparer qu'aux romans de chevalerie ! » L'Empereur, toutefois, oublie le facteur de beaucoup le plus important du succès : sa propre présence qui exaltait jusqu'au paroxysme le courage des siens et paralysait celui de l'ennemi qu'elle frappait de terreur. La véritable « tête de Méduse » c'était lui, et peut-être ne produisit-elle jamais plus d'effet que le jour de Montmirail ! N'est-ce pas d'ailleurs à ce propos qu'on l'a appelé « le général *cent mille hommes* », comme il le rappelle, avec une complaisance bien naturelle, dans les *Mémoires de Sainte-Hélène* ?

D'un autre côté, il faut reconnaître que rarement Napoléon mit plus d'énergie et d'activité à pousser sa victoire jusqu'à ses dernières conséquences. Sa position lui en faisait une nécessité, sans doute, puisqu'il avait laissé derrière son dos Blücher intact, et que Marmont n'était pas de force à contenir bien longtemps le reste de l'armée de Silésie. Quelle *chasse*, néanmoins, que celle qui est donnée, les 12 et 13 février, sur la route de Château-Thierry, aux corps, maintenant réunis, d'York et de Sacken ! Napoléon a tôt fait de rattraper leur arrière-garde et la bat aux Caquerets, dans la matinée du premier jour ; le soir, nouveau combat, en avant de Château-Thierry, contre le prince Guillaume de Prusse : celui-ci est rejeté sur la rive droite de la Marne, où la poursuite se continue, le lendemain, avec une vigueur qui achève de déconcerter l'ennemi.

Sur ces entrefaites, arrivent des nouvelles de Blücher. Le « vieux hussard », comme l'appelle quelquefois Napoléon, se montre, pour une fois, au-dessous de sa réputation, et les écrivains allemands ne peuvent se dispenser de reconnaître, « qu'il n'a pas fait preuve, en ces circonstances critiques, de sa décision accoutumée ». Le 11 et le 12, il est resté immobile et comme étourdi. Enfin, le 13, il s'aperçoit qu'il n'a devant lui qu'un faible corps et se met en devoir de le refouler. Débusqué d'Etoges, après un court combat, Marmont se retire, mais lentement et en excellent ordre, sur Champaubert, puis sur Montmirail. Blücher le suit pas à pas jusqu'à Vauchamps, où il commence à le presser plus vivement. Mais déjà Napoléon, averti, a fait volte-face avec la plus grande partie de ses troupes, et le 14, au matin, une contre-attaque à la violence de laquelle le feld-maréchal ne peut se méprendre, lui apprend que l'Empereur est devant lui et que son tour est venu.

L'Empereur Napoléon, informé le 13 au soir du mouvement de Blücher, ne perdit pas un instant pour se retourner contre lui. Laissant le duc de Trévise en observation devant les corps battus avec les divisions Christiani, Colbert et Defrance, il se rendit de Château-Thierry à Montmirail le 14, à quatre heures du matin, avec le prince de la Moskowa, la division Friant, et le reste de la cavalerie de la Garde. Toutes ces troupes furent rendues à Montmirail vers huit heures du matin, au moment même où le duc de Raguse, poussé par l'avant-garde prussienne, y arrivait par la route de Châlons. Son mouvement rétrograde fut arrêté sur-le-champ et l'on expédia l'ordre de reprendre l'offensive....

Vauchamps était défendu par de l'infanterie qui avait jeté du monde dans le petit bois en avant. A dix heures, la division Ricard fut chargée de l'enlever. Sa première brigade s'approcha sur la droite à la faveur du bois de Beaumont ; la seconde attaqua de front, en colonnes serrées, à gauche de la route. Cette dernière fut repoussée et l'ennemi, enhardi par ce succès, sortit maladroitement de Vauchamps pour la poursuivre : le duc de Raguse, n'ayant pas d'autre cavalerie sous la main, lança sur lui son escadron d'escorte, qui le ramena jusqu'à l'entrée du village. En même temps, l'Empereur, profitant du désordre causé par cette attaque, faisait charger l'infanterie prussienne par le général Lion, avec ses 4 escadrons de service. 1 bataillon se jeta dans la ferme à gauche du village ; mais 2 compagnies de chasseurs de la vieille Garde en démolirent les murs et firent ce bataillon prisonnier. Le reste fut sabré sous les yeux du gros de l'armée prussienne, formé à 600 ou 700 mètres en arrière.

Pendant que ceci se passait sur la route, un autre combat s'engageait, à droite de celle-ci, entre la cavalerie de la Garde et les cuirassiers et hussards prussiens. Après plusieurs charges, ces derniers furent ramenés en désordre par les divisions Lefebvre-Desnoëttes et Laferrière-Lévêque sur l'extrémité gauche de la ligne d'infanterie qui, de peur d'être entamée, se forma aussitôt en carrés. Toute l'armée française était en mouvement : la division Lagrange, en colonne par régiment, s'avançait sur la droite de la route ; un peu plus loin sur la gauche, et dans le même ordre, marchait la division Ricard ; ensuite arrivait l'infanterie de la jeune Garde, aux ordres du prince de la Moskowa, à droite de laquelle venait celle de la vieille Garde. A 3 kilomètres en arrière se hâtait la division Leval qui, n'ayant pas encore vu l'ennemi depuis son départ de l'armée d'Espagne, brûlait d'en venir aux mains. Enfin, le comte Grouchy avec toute la cavalerie de la ligne, gagnait, par les bois, le flanc droit des alliés.

A la vue de forces aussi imposantes, le feld-maréchal Blücher perdit l'envie de se mesurer avec Napoléon et ordonna la retraite. Comme il n'avait pas assez de cavalerie pour la couvrir, il forma toute son infanterie en carrés, dans les intervalles desquels il plaça quelques batteries. Ses ailes furent couvertes par les 5 régiments de cavalerie et le reste de l'artillerie fut renvoyé sur les derrières. Jusqu'à Janvilliers, le mouvement rétrograde s'effectua en assez bon ordre ; mais à peine les carrés eurent-ils dépassé ce village que, dans un vaste champ à gauche de la route, le général Grouchy, avec le 1er corps de cavalerie, tomba sur les derrières et en accula plusieurs aux bois du côté de Saint-Martin-d'Ablois. Environ 1000 hommes, coupés par cette charge, mettent bas les armes à la première sommation ; deux bataillons, qui se retirent dans le village, sont cernés et pris, 4 pièces et 5 caissons enlevés. Profitant du désordre que cause cet événement, les escadrons de service de l'Empereur et la division Leferrière-Lévêque chargent à leur tour d'autres carrés : plusieurs tinrent ferme ; les jeunes grenadiers à cheval, mal accueillis par l'un d'eux, furent plus heureux contre un second qu'ils enfoncèrent et qui laissa entre leurs mains 500 prisonniers; l'infanterie entra au pas de charge dans Fromentières.

Après cet échec, le feld-maréchal prussien continua sa retraite en échiquier, se couvrant habilement de sa cavalerie et s'aidant des accidents du terrain qui facilitaient les chicanes. Dès que l'Empereur s'aperçut de cette disposition nouvelle, il ordonna au général Drouot de faire avancer toute la cavalerie de la Garde : ce fut exécuté avec un tel succès que, pendant deux heures, les masses alliées furent mitraillées par 30 bouches à feu sans pouvoir en mettre plus de 6 en action.

Quelque active et meurtrière que fût cette poursuite, elle n'était qu'une diversion faite à dessein pour retarder la marche de l'armée de Silésie; le général Grouchy lui préparait, en effet, une plus terrible catastrophe. Dès qu'il eut exécuté sa première charge, prévoyant que l'ennemi allait continuer sa route sur Étoges, il partit au galop et vint à travers bois se poster sur le flanc de la route que devait suivre l'armée ennemie. Le jour tombait et le feld-maréchal continuait sa retraite avec peine, lorsque, au commandement de Grouchy, les généraux Doumerc, Bordessoulle et Saint-Germain tombèrent comme la foudre et simultanément sur ses derrières. Cette charge poussée à fond, rompt les lignes, enfonce les carrés et les met dans le plus affreux désordre. Les cris des vainqueurs, ceux des vaincus redoublent l'ardeur des soldats qui marchent sous les yeux de l'Empereur. La canonnade cesse; mais la cavalerie de la Garde arrive au trot et achève de porter la terreur et la mort dans les rangs ennemis. Le prince Auguste de Prusse, le feld-maréchal Blücher, les généraux Kleist et Kapzevitch, entraînés par les fuyards, confondus avec eux, sont foulés au pied des chevaux. Les cuirassiers, pénétrant sans résistance au milieu des ennemis dispersés, eussent sans doute passé au fil de l'épée ou pris jusqu'au dernier homme de l'infanterie, si le prince de la Moskowa, craignant de les voir s'égarer dans les bois, n'eût fait alors sonner le ralliement.

Cette circonstance donna au feld-maréchal l'espoir de réunir son armée en arrière d'Étoges, où le général Udom reçut l'ordre de tenir pendant quelques heures avec 1800 hommes et 15 canons. Mais, après une courte halte à Champaubert, le duc de Raguse avait repris la poursuite avec le 6e corps d'infanterie et la cavalerie de Doumerc. Il surprit la division Udom à l'extrémité du parc d'Étoges, près de l'entrée du bourg. Une seule charge des cuirassiers français suffit pour la mettre en déroute. Cette attaque de nuit mit fin au combat de Vauchamps, dans lequel, sans avoir perdu plus 600 hommes, l'armée française fit subir aux seuls Prussiens, de leur propre aveu, une perte de 3500 tués ou blessés et 2000 prisonniers. Les Russes eurent à peu près autant de monde hors de combat; mais on ne leur prit presque personne. L'Empereur, avec sa Garde, retourna coucher à Montmirail, pendant que les tristes corps de l'armée de Silésie continuaient leur fuite sur Châlons, où tous les corps se réunirent enfin, le 16, affaiblis d'une perte totale de 18 à 20000 hommes.

Ainsi, dans le court espace de cinq jours, — six en tout, si on y comprend la « marche d'approche », — Napoléon a écrasé successivement les cinq corps de l'armée de Silésie, marchant déjà sur Paris comme à une conquête assurée. Les fautes de l'adversaire, ses erreurs, ses imprudences ont incontestablement aidé à ce magnifique résultat; mais Napoléon l'a dû, avant tout, à la justesse de son coup d'œil, à la précision de ses combinaisons, à la rapidité de ses manœuvres. Ajoutons que ses troupes, dont il n'avait peut-être jamais tant exigé, ni tant obtenu, furent admirables de bravoure, de dévoûment et d'endurance : en aucune circonstance ne se trouva si bien justifié le fameux adage que la guerre se fait avec la tête du général et les jambes des soldats. Et, certes, il n'y a rien à reprendre à ce jugement du dernier historien de la campagne de 1814 [1], quelque enthousiaste qu'il puisse paraître : « Nulle époque n'a présenté de si beaux exemples, d'aussi précieuses leçons, un cours si complet d'art militaire, que cette merveilleuse campagne de six jours dont chacun est marqué par un trait de génie, par des marches inouïes, par de brillantes dispositions, par une nouvelle victoire. »

1. COMMANDANT H. WEIL. — *La Campagne de 1814* (déjà citée).

XVII

Montereau

(18 février 1814)

GÉNÉRAL PAJOL
Bibliothèque Nationale.
Estampes.

PRINCE ROYAL
DE WURTEMBERG
Bibliothèque Nationale.
Estampes.

PAR l'admirable série de manœuvres et de combats dont la bataille de Montmirail est comme le point culminant, Napoléon, avait totalement désorganisé l'armée de Blücher et mis hors de cause — provisoirement — ce redoutable adversaire. Il s'agissait maintenant de se retourner contre le prince de Schwarzenberg et de faire éprouver à l'armée de Bohème le même sort qu'à l'armée de Sélisie. La première était sans doute numériquement plus forte que l'autre, mais à coup sûr moins vigoureusement conduite et, de plus, embarrassée et alourdie par la présence des souverains alliés et des diplomates de la coalition ; l'entreprise méditée contre elle par l'Empereur n'était donc nullement téméraire, ni son espoir de la surprendre à son tour et de la battre une de ces illusions auxquelles il n'était alors que trop enclin.

Schwarzenberg avait repris l'offensive dès qu'il avait appris, ou plutôt dès qu'il avait *senti* l'absence de Napoléon, et s'était acheminé, à petites journées, il est vrai, dans la direction de Paris, poussant devant lui les corps d'Oudinot et de Victor, trop faibles pour pouvoir lui opposer une résistance efficace. Les deux maréchaux s'étaient retirés derrière l'Yères, où Macdonald, venant de Meaux, les avait rejoints, et tous trois cherchaient de concert à couvrir les approches de la capitale. Heureusement, la grande armée alliée, qui n'avait pas tardé à être informée des échecs infligés à Blücher et appréhendait à bon droit un prompt retour de l'Empereur, s'avançait avec plus de lenteur et de circonspection que jamais ; le 15 février, ses têtes de colonne n'étaient encore qu'à Nangis et Provins (droite : corps russes de Pahlen et de Wittgenstein), à Bray-sur-Seine (centre : corps bavarois de de Wrède), à Pont-sur-Yonne et à Montereau (gauche : corps austro-allemands de Giulay et du prince royal de Wurtemberg).

Or, ce jour-là, Napoléon était parti de Montmirail, amenant avec lui sa garde transportée « en poste », c'est-à-dire sur des charrettes. Le 16, il a rejoint et rassuré ses maréchaux ; le 17, il jette des troupes dans toutes les directions où l'ennemi est signalé et, comme entrée de jeu, le bat à Mormant et à Valjouan, combats qui ont pour résultat immédiat d'entraîner une retraite générale des corps russes, autrichiens, etc., sur la rive gauche de la Seine, dont ils se préparent cependant à défendre les principaux passages. C'est alors que l'Empereur conçoit le projet de forcer sur sa droite celui de Montereau, de façon à envelopper, peut-être même à couper la gauche de Schwarzenberg. Aussitôt, toutes ses dispositions sont prises en conséquence : pendant qu'Oudinot suivra les Russes sur Nogent et Macdonald les Bavarois sur Bray, le corps de Victor, avec la « réserve de Paris », sous le général Gérard, marchera droit de Valjouan sur Montereau, — objectif également assigné au général Pajol, qui est à Melun avec un petit corps mixte de cavalerie, de gendarmerie et de garde nationale, récemment organisé pour surveiller le cours de la Seine entre la Marne et l'Yonne. Pajol, sans tarder, se met en route ; mais Victor, qui, dans l'après-midi encore, a été engagé à Valjouan et dont les troupes sont harassées, croit devoir s'arrêter à mi-chemin de Montereau, au lieu de pousser jusqu'à cette ville, que

STATUE DE NAPOLÉON SUR LE
PONT DE MONTEREAU.
(D'après une photographie.)

Napoléon se flattait de lui voir occuper le soir même. Ce retard lui valut des reproches violents, qui n'étaient qu'en partie mérités, à ce qu'il semble : arrivant devant Montereau dans la soirée du 17, le maréchal eût rencontré, déjà solidement établi en avant, le corps du Prince royal de Wurtemberg — ce que constatèrent, au surplus, les coureurs de sa cavalerie, qui, eux, poussèrent jusqu'à Surville — et il n'eût certainement pas pu emporter d'emblée les ponts et la ville, même avec l'assistance de Pajol. La meilleure preuve, c'est que, sans que l'ennemi eût été renforcé, il fallut livrer le lendemain une véritable bataille pour atteindre le but que s'était proposé l'Empereur.

Montereau, ville fort ancienne qui a joué un rôle assez important dans la guerre de Cent Ans, puis dans les guerres de religion, et qui était encore entourée en 1814 d'une vieille muraille, à la vérité, sans valeur défensive, est située au confluent de la Seine et de l'Yonne, qui la divisent en trois parties d'étendue inégale. La plus considérable, ou la ville proprement dite, est bâtie sur la rive gauche, c'est-à-dire au sud de l'Yonne ; entre cette dernière rivière et la Seine, se trouve le faubourg Saint-Maurice ; sur la rive droite de la Seine, enfin, les maisons du faubourg Saint-Nicolas bordent les routes divergentes de Paris et de Provins. Deux ponts de pierre, jetés immédiatement au-dessus du confluent, à la pointe du faubourg Saint-Maurice, donnent passage à la grande route de Paris à Lyon. Sur le terre-plein qui les sépare, se dresse aujourd'hui une belle statue équestre de Napoléon 1er, en bronze, exécutée d'après la maquette du général comte Pajol, le fils aîné du vaillant combattant de Montereau : c'est un véritable monument commémoratif de la bataille de 1814, dont les deux bas-reliefs qui ornent le piédestal évoquent d'ailleurs directement le souvenir, puisque l'un d'eux

VUE DU PONT DE MONTEREAU ET DU COTEAU DE SURVILLE.
(D'après une photographie.)

représente, dévalant furieusement vers les ponts, la grande charge de cavalerie dont il va bientôt être question, tandis que l'autre nous montre l'Empereur pointant lui-même un canon, au moment où il prononce ces paroles historiques : « Ne craignez rien ! mes enfants : le boulet qui doit me tuer n'est pas encore fondu [1] ! »

L'importance stratégique de Montereau vient précisément de ces ponts, les seuls qui existassent autrefois entre Melun et Bray-sur-Seine. Mais la

---

1. Rappelons aussi, quoique cela ne rentre pas absolument dans notre sujet, que, sur le pont de l'Yonne, se trouve à droite, encastrée dans le parapet, une plaque rappelant l'assassinat du duc de Bourgogne, Jean sans Peur, par Tanneguy-Duchâtel. Elle porte, en caractères gothiques, l'inscription suivante, qui témoigne en même temps de l'ancienneté des ponts (qu'on a toutefois élargis depuis) :

> L'an mil quatre cens dix et neuf
> Sur ce pont agencé de neuf,
> Fut meurtry Jehan de Bourgongne,
> A Montereau où fault l'Yonne.

Ajoutons que, dans l'ancienne église collégiale, le seul monument remarquable de Montereau, et qui date des XIVe, XVe et XVIe siècles, on montre une vieille épée suspendue au haut de l'un des piliers du chœur, la pointe en bas, et qui passe pour être celle que portait le duc de Bourgogne au moment de sa mort.

ville et ses faubourgs sont dominés de trop près par les coteaux abrupts
qui bordent la rive droite de la Seine, pour pouvoir être défendus avec
quelque chance de succès, au moins contre un ennemi se présentant par le
nord. Dans ce cas, il est absolument nécessaire au défenseur de se reporter
un peu en avant, sur le plateau dont ces coteaux flanquent le versant méridional, et qui lui-même ne constitue qu'un assez mauvais champ de bataille,

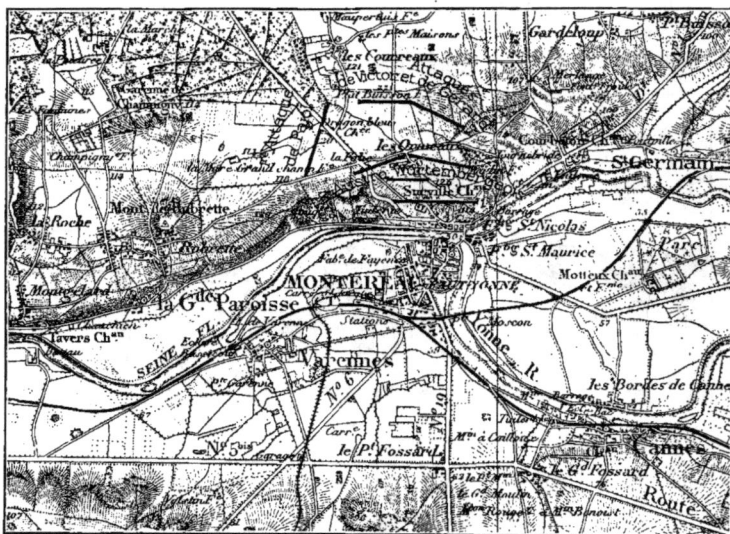

CHAMP DE BATAILLE DE MONTEREAU.
[(Extrait de la carte de l'État-major au 1 : 80000.)

la retraite n'étant possible que par le long et étroit défilé formé au revers
par le faubourg Saint-Nicolas et les deux ponts — « véritable coupe-gorge »,
selon l'expression du général Koch.

C'est pourtant cette position, tactiquement si peu avantageuse, que les
ordres formels de Schwarzenberg, craignant à bon droit pour sa gauche,
prescrivait au prince royal de Wurtemberg de conserver à tout prix, au
moins pendant deux ou trois jours, et que ce général s'était préparé à
défendre de son mieux. Pour se faire une idée exacte des dispositions qu'il
prit à cet effet et de l'ordre de bataille adopté, d'autre part, par l'armée
française, il suffit, en partant de Montereau, de gagner le bord du plateau
par la vieille route de Paris et de suivre cette dernière pendant environ
2 kilomètres jusqu'au Dragon-Bleu, ferme, ou plutôt groupe de maisons
situé à la lisière du bois de Valence. C'est là, à cheval sur la grande route,

24

que le général Pajol exécuta son déploiement, et l'axe de notre attaque de droite est exactement jalonné par la chaussée elle-même. Toutefois, pour avoir la meilleure vue d'ensemble du champ de bataille, que l'on ne découvre ici qu'obliquement, il convient de se porter à quelques centaines de mètres au nord-est, vers la grande ferme du Plat-Buisson, en avant de laquelle s'est développée l'attaque de gauche, confiée au maréchal Victor, puis au général Gérard.

En se retournant alors, face au sud, on a devant soi, à 700 ou 800 mètres au delà d'un léger pli de terrain, le gros hameau des Ormeaux, qui portait en ce temps-là le nom de Villaron, et qu'une allée de beaux ormes (dont les plus vieux ont été peut-être écorchés par les projectiles) relie à gauche, c'est-à-dire vers l'est, au parc et au château de Surville. Ceux-ci couronnent une hauteur dont les pentes, très escarpées du côté de la Seine, comme on vient de le dire, sont au contraire fort adoucies du côté de la plaine, sur laquelle elle n'a point, par suite, un « commandement » très accusé. Plus à gauche encore, le terrain s'abaisse vers la ferme Saint-Martin, que l'on n'aperçoit pas du Plat-Buisson — non plus, du reste, que le beau château de Surville, caché par les arbres — et d'où l'on peut regagner la route de Provins et la Seine par la dépression assez profonde qui porte le nom de vallée des Rougeots. A l'extrémité opposée du champ de bataille (donc au delà de la route de Paris), apparaît le « mont » de Rubrette, éminence de médiocre altitude, mais dont la saillie ne laisse pas d'être relativement accentuée dans une plaine à ondulations aussi faibles. L'action ne s'est pas étendue jusque-là ; toutefois, dans son mouvement débordant sur la gauche ennemie, Pajol a mis à profit les ravins qui descendent de cette éminence vers la Seine en aval de Montereau et qui, en 1814, étaient plantés en vignes. Celles-ci montaient même, paraît-il, jusque sur le plateau, où elles ont fait place, depuis, à de belles cultures, et où l'on ne voit plus, au milieu des terres labourées, les mares et les flaques d'eau portées sur les anciens plans. Les bouquets de bois ont également disparu presque tous, notamment le parc du Plat-Buisson et la majeure partie de celui de Villaron, qui n'est plus qu'un grand jardin, — et il n'en reste guère que des arbres isolés, en lignes ou en petits groupes.

La position défensive du prince de Wurtemberg, embrassant la partie méridionale du plateau que nous venons de décrire, formait un angle ouvert dont le sommet était à Villaron (les Ormeaux), occupé par 4 bataillons. A l'est et à l'ouest du hameau étaient installées plusieurs batteries (au total 54 pièces) ; à gauche, la cavalerie (9 escadrons) se déployait jusqu'en avant du ravin que côtoie la route de Paris ; à droite, en arrière de la ligne d'artillerie, qui s'étendait jusque vers la ferme de Saint-Martin, se trouvaient deux brigades d'infanterie, dont une tenue en réserve dans le parc de Surville et aux abords. Il y avait là environ 15 000 hommes, dont deux tiers de Wurtembergeois et un tiers d'Autrichiens ; mais le prince avait conservé sur la rive gauche de la Seine, en arrière du faubourg Saint-Maurice et à la ferme des Motteux, sous le prince de Hohenlohe, une brigade d'infanterie, 12 escadrons et 2 batteries pour protéger sa retraite, en vue de laquelle il avait d'ailleurs pris soin de faire miner les ponts.

Il allait trouver devant lui à peu près pareil nombre de Français ; savoir : avec Pajol, 5 300 hommes (1 500 cavaliers en 3 brigades, 800 gendarmes à

VUE DU CHAMP DE BATAILLE DE MONTEREAU.
Dessin de Boudier, d'après un croquis de l'auteur.

pied, et les 3 800 gardes nationaux de la division Pacthod) ; sous Victor, les 5 000 hommes du 2e corps (divisions d'infanterie Duhesme et Chataux, et division de dragons Lhéritier) ; enfin, sous Gérard, les 4 500 hommes de la « réserve de Paris » (divisions Hamelinaye et Dufour). La garde, qui suivait l'Empereur, aurait pu apporter un renfort de 4 500 hommes également ; mais ses têtes de colonnes, et particulièrement le régiment de gendarmerie à pied, étaient seules en état d'intervenir dans la bataille. Ces gendarmes de la Garde formaient véritablement une troupe d'élite, et ceux qui étaient, avec Pajol, récemment arrivés d'Espagne, ne le leur cédaient ni en solidité ni en bravoure. Mais les autres corps ne se composaient guère que de conscrits, et les cavaliers, dont beaucoup n'étaient incorporés que depuis quinze jours seulement, ne savaient ni conduire leurs chevaux ni manier leurs armes. Quant aux gardes nationaux, qu'on n'avait pu habiller qu'en partie et équiper que sommairement, on était certes en droit de faire fonds sur leur courage et leur patriotisme ; mais eux non plus n'avaient point encore appris à se servir de leurs fusils, et les officiers manquaient d'expérience et de sang-froid aussi bien que les hommes. Sans doute, pour la première fois dans cette campagne, Napoléon se trouvait égal et même un peu supérieur en nombre à l'ennemi ; mais c'était aussi la première fois qu'il l'abordait avec des éléments aussi faibles.

[*L'un des récits les mieux agencés de la bataille de Montereau est celui qu'a donné le général de division comte Pajol, mort il y a quelques années, dans une très intéressante biographie de son illustre père* (PAJOL, GÉNÉRAL EN CHEF, *Paris, 1874, 3 vol. in-8°; édités chez Firmin Didot frères et chez J. Dumaine). Si le brillant général de cavalerie du premier Empire tient la principale place dans cette relation, c'est qu'il a joué aussi le principal rôle dans la journée, au témoignage de Napoléon lui-même, et point du tout parce que la piété filiale s'est évertuée à le mettre en relief. Toutefois, le général Pajol, ayant été amené par son sujet même à écourter quelque peu le récit des opérations de l'aile gauche française, dont l'attaque fut, dans une certaine mesure, séparée, nous avons cru devoir intercaler dans le texte de* PAJOL *deux passages du général Koch* (MÉMOIRES POUR SERVIR A L'HISTOIRE DE LA CAMPAGNE DE 1814), *de façon à combler cette légère lacune et à rétablir la proportion.*]

Le 18 février, à quatre heures du matin, le petit corps d'armée de Pajol s'ébranla, ayant en tête la brigade Delort, précédée elle-même d'une forte avant-garde qui éclairait la marche et fouillait le terrain. Du Châtelet à Valence, la marche de la colonne, au milieu d'un terrain plat et assez découvert, ne présenta aucune difficulté ; l'ennemi eût été aperçu de trop loin pour oser l'inquiéter. Elle traversa donc sans encombre les villages de l'Écluse, Panfou, la Courtille et Valence, où les meubles épars, les futailles défoncées et à moitié vides témoignaient de l'occupation ennemie. A l'entrée du bois de Valence, qui commence à 2 kilomètres du village de ce nom, les éclaireurs signalèrent la présence d'escadrons de hussards autrichiens ; le général Delort fit faire halte et envoya une forte reconnaissance, qui revint bientôt prévenir que l'ennemi s'était retiré et que le bois était libre. La colonne se remit donc en route, couverte par trois pelotons d'avant-garde, le premier se maintenant à une grande distance de la tête ; sur les flancs, des tirailleurs marchent en file, cheminant le long du bois.

Dès que le peloton de tête déboucha dans la plaine vis-à-vis du coteau de Surville, il fut accueilli par les décharges d'une batterie de 6 pièces, placée à l'aile gauche de l'armée wurtembergeoise, qui attendait, dans une formidable position, le corps ennemi signalé par ses reconnaissances. L'avant-garde française s'éparpilla à droite et à gauche ; la colonne entière fit halte. Il était alors un peu plus de huit heures du matin.

Pajol embusqua immédiatement ses gendarmes à pied le long de la lisière du bois, face au plateau de Surville, et, sous la protection de ces tirailleurs intrépides, attirant sur eux toutes les décharges de l'artillerie et de l'infanterie ennemies, il prit ses dispositions de combat. La première compagnie d'artillerie légère fut placée entre le bois de Valence et le Plat-Buisson, sur une petite éminence ; elle était soutenue par 8 bataillons de garde nationale, dont les tirailleurs occupaient le parc du Plat-Buisson. La deuxième compagnie d'artillerie fut établie près de la ferme du Dragon-Bleu, sous la garde des gendarmes à pied. 7 bataillons de garde nationale prirent position à l'extrémité de gauche [orientale] du bois ; les 15 autres bataillons furent placés en échelon, le long de la route, dans l'intérieur du bois ; ils constituaient la réserve. La cavalerie avait débouché dans la plaine par des chemins latéraux : la brigade du Coëtlosquet et celle du général Grouvel furent établies à gauche entre le Plat-Buisson et Forges ; la brigade Delort se déploya à droite devant l'infanterie, masquée par les vignes de la Grande-Paroisse. La ligne de bataille se trouvait donc ainsi établie : au centre, les gendarmes et l'artillerie ; à l'aile gauche, 8 bataillons d'infanterie et 2 brigades de cavalerie : à l'aile droite, 7 bataillons et 1 brigade de chasseurs ; en réserve, 15 bataillons. Dans cette première situation, Pajol avait tiré le meilleur parti d'une position peu avantageuse, surtout en présence d'une armée quatre fois plus nombreuse.

L'ennemi, ne voyant pas devant lui une masse très considérable, cherche à nous accabler par le feu de ses batteries. Les boulets font beaucoup de mal aux gendarmes à pied, que rien n'ébranle, et dont le feu ne se ralentit pas. Le général, qui a jugé leur situation critique, fait avancer le bataillon des gardes nationaux d'Eure-et-Loir et intercale un garde entre deux gendarmes.

[Pendant ce temps, le maréchal Victor, jaloux de regagner le temps qu'on l'accusait d'avoir perdu, avait marché de son côté sur Montereau et, à neuf heures du matin, débouchait de Forges en face du coteau de Surville. La première division du maréchal, commandée par son gendre, le général Châtaux, enleva d'abord, sous le feu le plus meurtrier, le village de Villaron ; mais, après s'y être maintenue l'espace d'une demi-heure, elle en fut chassée avec perte par l'artillerie ennemie. L'autre division de Victor, sous le général Duhesme, attaqua à son tour ce poste, pendant que le général Châtaux, laissant une de ses brigades en réserve, cherchait avec l'autre à tourner la position de Montereau par la route de Paris. L'ennemi, voyant arriver la colonne du général Duhesme, redoubla son feu sans s'inquiéter du général Châtaux et fit échouer cette nouvelle attaque. Châtaux prononça alors son mouvement et aurait probablement atteint le but qu'il se proposait, lorsqu'il fut renversé par une balle qui le blessa à mort. Cet accident eut les suites les plus fâcheuses ; la brigade, privée de son chef, se dissipa en un clin d'œil. En somme, à une heure, la position des Wurtembergeois était encore intacte, parce qu'on n'avait encore fait que des attaques partielles et décousues.]

Néanmoins, le mouvement offensif de notre aile gauche avait attiré les efforts de l'ennemi et permis au corps de Pajol de se développer et de porter sa ligne de bataille en avant du Dragon-Bleu, l'artillerie et l'infanterie à droite et à gauche de la route, la cavalerie aux ailes et les réserves débouchant du bois. A l'extrême droite, la résistance étant moins énergique, la brigade Delort commence à déblayer le terrain et l'infanterie s'ébranle à sa suite, pour en assurer la possession jusqu'à la Seine. Un bataillon s'avance même jusqu'au ravin qui descend vers celle-ci, et en gravissant le versant opposé s'empare d'une batterie de deux pièces et d'un obusier que l'ennemi venait d'installer sur le promontoire appelé Monte-Gazon, avant que son infanterie ait eu le temps de la défendre. C'est sur ces entrefaites que le général Gérard débouche avec les divisions Dufour et Hamelinaye et rétablit le combat à l'aile gauche par une disposition plus habile des attaques.

Gérard commença par faire rentrer les tirailleurs maladroitement engagés à la gauche de la position dans un terrain bas et défavorable, et allait se porter vers la droite pour soutenir le corps de Victor, lorsque le général Dejean, aide de camp de l'Empereur, vint le prévenir que l'intention de Napoléon, de plus en plus mécontent du maréchal, était qu'il prît le commandement de toutes les troupes et dirigeât l'attaque comme il l'entendrait. Gérard, reconnaissant au premier coup d'œil que la supériorité de l'artillerie wurtembergeoise était la principale cause des échecs éprouvés par le 2ᵉ corps, fit sur-le-champ amener les 40 pièces de la « réserve de Paris », dont le jeu ne tarda pas à maîtriser celui des canons ennemis et permit à l'infanterie française de reprendre haleine. Une tentative du général wurtembergeois Dœring pour s'emparer de nos batteries, qui paraissaient sans soutien, parut d'abord réussir et une pièce nous fut enlevée; mais bientôt, couvert de mitraille et abordé à la baïonnette par le général Gérard avec 500 hommes, il regagna sa ligne avec perte. Aussi lorsque, vers deux heures de l'après-midi, l'Empereur arrivant de Nangis au galop, fit soutenir l'attaque de Surville par les 2 bataillons de gendarmerie de la vieille Garde qu'il amenait avec lui, le prince de Wurtemberg, craignant de ne pouvoir repasser sans peine le défilé, fit prendre les devants à 2 régiments de cavalerie et à toute l'artillerie démontée.

Ce mouvement de recul enhardit l'aile gauche de Pajol. Les colonnes d'attaque parvinrent au parc des Ormeaux, dont une haie vive et un fossé défendaient l'accès. De ce parc, en forme de rectangle, qui se projette très avant dans la campagne, les tirailleurs ennemis faisaient un mal horrible aux têtes de colonne. Le général Pajol ordonne de tourner la position par la droite : conduite par M. Moreau, maire de Montereau, une colonne pénètre dans ce formidable camp retranché, dont les défenseurs, pris à revers, sont tous tués. Villaron est complètement en notre pouvoir.

Le succès avait donné de la confiance aux troupes de Pajol. Quelques bonnes charges de cavalerie, de vigoureux mouvements de l'infanterie replièrent l'aile gauche des Wurtembergeois sur le faubourg Saint-Nicolas, où les attaques incessantes de Gérard et de la garde sur le plateau de Surville commençaient à refouler aussi leur aile droite. Il était environ quatre heures. La retraite de l'ennemi s'effectuait en désordre à travers la ville de Montereau, et l'encombrement y devenait épouvantable. Pajol fait alors suspendre le feu de son artillerie qui, postée au premier coude de la route, là où commence la descente, mitraillait les masses ennemies entassées dans les rues. Il ordonne au général Delort de s'élancer au galop avec sa brigade de chasseurs sur les ponts de Montereau en suivant la pente rapide de la route, et le prévient qu'il le suit à la même allure avec les brigades du Coëtlosquet hussards et Grouvel dragons. Le général Delort, après avoir fait mettre le sabre à la main et formé sa brigade en colonne par pelotons, entame son mouvement au trot et fait ensuite prendre le galop. Quand sa colonne est à moitié engagée sur la descente, il commande la charge. La brigade dégringole dans Montereau comme une avalanche, renversant tout sur son passage, sans être arrêtée par le feu nourri de deux bataillons autrichiens postés dans les premières maisons du faubourg pour protéger la retraite ; elle franchit rapidement les ponts de la Seine et de l'Yonne, que l'ennemi n'a pas le temps de faire sauter. La ville de Montereau est traversée en un clin d'œil ; l'ennemi fuit dans toutes les directions, poussé vigoureusement par l'infanterie du corps de Gérard et de la Garde, qui débouchent de leur côté au pas de course par la route de Nangis et par le chemin de Surville.

A la tête de ses deux autres brigades, Pajol suivait à fond de train également la brigade Delort : au moment où il traversait le pont de la Seine, une mine éclata sans enlever la clef de voûte, et il eut un cheval tué sous lui. Napoléon, du haut du plateau de Surville, applaudit à cette brillante charge. En voyant rouler à cette vitesse ces trois brigades de cavalerie il s'écria : « Il n'y a plus que Pajol, dans mes généraux, pour savoir mener de la cavalerie ! » Puis, comme les fuyards s'entassaient sur une chaussée de 3 kilomètres en ligne droite, l'Empereur fit établir à mi-côte, un peu au-dessous du château de Surville, une batterie d'artillerie légère de la côte, dont il pointa lui-même la première pièce[1]. Cette batterie enfilait la route de Fossard et chaque boulet faisait une trouée effroyable emportant quinze ou vingt hommes à la file.

En vain, le prince de Hohenlohe avait essayé plusieurs fois, avec ses bataillons de réserve, de rallier les fuyards et de rétablir un peu d'ordre dans la retraite. Ce qui avait encore augmenté l'épouvante, c'est que les habitants de Montereau, jusque-là spectateurs impatients de la résistance opiniâtre des alliés, s'étaient transformés à leur tour en assaillants, ardents à se venger des mauvais traitements que les Wurtembergeois leur avaient fait endurer pendant leur court séjour. Tandis que les uns, accourant au-devant de nos colonnes, s'offraient à leur servir de guides, les autres, s'armant de tout ce qui leur tombait sous la main, s'embusquaient derrière les portes et les contrevents de leurs maisons pour fusiller l'ennemi à coup sûr, jetaient sur lui des meubles pesants des étages supérieurs ou faisaient pleuvoir les tuiles des toits. Ainsi la ville se trouvait transformée en un champ de carnage, où les prisonniers et les blessés trouvaient à peine leur sûreté.

Cependant Pajol, achevant de nettoyer la ville d'ennemis, jeta le général Grouvel avec ses dragons sur la route de Bray : puis il se porta avec les brigades Delort et du Coëtlosquet sur la route de Fossard, où elles bivouaquèrent. La charge audacieuse de cette cavalerie avait glorieusement terminé une bataille engagée depuis huit heures du matin ; elle avait conservé à l'armée française ce que Napoléon demandait à la victoire : les ponts de Montereau.

Le lendemain de la bataille, recevant en audience de congé, à son bivouac de Fossard, le général Pajol obligé de quitter l'armée pour soigner d'anciennes blessures brusquement rouvertes, Napoléon, après avoir de nouveau exprimé sa satisfaction à ce dévoué serviteur, ajoutait : « Si, avant-hier matin, on m'eût demandé quatre millions pour mettre les ponts de Montereau à ma disposition, je les eusse donnés sans hésiter ! » Ces ponts, si précieux à ses yeux et dont il ne croyait certes pas avoir payé la conservation trop cher au prix d'une perte de 3 000 hommes (celle de l'adversaire étant au

1. C'est alors que, pour rassurer les canonniers, murmurant de le voir s'exposer aux coups d'une batterie qui tirait encore de la rive opposée, Napoléon lança la fameuse boutade que rappelle l'inscription du piédestal de sa statue à Montereau.

moins égale en tués ou blessés, et double avec les prisonniers), ne devaient cependant pas lui rendre tous les services qu'il s'en était promis. Il avait fallu deux jours, en effet, pour que l'armée pût y défiler tout entière, et quand, après avoir réorganisé ses corps, l'Empereur s'était remis en marche pour remonter la rive gauche de la Seine, Schwarzenberg avait déjà effectué sa retraite et le ralliement de ses corps éparpillés avec une célérité qui ne laissait même pas l'espoir de couper quelques fractions de l'armée de Bohême.

Napoléon ne désespérait pas néanmoins de devancer celle-ci à Troyes, en repassant sur la rive droite à Méry. Mais l'incendie de cette ville et de son pont par un corps russe l'empêchèrent de réaliser ce projet; il se vit obligé, pour gagner Troyes, de continuer à longer la rive gauche, ce qui permit à son prudent adversaire de se dérober de nouveau et de se mettre à l'abri derrière l'Aube. On aurait pu l'y poursuivre, sans doute; mais, dans l'intervalle, Blücher avait refait et reformé son armée beaucoup plus vite qu'on ne s'y était attendu; il s'était hâté d'accourir au secours de Schwarzenberg, et c'était à son avant-garde que l'on s'était heurté à Méry-sur-Seine. Il est vrai que la séparation des deux armées alliées devait, encore une fois, suivre de près leur jonction : mécontent des hésitations qui se manifestaient à tout instant et à tout propos dans le grand conseil de la coalition, Blücher allait demander à reprendre sa liberté d'action et retourner sur la Marne; là, après avoir rallié le corps prussien de Bülow et le corps russe de Wintzingerode qui arrivaient du nord, ou même au besoin sans les attendre, il chercherait à se rouvrir le chemin de Paris.

Mais, de Troyes, où il était rentré le 24 février, Napoléon suivait attentivement tous les mouvements des coalisés et avait tôt fait de prendre son parti : puisque la grande armée persistait à refuser la bataille et qu'il ne voyait point jour à l'entamer, il se jetterait encore une fois sur les derrières de l'armée de Silésie et renouvellerait contre elle la belle manœuvre de Champaubert.

XVIII

Craonne

(7 mars 1814)

MARÉCHAL VICTOR
D'après le portrait
peint par Gros.
(Musée de Versailles.)

MARÉCHAL NEY
D'après le portrait
peint par Bataille.
(Musée de Versailles.)

L E soir de Vauchamps (14 février), Blücher, sur le point d'être renversé par une des charges de la cavalerie de Grouchy, s'était réfugié en toute hâte dans un des carrés prussiens. Il y retrouva son fidèle Gneisenau, qu'il étonna par son flegme dans cet instant critique; « comme si le présent n'existait déjà plus pour lui, et qu'il ne songeât qu'à un avenir qui, pourtant, ne semblait guère lui appartenir : « Si je ne suis pas tué aujourd'hui, dit-il, je ne tarderai pas à réparer tout cela[1] ! »

Nous savons déjà si l'indomptable feld-maréchal avait tenu parole : le 21 février, ses têtes de colonnes réapparaissaient sur la Seine et soutenaient le lendemain, à Méry, un combat des plus vifs contre l'avant-garde de Napoléon, revenant victorieux de Montereau; le 24, redevenue libre de ses manœuvres, l'armée de Silésie se reportait dans la vallée de la Marne; le 27, elle arrivait à La Ferté-sous-Jouarre, et, le 28, se présentait devant Meaux. Devant cette nouvelle offensive de Blücher, conduite avec beaucoup plus d'habileté et de vigueur que la précédente, les maréchaux Marmont et Mortier, chargés de couvrir Paris, et qui, à eux deux, réunissaient au plus 12 000 hommes, ne pouvaient que se replier en ayant soin de détruire les ponts. Ils n'y manquèrent point, et l'ennemi, ne pouvant que très difficilement franchir la Marne, remonta la rive gauche de l'Ourcq pour chercher un point de passage. Le 1er mars, le corps de Kleist, formant l'avant-garde, crut l'avoir trouvé à Lizy; mais les maréchaux faisaient bonne garde, et ils parvinrent à le repousser. Là-dessus, le gros de l'armée de Silésie poussa jusqu'à La Ferté-Milon, dans l'intention, selon toute apparence, de faciliter la jonction des renforts importants qu'elle

---

1. Commandant H. Weil. — *Campagne de 1814*, d'après des documents inédits (déjà citée).

attendait, les corps de Wintzingerode et de Bülow, déjà parvenus aux environs de Soissons.

C'est alors que Napoléon accourt. Parti de Troyes le 27 février, il était, le 1er mars, à La Ferté-Gaucher et, le 4, sur les talons de Blücher. Ce dernier n'avait nullement envie d'attendre le choc et n'était d'ailleurs pas en mesure de le recevoir : harassée par une suite de marches forcées exécutées par un temps détestable, son armée commençait à se laisser aller au découragement et, dans de telles conditions, il eût été imprudent de lui demander un sérieux effort : en conséquence, il résolut de rallier, avant tout, Bülow et Wintzingerode, et se hâta de gagner Soissons. Mais, bien que la distance entre La Ferté-Milon et cette ville ne fût pas bien considérable, la retraite de l'armée de Silésie ne laissa pas d'être extrêmement pénible : pressée en queue par Marmont et Mortier, serrée de flanc par l'Empereur, qui manœuvrait de façon à l'acculer à l'Aisne, sa situation s'aggravait d'heure en heure et risquait d'être tout à fait compromise, si elle ne se mettait promptement à l'abri derrière cette rivière. Or, elle n'avait pas d'équipage de ponts (immédiatement disponible) et le seul pont qu'elle eût pu utiliser, celui de Soissons, était à l'intérieur de la forteresse, restée entre nos

GÉNÉRAL WORONZOFF.
Bibliothèque Nationale.
(Estampes.)

mains. Aussi Napoléon ne doutait-il pas du succès auquel il touchait presque. Mais, le 4 au soir, lui arrive une terrible nouvelle : Soissons a capitulé! Un gouverneur inepte, le général Moreau, sommé d'un côté par Wintzingerode, de l'autre par Bülow, s'est rendu après une courte canonnade : ne comprenant point l'importance, capitale en l'espèce, du poste dont la défense lui a été confiée, il a cru faire merveille en exigeant tous les « honneurs de la guerre » et en obtenant d'emmener avec lui quelques pièces de campagne. Sans doute, il aurait vite compris son erreur et mesuré l'étendue de sa faute, s'il avait pu entendre la réponse (en russe !) du général Woronzoff à l'officier chargé de la négociation : « Qu'il emmène son artillerie *et toute la mienne avec*, s'il y tient; mais, pour Dieu ! qu'il vide la place au plus vite! » Soissons remis, Blücher, qui n'avait plus même douze heures d'avance sur l'Empereur, s'y engouffre et passe sur-le-champ de l'autre côté de l'Aisne. Il est sauvé.

Néanmoins, on aurait tort d'attribuer à cet événement, incontestablement des plus fâcheux, toute la portée qui lui a été donnée par Napoléon et, après lui, par presque tous les historiens politiques et militaires. Ce fut là, selon l'Empereur, la cause initiale, déterminante, de tous les échecs qu'il subit depuis et, par suite, de tous ses malheurs : ce jugement est trop absolu. Blücher aurait pu être rejoint et voir son arrière-garde écrasée; peut-être même le gros de son armée eût-il été fortement entamé. Mais il ne faut pas oublier qu'il tendait déjà la main à Bülow et à Wintzingerode (qui venait de jeter un pont à Mizy pour établir la communication entre les deux rives de l'Aisne) et que par sa jonction avec eux, désormais impossible à empêcher, ses forces allaient se trouver d'un seul coup portées *au double*. On conçoit la déception et la colère de Napoléon, en apprenant que Soissons était au pouvoir de l'ennemi ; on s'explique aussi que, par la suite, après s'être exagéré lui-même les conséquences de la reddition, il ait persisté volontiers à les exagérer aux yeux de tous. A y regarder de plus près cependant, ce fut un regrettable contretemps, et ce qui constituait le « malheur irréparable » — ou, du moins, difficile à réparer ! — c'était l'intervention, se produisant à point nommé pour Blücher, d'un aussi grand nombre de *troupes fraîches* dans la lutte à peine engagée. Aussi, le colonel Vial a-t-il eu bien raison d'écrire : « La manœuvre de l'Empereur contre l'armée de Silésie a échoué, moins par la capitulation de Soissons que par l'arrivée sur les deux rives de l'Aisne des deux corps de l'armée du Nord » [1].

Ayant pu ainsi réunir aux 50 000 hommes qu'il avait déjà sous ses ordres les 50 000 qu'amenaient Wintzingerode et Bülow, Blücher se trouvait donc à la tête de 100 000 hommes (en nombres ronds); Napoléon, avec les 15 à 16 000 de Marmont et de Mortier, qui arrivaient devant Soissons, et les 30 000 qui étaient venus avec lui des environs de Troyes, ne disposait pas même de la moitié de cet effectif. Mais, l'âme inaccessible au découragement et l'esprit toujours prompt à enfanter des combinaisons nouvelles, l'Empereur se flattait, malgré tout, d'en finir une bonne fois avec Blücher. De Fismes, où il se trouvait le 4, il mit toute son armée en mouvement (moins le corps de Marmont laissé momentanément devant Soissons), dans la direction de Berry-au-Bac, dont le pont, prestement enlevé par sa cavalerie d'avant-garde, lui permit de passer sur la rive droite de l'Aisne. Son intention était de gagner le flanc de l'armée de Silésie, de façon à la devancer à Laon, et de l'y forcer à la bataille. Mais Blücher, qui ne répugnait plus à celle-ci depuis qu'il avait acquis une énorme supériorité numérique, avait, de son côté, formé son plan : il se proposait de surprendre Napoléon en marche et de diriger une attaque énergique sur son flanc gauche. A cet effet, dans la journée du 6, l'armée de Silésie, déjà sur le point d'atteindre Laon, pivota sur son aile droite et fit, en grande partie, face au sud-est. Le corps russe de Wintzingerode, le plus avancé de ce côté, alla occuper le plateau de Craonne, suivi et soutenu par le corps, également russe, de Sacken; mais Wintzingerode lui-même céda le commandement de ses troupes à son lieutenant Woronzoff, Blücher l'ayant désigné pour prendre le commandement de toute la cavalerie alliée (plus de 10 000 chevaux) et pour exécuter du côté de l'est un vaste mouvement dé-

1. COLONEL VIAL. — *Histoire des Campagnes modernes*, t. Ier.

bordant qui devait l'amener sur le flanc droit, voire même sur les derrières
de l'armée française. Il est vrai que l'Empereur, devinant au moins en partie
les projets de son adversaire, n'était nullement disposé à le laisser agir à sa
guise. A peine informé de l'occupation du plateau de Craonne par l'ennemi,
il s'arrêta à Corbeny, fit front à gauche, et se prépara à enlever la position
par une attaque des plus vigoureuses.

Dans la partie moyenne du vaste triangle formé par les routes de Laon à
Reims, de Reims à Soissons et de Soissons à Laon, entre l'Aisne et son affluent
la Lette (ou l'Ailette), s'élève un long contrefort dont le sommet, en forme
de plateau, domine d'une centaine de mètres les vallées à peu près parallèles
qu'il sépare sur une longueur d'environ 25 kilomètres. Il est, en général, assez
resserré, quoique d'une largeur très variable : dans la moitié orientale, un
étranglement très marqué réduit cette largeur à moins de 150 mètres et divise
ainsi le plateau en deux parties inégales, dites : le grand plateau (à l'ouest)
et le petit plateau (à l'est). C'est sur l'espèce d'isthme qui les joint et que
creuse une légère dépression que sont bâties les fermes d'Hurtebise et des
Roches, d'où deux ravins étroits et profonds descendent, l'un au nord vers
la Lette, l'autre au sud vers l'Aisne. Ce dernier, qu'on appelle le « Trou
d'Enfer » (le premier porte le nom de « Trou de la Demoiselle ») conduit
dans une sorte de cuvette arrondie, la Vallée-Foulon, dénomination qui
s'applique également au hameau bâti dans le fond. D'un côté comme de
l'autre, les pentes sont extrêmement abruptes et d'un accès fort difficile :
celles qui regardent la vallée de la Lette sont très boisées ; vers le sud, elles
sont plutôt sablonneuses et plantées en vignes. A l'est et non loin de la
ferme d'Hurtebise, — donc sur le petit plateau, — surgit un monticule ou
plutôt un tertre artificiel, la « Mutte au Vent », ancien poste d'observation
gaulois, selon toute vraisemblance. De là, on découvre un horizon immense,
et peut-être la vue y est-elle encore plus pittoresque et plus variée que celle
qu'on a du haut de la montagne de Laon. Le panorama est, au surplus, à peu
près le même des autres parties du plateau, dont le sommet, presque partout très découvert, est parcouru, dans toute son étendue par un beau chemin dit « la Route des Dames », parce qu'elle a été construite pour Mesdames
de France, filles de Louis XV, qui venaient en villégiature au château de
la Bôve.

Du côté de l'est, la Route des Dames aboutit à Craonne, bourg très ancien
situé immédiatement au-dessous de la crête du promontoire par lequel se
termine le petit plateau. D'autres villages s'étendent au pied ou sur les
premières pentes du contrefort : dans la vallée de l'Aisne, Craonnelle, à
13 kilomètres environ au sud-est de Craonne, puis Oulches et Vassogne,

au débouché de la Vallée-Foulon; dans la vallée de la Lette, Vauclerc, qui possède une vieille abbaye située au milieu des bois et ruinée à moitié en 1814, et plus loin, Ailles, immédiatement au-dessus duquel s'élève sur le plateau même la ferme de la Bovelle. En cet endroit, le grand plateau s'élargit brusquement, car 3 kilomètres séparent Ailles de Paissy, village blotti symétriquement contre le revers méridional; mais, un peu plus loin, il se resserre de nouveau jusqu'à ne plus guère compter que 900 mètres à l'étran-

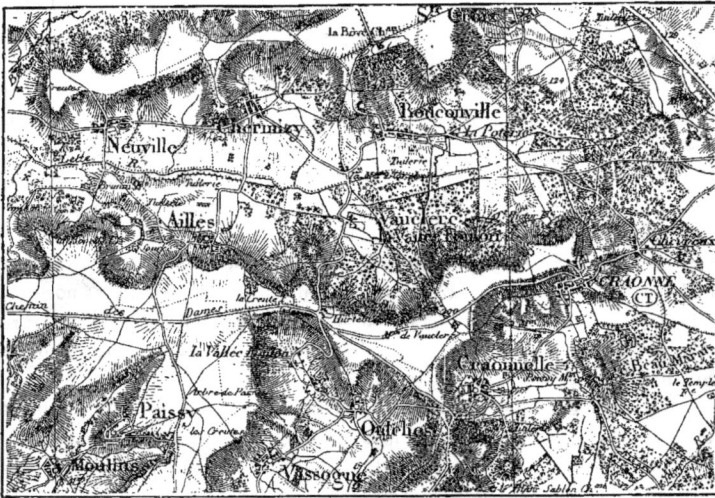

CHAMP DE BATAILLE DE CRAONNE.
(Extrait de la carte de l'État-major au 1 : 80.000.)

glement où s'élève le village de Cerny, un peu au nord de la Route des Dames. La plupart de ces localités ont été plus ou moins violemment disputées — et maltraitées! — dans la journée du 7 mars 1814, qu'aucun monument ne rappelle du reste [1].

D'après la configuration du plateau telle qu'elle vient d'être décrite, il est facile de s'expliquer que Napoléon ait eu tant de peine à briser la résistance des Russes. Toutefois, si l'on pouvait tenir longtemps sur une position dont les abords sont si difficiles et les débouchés battus de tous les côtés, le défenseur, une fois le plateau « couronné » par l'assaillant, devait perdre beaucoup de ses avantages, car on n'y trouve nulle part d'abri pour les réserves, ni d'accident de terrain auquel on puisse se cramponner. Blücher

1. Il a été cependant question d'en élever un, dans ces derniers temps, au moyen d'une souscription publique dont le maire actuel de Corbeny se proposait de prendre l'initiative.

s'était du reste fort bien rendu compte, par une rapide reconnaissance, qu'il s'agissait en somme de la défense d'un « défilé »[1], et il avait jugé à bon droit inutile d'y immobiliser une grande partie de son armée. Woronzoff ne disposait, pour arrêter les efforts de Napoléon, que d'un peu plus de 16 000 fantassins, de 2 200 cavaliers et de 96 pièces : il avait placé deux de ses divisions d'infanterie en première ligne, la troisième en seconde ligne et la dernière en réserve ; sa cavalerie était tout entière à l'aile droite, où le terrain se prêtait mieux à son action ; son artillerie était répartie en trois grandes batteries sur le front et sur les deux ailes. Derrière Woronzoff, à la hauteur de Cerny, était venu s'établir le corps de Sacken, fort de 13 500 hommes, qui n'interviendra qu'à la fin de l'action et seulement pour couvrir la retraite. Quant au mouvement enveloppant confié à la cavalerie des alliés réunie sous les ordres de Wintzingerode, et que le corps de Kleist avait reçu mission d'appuyer, disons tout de suite qu'il échouera complètement, son chef s'étant égaré dans les marais de la vallée de la Lette et dans les terrains coupés qui la séparent de la route de Reims à Laon.

De son côté, Napoléon a pris l'ordre de bataille offensif que voici : le corps de Ney (3 800 hommes) formera l'aile droite et attaquera par la vallée de la Lette, c'est-à-dire par le nord ; celui de Victor (5 400 hommes) et 2 divisions de cavalerie sous Grouchy (3 500 chevaux) constitueront le centre, faisant face à l'extrémité nord-est du petit plateau ; l'aile gauche, ne comprenant que de la cavalerie (2 000 chevaux) et quelques batteries d'artillerie légère, sous Nansouty, abordera la position par le sud, du côté de l'Aisne ; en réserve enfin, viendront 3 divisions d'infanterie de la Garde et 1 division de cavalerie. Le 6 mars, au soir, un combat s'était engagé à Craonne même ; mais l'ennemi n'avait point l'intention de conserver ce poste trop avancé et en fut assez facilement délogé, ce qui nous permit de prendre pied sur le petit plateau ; par contre, une attaque de Ney contre le grand, vers la ferme d'Hurtebise fut repoussée par les Russes : ce n'était là qu'un simple prélude de la sanglante bataille qui allait se livrer le lendemain.

[*Nulle part, les péripéties de la bataille de Craonne — comme du reste de toutes les autres journées de la seconde partie de la campagne de France — n'ont été retracées avec plus d'ampleur ni sous des couleurs plus vives que dans « 1814 », le beau livre de M. Henry Houssaye, de l'Académie française. Paris, Perrin et Cie. Nous n'aurons garde de demander à d'autres un récit qu'il a su rendre si lumineux et si animé.*]

1. Il n'est peut-être pas inutile de rappeler que *défilé*, dans la langue militaire, a un sens plus large qu'en géographie et désigne tout passage resserré. Ainsi la grande rue d'un village, un pont et, en l'espèce, l'étroit plateau de Craonne, sont des *défilés*.

Le 7 mars, vers huit heures du matin, l'Empereur, voulant inspecter les positions de l'ennemi, se rendit sur le petit plateau [de Craonne], qui n'était encore occupé que par 2 bataillons de la garde. Sur le grand plateau, les Russes avaient déjà pris leur formation de combat.... Dans la nuit, il avait gelé très fort et il était tombé un peu de verglas. Les chevaux d'artillerie glissaient en montant. Les premières batteries françaises arrivèrent seulement entre neuf et dix heures sur le petit plateau. Impatient d'occuper l'ennemi sur son front, de façon à détourner son attention de son flanc gauche, où il allait être attaqué, l'Empereur donne l'ordre d'ouvrir le feu. Les batteries russes ripostèrent. On se fit peu de mal. On canonnait à près de 2 500 mètres, distance qui, à cette époque, excédait de moitié, non point la portée, mais la portée efficace des bouches à feu.

Venu de Braye, où il avait couché, Blücher était alors sur le terrain, prêt à prendre l'offensive dès que le canon de Wintzingerode, sur les derrières de l'armée française, l'aurait averti de l'exécution du mouvement tournant. A dix heures, une estafette apprit au feld-maréchal que la colonne de cavalerie, qui, selon tous les calculs, aurait dû se trouver déjà à la hauteur de Festieux, était encore dans la vallée de l'Ailette, près de Chevregny. Aussitôt Blücher, laissant le commandement en chef à Sacken, partit pour Chevregny afin d'activer la marche de Wintzingerode.

A l'heure même où Blücher quittait le plateau, Ney, marchant au canon, prononçait son mouvement. La brigade Pierre Boyer se porta sur Ailles ; la division Meunier, bientôt soutenue par la division Curial, se glissa à travers bois jusqu'au pied du Trou de la Demoiselle et commença la difficile escalade des rampes. Les Français ne tardèrent pas à être signalés par les tirailleurs qui garnissaient les crêtes du plateau. Les bataillons de l'aile gauche ouvrirent un feu nourri contre la tête de la colonne d'attaque, tandis que la batterie du Trou de la Demoiselle tirait à mitraille sur les troupes qui n'étaient pas encore dans l'angle mort du ravin. Les soldats de Ney parvinrent cependant à prendre pied sur le plateau, mais pour un instant. Criblés de balles et de biscaïens, partout refoulés, ils se reformèrent à mi-côte, se préparant à un nouvel assaut. Aux débouchés d'Ailles, la brigade Pierre Boyer rencontrait la même résistance. A l'extrême droite de la ligne ennemie, les première et deuxième divisions de la cavalerie de la garde (éclaireurs, lanciers et dragons) gravissaient au-dessus de Vassogne des sentiers escarpés où il fallait passer homme par homme et où l'on resta longtemps sans avancer.

L'Empereur n'avait encore sous sa main que la division Friant, et le moment n'était pas venu de faire donner les grognards. Napoléon les ménageait plus qu'il se ménageait lui-même. Le maréchal Victor arriva avec sa première division de jeune Garde, commandée par Boyer de Rebeval. L'Empereur lui ordonna de côtoyer le ravin de Vauclerc jusqu'à la route des Dames, par où il déboucherait en arrière de la ferme d'Hurtebise afin de prolonger la gauche de Ney, qui avait tenté un second assaut. Les Russes postés dans la ferme risquaient d'être coupés, Woronzoff leur envoya l'ordre de l'évacuer. Ils se replièrent et entrèrent dans le premier corps de bataille après avoir incendié les bâtiments. Grâce à l'épaisse fumée qui s'éleva des granges, la division Boyer de Rebeval, ployée en colonne serrée, put déboucher sous les feux croisés de 48 canons sans être trop maltraitée. Pour reprendre haleine, elle s'abrita derrière un grand tertre factice, d'origine gauloise, nommé la *Mutte au Vent*. Le défilé étant devenu libre, l'Empereur y fit passer 4 batteries, qui vinrent s'établir à la gauche de la division Boyer de Rebeval, leur droite abritée par le remblai de la route des Dames. L'artillerie ouvrit le feu, mais les canonniers novices chargeaient lentement et pointaient mal. En vain, Drouot se multipliant, courant d'une batterie à une autre, maniant l'écouvillon et la planchette de hausse, montrait leur métier à ces jeunes gens « avec autant de douceur que de sang-froid » : ils recevaient six boulets pour un et plusieurs des pièces furent démontées avant d'avoir pu tirer.

L'ennemi, ébranlé cependant par les attaques réitérées du prince de la Moskowa, qui n'abandonnait les crêtes du plateau que pour y revenir aussitôt à la charge, infléchit son aile gauche, prenant une ligne légèrement oblique. Victor, profitant de ce mouvement, porta d'un bond sa division à près de 1 000 mètres en avant, sur la lisière d'un petit taillis appelé le Bois Marion. Dans la marche, le duc de Bellune reçut une balle qui lui traversa la cuisse de part en part. Il remit le commandement à Boyer de Rebeval. Celui-ci, accueilli par un feu d'enfer et se voyant, en terrain découvert, seul avec sa division à soutenir l'effort de l'armée russe, n'osait ni avancer ni reculer. Avancer, c'était se briser sans utilité contre une muraille de baïonnettes et de canons ; reculer pour s'abriter dans le bois, c'était s'exposer à un sauve-qui-peut. Les conscrits, déjà fort émus, se débanderaient dès qu'ils ne seraient plus coude à coude et sous l'œil des serre-files. Dans cette crainte, le général ne voulut même pas faire déployer sa division. Il la maintint en bataillons en masse sous la mitraille de l'artillerie russe, qui tirait à petite portée. « Nos jeunes soldats, écrit l'aide de camp de Boyer, firent plus qu'on n'aurait pu espérer. Pendant une heure nous nous massacrâmes d'une manière épouvantable. » Le 11e de voltigeurs perdit 30 officiers sur 33 ; le régiment fut fauché comme un champ de blé.

Enfin un premier renfort franchit le défilé d'Hurtebise : la brigade Sparre, des dragons d'Espagne. Grouchy n'ayant pu réunir que ce millier d'hommes était parti avec eux sans attendre la seconde brigade. Les dragons, débouchant au grand trot de l'angle du Bois Marion, chargèrent la batterie établie à l'aile gauche : les artilleurs furent sabrés, les 12 canons pris. Pendant que Grouchy enlevait cette batterie, Nansouty, parvenu à se former sur les crêtes du plateau, à l'autre extrémité du champ de bataille, lança ses escadrons contre la droite de l'ennemi. Après avoir dispersé les Cosaques et rompu les hussards Paulowgrad, les cavaliers de la Garde chargèrent en ligne 2 bataillons russes qu'ils refoulèrent jusque près de Paissy. Hommes et chevaux, confondus en un affreux désordre, allaient être infailliblement précipités dans ce ravin à pic, lorsqu'une des batteries de réserve, soudain démasquée, arrêta l'élan de la cavalerie française et permit aux Russes de se rallier.

Woronzoff était encore intact à son centre, mais il avait abandonné le poste avancé d'Hurtebise, sa droite était entamée et sa gauche fléchissait sous les charges des dragons de Grouchy qu'appuyait l'infanterie de Ney et de Boyer de Rebeval. Woronzoff avait l'ordre de se maintenir jusqu'à la dernière extrémité afin de donner le temps à Wintzingerode d'opérer son grand mouvement tournant. Une contre-attaque devenait nécessaire. A la droite, les bataillons et les escadrons russes, dégagés par le feu de la batterie de réserve, se reportèrent en avant, ramenant Nansouty jusqu'aux crêtes de Vassoigne. A la gauche, 2 régiments d'infanterie fondirent, baïonnettes croisées, sur les dragons de Grouchy. Acculés à la batterie dont ils venaient de s'emparer, ceux-ci, voulant reprendre du champ pour fournir une nouvelle charge, abandonnèrent les pièces. Comme ils se ralliaient devant le front de la division Boyer, Grouchy et Sparre furent blessés presque au même instant. Grouchy reçut un biscaïen au genou droit, Sparre une balle dans la jambe. Sans chef et sans ordres, les dragons restèrent indécis, immobiles sous la mitraille. Woronzoff, voyant leur hésitation, fit avancer du troisième corps de bataille une brigade fraîche, qui marcha à la baïonnette contre ces escadrons. Ils tournèrent bride et vinrent jeter le désordre dans les régiments de Boyer de Rebeval, qui lâchèrent pied. La panique gagna les jeunes soldats de Ney établis à leur droite; ils s'enfuirent à leur tour, malgré les exhortations, les cris et les coups de plat d'épée du maréchal. Fantassins et cavaliers se précipitèrent au fond des ravins de l'Ailette. Le grand plateau était presque complètement nettoyé. Pour la cinquième ou la sixième fois, les Français abandonnaient ces crêtes, dont la courte possession leur avait coûté tant de sang.

Depuis longtemps déjà, l'Empereur recevait de Ney et de Boyer de Rebeval d'incessantes demandes de renforts. « Nous allons être culbutés, disait Boyer, les pièces démontées affaiblissant le feu de notre artillerie et le feu de notre infanterie devenant presque nul par suite du grand nombre de blessés qui quittent les rangs. » Le malheur était que Ney, prenant la préparation de l'attaque pour le début de l'attaque et marchant au canon, se fût engagé trop vite, avant que l'Empereur n'eût concentré des troupes suffisantes. Napoléon ne pouvait envoyer des renforts qu'à mesure que ses divisions étaient prêtes à entrer en ligne. A une heure enfin, les chasseurs et les grenadiers à cheval de La Ferrière (3ᵉ division de la garde), l'infanterie de Charpentier, la réserve d'artillerie atteignent le petit plateau. C'est le moment décisif.

Les cavaliers de La Ferrière franchissent au galop l'isthme d'Hurtebise et viennent charger le centre de la ligne ennemie. Ils reculent bientôt, mais leur furieuse attaque a permis à la division Charpentier, qui a suivi le mouvement, de s'établir à cheval sur la route des Dames, prolongeant la gauche de Boyer de Rebeval dont les bataillons décimés se reforment devant le Bois Marion. En même temps, les troupes de Ney revenues de leur panique couronnent de nouveau les crêtes de droite, tandis qu'au sud du plateau, entre Vassoigne et la ferme des Roches, les 4 500 cavaliers de la garde se déploient en ligne, sabre au clair. Enfin, saluées par les acclamations de toute l'armée, 72 pièces de la garde et de la réserve d'artillerie débouchent du défilé d'Hurtebise et passent au grand trot dans les intervalles des bataillons, roulant sur la terre durcie avec le bruit du tonnerre. En un instant, les batteries sont établies devant le front des troupes, les avant-trains détachés, les canonniers à leurs pièces. Les 72 bouches à feu foudroient les Russes. L'Empereur arrive sur la ligne de bataille.

Il était temps pour l'ennemi que s'opérât la diversion de Wintzingerode. Encore la cavalerie russe eût-elle été signalée par les lanciers polonais du comte Pacz qui éclairaient la route de Laon, arrêtée quelques moments puis au clair par la deuxième brigade de Roussel, qui occupait Corbény, combattue enfin par la division Arrighi et les corps des maréchaux Mortier et Marmont, qui étaient échelonnés à cette heure-là entre Craonne et Berry-au-Bac. Il est donc fort probable que « l'admirable manœuvre » conçue par Blücher n'eût pas amené les résultats qu'il en espérait, c'est-à-dire « donné le coup de grâce à l'armée française ». Au demeurant, la

26

diversion ne devait pas avoir lieu. Le manque de temps et le mauvais état des chemins rendaient presque impossible ce raid de cavalerie ; de plus, Wintzingerode n'avait pas mis dans sa marche toute la diligence qu'il fallait. Blücher, averti dans la matinée que Wintzingerode se trouvait encore à environ 20 kilomètres du point où le feld-maréchal le croyait arrivé, était, on l'a vu, parti immédiatement pour Chevregny afin de presser la marche de la colonne. Mais où Wintzingerode — « le premier sabreur de l'Europe », comme l'appelait Blücher — n'était point parvenu à défiler, le feld-maréchal n'y réussit pas mieux. Les chemins embourbés de la vallée de l'Ailette, où la gelée n'avait eu que peu d'effet, et les pentes glissantes des hauteurs qui l'entouraient étaient difficiles pour la cavalerie, impraticables à l'artillerie. En outre, l'infanterie de Kleist qui, elle aussi, selon les ordres de la veille, avait commencé son mouvement d'Anizy sur Chevregny, venait encombrer le vallon. Toutes ces troupes piétinaient sur place en une affreuse confusion. — Quelle belle canonnade on eût fait là-dedans ! — Après s'être épuisé en efforts, Blücher, qui entendait depuis longtemps tonner le canon sur les hauteurs de Craonne, vit que la diversion de Wintzingerode serait en tout cas trop tardive. Il se décida à concentrer son armée sous Laon, et expédia à Sacken l'ordre de se mettre en retraite. Cet ordre parvint vers une heure et demie à Sacken, qui le fit aussitôt communiquer à Woronzoff sur le champ de bataille. Woronzoff commença par répondre que puisqu'il avait déjà tenu cinq heures, il pourrait bien tenir jusqu'à la nuit, cette prolongation de résistance devant lui coûter moins de monde qu'une retraite sans cavalerie, en terrain découvert. Sacken renouvela impérativement à Woronzoff l'ordre de se replier, ajoutant qu'il mettait en mouvement les 4 200 chevaux de son corps d'armée pour soutenir la retraite de l'infanterie.

Les Français, maîtres des crêtes orientales et s'étendant en travers du plateau, s'étaient formés en ligne parallèlement à l'ennemi. Les Russes commençaient à lâcher pied, ébranlés de front par le feu de l'artillerie, débordés sur leur droite par la cavalerie de la garde, dont l'Empereur venait de confier le commandement à l'aide-major général Belliard, inquiétés sur leur gauche par les vétérans d'Espagne de la brigade Pierre Boyer qui attaquaient vigoureusement le village et les hauteurs d'Ailles ; que Woronzoff le voulût ou non, il lui fallait battre en retraite. Dans les premiers moments, cette retraite fut admirable. Les Russes, enlevant leurs pièces démontées et un certain nombre de leurs blessés, se retirèrent pas à pas, avec un calme imposant, par bataillons carrés en échiquier.

A mesure que s'accentuait la retraite de l'ennemi, les attaques des Français devenaient plus vives et plus menaçantes. Pour ne pas être débordé par la cavalerie, Woronzoff dut précipiter son mouvement de façon à atteindre une éminence située devant Cerny, à 2 kilomètres et demi de son premier front de défense. Là, il prit une nouvelle position, remit 24 pièces en batterie et arrêta quelque temps la marche de l'armée impériale. Bien qu'à cet endroit le plateau se resserre, les Russes prêtaient néanmoins le flanc droit à la cavalerie de la garde que ne pouvaient contenir les faibles escadrons de Beckendorff, hussards Paulowgrad et Cosaques réguliers. Wassiltschikoff, avec les 4 000 chevaux du corps de Sacken, déboucha fort à propos pour dégager l'aile droite de Woronzoff par ses charges multipliées : certains régiments chargèrent jusqu'à huit fois de suite. Grâce à cette diversion, l'infanterie russe put reprendre sa marche rétrograde sans être entamée. Mais elle tenta en vain de faire une nouvelle halte à la hauteur de Cerny. Belliard refoula sur ses carrés les cavaliers de Wassiltschikoff. Sacken empêcha la déroute en faisant établir une batterie de 36 pièces à 1500 mètres de Cerny, au lieu dit « le Grand Tilliolet ». Les troupes de Woronzoff défilèrent à droite et à gauche de la batterie, qui ouvrit le feu dès qu'elles eurent passé. La cavalerie de la garde s'arrêta ; mais, en moins d'une demi-heure, les pièces russes contre-battues par la formidable artillerie de Drouot cessèrent de tirer. L'armée française se reporta en avant. Tandis que le gros des troupes de Woronzoff continuait sa retraite par la route des Dames, quelques bataillons s'étaient retirés par un chemin creux qui descend dans la vallée de l'Ailette. Le général Charpentier fit braquer sur ce point 4 canons dont les boulets décimèrent les Russes, les prenant d'écharpe dans cet entonnoir. En même temps, une division de Ney, descendue dans la vallée, cherchait à les tourner. Ils furent sauvés grâce au général Langeron qui, posté à Trucy, protégea leur passage par une forte canonnade. Sur le plateau, les Français menèrent l'ennemi battant jusqu'à la grande route de Paris à Laon. La nuit interrompit cette poursuite de 15 kilomètres.

Ainsi finit la bataille de Craonne, si acharnée et si meurtrière, où certaines positions ne furent conquises qu'après six assauts, où l'on ne prit ni un canon ni un homme, et où le quart des combattants resta sur le carreau. 5000 soldats tombèrent du côté des Russes, 5400 du côté des Français.

La victoire qui nous avait coûté si cher n'était rien moins que décisive. Si l'Empereur ordonna de faire partout imprimer et publier qu'il avait battu « ce qui restait de l'armée russe », ce n'était assurément point qu'il s'abusât ni cédât à un accès d'orgueil : comme le fait remarquer avec raison M. Henry Houssaye, il voulait seulement rassurer l'opinion, relever le courage de la nation, probablement aussi imposer à Schwarzenberg complètement coupé de Blücher depuis quelques jours. En réalité, il savait parfaitement qu'il n'avait eu tout au plus devant lui qu'un corps et demi de l'armée de Silésie. Où était et que faisait le reste? Quels étaient les projets de son adversaire? Celui-ci continuerait-il sa retraite vers le nord ou bien voudrait-il s'accrocher à Laon, qui lui offrait une position défensive encore plus forte que celle de Craonne? Autant de questions qu'il était impossible à Napoléon de résoudre, lorsqu'il vint coucher à Chavignon, le 7 mars, à la nuit close. La réponse allait lui être bientôt fournie, trop complète et trop péremptoire, car il ne devait l'obtenir qu'au prix d'une nouvelle bataille, dont le sort, bien différent, annihilerait les maigres résultats de la première, et hâterait le dénoûment fatal que l'Empereur avait jusque-là réussi à retarder.

XIX

Laon

ENGAGÉE le 9 mars 1814, ou même, plus exactement, dans la nuit du 8 au 9, la bataille de
Laon suit donc la bataille de Craonne à moins de
trente heures d'intervalle. Elle s'est livrée dans la
même région, à quelques lieues seulement de distance, et elle est le développement — malheureusement aussi le dénoûment — de la même situa-
tion stratégique. Celle-ci nous étant déjà connue, nous n'avons
qu'à indiquer brièvement les raisons qui déterminèrent Blücher à s'arrêter
à Laon, et Napoléon à l'y attaquer, en dépit de son effrayante infériorité
numérique.

A Craonne, l'Empereur n'avait guère eu affaire, on l'a vu, qu'au cinquième
de l'armée de Silésie, reportée, peu de jours auparavant, à près de 100000
combattants par l'arrivée des corps de Bülow et de Wintzingerode : à Laon,
il allait la trouver tout entière devant lui et, aux 90000 hommes qu'elle
comptait encore (défalcation faite des pertes subies dans les journées pré-
cédentes), c'est tout au plus s'il en pouvait opposer 36000, en réunissant
toutes ses forces ! Or, celles-ci, à la suite de la bataille du 7, étaient restées
divisées : la plus forte masse, conduite par Napoléon en personne et qu'il
avait déjà engagée sur la route de Soissons à Laon, par Chavignon, s'élevait
à 27000 hommes environ ; l'autre, venue de Soissons par Berry-au-Bac et
qui comprenait à peu près 9500 hommes, sous Marmont, avait été laissée sur
la route de Reims à Laon, par Corbeny, de l'autre côté du plateau de Craonne.
Résolu à suivre Blücher « l'épée dans les reins », l'Empereur crut devoir
maintenir cette séparation de son armée en deux groupes, et, par conséquent,
marcher sur deux colonnes contre Laon, qu'il aborderait à la fois par le
sud-ouest et par l'est.

Comment en était-il venu à violer ainsi le grand principe de la concentra-

MARÉCHAL MORTIER
D'après le portrait
peint par
Ponce-Camus.
Musée de Versailles.

GÉNÉRAL
GNEISENAU

tion des forces en arrière du champ de bataille, qui était la base de son système de guerre et à la constante observation duquel il avait dû tant et de si grands succès? On a dit — et tout semble démontrer, en effet, qu'il croyait Blücher en pleine retraite vers le nord : l'abandon, sans combat, de la ligne de l'Aisne par l'armée de Silésie; la présence, à Craonne, d'une simple fraction de cette armée, et la ténacité même de sa résistance, qui semblait n'avoir d'autre but que de couvrir un mouvement rétrograde déjà entamé, devaient faire supposer à l'Empereur que son adversaire ne songeait qu'à se dérober. Dans ces conditions, il s'attendait à ne rencontrer à Laon qu'une arrière-garde qu'il en délogerait aisément, malgré l'avantage de la position, surtout en ne lui laissant point le temps de s'y établir solidement. Dès lors, il n'y avait pas grand inconvénient — il y avait même un certain avantage — à s'avancer sur deux colonnes, puisqu'on aurait perdu au moins un jour à assurer leur jonction, et que la grande affaire était d'atteindre Laon le plus tôt possible.

Quelques auteurs estiment cependant que Napoléon savait, ou, tout au moins soupçonnait que Blücher avait dû s'arrêter à Laon pour y accepter la bataille, et que s'il s'était décidé lui-même à attaquer un ennemi deux fois plus nombreux, aussi fortement posté, c'est parce qu'il lui fallait à tout prix, et dans les quarante-huit heures, une victoire éclatante. Le 10 mars, effectivement, expirait le dernier délai accordé par les plénipotentiaires alliés au congrès de Châtillon, pour l'acceptation de conditions de paix auxquelles l'Empereur ne pouvait se résigner, et qu'il n'espérait voir adoucir qu'à la suite d'un succès autrement décisif que celui qu'il avait remporté la veille à Craonne. Il se flattait, au surplus, d'emporter Laon par surprise, et toutes ses dispositions prouvent qu'il comptait sur la réussite d'un audacieux coup de main, tout en se préparant à livrer une bataille quand même, dans le cas contraire.

Quant à Blücher, la résolution qu'il avait prise de la recevoir, sinon même de l'offrir, s'explique tout naturellement. Sa retraite précipitée depuis l'Ourcq n'avait pas précisément contribué à relever le moral de ses troupes, et quand il avait essayé de reprendre l'offensive en tombant sur le flanc de l'armée française, il n'avait abouti qu'à un échec, honorable sans doute, partiel assurément, mais, somme toute, à un échec indéniable, dont il devait avoir à cœur de prendre une prompte revanche. Il ne pouvait d'ailleurs se lancer de nouveau, par la vallée de l'Oise, dans la direction de Paris, son grand objectif, avec un aussi redoutable adversaire sur ses derrières et à ses trousses. Il lui était bien supérieur en nombre; il rencontrait sur sa route, à point nommé, le champ de bataille le plus avantageux que l'on puisse rêver : n'était-il pas en droit d'espérer que tous les efforts de Napoléon viendraient se briser contre une position aussi formidable?

La ville de Laon est bâtie au sommet d'un mamelon entièrement isolé, de forme irrégulière, surgissant brusquement au milieu de la vaste plaine qui s'étend des collines du Soissonnais à celle de la Thiérache, et la dominant d'une centaine de mètres de tous les côtés. Ce mamelon affecte la forme générale d'un V couché, dont la pointe est tournée vers le nord-ouest : la branche principale, orientée de l'est à l'ouest, porte la ville proprement dite, à l'extrémité orientale de laquelle se trouve la citadelle ; l'autre branche, véritable promontoire projeté vers le sud-est, le quartier « des Creuttes » et l'ancienne abbaye de Saint-Vincent, aujourd'hui transformée en bâtiments militaires. Entre les deux branches se creuse, en forme de conque, une dépression occupée par des vergers ou des jardins maraîchers, que l'on appelle la *Cuve Saint-Vincent*. De ce côté, les pentes extérieures de la montagne, assez abruptes, étaient couvertes, en 1814, de vignes en gradins dont les murs de soutènement rendaient l'accès très difficile ; les autres versants, boisés en partie, sont encore plus escarpés. Laon était alors entièrement entouré d'une vieille muraille, renforcée par des tours rondes ou carrées, de distance en distance : ce rempart qui, du reste, subsiste encore aujourd'hui en grande partie et au-dessous duquel courent les boulevards qui font à la ville une ceinture verdoyante, n'était pas en très bon état, et il y existait plus d'une brèche, en dehors des onze portes ou poternes dont il était percé ; mais, tirant sa principale force de celle du site même, il était encore susceptible d'une défense sérieuse et assez difficile à prendre d'assaut à cause des *flanquements* qu'il présente en beaucoup d'endroits.

Au bas de la « montagne » de Laon et, par conséquent, plus ou moins isolés de la ville, s'étendent plusieurs faubourgs, situés à l'issue des principales routes qui y aboutissent et à l'origine des sentiers assez nombreux qui permettent d'en éviter les lacets. Ce sont : au nord-ouest, sur la route venant de la Fère, la Neuville-lès-Laon et le faubourg Saint-Marcel, à l'est duquel s'est formé, depuis l'établissement du chemin de fer, le nouveau quartier de la Gare, d'où l'on peut monter directement en ville par un long escalier — ; au nord-est, à la jonction des routes de Maubeuge et de Reims, le faubourg de Vaux, à 3 kilomètres au delà duquel se trouve le gros village d'Athies ; au sud-est, sur le chemin de Bruyères et en face de l'ouverture de la Cuve Saint-Vincent, le faubourg d'Ardon ; au sud-ouest, enfin, sur la route de Soissons (ou de Paris), le village de Semilly, blotti au pied du promontoire où s'élève l'abbaye de Saint-Martin. A la sortie de Semilly, la grande route de Paris laisse à 1 kilomètre sur la droite le village de Leuilly, et à

2 kilomètres sur la gauche celui de Clacy, tous deux situés à peu près à la même hauteur ; puis, à 3 kilomètres plus bas, elle traverse les deux villages jumeaux de Chivy et d'Étouvelles : toutes ces localités, dont l'aspect ne semble guère avoir changé (à l'exception pourtant de Clacy qui fut incendié de fond en comble), ont joué un rôle des plus importants dans les journées des 9 et 10 mars 1814.

La plaine ne présente pas le même aspect — non plus, du reste, assure-

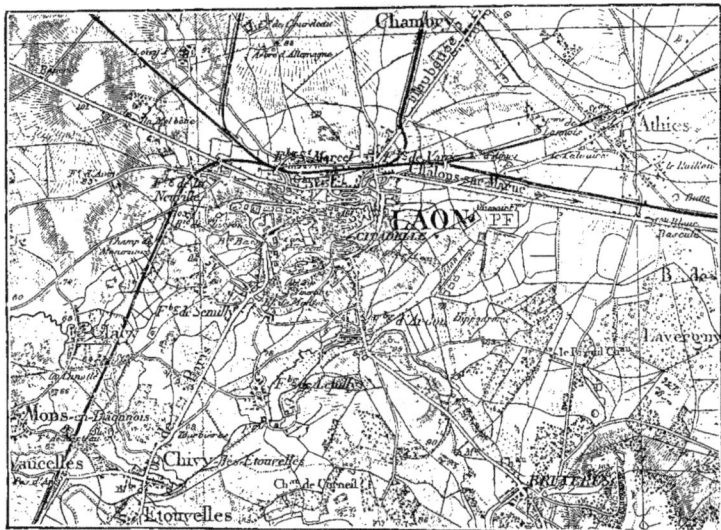

PLAN DE LA BATAILLE DE LAON.
Extrait de la carte de l'État-major au 1 : 80 000.

t-on, que les mêmes idées et les mêmes mœurs — au nord et au sud de la montagne de Laon. Vers le nord, à peu près entièrement unie et découverte, elle est très fertile et très bien cultivée ; vers le sud, elle est, au contraire, marécageuse ou tout au moins tourbeuse, semée de bouquets de bois et de fourrés, coupée par de longs rideaux de peupliers et de saules, des fossés et des rigoles. Deux ruisseaux en drainent les eaux : le ru d'Ardon, qui arrose ce faubourg et Leuilly, et le ru de la Buse, qui, venu de Clacy, tombe dans le précédent immédiatement au-dessous de Chivy, où la route, traversant coup sur coup deux ponts, forme un défilé qui n'est pas sans importance au point de vue tactique.

Cette courte description de la position de Laon suffit à en faire ressortir toute la valeur défensive, et l'on ne s'étonne pas que Blücher, décidé à « faire tête », ait cru devoir la fortifier de préférence à toute autre. « De loin, dit M. Henry Houssaye, dans son « **1814** », la montagne se profile sur l'horizon comme une immense redoute, présentant une suite de bastions naturels qui se flanquent réciproquement de leurs feux. » C'était bien, en effet, une redoute énorme, d'un abord d'autant plus difficile qu'à sa base les faubourgs et villages dont nous avons parlé constituaient autant d' « avancées » ou d'ouvrages détachés, qu'il fallait emporter avant de songer à tenter l'escalade du corps de place. Laon formait donc une superbe position de bataille, « un point d'appui sans pareil pour une armée » : occupant la ville, en tenant toutes les avenues, Blücher pouvait s'y considérer comme à peu près inexpugnable, surtout attendant les Français du côté où la nature et les obstacles du terrain s'opposent au déploiement d'une armée, entravent ses mouvements et rendent particulièrement très difficiles les communications latérales.

L'armée de Silésie se trouvait répartie, le 9 mars au soir, de la façon suivante : au centre, le corps prussien de Bülow était chargé de la défense de la ville et de ses débouchés du sud, les faubourgs de Semilly et d'Ardon, que commandaient 50 pièces en batterie sur les remparts et à mi-côte; à l'ouest de la montagne, le corps russe de Wintzingerode formait l'aile droite en arrière de Clacy, qu'il occupait solidement; à l'est, les corps prussiens d'York et de Kleist formaient l'aile gauche, le premier à gauche, face à Athies, que tenait un poste avancé de 2 bataillons, le second à droite, à cheval sur la route de Reims. Derrière la montagne, donc au nord de la ville, les corps russes de Sacken et de Langeron étaient en réserve à La Neuville et au faubourg Saint-Marcel. Au sud-est, plusieurs régiments de cavalerie prussienne, dont 5 aux ordres du colonel Blücher, fils du feld-maréchal, battaient l'estrade sur la route de Reims jusqu'à Festieux, tandis qu'au sud-ouest, sur la route de Soissons, 4 régiments d'infanterie russe avec 2 batteries, sous Tchernitcheff, gardaient le défilé de Chivy et d'Étouvelles.

Grâce à cet ensemble d'habiles dispositions, Blücher se croyait à bon droit prémuni contre toute éventualité fâcheuse. Néanmoins il ne laissait pas d'être assez soucieux, dans la brumeuse matinée du 9 mars succédant à une nuit neigeuse : un secrétaire de Berthier, enlevé par les Cosaques (un Hanovrien pourtant), venait d'assurer que Napoléon s'avançait contre Laon, avec au moins 70 000 hommes. L'Empereur, hélas ! était bien loin de compte, et nous avons vu que toute son armée montait à peine à la moitié de ce chiffre, dont un quart à l'aile droite, avec Marmont, le reste réparti entre les corps de Ney, de Mortier, de Charpentier, et les cinq faibles divisions de cavalerie qui constituaient l'aile gauche. Aussi, lorsque cette dernière eut terminé son déploiement et que, du haut des remparts de Laon, l'état-major prusso-russe put apercevoir, émergeant du brouillard, la poignée de combattants dont se composaient le « gros » de l'armée française, il sentit ses inquiétudes redoubler : évidemment Napoléon ne voulait faire, de ce côté, qu'une simple démonstration, une fausse attaque, et c'était de l'autre côté, par la route de Reims, qu'allait venir la véritable. En réalité, les deux attaques étaient également sérieuses, et séparées, qui pis est! Et pourtant le prestige du grand capitaine est resté tel, on doit toujours s'attendre avec lui à des manœuvres si audacieuses et si imprévues que, nonobstant son écrasante supériorité, Blücher bornera toute son ambition à défendre et à conserver ses positions. On le verra s'y cramponner encore après sa victoire, comme étonné du succès qu'il vient d'obtenir, alors qu'il lui aurait suffi de marcher un peu hardiment en avant pour porter à son adversaire épuisé et chancelant le coup qui, selon toute probabilité, eût dès lors achevé de l'abattre.

*Nous eussions volontiers emprunté encore à M. Henry Houssaye son récit de la bataille de Laon, si bien ordonné, si fidèle, si vivant : malheureusement pour nous, il est un peu trop long, et nous n'eussions pu faire rentrer dans notre cadre les quarante pages qu'il occupe dans « **1814** » qu'en y pratiquant de larges coupures qui en eussent détruit l'harmonie. Aussi nous sommes-nous adressé à un contemporain qui, toutefois, n'a écrit sa relation que longtemps après l'événement et qui a pu ainsi contrôler et compléter au besoin ses souvenirs : le général comte Philippe de Ségur, que sa belle* Histoire de Napoléon et de la Grande Armée pendant la campagne de Russie *fit entrer à l'Académie française. C'est dans ses* Mémoires *réédités récemment par Firmin-Didot et Cᵗ, si justement appréciés pour leur ampleur et leur sincérité, qu'il raconte les journées des 9 et 10 mars 1814 : le style, un peu oratoire, ne laisse point que d'avoir vieilli ; mais, dans son ensemble, la narration est claire, exacte et surtout traversée d'un beau souffle. Après M. Henry Houssaye, — des consciencieuses recherches de qui nous profitons, au surplus, dans plusieurs notes additionnelles ou rectificatives, — c'est incontestablement à Ségur que nous devons le meilleur tableau d'une action de guerre en elle-même assez décousue (pour les raisons développées plus haut) et, par suite, tout à fait en dehors de la « manière » habituelle du grand capitaine.*

Napoléon espérait que son avant-garde pourrait atteindre Laon ce jour-là même [8 mars] ; mais tout ce qu'elle put faire fut de pousser l'ennemi jusqu'à Étouvelles. Ce village, situé sur une longue chaussée élevée au-dessus de larges et profonds marais, était une position inexpugnable : les Russes en comprirent la force ; ils s'y établirent. Ils comptaient bien y passer une nuit tranquille ; mais Napoléon venait d'apprendre l'évacuation de Soissons ; il crut Blücher plus déconcerté que jamais. L'abandon de cette ville le persuada que, même dans la position de Laon, ce maréchal avait perdu tout espoir de se défendre. La vérité, c'est que Blücher, sans tant de calculs, nous rendait Soissons en se décidant à nous disputer Laon,

27

et que l'Empereur se trompait logiquement en ne supposant pas une inconséquence.

L'attitude des Russes, à Étouvelles, ne lui parut donc être que celle d'une arrière-garde, masquant quelque mouvement désordonné et vraisemblablement une retraite. Dès lors, comptant la changer en déroute, il se décida, plus que jamais, à poursuivre son avantage.

Toutefois, pour aider l'occasion ou, à son défaut, la créer, la nuit lui inspira l'essai d'une surprise, Ney eut l'ordre d'attaquer Étouvelles subitement, à la baïonnette, à une heure après minuit. La trouée faite, aussitôt Belliard et sa cavalerie devaient s'y précipiter, pousser au travers des ténèbres jusque vers Laon, y propager rapidement la confusion d'une fuite nocturne et peut-être s'en emparer.

Tout semblait dépendre de cette attaque : l'Empereur ne négligea rien pour en assurer le succès. A la chute du jour, il envoya sur sa gauche 2 bataillons et 2 escadrons de sa vieille garde. Leur marche était soigneusement réglée : à une heure du matin, l'heure de Ney, ils devaient avoir tourné le défilé et, par leur attaque simultanée, favoriser celle de ce maréchal. Malheureusement l'Empereur en confia la direction à l'un de ces officiers bruyants, partant ventre à terre, mais qui se ralentissent dès qu'ils sont hors de la vue du maître [1]. Ce détachement d'élite n'arriva qu'après coup, une heure trop tard, lorsque Ney avait réussi tout seul, et pour se réunir à sa victoire. Elle avait été complète : les Russes, surpris par les baïonnettes du 2e léger, avaient passé du sommeil à la déroute. On n'avait eu, jusqu'à deux heures du matin et jusqu'au delà de Chivy, qu'à culbuter, prendre ou tuer tout ce qui n'avait pas eu le temps de fuir.

Ce débouché ouvert, c'était à la cavalerie à achever. On dit que son chef, étonné de la témérité de cette attaque nocturne, avait représenté à l'Empereur l'impossibilité de cette espèce de longue et aveugle charge de cavalerie en pleine nuit, au travers de tous les accidents d'un terrain inconnu et des résistances d'un ennemi invisible. Mais l'Empereur était forcé de tout risquer, cette observation l'irrita ; il n'en tint compte. Il savait bien, au reste, que livrés à eux-mêmes, ses généraux ne tenteraient rien qui ne fût possible.

Belliard obéit, comme en pareil cas on obéissait : à contre-cœur, et sans cette conscience du succès qui seule peut l'assurer, quand, toutefois, l'entreprise n'est point inexécutable. Celle-ci l'était : aussi le général chercha-t-il, dans cette marche, à gagner le jour, plus nécessaire encore aux mouvements de la cavalerie qu'à ceux de l'infanterie. Il n'arriva donc en avant de Ney qu'à cinq heures du matin, quand Blücher, averti, s'était déjà mis en garde. Alors même, aveuglée encore par la double obscurité d'une nuit d'hiver et d'un épais brouillard, sa cavalerie ne put qu'avancer à tâtons, perdant sa rapidité, le premier de ses avantages.

Néanmoins, tant qu'il n'y eut qu'à marcher sur la grande route, elle chassa l'ennemi devant elle; mais s'étant heurtée contre Semilly et contre les hauteurs sur lesquelles Laon est bâtie, une décharge d'artillerie, qui en partit, renversa la tête de sa colonne. Le reste s'arrêta. On attendit pour voir où l'on était et à qui l'on avait affaire.

---

1. L'officier d'ordonnance auquel s'applique cette allusion désobligeante est le chef d'escadron (depuis général) Gourgaud. Ségur, qui eut avec lui un duel retentissant en 1825, à la suite d'une violente polémique sur la campagne de Russie, lui avait gardé rancune, et l'on s'en aperçoit du reste !

L'Empereur accourut alors. Il était sept heures du matin : Depuis la veille, l'armée ennemie tout entière — 100 000 hommes au moins — était là en bataille !... Ce fut un bonheur que le brouillard prolongeât la nuit : il cacha notre petit nombre. Napoléon, persévérant dans son espoir, en profita. Deux villages, Ardon et Semilly, fortement occupés, marquaient la première ligne des alliés ; il les fit emporter à l'arme blanche. On continuait, lorsqu'on se choqua inopinément contre les colonnes de Blücher [1]. Elles étaient serrées en masses immobiles. Leur artillerie se couvrit de feux inabordables. Il fallut s'arrêter, se mettre à l'abri, et, jusqu'à onze heures, une canonnade incertaine, traversant d'épaisses vapeurs, occupa seule le champ de bataille.

Alors parut le soleil, et avec lui notre impuissance. Aussitôt Blücher, nous ayant comptés, prit l'offensive, et Semilly ainsi qu'Ardon nous furent arrachés. Mais l'Empereur, à sa ténacité ordinaire, en joignit une qui tenait du désespoir ; calme toutefois, et toujours calculé, il comptait encore sur l'effet accoutumé de sa présence. A l'entendre, « chacun voyait mal ; l'ennemi était en retraite » ! Il ne répondait aux rapports contraires et aux objections de ses généraux qu'en les poussant en avant : il espérait déconcerter Blücher à force d'audace.

Notre armée se développait alors sur un front étroit, de Leuilly au mamelon de Clacy : Mortier à droite, Ney à gauche ; elle ne montrait que 18 500 hommes en ligne et 3 500 en réserve. Bülow et Strogonoff l'abordèrent de front, tandis que Woronzoff, dirigé vers Clacy, en tournait la gauche. Ardon, Semilly et Clacy en devinrent donc les points contestés. La victoire consistait pour nous dans la reprise des deux premiers de ces villages : victoire stérile ! Celle de Blücher, qui venait de s'en rendre maître, dépendait de la conquête de Clacy : victoire décisive, soit qu'il eût alors acculé de front l'Empereur contre le défilé d'où il sortait, soit que, culbutant notre gauche, il l'eût déposté de la grande route et de sa retraite.

Rien de tout cela n'arriva. Il est cependant, vers midi, cette position de Clacy, dont tout dépendait, nous avait été enlevée par Woronzoff. Mais, en ce moment, l'apparition de Marmont [à Festieux], sur la route de Reims, rendit Blücher incertain. Son esprit se partagea entre deux appréhensions et vagua de l'une à l'autre. De quel côté était l'attaque principale ou la diversion ? L'attaque par la route de Soissons montrait si peu de forces ! Celle de la route de Reims, commencée plus tard, mais qui menaçait sa retraite, n'était-elle pas la véritable ?

Pendant cette indécision, l'héroïsme de Ney changeait en revers les premiers succès des coalisés. Suivi de quelques escadrons de la garde et de Letort, il se précipita de front sur Bülow ; Belliard et Roussel secondèrent en flanc son attaque. Tout céda sous leurs charges impétueuses et, l'infanterie de Poret de Morvan les ayant suivis au pas de course, Ardon fut victorieusement ressaisi.

---

1. De Bülow, pour être plus précis. Et à ce propos, il n'est pas inutile de noter un fait négligé par la plupart des historiens français et sur lequel les écrivains allemands ne manquent pas d'insister : Blücher, lors des deux journées de Laon, était très souffrant ; une grave ophtalmie et la fièvre résultant des fatigues qu'il avait endurées dans les dernières semaines le retenaient au logis contre ses habitudes. Nominalement, il exerçait toujours le commandement en chef ; mais celui-ci était passé en réalité aux mains de son chef d'état-major Gneisenau, — celui qu'il appelait « sa tête », — ce qui n'allait pas sans entraîner bien des tiraillements, d'autant plus que tous les commandants de corps étaient plus âgés que ce général.

Charpentier et 6 000 hommes arrivaient sur ces entrefaites. L'Empereur leur fit chasser de Clacy les Russes de Woronzoff. Il était quatre heures. Nous étions maîtres de ce dangereux champ de bataille, quand l'inquiétude de Blücher, ramenée de ce côté, le décida : il tenta un dernier effort. La prise d'Ardon en fut le seul résultat. La bataille ainsi, sur cette route, resta indécise.

Il en était de même, en ce moment, sur la route de Reims à Laon. De ce côté, Marmont, pressé par les ordres redoublés de Napoléon[1], avait poussé l'ennemi devant lui jusqu'à Athies. Là, en vue de Laon, sa faible avant-garde, comme un point au milieu d'une vaste plaine, s'était arrêtée sur les cendres de ce hameau. Cette position était follement aventurée. C'était, par quelques centaines de fantassins seulement, appuyés de trop loin sur 10 000 sabres et baïonnettes que nul obstacle de terrain ne protégeait, prétendre menacer, à bout portant, près de 100 000 hommes ! Néanmoins, la journée ainsi terminée, Marmont, comme l'Empereur avait conservé l'attitude de l'offensive.... Napoléon, la nuit venue, s'était retiré à Chavignon. Après quelques heures de repos, les rapports de la veille étant arrivés, il reprenait, vers deux heures du matin, ses travaux et s'occupait d'établir la communication entre ses deux attaques, quand tout à coup deux dragons du corps de Marmont, éperdus et hors d'haleine, accoururent aux feux des grand'gardes du quartier impérial. Ils annonçaient une surprise nocturne, une déroute complète ; on se hâta d'avertir l'Empereur qu'à les entendre du côté de Marmont tout était perdu....

On sut bientôt qu'en effet, au moment où les bivouacs du duc de Raguse s'étaient imprudemment allumés, depuis Athies jusqu'au bois de Lavergny, la cavalerie prussienne, suivie d'infanterie [des corps d'York et de Kleist] avait subitement attaqué et enveloppé ce faible corps. Son désastre était effroyable : à l'imprudence du chef s'étaient jointes plusieurs fautes du détail. D'une part, 11 000 hommes, surchargés de 60 pièces de canon et de leurs caissons, s'étaient paisiblement endormis[2] au milieu d'une plaine immense, en avant d'un défilé et à portée de 40 000 ennemis qui, pendant cinq heures de jour, avaient pu les compter. D'autre part, l'avant-garde, placée trop avant sans nul appui, avait été enlevée sans avoir eu le temps de donner l'alerte. Quant à l'artillerie, parquée et restée à la prolonge[3], on l'avait mise dans les champs, en dehors des larges fossés de la route, sans lui préparer la possibilité de reprendre cette seule voie de retraite.

1. A la vérité, Napoléon, inquiet du retard de Marmont, lui avait dépêché à plusieurs reprises des officiers ou des cavaliers ; mais ils furent tous pris par les Cosaques qui battaient l'estrade entre Ardon et Bruyères. Le duc de Raguse dit vrai, dans ses *Mémoires*, lorsqu'il affirme qu'il ne reçut jusqu'au soir aucune nouvelle de l'Empereur et avoue qu'il ne lui en envoya aucune. Cependant l'ordre initial, celui qui l'envoyait sur Laon, lui prescrivait de se tenir toujours lié à l'armée impériale, et c'était à lui de chercher à rétablir les communications interceptées.

2. Le plus grand nombre du moins, succombant à la fatigue de huit heures de marche, suivies de quatre heures de combat, dormaient autour des feux de bivouac ; le reste s'était dispersé pour chercher des vivres dans les fermes environnantes. Mais c'est à tort que certains auteurs placent le « hourra d'Athies » (selon le mot consacré) plus ou moins avant dans la nuit : il eut lieu peu après que l'obscurité fut complètement tombée, entre sept et huit heures du soir.

3. C'est-à-dire les pièces non remises sur leurs avant-trains, auxquels elles étaient simplement reliées par le long cordage appelé *prolonge*, qui sert à faciliter les petits déplacements sur le champ de bataille.

York, au contraire, avait habilement profité de toutes ces fautes. A la droite de Marmont, nos 3 000 chevaux, surpris dans les ténèbres par 7 000 cavaliers prussiens, avaient été, d'un premier choc, renversés et disséminés dans la plaine, en pelotons épars, les uns se défendant en désespérés, le plus grand nombre fuyant en déroute, à travers champs, pêle-mêle avec l'ennemi ; celui-ci pour les mieux surprendre, les abordant aux cris de : *Vive l'Empereur !* les nôtres criant : *Hourra !* pour leur échapper. La plupart s'étaient réfugiés, ventre à terre, au milieu de notre artillerie ; ils y avaient porté la terreur, et tous ensemble, canons, hommes, chevaux se précipitant s'étaient efforcés de gagner la grande route. Dans leur effarement, ils avaient oublié les larges et profonds fossés qui la bordaient et s'y étaient culbutés les uns sur les autres, sous les coups de l'ennemi qui les poursuivait : 1 200 cavaliers, 40 canons, 32 caissons venaient d'être perdus dans ce désastre.

L'orgueil de Marmont, toujours dédaigneux des précautions de la défensive, en était cause ; et ce fut encore son orgueil inflexible et son courage indomptable qui l'en tirèrent. Dans son malheur, sans se déconcerter, ralliant son infanterie, il avait tenu ferme à la tête du bois de Lavergny, avec les canons qui lui restaient, fusillant, mitraillant dans l'obscurité tout ce qui l'approchait. Toutefois, un corps d'infanterie d'York, bien dirigé par le jeune Blücher, ayant tourné sa gauche, l'avait déposté. Tout alors, lui excepté, s'en était allé à la débandade. Mais sa contenance avait donné le temps à quelques centaines de fantassins, commandés par le colonel Fabvier, et envoyés tardivement en reconnaissance vers l'Empereur, de revenir sur leurs pas : ils se firent jour et s'établirent vaillamment, en arrière-garde, sur la grande route.

Fabvier dit que la nuit était si noire qu'alors, de part et d'autre, on n'avait pu juger de la position de la ligne opposée qu'au bruit et à la lueur des coups de fusil qui en partaient. On s'était ainsi fusillé sans se voir, et en faisant battre la charge des deux côtés sans faire un pas. Enfin, cédant à propos, Fabvier avait reculé sans désordre jusqu'au défilé de Festieux. Ce passage était la seule voie ouverte à la retraite de Marmont et, depuis une heure, la cavalerie prussienne l'y avait prévenu. Les restes de ce malheureux corps d'armée devaient donc être perdus sans ressource, mais un hasard les avait sauvés. La fortune avait voulu que 60 vieux chasseurs de la Garde, escortant des équipages, se fussent trouvés là. Ces braves soldats ne s'étaient pas étonnés : ils venaient, par une résistance intrépide, de conserver à la déroute de Marmont cette voie de salut.

On sut plus tard que, dès lors, le danger avait diminué ; que Marmont avait pu rallier ses restes, et le lendemain, 10 mars, reprendre quelque haleine à Corbeny : après quoi, il lui avait fallu reculer encore, et aller s'abriter à Berry-au-Bac, au delà de l'Aisne.

A la nouvelle du succès de cette échauffourée, Blücher ne doute plus de rien. Il lui semble qu'il n'y a plus qu'à envoyer achever Marmont sur la route de Reims, et faire tourner par celle de Bruyères, en deçà et au delà de l'Aisne, la fuite infaillible de Napoléon. Lui-même, avec le reste de son armée, va poursuivre l'Empereur ; ses ordres furent, dit-on, donnés aussitôt en conséquence.

Plein de cette confiance, dès les premières clartés du 10 mars, il pousse sur Clacy une tête de colonne russe ; mais Charpentier, bien barricadé dans ce village, la lui brise à coups de mitraille. Blücher s'indigne, il ordonne de redoubler : mais, sept fois repoussé, Wintzingerode, enfin rebuté, recule. Blücher, de plus en plus étonné, voit en même temps la droite de l'Empereur, sous Mortier, menacer Laon. L'inquiétude le ressaisit ; il s'alarme pour les corps qu'il vient de détacher [sur sa gauche]. Dès lors, révoquant ses instructions, il envoie aux uns l'ordre de rétrograder, suspend le départ des autres, les resserre autour de lui, et passe de l'agression à la défensive.

Napoléon, au contraire, ainsi mutilé de son aile droite et réduit à 22 000 hommes contre 100 000, ne songe pas seulement à attendre en combattant, pour gagner la nuit favorable à sa retraite; ce qu'il prétend encore, c'est vaincre, c'est chasser, du point stratégique si important de Laon, son adversaire! Il ne peut se décider à lâcher prise, à céder, et, en reculant, à renoncer à ce prestige de supériorité qui lui tient lieu d'armée, et qui est la seule ressource qui lui reste.

On le vit alors lui-même, sur un mamelon à droite de Clacy, dévorant la position ennemie de son regard, s'obstiner à supposer que Blücher s'était dégarni, devant lui, pour achever Marmont. Sur cette supposition, et sans aucune retraite qu'un long et étroit défilé, il osa déployer 18 000 hommes, débordés par 60 000 ennemis, contre 40 000 autres bien retranchés, qu'il voulut qu'on attaquât. Un mouvement des alliés, qu'il aperçut, le confirma dans son espoir: il s'écria « que sa persévérance l'emportait enfin! que Blücher, découragé, se retirait »! Et sur-le-champ, par son ordre, Curial et Musnier s'élancent en colonnes d'attaque ; le feu de notre artillerie les secondait. Mais un feu plus puissant et des bataillons plus nombreux firent, en peu d'instants, taire nos canons et reculer nos baïonnettes.

Chacun pressa alors l'Empereur de ne plus songer qu'à se retirer, mais il persista. Ce qu'il n'avait pu faire de front, il voulut le tenter de flanc. Vainement, Drouot qu'il a envoyé [vers La Neuville] sonder la droite de l'ennemi, dans laquelle il veut qu'on pénètre, lui en déclare, avec sa concise et mâle franchise, l'impossibilité [1]. N'importe! Il ordonne à Belliard et à sa cavalerie de lui ouvrir le chemin. Mais Belliard vient de reconnaître de son côté le flanc ennemi: il l'a rencontré partout inabordable et si menaçant, qu'il supplie Napoléon de songer à son salut: bien loin d'attaquer, lui dit-il, il ne sait plus comment il va être possible de se défendre. L'Empereur le voyait mieux que personne; mais, désespérant de vaincre, il ne peut encore se résoudre à s'avouer vaincu, et s'opiniâtrant sur ses positions, il y demeure obstinément immobile!

Ce fut seulement à quatre heures, après une nouvelle supplication de Belliard qu'il se résigna [à regagner Chavignon]. Encore voulut-il que ses canons disputassent jusqu'à la nuit le champ de bataille. Le lendemain matin 11 mars, au jour renaissant, il l'occupait encore par son arrière-garde. Quelques pulks de Cosaques, ensuite, inquiétèrent seuls sa retraite sur Soissons. Ceux-ci, tels que les sauvages, n'osent guère attaquer que par surprise; mais comme ils s'étaient enhardis, on les surprit eux-mêmes. Le colonel Sémery leur tendit un piège : ils y tombèrent, et l'on fut enfin délivré de leur importunité.

Échappé comme par miracle à l'étreinte de son adversaire, Napoléon chercha aussitôt quelque revanche à prendre et la trouva, dès le 13 mars,

1. C'est alors que Drouot dit le mot rapporté par Ségur lui-même, en faisant allusion à ces conscrits si jeunes, si frêles, sachant à peine se servir de leurs armes et tombant en foule en combattant un contre quatre : « C'est le *massacre des innocents* renouvelé ! »

dans le succès que lui valut une marche rapide sur Reims, où il surprit et battit un corps russe arrivant d'Allemagne, sous le comte de Saint-Priest ; puis il résolut de se jeter, par Châlons, sur le flanc de Schwarzenberg, avant que Blücher n'eût eu le temps de mettre à profit les avantages obtenus. « Habitué maintenant, dit M. Henry Houssaye, aux trahisons de la fortune, l'Empereur les subissait sans abattement, trouvant toujours, en son inépuisable génie stratégique, de nouvelles combinaisons pour remplacer celles que le sort faisait échouer. » Par malheur, il était impuissant à faire passer dans l'âme de ses lieutenants démoralisés un peu de l'indomptable fermeté qui remplissait la sienne, et si sa présence galvanisait encore ses jeunes troupes, tout son génie ne pouvait qu'imparfaitement suppléer à leur inexpérience et surtout à leur manque d'endurance et de solidité. « La vieille Garde se maintient, écrivait-il à son frère Joseph, au lendemain de Craonne et de Laon ; le reste fond comme neige. »

De fait, c'était avec 28 000 hommes seulement que Napoléon se reportait de la Marne à l'Aube, où il allait en retrouver 118 000. La lutte devenait par trop inégale, et les deux journées d'Arcis-sur-Aube (20 et 21 mars) le montrèrent trop bien : la lenteur des alliés et l'énergie de nos attaques sauvèrent l'armée, qui aurait dû être accablée ; mais l'Empereur comprit que les plus habiles manœuvres ne réussiraient plus à le tirer d'affaire et qu'il risquait d'être écrasé entre les deux masses ennemies. Ce fut alors qu'il joua son dernier atout : il se rabattit par Saint-Dizier sur les derrières des coalisés, dans l'espoir d'entraîner au moins une de leurs armées à sa suite, et de dégager ainsi momentanément sa capitale. Vain effort ! on ne comptait déjà plus avec lui, tant sa faiblesse et son impuissance étaient devenues manifestes : on ne laissait devant lui qu'un simple « rideau » et les deux armées de Silésie et de Bohême, de nouveau réunies, s'avançaient maintenant droit sur Paris, poussant devant eux les petits corps des ducs de Trévise et de Raguse.

Quand l'Empereur, averti de son erreur et revenu en toute hâte sur ses pas, fut arrivé à Fontainebleau, il put apprendre qu'une bataille venait d'être livrée sous Paris, qu'elle avait été perdue, et qu'elle avait irrémédiablement décidé de son sort et de celui de l'Empire.

XX

Paris

(30 MARS 1814)

Tandis que Napoléon se portait par Saint-Dizier sur les communications des alliés, dans le dessin de les couper, — ou plutôt dans l'espoir de leur inspirer la crainte qu'il n'y réussît, — Marmont et Mortier, pris entre l'armée de Bohême et l'armée de Silésie, étaient battus à Fère-Cham-

MARÉCHAL MONCEY
D'après le portrait peint
par Barbier Valbonne.
(Musée de Versailles.)

MARÉCHAL MARMONT
D'après le portrait peint
par Paulin.
(Musée de Versailles.)

penoise (24 mars), définitivement séparés de l'Empereur et rejetés dans la direction de la capitale, où ils n'avaient plus désormais qu'à chercher un refuge. Si habilement et si rapidement qu'ils se fussent dérobés, leur retraite fut des plus difficiles; suivis et pressés en queue par toutes les masses de la Coalition, — car on avait jugé inutile de laisser devant Napoléon plus d'un corps, celui de Wintzingerode, — ils trouvèrent la route barrée à La Ferté-Gaucher, durent se rejeter vers le sud, l'un vers Mormant, l'autre vers Melun, et ne parvinrent qu'à grand'peine à se réunir, le 29, sous les « murs » de la capitale.

Ils la trouvèrent naturellement en grand émoi. La veille, un conseil de gouvernement avait eu lieu sous la présidence nominale de l'Impératrice régente, assistée de l'ex-roi d'Espagne, Joseph, lieutenant général de l'Empire et dépositaire des instructions et recommandations de son frère. Il y avait été décidé qu'on enverrait sans délai Marie-Louise et le roi de Rome sur la Loire, hors des atteintes de l'ennemi. Ce départ ou, pour mieux dire, cette fuite précipitée, porta au comble l'anxiété de la population parisienne. En grande partie désaffectionnée du régime impérial devenu si pesant, mais animée de sentiments patriotiques trop ardents pour ne pas imposer silence à ses griefs politiques, elle n'eût pas mieux demandé que de prendre les armes, si on avait pu lui en fournir. Malheureusement, on n'en avait pas, ou bien on ne sut point en trouver: sur les 30 000 hommes inscrits sur les contrôle de la garde nationale, 12 000 seulement étaient habillés et équipés, et à peine y en avait-il 4000 qui eussent reçu des fusils, dont beaucoup ne pouvaient point se servir, faute des munitions nécessaires. Tout ce qu'on put offrir à la classe populaire, frémissante à l'approche de l'envahisseur et toute disposée à se battre, ce fut des *piques* de l'ancien temps, et encore en très petit nombre. Ainsi, l'on en était réduit à compter, en ce péril extrême, sur les deux petits corps ramenés par Marmont et Mortier, sur une faible division revenue la veille par Meaux avec le général Compans, et sur quelques bataillons tirés en dernier lieu des dépôts, sans instruction et sans consistance : soit, au total, 24000 ou 25000 hommes contre les 170000 que l'ennemi s'apprêtait à mettre en ligne.

Si, du moins, Paris avait été couvert du côté de l'est et du nord par des ouvrages défensifs, on eût pu se flatter de prolonger la résistance assez longtemps pour donner à l'Empereur le temps d'accourir ; que l'on tînt seulement deux ou trois jours et l'on était sûr de le voir tomber sur le dos de l'ennemi. Mais Napoléon s'était systématiquement opposé, pendant tout son règne, à ce que le siège du gouvernement fût protégé par des fortifications quelconques : il n'admettait pas, et surtout ne voulait pas qu'on admît un seul instant que l'étranger pût jamais pénétrer jusqu'au cœur de la France et mettre sa domination en péril. Au commencement de 1814, à la vérité, le sol national étant déjà envahi, il avait fait mettre à l'étude un plan de défense comportant l'établissement d'ouvrages de campagne sur les fronts les plus menacés ; mais il n'en avait nullement pressé l'exécution et l'on avait cru se conformer à ses intentions en n'y apportant pas plus de souci ni de hâte. Il en résultait qu'à la fin de mars, en dehors du mur d'octroi, qui constituait tout au plus une mauvaise « chemise », il n'y avait que quelques redoutes inachevées et mal armées, quelques retranchements dont le tracé n'était pas même terminé, et, en avant des principales portes, de simples *tambours* en palissades.

PRINCE DE
SCHWARZENBERG
Bibliothèque Nationale
(Estampes.)

Dans la journée du 29, on essaya bien de remédier à l'insuffisance de ces préparatifs sur plusieurs points ; mais l'impulsion et la direction supérieures manquaient ; la défense n'avait point d'âme, et celui qui aurait dû y présider, le brave, mais incapable roi Joseph, ne rapporta de la reconnaissance qu'il opéra ce jour-là avec le ministre de la guerre et les maréchaux que la conviction qu'on n'était pas en état de résister plus de vingt-quatre heures — et encore! Mieux étudiée, cependant, la topographie des lieux lui eût révélé des ressources qu'il ne soupçonnait pas et dont eût certainement tiré parti non seulement un homme tel que Napoléon, mais même n'importe quel général doué d'un tant soit peu d'activité, d'énergie et d'habileté manœuvrière.

28

Il n'est personne qui ne connaisse aujourd'hui, ne fût-ce que par un séjour momentané, la situation topographique de Paris et la configuration de ses environs immédiats. Aussi bien s'agit-il moins d'en refaire ici la description que d'indiquer brièvement les principaux changements qu'y ont apportés en trois quarts de siècle les agrandissements successifs de la ville et le développement incessant de ses faubourgs. Encore n'avons-nous à nous occuper que de la partie de Paris et de la banlieue parisienne située sur la rive droite de la Seine, entre le confluent de la Marne et la presqu'île de Gennevilliers, les « coureurs » de l'ennemi s'étant seuls montrés vers Chaillot et le bois de Boulogne, et aucune entreprise sérieuse n'ayant été tentée de ce côté, non plus que sur la rive gauche du fleuve.

Si l'aspect du sol a été considérablement modifié, on peut même dire complètement bouleversé, depuis 1814, les immenses travaux exécutés de toutes parts n'en ont pu altérer le relief. Seulement, les hauteurs, à présent couvertes de constructions, de Montmartre, des Buttes-Chaumont, de Belleville, de Ménilmontant et de Charonne n'étaient point alors englobées dans l'enceinte de la ville, et les quartiers qui en ont conservé le nom n'étaient que de modestes villages suburbains. Paris même finissait au mur d'octroi élevé vers la fin du règne de Louis XVI et qui suivait exactement la ligne actuelle des boulevards extérieurs. On y avait accès par de nombreuses portes ou « barrières », plus ou moins monumentales, auxquelles aboutissaient alternativement les grandes routes unissant la capitale aux principales villes du pays, et les chemins, moins importants, conduisant aux diverses localités de l'Ile-de-France. Ces routes et ces chemins formaient deux faisceaux très serrés au nord et à l'est; mais, vers le nord-est, le réseau en devenait beaucoup plus lâche, les hauteurs qui dominent directement la ville de ce côté n'étant que le prolongement ou, pour parler plus exactement, le rebord occidental d'un plateau aux pentes parfois très raides — le plateau de Romainville — contre le revers opposé duquel étaient blottis les villages de Nogent-sur-Marne, de Rosny et de Noisy-le-Sec.

Par suite, le front d'attaque se trouvait subdivisé naturellement en trois *secteurs*. Dans le premier, compris entre la Marne et le plateau de Romainville et dont la plus grande partie était couverte par le bois de Vincennes, se trouvait le bourg de ce nom, avec son célèbre château fort, et le village de Charenton, situé au confluent de la Marne et de la Seine : en venant de Vincennes, on traversait Saint-Mandé, et l'on pénétrait à Paris par la barrière du Trône; pour s'y rendre de Charenton, on passait par Bercy et l'on entrait en ville par la barrière du même nom ou par celle de Reuilly. — Le second secteur embrassait le plateau de Romainville et s'étendait jusqu'au canal de l'Ourcq, achevé depuis quelques années à peine. Sur le plateau

même, il n'y avait que des cultures ou des friches, et quelques parcs ; mais
de gros villages en occupaient le bord et les pentes : au nord, les Prés-Saint-
Gervais et Romainville, avec son bois si fréquenté des Parisiens ; au sud,

CHAMP DE BATAILLE DU 30 MARS 1814.
(Extrait de la carte de l'État-major au 1 : 80 000.)

Fontenay-sous-Bois, Montreuil, Bagnolet et Charonne ; à l'est, Belleville,
commune très étendue et assez peuplée, de laquelle dépendait alors Ménilmontant. Enfin, en plaine, entre les Prés-Saint-Gervais et le canal, se trouvait une localité non moins importante : Pantin, dont les maisons bordaient
sur une grande longueur la route d'Allemagne, et qui donnait son nom à la
barrière par où celle-ci débouchait dans Paris. — Quant au troisième sec-

teur, allant du canal de l'Ourcq à la Seine, il était coupé dans sa partie orientale par la route de Flandre, laissant à droite Aubervilliers pour aboutir au grand faubourg *extra muros* de la Villette, et par la route de Calais, venant de Saint Denis, qui traversait celui, non moins considérable, de la Chapelle. Immédiatement à l'ouest et au-dessus de ce dernier, se dressait le mamelon isolé connu sous le nom de Butte-Montmartre, dont le sommet était couvert de moulins à vent et les pentes de guinguettes. Plus à l'ouest encore, on rencontrait les Batignolles, où se réunissaient les deux chemins de Clichy-la-Garenne et de Saint-Ouen, pour pénétrer dans la capitale par la barrière de Clichy. — Arrêtons ici notre tour extérieur du Paris de 1814 : c'est à la barrière Clichy, personne ne l'ignore, que furent tirés les derniers coups de fusil par les gardes nationaux qu'excitait le vaillant maréchal Moncey; c'est sur son emplacement qu'a été élevé à juste titre le monument destiné à immortaliser une défense qui aurait pu être mieux organisée et plus efficace, mais non pas plus honorable pour tous les braves gens qui y ont pris part.

Le 30 mars, au point du jour, tandis que la générale battait dans Paris, appelant la garde nationale aux barrières, les troupes des maréchaux Marmont et Mortier étaient en marche pour gagner leurs postes de combat, que quelques-unes d'entre elles occupaient déjà depuis la veille au soir. Le corps de Marmont défendait la droite de la position, de Montreuil à Pantin ; celui de Mortier, la gauche, depuis le canal de l'Ourcq jusqu'à la Seine. Le premier, avec 9000 hommes d'infanterie et 3000 chevaux, faisait face à l'armée de Bohême, dont le gros arrivait par la route de Meaux ; le second, avec pareil nombre de fantassins et 2000 cavaliers, avait à combattre l'armée de Silésie, qui débouchait par la route de Soissons et étendait sa gauche jusqu'à Saint-Ouen. Définitivement arrêtées dans une grande conférence tenue par les souverains et leurs généraux au château de Bondy, le soir du 29, les dispositions d'attaque des coalisés étaient les suivantes : l'offensive serait prise simultanément : au centre, contre le plateau de Romainville, par le général russe Barclay de Tolly, avec 50000 hommes ; à l'aile gauche, dans la direction du bois de Vincennes, par le prince royal de Wurtemberg, avec 30000 ; à l'aile droite, dans la plaine Saint-Denis, par Blücher, avec 90000. La disproportion des forces engagées de part et d'autre était telle que le résultat final ne pouvait demeurer douteux un seul instant.

[*C'est encore à l'*Histoire du Consulat et de l'Empire, *de M. Thiers, que nous emprunterons le récit de la bataille de Paris, plus détaillé peut-être, mais certainement moins clair, dans la plupart des autres relations de la campagne. Paris, à la Société d'Édition et de Librairie.*]

La fusillade et la canonnade avaient de bonne heure réveillé Paris, qui du reste n'avait guère dormi, et Joseph, accompagné du ministre de la guerre, du ministre de la police, des directeurs du génie et de l'artillerie, avait établi son quartier général au sommet de la butte Montmartre. Marmont, se fiant trop légèrement au rapport d'un officier, n'avait pas cru que le plateau de Romainville fût occupé, et, par ce motif, ne s'était guère pressé d'y arriver. Lorsqu'il s'y présenta, les troupes de Rajeffsky, du corps de Barclay de Tolly, en avaient déjà pris possession. Avec 1 200 hommes de la division Lagrange, le maréchal se jeta sur les avant-postes ennemis, les chassa du plateau et les refoula sur Pantin et Noisy. Au même instant, la division Ledru des Essarts, du corps de Compans, se logea dans le bois de Romainville, qui couvre le flanc des hauteurs du côté de la plaine Saint-Denis. Puis, le reste de ses troupes arrivant peu à peu, le duc de Raguse rangea, sur le plateau même et au centre, la division Lagrange ; à gauche, près du bois de Romainville, la division Ricard, et au pied dans la plaine, aux Prés-Saint-Gervais, la division Boyer de Rebeval ; à droite enfin, sur le rebord extrême du plateau, dans les plus hautes maisons de Bagnolet et de Montreuil, la division du duc de Padoue. La cavalerie fut laissée entre Charonne et Vincennes, avec mission de défendre les hauteurs du côté sud et de couvrir la barrière du trône.

Barclay de Tolly, convaincu que, lorsque le prince royal de Wurtemberg au sud, Blücher au nord, seraient entrés en ligne, le combat tournerait bientôt à l'avantage des alliés, ne voulut cependant pas laisser aux défenseurs de Paris le premier succès de la journée. Il résolut en conséquence de reprendre le plateau de Romainville, et il y employa une partie de ses réserves. Ces réserves se composaient des gardes à pied et à cheval et des grenadiers réunis. Le général Paskievitch dut, avec une brigade de la 2e division des grenadiers, gravir le plateau par Rosny ; il dut aussi l'attaquer par le sud, en s'y portant par Montreuil avec la 2e brigade de cette 2e division et avec la cavalerie du comte Pahlen. La 1re division des grenadiers fut confiée au prince Eugène de Wurtemberg, pour assaillir Pantin et les Prés-Saint-Gervais dans la plaine au nord.

Cette attaque, conduite avec vigueur, eut un commencement de succès. Le général Mezenzoff, qui avait été repoussé le matin, renforcé par les grenadiers, remonta sur le plateau, malgré la division Lagrange, et parvint à l'occuper. A droite, la 2e brigade des grenadiers, après avoir tourné le plateau par Montreuil et Bagnolet, obligea la division du duc de Padoue, en la débordant, à rétrograder. Nous perdîmes donc du terrain, bien que nos soldats résistassent avec une bravoure désespérée soit au nombre, soit à la qualité des troupes, qui étaient les plus aguerries de la coalition.

Cependant, tout en perdant du terrain, nous contenions l'ennemi. En effet, les cuirassiers russes amenés sur le plateau essayèrent de charger notre infanterie, furent couverts de mitraille et arrêtés par nos baïonnettes. A mesure qu'on se retirait de Romainville sur Belleville, le plateau se resserrant, nos troupes avaient l'avantage de se concentrer. A droite, nous trouvions l'appui des maisons de Bagnolet, à gauche celui du bois de Romainville, et nos soldats, se dispersant en tirailleurs, faisaient essuyer aux assaillants des pertes nombreuses. Notre artillerie, favorisée par le terrain, parce que le plateau s'élevait en rétrogradant vers Belleville, vomissait la mitraille sur les grenadiers russes, et à chaque instant renversait parmi eux des lignes entières. Pendant ce temps, les jeunes soldats de Ledru des Essarts avaient conquis arbre par arbre le bois de Romainville, et débordé ainsi les troupes russes qui avaient occupé la largeur du plateau. Au pied même du plateau, vers le côté nord, le général Compans était resté maître de Pantin avec le secours de la division Boyer de Rebeval, et des Prés-Saint-Gervais avec le secours de la division Michel, du corps de Mortier, qui attendait à la Villette que le maréchal fût entré en ligne pour se ranger sous ses ordres. Il avait même rejeté au delà des deux villages le prince de Wurtemberg, qui avait tenté de s'en emparer à la tête de la 1ʳᵉ division de grenadiers.

Le maréchal Mortier, s'établissant enfin dans la plaine Saint-Denis, avait placé les divisions Curial et Charpentier, de jeune garde, à la Villette, la division Christiani, de vieille garde, à la Chapelle, et sa cavalerie au pied même de Montmartre.

Il était dix heures du matin, et si nous avions eu, indépendamment des troupes qui couvraient le pourtour de Paris, une colonne de 10 000 soldats aguerris pour prendre l'offensive, nous aurions pu en ce moment infliger un grave échec aux alliés. Mais, loin d'être en mesure de prendre l'offensive, nous avions à peine de quoi défendre nos positions. Dans cet état de choses, le prince de Schwarzenberg attendait ses deux ailes qui étaient en retard, et nos maréchaux étant réduits à la défensive, on se bornait de part et d'autre à canonner et à tirailler, avec grande supériorité du reste de notre côté, grâce au zèle des troupes et à l'avantage du terrain.

A cette heure, Joseph tenait conseil sur la butte Montmartre, où il était allé s'établir. Plusieurs officiers envoyés auprès des maréchaux lui avaient apporté de leur part, avec la promesse de se faire tuer eux et leurs soldats jusqu'au dernier homme, de tristes pressentiments pour les suites de la journée, et à peu près la certitude d'être obligés de rendre la capitale. Ces nouvelles agitaient fort Joseph, qui redoutait non pas le danger, mais les humiliations, et qui ne voulait à aucun prix devenir prisonnier de la coalition. Or, les progrès de l'attaque lui faisaient craindre d'être en quelques heures au pouvoir de l'ennemi. On voyait du haut de Montmartre les masses noires et profondes de Blücher traverser la plaine Saint-Denis et des officiers venus des environs de Vincennes affirmaient qu'à l'est et au sud on apercevait une nouvelle armée qui entourait Paris, et cherchait à y pénétrer par les barrières de Charonne et du Trône. Ainsi ce qu'on recueillait par les yeux, ce qu'on recueillait par la bouche des allants et venants, tout annonçait une catastrophe imminente. Joseph en délibéra avec les ministres qui l'avaient accompagné, avec les directeurs du génie et de l'artillerie, et tout le monde fut d'avis que sous quelques heures il faudrait rendre Paris. En effet, la défense étant réduite à une bataille livrée en plaine dans la proportion d'un contre dix, le résultat ne pouvait être longtemps balancé, quelque braves que fussent nos soldats et nos généraux. En présence d'une telle certitude, Joseph résolut de s'éloigner. Des reconnaissances lui ayant appris qu'on découvrait déjà les Cosaques sur le chemin de la Révolte et à la lisière du bois de Boulogne, il se hâta de partir en ordonnant aux ministres de le suivre, ainsi qu'il en était convenu lorsque le moment suprême serait arrivé. Pour toute instruction, il autorisa les deux maréchaux, quand ils ne pourraient plus se défendre, à stipuler un arrangement qui garantît la sûreté de Paris et procurât à ses habitants le meilleur traitement possible.

Sur ces entrefaites, l'attaque de l'ennemi avait fait des progrès inévitables. Au nord, c'est-à-dire dans la plaine Saint-Denis, le maréchal Blücher avait franchi enfin la distance qui le séparait de nos positions. Le général Langeron avait repoussé d'Aubervilliers et de Saint-Denis nos faibles avant-postes, et envoyé sa cavalerie par le chemin de la Révolte jusqu'à la lisière du bois de Boulogne. Le gros de son infanterie se dirigeait vers le pied de Montmartre, tandis que le corps du général d'York prenait à gauche (gauche des alliés) sur la Chapelle par la route de Saint-Denis, et que les corps de Kleist et de Woronsoff, prenant plus à gauche encore, marchaient sur la Villette. Le prince de Schwarzenberg, voyant Blücher en ligne, lui demanda un renfort pour aider le prince Eugène de Wurtemberg à enlever Pantin, les Prés-Saint-Gervais, en un mot, tous les villages situés au pied du plateau de Romainville. La division prussienne Kotzler, les gardes prussiennes et badoises furent alors envoyées au secours du corps de Rajestsky et passèrent le canal de l'Ourcq, près de la ferme de Rouvray, pour participer à une nouvelle attaque.

Tandis que ces mouvements s'exécutaient au nord, le prince royal de Wurtemberg, au sud, avait franchi également la distance qui le séparait du point d'attaque, et apporté son concours aux troupes alliées. Après avoir traversé le pont de Lagny et y avoir laissé le corps de Giulay pour garder ses derrières, il avait marché sur deux colonnes, l'une longeant les bords de la Marne, l'autre traversant par le chemin le plus court la forêt de Vincennes. La première avait enlevé le pont de Saint-Maur, contourné la forêt et assailli Charenton par la rive droite. Les gardes nationales des environs, qui avec l'École d'Alfort défendaient le pont de Charenton, se trouvant prises à revers, avaient été forcées, malgré une vaillante résistance, d'abandonner le poste et de se jeter à travers la campagne sur la rive gauche de la Seine. Cette colonne ennemie ayant atteint son but, qui était d'occuper tous les ponts de la Marne pour empêcher aucun corps auxiliaire de venir troubler l'attaque de Paris, s'était mise à tirailler avec la garde nationale devant la barrière de Bercy. La seconde colonne du prince de Wurtemberg avait traversé en ligne droite le bois de Vincennes, et prêté assistance au comte de Pahlen, ainsi qu'aux troupes de Rajestsky et de Paskievitch, qui attaquaient Montreuil, Bagnolet, Charonne.

Toutes les forces alliées se trouvant portées en ligne, l'action commença avec plus de violence. Au nord, la division du prince Eugène de Wurtemberg, secondée par les grenadiers russes déjà venus à son secours, et par les troupes prussiennes récemment arrivées, se jeta sur Pantin et les Prés-Saint-Gervais, mais fut chaudement reçue par les divisions de jeune garde Boyer de Rebeval et Michel, que commandait le général Compans. Un moment, les coalisés réussirent à s'emparer des deux villages; mais nos jeunes soldats, s'adossant alors au pied des hauteurs où ils rencontraient l'appui d'une artillerie bien postée, reprirent courage et rentrèrent dans les villages, où le carnage devint épouvantable. De ce côté, l'ennemi ne réussit donc point, quelque vigoureuse que fût son attaque.

Sur le plateau de Romainville, la défense fut non pas moins énergique, mais moins heureuse. Les troupes des généraux Helfreich et Mezenzoff, soutenus par les grenadiers de Paskievitch, quoique d'abord repoussées, avaient fini par gagner du terrain. Ayant réussi notamment à s'emparer de Montreuil et de Bagnolet, elles étaient établies sur le versant sud du plateau, et, bien secondées par les troupes du comte Pahlen et du prince royal de Wurtemberg qui opéraient entre Vincennes et Charonne, elles avaient conquis les premières maisons de Ménilmontant. La division de réserve du duc de Padoue qui formait la droite de Marmont, se trouvant débordée, avait été forcée de se replier et de découvrir les divisions Lagrange et Ricard, qui occupaient le milieu du plateau. Sur la gauche de Marmont, la division Ledru des Essarts, vivement poussée d'arbre en arbre dans le bois de Romainville, voyait également le bois lui échapper peu à peu.

Se sentant ainsi pressé sur ses deux flancs, Marmont imagina de tenter un effort au centre contre la masse ennemie qui s'avançait bien serrée, couverte sur son front par une artillerie nombreuse, appuyée sur ses ailes par de forts détachements de grosse cavalerie. Le maréchal se mit lui-même à la tête de 4 bataillons formés en colonne d'attaque, et fondit sur les grenadiers russes qui marchaient en première ligne. 12 pièces de canon chargées à mitraille tirèrent de fort près sur nos soldats, qui soutinrent ce feu avec une fermeté héroïque, et continuèrent de se porter en avant. Mais au même instant ils furent abordés de front par les grenadiers russes, et pris en flanc par les chevaliers-gardes que conduisait Miloradovitch. Accablés par le nombre, les 4 bataillons de Marmont furent obligés de plier, après s'être battus corps à corps avec une véritable fureur. Le maréchal les ramena sur Belleville, et il allait succomber sous la masse des assaillants de toutes armes, quand un brave officier nommé Ghesseler, embusqué sur la droite, dans un petit parc dit des Bruyères, dont il ne reste plus aujourd'hui que le souvenir, s'élança à la tête de 200 hommes dans le flanc de la colonne ennemie et parvint en dégageant le maréchal à lui faciliter la retraite sur Belleville. Dans le même moment, le bois de Romainville fut définitivement abandonné et, le plateau étant évacué de toutes parts, la défense se trouva reportée, au centre sur Belleville, à droite (revers sud) vers Ménilmontant, que la division de Padoue était venu occuper, à gauche enfin (revers nord) à la côte de Beauregard, où la division Ledru des Essarts avait trouvé un asile. Au pied de celle-ci, les divisions Boyer et Michel luttaient opiniâtrément. Elles avaient perdu Pantin, mais défendaient les Prés-Saint-Gervais avec la dernière obstination.

Partout le combat était acharné, et les hommes tombaient par milliers, notamment parmi les coalisés que recevaient de tous côtés un feu plongeant. Dans la plaine Saint-Denis, Kleist et Woronzoff avaient attaqué la Villette, défendue par la division Curial ; York attaquait la Chapelle, défendue par la division Christiani, sous les yeux du maréchal Mortier. En avant de Clignancourt, les escadrons de Blücher étaient aux prises avec la cavalerie du général Belliard et avaient rarement l'avantage.

Ainsi, de la plaine Saint-Denis à la barrière du Trône, le combat continuait avec des chances diverses. Notre ligne avait reculé, mais les alliés avaient déjà perdu 10 000 hommes, et nous 5 000 à 6 000 seulement. Nos soldats épuisés étaient soutenus par cette idée que Paris était derrière eux, et 24 000 hommes luttaient sans trop de désavantage contre 170 000. Un moment on annonça l'arrivée de Napoléon (c'était la subite apparition du général Dejean qui avait occasionné ce faux bruit), et le cri de *Vive l'Empereur!* propagé par une espèce de commotion électrique, retentit dans nos rangs. Nos troupes, ranimées par l'espérance, se jetèrent avec fureur sur l'ennemi. De part et d'autre, on combattit avec une sorte de rage, car pour les uns il s'agissait d'atteindre d'un seul coup le but de la guerre, et pour les autres d'arracher leur patrie à un désastre.

En ce moment se passait à Vincennes un fait à jamais glorieux pour la jeunesse française. En avant de la barrière du Trône se trouvait une batterie servie par des vétérans et par les élèves de l'École polytechnique, que Marmont, exclusivement occupé de ce que se passait sur le plateau de Romainville, avait presque laissée sans appui. Cette batterie s'étant engagée trop avant sur l'avenue de Vincennes, afin de tirer contre la cavalerie de Pahlen, fut tournée par quelques escadrons qui, passant par Saint-Mandé, vinrent la prendre à revers. Les braves élèves de l'Ecole, sabré sur leurs pièces, résistèrent vaillamment, et furent heureusement secourus par la garde nationale postée à la barrière du Trône et par un détachement de dragons. Ces derniers, s'élançant sur les pièces, parvinrent à les reprendre. On ramena la batterie sur les hauteurs de Charonne, et là, aidés d'une foule d'hommes du peuple armés de fusils de chasse, nos braves jeunes gens continuèrent à faire face au feu meurtrier.

La clef de toute la position était à Belleville : tant que ce point culminant de la chaîne des hauteurs n'était pas emporté, la masse ennemie qui combattait au nord, devant la Villette, la Chapelle et Montmartre, celle qui combattait au sud entre Vincennes et Charonne, ne pouvaient pas faire de progrès sérieux. La ligne courbe des alliés était comme arrêtée vers son milieu, à un point fixe qui était Belleville. Belleville, en effet, domine le plateau de Romainville lui-même. Des clôtures nombreuses, jointes à l'avantage de la position, y rendaient la résistance plus facile. Marmont, établi en cet endroit avec les débris des divisions Lagrange, Ricard, Padoue, Ledru des Essarts, disposant en outre d'une nombreuse artillerie de campagne, y tenait ferme contre une multitude d'assaillants, et il avait fait répondre au message de Joseph qui autorisait les maréchaux à traiter, que jusqu'ici il n'était pas encore réduit à se rendre. L'officier du maréchal porteur de cette réponse avait trouvé Joseph parti, et il était revenu sans avoir pu remplir sa mission.

Cependant l'heure fatale approchait. Le prince de Schwarzenberg ne voulant pas finir la journée sans avoir enlevé le point décisif, avait ordonné d'y diriger deux colonnes d'attaque, une au sud, qui passant par Ménilmontant et le cimetière du Père-Lachaise, s'emparerait du boulevard extérieur, et séparerait ainsi Belleville de l'enceinte de Paris; une au nord, qui serait chargée d'emporter à tout prix les Prés-Saint-Gervais, la Petite-Villette, la butte Saint-Chaumont, et viendrait par le nord donner la main à la colonne qui aurait passé par le sud.

Vaincre ou périr était dans ce moment la loi des coalisés, et il leur fallait forcer tous les obstacles sans aucune perte de temps, car à chaque instant Napoléon pouvait survenir, et s'il les eût trouvés repoussés de Paris, il les aurait cruellement punis d'avoir osé s'y montrer. Vers trois heures de l'après-midi, l'action recommença violemment. Le chef de bataillon d'artillerie Paixhans, qui prouva dans cette journée ce qu'on aurait pu faire avec de la grosse artillerie bien postée, avait placé

29

8 pièces de gros calibre au-dessus de Charonne, sur les pentes de Ménilmontant, 4 sur les revers nord de Belleville, et 8 sur la butte Saint-Chaumont. Il était près de ses pièces chargées à mitraille, avec ses canonniers, les uns vétérans, les autres jeunes gens des écoles, et attendait que l'ennemi, maître de la plaine, essayât d'aborder les hauteurs. En effet, les grenadiers russes s'avancent les uns au sud du plateau par Charonne, les autres enfin au nord, à travers les Prés-Saint-Gervais. Tout à coup, ils sont couverts de mitraille; des lignes entières sont renversées. Pourtant ils soutiennent le feu avec constance, gravissent au sud les pentes de Ménilmontant, et viennent par le boulevard extérieur prendre Belleville à revers, Belleville où le maréchal Marmont se défend avec acharnement. L'autre division de grenadiers, qui, avec les Prussiens et les Badois, attaquait Pantin, les Prés-Saint-Gervais, la Petite-Villette, et les avaient arrachés aux divisions Boyer et Michel presque détruites, gravit la butte Saint-Chaumont sous le feu plongeant des batteries du commandant Paixhans, emporte la butte qui, faute de troupes, n'était pas défendue par de l'infanterie, et se joint à la colonne qui arrive du revers sud par Charonne et Ménilmontant. Les ennemis ayant gagné le boulevard extérieur par ses deux pentes nord et sud, se trouvent ainsi entre Belleville et la barrière de ce nom, qu'ils sont près d'enlever.

À cette nouvelle, le maréchal Marmont, qui n'avait pas cessé de se maintenir à Belleville, se voyant coupé de l'enceinte de Paris, réunit ce qui lui reste d'hommes, et ayant à ses côtés les généraux Pelleport et Meynadier, et le colonel Fabvier, fond l'épée à la main sur les grenadiers russes qui commençaient à pénétrer dans la grande rue du faubourg du Temple. Il les repousse, ferme la barrière sur eux, et rétablit la défense au mur d'octroi.

Mortier, de son côté, se bat héroïquement dans la plaine Saint-Denis entre la Villette et la Chapelle. La Villette, à sa droite, défendue contre Kleist et d'York par les divisions Curial et Charpentier, vient enfin être envahie par un flot d'ennemis. A ce spectacle Mortier, qui occupait la Chapelle avec la division de vieille garde Christiani, prend une partie de cette division, et, se rabattant de gauche à droite sur la Villette, y entre à la pointe des baïonnettes, et parvient à rejeter en dehors la garde prussienne après en avoir fait un affreux carnage. Mais bientôt de nouvelles masses ennemies prenant la Grande-Villette à revers par le canal de l'Ourcq, et pénétrant entre la Villette et la Chapelle, il est contraint d'abandonner la plaine et de se replier sur les barrières.

Au même instant, Langeron s'avance vers le pied de Montmartre. Langeron, un Français, dirige sur Paris les soldats ennemis. En se portant sur Montmartre, il s'attend à essuyer des flots de mitraille: mais, surpris de trouver ces hauteurs silencieuses, il les gravit, et s'empare de la faible artillerie qu'on y avait placée, et que gardaient à peine quelques sapeurs-pompiers. Il marche ensuite sur la barrière de Clichy, que les gardes nationaux, sous les yeux du maréchal Moncey, défendent bravement, et avec un courage qui prouve ce qu'on aurait pu obtenir de la population parisienne....

Rien n'ayant été préparé pour une résistance prolongée, avec les rues barricadées, la population derrière les barricades, et les troupes en réserve, toute défense ayant été réduite à une bataille livrée en dehors de Paris avec une poignée de soldats contre une armée formidable, et cette bataille se trouvant inévitablement perdue, ce n'était pas en lui opposant le mur d'octroi qu'il eût été possible d'arrêter l'ennemi. Il fallait donc épargner à Paris un désastre inutile. Marmont, ne voyant plus d'autre ressource, avait songé à user des pouvoirs conférés par Joseph aux maréchaux commandant l'armée sous Paris, et avait successivement envoyé deux officiers en parlementaires pour proposer au prince de Schwarzenberg une suspension d'armes. L'animation du combat était si grande, que l'un n'avait pu pénétrer, et que l'autre avait été blessé. Marmont alors en avait dépêché un troisième.

En ce moment était arrivé à perte d'haleine le général Dejean, pour annoncer que Napoléon, apprenant la marche des coalisés sur la capitale, avait changé de direction, qu'il s'avançait en toute hâte vers Paris, qu'il suffisait de tenir deux jours pour le voir paraître à la tête de forces considérables, qu'il fallait donc s'efforcer de résister à tout prix, et essayer, si on ne pouvait résister davantage, d'occuper l'ennemi au moyen de quelques pourparlers. En effet, Na-

LE MARÉCHAL MONCEY A LA BARRIÈRE CLICHY.
Par H. Vernet. (Musée du Louvre.)

poléon, dans cette extrémité, et le Congrès de Châtillon étant dissous, avait écrit à son beau-père pour rouvrir les négociations et il autorisait les maréchaux à le dire au prince de Schwarzenberg, afin d'obtenir une suspension d'armes de quelques heures. Le maréchal Mortier reçut le général Dejean sous une grêle de projectiles, et, lui montrant les débris de ses divisions qui disputaient encore la Villette et la Chapelle, il l'eut bientôt convaincu de l'impossibilité de prolonger cette résistance. Il fut donc reconnu qu'il n'y avait pas autre chose à faire que de s'adresser au prince de Schwarzenberg, et le maréchal lui écrivit effectivement quelques mots sur la caisse d'un tambour percé de balles. Il lui disait que Napoléon avait rouvert les négociations sur des bases que les alliés ne pourraient pas repousser, et qu'en attendant il était désirable, dans l'intérêt de l'humanité, d'arrêter l'effusion du sang.

Un officier porteur de cette lettre partit au galop, traversa ces deux armées, et parvint à joindre le prince de Schwarzenberg. Celui-ci répondit qu'il n'avait aucune nouvelle de la reprise des négociations et ne pouvait pour ce motif interrompre le combat, mais qu'il était disposé à suspendre cette boucherie si on lui livrait Paris sur-le-champ. Au même instant, le troisième officier envoyé par le maréchal Marmont ayant réussi à pénétrer auprès du généralissime, et ayant annoncé qu'on était prêt, pour sauver Paris, à souscrire à une capitulation, les pourparlers s'engagèrent plus sérieusement, et un rendez-vous fut assigné à la Villette aux deux maréchaux. Ils s'y rendirent, et y trouvèrent M. de Nesselrode, avec plusieurs plénipotentiaires. On commença sans perdre un instant à traiter d'une suspension d'hostilités. Diverses prétentions furent d'abord mises en avant par les représentants de l'armée coalisée. Ils voulaient que les troupes qui avaient défendu Paris déposassent les armes. Un mouvement d'indignation fut la seule réponse des deux maréchaux. Puis les parlementaires ennemis se réduisirent à demander que les maréchaux se retirassent en Bretagne avec leurs troupes, pour qu'ils ne pussent exercer aucune influence sur la suite de la guerre. Les maréchaux refusèrent de nouveau, et exigèrent qu'on les laissât se retirer où ils voudraient. On en tomba d'accord, moyennant qu'ils évacueraient la ville dans la nuit. Cette condition fut acceptée, et il fut convenu que des officiers se réuniraient dans la soirée pour régler les détails de l'évacuation de la capitale.

Telle fut cette célèbre capitulation de Paris, à laquelle il n'y a rien de sérieux à reprocher, car, pour les deux maréchaux, elle était devenue une nécessité. Ils avaient assurément fait tout ce qu'on pouvait attendre d'eux, puisque, avec 23 ou 24 000 hommes, ils avaient pendant une journée entière tenu tête à 170 000, dont 100 000 engagés, et qu'en ayant eu 6 000 hors de combat, ils en avaient tué ou blessé le double à l'ennemi. Qu'on se figure ce qui serait arrivé si, Paris occupant les coalisés trois ou quatre jours encore, ils avaient été surpris par Napoléon paraissant sur leurs derrières avec 70 000 combattants! Et s'il n'en fut pas ainsi, à qui s'en prendre, sinon à Napoléon d'abord, qui, se décidant trop tard à avouer sa situation, n'avait pas fait exécuter sous ses yeux les travaux nécessaires autour de la capitale; qui, dispersant ses ressources d'Alexandrie à Dantzig, n'avait pas eu 50 000 fusils à donner aux Parisiens; et après lui, à ceux qui, chargés de le suppléer en son absence, avaient montré si peu d'activité, d'intelligence et d'énergie, et avaient réduit la défense de la capitale à une bataille de 24 000 hommes contre 170 000 ?

MONUMENT DU MARÉCHAL MONCEY
A LA PLACE CLICHY.
D'après une photographie.

A l'heure même où se signait la capitulation de Paris, Napoléon atteignait la Cour-de-France, à quelques lieues seulement de la capitale. Il est vrai qu'il y arrivait seul, en poste, précédant d'une étape au moins ses troupes accourues pourtant à marches forcées. S'apercevant, le 28 mars, à Saint-Dizier, qu'il n'était suivi que par un seul corps ennemi et ne pouvant plus douter que tout le reste des troupes alliées ne fût déjà en pleine marche sur la capitale, il avait brusquement fait volte-face, était venu coucher le 29 à Troyes et, le 30 au soir, avait traversé Fontainebleau sans s'y arrêter, résolu à arriver aux Tuileries dans la nuit même. Tandis qu'il changeait de chevaux au relais de la Cour-de-France, une troupe de cavalerie survint, conduite par le général Belliard : c'était une avant-garde envoyée par les maréchaux pour préparer des cantonnements aux corps qui auraient complètement évacué Paris dans la matinée suivante. Mis rapidement au courant par Belliard de tout ce qui venait de se passer, l'Empereur, transporté d'indignation et de colère, voulait d'abord poursuivre sa route à franc étrier, persuadé que sa seule présence suffirait à tout rétablir. On eut grand'peine à lui faire comprendre qu'il était trop tard et que, pour tenter n'importe quoi avec quelque chance de succès, il lui fallait au moins attendre qu'il eût été rejoint par les troupes qu'il amenait de la haute Marne.

A la réflexion, il sentit qu'une attaque désespérée exécutée avec ses 50 000 ou 60 000 hommes contre les 250 000 alliés maintenant concentrés dans. ou sous Paris, ne pourrait qu'affirmer son impuissance et que précipiter sa ruine. Cette entreprise dut lui paraître encore plus folle, quand, tous ses maréchaux étant réunis autour de lui, il put mesurer les progrès effrayants que le découragement avait faits dans leurs âmes pendant ces derniers jours. Alors il vit bien que sa cause était irrémédiablement perdue, que son règne était fini et qu'il ne lui restait plus qu'à prévenir par une abdication, en apparence volontaire, une déchéance déjà consommée en fait et qui pouvait lui être brutalement imposée d'un instant à l'autre. Ainsi, sa fortune venait échouer misérablement aux portes de Paris, d'où il s'était élancé naguère pour subjuguer l'Europe; une seule bataille, à laquelle il n'avait même pas pu prendre part, anéantissait en un seul jour l'œuvre de cent victoires et de vingt années; l'homme qui se trouvait trop à l'étroit dans le vaste monde en était réduit — en attendant pis ! — à se contenter de la souveraineté dérisoire d'une île de quelques lieues carrées.... « Et voilà le fruit glorieux de tant de conquêtes ! »

XXI

Toulouse

(10 AVRIL 1814)

MARÉCHAL SOULT
D'après le portrait
peint par Rudder.
Musée de Versailles.

WELLINGTON
Bibliothèque Nationale.
Estampes.

L'ABDICATION de Napoléon avait mis fin virtuel-lement à l'état de guerre existant entre la France et les puissances alliées; mais, si les hos-tilités avaient pu être suspendues immédiatement dans la zone occupée par les armées principales, c'est-à-dire dans le nord et dans l'est, elles devaient se poursuivre pendant quelque temps encore entre les armées secondaires et les corps détachés aux prises dans des contrées plus ou moins éloignées et qui, par suite, ne pouvaient recevoir aussi vite les nouvelles et les ordres de Paris. Suivant l'expression un peu hyperbolique de M. Thiers, « si la tête avait été enlevée au monstre, ainsi qu'on appelait alors le gouvernement impérial, le corps restait et ses membres épars agitaient l'Europe de leurs mouvements convulsifs. »

Entre les armées qui ne devaient ainsi déposer les armes que succes-sivement, les plus engagées et les plus acharnées à se combattre étaient, sans contredit, celles qui opéraient dans le midi de la France : l'armée des Pyrénées, aux ordres du maréchal Soult, et l'armée anglo-espagnole com-mandée par Wellington. Sans doute, les grands coups ne s'étaient point succédé de ce côté avec autant de rapidité que là où commandait Napoléon ; pourtant, il s'était livré sur cette frontière, à la fin de 1813 et au commen-cement de 1814, plusieurs combats importants et même, le 27 février, une bataille très vivement disputée : celle d'Orthez. Dans les premiers jours d'avril, c'est-à-dire au moment même où l'Empereur déposait la couronne, les deux adversaires étaient de nouveau en présence et une autre bataille était imminente, qui s'annonçait comme devant être encore plus violente, sinon plus décisive. Elle eut lieu en effet, le 10 avril, devant Toulouse et, une fois de plus, l'histoire des guerres eut à enregistrer une de ces journées dont on ne lit jamais le récit sans regret et sans pitié, puisqu'on ne sait que trop qu'elles devaient rester, quoi qu'il arrivât, sans aucune influence sur les destinées de la campagne, que tous les efforts tentés de part et d'autres étaient d'avance frappés de stérilité, et surtout qu'un trop grand nombre de braves soldats allaient verser leur sang en pure perte.

Lorsque le maréchal Soult s'était vu forcé, après Orthez, d'abandonner la ligne de l'Adour, qu'il avait si vaillamment défendue contre l'ennemi pendant deux mois, il avait le choix entre deux lignes de retraite tout à fait divergentes : il pouvait se retirer directement sur Bordeaux, c'est-à-dire vers le nord, ou bien se rabattre à l'est, par Tarbes, sur Toulouse. De ces deux villes, la première, métropole politique et commerciale du sud-ouest, était certainement celle dont il importait le plus d'interdire l'accès à l'ennemi ; mais l'énorme supériorité numérique dont disposait celui-ci ne permettait guère d'espérer qu'on pût le contenir longtemps, d'autant qu'on ne rencontre aucun obstacle naturel, aucune « position d'arrêt » entre l'Adour et la basse Garonne ; si l'on était battu, ce qui était fort à craindre, on attirait l'armée anglo-espagnole au cœur de la France. Au contraire, on l'en écartait en se repliant dans la direction de Toulouse ; par là, on couvrait presque aussi sûrement Bordeaux qu'en essayant d'en barrer la route, et, du même coup, on éloignait les Anglais de la mer, leur base d'opérations naturelle. D'autre part, on se trouvait sur un terrain coupé par plusieurs cours d'eau, assez accidenté et, par conséquent, plus favorable à la défensive ; en appuyant constamment sa gauche aux Pyrénées, on l'empêchait d'être débordée ; enfin, tandis que le maréchal Soult n'avait aucun renfort à attendre du côté de l'intérieur, il pouvait opérer sa jonction sur la Garonne ou au delà avec l'armée d'Aragon, qui achevait d'évacuer l'Espagne et que son collègue Suchet ramenait par les Pyrénées orientales. Pour toutes ces raisons, une retraite *latérale*, c'est-à-dire parallèle à la frontière, offrait des avantages considérables, et Soult ne mérite pas moins d'éloges pour les avoir promptement discernés que pour avoir opéré cette retraite avec une habileté incontestable.

Il est vrai qu'à un certain moment, il laissa échapper l'occasion de donner une bonne leçon à son adversaire et peut-être de lui infliger une défaite sérieuse. Wellington, qui excellait dans la guerre défensive, comme il l'avait bien prouvé en Espagne et comme il devait le prouver encore mieux dans la campagne de 1815, mais qui manquait d'esprit offensif et qu'alourdissaient d'ailleurs de nombreux *impedimenta*, n'avait suivi le mouvement de l'armée française qu'avec beaucoup de lenteur et de circonspection. Ayant cependant fini par gagner la Garonne, il se décida à la franchir au-dessous de Toulouse, où Soult venait d'arriver lui-même. Le 4 avril, il jeta un pont

MARÉCHAL
BERESFORD
Bibliothèque Nationale.
Estampes.

à Grenade-sur-Garonne et fit passer sur la rive droite le corps du maréchal Beresford ; mais, presque aussitôt après, une crue subite rompit le pont et, pendant deux jours, Beresford resta isolé, à la merci d'une attaque des Français. Cette attaque ne se produisit point, soit que le maréchal eût été informé tardivement de l'occasion inespérée qui s'offrait à lui, soit qu'il ait préféré attirer l'ennemi sur une position retranchée à loisir. En effet, pendant que la baisse des eaux permettait à Wellington de rétablir le pont de Grenade et de faire passer toute son armée au nord de la Garonne, le duc de Dalmatie achevait de mettre dans le meilleur état de défense la ville de Toulouse, ses faubourgs et ses abords.

Toulouse est situé sur la rive droite de la Garonne, à l'endroit où, abandonnant la direction du nord-est, qu'elle suivait depuis sa sortie des montagnes, elle décrit un coude assez brusque pour couler vers le nord-ouest. Dans l'intérieur de ce coude, se trouve le faubourg Saint-Cyprien, qu'un beau pont de pierre, doublé maintenant en amont et en aval par des ponts suspendus, met en communication avec la ville.

Au-dessous de Saint-Cyprien, entre Bourassol et le Petit-Gragnague, débouche sur la rive droite du fleuve, le canal du Midi, plus communément désigné autrefois sous le nom de « canal des Deux-Mers », parce qu'il unit la Méditerranée à l'Océan par la Garonne ; un embranchement appelé Canal de Brienne, du nom du cardinal qui le fit construire, s'en détache un peu avant son embouchure pour rejoindre la Garonne près du pont suspendu de Saint-Pierre. Le canal principal enveloppe entièrement, au nord, au nord-est et à l'est, Toulouse et les faubourgs situés sur cette partie de sa périphérie : Saint-Pierre, Arnaud-Bernard, Matabiau, Saint-Aubin et Saint-Étienne ; à l'est de ce dernier, un sixième faubourg, celui de Guilleméry, déborde au contraire au delà du canal, et un septième, celui de Saint-Michel, occupe l'espace compris entre le canal et la Garonne. Tous ces faubourgs, qui sont plutôt aujourd'hui des quartiers extérieurs, où les constructions sont presque aussi serrées que dans la ville proprement dite, ne se composaient, en 1814, que d'une ou deux rues avec quelques chemins latéraux, et embrassaient beaucoup plus de jardins, de chantiers et de terrains vagues que de terrains bâtis. De même, les passages, aujourd'hui nombreux sur le canal, se réduisaient à cinq ponts, tous en maçonnerie d'ailleurs, que nous verrons utilisés ou barrés par la défense, savoir : au nord-ouest, le double pont de l'Embouchure, ou Pont-Jumeau ; puis, au nord, au nord-est à l'est, les ponts des Minimes (ou d'Arnaud-Bernard), de Matabiau, de Guilleméry et des Demoiselles, donnant passage, respectivement, aux routes de Montauban, d'Albi, de Lavaur et de Montaudran (ou de Cette).

Tracé comme il vient de le dire, le canal du Midi constituait autour de la partie plus particulièrement menacée de Toulouse une première et très importante ligne de défense. Ce n'était point la seule : à peu de distance en avant des faubourgs de Matabiau et de Guillemméry se déploie parallèlement une chaîne de collines d'un relief assez accentué, qu'on appelle les hauteurs du Calvinet ou de Montaudran, flanquée vers le nord par un coteau isolé, le mamelon de la Pujade; puis, au delà, coule, toujours concentriquement, à travers des prairies très marécageuses en ce temps-là et qui le sont encore

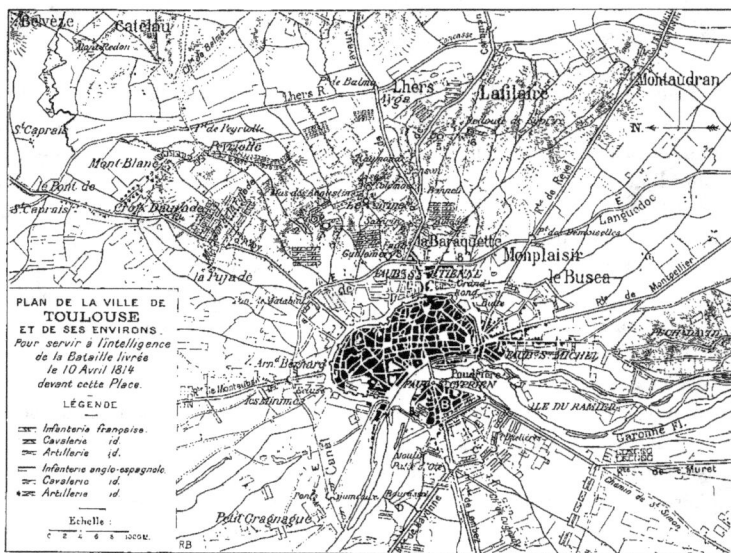

PLAN DE LA VILLE DE
TOULOUSE
ET DE SES ENVIRONS.
*Pour servir à l'intelligence
de la Bataille livrée
le 10 Avril 1814
devant cette Place.*

LÉGENDE

Infanterie française.
Cavalerie   id.
Artillerie   id.
Infanterie anglo-espagnole.
Cavalerie   id.
Artillerie   id.

Echelle :

en partie, une petite rivière, le Lhers (ou l'Ers), qui se jette dans la Garonne un peu au-dessus de Grenade. Ce cours d'eau, alors débordé et par conséquent difficile à franchir en dehors des ponts, dont le principal était celui de Saint-Caprais ou de la Croix-Daurade, pouvait être considéré comme l'avant-fossé de la position très habilement organisée et retranchée par les ordres et sous la direction du maréchal Soult. Après l'avoir passé, l'ennemi devait se heurter à la ligne des hauteurs où avaient été construites plusieurs redoutes, dont les plus importantes étaient celles de la Pujade (Grande-Redoute), du Calvinet[1] et de Sypière; il avait ensuite à forcer le passage du

---

1. C'est sur les hauteurs du Calvinet, tout près de l'Observatoire, que s'élève l'obélisque destiné à rappeler la bataille du 10 avril 1814. On y monte de la gare principale (gare Mata-

canal également retranché avec soin, notamment aux abords des ponts; en dernier lieu, il eût dû s'emparer de la ville, qui était alors entourée d'une vieille enceinte flanquée de tours. Sur la rive gauche de la Garonne, le faubourg Saint-Cyprien avait été mis également en état de défense ; son mur de clôture appuyé au vieux bastion Muret avait été doublé et même triplé par plusieurs retranchements successifs, avec palanques et traverses à l'épreuve du canon. Toulouse, ville très commerçante et qui comptait dès lors 50 000 habitants, offrait de très grandes ressources qu'on avait largement mises à profit; mais les plus précieuses étaient naturellement, dans ces circonstances, celles que pouvaient fournir son arsenal de construction et sa fonderie de canons.

Le maréchal Soult eût donc été en droit de se considérer comme presque inexpugnable s'il avait disposé de forces suffisantes pour défendre le vaste camp retranché qu'il avait su improviser. Or, il était loin de compte. Le corps du général Reille (division Taupin et Maransin) était réduit à 7 000 hommes, celui du général d'Erlon (divisions Darricau et Darmagnac) à 8 500, celui du général Clausel (divisions Harispe et Villatte) à 8 000 : avec la cavalerie (2 500 chevaux) et la réserve aux ordres du général Travot (7 000 conscrits sans aucune instruction militaire), le duc de Dalmatie ne réunissait donc que 33 000 hommes, dont 24 000 ou 25 000 combattants, alors que son adversaire pouvait lui en opposer plus de 60 000, et même 80 000 avec la réserve espagnole du général Giron, qui ne devait point être engagée, mais que rien n'empêchait de prendre part à l'action.

Voici, du reste, quelles étaient les dispositions prises de part et d'autre. Ne doutant point d'être attaqué simultanément par les deux rives de la Garonne, Soult avait établi dans le faubourg Saint-Cyprien la division Maransin, du corps de Reille; sur la rive droite, derrière le canal du Midi, du Pont-Jumeau au pont Matabiau, était postée la division Darricau, du corps de d'Erlon, dont l'autre division (celle de Darmagnac) garnissait l'intervalle compris entre le canal et les hauteurs; celles-ci étaient occupées par les deux divisions de Clausel (Harispe et Villatte), auxquelles la deuxième division de Reille (général Taupin), placée en arrière, devait servir de réserve. Quant à la division de conscrits du général Travot, on lui avait confié la seule tâche proportionnée à ses moyens : celle de défendre la vieille enceinte de la ville, c'est-à-dire la troisième ligne. — De son côté, Wellington avait déployé son armée autour de Toulouse dans l'ordre ci-après : sur la rive gauche, le corps du général Hill, devait attaquer Saint-Cyprien avec les divisions Murray, Stewart et Morillo (espagnole), comptant

biau), par la *Rue du 10 Avril*. Plus à gauche, le *Chemin des Redoutes*, conduit à l'emplacement des ouvrages élevés par le maréchal Soult.

ensemble 15000 hommes, plus 2500 chevaux; sur la rive droite, le général
Picton avec sa division écossaise, celle de Cole et la brigade allemande
10000 fantassins, 3000 cavaliers), était chargée de forcer la ligne du canal;
il devait relier son attaque à celle du corps espagnol du général Freyre
(18000 hommes d'infanterie, 900 de cavalerie), qui devait s'emparer des
hauteurs de la Pujade; enfin, à l'extrême gauche, le maréchal Beresford,
(divisions Cole et Clinton), disposait de 12000 hommes et de 1200 chevaux
pour enlever la position du Calvinet et déborder la droite française du côté
du faubourg Saint-Michel. Cet ordre de bataille offensif offrait le grave
inconvénient d'être coupé en deux par la Garonne, et, Wellington, s'il
n'avait eu une supériorité numérique aussi marquée, aurait pu éprouver un
désastre, encore qu'il eût pris la précaution de se faire suivre par son pont
de bateaux à mesure qu'il remontait le cours du fleuve, pour s'assurer en
cas de revers un moyen de retraite.

[*La bataille de Toulouse a été l'objet de plusieurs monographies déjà anciennes,
dont les plus intéressantes sont celles du commandant Lapène et du capitaine
du génie Choumara; mais comme celui-ci, grand admirateur du maréchal
Soult, a surtout fait œuvre de polémique, et que le premier, témoin oculaire,
n'a pas précisément su se borner, nous préférons recourir encore au général
Koch, dont les* MÉMOIRES SUR LA CAMPAGNE DE 1814 *nous ont déjà fourni le
récit des journées de Champaubert, Montmirail et Vauchamps.*]

Le 10 avril, — jour de Pâques, — vers six heures du matin, le signal du combat fut
donné. Sur la rive gauche de la Garonne, le général Hill avec ses 3 divisions
s'avança avec circonspection contre l'enceinte extérieure de Saint-Cyprien, défendue
seulement par quelques batteries. Sur la rive droite, le général Picton se forma
près de l'embouchure du canal, dans le bois du Petit-Gragnague, attaqua les
Français vers sept heures, et les repoussa jusqu'à la tête du pont Jumeau, à
la jonction du nouveau canal avec l'ancien, où tous ses efforts furent contenus
par 2 bataillons de la brigade Berlier.

Cependant le général Freyre, après avoir longé la rive gauche de l'Ers jusqu'à
la hauteur de Croix-Daurade, se formait sur deux lignes, établissait son artillerie sur
une hauteur en avant et à gauche de celle de la Pujade, en même temps que le
maréchal Beresford, qui venait de passer l'Ers au pont de Croix-Daurade avec les
divisions Cole, Picton et Cotton, remontait cette rivière sur trois colonnes, pour
gagner la droite des Français.

Dès que le général Freyre le vit à la hauteur de Saint-Martin, il s'avança en bon
ordre contre la brigade Lamorandière, et la repoussa sous les retranchements qu'il
comptait enlever de vive force. La brigade de Saint-Pol accueillit les Espagnols
avec un feu terrible de mitraille et de mousqueterie qui leur fit essuyer une perte
considérable, sans néanmoins les arrêter; au contraire, la première ligne espérant

trouver un abri contre ce feu meurtrier dans un chemin creux au pied des ouvrages, s'y porta à la course, mais n'y arriva qu'entièrement rompue. Le comte Harispe lance alors une brigade sur les Espagnols du Calvinet, tandis que le général Darricau saisissant l'à-propos, jette de la porte Matabiau un bataillon sur la route d'Albi. Ces efforts simultanés culbutent l'attaque et la ramènent à plus de 1 kilomètre : et les Français se seraient emparés du pont de Croix-Daurade si le général Alten n'eût arrêté la poursuite en arrivant sur le flanc gauche avec une de ses brigades et de la cavalerie allemande. Les Espagnols perdirent plus de 1 000 hommes à cette attaque mal dirigée, où les généraux Mendizabal et Ezpeleta furent mis hors de combat.

Malgré l'échec essuyé vers sa gauche, lord Wellington ne fit aucun changement dans son plan d'attaque, et tous les chefs de colonne reçurent l'ordre de redoubler d'efforts.

Sir Rowland Hill, avec ses 3 divisions, finit, après beaucoup de tâtonnements, par chasser de la première enceinte du faubourg de Saint-Cyprien les postes d'avertissement que le comte Reille y avait laissés en se retirant dans la seconde.

Sur la droite de la Garonne, le général Picton attaqua de nouveau le pont Jumeau, et fut repoussé avec des pertes énormes. Les Anglais voulurent brusquer l'attaque et se jeter dans les retranchements, mais la hauteur de leur profil rendit l'escalade impraticable, et le général Berlier les fit écraser dans le fossé à coups de pierres fournies en abondance par le dépavage du pont, où le général-major Brisbane fut grièvement blessé. Le général Alten, mettant plus de circonspection dans l'attaque qu'il dirigea avec une brigade sur le pont d'Arnaud-Bernard, fut arrêté par le 31ᵉ léger devant le couvent des Minimes, et ne put réussir même à le débusquer de cet avant-poste. Enfin Don Manuel Freyre eut beaucoup de peine à rallier ses troupes et à les porter sous la protection de la cavalerie de lord Ponsomby et une des brigades du général Alten devant le plateau de la Pujade pour y continuer la canonnade.

Ainsi, vers midi, l'action, engagée sur la plus grande partie de la ligne, ne laissait que peu d'espérance aux alliés pour les succès de la journée.

Cependant le duc de Dalmatie, jugeant que les hauteurs de Montaudran allaient devenir le point important du champ de bataille, donna l'ordre de retirer du faubourg de Saint-Cyprien la brigade Rouget, de la division Maransin, pour la porter vers ce point. Malheureusement il était un peu tard, et comme on ne lui assigna pas de direction précise, elle ne put arriver à temps.

L'échec éprouvé par les Espagnols et le manque d'artillerie avaient suspendu la marche du maréchal Beresford ; mais, voyant que ses pièces n'arrivaient pas, au lieu d'attaquer les retranchements du Calvinet, comme il en avait eu primitivement l'ordre, il calcula qu'il lui serait peut-être plus facile de les tourner en continuant de se diriger vers Montaudran.

Ce mouvement était très dangereux, parce que, laissant un grand vide au milieu de la ligne de bataille, il offrait au duc de Dalmatie l'occasion de couper le corps du maréchal Beresford en faisant descendre une ou deux divisions entre le plateau et l'Ers. Outre ce grave inconvénient, le terrain présentait de grandes difficultés, attendu qu'il fallait cheminer entre la rivière et le pied des hauteurs à travers des prairies coupées d'une infinité de canaux d'irrigation ; encore se rétrécissaient-elles à mesure qu'on approchait de l'inondation. L'infanterie même n'avançait qu'avec peine, obligée souvent de défiler homme par homme, sous le feu des tirailleurs français.

Lord Wellington n'apprit pas cette manœuvre sans inquiétude : il sentait que le gain ou la perte de la bataille pouvait en être la conséquence immédiate : de son côté, le maréchal Beresford, une fois engagé, était obligé de continuer sa marche pour ne pas s'exposer aux dangers inévitables de la retraite : et, dans l'espoir de trouver un point d'attaque d'un accès plus facile, il ne s'arrêta que lorsqu'il ne lui fut plus possible de passer outre. Il forma alors la division Cole en arrière de la droite française, sur un terrain étroit au pied de la colline de Montaudran sur laquelle était élevée la dernière redoute. Le général Clinton rangea la sienne avec non moins de peine, face à la seconde. En même temps, l'artillerie du corps d'armée étant arrivée, elle fut dirigée contre les redoutes du Calvinet, sous la protection de la cavalerie de sir Stappleton Cotton.

Toutes ces dispositions se firent sous les yeux du duc de Dalmatie qui, loin d'y mettre obstacle, se félicitait que l'ennemi lui épargnât moitié de la peine qu'il devait se donner pour décider sa défaite. Cependant, lorsqu'il le vit près de prendre l'initiative de l'attaque, il crut devoir le prévenir, et prescrivit à la division Taupin de marcher à la rencontre du général Cole, soutenu par la brigade Leseur, tandis que le 21e de chasseurs, guidé par le lieutenant-général Clausel, chercherait à lui couper ses communications en se portant en avant, et que le général Berton chargerait le flanc gauche.

Ainsi, dans le choc que se préparaient réciproquement ces masses, la plus solide devait repousser l'autre, malgré l'avantage du terrain.

Le général Cole, soutenu en arrière à droite par la division Clinton, se dirige sur la redoute non achevée que défendait le général Dauture avec le 9e d'infanterie légère. Son attaque est conduite avec ordre et méthode : la première ligne déployée, la seconde en carrés prêts à repousser les charges dont elle est menacée par la cavalerie du général Berton.

L'attaque des Français au contraire, différée trop longtemps, s'exécute avec plus de précipitation que d'ensemble : la brigade Leseur, conformément à ses instructions, se forme en potence sur le flanc droit de l'ennemi : d'un autre côté, la cavalerie du général Berton se dispose à charger le flanc gauche : mais la colonne du général Taupin, destinée à frapper les plus grands coups, pressée d'arriver, s'allonge en hâtant sa marche, et le général Rey engage tellement sa brigade hors d'haleine, qu'il paralyse le feu de la redoute dont il devait être protégé. Dans le même temps, le général Taupin, resté en arrière pour tâcher de faire avancer son artillerie qui avait été dirigée vers le centre du plateau, près du Calvinet, accourt, s'apprête à faire changer de direction à ses troupes, et tombe blessé mortellement.

Cet événement malheureux occasionna dans la colonne un moment de trouble et de flottement, dont le général Cole profite aussitôt en marchant, baïonnettes croisées, sur le 12e léger qui plie et entraîne le reste de la division. Vainement, pour former diversion, la brigade Leseur s'avance contre les colonnes anglaises, elle est écrasée et mise en fuite. Quelque fâcheux que fût cet échec, il n'était pas irréparable si la garnison de la redoute eût tenu ferme : mais, voyant arriver sur elle la division Picton enhardie par le succès du général Cole, elle abandonna son poste. D'un autre côté, les progrès rapides des Anglais sur la croupe de la colline, les ayant mis à l'abri des charges de cavalerie, rien ne s'opposa à leur marche ; le maréchal Beresford réunit ses deux divisions sur le plateau, y amena de l'artillerie, et attaqua en flanc les redoutes de Calvinet. Dans cette extrémité, le maréchal Soult de concert avec le général Clausel, changea de front, et prit une nouvelle ligne appuyée aux retranchements du pont des Demoiselles et aux redoutes du Calvinet, sur laquelle vinrent se ranger successivement et la brigade Rouget, qui débouchait au pont de Montaudran, et les troupes des deux divisions mises en désordre.

Dans cette nouvelle position, l'on combattit avec fureur. Bien que les redoutes du Calvinet eussent perdu une partie de leur force, parce que leurs flancs avaient été négligés pour achever plutôt le profil de leurs faces qu'on croyait les plus exposées, elles ne laissèrent pas d'être défendues avec opiniâtreté ; une d'elles fut reprise par le 10ᵉ de ligne qui fit essuyer de grandes pertes aux Écossais. Les généraux Harispe et Baurot y furent, ainsi qu'un général anglais, grièvement blessés, et ce n'est qu'à cinq heures du soir seulement que le 45ᵉ évacua la dernière.

MONUMENT COMMÉMORATIF DE LA
BATAILLE DE TOULOUSE.
(D'après une photographie.)

Les redoutes du Calvinet emportées, sir Beresford marcha sur celles de la Pujade, tandis que les Espagnols les attaquaient de front. Elles n'opposèrent pas moins de résistance à ces attaques combinées ; la brigade Lamorandière y fit des prodiges et perdit son général : enfin, vers sept heures, elles furent également emportées.

Les vainqueurs s'arrêtèrent après ce dernier effort qui semblait avoir épuisé toute leur ardeur, et n'osèrent refouler l'armée française sur le canal, qu'elle repassa seulement dans la nuit.

Dans cette position, maîtresse du faubourg de Saint-Étienne, elle avait non seulement une retraite assurée, mais encore se trouvait en mesure d'accepter un nouveau combat.

Lord Wellington, n'étant redevable de la victoire qu'à la témérité de son lieutenant, douta longtemps de sa bonne fortune, et, loin de songer à enlever Toulouse le lendemain, ne s'occupa que des moyens de se maintenir sur la chaîne de collines qui le domine, au cas que son adversaire voulût l'y attaquer. Mais le duc de Dalmatie, avait marqué pour la nuit suivante la retraite sur Castelnaudary. Les magasins furent évacués, et les troupes, après avoir reçu pour quatre jours de vivres, prirent en bon ordre, dans la nuit du 11 au 12, la route de Montpellier, précédées par les bagages et l'artillerie. Il ne resta dans Toulouse que 1 500 blessés ou malades qu'on n'aurait pu transporter sans danger, et quelques pièces de gros calibre, qu'à défaut de moyens de transport on enfouit pour les retrouver dans des temps plus heureux.

Avant de quitter cette ville, le duc de Dalmatie témoigna aux habitants sa satisfaction de la conduite qu'ils avaient tenue dans ces moments critiques. Le plus grand nombre le vit partir à regret, car il laissait leur ville à la merci d'un ennemi dont ils ignoraient encore les projets.

La bataille de Toulouse fut pour l'armée française ce qu'une dernière et vive étincelle est à un feu près de s'éteindre ; jamais la valeur des troupes ne se montra avec plus d'éclat. Une victoire complète devait être le fruit de ses efforts ; et, si elle lui échappa, ce fut comme pour donner une nouvelle preuve que, sur le champ de de bataille, la moindre hésitation peut entraîner la ruine des plus heureuses combinaisons.

Sous la monarchie de Juillet, alors que le maréchal Soult prenait une part active aux luttes politiques, on disait plaisamment qu' « il avait sûrement gagné la bataille de Toulouse, quand il était dans l'opposition, mais qu'il l'avait indubitablement perdue, quand il était au pouvoir » ! De fait, la journée du 10 avril 1814 avait pu paraître indécise, dans une certaine mesure : l'armée française n'avait été délogée, en somme, que de ses postes avancés ; elle avait conservé jusqu'au soir sa ligne principale de défense, celle du canal, et, des deux côtés, on s'attendait à voir la bataille recommencer le lendemain. Toutefois, si les Anglais n'avaient point remporté un succès complet, il faut reconnaître qu'ils étaient en bonne passe pour l'affirmer et l'achever, s'ils y eussent tenu : intacte au nord et au nord-est, mais menacée à l'est et déjà débordée vers le sud, la position de Soult n'était réellement plus tenable, et il ne lui restait plus qu'à replier toutes ses troupes sous les murs mêmes de Toulouse pour s'y défendre à outrance.

Qu'y eût-il gagné cependant ? Si l'ennemi ne parvenait point à le forcer, sa situation ne s'en trouvait pas améliorée bien sensiblement, car son armée était trop faible pour qu'il pût passer à l'offensive, et ainsi sa victoire risquait fort de rester sans lendemain. Au contraire, une défaite pouvait entraîner les plus graves conséquences, d'abord pour la ville, exposée à toutes les horreurs d'une prise d'assaut, ensuite pour l'armée elle-même, qui, dans de telles conditions, n'aurait plus qu'à mettre bas les armes. C'est ce que comprit fort bien le maréchal et ce qui le décida à opérer une prompte retraite, bien qu'en s'arrêtant à ce parti, il dût s'avouer implicitement vaincu. Il eut soin néanmoins de continuer, pendant la journée du 11, les préparatifs ostensibles d'une défense opiniâtre, comme s'il eût été résolu à s'ensevelir sous les décombres de Toulouse ; mais, en même temps, il prenait toutes ses mesures pour évacuer la ville dans la nuit suivante et, le 12 au matin, toutes les troupes étaient en marche sur Castelnaudary, d'où il était facile de tendre la main au maréchal Suchet. Les deux armées des Pyrénées et d'Aragon une fois réunies, il était peu probable que le prudent Wellington osât tenter rien de sérieux contre elles.

Il n'en eut d'ailleurs pas le temps, ni le maréchal Soult l'occasion de prendre sa revanche. Le 14 avril, arriva au camp français la nouvelle de l'abdication de Napoléon et du rétablissement des Bourbons ; un armistice fut aussitôt conclu, et l'armée des Pyrénées prit à son tour, quoique en frémissant, la cocarde blanche. Elle avait eu l'honneur de tirer les derniers coups de fusil; elle était restée la dernière debout de tant d'armées qui, pendant vingt-deux ans, avaient porté si haut notre réputation militaire et l'avaient si noblement soutenue, même dans la défaite. Pour elle seule, au reste, la guerre durait sans trêve ni merci depuis plus de six années, et nulle autre ne s'était vue soumise à de plus rudes épreuves. La fortune n'avait pas répondu à ses efforts, surtout dans les derniers temps: du moins, en déposant les armes, pouvait-elle se rendre cette justice d'avoir fait son devoir jusqu'au bout, souvent malheureuse, toujours héroïque.

XXII

Wissembourg

(4 AOUT 1870)

GÉNÉRAL ABEL
DOUAY

PRINCE FRÉDÉRIC
GUILLAUME DE
PRUSSE

Cliché Société de pho-
tographie de Berlin.

INAUGURÉE à Valmy et à Jemmapes sous de si brillants auspices, et, pendant vingt années, si abondante en victoires éclatantes et en faits glorieux, la seconde période de notre histoire militaire — limitée aux actions de guerre qui ont eu pour théâtre le sol national même! — s'était achevée, après une série de désastres, au milieu des humiliations et des misères de l'invasion. Ces désastres, ces misères et ces hontes, nous les retrouvons, hélas! dès le seuil de la troisième période, qu'ils rempliront tout entière, à part quelques fugitives éclaircies. Et, comme en 1814 et 1815, la douloureuse, l'inéluctable terminaison des luttes dont nous aurons à retracer les principaux épisodes, ce sera « la ruine et le démembrement de la France » — avec cette circonstance aggravante toutefois, qu'à la chute du premier Empire, elle n'avait guère perdu que ses dernières conquêtes et se retrouvait telle que l'avait faite le lent et laborieux travail de l'unification nationale, tandis que l'écroulement du second a été pour elle l'occasion de la plus cruelle amputation et lui a vraiment arraché « la chair de sa chair ».

Il s'en faut cependant que la dernière guerre franco-allemande ne doive nous offrir que des sujets de tristesse et de regrets. Si nous n'avons à enregistrer que des succès trop rares et trop précaires, nous pouvons encore évoquer sans embarras, avec fierté même, le souvenir de défaites dont on peut dire qu'elles sont aussi honorables que bien des victoires — telles Wissembourg, Fræschwiller, Saint-Privat.... Et si, au cours de notre pèlerinage à travers les champs de bataille de 1870, nous sommes obligés de relever, chemin faisant, les fautes stratégiques ou tactiques qui ont rendu impuissants tant d'efforts héroïques; si, au début, nous voyons éclater à chaque pas l'imprévoyance et l'incapacité qui ont été cause qu'un si généreux sang a

31

été répandu en vain, n'est-ce pas toujours pour nous un devoir de rendre un pieux hommage à la mémoire de ceux qui l'ont versé, ce sang, sans compter, et devons-nous oublier qu'au moment de faire le sacrifice de leur vie, ils n'ont point songé, eux, à se demander si ce sacrifice devait être utile ou inutile?

Suivons donc, le cœur ému, mais la tête haute, sur le terrain des plus importantes rencontres, les descendants des braves que nous venons de voir disputer avec tant d'acharnement la terre de France aux masses, quatre ou cinq fois plus nombreuses, de la grande coalition. Appartenant à des générations moins vigoureuses, grâce au développement excessif du bien-être, et surtout moins bien conduits que leurs pères, ils sont restés, malgré tout, dignes de ces derniers. Eux aussi n'ont été vaincus qu'à grand'peine par un ennemi bien supérieur en nombre ; et quand la proportion s'est trouvée renversée — comme dans la seconde partie de la guerre — cet ennemi l'emportait tellement par l'instruction, la discipline et l'endurance que nos jeunes troupes n'avaient eu ni le temps, ni le moyen d'acquérir, que le résultat pouvait se trouver tout au plus balancé.

C'est à cela, au demeurant, c'est au soin que notre adversaire a eu de s'assurer à l'avance tous les avantages matériels et moraux, bien plus qu'à l'excellence de ses plans et à la profondeur de ses combinaisons, qu'il a dû tous ses triomphes. Notre vrai vainqueur, de Frœschwiller à Sedan et d'Orléans à Héricourt, ce n'est pas le fameux « maître d'école » prussien, à qui on rapportait naguère tout l'honneur de Sadowa ; ce n'est pas davantage ce grand état-major tant vanté et tant copié, ni ce « haut commandement » dont il nous sera trop aisé de faire ressortir les tâtonnements et les défaillances : c'est, à n'en pas douter, l'*instructeur* allemand, qui a su faire partir du même pied, animer du même esprit et soumettre à l'unité de doctrine une grande armée composée d'éléments fort divers — de compte à demi, il est vrai, avec l'habile mécanicien qui a si bien agencé tous les rouages de cette grande machine qu'elle a pu, en plus d'une occasion, marcher toute seule.

Aussi bien, quelque courts que doivent être les récits de bataille que nous emprunterons aux meilleurs historiens de la guerre de 1870-1871, et quelque peu de place que nous puissions consacrer aux commentaires destinés à les encadrer et à les relier entre eux [1], nous espérons que l'on aura vite fait de mesurer la différence qui existe entre la *bataille napoléonienne*, préméditée, préparée, conduite et dénouée avec un art si consommé, et la bataille dite

---

1. Nous avons, du reste, réduit ici ces commentaires au strict nécessaire — la rapidité avec laquelle les grands chocs se sont succédé, les faibles modifications apportées dans l'intervalle à la situation stratégique, enfin l'inutilité d'explications détaillées sur la marche générale d'événements encore présents à toutes les mémoires nous dispensant d'entrer dans les développements qui nous ont paru indispensables pour les batailles plus anciennes.

« moderne », « à la de Moltke », imprévue, dans beaucoup de cas, pour le commandement supérieur (du moins quant au jour et au lieu où elle s'est livrée), dans laquelle il ne joue qu'un rôle effacé, embarrassé, parfois presque nul, et dont le gain est dû le plus souvent — en dehors de la supériorité du nombre et de l'artillerie ! — à l'entrain et à la vigueur de sous-ordres chez lesquels l'esprit de solidarité égale l'esprit d'initiative. Un éminent écrivain militaire allemand, le prince de Hohenlohe-Ingelfingen, n'avait pas craint d'écrire, dans ses *Lettres sur la Stratégie* : « Les plus jeunes élèves de Napoléon, nos généraux de 1870, ont ensuite surpassé le maître, car leur stratégie a été alors plus réfléchie, plus résolue ». Il lui a été un peu rudement, mais fort justement répondu par un écrivain militaire français de non moindre renom, le capitaine Gilbert, que la guerre franco-allemande a surtout permis de mesurer « la distance qui sépare le génie véritable, sachant toujours se faire une place à côté du Destin, du simple talent demeurant parfois déconcerté devant les faits qu'il n'a point provoqués et prévus. » Et il nous suffira de nous souvenir et de comparer, pour reconnaître que l'auteur des *Essais de critique militaire* a pu vous montrer, à bon droit, en terminant son instructif parallèle entre le vainqueur de 1870 et celui de 1806, « ici, le génie de l'offensive qui commande aux événements et en ordonne la succession ; là, l'esprit de méthode, le sang-froid et d'estimables qualités de caractère qui réussissent tout au plus à en tirer parti : entre les deux, un abîme ! »

Peu de guerres avaient été préparées avec plus de soin et de prévoyance que celle à laquelle la Prusse était fermement résolue depuis que, victorieuse de l'Autriche, en 1866, elle ne rencontrait plus en Europe que la France pour faire obstacle à ses desseins ambitieux. Dès 1868, dans un *Mémoire* justement célèbre, le chef du grand état-major allemand, M. de Moltke, avait arrêté toutes les mesures propres à assurer le succès des opérations militaires sur la rive gauche du Rhin ; il avait étudié dans le plus grand détail les différentes hypothèses qui pouvaient se présenter et indiqué pour chacune d'elles la solution la plus rationnelle ; il semblait avoir prévu toutes les éventualités jusques et y compris un passage précipité du Rhin par les Français dans le but de séparer, dès le début des hostilités, l'Allemagne du Nord de l'Allemagne du Sud, et avait décidé d'y parer par une concentration sur le fleuve même. Du reste, la guerre à peine déclarée, la mobilisation et le transport de toutes les armées allemandes s'étaient effectués dans l'ordre le plus parfait, sans la moindre perte de temps et avec une précision toute mathématique, d'après les plans et les tableaux depuis longtemps dressés à cet effet. Tous les corps d'armée de première ligne, au grand complet de leurs effectifs et munis de tout ce qui est nécessaire pour marcher, vivre et combattre, se trouvaient, le 1er août, à la place qui leur avait été assignée dans l' « ordre de bataille » ; les trois armées entre lesquels les forces allemandes avaient été réparties n'attendaient plus qu'un signal pour franchir la frontière.... Et cependant, la première bataille de la guerre ne se livrera, sur la frontière même, que le 4 ; elle présentera, au premier chef, le caractère d'une de ces actions à laquelle on ne s'attend ni d'un côté ni de l'autre, et au développement desquelles on fait face tant bien que mal. Batailles « de rencontre » encore, malgré cette première « prise de contact », les chocs autrement terribles du surlendemain, sur la Sauer, en Alsace, et sur la Sarre, en Lorraine. Que s'est-il donc passé ?

Le déploiement incomplet, hâtif, mais incontestablement rapide de l'armée française entre Rhin et Moselle semble avoir troublé profondément le feld-maréchal de Molke, et l'a, en tout cas, déterminé à suspendre l'exécution de ses plans. Redoutant maintenant une brusque irruption de l'adversaire, incertain du point sur lequel elle peut se produire, il hésite, tergiverse, ne sait plus comment se porter en avant, ni même s'il doit se porter en avant. Le premier résultat de ces fluctuations est de faire « marquer le pas » à toutes les armées allemandes, trop à l'étroit dans le Palatinat, où elles sont sur le point de manquer complètement de vivres ; le second résultat, d'amener des à-coups, des flottements, des croisements dans les lignes de marche primitivement assignées à chacune d'elles, d'où conflit aigu entre les chefs des deux groupes de droite, le prince Frédéric-Charles et le général Steinmetz, qui se barrent réciproquement la route. Nous verrons l'excès d'ardeur du second qualifié d'indiscipline et présenté plus tard comme la cause des hésitations avouées du grand état-major général à ce moment décisif, alors qu'il n'en a été que l'effet : « L'incertitude des projets, on l'a fort bien dit, entraîne le vague des ordres, » et, quand il se produit, comme ici, de fâcheuses interversions de rôles, il n'est pas douteux que c'est parce que les rôles eux-mêmes ont été mal indiqués, mal définis.

Pendant ce temps, dans le camp opposé, on ne soupçonne rien et l'on ne fait pas davantage. Il semble qu'après nous être bercés du chimérique espoir de gagner l'ennemi de vitesse et avoir caressé ce projet dérisoire d'offensive dans l'Allemagne du Sud, que notre infériorité numérique et *organique* condamnait à un échec certain, nous soyons brusquement tombés dans une véritable torpeur : passés de la présomption la plus folle au découragement le plus absolu, nous nous renfermons dans une défensive engourdie et impuissante, et c'est ainsi que nous laissons échapper la chance heureuse et inespérée que le désarroi momentané de l'adversaire nous

offre dans les premiers jours d'août. M. de Moltke, rassuré par notre immobilité, stimulé par notre inertie, rétablit un peu l'ordre parmi ses corps
enchevêtrés et songe enfin à organiser méthodiquement son débouché sur
le territoire ennemi. La Iʳᵉ armée (prince royal de Prusse) reçoit
l'ordre de franchir la frontière le 4 août, et ce mouvement en avant amène
la première rencontre sérieuse de la guerre : la bataille, ou, pour parler
plus exactement, le combat de Wissembourg.

La petite ville de Wissembourg est coquettement assise sur la Lauter,
dont le cours forme la limite entre l'Alsace et la Bavière rhénane, au
milieu d'un verdoyant bassin de hautes collines, qui s'ouvre seulement vers
l'est du côté du Rhin. Chef-lieu de sous-préfecture d'une population d'environ
6 000 habitants, elle avait été place forte (de troisième classe) jusqu'en
1867; « déclassée » à cette époque, mais non point démantelée, son
enceinte bastionnée, revêtue en maçonnerie, n'avait encore subi aucune
dégradation sensible, et les trois portes de Bitche, de Landau et de
Haguenau (ainsi nommées des villes d'où venaient les routes auxquelles
elles donnaient accès) étaient demeurées intactes, ainsi que leurs ponts-levis.
Mais l'eau s'était peu à peu retirée des fossés que le génie avait cessé
d'entretenir, comme le corps de place, et, d'autre part, la Lauter, dont
deux des bras enveloppent complètement la ville, qu'un troisième traverse
obliquement, était guéable et, par conséquent, facile à passer sur presque
tous les points. En somme, ce n'était plus une forteresse, mais seulement
un « poste fortifié » susceptible d'une certaine résistance et ayant gardé
quelque valeur, sinon par lui-même, du moins comme avancée des positions défensives, très belles et très fortes, que constituent les hauteurs
situées au sud et au sud-ouest de la ville.
Ces hauteurs, contreforts des basses Vosges, et qui ont encore 400 à
500 mètres d'altitude, sont plus dominantes et s'avancent plus loin vers l'est
que celles de la rive gauche de la Lauter ; elles portent le nom de Vogelsberg
et de Geissberg. Cette dernière « commande » directement Wissembourg, la
gare (voisine de la porte de Haguenau), et les deux lignes ferrées de Strasbourg et de Landau, ainsi que les diverses routes qui les doublent ou les
coupent. Au point culminant s'élevaient trois peupliers, appelés à devenir
historiques et qui s'apercevaient de très loin. Sur le versant oriental, où les
vignes alternent avec les houblonnières, est bâti le château du Geissberg,
solide et massive construction du xviiiᵉ siècle, qui devait jouer un rôle très
important dans la seconde partie de la journée : la façade qui regarde la
vallée forme une haute terrasse ; les trois autres côtés sont occupés par la
maison d'habitation et par des bâtiments d'exploitation, entourant une cour

intérieure où l'on ne peut pénétrer que par une seule porte. A quelques centaines de mètres du château, au sud-ouest, on rencontre une grosse ferme entourée de vergers et de haies, le Schafbusch, devenue également le théâtre d'un des principaux épisodes de la lutte : le *site* à part, ceux qui ont visité le champ de bataille de Waterloo sont surpris de retrouver dans ces deux *bâtisses* les « réduits » à jamais célèbres de la position de Wellington : le château de Hougoumont et la ferme de la Haie-Sainte, qui ne furent pas attaqués avec moins de fureur, ni défendus avec moins d'énergie.

Un quart de siècle s'est écoulé depuis le sanglant combat de Wissembourg; les nombreuses maisons incendiées ou éventrées par les projectiles, dans la ville et aux environs, ont été reconstruites ou réparées : seul le château du Geissberg reste comme un témoin vivant de la lutte, dont les bâtiments, à l'angle nord-ouest surtout, portent encore les traces visibles. Mais, dans les champs et dans les prés, une foule de *tumuli*, signalés par des croix blanches ou noires, permettent de suivre et de reconstituer aisément la marche générale de l'action ; d'autres monuments funéraires en pierre en rappellent les incidents principaux, érigés qu'ils ont été généralement sur l'emplacement où l'on a relevé les monceaux de corps qu'ils recouvrent. Il y en a de généraux et de particuliers, ceux-ci ordinairement dus à la piété d'une famille ou d'un corps de troupe. Le plus imposant, dans son austère simplicité, est celui que la III° armée allemande a consacré « aux camarades tombés » — *Den gefallenen Kameraden, die dritte Armee*. Les Français, eux, n'ont là que de modestes sépultures, d'ailleurs entretenues avec le même soin que celles des vainqueurs ; mais, dans le cimetière de la ville, repose, sous une large pierre de grès rouge, la principale victime de la journée de notre côté : le général Abel Douay, près duquel a été inhumé son jeune fils, mort une année plus tard. Quant aux trois peupliers près desquels le général fut tué, ils sont maintenant compris dans un petit enclos de verdure, d'où l'on embrasse tout le terrain du combat; toutefois ces arbres ne sont pas ceux que plus d'un éclat d'obus et plus d'une balle écorchèrent le 4 août : leur propriétaire, peu soucieux de déférer aux vœux des nouveaux maîtres du pays, les avait abattus en 1873; mais ils ont été aussitôt remplacés par d'autres, de même essence et de même port, sur l'ordre exprès des Allemands, qui tenaient à ce que rien ne vînt altérer la physionomie de *leur* champ de bataille. Ce champ de bataille, — suivant la remarque du général Canonge dans sa belle *Histoire militaire contemporaine*, — nos adversaires ont mis à l'orner une sorte de coquetterie : n'était-ce point comme la préface de leurs victoires?

Victoire facile, en tout cas, que celle-là ! En face des trois corps allemands convergeant en première ligne sur Wissembourg (II° bavarois, V° et VI° prus-

siens) se trouvait une simple fraction de notre 1er corps, celui de Mac-
Mahon, échelonné de Strasbourg à Niederbronn. Encore la pauvre division
Abel Douay était-elle loin d'être au complet : il lui avait fallu détacher un
régiment au col du Pigeonnier pour se relier à la division Ducrot, et
deux bataillons sur le Rhin, à Seltz. Par suite, le « gros » (brigades Pellé et
de Montmarie, diminuées des corps ci-dessus) comptait 8 bataillons avec

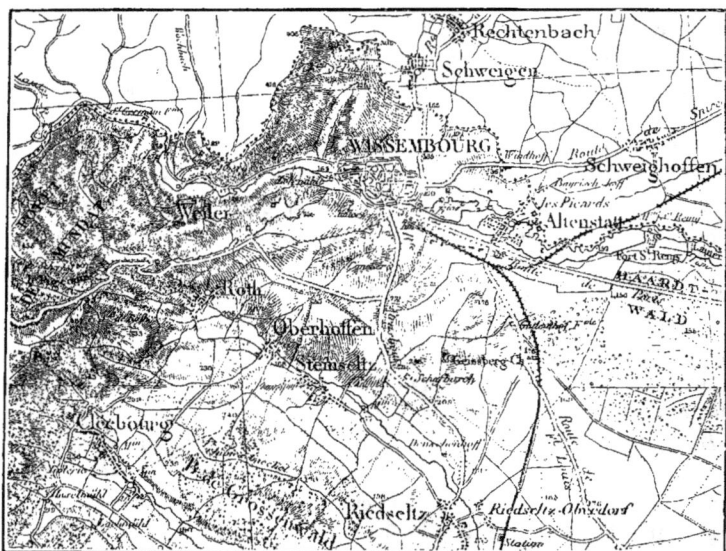

CHAMP DE BATAILLE DE WISSEMBOURG.
(Extrait de la carte de l'État-major au 1 : 80 000.

12 canons et 6 mitrailleuses, plus 6 escadrons (brigade de Septeuil) qui,
dans un pays aussi accidenté, ne pouvaient être que d'un médiocre secours,
— au total, pas tout à fait 7 000 hommes. C'était peu pour soutenir l'effort
des 70 000 hommes dont l'ennemi disposait immédiatement, ou même
seulement des 40 000 qu'il allait mettre effectivement en ligne !

> *[Le récit qui suit est tiré d'un remarquable ouvrage, couronné récemment par
> l'Académie française, et à juste titre, l'*HISTOIRE GÉNÉRALE DE LA GUERRE
> FRANCO-ALLEMANDE *(1870-1871), par le commandant Roussel, professeur à
> l'École supérieure de guerre (Paris, 1895-1896, 6 vol. in-8°; à la Li-
> brairie illustrée, Montgredien et Cie).]*

Il était huit heures du matin ; l'ordre venait d'être communiqué dans les
bivouacs, et les soldats, parfaitement tranquilles, se disséminaient tout autour du

camp, les uns pour préparer le feu de la soupe, les autres pour nettoyer leurs armes ou fournir les corvées de ravitaillement, quand tout à coup un petit nuage de fumée blanche creva sur les hauteurs de Schweigen ; une détonation retentit, suivie bientôt d'une seconde, puis d'une troisième, et sur Wissembourg, réveillé comme par un cauchemar, s'abattit une pluie de fer et de plomb. C'était la batterie d'avant-garde de la division Bothmer (2e du IIe corps bavarois) qui, voyant l'insouciance de nos troupes, avait brusquement ouvert le feu....

Cependant le commandant Liaud, du 74e, jeté avec son bataillon dans la ville, avait garni de défenseurs la partie nord de l'enceinte, et occupé les portes : il fit répondre par des coups de fusil à l'attaque de l'ennemi. De son côté, le général Pellé, bien que réduit à 3 bataillons, n'hésita pas à se porter à son secours, et dirigea sur la ville le 1er tirailleurs, appuyé d'une batterie de 4 : l'infanterie se posta le long des anciennes lignes de Wissembourg [1], au nord de la gare, en détachant un bataillon pour garder la porte de Bitche ; l'artillerie prit position près de la gare, et le combat s'engagea, très énergiquement soutenu par cette poignée d'hommes, contre laquelle la division Bothmer, se sentant encore trop isolée, n'osa rien tenter de décisif.

Mais, vers dix heures, commencèrent à se montrer sur la Lauter les troupes envoyées à travers bois pour couvrir, pendant la marche, le flanc droit de la division Bothmer et qui maintenant se dirigeaient sur Wissembourg. D'autre part, le XIe corps (prussien), qui avait trouvé les passages du moulin de Bienwald inoccupés, venait de franchir la rivière, après avoir jeté trois autres ponts pour activer le mouvement : refoulant aisément quelques braves citoyens, qui, en habits civils et armés de fusils de chasse, s'étaient postés sur la rive droite pour lui tirer dessus, il avait traversé le Niederwald et se présentait déjà à Schleithal. La situation s'aggravait et le général Douay, qui, sur la foi de sa cavalerie, croyait toujours n'avoir affaire qu'à une simple reconnaissance, dut revenir de son erreur. Il déploya donc aussitôt sa première brigade (de Montmarie) autour du Geissberg, et, pour remplir l'espace assez étendu qui la séparait de la deuxième, occupée à défendre Wissembourg, il jeta dans le vallon situé au nord du Geissberg les deux régiments de la brigade de cavalerie de Septeuil....

Certes, bien que la division Bothmer fût encore à peu près seule engagée, nous n'étions pas en force, surtout sous le rapport de l'artillerie. Cependant la vaillance de nos canonniers et des tirailleurs algériens suffisait à en imposer à l'ennemi et à repousser ses tentatives contre les portes de Bitche et de Landau. Cette poignée de soldats luttait avec tant d'opiniâtreté et d'énergie que le général de Bothmer, non seulement se reconnaissait impuissant à les déloger, avec ses 12 000 hommes, mais même demandait au prince royal, arrivé sur le lieu du combat, l'appui du Ve corps, dont les têtes de colonne commençaient à déboucher à hauteur d'Altenstadt. C'était le moment pour la division Douay de se replier par échelons défensifs sur la division Ducrot, et d'abandonner, suivant ses instructions, une lutte qui menaçait de devenir par trop inégale. Malheureusement, de nouveaux télégrammes venaient d'être remis à son chef, en réponse à celui par lequel il informait le commandant en

1. Il ne restait depuis longtemps que des vestiges (traces presque informes, retranchements et fossés aux trois quarts comblés) des fameuses « lignes » qui jouèrent un si grand rôle dans la campagne de 1793. Ces restes n'avaient plus, bien entendu, aucune valeur militaire.

chef de l'attaque ennemie, et laissaient supposer que celui-ci ne tarderait pas à prendre la responsabilité des décisions définitives.... Ces documents confirmèrent le général Douay dans l'idée qu'il ne pouvait, sans ordres nouveaux, refuser la lutte, et dans son intention « d'accepter un combat qui semblait n'être d'abord qu'une forte reconnaissance poussée par l'ennemi sur notre frontière ». Il se porta donc de sa personne au point culminant du Geissberg et laissa l'engagement suivre son cours.

Mais bientôt il s'aperçoit que les masses allemandes débouchent de tous les côtés à la fois. Dès onze heures un quart, l'avant-garde du 5ᵉ corps (17ᵉ brigade) se montre à Gutleithof, qu'elle occupe; la 18ᵉ brigade arrive peu après à Altenstadt, franchit la Lauter, et se déploie, à côté de la 17ᵉ, face au Geissberg, tandis que toute l'artillerie de la 9ᵉ division vient au grand trot prendre position en avant et crible de projectiles nos quelques pièces éparpillées. En même temps, 3 bataillons filent le long de la rivière et vont attaquer la ville par l'est, pendant que la division de Bothmer l'attaque par le nord.

De son côté, le général de Bose, commandant le 11ᵉ corps, a marché au canon : la 41ᵉ brigade prussienne quitte Schleithal pour venir, toujours précédée de toute l'artillerie du corps d'armée, se déployer à gauche du Vᵉ corps et menace le Geissberg. Des flots d'ennemis semblent sortir des profondeurs des bois; des batteries innombrables tonnent partout à la fois, et le général Douay, du haut du Geissberg, voit monter tout autour de lui cette marée tumultueuse qui menace de l'engloutir. Il sent que tout est perdu s'il persiste à rester là, et se décide enfin à la retraite. Ordre est donné au commandant Liaud d'évacuer la ville et au général Pellé de se replier sur le Vogelsberg, lentement, pour donner le temps aux défenseurs de Wissembourg de le rejoindre. Puis, le général, avant de donner des instructions dans le même sens à la brigade de Montmarie, monte aux *Trois-Peupliers*, où se trouvait la batterie de mitrailleuses. Tout à coup un obus prussien, tombant sur un des caissons, le fait sauter; des éclats de bois et de fer volent en tous sens, tuant ou blessant plusieurs servants, et l'un d'eux, frappant le général en pleine poitrine, le renverse à terre, mortellement atteint. On s'empresse, on le transporte à la ferme du Schafbusch, où il succombe deux heures après, et l'on court annoncer la fatale nouvelle au général Pellé, auquel, par droit d'ancienneté, revenait le commandement.

Abel Douay était le premier de nos officiers généraux qui tombât au champ d'honneur, dans cette guerre fatale ; ses services brillants et sa bravoure éclatante lui eussent mérité de mourir en pleine victoire: du moins il ne pouvait pas succomber plus glorieusement, ni sur un terrain plus illustré par la valeur française, car, ainsi qu'on va le voir, nos soldats se conduisirent, pendant toute la durée de cette lutte inégale, comme de véritables héros.

Il était près de midi quand le général Pellé prit le commandement. Le 1ᵉʳ tirailleurs tenait tête tout seul aux efforts de deux corps d'armée, soutenus par 70 bouches à feu ; ses 3 bataillons, déployés sous les ordres des commandants Sermansan, de Lammerz et de Coulanges depuis la gare jusqu'à la porte de Landau, restaient fermes devant les assauts répétés de la 17ᵉ brigade, qui essayait vainement de les débusquer, et repoussaient à la baïonnette les colonnes prussiennes qui les assaillaient de toutes parts. Luttant avec un acharnement sans exemple,

32

ce brave régiment redoublait d'énergie et de vaillance à mesure que sa
position devenait plus critique ; son feu nourri et bien dirigé infligeait à l'ennemi des
pertes énormes, en dépit des vides cruels qui se creusaient dans ses rangs, et
bientôt le général de Kirchbach dut, pour venir à bout de son admirable résistance,
lancer sur lui de nouvelles masses, qui débordèrent son flanc droit et le menacèrent
d'un enveloppement complet. Presque tous les officiers étaient hors de combat et
600 hommes, sur 2 200, gisaient à terre ; quant aux Prussiens, ils étaient si
éprouvés que, dans un seul bataillon, commandé maintenant par un lieutenant, ils
avaient perdu 12 officiers et 165 hommes. Le major de Waldersee, commandant le
bataillon de chasseurs silésiens n° 5, était mort, et le général de Sandrart avait eu
son cheval tué sous lui.

Le général Pellé jugea que continuer la lutte dans des conditions pareilles serait
folie. Il ordonna donc la retraite et obligea les tirailleurs à abandonner définitivement à l'ennemi ce terrain qu'ils lui avaient si héroïquement disputé. Leurs débris
se retirèrent à pas lents, et en tirant toujours, sur le Geissberg ; le mouvement
s'opéra en ordre, régulièrement, comme à la manœuvre, sans être autrement
inquiété. Les Prussiens, heureux d'avoir enfin triomphé de tant d'opiniâtreté, se
répandirent dans la vallée et ne songèrent pas à poursuivre un adversaire décimé,
mais dont l'attitude leur en imposait encore.

Cependant le commandant Liaud avait été informé de la retraite. Vers une heure
et demie, jugeant, lui aussi, toute résistance impossible désormais, il fit prévenir
ses six compagnies que la place allait être évacuée. Mais à ce moment, l'ennemi,
débarrassé du 1ᵉʳ tirailleurs, dirigeait toutes ses forces contre la ville et joignait ses
efforts à ceux de la division de Bothmer, dont le feu venait de reprendre avec une
intensité nouvelle. Wissembourg était cernée et une trouée à travers ces masses
compactes devenait impossible. Le commandant Liaud résolut, puisqu'il fallait
succomber, de le faire au moins avec gloire, et renvoyant à chaque porte deux
compagnies, leur ordonna de s'y défendre jusqu'à la mort. Mais la porte de
Haguenau venait d'être ouverte aux Bavarois par un des leurs, habitant Wissembourg, qui violait ainsi sans vergogne les lois les plus élémentaires de l'hospitalité.
Liaud, à la tête de deux compagnies, fonça sur le poste qui l'occupait, le fit
reprendre à la baïonnette, et, le pont-levis relevé, refoula les Prussiens jusqu'à la
gare. Il se porta ensuite à la porte de Bitche, qui lui paraissait la plus menacée :
mais en y arrivant, il fut frappé d'un coup de feu et contraint de remettre le
commandement au capitaine adjudant-major Bertrand. Au même moment, la porte
de Landau, écrasée de projectiles, venait d'être éventrée ; les Bavarois s'y étaient
précipités, et trois régiments s'engouffraient par son pont-levis dans la grande rue
de la ville, pour se répandre de là dans les rues latérales. Chaque groupe de deux
compagnies se trouva donc isolé, coupé des autres et presque complètement cerné.
Tous trois cependant se barricadèrent dans les maisons voisines, et continuèrent à
faire feu sur les assaillants.

Tout à coup un drapeau blanc parut à une fenêtre de l'hôtel de ville. Un major
bavarois s'approcha, et fut interpellé par un conseiller municipal qui offrait de
rendre la ville si l'ennemi consentait à laisser nos soldats l'évacuer. Le major
accepta pour son compte et s'en fut informer le général de Maillinger, commandant
la 8ᵉ brigade bavaroise, de cette étrange négociation. Mais celui-ci, qui voyait nos

soldats exténués et réduits aux dernières limites de la résistance, refusa de la ratifier ; bien au contraire, il lança contre chaque porte de nouvelles troupes et en cerna successivement et complètement chaque groupe de défenseurs. Ceux-ci, apprenant que la division était en retraite, n'eurent bientôt plus d'autre ressource que de mettre bas les armes, et l'ennemi se trouva définitivement maître de Wissembourg.

Libres de ce côté, les Allemands pouvaient maintenant tourner leurs efforts vers le Geissberg.

Là se déroulait depuis quelques heures un drame plus émouvant encore. 2 batte-

VUE DU CHAMP DE BATAILLE DE WISSEMBOURG.
(D'après une photographie.)

ries, dont une de mitrailleuses, et un bataillon du 50ᵉ envoyé pour les soutenir, contenaient à eux tout seuls l'effort de la 41ᵉ brigade prussienne, et ripostaient avec une énergie surhumaine au feu d'enfer déchaîné par toute l'artillerie allemande. La batterie de mitrailleuses, presque entièrement démontée, ayant perdu un caisson, — celui dont l'explosion avait frappé à mort le général Douay, — venait, vers midi et demi, d'être retirée du combat. La batterie Didier, postée au sud de la gare, était à moitié démolie, et ce qu'il en restait, soumis aux feux convergents de l'ennemi, ne pouvait plus tenir. L'ordre de battre en retraite lui parvint au moment où le brave chef de bataillon Boutroy, commandant le bataillon de soutien du 50ᵉ, tombait mortellement atteint ; elle amena alors ses avant-trains, et remonta au galop les pentes nord du Geissberg pour gagner le château, en laissant sur le terrain une pièce qu'elle ne pouvait plus atteler. Aussitôt trois compagnies allemandes se précipitent pour s'emparer de ce trophée ; mais elles sont arrêtées net par les feux de salve d'une section du 50e, qui fait tête et les crible de projectiles, tandis que s'avance un attelage de six chevaux envoyé du Geissberg. Décontenancés et furieux, les Allemands dirigent sur le flanc de la petite troupe un feu meurtrier qui la décime. Bientôt elle n'est plus en force pour résister : les chasseurs prussiens s'élancent à nouveau, la pièce est prise, et l'ennemi la garde en dépit des efforts désespérés que tente pour la reprendre la poignée héroïque des survivants.

Tout ce qui reste de la division Douay a maintenant regagné le Geissberg. Le général Pellé entraîne hors du champ de bataille, sur la route du Pigeonnier, le régiment de tirailleurs décimé, et ordonne au général de Montmarie de le suivre. Hélas ! il est trop tard ! Les masses ennemies sont devenues tellement compactes que la retraite ne peut plus s'exécuter en bon ordre, et nos soldats ne veulent pas la déroute. Ils vont donc tomber là, presque jusqu'au dernier, en soutenant une des plus glorieuses défenses dont notre histoire militaire fasse mention.

Les Ve et XIe corps allemands étaient en effet déployés tout entiers sur le champ de bataille. Donnant la main au IIe corps bavarois, entré dans Wissembourg, ils s'étendaient depuis la Lauter jusqu'auprès du village de Riedseltz, menaçant ainsi de front, de flanc et presque par derrière les défenseurs du Geissberg. Or, ceux-ci étaient réduits à 2 bataillons du 50e et 2 bataillons du 74e, en tout 2 200 hommes, et 2 batteries diminuées de moitié. C'est contre cette poignée d'hommes que se lancèrent tout à coup près de 20 000 Prussiens !...

Le 1er bataillon du 50e, posté dans une houblonnière à 150 mètres du château, dirige un feu nourri sur les assaillants et parvient à les arrêter un instant. Mais bientôt, débordé de toutes parts et obéissant, d'ailleurs, aux ordres du général Montmarie, il se replie sur le château, où vient le reprendre le 1er bataillon du 74e. De leur côté, les troisièmes bataillons des deux régiments embusqués dans les jardins du Schafbusch sont vivement attaqués par la 42e brigade, qui a réussi à déboucher du sud, et obligés de reculer : une partie se barricade dans les bâtiments de la ferme, l'autre parvient à gagner le château. Celui-ci est attaqué à son tour par l'est. 3 compagnies du régiment des grenadiers du Roi s'élancent et essaient de l'enlever. Mais « une fusillade terrible et bien dirigée, exécutée à petite portée par les Français leur inflige des pertes effroyables. Presque tous les officiers des 3 compagnies sont hors de combat ».... (Relation prussienne.)

En vain, quelques fantassins résolus ont pu s'introduire dans la cour par la porte sud ; fusillés presque à bout portant et de haut en bas, ils sont obligés de chercher un abri. En vain, une compagnie va-t-elle se porter sur une petite éminence, à l'ouest, pour faire de là des feux plongeants : rien ne parvient à réduire l'indomptable courage des nôtres, qui luttent avec l'énergie du désespoir, malgré une blessure grave reçue par le brave commandant Cécille, du 74e. Le général de Kirchbach, commandant le Ve corps, est atteint d'une balle au cou, qui l'oblige à remettre le commandement au général-lieutenant de Schmidt. Toute la tête de colonne ennemie est hors de combat et les Prussiens vont être forcés de renoncer à la lutte, quand, enfin, leur artillerie arrive à la rescousse. 3 batteries amenées avec une peine inouïe et des pertes énormes à 500 mètres du château tirent en brèche sur ses murailles ; 4 autres batteries s'établissent aux Trois-Peupliers, s'y établissent et lancent sur le château une pluie d'obus. La position n'est plus tenable ; dans ces deux heures de lutte héroïque, nos soldats ont épuisé leurs munitions et ne peuvent plus espérer de secours de personne. Jugeant que l'honneur est sauf et que toute résistance est désormais impossible, ils mettent bas les armes et se rendent à discrétion; ils restaient 200, de 1200 qu'ils étaient le matin et avaient tenu en échec deux divisions prussiennes !

Il était deux heures environ. Les quelques hommes barricadés dans la ferme de Schafbusch tenaient encore : les grenadiers du Roi se portèrent contre eux, du château du Geissberg. Mais une fusillade nourrie les arrêta net. Profitant de ce moment de répit, les lieutenants-colonels de la Tour d'Auvergne et Baudoin, qui commandaient au Schafbusch, formèrent deux colonnes avec ce qui leur restait d'hommes, et se dirigèrent, à tout hasard, vers le bois de Bubeneich, s'arrêtant de temps en temps pour saluer d'une volée de coups de fusil les quelques pelotons qui s'étaient, sans grande conviction d'ailleurs, lancés à leur poursuite et qu'appuyaient les feux éloignés d'une batterie placée au Geissberg. Bientôt la petite troupe disparut, tandis que l'ennemi pénétrait dans la ferme, où ne restaient plus, avec des monceaux de morts et de mourants, que quelques hommes oubliés là, et parmi eux une douzaine de réservistes arrivés le matin même à leur corps.

La division Douay n'avait reçu aucune instruction touchant la direction à suivre pour sa retraite,... et personne ne connaissait les intentions du commandement. Les lieutenants-colonels de la Tour d'Auvergne et Baudoin, livrés à leur propre inspiration, se dirigèrent par Soultz sur Haguenau, où ils arrivèrent à la nuit close, après une marche de 30 kilomètres qui succédait à six heures de combat acharné. Le soir également, le général Pellé, le 1er tirailleurs, la brigade de Septeuil et les 3 batteries atteignaient le col de Pfaffenschlich....

Moins de 7 000 hommes avec 3 batteries venaient.... de tenir tête un contre 10, pendant près de sept heures, à 70 000 Allemands, appuyés par 144 pièces de canon. Ils avaient, il est vrai, laissé sur le champ de bataille leur général, 89 officiers, 1 521 hommes tués ou blessés, et 700 prisonniers; mais ces pertes.... montraient au contraire avec quelle vigueur et quel courage on s'était défendu. D'ailleurs, celles infligées à l'ennemi (91 officiers et 1 460 hommes) témoignaient de la difficulté qu'il avait rencontrée, et si, eu égard à son énorme supériorité numérique, elles pouvaient lui paraître moins lourdes, ce n'était pas cependant sans qu'il en eût été fortement impressionné.

Les pertes éprouvées par les Allemands, dit M. le colonel Canonge, les avaient tellement étonnés et leur avaient donné une idée si exagérée des forces qui leur avaient résisté, que la retraite de la division put s'effectuer sans être inquiétée.

« Nos soldats avaient donc réussi, par leur seule bravoure, à donner le change à l'ennemi sur le petit nombre et sur leur manque de cohésion. Moins éparpillée et mieux utilisée, cette bravoure pouvait donc encore, sinon vaincre, du moins préserver le sol de la patrie de toute nouvelle insulte. On verra par la suite quels prodiges a accomplis l'armée du Rhin pour rester digne de l'auréole de gloire qu'une de ses divisions, frappée d'un malheur immérité, lui avait conquise au prix de son sang.

La défaite de Wissembourg retentit douloureusement au cœur du pays. On se plut à rendre hommage à la valeur déployée par nos officiers et par nos soldats, et l'on admira, comme il convenait, l'énergie et la vigueur de leur résistance contre un ennemi décuple. Mais comment n'être pas frappé, en même temps, de l'imprudence et de l'impéritie des chefs supérieurs, qui avaient envoyé là toute une division se faire tuer dans d'aussi déplorables conditions et qui l'avaient laissé écraser, faute d'avoir pris aucune des mesures nécessaires pour la soutenir en temps utile ? Comment ne point s'étonner, d'autre part, que cette division eût pu se laisser ainsi surprendre ? Comment, par suite, ne point concevoir de ce début inhabile et malheureux le plus fâcheux augure ?... En tout cas, la frontière était violée ; l'ennemi foulait le sol français, et la journée du 4 août produisait, en Allemagne comme chez nous, un effet moral considérable, de beaucoup supérieur à ses résultats matériels.

De fait, les Allemands, qu'un succès si chèrement acheté avaient totalement épuisés, s'étaient abstenus d'inquiéter la retraite des débris de la division Abel Douay (maintenant Pellé). Ils n'avaient d'ailleurs pas de cavalerie sous la main pour effectuer la poursuite, n'ayant pas encore appris à se servir de cette arme, dont ils surent tirer si bien parti par la suite. Aussi les vaincus purent se retirer comme ils voulurent, et ce n'est pas sans un secret dépit que la relation du grand état-major prussien se voit obligée d'avouer que, « dans la soirée du 4 août, on avait perdu tout contact avec les troupes battues à Wissembourg ».

XXIII

Frœschwiller

(6 AOUT 1870)

TOUTE funeste qu'eût été l'issue du premier combat soutenu contre les Allemands par les troupes françaises, la situation n'était encore nullement désespérée pour celles-ci, pour peu que, s'arrachant aux irrésolutions qui avaient marqué si tristement le début de la campagne, on se hâtât de grouper en deux armées les corps si malencontreusement dispersés « en cordon » sur les frontières d'Alsace et de Lorraine. On avait laissé passer l'instant propice pour jeter le trouble et le désordre dans la concentration allemande ; mais rien n'empêchait de balancer tout au moins la fortune des armes par un emploi judicieux de nos ressources, quelque restreintes qu'elles fussent : rien ne nous empêchait notamment de concentrer vivement dans la journée du 5 août, en utilisant les voies ferrées, d'une part les 2ᵉ, 3ᵉ, 4ᵉ corps et la garde impériale, échelonnés de Metz à Sarreguemines ; de l'autre, les 1ᵉʳ, 5ᵉ et 7ᵉ corps (celui-ci encore incomplet, il est vrai), qui se trouvaient dans le département du Bas-Rhin et dans la partie limitrophe de celui de la Moselle. L'état-major impérial comprit bien enfin la nécessité de remédier à l'éparpillement de ses forces ; mais il ne sentit point tout le prix du temps : il se borna à ordonner la réunion des divers corps épars de Metz à Strasbourg en deux armées placées sous les ordres respectifs du maréchal Bazaine et du maréchal de Mac-Mahon, sans arrêter sur-le-champ toutes les dispositions nécessaires en vue de leur constitution et de leur concentration immédiates. Il en résulta que nos deux corps les plus avancés, ceux de Mac-Mahon et de Frossard, furent attaqués et défaits isolément le même jour, l'un à Frœschwiller, l'autre à Spicheren, et que l'Alsace et la Lorraine se trouvèrent ouvertes par la perte simultanée de deux batailles où nous n'avions su mettre en ligne, ici que 45 000 hommes, là que 30 000 seule-

MARÉCHAL DE MAC-MAHON

GÉNÉRAL DE KIRCHBACH
(Cliché Société de photographie de Berlin.)

ment, alors que nous avions *à proximité* d'autres corps dont l'intervention parfaitement possible eût empêché le 1ᵉʳ d'être écrasé sur la Sauer. le 2ᵉ d'être chassé des fortes positions qu'il occupait derrière la Sarre.

Le maréchal de Mac-Mahon, de son côté, crut qu'il aurait tout le temps nécessaire pour attirer à lui le corps du général de Failly. stationné à Bitche, lui prescrivit simplement de venir le rejoindre « le plus tôt possible », sans préciser ni insister davantage, et n'appela d'urgence que la 1ʳᵉ division du corps de Douay (général Conseil-Dumesnil), qui ne tarda pas à arriver par le chemin de fer. En attendant, n'étant qu'imparfaitement fixé, non seulement sur les intentions de l'ennemi, mais encore sur celles du commandement en chef, il lui parut sage de prendre une position « d'attente » qui lui laissât la possibilité de se retirer, soit vers Metz, pour se réunir au maréchal Bazaine, soit vers Nancy ou plus au sud, si une autre combinaison venait à prévaloir, tout en menaçant le flanc de la IIIᵉ armée prussienne au cas où celle-ci marcherait de Wissembourg sur Strasbourg. Justement, il se trouvait, sur le revers oriental des Vosges. entre Haguenau et Nieder-bronn, une position « classique » depuis les guerres de la Ré-volution : les hauteurs de Frœschwiller. Relativement bonne au point de vue tactique, à la condition qu'on eût assez de forces pour l'occuper entièrement et solidement, elle semblait répondre également aux néces-sités stratégiques dont Mac-Mahon restait fort préoccupé : le maréchal n'hésita point à s'y établir.

GÉNÉRAL
DE BLUMENTHAL.
Cliché Société de pho-
tographie de Berlin.

Lorsqu'on se rend de Niederbronn à Soultz-sous-Forêts, par l'ancienne route départementale, et qu'on a dépassé le gros bourg industriel de Reichshoffen, on s'élève progressivement le long d'un plateau ondulé et boisé sur le revers opposé duquel on ne tarde pas à apercevoir le village de Frœschwiller. Les maisons, les églises (catholique et protestante), ont été visiblement bâties depuis peu d'années : là, en effet, s'est dénouée la terrible bataille du 6 août 1870[1] et l'incendie a consumé tout ce que les obus n'avaient pas détruit. De Frœschwiller même, en se tournant vers l'est, on

---

1. Aussi n'y a-t-il aucune hésitation à avoir sur le nom que doit porter la bataille. Que les Allemands l'appellent « bataille de Wœrth », c'est leur droit de vainqueurs, et à leur point de vue, sans doute, cette dénomination est beaucoup mieux justifiée que quelques autres que nous leur verrons préconiser pour certaines journées de la dernière guerre. Mais, pour les vaincus, qui restent toujours libres d'adopter un nom de leur choix, celui de Frœschwiller est le seul admissible ; Reichshoffen est situé à 5 kilomètres du côté de l'ouest, et a vu passer le torrent de la déroute, mais n'a joué aucun rôle dans l'action. Et quant aux « cuirassiers de Reichs-hoffen », ils ont chargé, les uns à Morsbronn, les autres à Elsasshausen, — donc encore plus loin de la localité à laquelle la légende s'est plu, on ne sait pourquoi, à rattacher leur souvenir.

peut déjà découvrir la plus grande partie du champ de bataille. Mais, pour en mieux embrasser l'ensemble, il convient de se porter à quelques centaines de mètres au sud-est, de l'autre côté du hameau d'Elsasshausen. Là, sur une petite éminence, et protégé contre les curiosités indiscrètes par une légère balustrade, se dresse un arbre isolé du pied duquel on domine toute la contrée environnante : c'est « le noyer de Mac-Mahon », — *Mac-Mahon's Nussbaum,* — et l'on a vite compris l'excellence de ce « poste d'observation » occupé par le maréchal pendant presque tout le cours de la journée[1]. En

avant et immédiatement au-dessous de soi, à un peu plus d'un kilomètre, on a le gros village de Wœrth, assis dans la verdoyante vallée de la Sauer, qu'il barre presque entièrement. Au delà, le terrain se relève assez rapidement, mais ses pentes sont néanmoins plus douces et sa surface moins accidentée que celles du plateau de Frœschwiller. Ce dernier présente une succession

LE NOYER DE MAC-MAHON.
(D'après une photographie.)

de mamelons s'abaissant brusquement sur la Sauer, dont ils commandent le thalweg de 60 à 80 mètres en moyenne, et que séparent des ravins sinueux et profonds. Les vignes et les houblonnières, alternant avec des vergers et des bouquets de bois, contribuent à en rendre l'accès assez difficile, et l'on conçoit aisément que le commandant en chef de l'armée française

1. C'est à une centaine de mètres du « Noyer de Mac-Mahon » que se trouve le monument triomphal de la IIIe armée allemande, — une haute colonne surmontée de l'aigle impériale, — dédié, comme celui de Wissembourg, « aux camarades tombés ». Un peu en contre-bas, sur la gauche de la route de Wœrth, s'élève le « grand monument français, érigé par les soins d'un comité présidé par le comte de Leusse, avec les fonds provenant d'une souscription presque exclusivement alsacienne : c'est une sorte de chapelle basse, en grès rouge, recouvrant une crypte où de nombreux ossements ont été réunis. Bien d'autres monuments funéraires, sans compter les simples *tumuli,* couvrent le champ de bataille. Nous nous contenterons de signaler les principaux : près de Wœrth, au milieu d'un petit cimetière militaire, le monument bavarois, d'un très grand style ; puis, au-dessus de Morsbronn, celui dit « des cuirassiers de Reichshoffen », qui d'abord consacré à ceux-ci, a reçu ensuite l'énumération de tous les corps français engagés : c'est une pyramide tronquée surmontée d'une croix et dont le piédestal porte les inscriptions suivantes, si touchantes et si bien appropriées aux circonstances : *Militibus Gallis hic interemptis, die VI anno 1870 — Defunctis adhuc loquuntur ! — Eruit patria mœrens anno Domini 1873 ;* et, d'autre part : *Melius est nos mori in bello quam videre — mala gentis nostrae et sanctorum* (Machab. 1). Mentionnons encore, sur les hauteurs à l'est de Wœrth, le monument de l'empereur Frédéric, inauguré par Guillaume II en 1895 : une statue équestre colossale dressée sur un rocher artificiel et représentant le *Kronprinz* de 1870 étendant vers la France une main menaçante, — geste qui semble exciter deux barbares germains sortant du piédestal avec un coq et un aigle.

ait choisi, pour attendre l'ennemi et défier ses efforts, une position où tout semble favoriser la défense pied à pied.

Toutes les parties, cependant, n'en sont point également fortes. Si le centre trouve un point d'appui solide dans les maisons construites en grès de Frœschwiller et d'Elsasshausen ; si la gauche (au nord de Frœschwiller) en rencontre un non moins sérieux, quoique d'un autre genre, dans le grand et épais bois de Neehwiller, qui offre de plus l'avantage de la dérober aux vues lointaines de l'ennemi, — la droite, en revanche, devra forcément rester à découvert, bien que de ce côté se trouve également un bois très touffu, appelé le Niederwald. Ce dernier, en effet, est trop voisin d'Elsasshausen et son occupation ne saurait dispenser de celle du plateau de Morsbronn, qui le prolonge au sud et qu'on ne peut se flatter de conserver qu'en s'étendant jusqu'à la lisière de la grande forêt de Haguenau. Or, de Neehwiller à Morsbronn, la distance à vol d'oiseau est de 7 kilomètres, — beaucoup plus considérable même, si l'on suit les différentes sinuosités du terrain, — et, pour occuper cette ligne étendue, Mac-Mahon n'a que 36000 hommes d'infanterie : il en résulte que, si son flanc gauche est bien posté, son flanc droit reste complètement en l'air, et qu'il ne maîtrise pas suffisamment les débouchés de la Sauer vers Morsbronn et Gunstett, c'est-à-dire du côté où la configuration du terrain l'expose à être pris à revers. D'autre part, si le plateau coupé de Frœschwiller est très favorable à la défense, celui, plus uniforme, qui lui fait face, n'est pas moins propice à une offensive venant de l'est, en raison des facilités qu'il offre au déploiement d'une nombreuse artillerie, et aux mouvements en tous sens des colonnes d'autres armes. Ajoutons que la Sauer n'est, en été, qu'un fort ruisseau de 4 à 5 mètres de large, guéable en beaucoup d'endroits, et dont on ne peut dire, par conséquent, qu'il *couvre* réellement le front de la position française. Ce serait un obstacle plus sérieux si ses principaux points de passage pouvaient être fortement gardés ; mais Wœrth, au centre, n'est pas défendable, placé qu'il est sous le feu concentrique des emplacements d'artillerie de la rive gauche ; Gunstett, au sud, ne peut être qu' « observé » par une aile déjà trop faible pour occuper sérieusement Morsbronn et même la grosse ferme voisine (du côté du Niederwald) : l'*Albrechtshäuserhof*; enfin, au nord, la vallée de la Sauer se rétrécit tellement que l'ennemi peut s'avancer sous le couvert des vastes forêts du Jægerthal et de Langensoultzbach pour assaillir l'aile opposée, en dépit du surcroît de force que doit lui assurer la possession du bois de Neehwiller.

Si le corps du général de Failly eût pu rallier celui de Mac-Mahon en temps utile, la position de Frœschwiller eût été sans doute suffisamment défendue. Mais, outre que de Failly était loin d'avoir ses divisions réunies, il recevait, au moment même où son chef direct le réclamait à droite, une

dépêche du grand quartier général de Metz qui semblait l'attirer à gauche :
« Le général Frossard et le maréchal Bazaine sont attaqués; tenez-vous
sur vos gardes. » Travaillé dès lors entre le désir de se rendre à l'appel du
maréchal de Mac-Mahon et la crainte de découvrir les débouchés du
Palatinat, dont on lui avait confié la surveillance spéciale, incertain de ce

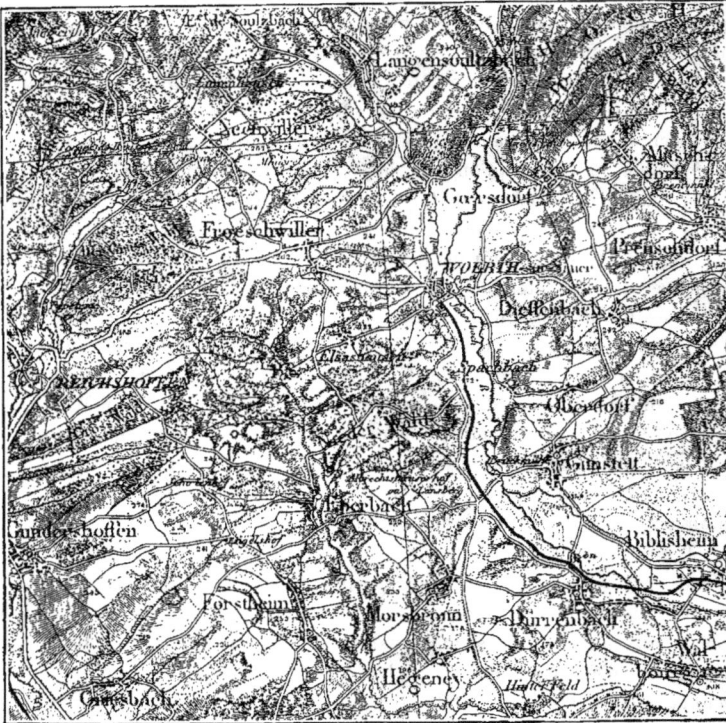

CHAMP DE BATAILLE DE FROESCHWILLER.
Extrait de la carte de l'État-major au 1 :80000.

qu'il devait faire en un instant où des masses ennemies lui étaient signalées
de tous les côtés, le général de Failly se borna à envoyer, le 6, dans la direction de Niederbronn, la division Guyot de Lespart, qui ne pouvait et ne
devait arriver que trop tard. Ainsi, Mac-Mahon se trouvait réduit à 45000
ou 46000 hommes. qu'il disposa de la façon suivante :

A l'aile gauche, au nord de Fræschwiller et jusqu'au bois de Neehwiller,
la division Ducrot ; au centre, à cheval sur la route de Fræschwiller à Wœrth,
la division Raoult ; à l'aile droite, face à Gunstett et à Morsbronn, la division

de Lartigue. En deuxième ligne : derrière le centre, la division Pellé (ex-division Abel Douay), trop éprouvée l'avant-veille à Wissembourg pour être employée efficacement, et la division de cavalerie du général Bonnemains ; derrière la droite, la division Conseil-Dumesnil et la brigade de cuirassiers Michel ; 168 pièces d'artillerie étaient en batterie dans les intervalles et sur les points dominants.

Cette petite armée allait avoir à lutter pendant toute une journée contre 4 corps et demi (Vᵉ et XIᵉ prussiens, Iᵉ et IIᵉ bavarois, division wurtembergeoise) et 2 divisions de cavalerie, comptant ensemble 125000 hommes, 33000 chevaux et 312 pièces. Cependant, il n'entrait pas dans les projets du prince royal de Prusse d'attaquer le 6 ; aussi peu renseigné sur les mouvements des Français que ceux-ci l'étaient sur les siens, il s'avançait avec circonspection, sans desseins bien arrêtés, ne voulant, dans tous les cas, attaquer qu'après s'être bien concentré et lorsqu'il se serait assuré une supériorité numérique écrasante. L'ardeur offensive d'un simple commandant de brigade et la ténacité d'un commandant de corps d'armée, en dépit des ordres reçus, devaient l'obliger à brusquer ses résolutions, et un combat d'avant-garde, intermittent au début, rompu même à un certain moment, allait se transformer peu à peu en une bataille générale.

[Il existe deux monographies excellentes de la bataille de Frœschwiller : Relation de la bataille de Frœschwiller (par le capitaine Leblois), publiée à Paris chez Berger-Levrault et Cⁱᵉ en 1888, et : Wissembourg et Frœsch-willer, par le chef d'escadron d'artillerie Adhémar de Chalus (Paris, Baudoin et Cⁱᵉ, 1880) ; mais ce sont des volumes ! Le récit du commandant Roussel, dans l'Histoire générale de la guerre franco-allemande est aussi trop long et trop détaillé pour nous. Non moins intéressante, mais en même temps plus à notre portée est, au contraire, celui qu'a donné M. Alfred Duquet, dans FRŒSCHWILLER, CHALONS, SEDAN (Paris, G. Charpentier, Fasquelle Succ., 1881, in-18) ; seulement l'éminent écrivain, qui a fini par prendre place d'autorité parmi nos meilleurs historiens militaires, grâce à une impartialité que l'on peut bien qualifier de farouche et à l'ardente passion qu'il a toujours apportée à la recherche de la vérité absolue, se montre implacable dans ses jugements ou plutôt dans ses verdicts. Comme, ici plus que jamais, les circonstances, dont il ne tient peut-être pas assez de compte, se sont montrées plus fortes que les hommes, et que les fautes commises par ceux-ci y trouvent plus d'excuses qu'il ne veut bien l'admettre, nous lui demanderons la permission de couper les passages de pure discussion ans une narration qui n'y perdra certainement rien au point de vue de la clarté et de la chaleur.

A quatre heures du matin, le général-major de Walther de Montbary [commandant une des brigades du Vᵉ corps], exécutant en personne une reconnaissance sur la

Sauer, crut distinguer chez nous des mouvements et un bruit qui semblaient annoncer des projets de départ. Ce fut la cause de la bataille de Frœschwiller : en effet, le général ordonna une forte démonstration du côté du Wœrth, afin de s'assurer de nos intentions, et cette démonstration fut le commencement d'une série d'engagements partiels qui amenèrent la conflagration générale que les deux états-majors n'avaient pas la pensée de provoquer ce jour-là.

A sept heures, le général de Walther tente donc sa reconnaissance et jette un certain nombre d'obus sur Wœrth, où des incendies se déclarent immédiatement. Les Prussiens, avançant, trouvent les ponts détruits et le pays inoccupé ; mais les Français, voyant apparaître quelques tirailleurs qui ont passé la rivière à gué, les balles sifflent de tous côtés. Au même moment, quatre de nos batteries commencent à canonner l'ennemi et engagent avec les artilleurs prussiens un duel retentissant qui ébranle les échos des Vosges. Mais alors, le général de Walther, bien certain de la force de notre position, ordonna la retraite et attend les événements....

MONUMENT DE L'ARMÉE FRAN-
ÇAISE, SUR LA ROUTE DE
FRŒSCHWILLER A WŒRTH.
D'après une photographie.

Tandis que ceci se passait sur notre front, en face de notre gauche, au nord, la 4e division du IIe corps bavarois s'était établie à Mattstall, et son commandant, le général de Bothmer, faisait bientôt entrer un bataillon de chasseurs dans Langensoultzbach, qu'il avait trouvé libre. De ce point, les ennemis apercevaient très distinctement les Français réunis autour de Frœschwiller, et quand les roulements du canon commencèrent à gronder du côté de Wœrth, le général de Hartmann, commandant le IIe corps bavarois, prescrivit au reste de ce corps d'armée de marcher de Lembach sur Mattstall, pendant que la 4e division se dirigeait vers Frœschwiller. A huit heures un quart, 4 bataillons gravissent la colline et courent aux Français, qui les reçoivent, à 300 pas, par un feu foudroyant.... Les Bavarois exécutent une retraite précipitée. La situation n'est pas très bonne pour l'ennemi, qui a de la peine à repousser les [contre-] attaques du général Ducrot. Il n'y a guère de changements jusqu'à dix heures et demie ; les Bavarois, fusillés, mitraillés, essuient de grandes pertes.... Jusqu'alors, la 4e division a seule été engagée ; la 3e observe la route de Bitche ; quant au Ier corps bavarois, il n'a pas encore dépassé Ingolsheim.

Mais voici qu'à cet instant, dix heures et demie, le prince royal envoie au général de Hartmann l'ordre de cesser la lutte : « N'acceptez pas le combat et évitez tout ce qui pourrait en amener la reprise. » Ce n'est pas chose facile, car les troupes sont dispersées et une certaine confusion règne de tous les côtés ; cependant les Bavarois se dégagent tant bien que mal :... vers onze heures et demie, le général de Hartmann a réussi à retirer du combat la majeure partie de ses

MONUMENT DES CUIRASSIERS
FRANÇAIS, AU-DESSUS DE
MORSBRONN
D'après une photographie.

troupes et à les ramener en arrière de Langensoultzbach. Son aile gauche conserve toujours le mamelon boisé qui s'élève entre le Soultzbach et la Sauer : mais il n'en est pas moins vrai que la lutte nous a été jusqu'à présent favorable et que les Allemands ont éprouvé un échec....

Mais à peine le général de Hartmann a-t-il accompli sa retraite qu'on l'invite à renouveler l'agression contre notre gauche : c'est le V⁰ corps qui, se voyant sérieusement aux prises avec nous, lui demande du secours.... Voici, en effet, ce qui s'est passé, pendant ce temps à notre centre. A huit heures et demie, quand la reconnaissance prussienne sur Wœrth fut terminée, le colonel von der Esch, chef d'état-major du V⁰ corps, s'avança près du bourg et, à l'aspect des hauteurs qui s'enflammaient du côté de Langensoultzbach et aussi de Gunstett [où notre artillerie venait d'ouvrir le feu sur les têtes de colonnes du XI⁰ corps prussien qui commençaient à se montrer], arrêta le mouvement en arrière des troupes, désirant empêcher les Français de se porter en masse sur les deux ailes de l'armée allemande. Il recommença immédiatement le feu, après avoir vu ses dispositions approuvées par le commandant en chef du V⁰ corps.

L'artillerie donne seule ; aucune attaque n'est risquée entre nos positions ; mais les canons allemands s'alignent rapidement et, à neuf heures et demie, 24 pièces du XI⁰ corps se joignent à l'artillerie du général de Kirchbach : 108 bouches à feu écrasent nos héroïques artilleurs, qui ripostent de leur mieux et soutiennent de leur mieux cette lutte inégale : nous avons à peine 50 canons et mitrailleuses pour répondre aux batteries prussiennes.

A dix heures et demie, le général de Kirchbach se décide à se reporter sur Wœrth, et à enlever les premiers mamelons situés en arrière. Les Prussiens construisent des ponts fragiles au moyen de perches à houblon et de charpentes arrachées aux maisons ; une partie passe la rivière sur ces ponts, une autre partie la traverse à gué, et les voici qui se précipitent à l'assaut des collines. Leur bel entrain dure peu, car notre feu plongeant les renversent comme une trombe courbe les blés à terre. Ceux qui ont eu le bonheur d'échapper à la mort se rallient derrière les bâtiments du bourg et recommencent un tir inoffensif. Pendant ce temps, deux autres bataillons avaient traversé la Sauer entre Wœrth et Spachbach ; ils dépassent la route de Haguenau, abordent les croupes d'Elsasshausen et gagnent un bois où de l'infanterie du XI⁰ corps vient les rejoindre. Mais les Français marchent en avant et les culbutent jusqu'aux fossés de la grande route.... A onze heures et demie, l'ennemi a été repoussé le long de toute la ligne de bataille. « Sur aucun point, [dit la *Relation prussienne*,] les Allemands ne parvenaient à s'avancer au delà de Wœrth ; ils payaient par des pertes nombreuses chacune de ces inutiles tentatives, et surtout les retraites qui les suivaient. »

A midi, les Français prennent l'offensive à leur tour et courent sur Wœrth.... Ces assauts ne sont pas heureux ; de même que nous repoussons les efforts des Prussiens, de même ils arrêtent notre élan et, chaque fois, nous échouons devant les maisons du bourg. Un instant pourtant, le général L'Hérillier, à la tête du 2⁰ zouaves, enlève quelques habitations : il ne peut les conserver, bien que les zouaves fassent des prodiges de valeur.... C'est alors que le général de Kirchbach, inquiet de notre opiniâtreté, avertit précipitamment le général de Hartmann et le général de Bose de la situation critique du V⁰ corps et leur demande assistance : nous savons déjà que le premier, qui venait d'effectuer sa retraite, s'empressa de se rendre aux désirs de son collègue ; quant au commandant du XI⁰ corps, il promit également son concours, tout en prévenant le général de Kirchbach qu'après avoir franchi la Sauer, son avant-garde avait été rejetée sur la rive gauche, à la suite d'un engagement fort vif.

Aussi bien est-il temps de parler de notre droite et des prouesses qu'elle prodigue de son côté.

Le général de Bose exécutait tranquillement, le 6 au matin, les ordres de concentration qui avaient été adressés par le quartier général. Le canon grondait sourdement pendant ces mouvements et préoccupait le général prussien, lorsque ses roulements diminuèrent et que l'orage parut s'apaiser complètement.... Le calme ne fut pas de longue durée : les détonations retentirent de nouveau du côté de Wœrth ; la tempête se réveilla plus furieuse et plus menaçante. Des forces furent immédiatement dirigées vers Gunstett afin de soutenir les troupes du V⁰ corps ; ce que

VUE DU CHAMP DE BATAILLE DE FROESCHWILLER.
Dessin de Boudier.
(D'après une photographie.)

voyant], les Français [division de Lartigue] gravissent les auteurs de Gunstett, sous la protection de 5 batteries placées sur les éminences de la rive droite, en face du Bruchmühle. Heureusement pour nos ennemis, leur artillerie est déjà en position au sommet de la colline. De cet admirable terrain, elle foudroie nos mitrailleuses et nos canons et réussit à les réduire au silence ; puis elle s'en prend à notre infanterie qui s'avance, résolue, et la couvre d'obus....

Cette canonnade permet aux Allemands de prendre l'offensive ; ils franchissent la Sauer à Spachbach, dépassent la grande route et entrent dans le bois du Niederwald en poussant devant eux les tirailleurs français. Une mêlée horrible s'engage au milieu des buissons et des taillis. Ce genre de combat est trop familier à nos soldats pour que nous ne soyons pas victorieux : les Prussiens sont écharpés à la baïonnette et rejetés hors du bois en pleine déroute. « Emportés par les tirailleurs qui évacuent le bois en désordre, tous refluent pêle-mêle sur la Sauer ; ce n'est qu'à Spachbach qu'il devient possible de remettre un peu d'ordre parmi ces troupes. » (*Relation prussienne.*) Le général de Lartigue veut alors à toute force poursuivre son succès et s'emparer du plateau de Gunstett qui, par sa position dominante, assure la supériorité à l'artillerie allemande. Nos bataillons traversent donc la rivière au Bruchmühle et abordent les hauteurs; ils se heurtent à une nouvelle division du XIᵉ corps et, deux fois renouvelée, cette tentative est deux fois repoussée.

L'aile gauche allemande n'en a pas moins été rejetée sur la rive gauche de la Sauer, lorsque le général de Kirchbach, sentant toute la gravité de la situation et songeant à la difficulté de cesser une bataille aussi sérieusement engagée, prend la résolution hardie de continuer la lutte. Alors seulement, le prince royal, tranquillement retiré à Soultz, commence à s'émouvoir de la persistance et de la recrudescence de la canonnade et se décide à se transporter enfin sur le théâtre de l'action. A une heure, il gravit la hauteur de Wœrth et saisit en personne la direction de la bataille.... Quelques minutes après son arrivée, il expédiait les ordres suivants : « Le IIᵉ corps bavarois agira contre le flanc gauche de l'ennemi, de manière à venir s'établir au delà dans la direction de Reichshoffen. Le 1ᵉʳ corps bavarois, laissant une division en arrière, en réserve et accélérant la marche le plus possible, appuiera entre le IIᵉ corps bavarois et le Vᵉ corps prussien. Le XIᵉ corps se portera vigoureusement contre Frœschwiller par Elsasshausen et le Niederwald ; la division wurtembergeoise suivra par Gunstett le mouvement du XIᵉ corps au delà de la Sauer.... »

[En attendant que ces ordres puissent recevoir leur exécution,] le général de Kirchbach avait fait passer la majeure partie de son corps d'armée sur la rive droite de la Sauer et soutenait là un combat terrible contre nos soldats. Ceux-ci se jetaient en héros au-devant des régiments prussiens et, sans les ravages que l'artillerie de Gunstett opérait dans leurs rangs, nul doute qu'ils n'eussent précipité leurs adversaires dans la rivière.... Mais bientôt d'autres Allemands accourent de Spachbach et, tous ensemble, escaladent la croupe du Calvaire située entre Wœrth et le Niederwald, au-dessus de la route de Haguenau. Les Français tentent de réoccuper ce plateau : leur valeur se brise contre les troupes fraîches que les Prussiens y envoient. Pour comble de malheur, nos ennemis réussissent à y établir une batterie qui commence immédiatement le bombardement d'Elsasshausen.

A deux heures, nous essayons une nouvelle attaque de Wœrth : ce bourg, que nous avons eu le tort de délaisser le matin, est maintenant l'objet de tous nos efforts. Cette sanglante tentative est encore repoussée et le général de Kirchbach profite de notre mouvement de retraite pour lancer toutes ses troupes à l'assaut des hauteurs. Une partie aborde le monticule escarpé planté au nord-ouest de Wœrth. Les Français couvrent les Allemands de projectiles et les forcent à se retirer précipitamment. L'autre partie gravit les pentes par la route de Frœschwiller à Wœrth, en s'étendant en plein champ de chaque côté de la route. 8 bataillons environ traversant la prairie sous une pluie de balles s'approchent de la pente ; mais là, les morts s'amoncellent, les blessés tombent les uns sur les autres et la crête ne peut être couronnée par les assaillants.... Pourtant, en dépit de cette tempête de fer et de plomb, nous ne pouvons faire lâcher prise à nos adversaires ; des troupes fraîches apparaissent de toutes parts.

Au sud-ouest de Wœrth, les masses prussiennes réussissent à enlever une des routes et se dirigent lentement vers Elsasshausen. Ces succès des deux ailes,

Wœrth (6 Août 1870)

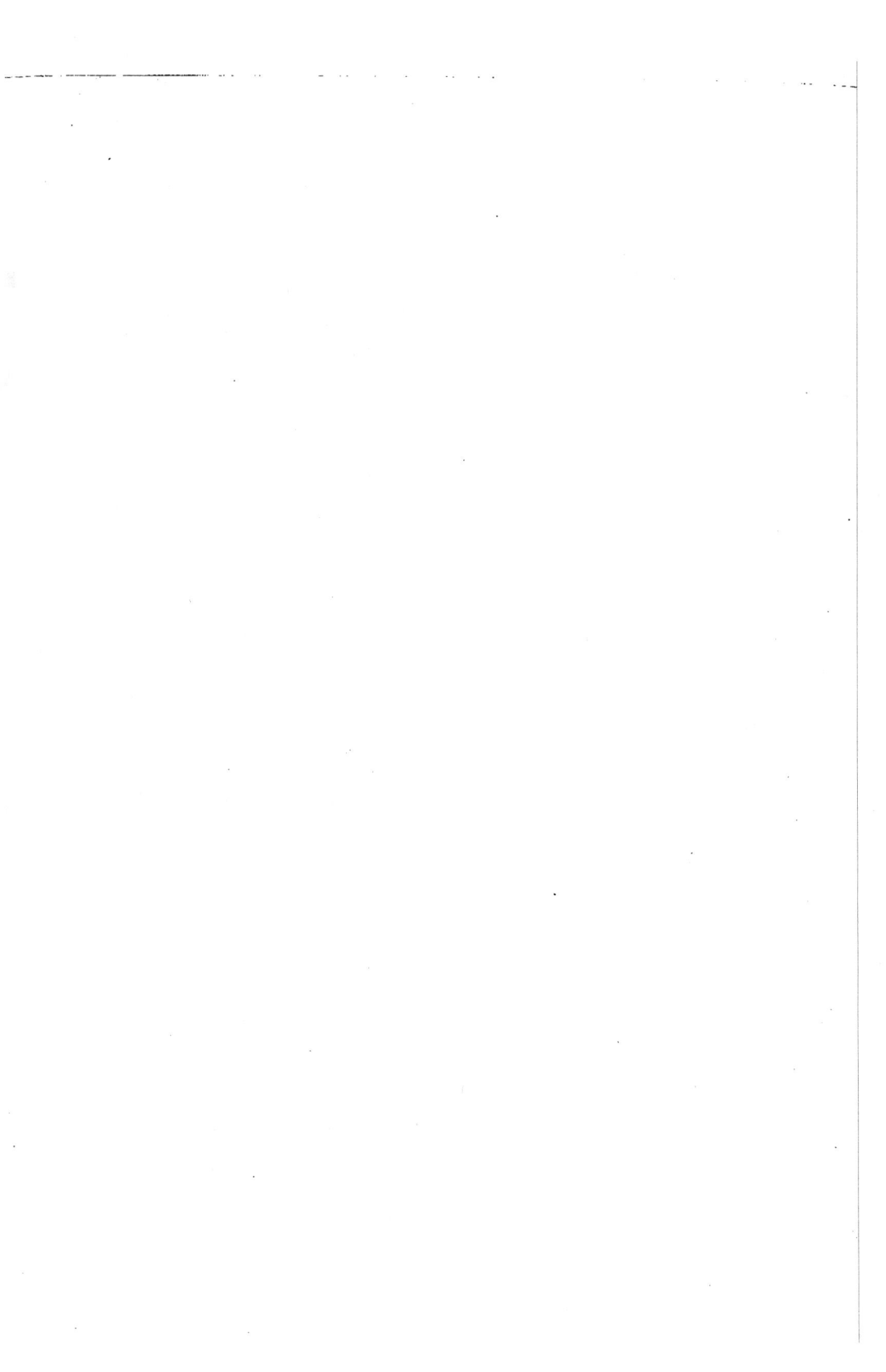

dans cette partie de l'attaque, permettent au centre de gravir la pente par la route, et l'on voit tout à coup ses tirailleurs garnir les coteaux qui dominent Wœrth. C'est là un grand échec pour nous; aussi est-ce avec une furie toute française que nos soldats se ruent à l'assaut des positions que les innombrables bataillons ennemis viennent de leur arracher. Du côté des Allemands, « il s'agit maintenant, selon leur propre expression, de conserver contre les attaques énergiques et réitérées des Français le terrain conquis au prix de si lourds sacrifices ». (*Relation prussienne.*) Dans les rues étroites de Wœrth, renversant dans un pêle-mêle sanglant les habitants affolés et les soldats prussiens eux-mêmes, défilent au galop les batteries que le prince royal envoie au secours de ses troupes exténuées. Les pontonniers, eux aussi, courent à l'aide des régiments qui se battent au sommet des coteaux : il ne reste plus un homme sur la rive gauche : tout le Ve corps, ⌐presque⌐ aussi nombreux à lui seul que l'armée entière de Mac-Mahon, écrase une simple division française et l'oblige enfin à abandonner ces crêtes si vaillamment disputées.

Au moment où ces importants événements se passaient à notre centre, notre droite avait également à soutenir les assauts du XIe corps prussien, car il est à remarquer que, dans cette bataille, chaque *division* française eut à combattre un *corps d'armée* allemand ! Nous avons déjà vu que l'artillerie du général de Bose avait lestement couronné la hauteur de Gunstett : il y avait là 12 batteries [72 pièces] qui tonnaient sans interruption et nous causaient un mal horrible.... A midi, quelques bataillons du XIe corps, partis de Spachbach, parviennent à grand'peine, à déloger nos troupiers des fourrés du Niederwald. Ces bataillons veulent poursuivre leur succès, mais de terribles et rapides décharges de chassepots les forcent à se retirer en désordre.

A la même heure, le général de Lartigue est attaqué avec la dernière vigueur par le centre du XIe corps. 17 compagnies traversent la Sauer au Bruchmühle, se lancent dans la prairie et atteignent vivement la route de Haguenau. Alors, elles se trouvent arrêtées par la fusillade qui part de la ferme de l'Albrechtshäuserhof, dont les constructions massives permettent une résistance opiniâtre : les Prussiens sont décimés par les projectiles, car nos soldats visent à leur aise et trouvent facilement de leurs balles ces larges cibles noirâtres. Aussi les progrès de l'ennemi sont-ils fort lents, malgré les masses dont il dispose, et ce n'est qu'après un pénible et long combat que les Allemands s'emparent des houblonnières qui bordent la route de Morsbronn à Frœschwiller.

Le général de Lartigue prolonge la résistance de l'Albrechtshäuserhof : malheureusement les obus prussiens commencent à tomber sur la ferme et les environs; les explosions se multiplient, les toits sont défoncés, les murs renversés, les arbres du verger coupés, et le général, pour soustraire ses hommes aux ravages de l'artillerie de Gunstett, se voit contraint d'évacuer la ferme, devant laquelle il a arrêté si longtemps les colonnes envahissantes. Mais le XIe corps a horriblement souffert; son commandant en chef, le général de Bose, a été blessé à la hanche droite. Quant aux troupes, elles sont toutes désorganisées et leurs officiers s'empressent de recomposer les compagnies et de reformer les rangs abattus ou rompus.

Cependant, à notre extrême droite, 6 bataillons d'infanterie et 3 escadrons de hussards manœuvrent pour entourer le village de Morsbronn, et, en approchant,

34

s'aperçoivent qu'il est très faiblement garni d'infanterie : ils brusquent l'assaut et s'emparent du village. Puis, les renforts arrivent de tous côtés aux assaillants; ceux-ci abordent le Niederwald par le sud. Le général ne se fait pas la moindre illusion touchant la gravité de ce mouvement : le général Raoult va se trouver débordé si les Prussiens dépassent Morsbronn. C'est alors que la brigade Michel exécute la première des charges légendaires des cuirassiers dits de Reichshoffen.

Cette brigade était abritée derrière un ravin du côté d'Eberbach. Le commandant de notre 4e division prescrit à un régiment de cuirassiers de se lancer sur les troupes assaillantes. Mais, au lieu d'un seul régiment, ce sont les 8e et 9e cuirassiers tout entiers, suivis du 6e lanciers, qui s'ébranlent en même temps. Par malheur, le terrain n'est guère favorable à une charge de cavalerie : des fossés, des rangées d'arbres, des souches coupées à fleur de terre ralentissent l'élan de ces beaux cavaliers; de plus, les pentes douces laissent à l'infanterie un long et commode champ de tir. Néanmoins, ce tourbillon de 1500 chevaux roule droit vers Morsbronn sans pouvoir atteindre un seul soldat allemand, et supportant avec un courage admirable la fusillade que l'infanterie, postée à l'Albrechtshäuserhof, dirige contre leur gauche.... Des bataillons ennemis sortant de Morsbronn aperçoivent tout à coup cette nuée de cavalerie qui arrive à toute vitesse ; sans perdre une minute, ils exécutent un tir rapide contre le 8e cuirassiers, qui subit des pertes énormes, mais réussit néanmoins à sabrer au passage de nombreux tirailleurs et le flanc des bataillons en ligne. Les débris du courageux régiment, emportés par leur élan, contournent le village ou se précipitent dans les rues étroites en travers desquelles les Allemands se sont hâtés de jeter quelques charrettes contre lesquels beaucoup de chevaux viennent buter. Posté derrière les fenêtres, l'ennemi fusille à bout portant nos cavaliers impuissants et superbes, qui tombent les uns après les autres en brisant inutilement leurs sabres contre ces maisons maudites, remplies d'invisibles ennemis. Le 9e cuirassiers a suivi les traces du 8e : partie s'engage dans les rues de Morsbronn, partie tourne le village. Mais un même et fatal destin est réservé aux deux régiments : le 9e, comme le 8e, démoli par le feu des maisons, foudroyé par le tir meurtrier du 80e régiment, s'épuise en efforts gigantesques, superflus, et ce qui reste de ces héros disparaît au grand galop du côté de Dürrenbach et de Walbourg. Les lanciers venaient en dernière ligne et avaient obliqué à l'instant du choc. Eux aussi rencontrent l'ennemi en bataille et essuient une affreuse décharge.... Les survivants dépassent Morsbronn et galopent à la suite des glorieux débris des deux régiments de cuirassiers.... « La brigade Michel pouvait être regardée comme anéantie, ainsi que le 6e régiment de lanciers; bien peu de ces braves cavaliers purent rejoindre l'armée sains et saufs ». (*Relation prussienne*.)

.... Vers une heure et demie du soir, toute la droite du XIe corps prussien vint se relier aux troupes qui occupaient déjà la ferme de l'Albrechtshäuserhof et les généraux ennemis tâchèrent de remettre un peu d'ordre dans leurs régiments débandés et décimés. Sur ces entrefaites, de fortes colonnes françaises abordent vigoureusement les hauteurs de l'Albrechtshäuserhof. Nos troupiers rencontrent d'abord un bataillon de chasseurs et le culbutent en un clin d'œil ; les régiments établis au sud prennent également la fuite et nous rentrons lestement dans la ferme. Si, alors, la funeste artillerie de Gunstett ne nous avait pas de nouveau couverts d'obus, l'avantage de la journée eût [peut-être] été pour nous; mais dès que les batteries de

Gunstett eurent le champ libre, elles redoublèrent leur feu et préparèrent ainsi le nouvel assaut des troupes du XI⁰ corps.

2 régiments prennent la tête et réussissent à reconquérir le mamelon situé au nord-ouest de la ferme ; d'autres renforts leur prêtent leur concours et, après une violente fusillade, les masses ennemies, bien que fauchées par les mitrailleuses et les chassepots, enlèvent la position et poussent jusqu'à la lisière sud du Niederwald, où nous nous retirons en exécutant des feux roulants de l'effet le plus meurtrier. Les Français s'étaient battus comme des lions : la moitié d'un régiment de turcos était couchée dans le sang ; tous les bataillons avaient rivalisé de courage et d'énergie ; mais que faire un contre 10?...

Le XI⁰ corps s'est établi le long du Niederwald et s'apprête à s'enfoncer sous ces profondeurs afin de nous en déloger.... Le général de Bose, apprenant que les Wurtembergeois approchent, se résout à faire passer sur la rive droite de la Sauer le restant de son corps d'armée ; l'artillerie elle-même abandonne la colline de Gunstett et s'apprête à prendre position sur les mamelons de l'autre rive. Il est deux heures et demie du soir. Les Prussiens s'engagent résolument sous les vertes futaies du Niederwald, dont les Français leur disputent la possession arbre par arbre, buissons à buissons. Hélas! c'est maintenant tout le XI⁰ corps qui nous enserre, et nous nous voyons contraints de rétrograder jusqu'au petit bois situé entre le Niederwald et Elsasshausen, où l'ennemi pénètre confondu avec nos troupiers, qui luttent corps à corps et se retirent à reculons.

Le maréchal de Mac-Mahon concentre alors autour d'Elsasshausen les 3 divisions Conseil-Dumesnil, de Lartigue et Pellé. Ces troupes en haleine depuis le matin sont harassées de fatigue ; les soldats du général de Lartigue se sont battus sans interruption dès les premiers coups de feu ; ceux du général Conseil-Dumesnil se trouvent à peu près dans la même situation pénible, et quant aux débris du général Pellé, ils n'ont guère eu le temps de se remettre de leur glorieuse défaite de Wissembourg. En un mot, ce sont 3 divisions décimées et incomplètes qui vont disputer vainement aux corps d'armée allemands le village d'Elsasshausen. En attendant, nos batteries sapent le Niederwald avec une telle violence « qu'il ne reste aux troupes prussiennes, dit leur historien officiel, d'autre alternative que de pousser plus avant ou de renoncer aux avantages achetés au prix de si lourds sacrifices ».

Toutefois, ce serait folie de la part des Prussiens de vouloir enlever les canons et les mitrailleuses qui balaient ainsi les abords d'Elsasshausen : c'est pourquoi ils s'empressent de les écraser d'obus ; 8 batteries allemandes se placent devant le hameau.... Tout à coup de gros nuages noirs, coupés de longs jets de flammes, viennent se mêler à la fumée blanche des canons et des chassepots : les obus prussiens ont incendié le village, qui brûle rapidement sans que les Français songent à l'évacuer.... Ces braves déchirent de leurs projectiles les lignes allemandes qui se resserrent ; mais les régiments succèdent aux régiments, et le général de Bose ne craint pas de lancer tout son monde à l'assaut des ruines fumantes et noircies d'Elsasshausen, soutenu qu'il est par des contingents du V⁰ corps qui, dans l'intervalle, a refoulé la vaillante division Raoult. Les Français qui se cramponnent aux haies, aux arbres, aux maisons écroulées du hameau, entendent retentir une affreuse clameur, et nous apercevons une foule d'hommes noirs sortir de tous les coins de la forêt et courir droit sur nous... ; rien ne peut retenir cette horrible fourmilière dont les masses profondes entourent le village et y pénètrent.... A l'ouest, le 32e régiment prussien se dirige sur la route de Frœschwiller à Reichshoffen et n'est plus qu'à 1900 mètres de ce dernier bourg. L'artillerie ennemie s'avance également et s'établit sur le terrain conquis : plus de 100 pièces de canons couvrent les environs d'Elsasshausen et recommencent à faire tomber sur nous leur infernale plaie d'obus.

Le duc de Magenta est effrayé de la prise d'Elsasshausen : il sent sa retraite aventurée, la prise de Frœschwiller inévitable, et tente de reconquérir la position. En conséquence, il conduit ses régiments épuisés et à moitié détruits contre les Ve et XIe corps. Tout d'abord, les troupes allemandes sont culbutées par la fougue suprême de nos fantassins dont les chefs surexcitent l'ardeur en courant au premier rang, selon leur habitude. Les Prussiens se sauvent donc à toutes jambes jusqu'au Niederwald ; nous avançons toujours, poussant l'ennemi la baïonnette aux reins.... Encore 150 pas et nous nous emparons des terribles batteries qui nous écrasent depuis le matin. Mais nous sommes instantanément pris en flanc par de nouvelles pièces qui s'enflamment de chaque côté et joignent leur tempête de projectiles à la mitraille que nous crachent les batteries dont nous allions nous rendre maîtres. Aucune armée ne serait en état de soutenir une semblable trombe.... Nous battons en retraite !

La division de cavalerie de Bonnemains se tenait dans un pli de terrain, près de Frœschwiller ; elle se composait de 4 régiments de cuirassiers. Lorsque le maréchal vit 9 bataillons des Ve et XIe corps appuyés par 8 batteries d'artillerie et suivis par tout le reste des corps d'armée s'avancer à l'assaut de Frœschwiller, il tenta de les arrêter en lançant sur eux cette lourde division. Malheureusement, le terrain d'Elsasshausen était encore plus contraire à la cavalerie que celui de Morsbronn, et le 1er cuirassiers, commençant la charge par escadrons, est arrêté et rompu dès le commencement par un fossé qui le force à faire demi-tour en éprouvant des pertes immenses. A gauche, le 4e régiment, « parcourant au galop un espace de plus de 1000 pas pour trouver un terrain favorable, est également dispersé par le feu d'un adversaire qu'il ne lui est même pas donné d'apercevoir ». (*Relation prussienne.*) L'autre brigade s'élance à son tour et ne peut joindre les invisibles bataillons qui, en quelques minutes, jettent à bas hommes et chevaux. Les survivants se sauvent au hasard, trop heureux d'échapper à cette grêle de balles et d'obus. C'en était fait de notre belle cavalerie !

Comme nous nous épuisions ainsi dans un dernier effort contre Elsasshausen, les Wurtembergeois apparaissent de chaque côté du hameau ; les corps bavarois s'avançaient également sur nous. Toute la IIIe armée allemande, [moins le IVe corps, laissé en arrière,] enveloppait de leurs masses lugubres les héroïques débris de Morsbronn, de Wœrth et d'Elsasshausen, confusément rassemblés autour de Frœschwiller. Il était trois heures précises.

Retournons maintenant à notre gauche. Vers deux heures, le 1er corps bavarois, sous le commandement du général von der Tann, se disposait à l'attaque de Frœschwiller et reformait, près de la Scierie, ses régiments désorganisés par la marche. Bientôt, les troupes bavaroises montent à l'assaut des collines que nous occupons. Notre 1re division (Ducrot) les rejette brutalement au pied des pentes qu'elles viennent d'escalader. A trois heures, les Français dirigent un tel feu contre leurs adversaires que 3 bataillons prennent la fuite jusqu'à la Scierie : nous les poursuivons vivement, mais là encore, comme sur tous les autres points du champ de bataille, nous nous heurtons à des troupes fraîches qui nous contraignent à rentrer dans nos retranchements.

Le maréchal de Mac-Mahon, vivement pressé du côté d'Elsasshausen, dégarnit sa gauche qui, depuis le matin, culbute les Bavarois chaque fois qu'ils se présentent et qui les aurait certainement mis en déroute si elle avait pu quitter les environs de Frœschwiller et profiter de ses succès. Les généraux de Hartmann et von der Tann gagnent quelques mètres de terrain à la faveur de cet affaiblissement, sans toutefois entamer en quoi que ce soit la redoutable division française, dont le chef fit preuve ce jour-là d'une grande habileté....

Ainsi donc, à quatre heures, depuis Elsasshausen jusqu'à Langensoultzbach, tous les corps d'armée allemands s'avancent compacts, parfaitement reliés entre eux, à l'attaque de Frœschwiller. Les défenseurs de ce malheureux village, devenu le point de mire de toutes les pièces ennemies, sont écrasés d'obus et de boîtes à balles, mais continuent à s'y battre en désespérés. Un bataillon wurtembergeois tourne la position par la droite, du côté de la route de Reichshoffen. Au sud, le général de Bose lance ses troupes en avant et tombe grièvement blessé, ainsi que la plupart des officiers de son état-major : en dépit de ces hécatombes,... les soldats du XIᵉ corps pénètrent dans le village : au même instant, le Vᵉ corps et les Bavarois l'abordent par l'est et par le nord....

C'est ici qu'il faudrait la plume des grands historiens pour raconter dignement l'agonie gigantesque des régiments qui ne fuient point. Oui, parmi ces décombres fumants, derrière ces haies déchirées et ces murs croulants, dans cette église crénelée, remplie tout à la fois de blessés affolés et de combattants furieux, au milieu de Frœschwiller embrasé, s'agite encore, sublime de désespoir, une phalange qui meurt et ne se rend pas. C'est rue à rue, maison par maison, pied à pied enfin, que les Français disputent le terrain, et lorsque les Allemands ont achevé leur rude besogne, ils savent ce qu'il en coûte, et combien il faut sacrifier de bataillons pour coucher à jamais par terre les survivants de Malakoff et de Magenta.

La prise de Frœschwiller était le dernier acte de ce drame. Les Français plient de toutes parts et se précipitent en désordre vers la route de Reichshoffen et le Grosserwald. Les obus allemands découpent dans cet amas de fuyards des sillons sanglants ; quelques réserves tiennent encore au nord de la route ; elles se replient bientôt en bon ordre sur Reichshoffen. Seule, une batterie continue imperturbablement son tir meurtrier contre les vainqueurs : les 94ᵉ et 82ᵉ prussiens finissent par s'en emparer après avoir subi de grosses pertes. De la lisière du Grosserwald, les Français couvrent tant bien que mal leur retraite, en recommençant le feu sur les poursuivants. Mais, à cinq heures, on n'entend plus à Frœschwiller que les cris déchirants des blessés, le bruit, qui va s'affaiblissant, de la fusillade du Grosserwald et les détonations du canon qui suit de ses obus les glorieux vétérans de tant de batailles [1].

1. Le chiffre exact des pertes de l'armée française n'a jamais pu être établi. Les Allemands l'ont évalué à 760 officiers et environ 10 000 hommes tués ou blessés, et à 200 officiers et 6 000 hommes prisonniers. La IIIᵉ armée comptait 106 officiers et 1 483 soldats tués, 383 officiers et 7 207 soldats blessés, enfin 1 373 disparus, soit, en tout, 10 642 hommes hors de

A l'heure où le prince royal de Prusse, salué par des hourras enthousiastes, parcourait sur les hauteurs de Frœschwiller les rangs pressés et confus de ses troupes enfin victorieuses, l'infortuné maréchal de Mac-Mahon, entraîné à Niederbronn, succombait à l'émotion et à la fatigue, et, en descendant de cheval, tombait évanoui. Lorsqu'il reprit connaissance, une sorte de réaction nerveuse s'opérant en lui, il se prit à fondre en larmes; alors, un des officiers de son entourage lui dit, d'un ton de doux reproche : « Monsieur le Maréchal, pourquoi pleurez-vous ? Avons-nous donc refusé de mourir ? » Qu'il avait bien raison, cet officier si fièrement conscient d'avoir fait, malgré tout, tout son devoir; et comme il rendait pleine justice à ses camarades, à ses subordonnés, aux survivants aussi bien qu'aux morts de cette noble et malheureuse armée! L'histoire et la légende se sont plu à glorifier, en particulier, les vaillants cuirassiers qui fournirent, sur la fin de la bataille, des charges si follement héroïques : mais qui connaîtra jamais les exploits isolés accomplis, en ce jour tristement mémorable, par les « turcos », les zouaves, les artilleurs, les soldats du génie et de la « ligne » ? Qui saura le nom de tant de braves gens se raidissant contre la défaite et combattant, sans un instant de découragement et de défaillance, jusqu'à la mort, ou jusqu'à l'extrême limite des forces humaines ?

.... Mais, si glorieuse que fût la bataille de Frœschwiller, les conséquences n'en étaient pas moins désastreuses pour la France : l'Alsace était perdue pour elle; la barrière des Vosges tombait d'un seul coup; l'armée de Lorrraine était débordée par le sud et la route de Paris se trouvait à découvert. Encore n'était-ce là que les résultats matériels, assurément moins déplorables que les résultats moraux : la confiance que la nation avait dans son armée, et son armée en elle-même, déjà fort ébranlée par la défaite du 4 août, était maintenant irrémédiablement perdue : « Le tempérament impressionnable de nos troupes subissait avec une violence extrême la commotion de cet échec foudroyant; la démoralisation succédait sans transition à tant d'énergie et de courage; la fermeté dont les chefs de l'armée venaient cependant de donner une preuve éclatante les abandonnait, et la cohésion, si nécessaire dans les revers, faisait place à un délabrement général qui allait imprimer à la retraite sur Châlons un caractère si lamentable[1] ».

Par bonheur, les Allemands ne songeaient guère à la troubler. Tout entiers à la joie bien naturelle causée par un succès dont l'imprévu égalait la gran-

combat. Ainsi les pertes de l'ennemi atteignaient 7 p. 100, les nôtres, 24 p. 100 de l'effectif : on peut donc dire que « l'armée française fit preuve dans cette terrible journée, d'une énergie qui honorait et relevait sa défaite ». (Général Derrécagaix. — La Guerre Moderne.)

1. Commandant Rousset. — Histoire générale de la guerre franco-allemande, déjà citée.

deur, d'ailleurs harassés et cruellement éprouvés eux-mêmes, ils commençaient à la nuit, dans la direction de Bitche, une poursuite assez molle et presque aussitôt abandonnée. Pendant ce temps, les colonnes désorganisées de l'armée vaincue s'écoulaient, dans un pêle-mêle affreux, par la route de Saverne, où l'ennemi ne devait paraître que longtemps après qu'elles seraient hors d'atteinte. De nouveau, le « contact » était perdu et, cette fois, pour près d'une semaine.

XXIV

Spicheren [1]

GÉNÉRAL FROSSARD

GÉNÉRAL
DE STEINMETZ
Cliché Société de pho-
tographie de Berlin.

Il est bien rarement arrivé que deux grandes batailles sérieuses fussent livrées le même jour sur le même théâtre d'opérations, et que l'une et l'autre se dénouassent en faveur du même parti. L'armée prussienne, cependant, avait éprouvé ce double malheur le 14 octobre 1806, à Iéna et à Auerstædt ; elle devait nous rendre la pareille, le 6 août 1870, à Frœschwiller et à Spicheren. Il convient de remarquer, à la vérité, qu'entre les situations qui amenèrent, à plus d'un demi-siècle de distance, ces rencontres simultanées, il y a autant de différence qu'entre les deux capitaines qui y présidèrent. Iéna est une de ces batailles « préméditées » que le génie, se mouvant à l'aise au milieu des circonstances les plus difficiles et des combinaisons les plus complexes, sait livrer où il lui plaît et gagner, pour ainsi dire, à jour fixe ; Auerstaedt en est comme le complément nécessaire, le corollaire inévitable, et résulte du développement naturel d'un plan où l'exécution est à la hauteur de la conception. A Frœschwiller, au contraire, nous avons vu l'action s'engager, en dehors des prévisions du commandement supérieur, et même contre les intentions du commandement immédiat : dans la *Correspondance militaire* du feld-maréchal de Moltke, publiée après sa mort, on trouve à cet égard une dépêche édifiante, datée de Mayence, 7 août : « *Wo die Schlacht?* — Où la bataille? » demande avec anxiété le chef du grand état-major général au prince royal de Prusse. Et dans le même recueil, un autre télégramme de la même origine, adressé au général de Steinmetz, montre assez que la seconde bataille du 6 août, celle de Spicheren, n'a pas été plus voulue ni plus prévue que la première : « Mayence, 6 août,

---

1. La bataille du 6 août, sur la Sarre, a d'abord été appelé chez nous « bataille de Forbach ». Puis, peu à peu a prévalu le nom de « bataille de Spicheren », préféré par les vainqueurs et que rien ne nous empêchait d'adopter, puisqu'il indique bien la *clé* du champ de bataille et n'en met que mieux en relief notre honorable défense.

5 h. 45 du soir : « L'ennemi semble abandonner la Sarre. Sa Majesté permet de passer la frontière…. » A l'heure où cette autorisation parvenait à son destinataire, il y avait déjà longtemps que la frontière avait été franchie, la lutte engagée — et la victoire décidée !

A Spicheren, du reste, comme à Frœschwiller, le succès sera vivement disputé, et payé fort cher; et ici, aussi bien que là, il sera principalement dû à la supériorité du nombre : vers la fin de la journée, 28 000 Français soutiendront l'effort de 70 000 Allemands ! Mais ceux-ci donneront, en cette occasion, un des plus remarquables exemples qu'on puisse citer de l'étroite solidarité qui doit unir tous les corps, tous les chefs d'une armée sainement et vigoureusement constituée, tandis que, dans le camp opposé, c'est en vain que le corps d'armée attaqué déploiera une bravoure et une ténacité admirables : réduit à ses propres forces, au début, il devra supporter tout seul, jusqu'à la fin, tout le poids de la lutte, et ses demandes réitérées de secours resteront sans effet, alors qu'aux environs d'autres corps sont cantonnés ou campés, dont l'intervention, même partielle, même tardive, suffirait sans aucun doute pour que le résultat changeât du tout au tout ! Le vieux principe de guerre français : « Toujours marcher au canon », est oublié, méconnu par nous, au moment même où nos adversaires se l'approprient et l'appliquent dans toute sa rigueur ; il n'en faut pas davantage pour expliquer une défaite qu'il ne dépendait que de nous de transformer en victoire.

Car, chose assez inattendue et bien faite pour augmenter nos regrets en même temps que nos ressentiments, l'armée française de Lorraine se trouvait, le jour de Spicheren, dans une situation stratégique sensiblement plus favorable que l'armée adverse et que l'armée française d'Alsace elle-même. Bien que la mesure décidée la veille seulement, c'est-à-dire la réunion sous les ordres de Bazaine des divers corps rassemblés dans le département de la Moselle, n'eût pas encore pu recevoir sa pleine exécution, ces corps, quoique un peu espacés, étaient incontestablement plus rapprochés les uns des autres et mieux groupés que ceux des Allemands dans le sud du Palatinat et de la Prusse Rhénane : s'ils avaient pris l'offensive le 6, et s'étaient portés tous ensemble sur Sarrebrück et Vœlklingen, leur concentration se fût opérée plus promptement et plus aisément. Par malheur, c'était l'ennemi qui devait, ce jour-là, aborder la Sarre en masses, tandis que, de notre côté, on ne savait opposer à cette attaque énergique qu'une résistance passive, et au mouvement en avant la force d'inertie.

Voici d'ailleurs quels étaient, le soir du 5, les emplacements respectifs. 4 corps français garnissaient l'intervalle compris entre les routes de Metz à Sarrelouis et de Metz à Sarreguemines ; savoir : 2 en première ligne (le corps du général Frossard (2e), entre Forbach et Sarrebrück, et celui du

général de Ladmirault (4ᵉ) aux environs de Boulay; les 2 autres en
seconde ligne : le corps de Bazaine (3ᵉ), de Sarreguemines à Saint-Avold, et la
garde impériale derrière la Nied, à Courcelles-Chaussy. D'un rapide coup
d'œil jeté sur la carte, il résulte que le 2ᵉ corps, « en flèche » sur la frontière,
était particulièrement exposé et, en cas d'attaque brusque, n'aurait pu être
appuyé par le 4ᵉ, ni à plus forte raison par la garde jouant ici le rôle de
réserve, que si ces derniers avaient reçu un ordre de concentration presque
en même temps que l'avis de leur rattachement à la nouvelle « armée de Lorraine ». En revanche, le 3ᵉ corps, formant derrière le 2ᵉ une ligne mince et
longue, distante en moyenne de 18 à 20 kilomètres (cinq heures de marche)
des positions occupées par le général Frossard, pouvait parfaitement
intervenir en temps opportun si son chef l'eût voulu. Il est vrai qu'il eût
mieux valu encore que le 2ᵉ corps, trop aventuré, eût été ramené un peu en
arrière sur le plateau de Cadenbronn, belle position défensive reconnue et
étudiée depuis longtemps, au nord-est de Saint-Avold, entre la Sarre et son
affluent la Rosselle. L'ordre en avait été donné, mais on le révoqua presque
aussitôt, de peur de voir tomber entre les mains de l'ennemi les approvisionnements entassés à Forbach et à Sarreguemines. C'est ainsi que le général
Frossard, comme le général Abel Douay à Wissembourg et en grande partie
pour les mêmes raisons, se trouva abandonné aux coups d'un ennemi qui
pouvait mettre en ligne des forces au moins doubles des siennes.

En effet, à la même date (5 avril au soir), deux armées allemandes,
la 1ʳᵉ, sous le général Steinmetz, et la IIᵉ, celle du prince Frédéric-Charles,
convergent vers Sarrebrück. Des lignes de marche mal tracées, et des
ordres insuffisamment précis -- ou en tout cas insuffisamment prévoyants
— permettent au bouillant Steinmetz d'aller vigoureusement de l'avant :
sur le point de voir sa propre armée masquée par celle qui se trouve à sa
gauche et qui ne peut se dégager qu'à ce prix de la zone boisée où s'est
opérée sa concentration, Steinmetz n'hésite point à la masquer elle-même.
On voit le moment où c'est entre deux corps allemands qu'aura lieu de ce
côté le premier choc, car Frédéric-Charles a donné l'ordre au commandant
de son corps de droite (le IIIᵉ) d'employer au besoin la force pour faire
évacuer la ville de Sarrebrück par les troupes de la 1ʳᵉ armée. Mais la
rapidité de la marche de celle-ci évite le conflit et elle recevra un concours
empressé et efficace du corps éventuellement chargé de faire la police à ses
dépens. En résumé, les deux armées allemandes de droite, couvertes chacune
par une division de cavalerie, s'avancent parallèlement, la première à l'est,
la seconde à l'ouest du chemin de fer de la Nahe (ligne de Sarrebrück
à Kreuznach et à Bingen). 4 corps marchent en première ligne : 2 de
Steinmetz (les VIIᵉ et VIIIᵉ); 2 de Frédéric-Charles (les IIᵉ et IVᵉ); ils

seront, sauf le dernier, plus ou moins complètement engagés, et l'on ne peut s'empêcher de rendre justice à la décision et à l'entrain avec lesquels chaque nouveau groupe, survenant, vient alimenter l'action et l'étendre, comme aussi à la facilité avec laquelle le commandement passe successivement du chef de l'unité en ligne à celui de l'unité immédiatement supérieure. Cela fait songer au beau vers de Lucrèce :

Et quasi cursores vitaï lampada tradunt.

Malheureusement, ce qui se transmet ici de main en main, c'est l'instrument de mort !

Le champ de bataille qu'une offensive si énergiquement conduite a pu seule arracher à la plus opiniâtre des défenses, se trouve aux « portes » même de Sarrebrück, à l'est de la route et du chemin de fer qui mènent de cette ville à Forbach, Saint-Avold et Metz. De l'*Exercier-Platz* (champ de manœuvres) de la garnison de Sarrebrück-Sankt-Johann [1] du coteau voisin appelé le *Repperts-Berg*, et mieux encore de la tour du Winter-Berg, haute colline située à l'extrémité sud-est de Sarrebrück, du côté de Saint-Arnual, on a une excellente vue générale du théâtre de la lutte. En face de soi, au delà d'une plaine mamelonnée d'une demi-lieue de largeur environ, on voit se profiler sur le ciel la ligne sinueuse des hauteurs boisées de Spicheren, que garnissait en grande partie le 2e corps français. La plus orientale, qui surplombe le cours même de la Sarre, s'appelle le Stifts-Wald ; puis viennent successivement, de la gauche à la droite : le Pfaffen-Wald ; le Gifert-Wald ; le Rother-Berg qui fait, vers le nord, une saillie rocheuse très prononcée, véritable *éperon* d'un accès très difficile tirant son nom de la couleur rougeâtre de ses escarpements ; le Forbacher-Berg ; le Spicherer-Wald ; enfin le Kreutzberg, au pied duquel Forbach est bâti. Mais, du Winter-Berg, ces deux dernières collines ne se présentent déjà plus que de profil,

---

1. L' « agglomération sarrebrückoise » comprend en effet, deux villes *sœurs*, mais bien distinctes : la ville ancienne, ou Sarrebrück proprement dit, située sur la rive gauche de la Sarre, et la ville moderne, Sankt-Johann (Saint-Jean), sur la rive droite ; celle-ci ne date que de l'établissement du chemin de fer, dont la gare — un lourd bâtiment de style gothique — se trouve sur son territoire. L'*Exercier-Platz* est situé au-dessus de Sarrebrück, sur un plateau dominant d'une centaine de mètres le cours de la Sarre. C'est là que se trouve le « monument » commémoratif du combat du 2 août : un cube de pierre portant une plaque de bronze où se lit cette inscription d'un goût plus que douteux : *Lulu's erstes Debüt, 2 August 1870.* — Premier début de Loulou, 2 août 1870. C'est du prince impérial qu'il s'agit ici, comme on le devine sans peine, et le bloc en question est désigné couramment dans le pays sous le nom de *Lulu's Stein* (Pierre de Loulou).

car, à partir du Rother-Berg, la chaîne des hauteurs s'infléchit vers le sud-
ouest, encadrant, avec les hauteurs symétriques du Stiringer-Wald et du
Forbacher-Wald, la dépression sans eau courante par où passent, très rapprochés l'un de l'autre, le chemin de fer et la grande route de Metz. Au pied
même du Spicherer-Berg, la vallée est entièrement barrée par le grand
village industriel de Stiring-Wendel, presque uniquement habité par les
ouvriers et employés des vastes usines métallurgiques fondées par MM. de
Wendel et de Gargan vers 1840, et exploitées encore aujourd'hui par cette
puissante maison. Stiring forme, par suite, une sorte de poste avancé qui
flanque les hauteurs de Spicheren et couvre la ville de Forbach ; mais il peut
être tourné à gauche, comme celle-ci, par les chemins qui, à travers le Forbacher-Wald, aboutissent à la verrerie Sophie, et, plus encore à l'ouest, par
la vallée de la Rosselle, petite rivière qui va tomber dans la Sarre, entre
Sarrebrück et Sarrelouis. Si nous ajoutons qu'un peu en avant de Stiring-
Wendel, à l'endroit où la route quitte la plaine pour raser le bas des hauteurs, se trouve un groupe de trois gros bâtiments distants l'un de l'autre
d'une centaine de mètres et qui devaient nécessairement jouer un rôle important dans l'action : la maison de la Douane, l'auberge de la Brême d'Or
et la ferme appelée la Baraque-Mouton, — nous aurons donné une idée
suffisante du terrain où s'est déroulée la lutte du 6 août. Les *tumuli* dont
les flancs du Rother-Berg et des collines avoisinantes sont encore semés,
les monuments élevés par les régiments allemands à leurs morts au pied
même de l'Éperon en attestent assez l'acharnement; encore beaucoup de
sépultures ont-elles été déplacées et réunies, en contre-bas de l'*Exercier-Platz*,
dans un grand cimetière militaire que les Sarrebrückois appellent l'*Ehrenthal*
(la Vallée de l'Honneur).

Si, du point où nous sommes placés, on examine l'ensemble des positions
françaises, on ne peut manquer d'être frappé de leur force, et l'on se demande
comment les Allemands ont réussi à en débusquer de vieilles troupes dont le
moral était encore parfaitement intact et qui brûlaient du désir de se mesurer
avec un ennemi détesté. Mais lorsqu'on parcourt les positions mêmes, on
ne tarde pas à se convaincre que, comme à Frœschwiller, elles étaient trop
étendues pour l'effectif dont on disposait. Le front, défendu par une partie
de la division Laveaucoupet, du Gifert-Wald à la route de Forbach, pouvait
être considéré comme inexpugnable ; mais déjà le flanc droit, formé par
l'autre partie de cette division, était bien « en l'air », faute de forces suffisantes pour l'appuyer au Stift-Wald et même pour tenir solidement le
Gifert-Wald; quant à la gauche (brigade Jollivet, de la division Vergé)
également trop faible pour assurer son flanc par l'occupation du Stiringer-
Wald, elle se trouvait, à Stiring-Wendel, dans un véritable cul-de-sac.

Cependant la situation eût été déjà bien meilleure si l'on eût amené aussi
là l'autre brigade (Valazé) de la division Vergé, au lieu de la laisser à la
garde des magasins accumulés avec tant d'imprévoyance dans la grande
ville de Forbach, — et surtout si la division Bataille, placée en première
ligne, et non pas gardée d'abord tout entière en réserve derrière Spicheren

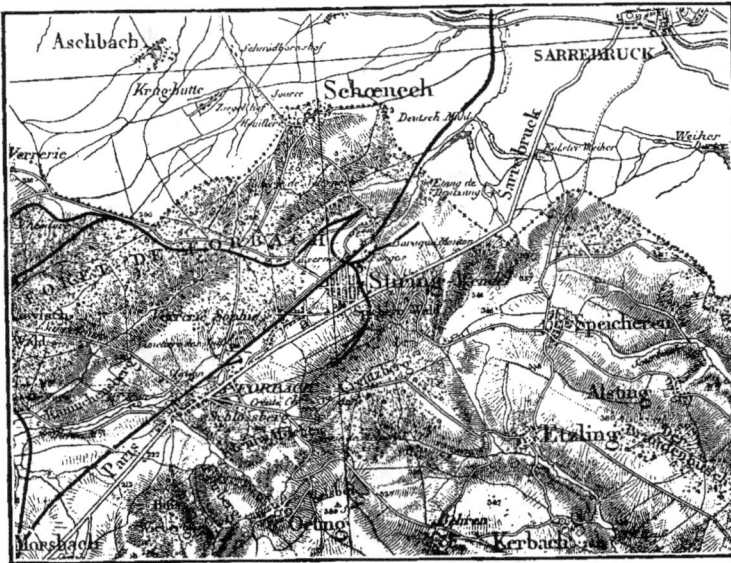

CHAMP DE BATAILLE DE SPICHEREN.
(Extrait de la carte de l'État-major au 1 : 80 000.)

eût permis d'opposer aux premières attaques 20 000 hommes au lieu de 10 000
seulement. Mais que sont les fautes du général Frossard auprès de la faute
capitale du nouveau commandant de l'armée de Lorraine, qu'un train,
chauffant déjà, pouvait amener en une demi-heure de Saint-Avold à Forbach,
où il eût tout de suite apprécié toute la gravité de la situation ! En se renfermant dans cette « somnolence égoïste » qui lui a été si justement repro-
chée au cours de son procès, Bazaine donna, pour la première fois, —
publiquement! — sa véritable mesure, et il est fâcheux pour la France
que sa coupable inaction n'ait pas entraîné immédiatement la disgrâce
qui devait bientôt punir, dans l'autre camp, l'intelligente désobéissance du
vainqueur.

[*Dans le tome II de l'*Histoire militaire contemporaine (1854-1871), *publiée par le général Canonge, alors qu'il était chef de bataillon et professeur à l'École supérieure de guerre (Paris, 1882, 2 vol. in-12, chez Fasquelle, éditeur), on trouve un récit fort bien fait et pas trop long de la bataille de Spicheren. Nous le reproduisons ci-après.*]

Les reconnaissances de la cavalerie du général Rheinbaben (5e division), qui devançait le VIIe corps, ayant signalé au chef de la 1re armée l'abandon de Sarrebrück et certains mouvements qui paraissaient dénoter chez les Français l'intention de battre en retraite, le général Steinmetz ordonna aussitôt, dans les termes suivants, l'occupation des positions abandonnées par les Français : « L'ennemi doit être puni de sa négligence. Afin de l'empêcher de rentrer dans les positions qu'il a évacuées, le commandant en chef déclare en approuver l'occupation *dans l'intérêt de la IIe armée.* »

Le général Frossard, qui avait été prévenu le matin à quatre heures quarante minutes par le major-général qu'il pourrait être attaqué dans la journée, s'occupait encore de mettre sa position en état de défense [en faisant notamment construire des tranchées-abris sur le Rother-Berg et au nord de Forbach], lorsque, vers neuf heures du matin, le canon se fit entendre aux avant-postes : c'était le commencement de la bataille.

Au moment où le VIIe corps atteignait la Sarre aux deux points de Völklingen (13e division) et de Sarrebrück (14e division) dont les ponts étaient en bon état[1], la cavalerie avait déjà pu éclairer toute la rive gauche de la Sarre entre Wehrden et Sarrebrück, reconnaître notre front et déborder notre flanc gauche.

A onze heures et demie, sur l'ordre du général de Kameke, chef de la 14e division, le général de François débouche de Sarrebrück avec la brigade d'avant-garde (27e brigade : 74e et 39e régiments), occupe le Repperts-Berg et est aussitôt en butte au feu de l'artillerie française établie sur le Rother-Berg. Le général de Kameke décide alors qu'on enlèvera cette croupe, et le général de François prend ses mesures. Il ne marchera pas droit sur l'obstacle; mais, renonçant à une attaque de front, il veut d'abord ébranler les flancs. En conséquence, il porte 2 bataillons sur le Gifert-Wald, contre la droite française, et 2 bataillons sur Stiring; dans l'intervalle, il maintient 3 batteries sur le Repperts-Berg et 2 bataillons à proximité. Les bataillons de gauche, se couvrant du terrain, traversent, malgré le feu des tirailleurs et de l'artillerie, un espace découvert et abordent le Gifert-Wald : cette attaque réussit au prix de lourds sacrifices, mais les progrès dans les bois sont vite arrêtés.

L'attaque de droite atteint le bois de Stiring et progresse d'abord, malgré les efforts de la brigade Jollivet, jusqu'à ce que le feu parti de la Douane l'arrête. Vers trois heures cependant, les Prussiens, qui ont repris l'offensive, grâce à l'arrivée de renforts venus du centre, réussissent, tout en cheminant à travers bois, à s'emparer de la hauteur des Vieilles-Houillères, qui tient sous son feu Alt-Stiringen.

Au centre, après que l'artillerie est parvenue à faire reculer les batteries

---

1. Il est incontestable que, sans les ponts de Malstatt et de Sarrebrück-Saint-Jean l'offensive du général de Kameke eût été impossible le 6 août.

françaises fortement éprouvées, le général de François essaie de se porter directement contre le Rother-Berg avec un bataillon ; mais il éprouve de fortes pertes et
doit s'arrêter au pied même du rocher. 2 autres compagnies avaient été dirigées sur le Gifert-Wald. L'artillerie formait toujours courtine entre les attaques
des ailes.

A trois heures, les Français avaient donc le dessus, — contre des forces encore
inférieures, il est vrai, et qu'il n'eût dépendu que d'eux d'écraser en recourant à l'offensive. Pendant la campagne de Crimée, à Trakhtir, la situation n'était pas sans
analogie: mais on avait entamé l'offensive à temps et on n'y avait plus renoncé.

VUE DU CHAMP DE BATAILLE DE SPICHEREN.
Dessin de Boudier, d'après une photographie .

Ici on va laisser l'adversaire prendre pied sur des positions d'où on ne pourra plus
le déloger ensuite.

La 27e brigade prussienne est employée partie dans le bois de Stiring, partie
dans le bois communal de Sarrebrück, à la faveur duquel elle essaie de tourner la
gauche française. L'action se morcelle alors en un grand nombre de petits combats.

A droite, cependant, le général de Laveaucoupet lançant successivement
le 63e et le 66e de ligne, contient l'ennemi, qui cherche toujours à déborder sa
droite. Un peu plus tard, le général Doëns s'engage dans le Stift-Wald ou bois
de Saint-Arnual, avec 2 bataillons du 2e de ligne, repousse les assaillants et
dégage la droite : il tombe grièvement blessé ; le colonel de Saint-Hilliers est tué.

C'est au moment où le général Bataille, parti d'OEtingen dirige sa division, moitié
sur Spicheren brigade Fauvart-Bastoul, moitié sur Stiring brigade Pouget, que
le général de Kameke donne l'ordre de tenter une nouvelle attaque contre le
Rother-Berg. Le général de François la conduit avec un admirable entrain et
tombe blessé mortellement après avoir pris pied sur l'éperon. Au même moment
cependant, les Allemands sont chassés du Gifert-Wald par la brigade Micheler : ils
reculent, sans être poursuivis, jusqu'au Winter-Berg.

Vers quatre heures, commence une nouvelle phase de la bataille. Depuis deux
heures déjà, les corps de seconde ligne étaient en pleine marche vers le champ de

bataille. Le IIIᵉ corps avait reçu du prince Frédéric-Charles l'ordre d'occuper Sarrebrück ; le VIIIᵉ corps continuait sa marche ; le VIIᵉ corps se concentrait. 3 régiments de la 10ᵉ division (IIIᵉ corps) et de la 16ᵉ division (VIIIᵉ corps) arrivent d'abord ; ils débarquent du chemin de fer. Ces troupes sont immédiatement portées en première ligne sur le Gifert-Wald, en deuxième ligne sur le Repperts-Berg. Le général de Gœben exerce depuis quelque temps déjà le commandement en chef, lorsque le général de Zastrow, chef du VIIᵉ corps, arrive, et prend à son tour, par droit d'ancienneté, la direction des opérations. Le 63ᵉ, le 2ᵉ de ligne et le 10ᵉ bataillon de chasseurs ne réussissent pas, malgré des efforts inouïs, à empêcher les Prussiens de progresser jusqu'à la lisière sud de la forêt.

Les Prussiens s'emparent du Rother-Berg, d'où des retours offensifs énergiques ne peuvent les déloger. Vers cinq heures du soir, désespérant de recevoir de nouveaux renforts et voyant ses munitions presque épuisées, le général de Lavaucoupet fait replier le 63ᵉ de ligne lentement et par échelons à 500 mètres du bois ; à partir de ce moment, les Prussiens essaient en vain d'en déboucher : le colonel Zentz les tient en échec jusqu'à la nuit.

Vers six heures, l'ennemi, maître du Gifert-Wald, à l'exception du saillant sudouest, nous déloge aussi du Pfaffen-Wald. Le mélange des unités allemandes est tel que 32 compagnies de 3 corps d'armée différents sont là pêle-mêle.

A l'aile gauche, les Prussiens n'ont pas été aussi heureux, et tous leurs efforts sont venus se briser contre la résistance opposée par la division Vergé et la brigade Pouget, de la division Bataille. La marche des Prussiens est arrêtée par notre artillerie établie aux fermes dites la Brême-d'Or et la Baraque-Mouton. Vers cinq heures et demie, Allemands et Français se tiennent réciproquement en échec. Enfin, à six heures, l'ennemi, renforcé de nouveau, parvient à se rendre maître du groupe formé par la Brême-d'Or, la Baraque-Mouton et la Douane. De ces différents points, des Vieilles-Houillères et de la Verrerie Sophie, il couvre de feux Stiring et ses défenseurs. C'est alors qu'a lieu un vigoureux retour offensif dirigé par le général Bataille, avec la brigade Pouget, contre les troupes qui menacent directement le village ; elles sont repoussées à gauche jusqu'à Drahtzug ; mais on échoue, à droite, contre le groupe de maisons cité plus haut.

Sur le plateau de Spicheren, la lutte continue toujours, opiniâtre, terrible. Le régiment des hussards de Brunswick est là tout entier serré contre les escarpements du Rother-Berg, dont, par forfanterie, il a tenté l'escalade. Deux batteries d'artillerie parviennent à prendre pied sur le plateau et ouvrent le feu à 800 mètres des lignes françaises.

Ce n'est cependant pas de ce côté que la victoire se décidera pour les Prussiens. Stiring-Wendel est leur objectif depuis l'arrivée du reste de la 5ᵉ division. Ils portent de ce côté toute l'artillerie qui peut trouver place sur la Forbacher-Hohe et préparent par un feu soutenu l'attaque du Forbacher-Berg, dont l'occupation déterminera l'évacuation du plateau de Spicheren. Cette attaque n'est pas entamée de front, mais bien par un mouvement tournant. Abordé par l'ouest et par l'est à la faveur des ravins, le Forbacher-Berg est canonné par les Prussiens qui écrasent sous le nombre ses défenseurs. La ligne française est ainsi coupée en deux et la victoire n'est plus douteuse.

A sept heures du soir, le général de Lavaucoupet tente un dernier effort pour reprendre le Gifert-Wald et le Pfaffen-Wald. Sous son impétueux élan, les Prussiens reculent ; mais il reviennent ensuite. A la nuit, cependant, ils redescendent dans la plaine et, se couvrant par des avant-postes, ils se reportent sur les hauteurs de Sarrebrück. Déjà le général Frossard, qui a employé jusqu'à son dernier homme, a donné ses ordres pour la retraite, dont les progrès de la 13ᵉ division prussienne dans la vallée de la Rosselle font une nécessité.

Vers cinq heures du soir, la tête de cette division, qui venait de Völklingen, avait débouché de la vallée de la Rosselle, si tardivement surveillée, et marché contre le Kaninchen-Berg, de façon à menacer, à bien courte distance, la ligne de retraite de notre aile gauche. Mais, déjà, le lieutenant-colonel Dulac a pris des mesures efficaces pour retarder le progrès de cette colonne. Il ne dispose que de 2 escadrons du 12ᵉ dragons, d'une compagnie du génie de 105 hommes, au total de 225 hommes, et n'a pas d'artillerie. Pendant le combat, vers sept heures et demie, il ne sera renforcé que par une compagnie de

LA BRÈME-D'OR
Dessin de Boudier.

200 réservistes du 2ᵉ de ligne conduits par le sous-lieutenant Arnaudy, qui, avec autant d'intelligence que de résolution, vient, en descendant du chemin de fer, se placer sous ses ordres. Utilisant les tranchées-abris qu'avait construites la brigade Valazé, il emploie habilement tour à tour, le combat à pied, le combat à cheval, et ne recule, vers neuf heures du soir, que lorsqu'il est à bout de munitions ; il a infligé de fortes pertes à l'ennemi, qui s'est arrêté indécis [1].

Le général Frossard peut, grâce à cette résistance qui interdit seule l'accès de Forbach, prendre ses mesures et commencer sa retraite, pendant que des luttes individuelles se continuent dans Stiring-Wendel. Quelques voitures de bagages furent abandonnées, ainsi qu'un équipage de ponts envoyé de Metz sans attelages ; mais pas un canon, pas un trophée ne restèrent entre les mains de l'ennemi....

En résumé, comme la journée de Frœschwiller, la bataille de Spicheren présente deux phases distinctes. De onze heures et demie à quatre heures environ, 2 brigades entrent en ligne l'une après l'autre et donnent l'assaut d'une façon intermittente à 2 divisions françaises établies dans de fortes positions ; elles se cram-

---

1. A Forbach, on n'a point oublié le service rendu à la ville et au 2ᵉ corps par les défenseurs du Kaninchen-Berg. Le cimetière renferme un monument sur lequel on lit : HONNEUR AUX BRAVES DU 12ᵉ DRAGONS — TOMBÉS AU COMBAT DE FORBACH. — C'EST A LEUR VALEUR — QUE LA VILLE DUT SON SALUT.

ponnent aux bois et ne doivent leur salut qu'à la défensive exagérée des Français. De quatre heures du soir jusqu'à la fin de la bataille, les Prussiens obtiennent d'abord l'égalité, puis la supériorité numérique, et, lorsque leur artillerie a écrasé de projectiles la ligne française, ils tentent un dernier assaut qui, à la gauche du moins, est couronné de succès, malgré le courage héroïque déployé par les défenseurs. A plusieurs reprises, ceux-ci ont bien pris l'offensive ; mais il est trop tard, par suite de leur grande infériorité numérique. Bien que, pendant la journée, le commandement de l'armée allemande ait été exercé successivement par trois généraux différents, sans compter le général Steinmetz lui-même, arrivé à sept heures et demie sur le lieu du combat, cependant les procédés employés par les différents corps ne varient pas : il y a dans cette concordance la preuve d'une unité d'instruction remarquable.

Pendant cette lutte si longue, si opiniâtre, si glorieuse pour les vaincus, les Allemands avaient engagé environ 70 000 hommes (gros des VIIe, VIIIe, IIIe corps et 5e division de cavalerie) et 20 à 22 batteries, auxquels le général Frossard ne put opposer que 28 000 hommes et 90 pièces. Malgré le voisinage du 3e corps, le 2e corps avait, en effet, soutenu seul tout le poids de la lutte. A deux reprises différentes cependant, à neuf heures dix minutes et à dix heures du matin, son chef avait informé le maréchal Bazaine qu'il était attaqué et qu'une bataille véritable s'engageait ; il lui avait adressé en même temps une demande de secours qu'il renouvela plus tard.

A quatre heures du soir seulement, le général Frossard reçut la brigade de dragons de Juniac, qu'il fit rétrograder sur Morsbach, Bening et Merlebach, croyant avoir assez de cavalerie : à cela se borna le secours reçu. Aucune des 2 divisions (1re, Montaudon et 2e, Castagny) promises par le maréchal Bazaine le matin même, à onze heures quinze minutes, et dont la présence eût certainement changé la défaite en victoire, n'arriva à temps sur le lieu du combat. La 4e division (Decaen) était indispensable à Saint-Avold, où elle gardait le centre de l'armée du Rhin ; la division Montaudon ne fut prévenue qu'à trois heures trente minutes du soir ; la division Castagny s'égara. Les divisions désignées avaient d'ailleurs des instructions qui, interprétées avec le désir plus ou moins conscient de s'en tenir à la lettre, ne comportaient pas un secours en temps opportun....

Telle est la bataille de Forbach, ou de Spicheren, dans laquelle les deux partis ont fait preuve d'une bravoure et d'une ténacité remarquables, qui se sont traduites par de lourdes pertes : du côté des Français, 320 morts, dont 37 officiers ; 1 663 blessés, dont 168 officiers ; 2 096 disparus, dont 174 officiers. Total : 4 078 hommes hors de combat, non compris 1 200 à 1 500 prisonniers. Du côté des Allemands : 843 morts, dont 49 officiers ; 3 656 blessés, dont 174 officiers, 372 disparus ; au total, 4 871 hommes hors de combat.

Si la défaite de Fœschwiller avait porté un coup décisif à notre armée d'Alsace, battue et désorganisée avant même d'avoir pu être réunie, celle de Spicheren n'était, pour notre armée de Lorraine, qu'un échec, grave assurément, mais parfaitement réparable. Nous n'avions perdu, en somme, qu'un champ de bataille trop avancé, et, en concentrant rapidement un peu en arrière, sur la Nied, les quatre corps qu'on avait eu le tort de laisser éparpillés, nous étions en mesure de contenir, au moins pendant quelque temps, le flot des envahisseurs. Il semble bien qu'on en ait eu la pensée un instant; mais, dans cette fatale nuit du 6 au 7 août, où les mauvaises nouvelles ne cessèrent d'affluer à Metz. Napoléon III perdit toute espérance, en même temps que toute énergie. et ne sut qu'ordonner, pour le lendemain, la retraite générale. N'entrevoyait-il pas dès lors clairement le gouffre où allait s'engloutir bientôt son armée, sa dynastie et, malheureusement aussi, la fortune de la France?

XXV

Rézonville

GÉNÉRAL
DE LADMIRAULT
(Cliché Pirou.)

PRINCE
FRÉDÉRIC-CHARLES
(Cliché Société de photographie de Berlin.)

DEUX victoires signalées, remportées le même jour, avaient marqué le premier pas des Allemands sur le territoire ennemi, en août 1870 : il était donc impossible, à ne considérer que les résultats, d'ouvrir la campagne avec un bonheur plus grand et, en apparence du moins, avec plus de décision et de vigueur. Dès le lendemain, cependant, de l'aveu même de la *Relation officielle* prussienne, « on n'était pas fixé du tout sur la conduite de l'ennemi ;... on l'avait à peu près perdu de vue ; les décisions ultérieures étaient subordonnées aux renseignements à recueillir » : bref, du 7 au 11 août, les trois armées allemandes piétinaient sur place, et, à défaut des informations précises que ne lui apportaient ni sa cavalerie, pourtant si bien préparée à sa tâche, ni ses espions, pourtant si nombreux et si bien stylés, le grand état-major général demeurait incertain, perplexe même, attendant des circonstances, c'est-à-dire du hasard, une *orientation* que le célèbre *Mémoire* de 1868 était décidément impuissant à lui fournir.

D'où provenaient ces nouvelles hésitations, au lendemain de batailles dont l'issue semblait bien faite pour mettre un terme à tout tâtonnement, comme à toute crainte, et comment les coups de foudre du début se trouvaient-ils immédiatement suivis d'une période d'attente inquiète, de confusion et d'inertie ? Ceux que la « morale du succès » n'éblouit pas au point de leur faire perdre toute envie et tout moyen de peser les effets et d'analyser les causes, n'ont guère été en peine de l'expliquer ; et c'est une protestation aussi énergique que fortement motivée qu'ils ont fait entendre, lorsqu'ils ont vu comparer, même par des écrivains français, le mouvement progressivement débordant qui a amené les armées allemandes sur les derrières de l'armée française de Lorraine, à l'admirable conversion qui permit à Napoléon de cerner Mack, dans Ulm, en octobre 1805. Ce n'est pas l'Empereur, en effet, qui eût jamais « perdu de vue » l'ennemi qu'il venait de battre ; qui eût souffert qu'il se retirât où et comme il le voulait ; qui lui eût laissé, enfin, pour se remettre et se refaire, les cinq grands jours que M. de Moltke a bénévolement accordés aux Français après Frœschwiller et Spicheren, et dont, malheureusement, ils ont su si peu profiter.

C'est qu'en réalité, plus encore peut-être que le vaincu, le vainqueur avait besoin de se ressaisir, de renouer, en tout cas, le fil de ses combinaisons, rompu et embrouillé par de trop impétueux sous-ordres. Quand la direction stratégique échappe aux mains du généralissime pour tomber dans celles de simples généraux de brigade, l'impulsion suprême faisant défaut, le concert n'existe plus et les plus beaux plans sont à vau-l'eau. Alors aussi les victoires les plus complètes, tactiquement, risquent de rester stériles, et, pour que celles du 6 août en arrivent à porter leurs fruits, malgré tout, il faut, certes, que l'on soit en droit de répéter ici ce que disait, en 1866, un diplomate allemand devant lequel on vantait les hommes « providentiels » qui venaient d'assurer le triomphe de la Prusse : « Ce qu'il y a eu de vraiment *providentiel* dans cette campagne, ç'a été l'ennemi ! »

GÉNÉRAL
D'ALVENSLEBEN II
Bibliothèque Nationale
Estampes.

De fait, quel qualificatif pourrait mieux s'appliquer (à moins cependant que l'on en préfère un plus sévère !) à cet adversaire qui, courbant le dos et acceptant avec résignation un échec dont il pourrait si bien en appeler, — puisqu'il n'y a eu d'entamé qu'un quart de son armée au plus, — se replie en toute hâte, sans plus se préoccuper de ce qui se passe derrière lui ; qui traverse, sans songer sérieusement à s'y arrêter, les belles positions qui se rencontrent sur sa route ; qui s'en va chercher enfin, sous la grande forteresse voisine, un refuge contre un danger encore à naître et certainement moins grand que celui que va créer cet inutile entassement de forces dans un camp retranché ? Mais, quelque jugement que l'on puisse porter sur l'impéritie, déjà notoire, du chef de l'armée qui ne va bientôt plus s'appeler que l' « armée de Metz », il ne s'ensuit pas que, du côté opposé, on fasse preuve, dans une situation infiniment plus favorable, d'une habileté bien supérieure. La halte forcée sur la frontière même, après la première *poussée* offensive, les lenteurs et les difficultés du « déploiement stratégique » qui finit par s'organiser grâce à la disparition complète de l'ennemi, montrent toute la peine que le haut commandement allemand éprouve à reprendre possession de ses troupes et de lui-même. Enfin l'ordre se rétablit, les armées se reforment et, le 12 août, les Allemands peuvent reprendre leur marche vers l'ouest, si malencontreusement interrompue.

Il est vrai que dans le même temps, Bazaine commence à comprendre, sinon les dangers de sa position, du moins la nécessité de se conformer aux désirs de son souverain et à l'opinion dominante dans l'état-major français : la retraite de toute l'armée française sur Verdun — moins une division laissée à la garde de Metz — est décidée en principe et doit s'effectuer le 14 août. Mais, ce jour-là, dans l'après-midi, les corps restés sur la rive droite de la Moselle, et que l'encombrement des ponts et des routes y retient encore, sont attaqués par l'aile droite des forces allemandes : la Iʳᵉ armée, toujours aux ordres de Steinmetz. Et, pour la troisième fois, c'est un subordonné, un commandant de brigade, le général-major von der Goltz, qui, témoin de nos préparatifs de départ, prend sur lui d'engager, pour nous retenir, le combat de Borny. 2 corps le soutiennent bientôt; 2 corps s'engagent de notre côté, avec la garde impériale en réserve, et l'ennemi est finalement repoussé, ou tout au moins contenu ; mais si ce demi-succès n'est pas sans importance pour nous, en ce qu'il contribue à relever le moral de nos troupes, le combat du 14 a produit, d'un autre côté, un fâcheux résultat : il nous a fait perdre vingt-quatre heures, en un moment où l'on peut dire que les heures valent des jours, et la marche sur Verdun ne peut être reprise que le lendemain. Or, le 16, elle va de nouveau se trouver interrompue par une attaque soudaine de l'ennemi, laquelle amènera, non plus un violent combat, mais une véritable bataille, dans des conditions qu'il est intéressant de rappeler et de préciser.

Trois routes conduisant de Metz à Verdun : par Briey, par Étain et par Mars-la-Tour. Ces deux dernières n'en font qu'une jusqu'à Gravelotte (7 kilomètres de Metz). Malgré les inconvénients découlant de cette origine commune, c'étaient les seules que Bazaine eût résolu d'utiliser, sous prétexte que la route du nord pouvait être menacée par l'ennemi. Aussi l'encombrement devint-il bientôt énorme sur cette voie unique lorsqu'on y eut engagé 5 corps, leur artillerie et leurs bagages, et il en résulta un ralentissement considérable dans un mouvement que tout commandait d'accélérer le plus possible. Sans doute, à partir de Gravelotte, l'armée allait pouvoir se diviser en 2 colonnes : celle de droite, ou du nord, comprenant la 1ʳᵉ division de cavalerie, les 3ᵉ et 4ᵉ corps, la garde impériale et la réserve générale d'artillerie; celle de gauche, ou du sud, se composant de la 3ᵉ division de cavalerie et des 2ᵉ et 6ᵉ corps. Mais, seuls, ces derniers et, dans l'autre colonne, le 3ᵉ corps, purent atteindre, dans la soirée du 15, les emplacements qui leur avaient été assignés. Aussi, le lendemain, au lieu de les faire mettre en route de bon matin, leur prescrivit-on d'attendre que les corps attardés fussent parvenus à leur hauteur : il n'en fallait pas davantage pour donner à l'ennemi le temps d'y arriver encore plus sûrement !

Ce n'est point à dire toutefois qu'il pût s'y présenter en forces. Loin d'avoir déjà préparé la « grande conversion » qui devait permettre aux armées allemandes de se rabattre vers le nord et de barrer la route à l'armée française, M. de Moltke, qui croyait déjà celle-ci en pleine marche sur Verdun, ne songeait qu'à se lancer sur ses traces et ne paraissait alors nullement certain de la rejoindre avant qu'elle n'eût passé la Meuse. Cela ressort jusqu'à l'évidence des directions assignées à la Ire et à la IIe armée, et plus encore de l'ordre donné, le 16 encore, à cette dernière (qui tenait maintenant la tête) par son

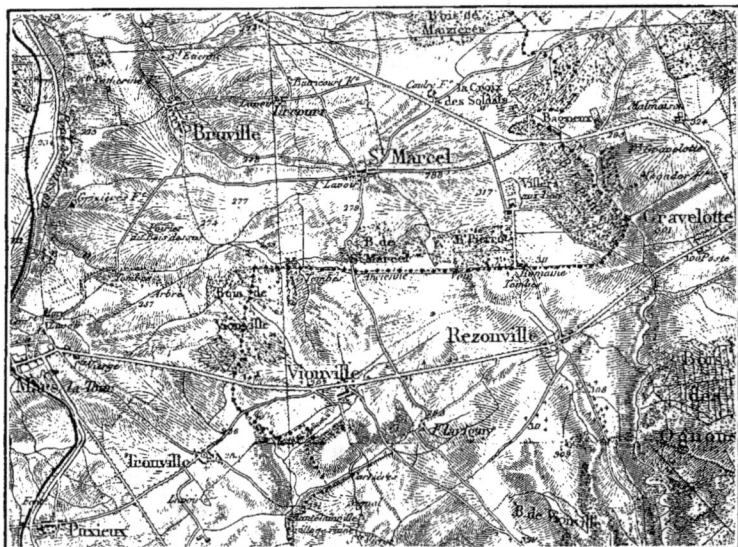

CHAMP DE BATAILLE DE RÉZONVILLE.
(Extrait de la carte de l'État-major au 1 : 80 000.)

commandant en chef, le prince Frédéric-Charles : « Une fois la IIe armée arrivée sur la Meuse et les ponts de cette rivière assurés, les troupes séjourneront probablement pendant quelques jours jusqu'à ce que les armées latérales soient parvenues à la même hauteur [1]. » On se réservait d'ailleurs de modifier ces dispositions, le cas échéant, selon les renseignements plus précis que ne pouvait manquer de recueillir la cavalerie allemande, désormais poussée plus franchement en avant et enhardie par l'inaction, ou plutôt par l'*inactivité* où semblait se complaire sa rivale.

Mais ce qui s'était déjà produit trois fois de suite, allait se renouveler une quatrième. Des divers corps de la IIe armée, 2 seulement avaient déjà

1. *Relation officielle prussienne*, t. 1, supplément XX.

franchi la Moselle, le matin du 16 : le X⁰ (général de Voigts-Rhetz), que
précédait la 5ᵉ division de cavalerie (général de Rheinbaben), et le IIIᵉ (général d'Alvensleben II), en avant duquel marchait la 6ᵉ division de cavalerie
(duc Guillaume de Mecklembourg). Ce dernier et Rheinbaben se trouvaient de
bonne heure au sud de Vionville et de Rézonville, surveillant attentivement
les mouvements des Français. qui, ne s'éclairant point, selon leur mauvaise
habitude, n'avaient aucun soupçon de la présence de l'ennemi à une si faible
distance. Voigts-Rhetz était à une vingtaine de kilomètres plus au sud, vers
Thiaucourt ; mais Alvensleben, qui s'était servi du pont de Novéant, remontait déjà dans le ravin de Gorze pour gagner la route de Mars-la-Tour et de
Verdun. Averti par la cavalerie que, sur cette route, étaient échelonnées
des forces importantes qui semblaient se disposer au départ, mais, en
attendant, étaient plongées dans la plus profonde sécurité, le commandant
du IIIᵉ corps prussien pensa qu'il serait aussi glorieux pour lui qu'utile pour
l'armée allemande tout entière d'immobiliser, de retarder tout au moins, ces
corps ennemis, qui, autrement, ne tarderaient sans doute pas à disparaître,
et s'inquiéta peu d'en compter le nombre. Ainsi, comme à Frœschwiller, à
Spicheren, à Borny, l'action s'engagea, à Rézonville, non seulement sans que
le commandement supérieur en fût prévenu, mais encore en dehors de ses
prévisions et de ses intentions même !

Le terrain sur lequel s'est livré la bataille du 16 août (et en partie aussi celle
du 18) est compris entre la Moselle et l'Orne, son affluent de gauche : c'est,
l'extrémité orientale de ce grand plateau, bien cultivé, mais assez froid, que
l'on appelle la Woëvre. L'Orne et ses tributaires n'y creusent que des sillons
peu profonds, et, jusqu'aux abords de Metz, les ondulations du sol n'y sont
guère marquées, à part, çà et là, quelques ressauts brusques. Mais, lorsqu'on se rapproche de la Moselle, le pays devient plus accidenté et en même
temps plus pittoresque ; les bois, peu nombreux et peu étendus au sommet
du plateau, en couvrent presque complètement le rebord et les pentes du
côté de la rivière, vers laquelle descendent plusieurs ravins étroits et profonds. Les plus remarquables sont, du nord au sud : celui de Châtel, qui
débouche à l'ouest et en face de Metz, au pied de la haute colline du Mont
Saint-Quentin, et que remonte aujourd'hui la ligne de Verdun ; celui de la
Mance (ainsi appelé du ruisseau qui l'arrose), aboutissant au gros village
d'Ars-sur-Moselle, connu par des forges très importantes ; enfin celui de
Gorze, dans un repli duquel est bâti le bourg de ce nom, et dont le débouché,
dans la vallée, est barré par le village de Novéant.

Suivons ce dernier, comme le fit, le 16 août 1870, au matin, le corps allemand d'Alvensleben. Après avoir traversé Gorze et contourné la côte Mousa,

nous nous élevons progressivement entre des bois assez touffus qui portent le nom de bois des Chevaux et bois des Ognons (à droite), de bois des Prêtres, de Flavigny et de Saint-Arnould (sur la gauche). En sortant de la zone forestière, on découvre tout à coup le plateau nu, couvert de nombreuses tombes militaires au milieu desquelles s'élèvent, de distance en distance, des monuments plus importants. Immédiatement en face de soi, on voit Rézonville, sur sa droite Gravelotte, et sur sa gauche Flavigny; puis au delà, Vionville. C'est à Gravelotte, on l'a déjà vu, que la route de Verdun se bifurque, et la branche du sud, qui se dirige par Rézonville et Vionville sur Mars-la-Tour, peut être considérée comme jalonnant approximativement le front de l'armée française. Celle-ci, pourtant, avait son aile gauche plus en avant (au sud) de Gravelotte, dans le bois des Ognons, tandis que son aile droite était, au contraire, un peu « refusée » en arrière de Mars-la-Tour, vers la ferme de Grizières (Greyère, dans beaucoup de cartes allemandes). De ce côté, l'action s'est même étendue sur la fin jusqu'au ruisseau de Ville-sur-Yron; mais au nord, elle n'a guère dépassé l'ancienne voie romaine, parallèle à la grande route, ni au sud, Tronville et Flavigny. C'est près de ce dernier hameau que s'élève le principal monument allemand, celui de la 5e division (amas de blocs de grès que surmonte l'aigle germaine s'envolant vers Rézonville). Le grand monument français (la France soutenant un guerrier mourant dont les mains défaillantes laissent échapper un fusil que des enfants recueillent), se trouve, lui, à Mars-la-Tour, près de la frontière. Quant aux monuments de brigades ou de régiments allemands, ils sont trop nombreux pour que nous songions seulement à les énumérer. Faisons cependant une exception pour la colonne qui indique, un peu au nord de Rézonville, le point où s'est terminée, sous nos coups de fusils, la fameuse charge de la brigade de cavalerie Bredow, si justement appelée par les Allemands la « Chevauchée de la Mort » (*Todtenritt*).

Voici d'ailleurs le tableau, en raccourci, de la bataille, que l'on peut subdiviser en quatre phases principales, ou « moments ». La première dure de neuf heures du matin à midi : notre 2e corps (Frossard) y lutte presque seul contre le IIIe corps prussien (Alvensleben); la deuxième, qui va de midi à trois heures, voit le même corps prussien aux prises avec la division des grenadiers de la garde, qui a relevé le 2e corps, et bientôt avec une partie du 6e corps (Canrobert); dans la troisième, de trois heures à cinq heures, le 3e corps vient appuyer le 6e, tandis que le IIIe corps, épuisé, est soutenu par le Xe (Voigts-Rhetz); enfin, lorsque s'ouvre la quatrième, le prince Frédéric-Charles, arrivé depuis peu sur le champ de bataille, y dirige les têtes de colonne du IXe corps (de Manstein); mais, de notre côté, le 4e corps (de Ladmirault), puis le reste de la garde impériale, sont également entrés en ligne, et, malgré des charges de cavalerie réitérées, — car, dans nulle bataille de la guerre, la cavalerie n'a joué, d'un bout à l'autre, un si grand rôle ! — l'action reste, en somme, indécise, et l'avantage tactique est plutôt de notre côté, puisque nous avons conservé nos positions et même gagné un peu de terrain sur la droite. Mais, si l'on considère que, vers le milieu de la journée, 40 000 Allemands tiennent tête à 60 000 Français, et que, dans la seconde partie, ceux-ci ont engagé 135 000 hommes contre les 95 000 amenés par les premiers, on trouvera le résultat obtenu par nous bien médiocre, et l'on déplorera qu'en face d'un adversaire aussi audacieux et aussi énergique que le général Alvensleben, il ne se soit trouvé qu'un homme incapable d'exercer le commandement au sens le plus élevé du mot, c'est-à-dire de discerner le moment et le point décisifs. Si, au lieu de présider de haut à des efforts vigoureux, mais successifs et décousus, Bazaine avait réellement compris et conduit sa bataille, il eût saisi les nombreuses occasions qui s'offraient à lui pour passer à l'offensive, infliger à l'ennemi une leçon qui l'eût réduit à l'impuissance pour plusieurs jours, et préparer la reprise d'une retraite qui eût pu, dès lors, s'opérer sans difficulté et sans péril.

[*Il n'a pas été très facile de choisir, entre les nombreuses relations existantes de la bataille de Rézonville, un récit qui fût à la fois assez clair, assez précis et en même temps pas trop long. Celui que nous reproduisons ci-dessous est emprunté au commandant Bonnet.* LA GUERRE FRANCO-ALLEMANDE DE 1870-1871. RÉSUMÉ ET COMMENTAIRES DE L'OUVRAGE DU GRAND ÉTAT-MAJOR PRUSSIEN (*Paris, 1878-1883, 3 vol. in-8°; chez Baudoin). On lui reprochera peut-être son caractère un peu technique; mais les ouvrages d'une lecture plus accessible étant ici aussi incomplets que diffus, nous n'avons pas balancé à lui donner la préférence.*]

Pendant que le Xe corps allemand, en marche sur Thiaucourt et Saint-Hilaire, jugeait sage de s'éclairer et y employait la 5e division de cavalerie qui était à sa disposition, d'autre part, le IIIe corps, montant le ravin de Gorze, se faisait précéder par la 6e division de cavalerie commandée par Guillaume de Mecklembourg. Ces 2 divisions se donnaient la main en débouchant autour de Mars-la-Tour. Vers neuf heures et demie, la division Rheinbaben amenait 2 batteries au nord-est de Tronville, sur une petite éminence, et ouvrait le feu sur les camps français plongés dans le plus profond repos. A cette pluie imprévue d'obus, les 2 divisions de cavalerie Forton et Valabrègue se repliaient précipitamment et ne s'arrêtaient que derrière les campements du 2e corps. Seules, la brigade Gramont et une batterie à cheval faisaient un instant mine de résister. Mais, au bout d'un instant, elles se retiraient aussi.

La panique, toutefois, ne se communiquait point à l'infanterie. En un instant, les 2e et 6e corps sont sur pied. Le général Frossard fait occuper à sa gauche le bois

Rezonville (16 Août 1870)

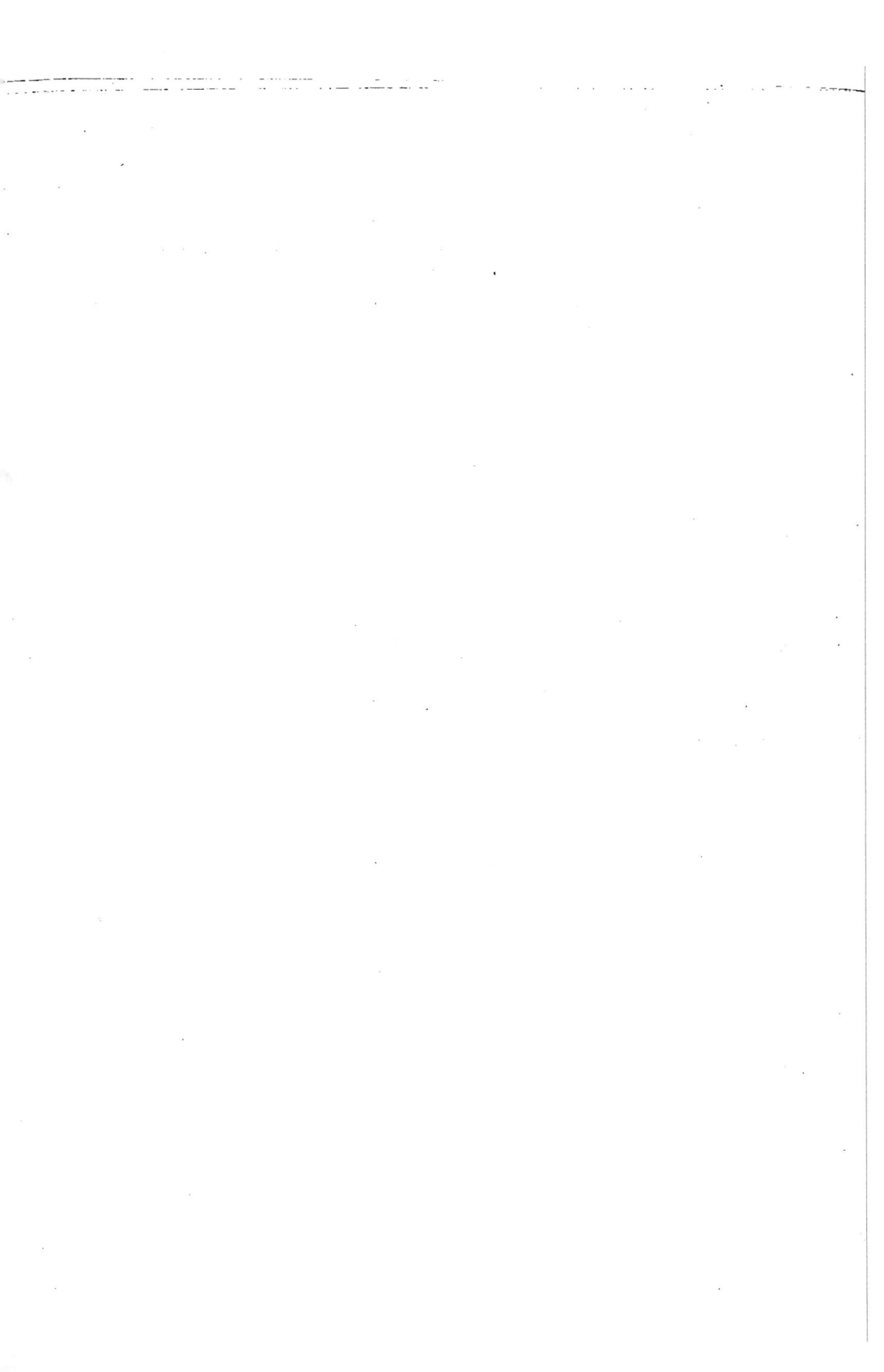

de Saint-Arnould par la brigade Lapasset, le débouché du ravin de Gorze par la division Bataille. Le maréchal Canrobert dirige sur ce même point la division Lafont de Villiers, laisse la division Tixier à Saint-Marcel et place la division Levassor-Sorval en réserve et face à gauche vers le bois de Saint-Arnould.

A l'apparition de ces forces, les cavaliers prussiens se retirent ; la division Rheinbaben se réfugie derrière les bois de Tronville, et la 6ᵉ division redescend les premières pentes du ravin de Gorze jusqu'à la ferme d'Anconville. Il se formait ainsi une immense trouée sur la ligne de bataille.

En ce moment, le IIIᵉ corps montait de la Moselle par les ravins qui y aboutissent. En arrivant sur le plateau, il voyait la route de Verdun courant de sa droite à sa gauche. Le général comte d'Alvensleben formait le projet de s'emparer de cette route et de nous couper le chemin de Verdun ; à son entrée à Gorze, la 5ᵉ division avait été prévenue par la cavalerie de la présence de l'ennemi au sommet du ravin. Le général commandant l'avant-garde faisait aussitôt occuper la ferme Saint-Thiébaut et la côte Mousa, d'où l'on pouvait défendre le défilé, et poursuivait sa route. Arrivé sur le plateau, il lançait le 48ᵉ dans le bois de Vionville et le 8ᵉ dans ceux de Saint-Arnould. Une lutte violente s'engageait sous les bois entre ces régiments et les brigades Jollivet et Lapasset. Au bout de quelque temps, on gagnait assez de terrain pour amener l'artillerie ; et l'on parvenait à établir sur la côte les 4 batteries de la division. Néanmoins, ces 2 régiments tenaient avec peine, quand la 10ᵉ brigade débouchat à son tour.

Sans attendre que le régiment de tête soit formé, le 1ᵉʳ bataillon du 52ᵉ, qui marchait le premier, est conduit au feu. Il rallie les soldats ébranlés ; mais quels que soient ses efforts ; il est bientôt obligé de reculer après avoir eu tous ses officiers tués ou blessés. Pendant ce temps, les 2 autres bataillons se forment à leur tour, et, par une vigoureuse attaque, refoulent les Français sur Flavigny. Les troupes restant de la 10ᵉ brigade s'établissaient alors en réserve sur le chemin de Buxières.

On pouvait regarder comme un grand succès d'avoir débouché de l'étroit et périlleux ravin de Gorze ; il s'agissait de ne pas y être rejeté pour éviter un désastre. La 6ᵉ division avait, pendant ce temps, débouché dans la direction de Mars-la-Tour. Elle se dirigeait d'abord vers le nord, car l'ennemi supposait toujours que l'armée française avait pris la route de Doncourt ; mais, bientôt renseignée, elle tournait à droite et se faisait précéder par son artillerie, qui allait se placer en face de Vionville. L'artillerie divisionnaire se plaçait d'abord et était bientôt rejointe par l'artillerie de corps à laquelle se joignaient les batteries de cavalerie. Ces batteries étaient fort exposées, car l'infanterie commençait à peine son mouvement, et elles n'étaient protégées que par quelques escadrons.

Sous la protection de ce feu d'artillerie, la 6ᵉ division se déploie, la 11ᵉ brigade à droite, la 12ᵉ à gauche. Elles accablent Vionville de feux et, l'abordant de trois côtés, finissent par l'enlever. A peine en sont-elles maîtresses que le village se trouve exposé à une telle pluie d'obus qu'il n'est plus tenable ; il faut marcher en avant. On se rue de divers côtés sur Flavigny, et l'on s'en empare. Les Français se replient ; mais les Allemands sont dans le plus grand désordre. Toutes les unités tactiques sont confondues ; mais n'importe, on a maintenant un point d'appui solide sur le plateau. La cavalerie essaie de charger sur les brigades Pouget et Collin, mais elle paie cher cette audace. Un seul escadron y perd 70 chevaux.

Grâce à ces efforts, la ligne prussienne s'était resserrée ; le vide existant entre les deux divisions était comblé et le front de bataille présentait une ligne continue. La difficulté était de s'y maintenir. Cette ligne mince pouvait facilement être rompue par les nombreuses troupes dont disposait le maréchal Bazaine, et les secours que l'on attendait étaient encore loin. Vers onze heures, heureusement, arrivait la 36ᵉ brigade du Xᵉ corps : le général d'Alvensleben, heureux de ce renfort, l'établissait en réserve près de Tronville, prêt à soutenir et à renforcer sa mince ligne de bataille.

Le maréchal Bazaine avait, pendant ce temps, pris des dispositions de défense

GRAND MONUMENT FRANÇAIS A
MARS-LA-TOUR.
(Cliché Prillot, à Metz.)

Nous avons vu que la division Levassor-Sorval avait été placée à Rézonville, face au débouché du ravin venant de Gorze. Pour assurer plus complètement sa gauche, le maréchal plaçait presque sur le même point les zouaves de la garde, et enfin, à la Malmaison, il plaçait la division Deligny, des voltigeurs de la Garde, en extrême réserve. Le maréchal gardait donc 3 divisions d'infanterie et une de cavalerie pour la défense d'un point où il ne devait pas être attaqué.

La réserve d'artillerie venait se placer à Rézonville en arrière du 6ᵉ corps, gardée sur son flanc droit par la division de cavalerie Forton, et sur son flanc gauche par la division Valabrègue. L'enlèvement de Vionville et de Flavigny par les Allemands forçait à divers mouvements de la part des Français. D'un côté, la brigade Fauvart-Bastoul se portait en avant pour remplacer la brigade Valazé ; en arrière, la réserve d'artillerie se déployait au nord de Rézonville, et à la droite, le maréchal Canrobert appelait de Saint-Marcel la division Tixier pour déborder la gauche prussienne.

Enfin le général en chef envoyait presser la marche des 3ᵉ et 4ᵉ corps. Ces trois opérations avaient des succès différents. La brigade Fauvart-Bastoul prenait une direction oblique au front de bataille pour se porter au secours de la brigade Valazé. Elle s'exposait ainsi au feu d'enfilade des batteries placées à Vionville et au cimetière de ce village. Les généraux Valazé et Bataille étaient blessés, et la brigade se repliait en désordre. Pour rétablir le combat, le maréchal Bazaine lance ce qu'il a de cavalerie sous la main : le 3ᵉ lanciers et les cuirassiers de la Garde. La charge des lanciers s'ébranle et revient sans résultat, aucun point de direction ne lui ayant été donné. Les cuirassiers les remplacent, enlevés au galop par le général du Preuil : ils se heurtent contre la 10ᵉ brigade d'infanterie. Celle-ci les accueille par un feu bien dirigé à 200 mètres. La charge passe au travers ; le deuxième rang se retourne et la fusille par derrière ; les débris du régiment se retirent en toute hâte, laissant sur le terrain 22 officiers, 208 cuirassiers et 243 chevaux.

A leur poursuite s'élancent les hussards de Brunswick et le 11ᵉ hussards. Ils traversent au galop le champ de bataille et aperçoivent tout d'un coup sur la droite une batterie de la Garde que le maréchal Bazaine plaçait lui-même. Le capitaine de Vorst charge de front la batterie qu'il traverse : le maréchal Bazaine met l'épée à la main pour sa défense et est entraîné dans la fuite de son escorte. Il galope côte à côte avec un officier prussien jusque sur la grande route, où la présence d'un bataillon de chasseurs et de 2 escadrons d'escorte arrête la charge.

Pendant ce temps le général Alvensleben, voulant mettre à profit la retraite du 2ᵉ corps, ordonnait à la 6ᵉ division de cavalerie de quitter la ferme d'Anconville et de se préparer à charger. Il faut du temps pour communiquer l'ordre, pour gravir les pentes et pour se déployer. Simultanément, du côté des Français, la division Picard venait remplacer le 2ᵉ corps. Quand donc la 6ᵉ division de cavalerie se présente pour charger, elle trouve devant elle des troupes fraîches qui l'accueillent par une vive fusillade ; la batterie de Rézonville l'accable de projectiles. Débouchant sur un terrain trop étroit et craignant de masquer l'artillerie, la division ne peut pas se déployer : elle reste formée en colonne d'escadrons, dont les étroits intervalles laissent à peine un passage aux hussards repoussés. Sous ce feu violent et dans ces conditions, la charge est impossible et elle se replie derrière Flavigny.

L'artillerie prussienne profitait de tout ce tumulte pour converser légèrement à droite, de manière à faire face à Rézonville. L'infanterie cherchait à pousser en avant de Vionville, mais alors les effets du mouvement ordonné par le maréchal Canrobert et ceux de la batterie de Rézonville se faisaient sentir : cette infanterie était accueillie de front par une pluie d'obus et décimée sur son flanc gauche par les troupes du 6ᵉ corps, qui ont déjà exécuté leur conversion. Bientôt la division Tixier atteint la voie romaine ; il faut donc faire face à ce nouvel ennemi ; la 6ᵉ division fait

MONUMENT DE CHAMBIÈRE.
Cliché Prillot, à Metz.

alors face au nord ; mais elle ne peut franchir la grande route et s'embusque dans les fossés, exposée au tir d'enfilade des batteries placées autour de Rézonville.

La position devient critique pour le général Alvensleben ; il faut rester maître de la route par où arrivera le Xᵉ corps ; il a recours à sa réserve. La brigade Lehmann, du Xᵉ corps, se porte alors dans les bois de Tronville ; mais elle y est arrêtée par le feu à longue portée des chassepots. Ces tentatives pour en franchir la lisière causent la perte de beaucoup d'officiers et de soldats. Il est évident que ce renfort est insuffisant, on n'a plus d'autre réserve que la cavalerie ; une partie reste pour protéger la gauche, l'autre partie est désignée pour charger.

Le général Bredow enlève les 6 escadrons qui lui restent. Cette brillante cavalerie fond sur les lignes françaises : chargeant avec le même courage qu'ont montré une heure auparavant les cuirassiers français ; elle subit le même sort ; elle est fusillée à son arrivée, fusillée à revers après son passage, chargée en deuxième ligne par la cavalerie Forton, comme les cuirassiers français l'avaient été par les hussards de Brunswick. Quand elle a rejoint les lignes prussiennes, elle se recompte : les 6 escadrons peuvent à peine en former 2. Il est resté sur le champ de bataille 379 hommes et 409 chevaux.

C'était le moment de reprendre l'attaque et de jeter hors de la route de Verdun les troupes épuisées du comte d'Alvensleben. La tête des colonnes du 3ᵉ corps étaient en vue, et l'on annonçait l'arrivée du 4ᵉ corps venant de Doncourt. Le succès était certain. Mais on ne sut pas saisir l'instant propice. Le maréchal Bazaine, craignant toujours pour sa gauche, accumulait sur ce point la division des voltigeurs de la Garde, qui venait remplacer les grenadiers passés en première ligne; la division Montaudon du 3ᵉ corps, qui remplaçait à Malmaison les voltigeurs de la Garde; enfin le 2ᵉ corps, qui, rallié et reformé, se plaçait en arrière du ravin de la Mance. Enfin le bataillon de chasseurs de la Garde était tout entier jeté dans le bois des Ognons.

Il était alors près de deux heures et demie. Les Français attendaient l'arrivée en ligne des 3ᵉ et 4ᵉ corps. Le général Alvensleben, lui, attendait avec une vive anxiété l'arrivée du Xᵉ corps à sa gauche, et à sa droite les secours du IXᵉ corps, qu'il avait envoyé réclamer avec insistance. Les combattants étaient harassés de fatigue, et la bataille ne continuait que par une canonnade plus ou moins vive, préparant l'action des renforts attendus.

Bientôt, vers trois heures, l'arrivée des 3ᵉ et 4ᵉ corps permettait de pousser en avant. On plaçait en première ligne les divisions Aymard et Grenier ; la division Nayral restait en réserve entre Saint-Marcel et Villers-aux-Bois, avec la brigade de cavalerie Juniac ; la division de Cissey était en marche pour former l'extrême droite. Le combat reprend avec une nouvelle intensité, et, au bout d'une heure, l'armée française a reconquis les bois de Tronville et arrive presque sur la grande route.

C'est le moment où arrivent enfin les troupes du Xᵉ corps, précédées par une partie de son artillerie. Une partie des troupes est dirigée : à droite, au secours de la 5ᵉ division ; l'artillerie de corps va renforcer la batterie de Vionville qui, forcée de se former en potence, résiste avec peine aux projectiles qui pleuvent sur elle ; enfin le reste se porte au secours de l'aile gauche. Un premier effort permet de dépasser la route. Les Français, quoique bien supérieurs en nombre, semblent hésiter et s'arrêter ; il faut agir sur leur droite, et la 38ᵉ brigade se forme en avant de Mars-la-Tour pour l'attaquer.

A quatre heures, le prince Frédéric-Charles arrivait à Pont-à-Mousson sur le champ de bataille. Jusqu'à midi, il avait cru à un engagement ordinaire et avait même donné des ordres pour continuer la marche sur Étain. Mais, sur de nouveaux avis, il était monté à cheval et allait prendre place sur le mamelon de Flavigny. Au bout de quelques instants, il donnait l'ordre à la droite de se maintenir dans ses positions et à la gauche d'attaquer. Pour se conformer à ces ordres, la grande batterie placée entre Flavigny et le bois de Vionville, et qui comptait déjà 60 pièces, était portée à 102, au moyen de l'arrivée des batteries du Xᵉ corps, de celles des divisions de cavalerie et de celles du VIIIᵉ corps, dont les têtes de colonnes débouchaient en ce moment de Gorze.

Pendant ce temps, le maréchal Bazaine, arrêtant tout mouvement en avant, ordonnait de rester partout sur la défensive. Craignant toujours pour sa gauche, il portait encore sur ce point la division Montaudon. Il ordonnait, d'autre part, au maréchal Le Bœuf de tenir ferme dans ses positions et de se rallier au 6ᵉ corps. C'est ainsi qu'il laissait passer l'instant favorable, sans se douter de sa supériorité de forces, qu'allait cependant révéler l'attaque infructueuse du Xᵉ corps :

La 38ᵉ brigade monte d'abord la pente qui part de Mars-la-Tour vers le nord ; arrivée sur la crête, elle est foudroyée par l'artillerie avec une telle violence que la deuxième ligne se disperse immédiatement en tirailleurs ; c'est à peine si quelques groupes restent encore serrés. Cependant la ligne avance, faisant 100 à 150 pas en courant, se couchant ensuite pour se relever et courir encore un moment. Un ravin étroit et profond, formant presque un fossé, la sépare des lignes françaises; elle s'y jette, remonte l'escarpement opposé et apparaît sur le bord. Les deux lignes sont en quelques points à 30 mètres l'une de l'autre. Une fusillade épouvantable s'engage, et, au bout d'une minute, les Prussiens sonnent la retraite, redescendent dans le fossé, et les débris de la 38e brigade fuient au loin, dans la direction de Tronville. Entrée en ligne avec 95 officiers et 4 546 hommes, elle perd en officiers 75 pour 100 et en hommes 55 pour 100.

La cavalerie a aperçu ce désastre, et immédiatement les généraux de Brandenburg et Rheinbaben chargent à outrance. Ce sont d'abord les dragons de la Garde; leur charge impétueuse repousse, dans le ravin, les troupes du 13e de ligne français qui ont tâché de le franchir. Mais leur bravoure cause la mort de 11 officiers, de 125 cavaliers et de 250 chevaux. Après eux et à leur gauche, 5 régiments de cavalerie chargent sur deux lignes dans la direction de Ville-sur-Yron. En ce point, le général de Ladmirault avait amené la division de cavalerie Legrand, la brigade de France et le 2e chasseurs d'Afrique. Les deux lignes fondent l'une sur l'autre; il s'ensuit un pêle-mêle épouvantable. D'épais nuages de poussière enveloppent les combattants et, au bout de quelques minutes, les deux partis battent en retraite, les Français sur Bruville, les Allemands sur Mars-la-Tour : 5 000 cavaliers avaient pris part à cette mêlée.

L'obscurité commence à se faire, le général Voigts-Rhetz replie ses batteries au sud de la chaussée et établit ses divisions au nord de Mars-la-Tour et de Tronville. A la droite prussienne, le IXe corps (Manstein) avait apporté l'appui de la 25e division hessoise et d'une brigade de la 18e division. Ces nouvelles troupes s'engageaient à la droite dans les bois des Ognons, de Saint-Arnould et de Vionville. Mais ces renforts étaient impuissants à conquérir le terrain, et le combat s'arrêtait vers sept heures du soir.

Cependant le prince Frédéric-Charles voulait, à la tombée de la nuit, tenter une attaque dont il espérait de grands effets. Le désordre qui suivrait cette attaque inattendue, l'effet moral que devait produire cette ténacité lui paraissaient autant de gages de succès. La nuit était donc tombée, quand une ligne de 54 pièces se porta en avant, sur Rézonville, soutenue par l'infanterie et par la 6e division de cavalerie. Elle vint couronner la crête à l'est du village.... Il était environ huit heures, et l'on ne pouvait plus se guider qu'à la lueur des coups de feu. La Garde impériale se portait aussitôt en avant, repoussait sans peine cette audacieuse tentative, et, au bout d'un instant, les Allemands battaient en retraite, après avoir inutilement semé le terrain de morts et de blessés.

Ce ne fut que vers dix heures du soir que le silence s'établit sur ce champ de bataille si opiniâtrément disputé.

Les Prussiens avaient perdu 15 970 hommes, dont près de 12 000 appartenaient au IIIe et au Xe corps. Les Français avaient perdu 10 859 hommes, dont 5 658 au 6e corps et 5 286 au 2e. Le nombre des blessés était à peu près le même des deux parts; le nombre des morts était de 4 421 chez les Allemands et de 1 367 seulement chez nous. Il est vrai que nous comptions 5 472 disparus; la plupart étaient des blessés restés aux ambulances de Rézonville et de Gravelotte.

Vers minuit, le maréchal Bazaine ordonnait à l'armée française de se replier sur Metz, sous le prétexte de se ravitailler en munitions. La retraite s'opérait tranquillement sans que les Prussiens cherchassent à la troubler, tout heureux et tout étonnés de voir qu'on leur cédait un terrain qu'ils n'avaient pas conquis.

La bataille du 16 août 1870 a été, après celle du 18, la plus sanglante de toute la guerre et l'une des plus meurtrières du siècle, eu égard surtout aux effectifs engagés. Pour la première fois, nous avions et gardions jusqu'à la fin la supériorité du nombre ; nous possédions, pour le moins, l'égalité du courage : mais nous restions lamentablement inférieurs en tout ce qui concernait le haut commandement. Certes, la direction avait fait assez manifestement défaut du côté opposé, puisqu'elle nous avait fourni l'occasion d'écraser 2 corps allemands sans qu'il fût matériellement possible de leur porter un secours efficace. Mais que dire du général qui a laissé échapper cette occasion inespérée, qui n'a même pas paru se douter que la fortune la lui eût offerte, et qui, en se retirant le soir sous Metz, à la stupeur de ses lieutenants et de son armée, a permis à l'adversaire de s'attribuer tout le succès de la journée — et non sans apparence de raison, puisqu'il en devait recueillir tous les bénéfices! Victorieux? nous aurions certainement pu l'être ; nous l'étions même, sans contredit, pour si peu que nous l'eussions senti et affirmé. Mais, suivant le mot du général Canonge, « qu'importe une victoire sans lendemain ? Or, c'est pour l'ennemi, malheureusement, que ce lendemain a existé ».

XXVI

Saint-Privat

(18 août 1870)

MARÉCHAL
CANROBERT
(Cliché Nadar.)

LE ROI
ALBERT DE SAXE
(Cliché Meyer,)
Dresde.

L A journée du 17 août est peut-être la date la plus capitale de toute la guerre de 1870, bien qu'elle n'ait été signalée de part et d'autre que par de simples mouvements de troupes. C'est ce jour-là, en effet, que s'est réellement décidée la grande question de savoir si l'armée de Metz, le principal espoir de la France, serait, ou non, perdue pour celle-ci. Elle le fut; mais peut-on sans d'amers regrets, ou pour parler franc, sans une indignation trop légitime, rappeler et montrer qu'il ne tenait qu'à Bazaine de se dérober, à ce moment encore, et qu'un inconcevable aveuglement l'a seul empêché de profiter de la dernière circonstance favorable qui se présentât pour lui et pour nous !

L'ennemi était si peu fixé lui-même, le matin, sur la direction à prendre; la fameuse conversion conçue et préparée dès la Sarre, à ce qu'on prétend généralement, avait encore si peu pris corps à cette heure dans l'esprit de M. de Moltke qu'il arrêtait lui-même une sorte de reconnaissance offensive entreprise vers midi, du côté de Rézonville, par deux des corps nouvellement arrivés, les VIIe et VIIIe. A la vérité, la *Relation prussienne officielle* prête, dès le 16, au haut commandement, l'intention de « rejeter l'ennemi sur Metz et de le couper de la Meuse »; mais elle avoue presque aussitôt que, dans la soirée du 17, on ne savait pas encore si cet ennemi s'était lui-même rabattu sur Metz, ou s'il n'avait pas fait retraite par les routes du nord, c'est-à-dire par Conflans ou Briey : « Le champ, dit-elle, demeurait libre pour les deux hypothèses. » D'ailleurs, les instructions données par le prince Frédéric-Charles, le 18, à cinq heures du matin, sont plus explicites encore et accentuent le doute où l'on se trouvait plongé : « L'ennemi, dit-il, paraissait hier soir (17) en retraite sur Conflans. Pour le moment, il ne s'agit que d'une

38

marche en avant de 8 kilomètres à peine…. On ne peut préciser encore si tout
cela amènera pour la IIe armée un changement de front à droite ou *à gauche*[1]. »
Ainsi, le 16, les têtes de colonnes allemandes donnaient dans le flanc de
l'armée française, qu'elles s'attendaient à pousser en queue, et, le 17, elles
songeaient à l'aller rejoindre vers le nord-ouest, alors qu'elles l'avaient déjà
dépassée!

Quoi d'étonnant? Si rapprochées que fussent les deux armées, après une
bataille à la fin de laquelle chacune avait à peu près conservé ses positions,
le « contact » était reperdu par la cavalerie allemande, sinon à droite où les
avant-postes (qui pouvaient n'être, de notre côté, que ceux de la garnison de
Metz) étaient restés en présence, du moins « sur le front et à l'aile gauche,
où il allait s'affaiblissant sans cesse, jusqu'au moment où il
finissait par cesser totalement[2]. » Le soir du 17, cependant,
M. de Moltke finit par se rappeler le mot de Napoléon : « On
s'engage et puis on voit », et il ordonna un mouvement général,
vers le nord, de l'armée maintenant réunie presque tout entière;
mais il est manifeste qu'il ignorait toujours s'il rencontrerait
l'ennemi en tête, ou à l'est, du côté de Metz, ou bien à l'ouest,
dans la direction de la Meuse. Il faudra les premiers coups
de fusil du 18 pour le tirer de son incertitude, que nous verrons jusque
dans la nuit suivante toucher de bien près à l'anxiété.

PRINCE AUGUSTE
DE WURTEMBERG
(Cliché Société de pho-
tographie de Berlin.)

C'est pour cela qu'en dépit d'affirmations qui ne se sont produites qu'après
coup, il est impossible de ne pas reconnaître, avec G. Gilbert, que l'inaction
des Allemands laissait à Bazaine toute faculté de reprendre, le 17, le mouvement que la bataille l'avait obligé d'interrompre. Sur la route de Mars-la-
Tour même, il n'eût rencontré dans la matinée que deux corps épuisés par
la lutte de la veille et dont un effort un peu vigoureux eût aisément eu
raison ; sur celles de Conflans et de Briey, cet effort n'était même pas
nécessaire : il n'y avait qu'à montrer quelque décision et à déployer quelque
activité. Mais ces qualités, comme toutes les autres, faisaient totalement
défaut au triste commandant de l'armée de Metz; il ne songeait qu'à s'accrocher aux positions les plus voisines, suivant la coutume des généraux qui
ignorent l'art de manœuvrer ; et quand on le voit se renfermer, le 18 comme
le 16, dans une défensive strictement passive, qu'il ne prend même pas le
souci de diriger en personne, on en vient à se demander si son inertie, à
à laquelle on a cherché tant d'autres causes, ne résulte pas simplement de
la claire conscience qu'il devait avoir dès lors de sa profonde incapacité.

1. *Relation prussienne*, t. 1, p. 654 et 655.
2. *Id.*, t. 1, p. 632.

La bataille qui porte en France le nom de Saint-Privat et en Allemagne celui de Gravelotte[1], a eu pour théâtre une partie du plateau dont la bataille de Rézonville nous a fourni l'occasion de donner la description générale :

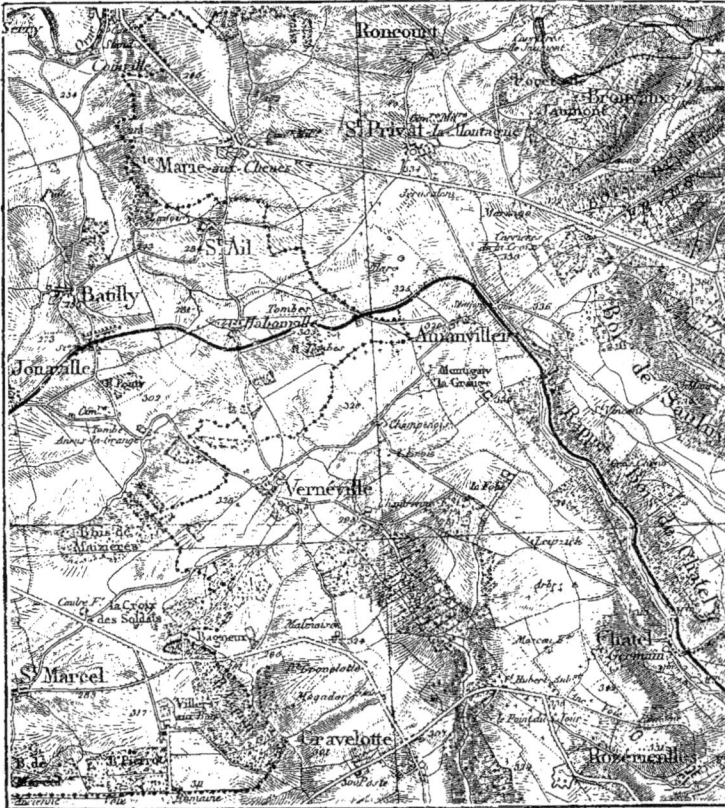

CHAMP DE BATAILLE DE SAINT-PRIVAT.
Extrait de la carte de l'État-major au 1 : 80 000.

il suffira donc d'un simple « raccord » ajouté à celle-ci pour achever de le faire connaître. Deux ravins, nous l'avons vu, descendent parallèlement (et obliquement) de ce plateau à la vallée de la Moselle, au nord du vallon de Gorze : l'un, que suit maintenant la ligne de Verdun, de Châtel-Saint-Germain

1. Les Allemands ont préféré ce nom, parce que le roi et son entourage se tinrent toute la journée près de Gravelotte; mais c'est à Saint-Privat que la bataille fut gagnée, comme le montrera le récit, et la dénomination française mérite, par conséquent, de prévaloir.

à Amanvilliers; l'autre, qu'arrose le ruisseau de la Mance, dont il prend son nom, à défaut de lieux habités. Tous les deux ont leurs flancs boisés; mais l'espèce de promontoire qui s'allonge entre eux et qui constituait la *charpente* des positions de l'armée française, est aussi nu que la plaine entre Rézonville et Vionville, sauf à son extrémité méridionale, que couvre le grand bois de Vaux. On n'y rencontre aucun village; mais, par contre, un certain nombre de grosses fermes dont les bâtiments, de construction solide, fournissaient d'excellents points d'appui à la défense : dans la partie nord, Montigny-la-Grange, Champenois, l'Envie, Chantrenne, la Folie ; plus au sud, Leipsick, Moscou, Saint-Hubert (en même temps auberge), le Point-du-Jour. C'est immédiatement au-dessus de Saint-Hubert que la grande route, après avoir contourné le « fond » de Rozérieulles (à l'extrémité méridionale du ravin de Châtel), s'enfonce dans le ravin de la Mance pour remonter ensuite vers Gravelotte. A 1 kilomètre au nord-ouest de ce village sur la branche nord de la route de Verdun, est située la ferme de Mogador, près de laquelle se tenait le roi Guillaume pendant la bataille, comme le rappelle une grosse pierre avec inscription. Un peu plus loin, près de Malmaison, autre groupe de bâtiments, un chemin se détache à droite de la route (qui file maintenant du côté de l'ouest, vers Doncourt et Conflans), longe la lisière du bois des Génivaux, dans lequel commence à se creuser le ravin de la Mance, laisse à droite la ferme de Chantrenne, mentionnée ci-dessus, traverse Vernéville, Habonville et Saint-Ail, et rejoint enfin à Sainte-Marie-aux-Chênes la route de Metz à Briey. Ce chemin jalonne assez exactement le front de l'armée allemande, au centre et à l'aile droite; mais son aile gauche s'est étendue encore au delà de Sainte-Marie-aux-Chênes jusqu'à l'Orne. En effet, la ligne des positions françaises ne s'arrêtait pas elle-même à Amanvilliers, à l'origine du ravin de Châtel : elle débordait au nord de la voie ferrée et se prolongeait jusqu'à Saint-Privat-la-Montagne, village très avantageusement situé, en avant de la forêt de Jaumont, sur une éminence dont les pentes s'abaissent doucement sur Roncourt au nord, sur Sainte-Marie-aux-Chênes à l'ouest, et sur Habonville au sud-ouest. Le *glacis de Saint-Privat*, si difficile à traverser sous les feux rasants du village et de son « avancée », la ferme de Jérusalem, restera célèbre dans l'histoire de la tactique : Guillaume Ier l'a appelé à juste titre « le tombeau de sa garde », et son désir de le conserver en terre allemande a amené la rétrocession, en échange d'une rectification de frontière du côté de Belfort, des deux communes de Saint-Privat et de Marie-aux-Chênes, que le traité de Francfort avait d'abord laissées à la France.

Nulle part, les sépultures militaires ne sont aussi nombreuses et aussi pressées — si ce n'est peut-être aux abords de Saint-Hubert et du Point-du-

Jour — et les monuments collectifs eux-mêmes s'y rencontrent presque à chaque pas. Tous ont été élevés par des corps de l'armée allemande et principalement par ceux de la Garde, en mémoire des officiers et soldats qu'ils ont perdus le 16 août. A Sainte-Marie-aux-Chênes, par exception, il existe un monument français, que surmonte une statue de la Vierge et qui a été consacré par « LE COLONEL COMTE DE GESLIN, LES OFFICIERS ET SOUS-OFFICIERS DU 94ᵉ DE LIGNE A TOUS LES BRAVES DU RÉGIMENT MORTS POUR LA FRANCE LE 18 AOUT 1870. Pour des raisons faciles à comprendre, les Français ont préféré s'en tenir au grand monument national de Mars-la-Tour, dont il a été déjà parlé, et qui est destiné à rappeler le souvenir des victimes de Saint-Privat aussi bien que celles de Rézonville, comme en témoigne sa principale inscription : « A LA MÉMOIRE | DES SOLDATS FRANÇAIS | MORTS POUR LA PATRIE | DANS LES JOURNÉES | DES 16 ET 18 AOUT 1870 [1]. » Mais nous nous reprocherions de ne point signaler, d'autre part, le monument, d'un grand caractère, qui a été érigé à Metz même, dans le cimetière de l'île Chambière, aux frais et par les soins des habitants de la ville annexée : touchant hommage à tous ceux qui sont tombés dans les diverses batailles livrées aux alentours, ou qui ont succombé à la maladie pendant le blocus.

Sur les positions qui viennent d'être décrite, les diverses fractions de l'armée française s'étaient établies, le 18 au matin, dans l'ordre ci-après : à gauche, derrière le Point-du-Jour et Saint-Hubert, à cheval sur la route de Gravelotte, le 2ᵉ corps (Frossard), couvert à l'extrême gauche, vers la Moselle, par la brigade Lapasset ; au centre, le 3ᵉ corps, appuyé aux trois fermes de Moscou, de Leipsick et de la Folie ; puis le 4ᵉ (de Ladmirault), à Montigny-la-Grange et à Amanvilliers ; à droite, enfin, le 6ᵉ corps (Canrobert), à Saint-Privat et Roncourt. Quand à la Garde impériale (Bourbaki), elle était gardée en réserve sous le Mont-Saint-Quentin, à l'entrée du ravin de Châtel, avec la réserve générale d'artillerie. C'était aussi de ce côté, tout à fait en arrière de l'aile gauche, que se tenait Bazaine : à aucun moment, il n'eut la pensée de se rapprocher de sa droite, que toutes les nouvelles lui représentaient comme de plus en plus violemment attaquée, et à tous les appels, à toutes les demandes de secours qui lui étaient adressés, il se borna à répondre : « Ils ont de bonnes positions ; qu'il les gardent ! » Dès cinq heures du soir, il était rentré à son quartier général sans avoir donné aucun ordre, sans seulement laisser aucune instruction, ne paraissant même pas se douter qu'à quelques kilomètres de là se décidait le sort de la bataille, de son armée, et, du même coup, celui de son pays.

1. Les deux beaux bas-reliefs en bronze qui ornent le piédestal représentent : l'un le grand combat de cavalerie du 16 sur le plateau de Ville-sur-Yron et la mort du général Legrand ; l'autre, la défense de Saint-Privat par le corps du maréchal Canrobert, que l'on voit donnant ses ordres.

[*Le récit suivant est, tiré comme celui de la bataille de Rézonville, de la* GUERRE
FRANCO-ALLEMANDE, RÉSUMÉ ET COMMENTAIRES DE L'OUVRAGE DU GRAND ÉTAT-
MAJOR PRUSSIEN, *par le commandant Bonnet (Paris, Baudoin, éditeur); nous
avons dit précédemment les motifs qui nous ont déterminé à lui donner la
préférence.*]

On avait pris les armes à cinq heures du matin, et, à neuf heures, l'armée
allemande tout entière s'avançait vers le nord, en échelons, suivant l'ordre prescrit.
La cavalerie, envoyée au loin en avant, éclairait par un va-et-vient continuel la
marche des troupes. C'est ainsi que l'on apprenait successivement : que l'armée
française était campée depuis le Point-du-Jour jusqu'à Amanvilliers, qu'on apercevait des mouvements nombreux, et que du côté du nord, à Habonville, Auboué,
Sainte-Marie et dans toute la vallée de l'Orne, il n'y avait rien. A l'arrivée de
ces renseignements, l'état-major général allemand concluait que l'armée française, ne se trouvant pas sur la route de Briey, devait tout entière faire face à
l'ouest, et qu'il y avait lieu, par suite, d'opérer une conversion de toute l'armée sur
son aile droite comme pivot.

Un moment, on crut voir l'armée française se dirigeant sur Briey. Mais, à la
suite de nouvelles plus positives, l'état-major rectifia la position supposée de nos
troupes; seulement il pensa que notre droite ne s'étendait que jusqu'à Amanvilliers.
C'est dans cette hypothèse qu'il expédia l'ordre suivant :

« D'après les renseignements recueillis, tout fait supposer que l'ennemi veut se
maintenir entre le Point-du-Jour et Montigny-la-Grange. 4 bataillons français
ont pénétré dans les bois des Génivaux. Sa Majesté estime qu'il convient de
porter le XIᵉ corps dans la direction de Batilly, de manière à joindre l'adversaire à
Sainte-Marie-aux-Chênes, s'il se retire sur Briey, ou à l'aborder par Amanvilliers,
s'il reste sur les hauteurs. L'attaque aurait lieu simultanément, savoir : pour la
Iʳᵉ armée, par le bois de Vaux et Gravelotte ; pour le IXᵉ corps, contre le
bois des Génivaux et Vernéville ; pour l'aile gauche de la IIᵉ armée, par le nord. »

Le prince Frédéric-Charles, placé plus près des troupes, expédiait vers onze
heures et demie les ordres définitifs.

C'est ainsi que s'exécutait le changement de front de l'armée prussienne.

Pendant ce temps, le IXᵉ corps était arrivé en face d'Amanvilliers, et, comme les
bois l'empêchaient de voir Saint-Privat, il croyait que la droite de l'armée française s'arrêtait à Amanvilliers ; se conformant donc à l'ordre donné, il attaquait
immédiatement. Mais, pendant ce temps, l'armée française avait pris ses positions
et s'apprêtait à recevoir l'ennemi.

Arrivée à Vernéville, la 18ᵉ division, qui formait la tête de colonne, faisait face à
droite et entamait l'action. A onze heures trois quarts, la batterie de l'avant-garde
tirait le premier coup de canon; elle était immédiatement rejointe par l'artillerie de
corps. Cette ligne de 6 batteries se portait sur une croupe de terrain qui va de Vernéville à Amanvilliers.

En même temps, l'infanterie attaquait la ferme de l'Envie, placée à quelque distance de notre front. Le petit détachement qui l'occupait était bientôt forcé de
d'évacuer, bien que les secours fussent à peu de distance. L'ennemi trouvait inoc-

cupée la ferme de Chantrenne. Il essayait ensuite, mais vainement, de dépasser cette ligne : les feux de la ferme de la Folie et du bouquet de bois placé près de la ferme arrêtaient toutes ses tentatives. Bientôt même, la position devenait critique pour le IX⁰ corps. La ligne de bataille de ses batteries perpendiculaire à notre front était prise d'enfilade par nos batteries, et nos mitrailleuses obtenaient les résultats les plus rapides et les plus meurtriers. En quelques moments, une seule batterie perdait plusieurs officiers, 3 chefs de pièces et 40 hommes. Tous les chevaux étaient tués ou blessés. Incapable de résister à cette écrasante supériorité, l'artillerie prussienne battait en retraite, laissant sur place 3 voitures de munitions et quelques pièces qui restaient dans le bois de la Cusse. Le IX⁰ corps se décidait alors à la retraite.

Mais, au même moment, le prince Frédéric-Charles ordonnait à l'artillerie du III⁰ corps de se porter en ligne pour soutenir le IX⁰. Les batteries de ce dernier corps, empruntant des attelages aux sections de munitions, se remettaient en ligne, et, vers quatre heures, 12 batteries se trouvaient en action. Le feu de l'artillerie française diminuait sensiblement sous tant d'efforts, et la ligne prussienne réussissait à se maintenir ; le III⁰ corps, comptant 17 000 hommes, formait la réserve générale.

À la gauche du IX⁰ corps, pendant ce temps, on n'était pas resté inactif. La Garde, marchant vers le nord, était arrivée à Habonville, et, pour protéger sa marche de flanc, 4 batteries divisionnaires allaient s'établir au sud-ouest de ce village. Elles ouvraient leur feu à une heure, mais reconnaissaient bientôt que la position n'était pas tenable.

MONUMENT FRANÇAIS
DE SAINTE-MARIE-AUX-CHÊNES.
Cliché Prillot, à Metz.

Elles battaient alors en retraite, traversaient au galop la tranchée du chemin de fer, et, prenant le ravin derrière Saint-Ail, elles venaient se reformer au sud-ouest de ce village. Mais les batteries françaises, placées d'abord sur les pentes du plateau, se portent en arrière pour se couvrir de la crête. Elles deviennent alors presque invulnérables pour l'ennemi, qui tire de bas en haut. Une épaisse fumée traînant sur le sol empêche de pointer et de rectifier le tir.

Pendant ce temps, le maréchal Canrobert avait fait occuper Sainte-Marie. Ce village bien bâti, entouré de murs, eût permis une défense facile si l'on eût vu le mouvement en avant de la garde prussienne. Le général de Pape, ayant déjà disposé son artillerie divisionnaire à Saint-Ail, emprunta 10 pièces d'artillerie de corps et s'aboucha avec le XII⁰ corps saxon pour attaquer le village. La 24⁰ division [saxonne] envoyait de suite son artillerie se mettre en position à l'est du ravin que suivaient les troupes, et l'artillerie du XII⁰ corps se plaçait à l'ouest du même ravin. On ouvrait ainsi le feu à 1 200 ou 1 500 mètres de distance, et bientôt on pouvait s'apercevoir de son efficacité. Enfin, à trois heures, on attaquait Sainte-Marie sur tous les points. À trois heures et demie, le village était envahi sans grandes difficultés, et bientôt 15 bataillons y étaient concentrés. Les généraux ennemis s'efforçaient immédiatement de reformer leurs troupes et n'y parvenaient qu'avec la plus grande difficulté. C'eût été le cas pour l'artillerie française de diriger tous ses feux sur le village enlevé, mais on ne le fit pas.

Pendant ce temps, l'artillerie de la Garde se portait en avant par échelons, et se plaçait vers Saint-Ail. Cela occasionna, de la part de l'artillerie française, un redoublement de feux qui eussent été mieux employés sur Sainte-Marie. Vers quatre heures, nos batteries étaient à peu près réduites au silence. Seule, une batterie de douze placée au-dessous de Saint-Privat continuait son feu. Quelques retours offensifs eurent lieu en vain contre Sainte-Marie. Bientôt l'action traîna en longueur de ce côté, le prince Auguste de Wurtemberg craignant que l'attaque ne fût trop prématurée et attendant que le corps saxon eût continué son mouvement et tourné notre droite.

De quatre à cinq heures, le corps saxon, restant relié à la garde, marchait sur Roncourt. L'attaque sur Saint-Privat ne devait avoir lieu, avec le concours de la garde, que lorsque notre droite serait débordée. Pour la préparer, l'artillerie saxonne, qui avait quitté les positions prises pour l'attaque de Sainte-Marie, se portait sur notre aile droite et s'établissait enfin sur une ligne allant de Sainte-Marie à Haut-mécourt. Le front de la IIe armée était donc défendu en ce moment par 180 pièces, savoir : 6 batteries du IXe corps, 12 de la garde et 12 saxonnes. Notre artillerie se taisait alors, refusant de répondre à l'artillerie prussienne, et réservant ses dernières munitions pour l'attaque qui ne devait pas tarder à se produire.

A la droite du IXe corps, la première armée s'était déployée. D'après les ordres de l'état-major général, elle devait soutenir le combat sans prendre l'offensive, en attendant que la garde et les Saxons eussent terminé leur mouvement. Au bruit intense de la canonnade qui retentissait tout d'un coup devant le IXe corps, le général Steinmetz faisait prendre position à l'artillerie ; les batteries de la 14e division se plaçaient en arrière de la route qui conduit de Gravelotte à Ars et à droite de la grande route de Metz. Sur la même route et à gauche se plaçaient les batteries de la 15e division et l'artillerie du VIIIe corps ; vers une heure de l'après-midi, 14 batteries étaient en action sur ce front, et tiraient sur les batteries françaises, qui ripostaient vivement. Tout d'abord, la supériorité du nombre était en notre faveur, et l'artillerie allemande souffrait de notre feu à tel point qu'elle tirait sur nos pièces plutôt que sur l'infanterie.

A la faveur de ce feu d'artillerie, les 14e et 15e divisions se portaient en avant et refoulaient, non sans pertes, les postes avancés de notre front de bataille. Le 33e et le 67e prussiens, procédant à l'attaque des bouquets de bois d'après la même méthode, se jettent impétueusement sur la lisière, au bruit de hourras retentissants, et, parvenus sous le couvert, avancent sous bois ; à la faveur de ce mouvement, les batteries du VIIe et du VIIIe corps se portent en avant à l'est du ravin de la Mance. L'artillerie du VIIe corps se joint aux batteries de la 14e division, trop inférieure en nombre, et toute cette longue ligne de 132 pièces réduit presque au silence l'artillerie française. On en profite aussitôt pour préparer, par le canon l'attaque de Saint-Hubert.

Cette ferme, située en avant de notre front, avait été organisée pour la défense ; elle formait un obstacle difficile à enlever. Les bois ne protégeaient plus l'assaillant, et chaque fois qu'il voulait franchir la lisière, une grêle de balles arrêtait le mouvement. C'est ainsi que le 28e, le 33e et le 17e prussiens voyaient successivement échouer toutes leurs attaques. Des bataillons perdaient tous leurs commandants de compagnie ; on reconnut trop tard qu'il fallait attendre que l'artillerie eût désorganisé la défense, et ce ne fut que vers trois heures que l'on fit une attaque simultanée. 17 compagnies sont lancées contre cet obstacle ; le court chemin qu'elles ont à parcourir est jonché en quelques minutes de blessés et de mourants. Un seul bataillon perd, en quelques pas, 16 officiers ; mais, malgré l'opiniâtreté de la défense, le nombre triomphe, et les défenseurs se retirent par les jardins. Immédiatement, l'ennemi s'occupe de s'établir solidement dans le poste qu'il a conquis et de remettre de l'ordre dans ses unités mélangées.

En même temps, diverses attaques avaient lieu à droite et à gauche de la ferme.

VUE DU CHAMP DE BATAILLE DE SAINT-PRIVAT VERS SAINT-HUBERT ET GRAVELOTTE.
Dessin de Boudier.

Les unes avaient la ferme du Point-du-Jour, les autres celle de Moscou pour objectifs. Mais toutes ces attaques, bien que vigoureusement exécutées, étaient repoussées avec des pertes cruelles.

En ce moment, vers trois heures, l'avantage était encore du côté de nos armes. L'ennemi avait remporté deux succès, il venait d'enlever Sainte-Marie à notre droite et Saint-Hubert à notre gauche. Toutefois, ce n'était là que des avant-postes, importants sans doute, mais qui ne compromettaient pas notre ligne de bataille. La Garde et les Saxons n'étaient pas en ligne : le IXᵉ corps était repoussé et son artillerie réduite à l'impuissance. Entre le IXᵉ corps et le VIIIᵉ existait, en face à peu près de Moscou, une large trouée dont un général habile eût su profiter. Bien des attaques partielles conduites par des chefs résolus avaient lieu sur ce point dont la faiblesse était visible pour eux ; mais on n'en pouvait espérer aucun succès : il aurait fallu une poussée vigoureuse de toutes nos troupes sur ce point faible de la ligne ennemie. Notre aile gauche pouvait être regardée comme invulnérable ; notre aile droite, moins bien placée, pouvait toujours, quoi qu'il arrivât, se replier sur Metz, et sa retraite ne pouvait être sérieusement compromise. Une attaque sur le centre ennemi avait donc toute chance de succès.

Mais le maréchal Bazaine ne pouvait s'en apercevoir. Il n'avait pas encore paru sur ce champ de bataille qui décidait de nos destinées. Cette effroyable canonnade de 312 pièces françaises ne parvenait pas à le convaincre de l'importance de la bataille. Il disait que l'engagement dont il entendait le bruit de Plappeville ne pouvait être que peu de chose. Enfin il se décidait à monter à cheval après trois heures.

Bien que la position des Prussiens ne fût pas encore excellente, le général Steinmetz songeait à tenter une attaque décisive; son artillerie s'était, comme nous l'avons dit, portée en avant; ses troupes venaient d'enlever Saint-Hubert; des attaques vigoureuses avaient lieu sur Moscou et sur le Point-du-Jour, tous deux enflammés; l'artillerie française diminuait son feu. A cet aspect, Steinmetz se persuadait que le moment était venu de précipiter notre retraite; il ne se doutait pas qu'il allait seulement aborder notre ligne de bataille, et que la résistance était bien loin d'être à son terme.

Obéissant aux ordres du général, 4 batteries enfilent la chaussée pour se porter en avant; derrière elles se presse la cavalerie, qui cherche une occasion de charger; à peine ces troupes ont-elles débouché, qu'elles sont assaillies par un feu d'une extrême violence. En quelques minutes, les batteries de tête sont désemparées et ne regagnent le couvert qu'au prix d'efforts désespérés. La cavalerie est écrasée par le feu d'un adversaire invisible derrière ses parapets; elle se divise en deux tronçons et va se reformer péniblement sur les derrières; la batterie légère qui la protège redescend dans le ravin à peu près complètement détruite. Les Français sortent de leurs retranchements, et bientôt les carrières autour de Saint-Hubert sont presque évacuées. Les balles pleuvent autour du général Steinmetz, et plusieurs officiers sont frappés à ses côtés.

Mais la 29ᵉ brigade arrivait à son tour prendre part à la lutte. 2 bataillons du 39ᵉ ayant remonté le vallon de la Mance se trouvaient juste à ce moment à l'entrée du ravin. Leur colonel leur fraie un chemin au milieu de l'encombrement et les déploie tout de suite derrière l'artillerie qui bat en retraite. Ces troupes fraîches arrêtent l'élan des assaillants qui rentrent dans leurs retranchements.

Devant Moscou, les attaques se répétaient, toujours infructueuses.

C'était cependant en ce moment que le roi de Prusse arrivait sur l'invitation du général Steinmetz, croyant venir assister au dénoûment de l'affaire. Steinmetz, sous l'influence des idées exposées plus haut, avait prévenu le roi que la bataille était en bonne voie et que la décision allait probablement se produire de son côté. Dès qu'il vit son attaque près d'échouer devant la résistance acharnée qu'on lui opposait, il envoya un officier à l'état-major général pour rectifier ses dernières communications. Mais le roi, s'étant déjà mis en route, continuait son mouvement et arrivait sur le lieu du combat.

Il était alors cinq heures du soir, et un temps d'arrêt se marquait dans les opérations de la droite comme à la gauche.

En même temps que l'arrivée du roi, on signalait au général Steinmetz celle du IIᵉ corps, prêt à entrer en ligne; le secours venait à propos pour soutenir les forces

St-Privat (18 Août 1870)

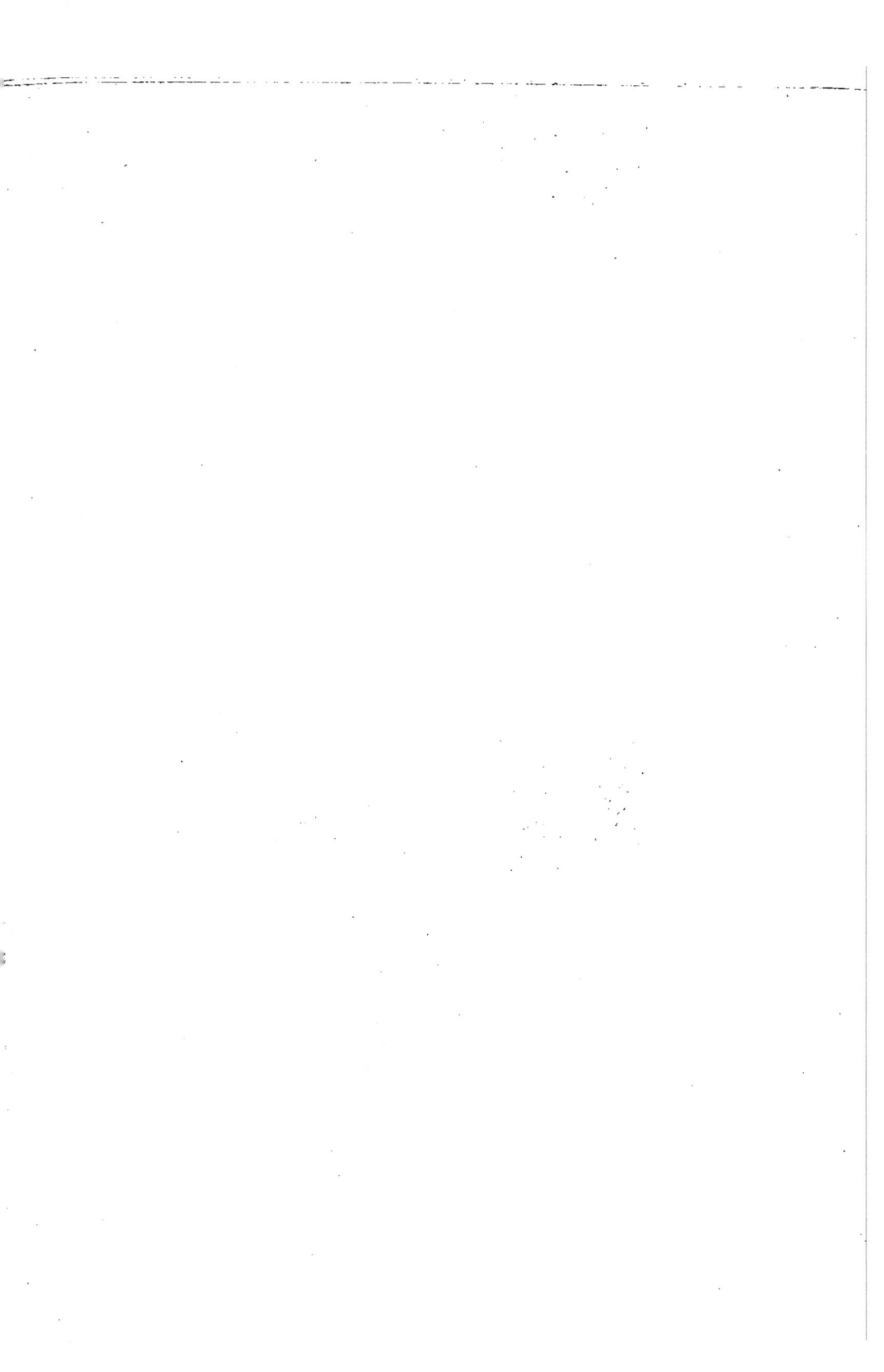

épuisées des VII⁰ et VIII⁰ corps. Le général ordonnait au II⁰ corps de se porter en avant et de tenter une attaque avec toutes les troupes disponibles qui restaient sur le champ de bataille.

L'obscurité commençait à venir. Le général Fransecky, commandant le II⁰ corps, jugeant impossible de conduire les troupes à travers bois, se résignait à traverser la chaussée en colonne et à se déployer après avoir dépassé Saint-Hubert. Les bataillons se pressent serrés sur cette route, acclamant de leurs vivats le général Steinmetz, le général de Moltke, le roi et le nombreux état-major qui les lance à l'attaque au bruit retentissant des fanfares.

Précisément, en ce moment, l'adversaire, réduit au silence depuis quelque temps, reprend son feu avec une nouvelle violence ; ses lignes se couvrent de fumée ; la grêle de balles avance avec rapidité jusqu'au milieu de l'état-major ; tous les tirailleurs, les isolés, les petits groupes trop avancés se replient ; les chevaux sans cavaliers encombrent le terrain. C'est au milieu de ce désordre que s'avance le II⁰ corps, ses unités restant groupées en ordre compact pour éviter des méprises dangereuses que l'obscurité rend trop faciles. Il met un terme au retour offensif des Français ; et le combat dégénère en fusillade. Les ténèbres sont venues, et les tranchées françaises sont nettement tracées par les éclairs des coups de feu. Bientôt tout combat devient impossible, et le feu s'éteint lentement. Les généraux prussiens donnent l'ordre au II⁰ corps de se répartir sur les fronts des VII⁰ et VIII⁰ corps aux points les plus menacés, tandis que ceux-ci iront en arrière reconstituer leurs unités désorganisées par cette lutte sanglante.

Mais à l'aile gauche des Prussiens, l'action avait repris vers cinq heures. A ce moment, l'on apercevait de Saint-Ail les troupes du maréchal Canrobert se repliant de Roncourt sur Saint-Privat, et, d'autre part, une longue ligne de batteries allemandes placées au nord du champ de bataille. Le prince Auguste de Wurtemberg, jugeant à ces indices que les Saxons avaient terminé leur mouvement tournant, ordonnait à la Garde d'attaquer Saint-Privat.

A cinq heures un quart, la 4⁰ brigade partait de Saint-Ail dans la direction de la maison de Jérusalem. Le mouvement une fois commencé, le prince de Wurtemberg se portait à Sainte-Marie et ordonnait au général de Pape, commandant la 1ʳᵉ division de se porter en avant.

Cet officier général faisait remarquer que l'attaque sur Saint-Privat n'était pas suffisamment préparée par l'artillerie, et demandait un délai. Mais comme déjà la 4⁰ brigade était sortie de Saint-Ail, l'ordre d'attaquer était maintenu, et à six heures trois quarts, la division partait de Sainte-Marie sur le même front.

A la droite de la 4⁰ brigade était placée la gauche du IX⁰ corps, auquel on avait donné en réserve la 3⁰ brigade de la Garde. Le général de Manstein, apercevant les mouvements qui se faisaient à sa gauche, ralliait ses débris décimés et engageait ses réserves. La 3⁰ brigade de la garde attaquait Amanvilliers, et l'artillerie du III⁰ corps se portait en avant pour la soutenir. Tous ces mouvements se reliant ensemble, il en résultait une attaque formidable sur Saint-Privat, exécutée par près de 30 000 hommes, sous la protection de 160 bouches à feu.

A la droite de cette ligne, la 3⁰ brigade de la garde avec ses 6 bataillons se portait sur les crêtes d'Amanvilliers. Parvenu à la lisière du bois de la Cusse, le bataillon de tirailleurs de la Garde se précipite en avant. Il est en un instant criblé de balles, et, après avoir marché environ 500 mètres, il s'arrête écrasé. Tous les officiers étaient tués ou blessés, et le commandement du bataillon restait entre les mains d'un enseigne.

Le régiment Empereur-Alexandre se portait aussi en avant; mais ses pertes croissaient si rapidement que le régiment Reine-Élisabeth, qui devait d'abord rester sous bois, courait presque immédiatement à son secours. Au prix des plus grands efforts, les deux régiments parvenaient sur la crête et s'y maintenaient, profitant de la naissance d'un ravin qui descend sur Amanvilliers ; le 2ᵉ bataillon du régiment Empereur-Alexandre ripostait énergiquement au feu de l'adversaire, mais là s'arrêtaient les progrès de la 3ᵉ brigade désorganisée par les pertes énormes qu'elle avait subies.

A sa gauche, la 4ᵉ brigade avait, disons-nous, débouché de Saint-Ail à cinq heures et quart dans la direction de la maison de Jérusalem. Le régiment Empereur-François et le régiment de la Reine s'avançaient par deux vallons qui remontent vers Saint-Privat. Les défenseurs occupaient la naissance de ce vallon, et leurs feux en battaient les flancs dénudés, qu'ils rasaient dans toute leur étendue.

Les 2 régiments s'ébranlent vivement au pas de charge, sous une grêle de balles; à la gauche, le régiment Empereur-François est presque anéanti. Il arrive cependant à 500 mètres de nos lignes; mais, ne pouvant plus se porter en avant, ses débris se cramponnent bravement au terrain. Le régiment de la Reine n'est guère moins maltraité. L'attaque directe échoue complètement à la droite ; seulement on parvient à se porter un peu en avant et à faire rétrograder les Français sur Jérusalem ; mais ce progrès est chèrement payé. Bientôt, du reste, arrive l'ordre du prince Auguste de Wurtemberg de cesser toute attaque.

Pendant ce temps, la 1ʳᵉ division avait attaqué de son côté. La 1ʳᵉ brigade était formée par régiments accolés sur trois lignes : pour aborder Saint-Privat par l'endroit le plus favorable, son commandant faisait exécuter presque sous le feu un changement de direction; par suite de ce mouvement, il se produisait une trouée entre la 1ʳᵉ et la 3ᵉ brigade; pour la boucher, on appelait un régiment de la 2ᵉ. Toutes ces troupes se déployaient, et on leur donnait pour point de direction un pâté de maisons très visible à l'ouest de Saint-Privat.

La position qu'elles attaquaient pouvait être regardée comme inexpugnable. Le terrain, remontant en pente douce vers Saint-Privat, était battu de feux rasants dans toute son étendue. Le sommet des pentes, coupé de haies et de murs de clôture, ayant pour réduit le village solidement maçonné, formait une série d'obstacles formidables.

Les 3 régiments se portent en avant; mais ils s'arrêtent bientôt sous un feu écrasant. Le 4ᵉ régiment est appelé à son tour pour soutenir les autres; mais, vers six heures et demie, tout mouvement en avant devient imposssible. Le 1ᵉʳ régiment de la Garde avait perdu tous ses officiers. Les autres n'étaient guère mieux traités.

Cette formidable attaque avait donc complètement échoué. Tout élan était rompu. La route suivie par les Prussiens n'était plus qu'un amas de morts et de mourants. Les rangs décimés se serraient autour de quelques officiers encore valides, et, prévoyant une attaque, ils se préparaient à lutter vaillamment jusqu'au dernier soupir. Ils s'attendaient à voir leurs adversaires se jeter en masse sur ce terrain qu'ils ne pouvaient plus défendre ; mais, chose singulière, cette attaque tant attendue ne se produisait pas. Le maréchal Canrobert demeurait immobile derrière ses lignes. L'ennemi reprenait courage, et bientôt ses batteries, se portant à leur tour en avant, venaient prendre position à 800 mètres environ de Saint-Privat et relevaient son moral abattu.

Si le maréchal Canrobert n'attaquait pas, c'est que, du haut de Saint-Privat, il apercevait sur sa droite les 30 000 hommes du corps saxon débouchant sur Roncourt, et qu'il n'avait personne à leur opposer. Ah ! si la Garde immobilisée sur le plateau de Saint-Quentin était arrivée, on n'aurait pas hésité à refouler les attaques audacieuses de la Garde prussienne; mais on n'avait rien : pas une réserve. Le maréchal Bazaine ne songeait guère à envoyer des secours. Il était rentré vers six heures à son quartier général, persistant à croire que la bataille n'aurait aucune importance.

Le général Bourbaki, qui commandait la Garde impériale, prenant sur lui toute la responsabilité, finissait par se porter, mais trop tard, au secours de notre aile droite ; à six heures, son mouvement commençait à peine, et il avait un long trajet à parcourir entre le plateau de Saint-Quentin et Saint-Privat.

Le général Manstein avait, pendant ce temps, fait diverses tentatives, toutes aussi malheureuses, contre la maison de garde placée sur le tracé du chemin de fer et sur le bouquet de bois de la Folie. Sur toute la ligne, les attaques échouaient donc; malheureusement, l'intervention du corps saxon allait rendre toute résistance impossible.

Sous les coups répétés qui assaillaient la Garde prussienne, on envoyait des officiers d'ordonnance voir où en étaient les Saxons et les prier de se hâter. Répondant à cet appel, les Saxons, qui commençaient à se déployer devant Roncourt, se portaient en partie dans la direction de Saint-Privat. Des bataillons de la Garde, qui n'avaient pas trouvé de place pour se déployer, se portaient en même temps au nord, pour se former à la gauche des attaques prussiennes. Il résultait de ce double courant de troupes allant en sens inverse un mélange des troupes prussiennes et saxonnes dont les diverses unités s'intercalaient les unes dans les autres.

Ces nouvelles troupes attaquaient la face nord de Saint-Privat. L'aile gauche des Saxons, ayant poussé plus au nord, arrivait à la forêt de Jaumont et se déployait devant Roncourt. La retraite était opérée par la brigade Péchot, appuyée à la forêt de Jaumont, avec un aplomb et une méthode qui ont excité l'admiration de nos ennemis. Mais la gauche des Saxons ayant dépassé Roncourt, Saint-Privat se trouvait presque entouré de tous côtés. L'artillerie saxonne se déployait en demi-cercle à 800 mètres environ du village : 100 pièces venaient s'ajouter à celles qui, depuis longtemps, le foudroyaient.

Au bruit de cette nouvelle canonnade, la vigueur revenait aux plus fatigués. Tout le monde sentait que le temps était venu de l'effort suprême; assaillants et défenseurs apportaient le même courage et la même opiniâtreté ; mais bientôt l'héroïque maréchal Canrobert se voyait forcé de céder au nombre. Aux dernières lueurs du jour, mais éclairé par les villages de Saint-Privat et d'Amanvilliers en flammes, il battait en retraite. Les bagages et quelques soldats fuyaient sur Metz; mais le reste se repliait en bon ordre. Les rues, les maisons de Saint-Privat étaient disputées pied à pied avec acharnement, puis abandonnées, et leurs défenseurs se retiraient sous la protection de la brigade Péchot et des batteries du colonel de Montluisant. Le 4e corps

(Ladmirault), voyant sa droite découverte par la retraite du 6e, accablé de cette longue lutte, cédait aussi le village d'Amanvilliers incendié, mais non sans de fréquents retours offensifs.

Une épouvantable confusion régnait dans les deux villages enlevés. Les généraux prussiens tâchaient de remettre un peu d'ordre dans ce chaos. Tous les corps étaient mélangés dans le plus inextricable désordre. Le général de Pape parvint cependant à porter quelques troupes en avant et à faire occuper la lisière orientale du village par d'autres. L'artillerie, moins sujette au désordre, se portait entre Saint-Privat et Amanvilliers, en une longue ligne de 23 batteries, car l'on voyait un nouvel adversaire devant soi.

La Garde impériale arrivait, en effet, précédée par la réserve d'artillerie. La canonnade reprenait pendant la nuit avec une intensité nouvelle : 250 bouches à feu faisaient retentir les échos que l'on croyait déjà endormis. Les grenadiers arrivaient au secours du maréchal Canrobert ; mais les Prussiens n'étaient pas non plus au bout de leurs réserves. Le Xe corps avait été appelé à son tour, et sa tête de colonne prenait part à la fin du combat. Le IIIe corps venait, d'autre part, au secours du IXe corps pour l'enlèvement d'Amanvilliers. Bientôt, cependant, les feux s'éteignaient sur cette immense étendue. La nuit et l'épuisement arrêtaient les combattants, qui s'étendaient à leur tour sur le sol où gisaient déjà 32 000 hommes tués ou blessés.

En réalité, ce n'est pas une bataille, c'est deux batailles distinctes que les Allemands ont livrées le 16 août 1870 : la Ire armée, d'une part, la Garde prussienne et le corps saxon de l'autre, formaient deux groupes séparés, combattant chacun pour son compte, reliés jusqu'à un certain point par le corps de Manstein ; mais, à coup sûr, ne recevant du commandement supérieur aucune impulsion, aucun ordre, ni même aucune « directive » — suivant le mot qu'emploient volontiers les Allemands — de nature à fondre leurs efforts dans une action d'ensemble et à les faire coopérer à un but commun. Et le commandant Canonge, qui fait remarquer avec raison dans son *Histoire militaire contemporaine*, que la journée plus que compromise à Gravelotte, est gagnée à Saint-Privat, à l'insu et en dehors de toute intervention du généralissime, rappelle que jusqu'à une heure avancée de la nuit, « le roi et son entourage, n'ayant point bougé de l'aile droite, furent autorisés à croire que la bataille était perdue pour les Allemands [1] ».

1. La *Relation de l'état-major prussien* en convient implicitement, lorsqu'elle dit, t. I, p. 883) : « Tout d'abord le grand quartier général ne connaissait que ce qui concernait la Ire armée, dont le général de Moltke avait suivi en personne les derniers engagements de la veille ; quant à la IIe armée, on ignorait encore dans la soirée son succès définitif. C'est seulement dans la nuit et le lendemain matin qu'arrivaient des indications plus précises. Dans la matinée du 19, la situation était tirée parfaitement au clair, » etc. G. Gilbert écrit de son côté, à ce propos : « Nous n'entendons pas soutenir qu'une grande bataille doive toujours se dérouler méthodiquement suivant les vues du généralissime ; mais encore faut-il qu'il en ait discerné le nœud et qu'il y porte le coup décisif. »

C'est pour les Français qu'elle l'était, et par la faute — disons plus : *par
la volonté* de leur général en chef. Il est vrai qu'il s'abusait étrangement
sur la gravité de sa situation, ou bien qu'il en prenait aisément son parti :
n'écrivait-il pas à l'Empereur, le soir du 18, que son intention, en se retirant
sous Metz, était d'y refaire et d'y réapprovisionner son armée, mais que, « au
bout de deux ou trois jours », il comptait bien se remettre en marche? Il
était difficile de pousser plus loin l'illusion, volontairement ou non! Mais le
pis était encore que cette dépêche à l'Empereur se terminait par la phrase
tristement fameuse : « Je compte toujours prendre la direction du nord et
me rabattre ensuite par Montmédy,.... » — comme s'il ne suffisait pas à
ce malheureux de consommer déjà de ses propres mains la ruine de son
armée et qu'il ûnt à y entraîner celle qui demeurait jusque-là intacte ;
comme si la honte qui devait s'attacher au nom de l' « homme de Metz »
pouvait être effacée ou atténuée par celle que sa trompeuse invitation préparait dès lors à l' « homme de Sedan » !

XXVII

Sedan

(1ᵉʳ SEPTEMBRE 1870)

GÉNÉRAL
DE WIMPFFEN
(Bibliothèque Nationale
Estampes)

GÉNÉRAL
DE GALLIFFET
(Bibliothèque Nationale
Estampes.)

Sı les grandes leçons, à la guerre, ne découlaient point des revers bien plus encore que des succès, et s'il n'était pas préférable à tous égards, pour une nation, d'envisager virilement les désastres qu'elle a pu subir afin d'apprendre à en prévenir le retour, certes, nous nous fussions gardé de conduire le lecteur sur celui de tous les champs de bataille de 1870-1871 qui réveille les souvenirs les plus pénibles, les plus poignants! Ailleurs, nous avons trouvé — nous retrouverons encore bien des sujets de consolation, et même d'orgueil : à Sedan, rien de semblable; ou, du moins, de beaux traits isolés ne sauraient suffire à atténuer pour nous l'horreur d'une catastrophe sans précédent dans notre histoire militaire. Nous y sommes poursuivis et obsédés par des images néfastes : nous ne voyons plus rien qu'une grande armée tombée dans un véritable traquenard; dès la première heure irrémédiablement condamnée à l'impuissance; mise dans l'impossibilité, non pas seulement de vaincre, mais encore de se défendre avec la plus petite chance de succès; prise enfin tout entière au piège et définitivement perdue pour le pays, qui avait mis en elle une de ses dernières espérances.

Espérance bien faible, il faut l'avouer, pour qui eût vu, dès les premiers jours, cette « armée de Châlons », dont le maréchal de Mac-Mahon venait de recevoir le commandement en chef. Des quatre corps dont elle se composait — outre une « réserve de cavalerie » — l'un, le 1ᵉʳ, maintenant sous les ordres du général Ducrot, n'était plus que l'ombre de ce « corps de Mac-Mahon » qui s'était couvert de gloire à Frœschwiller : ainsi qu'on l'a fait observer avec raison, quand une troupe a combattu, comme celle-là, jusqu'à l'épuisement total de ses forces physiques et morales, elle ne compte plus pour tout le reste de la campagne, et c'est en vain que de nombreux renforts l'avaient reportée à 40 000 hommes. La retraite, si vite dégénérée en débandade, avait achevé de désorganiser non seulement le corps de Ducrot, mais encore celui du général de Failly, entraîné dans sa déroute : ce dernier comptait encore 25 000 hommes ; bien qu'il n'eût même point vu l'ennemi, il n'était pas moins démoralisé que s'il eût essuyé lui-même une défaite. C'était bien aussi, à la vérité, le cas d'une partie du 7e corps (30 000 hommes, sous le général Félix Douay), dont la division Conseil-Dumesnil avait été engagée à Frœschwiller ; mais le reste, à peine arrivé de Belfort et de Lyon, avait beaucoup de mal à se défendre de la contagion du désordre. Enfin, le dernier corps (le 12e, fort de 45 000 hommes), d'abord destiné au général Trochu, puis donné au général Lebrun, était de formation bien récente et bien composite : à côté d'éléments excellents, comme la division d'infanterie de marine du général de Vassoigne, il renfermait une trop grande proportion de réservistes qui ne s'attendaient plus à être rappelés et de conscrits récemment tirés des dépôts. Ainsi, une partie de cette armée était déjà usée et l'autre trop neuve ; celle-ci nullement entraînée, celle-là exténuée de fatigue. Dans ces conditions, l'ensemble manquait de solidité, de cohésion, et aussi de discipline : quoi d'étonnant si son chef, encore sous le coup du malheur qui l'avait accablé, n'avait guère plus de confiance dans ses troupes qu'il n'en gardait en lui-même ?

MARÉCHAL
DE MOLTKE
Cliché Luescher et
Petsch, à Berlin.

Aussi, le maréchal de Mac-Mahon avait-il tout d'abord demandé qu'on lui laissât ramener ses quatre corps sous Paris, autant pour couvrir la capitale, qui devenait nécessairement le principal objectif de l'ennemi, que pour laisser à l'armée de Châlons, le temps de se raffermir et de se remettre, suivant la vieille expression militaire, « dans la main » de son général. C'était, à coup sûr, le parti le plus sage, et il est doublement fâcheux que, d'une part, des préoccupations purement dynastiques ; de l'autre, le vague rendez-vous donné par Bazaine sans intention sérieuse de s'y trouver — ainsi que l'a trop bien prouvé le procès de Trianon ! — aient déterminé le général Cousin de Montauban, ministre de la guerre, à imposer un plan tout différent au maréchal de Mac-Mahon, et celui-ci à s'y soumettre. Il s'agissait de se reporter rapidement de la Marne à la Meuse, dans la direction de Stenay ou de Montmédy, afin de tendre la main à l'armée de Metz, de l'arracher à l'étreinte de l'ennemi et de former avec elle une masse capable de reprendre l'offensive. Sans doute, ce hardi projet n'avait rien d'inexécutable *en soi*, mais il eût demandé des troupes plus vigoureuses et plus *manœuvrières* que celles dont on disposait, et il exigeait, en tout cas, que l'on ne perdît pas une minute. Or, la mauvaise organisation de l'armée et de son service de ravitaillement, les revirements momentanés qui entraînèrent des détours et des à-coups dans sa marche, et, par-dessus tout peut-être, le manque de foi et d'espérance de celui qui la conduisait furent cause qu'on ne s'avança qu'avec une extrême lenteur. Partie du camp de Châlons le 21 août, et de Reims après un premier arrêt, le 23, l'armée de Châlons ne fournissait même pas chaque jour la moitié d'une étape ordinaire du temps de paix, si bien que le 29 août, ses avant-gardes atteignaient à peine la Meuse. Elle allait y rencontrer les têtes de colonnes de l'armée allemande.

Celle-ci, après avoir définitivement rejeté Bazaine dans Metz, s'était séparée en deux : une partie (IIe armée, sous Frédéric-Charles, renforcée de l'ancienne Ire armée de Steinmetz) devait s'opposer à toute tentative de sortie de l' « armée du Rhin », comme on l'appelait encore officiellement ; l'autre partie (IIIe armée aux ordres du prince royal de Prusse et IVe armée, ou « de la Meuse », récemment formée sous le prince royal de Saxe) allait pénétrer plus avant dans le cœur de la France, pour empêcher nos forces de se réorganiser et s'emparer de Paris, à bref délai, si cela était possible. Le roi Guillaume et M. de Moltke marchaient avec ces deux dernières armées, dont l'effectif total s'élevait à 240 000 hommes. Tout d'abord, incertains de la position exacte de l'armée qu'ils savaient vaguement en voie de reconstitution du côté de la Champagne et ne croyant avoir qu'à la pousser devant eux, ils ne s'avançaient eux-mêmes qu'avec beaucoup de prudence. Toutefois, le grand état-major, instruit par l'expérience, avait adopté un « dispositif », bien supérieur à celui du début : en faisant marcher ses corps en *échelons*, la gauche en avant, il se maintenait en liaison avec l'armée qui bloquait Metz, jusqu'à ce que la situation se fût éclaircie, et restait toujours libre d'opérer, le cas échéant, une conversion générale vers le nord, direction dans laquelle l'armée française devait être plutôt tentée de manœuvrer. Cette grande conversion, dont la possibilité était seulement entrevue jusqu'au 25 août, apparut comme une urgente nécessité le soir de ce jour, quand des indiscrétions, à jamais regrettables, de la presse française, eurent révélé à M. de Moltke le mouvement de l'armée de Châlons vers la Meuse : alors, tous les corps allemands, faisant un simple à droite, marchèrent simultanément au nord, et si la conception même de l'opération a été beaucoup trop vantée, — car quel général eût persisté à marcher sur Paris, après avoir été informé de la présence sur son flanc de forces considérables ? — du moins convient-il de reconnaître que le mouvement fut exécuté avec une précision, une sûreté et une aisance réellement remarquables.

Il en résulta que, dès le 27 août, un premier combat d'avant-garde, à Buzancy, apprenait au maréchal de Mac-Mahon que sa marche était éventée ; que, les 28 et 29, la cavalerie, en se montrant de plus en plus nombreuse sur son flanc droit, devait lui faire craindre d'avoir bientôt sur les bras la plus grande partie de l'armée ennemie ; que, le 30, enfin, un premier choc à Beaumont, entre trois corps allemands et le 5ᵉ corps français, surpris et bientôt écrasé sous le nombre, achevait de démontrer l'imminence et l'étendue du péril. Mac-Mahon, par malheur, ne s'en rendit compte qu'imparfaitement : il crut parer à tout, le 31, par un mouvement de concentration plutôt que de retraite, un peu en arrière, sur Sedan, où il comptait attirer à lui un corps nouvellement organisé (le 13ᵉ, général Vinoy), déjà parvenu aux environs de Mézières ; surtout il se berça de l'illusion qu'il pourrait disposer de la journée du 1ᵉʳ septembre pour rallier son armée, la réorganiser et renouveler ses approvisionnements, de façon à pouvoir ensuite manœuvrer vers l'est où vers l'ouest, selon les circonstances. Or, ce jour-là, avant que le soleil ne fût levé, quatre corps d'armée épuisés de fatigue, affamés, ébranlés moralement autant que matériellement par une série de marches et de contre-marches accomplies par un temps détestable, allaient être assaillis à l'improviste par deux armées comprenant ensemble huit corps et demi et réunissant tous les genres de supériorité : du nombre, du moral, de l'instruction, de la discipline, de l'artillerie, du commandement.... Et, pour comble de disgrâce, les 125000 Français attendront les 240000 Prussiens, Saxons, Bavarois, Wurtembergeois, qui s'apprêtent à fondre sur eux dans la position la plus mal choisie, la plus défavorable, la plus propre à faciliter de larges mouvements d'enveloppement par les deux ailes, — le « mouvement du capricorne », cette manœuvre favorite de l'adversaire !

Il suffit d'avoir passé en chemin de fer à Donchery, Sedan et Bazeilles, en se rendant de Charleville à Longuyon ou à Verdun, pour s'être fait une idée de la dangereuse « cuvette » au fond de laquelle s'était entassée la pauvre armée de Châlons dans la soirée du 31 août. Mais on ne se rend un compte exact du développement de la bataille, qu'en se transportant sur les hauteurs au sud de la ville et, de préférence, à la « cote 307 », en avant du bois de la Marfée et au-dessus du village de Frénois. C'est de là que, dans la journée du 1ᵉʳ septembre, le roi Guillaume, son fils, M. de Moltke, Bismarck et leur entourage suivaient la marche de l'action et ses péripéties, — hélas ! trop faciles à prévoir. A ses pieds, dans une vallée dont de belles prairies occupent le fond, on voit la Meuse couler de l'est à l'ouest en décrivant de fréquents circuits et, en face même de Frénois, la grande boucle, fermée à la gorge par un canal, qui entoure la presqu'île d'Iges (transformée en « camp de la Misère », après la capitulation). Devant soi, sur la rive gauche, on aperçoit le faubourg de Torcy, dont dépend la gare (reconstruite et agrandie dans ces derniers temps), et qu'un beau pont fait communiquer avec la ville proprement dite. Celle-ci s'étend surtout en longueur sur la rive droite, resserrée entre la Meuse et un coteau qui porte l'ancien château où naquit Turenne. Les fortifications qui entouraient naguère Sedan, en englobant Torcy, ont disparu presque partout, sauf aux abords de ce château, où de grands bastions, à demi démantelés, offrent un aspect lamentable. C'est à leur pied, dans un vallon remontant vers le nord, que se trouvait le Vieux-Camp, où l'on avait tout d'abord placé les réserves et où toutes les troupes refluèrent à la fin de la journée, cherchant vainement un abri contre les obus.

Mais portons nos regards au delà : au-dessus de la ville et du Vieux-Camp, le terrain se relève assez rapidement : c'est le plateau d'Illy, dont le versant sud porte le bois de La Garenne et qui atteint son point culminant un peu plus au nord, au « Calvaire d'Illy », voisin du village du même nom. A première vue, ce plateau semble constituer une position assez forte, d'autant plus qu'à l'ouest, vers la Meuse, au-dessus de Floing, de Saint-Albert et de Saint-Menges, et davantage encore à l'est et au nord-est, vers la Givonne, il s'abaisse en pentes d'un accès plus ou moins difficile. Mais ces hauteurs sont elles-mêmes enveloppées et surplombées de tous côtés par un vaste amphithéâtre de collines en étages superposés, presque partout revêtues de bois qui favorisent singulièrement, en les dissimulant, les mouvements d'une armée offensive. Il en résulte que, lorsque cette dernière aura achevé de s'étendre à couvert, vers le nord, d'une part, au delà du ravin de Saint-Menges, de l'autre au delà de celui de la Givonne, et que les deux branches de la tenaille se seront refermées entre les bois de Fleigneux et de La Falizette, l'armée défensive se trouvera complètement cernée ; les troupes seront rejetées les unes sur les autres et, faute d'abri à l'intérieur de la position centrale (sauf celui que peut offrir momentanément le bois de La Garenne), se verront forcées de refluer vers Sedan, véritable cul-de-sac, qui méritera bien vite le nom de « nid à bombes », couramment donné naguère aux mauvaises petites places sans « dehors », dominées et *vues* de tous les points de l'horizon.

Des diverses parties de ce champ de bataille, si foncièrement défectueux, aucune ne devait être plus disputée que celle qui se trouve à l'est, du côté de la Givonne. Cette petite rivière, descendant de la forêt des Ardennes entre deux berges escarpées, débouche, au-dessous du village de Daigny, dans la vallée de la Meuse, où elle traverse successivement la Moncelle, le parc du château de Monvillé et enfin une grosse localité appelée à une triste célébrité, Bazeilles, tout près de laquelle la ligne de Montmédy traverse la rivière. Ici abondent les souvenirs et les traces de la bataille. A l'entrée du village, du côté de Balan (le faubourg oriental de Sedan), la *Maison des*

Dernières Cartouches, immortalisée par le tableau d'Alphonse de Neuville et aujourd'hui transformée en musée militaire, rappelle la défense héroïque du commandant Lambert et de ses braves compagnons de l'infanterie de marine. Un peu plus loin, dans le cimetière, un imposant monument funé-

CHAMP DE BATAILLE DE SEDAN.
Extrait de la carte de l'État-major au 1 : 80 000.

raire (un sarcophage surmonté d'une pyramide) recouvre un vaste ossuaire où sont déposés, parallèlement, les restes de nombreux soldats français et allemands. Plus loin encore, sur la grande place de Bazeilles, une autre pyramide, au large piédestal, a été élevée à la mémoire des soldats et des 43 habitants du village tués dans les journées des 31 août et 1ᵉʳ septembre. Mais ce qui évoque peut-être encore plus directement et d'une façon plus saisissante le souvenir de ces terribles journées, c'est l'aspect même de ce village, dont toutes les maisons sont de construction récente : qui ne sait que toutes celles qui n'avaient pas été détruites pendant la lutte, par le feu ou les obus, ont été, jusqu'à la dernière, systématiquement incendiées au pétrole, le lendemain, par les Bavarois?

C'est encore aux environs immédiats de Bazeilles, du côté du nord, entre La Moncelle et le faubourg du Fond-de-Givonne, que se trouve l'endroit (aujourd'hui marqué par une croix), où le maréchal de Mac-Mahon reçut la blessure qui l'obligea à résigner le commandement. Mais si l'on veut visiter les lieux témoins du véritable et fatal dénoûment de la bataille, il faut remonter jusqu'au bois de La Garenne, à la pointe duquel la « Croix Margueritte » indique la place où a été frappé une de ses plus nobles victimes; redescendre par les champs de Cazal et de Gaulier, qui virent les inutiles, mais glorieux exploits de notre belle cavalerie; et enfin gagner, près de Donchery, le château de Bellevue, où fut signée la capitulation, et où Napoléon III eut ensuite avec Guillaume Ier, l'entrevue dans laquelle il déclara, dans un inconcevable oubli de sa dignité, qu' « il n'avait pas voulu la guerre et que c'était l'opinion publique qui l'y avait contraint »!... Mais, non! ne poussons pas jusque-là, et allons plutôt terminer notre visite à Olly, au nord d'Illy, point précis où s'acheva le terrible enveloppement, mais où, du moins, un dernier monument fixera par une sublime inscription, dans notre esprit, l'impression qui doit y dominer après un si lugubre pèlerinage: « IL NE FAUT PAS OUBLIER CEUX QUI SONT MORTS POUR LA FRANCE. — QU'ILS REPOSENT EN PAIX! ILS ONT ASSEZ SOUFFERT! »

[*Un des meilleurs historiens civils de la guerre franco-allemande, Charles de Mazade, de l'Académie française, a consacré à la journée de Sedan une des plus belles pages de sa* GUERRE DE FRANCE *(1870-1871)* [Paris, 1875, 2 vol. in-8°; chez Plon, Nourrit et Cie]. *Nous la donnons ci-après.*]

Dès la nuit du 30 au 31 août, le mouvement français avait commencé. Le maréchal de Mac-Mahon lui-même, précédé dans la soirée par l'Empereur, arrivait à Sedan vers minuit. Ses troupes le suivaient ou allaient se mettre en route au matin pour se concentrer dans la journée autour de Sedan. Elles devaient prendre précisément des positions qui couronnent la ville : le 12e corps, de Lebrun, sur les hauteurs de La Moncelle et à Bazeilles, faisant face à la Meuse; le 1er corps se repliant à la gauche de Lebrun sur les crêtes qui dominent la vallée de la Givonne; vers Daigny le 7e corps, en arrière de Floing, se reliant à Ducrot par le plateau d'Illy.

Quant au 5e corps, dont le commandement passait, ce jour-là même du général de Failly au général de Wimpfen, arrivant tout droit d'Afrique, il restait tellement éprouvé et désorganisé par l'affaire de Beaumont qu'il ne pouvait plus servir que comme réserve; il allait bivouaquer sous le Vieux Camp, au ravin du Fond-de-Givonne, qui communique avec toutes les positions. La cavalerie Bonnemains, Marguerite, Fénelon, devait camper sur le plateau en arrière de Douay et de Ducrot. Tout cela s'exécutait le 31 ; mais déjà, il n'y avait plus à s'y tromper : la retraite elle-même devenait difficile. Le 1er corps, venant de Carignan, qu'il avait atteint la veille lorsqu'on songeait encore à se diriger sur Montmédy, bien que cheminant assez loin, par les coteaux du Chiers, par Francheval et Villers-Cernay, avait été obligé de s'arrêter plusieurs fois dans la journée, se croyant près d'être attaqué. Le 12e corps, plus rapproché de la Meuse, avait eu des engagements.

C'est qu'en effet nous ne pouvions plus faire un pas sans être suivis. A chacun de nos mouvements répondait un mouvement de l'ennemi. La garde prussienne marchait sur les traces de Ducrot par Francheval et le haut de la vallée de la Givonne, comme pour nous fermer la route de la Belgique et doubler la pointe d'Illy. Le XIIe corps saxon se dirigeait sur Daigny et La Moncelle, suivi par le IVe corps. Les Bavarois de von der Tann se trouvaient dès le soir du 31 devant Lebrun. Ils s'emparaient du pont du chemin de fer, passaient audacieusement la Meuse et tentaient d'enlever Bazeilles, qu'ils couvraient de feu, dont ils commençaient l'incendie. L'infanterie de marine du général de Vassoigne les repoussait avec le plus vigoureux entrain et les rejetait au delà de la Meuse ; mais les Bavarois restaient maîtres du pont, et les troupes de Lebrun campaient à la lueur des incendies mal éteints de Bazeilles. A l'autre extrémité de la ligne ennemie, le XIe et le Ve corps arrivaient déjà sur Donchery, ayant à leur gauche les Wurtembergeois. Les têtes de colonne du XIe corps allaient là aussi s'emparer du pont de Donchery, passer la Meuse, doubler la presqu'île d'Iges et nous fermer la route de Mézières par Vrigne-aux-Bois. Les Allemands, dans la dévorante activité de leurs mouvements, n'avaient qu'une crainte, celle de voir l'armée française leur échapper.

Le 31 au soir, les esprits étaient soucieux dans les camps. « Je pense que nous sommes perdus, disait le général Doutrelaine à Douay dans son bivouac de Floing. — C'est aussi mon opinion, ajoutait Douay : il ne nous reste donc plus qu'à faire de notre mieux avant de succomber. » De son côté, Ducrot, dévoré d'anxiété et d'impatience, s'étendait sur la terre nue près d'un camp de zouaves pour attendre le jour. Lebrun était tenu en alerte par l'échauffourée de Bazeilles. La nuit pesait sur tout le monde, lorsqu'à quatre heures et demie du matin le feu éclatait tout à coup, d'abord devant Lebrun, puis devant Ducrot, au milieu d'une brume épaisse qui couvrait la vallée de la Meuse et la vallée de la Givonne. C'était la bataille de Sedan qui commençait !

Engagée successivement sur toutes les parties des lignes françaises à mesure que l'ennemi étend ses mouvements, prolongée pendant neuf heures, cette triste et sanglante bataille peut se résumer en trois phases distinctes marquées par trois commandements différents, de même qu'elle se concentre en trois actions principales : les combats devant Bazeilles et La Moncelle, les combats devant Daigny et Givonne, les mêlées confuses et terribles du plateau d'Illy, qui sont le signal du désastre. Au premier moment, ce sont les Bavarois de von der Tann qui, après avoir passé la nuit à disposer 18 batteries sur les pentes de la rive gauche qu'ils occupent, franchissent la Meuse à la faveur de l'obscurité, et se portent brusquement sur Bazeilles. Ils trouvent devant eux la brigade de marine de Martin des Pallières, qui

les reçoit avec la plus inébranlable fermeté. Plusieurs fois, ils renouvellent leurs tentatives avec des forces croissantes : ils sont toujours repoussés, et la lutte ne tarde
pas à devenir meurtrière. Ce n'est encore que le début. Bientôt les Bavarois sont
soutenus par une attaque dirigée sur La Moncelle, à la gauche de Lebrun. Ici les
Saxons, accourus au secours des Bavarois, vont se heurter contre la division
Grandchamp et la division Lacretelle. Plus haut, vers Daigny et Givonne, Ducrot
s'est engagé à son tour, jetant au delà de la vallée la division de Lartigue, chargée
d'aller prendre les positions du Bois Chevalier, mais le général de Lartigue trouve
le bois déjà occupé par des troupes du XIIᵉ corps saxon, avec lesquelles il ouvre
un combat des plus vifs sans pouvoir avancer. Ce n'est qu'un peu plus tard que
Douay va être attaqué de son côté. Ainsi l'action ne se dessine pas encore vers
Floing ; elle commence assez vivement devant Daigny ; elle est dans toute son intensité, et en définitive avantageuse pour nos marins à Bazeilles. Rien de précis encore,
lorsqu'un accident imprévu, quoique bien simple à la guerre, vient compliquer la
situation. Le maréchal de Mac-Mahon, au premier avis donné par le général
Lebrun, est accouru sur le champ de bataille, s'avançant sous le feu ennemi auprès
de La Moncelle, et là, sur un point où s'élève aujourd'hui une croix commémorative,
il est atteint d'un éclat d'obus. Le maréchal, ramené à Sedan, rencontre sur son
chemin l'Empereur, qui vient se montrer sur ce champ de bataille où il erre comme
un fantôme. A six heures du matin, l'armée a perdu son chef, douloureusement
frappé, et sauvé du moins par cette blessure presque heureuse d'une effroyable
épreuve. Première crise dans la direction des affaires de la journée !

Si Mac-Mahon avait un plan, il l'emportait avec lui. Au fond, il n'en avait aucun,
sans doute : il recevait l'attaque sur les positions qu'il avait prises ; c'est précisément
pour se décider qu'il venait sur le terrain. Ducrot, à qui le maréchal faisait remettre
le commandement, avait, quant à lui, ses idées arrêtées. Il avait le pressentiment des
desseins de l'ennemi, qu'il soupçonnait de vouloir recommencer « son éternel mouvement de capricorne », et il ne voyait d'autre moyen d'échapper à un désastre que
de tenter de se frayer un chemin vers Mézières, en commençant par ramener
l'armée sur le plateau d'Illy. Aussi, dès qu'il recevait le commandement, prenait-il
son parti sans hésiter. Il envoyait partout l'ordre de se porter sur Illy et il se rendait
lui-même auprès du général Lebrun, plus engagé que les autres. Vainement Lebrun
objectait-il la difficulté et le danger de retirer du combat des troupes qui tenaient
vigoureusement l'ennemi en échec. Aux yeux du nouveau général en chef, l'affaire
de Bazeilles n'avait plus qu'une importance secondaire ; l'essentiel, le plus pressé
était de déjouer la combinaison par laquelle les Prussiens tendaient à nous
cerner. Ducrot insistait donc auprès du général Lebrun, en même temps qu'il faisait remonter sur le plateau les deux divisions Pellé et L'Hériller, du 1ᵉʳ corps,
laissant pour le moment la division de Lartigue aux prises avec l'ennemi au delà de
la Givonne.

A peine le mouvement commençait-il cependant, qu'une péripétie nouvelle venait
encore une fois tout changer. Le général de Wimpfen réclamait tout à coup le commandement en chef, que lui remettait une lettre du ministre de la guerre, au cas où
il arriverait malheur au maréchal de Mac-Mahon, et son premier acte était de rétrac-
ter les ordres donnés par le général Ducrot. Par un jeu étrange des choses, le
général de Palikao, après avoir pesé de toute façon sur cette campagne par ses

excitations, se trouvait intervenir encore jusque sur le champ de bataille par cette lettre de commandement qu'il aurait dû tout au moins ne pas laisser ignorer du maréchal de Mac-Mahon.

Le mouvement entrepris par le général Ducrot fût-il d'un succès douteux, il n'y avait que du danger à l'interrompre, une fois qu'il était commencé, pour se porter en avant au sud en fermant les yeux sur le nord. Sans doute, le combat n'avait pas cessé depuis le matin à Bazeilles et s'étendait du parc de Monvillé à l'entrée de la vallée de la Givonne ; il était encore dans toute sa violence. Les Bavarois se voyaient obligés d'appeler successivement toutes leurs forces du 1er corps, puis une division du IIe corps: ils rencontraient une résistance opiniâtre qui les exaspérait. Notre infanterie de marine soutenait la lutte intrépidement au prix de son sang, mais en infligeant aussi à l'ennemi les pertes les plus graves. Chaque issue avait été barricadée pendant la nuit, chaque position était disputée. On se battait au milieu des flammes et des décombres. Ce malheureux village de Bazeilles restait pendant quelques heures livré à toutes les fureurs de la guerre, au point qu'il allait bientôt n'être plus qu'un amas de ruines fumantes. Le lendemain et les jours suivants, par une représaille soldatesque,

BAZEILLES : MAISON DE LA DERNIÈRE CARTOUCHE
(D'après une photographie.)

sous prétexte que les habitants s'étaient mêlés au combat, les Bavarois exercèrent d'impitoyables violences : près de 40 personnes, et parmi elles des femmes, des vieillards, des enfants, périrent tués pendant le combat, asphyxiées ou fusillées. Ce n'est pas tout. Le pétrole vint activer l'incendie commencé le 31 août et continué le 1er septembre : 263 maisons furent livrées aux flammes.

Le combat était si violent que ni nos soldats restés au feu, ni les Bavarois n'avaient pu s'apercevoir qu'il y eût un commencement de retraite. On se battait toujours avec obstination. Seulement il est bien clair que la résistance devait faiblir : elle cédait le terrain pas à pas, allant se réfugier dans quelques maisons. La défense devenait de plus en plus pénible, et les retours offensifs, même conduits avec intrépidité, ne pouvaient qu'être plus difficiles. C'était l'effet inévitable des oscillations de commandement. Le résultat était plus sensible encore vers le haut de la vallée de la Givonne, devant Daigny. Les divisions Pellé et L'Hériller, rappelées près du bois de La Garenne, en arrière d'Illy, par le général Ducrot, avaient dû, d'après les intentions nouvelles de Wimpfen, redescendre vers la Givonne ; mais, lorsqu'elles revenaient, la division de Lartigue, engagée depuis le matin au delà de la vallée, était déjà en retraite. Elle disputait encore un moment Daigny, puis elle se repliait. Le général de Lartigue était blessé, le général de brigade Fraboulet de Kerléadec blessé aussi ; le chef d'état-major, le colonel d'Andigné, restait sur le terrain, criblé de blessures. Les Saxons étaient à Daigny et abordaient les pentes occupées par nous. Plus haut la garde prussienne menaçait le village même de Givonne. Après dix heures, le mouvement ennemi se dessinait sur toute cette ligne jusqu'à Bazeilles, où les Bavarois décimés, mais obstinés, gagnaient du terrain sur Lebrun.

Pendant ce temps, à l'autre extrémité, au nord, la lutte s'animait par degrés à partir de onze heures. Le XI⁰ corps prussien, venant de Donchery, s'avançait en force devant Douay, précédant le V⁰ corps et gagnant les pentes de Saint-Menges, et de Fleigneux. Le XI⁰ et le V⁰ corps venant de Donchery, la garde prussienne venant de l'autre côté par le haut de la vallée de la Givonne. Encore un instant, le cercle allait se fermer sur nous à Illy! Là était la clef de la position, là était maintenant le péril signalé par le formidable feu d'artillerie qui s'ouvrait sur nous. Wimpfen, courant sur ce champ de bataille de Lebrun à Douay, rencontre Ducrot qui est attiré lui-même sur le plateau par le bruit de ce qui se passe, et qui lui dit : « Vous le voyez,

MONUMENT ÉLEVÉ A LA MÉMOIRE
DES SOLDATS D'INFANTERIE DE
MARINE TUÉS A BAZEILLES.
(D'après une photographie.)

les événements se produisent plus tôt que je ne le pensais. L'ennemi attaque le calvaire d'Illy. Douay est ébranlé. Les instants sont précieux. Hâtez-vous d'envoyer des renforts si vous voulez conserver cette position. — Eh bien! répond Wimpfen, chargez-vous de cela ; réunissez tout ce que vous trouverez de troupes et maintenez-vous bon par là pendant que moi je m'occuperai du 12⁰ corps. »

C'était plus facile à dire qu'à faire. Ducrot néanmoins s'élance, donnant l'ordre au général Forgeot d'amener sur le plateau tout ce qu'il y a d'artillerie, rappelant encore une fois les divisions Pellé et L'Hériller, déjà diminuées, ralliant autant que possible quelques troupes du 5⁰ corps qui se trouvent au bois de la Garenne. Ducrot voit grossir l'orage qui le menace, et alors, appelant la division Margueritte, d'autres fractions des divisions Bonnemains et de Fénelon, il prépare une charge de cavalerie qui, débouchant par une dépression de terrain entre le bois de La Garenne et Floing, devra balayer tout ce qu'elle trouvera devant elle, pour se rabattre ensuite à droite sur le flanc des lignes ennemies en marche sur Illy. Margueritte, un des plus intrépides et des plus intelligents officiers de l'armée, s'avance pour reconnaître le terrain ; il est blessé mortellement. Aussitôt un des chefs de brigade, le général de Galliffet, prend le commandement et se précipite à la tête de ses cavaliers. Il brise la première ligne ennemie et va échouer sur la seconde. Les escadrons se replient et vont se reformer en arrière pour s'élancer de nouveau. Trois fois ils recommencent, semant la terre de leurs morts, laissant dans la mêlée le général Tillard, le colonel Cliquot, du 1ᵉʳ de chasseurs d'Afrique ; les lieutenants-colonels de Gantès et de Linières, tués ; le lieutenant-colonel Ramond, grièvement blessé ; 22 officiers du 1ᵉʳ de hussards, tués ou blessés : ils ne peuvent arriver à rompre la ligne de fer qu'on leur oppose. Charges héroïques, mais impuissantes, qui vont arracher au roi Guillaume lui-même, placé sur les hauteurs de Frénois et contemplant le sanglant spectacle, ce cri significatif : « Oh! les braves gens¹! » En même temps que ces

1. Qu'on nous permette d'insister à notre tour sur ce glorieux épisode d'une si funeste journée. Jomini raconte que Wellington lui dit un jour qu' « il n'avait jamais rien vu de plus beau, à la guerre, que les dix ou douze charges réitérées des cuirassiers français sur le plateau du Mont-Saint-Jean. » Deux fois depuis lors, à Reichshoffen et à Sedan, il a été donné à nos cavaliers de se hausser ainsi *jusqu'au sublime*; et, si l'on se décidait jamais à leur élever un monument spécial, à Sedan, on n'aurait qu'à y inscrire le passage que leur a

cavaliers se dévouent, l'artillerie du général Forgeot s'avance à son tour sur le plateau, ouvrant intrépidement son feu ; mais, en peu d'instants, les affûts sont brisés, les caissons sautent, deux batteries sont pulvérisées par le feu convergent de 50 pièces ennemies. Ducrot, enfin, ralliant les bataillons ou fractions de bataillons qu'il peut trouver, s'efforce d'enlever ses soldats par son impétueuse énergie. Les soldats le suivent d'abord, puis reculent accablés, et bientôt infanterie, cavalerie, artillerie, tout se mêle et se confond dans un désordre qui ne permet plus de rien entreprendre, qui est le signal de la débandade et de la fuite vers Sedan.

Douay, de son côté, ne reste pas inactif. Aux prises avec l'ennemi depuis le matin, mais surtout depuis onze heures, il tient tête de son mieux, bien qu'avec des forces diminuées de 2 brigades que Wimpfen, par une singulière inspiration, lui a demandées pour secourir le général Lebrun, et qui, dès ce moment, se trouvent perdues pour Douay sans pouvoir arriver à Lebrun. Pour le 7e corps, l'occupation d'Illy est une condition de sûreté et de salut. Aussi, dès qu'il voit la position menacée et abandonnée, Douay, sans hésiter, se hâte de former une colonne pour essayer de la reprendre. Une première fois, il croit avoir touché le but, lorsque son infanterie, saisie de panique, se replie précipitamment. Une seconde fois, il revient à la charge, secondé

OSSUAIRE DE BAZEILLES.
(D'après une photographie.)

par tous ceux qui l'entourent, se multipliant pour raffermir ses hommes. Il a presque réussi un instant : les troupes placées sur le plateau ne se laissent pas ébranler d'abord, l'artillerie arrive et se met courageusement en batterie ; mais bientôt elle ne peut plus résister, tout plie ; c'en est fait : la position est définitivement perdue. Il est deux heures ; avant qu'il soit une heure écoulée, la Garde prussienne arrivera sur Illy, rejoignant le XIe, le Ve corps, et le cercle sera fermé.

A ce moment, quelle est la situation ? Le 1er et le 7e corps français n'existent plus, on peut le dire : ce ne sont que des masses éperdues, décomposées, n'écoutant plus

consacré la *Relation officielle prussienne* — qui, pourtant, ne s'émeut guère, d'habitude : « Bien que le succès n'ait pas répondu aux efforts de ces braves escadrons ; bien que leur héroïque tentative ait été impuissante à conjurer la catastrophe à laquelle l'armée française était déjà irrémédiablement vouée, celle-ci n'en est pas moins en droit de jeter un regard de légitime orgueil vers les champs de Floing et de Cazal, où, dans cette mémorable journée, sa cavalerie succomba glorieusement sous les coups d'un adversaire victorieux. » Ce que l'on pourrait encore graver sur le marbre, car il en est vraiment digne, c'est le bref dialogue du général Ducrot et du général de Galliffet, après l'échec des premières charges : « *Allons, mon cher général*, dit Ducrot, *encore un effort! Si tout espoir nous est interdit, que ce soit du moins pour l'honneur des armes!* » — Et le général de Galliffet : « *Tant que vous voudrez, mon général! Tant qu'il en restera un!* » (M.)

leurs chefs, se dérobant sous les obus qui sillonnent le plateau de toutes parts, et se jetant comme un torrent vers la place, où s'accumulent depuis le matin les fuyards, les déserteurs du champ de bataille. Le 12ᵉ corps, après sa vigoureuse résistance à Bazeilles et à Monvillé, a été obligé de se replier, partie vers le Vieux Camp, partie vers le faubourg de Balan, aux portes de la ville. Les événements se pressent Alors deux scènes bien différentes se passent au quartier général de Wimpfen et à Sedan même.

Le général de Wimpfen avait-il le sentiment de la gravité croissante des choses, de la réalité de sa situation ? Toujours est-il qu'au moment où il n'y avait plus d'espoir, où une partie de l'armée s'effondrait sur le plateau d'Illy, entre une heure et deux heures, il concevait l'idée la plus étrange : « il voulait, disait-il, forcer la ligne qui se trouvait devant le général Lebrun et le général Ducrot », pour se porter sur Carignan, et il écrivait à l'Empereur : « Que Votre Majesté vienne se mettre au milieu de ses troupes : elles tiendront à honneur de lui ouvrir un passage. » En même temps, ordre était envoyé à Ducrot et à Douay d'arriver et de couvrir la marche. Wimpfen attendait toujours cependant l'arrivée de l'Empereur ; il s'agitait, mettant sa dernière espérance dans une entreprise chimérique. Wimpfen semblait ignorer ce qui se passait autour de lui, à quelques pas de lui, dans cette malheureuse ville dont il n'était séparé que par des murs.

Ce qui se passait à Sedan, c'était le drame de la déroute dans sa sinistre réalité. A mesure que les minutes s'écoulaient, les troupes débandées affluaient et se répandaient partout. Les obus, venant de tous les côtés, tombaient sur les remparts, dans les rues, sur les places, et faisaient des trouées dans les foules surexcitées ou hébétées de terreur. Ducrot, Douay, Lebrun, arrivaient successivement avec le désespoir de la défaite, craignant de pressentir le dénouement de tout cela. Placé au milieu de ces désastres, entendant l'effroyable canonnade qui sévissait, voyant les victimes se multiplier, l'Empereur ne songeait guère à répondre aux propositions héroïques de Wimpfen ; déjà résigné à tout, avec le fatalisme passif de son caractère, il n'avait pour le moment d'autre idée que d'arrêter l'effusion du sang, et il faisait hisser le drapeau blanc parlementaire entre trois et quatre heures. Ce n'était point évidemment son droit, puisqu'il ne commandait pas, et le chef d'état-major, le général Faure, faisait aussitôt abattre le drapeau. On envoyait un officier au général de Wimpfen, qui repoussait avec emportement la pensée de capituler ; son âme de soldat se révoltait, et c'était bien naturel. Peu après, vers quatre heures et demie, le général Lebrun, envoyé par l'Empereur, arrivait à Balan auprès de Wimpfen, qui l'accueillait avec sa proposition de tenter la percée. « Soit, répliquait froidement Lebrun, nous sacrifierons 2 000 ou 3 000 hommes de plus sans résultat utile ; mais si vous le voulez, marchons ! » Et les deux chefs, ramassant un millier d'hommes, marchaient en effet à la rencontre de l'ennemi ; seulement, au bout de 200 mètres, ils s'apercevaient qu'ils n'étaient plus suivis.

Tout s'effondrait, il n'y avait plus rien à espérer. Wimpfen, rentrant à Sedan, essayait encore de se dérober à la fatalité qui l'étreignait en envoyant sa démission à l'Empereur ; mais quoi ? aucun des généraux n'aurait voulu accepter la responsabilité du dénouement qui se préparait. C'était cruel, sans doute, d'être arrivé la veille d'Afrique, d'avoir pris le commandement à neuf heures du matin pour signer une capitulation le soir. Puisque le général de Wimpfen avait si vivement revendiqué les périlleux devoirs du commandement, puisqu'il restait seul le chef de l'armée, seul il pouvait traiter en son nom, et il finissait par se résigner. Pendant que ces dernières scènes se passaient, l'Empereur avait reçu un officier parlementaire envoyé par le roi de Prusse, qui, chose curieuse, ignorait la présence de Napoléon III à Sedan, et avec cet officier était parti le général Reille, chargé de cette lettre tristement fameuse : « N'ayant pu mourir à la tête de mes troupes, je remets mon épée à Votre Majesté ! » Tout était là : reddition personnelle de l'Empereur à discrétion ; nécessité de traiter pour l'armée.

Un jour de vivres dans la place, les Prussiens déjà maîtres des portes de Sedan ; tout autour, 500 bouches à feu encore chaudes de la lutte et pointées sur le dernier refuge d'une armée en détresse ; 240 000 hommes disposés de façon à fermer tous les passages, toutes les fissures, — c'est dans ces conditions que le général de Wimpfen, accompagné du général Faure, du général Castelnau, aide de camp de l'Empereur, et de quelques officiers, se rendait le soir du 1er septembre à Donchery pour négocier avec M. de Moltke, M. de Bismarck et le général de Blumenthal ! Dès le premier moment d'ailleurs, il n'y avait aucune illusion à se faire. M. de

CHATEAU DE BELLEVUE.
D'après une photographie.

Moltke se montrait le ministre froid et implacable de la force victorieuse dictant ses volontés. Les conditions étaient dures : l'armée prisonnière de guerre avec armes et bagages ; les officiers gardant leurs armes et prisonniers comme la troupe. Vainement Wimpfen cherchait à se débattre, invoquant le courage de son armée, les ressources qui lui restaient, les considérations politiques. M. de Moltke demeurait parfaitement insensible et se bornait à remettre sous les yeux du général français l'extrémité de sa situation en même temps que la force des positions prussiennes.

Comme Wimpfen parlait de recommencer la bataille le lendemain, puis paraissait accepter la proposition qui lui avait été faite au commencement de la conférence, d'envoyer un officier pour vérifier les positions de l'armée allemande, M. de Moltke finissait par ajouter sèchement : « Vous n'enverrez personne, c'est inutile ; et d'ailleurs, vous n'avez pas longtemps à réfléchir, car il est minuit ; c'est à quatre heures du matin qu'expire la trêve, et je ne vous accorderai pas un instant de sursis. » — Pourtant, sur l'observation que Wimpfen ne pouvait prendre une telle décision sans avoir consulté les autres généraux, et aussi sur quelques mots de M. de Bismarck, M. de Moltke accordait jusqu'à neuf heures. A six heures du matin, dans un conseil de guerre, nos généraux, la mort dans l'âme, se résignaient à subir une capitulation à laquelle ils ne voyaient aucun moyen humain de se soustraire. Deux seulement, le général Pellé et le général Carrey de Bellemare protestèrent, sans d'ailleurs indiquer comment on pouvait, selon eux, échapper à la terrible extrémité. Tout était fini pour cette armée qui, depuis dix jours, portait le nom d'armée de Châlons.

Tout était fini, en effet, pour la dernière armée de l'Empire, — et pour l'Empire lui-même, qui s'effondrait trois jours plus tard. Mais la capitulation qui livrait aux Allemands 83 000 prisonniers [1], 419 canons ou mitrailleuses et 139 pièces de place (sans parler de 6 000 chevaux et d'un millier de voitures), ne mettait nullement un terme, comme ils l'espéraient peut-être, à la guerre contre la France. Celle-ci allait se lever tout entière contre l'envahisseur, et, en lui opposant, à défaut de l'armée régulière qui n'existait plus, des armées improvisées dont la seule formation attestait assez sa vitalité et l'étendue de ses ressources, elle devait justifier ce mot de son grand Empereur — celui qui savait du moins se battre : « Les peuples se relèvent de tous les revers; ils ne se relèvent jamais du consentement donné à leur déshonneur. »

[1. Aux 83 000 prisonniers par capitulation, il faut joindre les 21 000 faits pendant la bataille, puis 3 000 hommes désarmés à leur entrée en Belgique, et enfin 17 000 hommes hors de combat (300 tués, 14 000 blessés) — au total, 124 000 hommes, en nombres ronds. Du côté des Allemands, les pertes s'élevaient à près de 9 000 hommes : 189 officiers et 2 132 hommes tués; 276 officiers et 5 627 soldats blessés, plus 700 « disparus ».

XXVIII

Coulmiers

(9 NOVEMBRE 1870)

GÉNÉRAL
D'AURELLE DE
PALADINES

GÉNÉRAL
VON DER TANN
(Cliché Société dépho-
tographie de Berlin.)

Ceux qui n'ont point vécu à cette triste époque où les revers succédaient aux revers et où il ne se passait presque point de jour qui n'apportât la nouvelle d'un insuccès ou d'une déception, — ceux-là, sans doute, se figureront et comprendront difficilement de quelle joie la France tout entière fut saisie, lorsqu'elle apprit que les Allemands avaient éprouvé, sur la Loire, une défaite sérieuse.

Le charme était donc rompu; nos jeunes armées pouvaient donc tenir tête aux vieilles bandes d'outre-Rhin; ces généraux et ces troupes, constamment invaincus, n'étaient donc pas invincibles! Comme tant d'autres journées, il est vrai, celle-là resta sans lendemain, et Coulmiers nous apprend non seulement comment on remporte une victoire, mais encore — et surtout — comment on arrive à en perdre tous les fruits. Quoi qu'il en soit, c'est toujours avec émotion, avec fierté aussi, qu'on revoit, après bientôt trente ans, ce champ de bataille du 9 novembre 1870, le premier que l'ennemi nous ait dûment abandonné; et si, en se remémorant sur le terrain même les péripéties de la journée, on se prend à regretter qu'elle n'ait point été plus décisive et plus complète, du moins est-ce sans arrière-pensée qu'on se plaît à envoyer un souvenir reconnaissant aux braves gens à qui le pays dut l'illusion, trop courte, hélas! d'avoir enfin réussi à lasser la mauvaise fortune.

L'effet, du reste, ne fut pas moins grand — en sens contraire! — dans le camp opposé, et bien qu'on n'en retrouve pas la moindre trace dans les publications allemandes, à commencer par la *Relation* du grand état-major, il n'en demeure pas moins acquis que nos ennemis furent d'autant plus sensibles à cet échec qu'ils s'y étaient moins attendus. Contrairement à l'opinion qui s'était facilement accréditée chez eux après Sedan qu'« avant un mois

tout serait fini », on était arrivé au commencement de novembre, et la France
ne demandait pas encore grâce : Metz venait de capituler, à la vérité, et
l'état-major allemand se voyait débarrassé de son plus gros souci ; mais
Paris ne paraissait pas du tout disposé à suivre cet exemple et l'on prétendait qu'au sud de la Loire, et même dans le nord, de nouvelles armées
étaient en voie d'organisation. Toutefois, rien de tout cela ne paraissait bien
sérieux, ni bien dangereux à M. de Moltke : solidement installé devant la
capitale hermétiquement bloquée, il attendait patiemment que la famine la
forçât à se rendre. D'autre part, il ne croyait pas beaucoup à ces « armées
de province » dont on le menaçait, et, en tous cas, ne concevait pas grande
inquiétude des mouvements signalés du côté de la Loire : lorsque l'armée de
Frédéric-Charles aurait terminé le mouvement qui devait l'amener de Metz
aux environs d'Orléans, nul doute que ces rassemblements sans consistance
ne fussent rapidement dissipés. En attendant, la « fraction d'armée » qu'on
venait de confier au grand-duc de Mecklembourg-Schwerin et dont le gros
était formé par le corps bavarois du général von der Tann, semblait plus
que suffisante pour couvrir l'investissement de Paris contre toute folle tentative venant du sud : c'était moins une mission de guerre que ces troupes
avaient à remplir, qu'une mission de « police armée ».

Les premiers événements qui eurent lieu de ce côté étaient bien faits pour
confirmer ces prévisions optimistes. Un corps français de nouvelle formation
et qui avait pris le n° 15, avait essayé de s'opposer à la marche de von der
Tann : il avait été culbuté à Artenay, puis rejeté sur Orléans, délogé encore
de cette ville et finalement obligé de se réfugier derrière la Loire. Ceci
s'était passé les 11 et 12 octobre, et, depuis, on n'avait plus entendu reparler
de ce corps ni de la soi-disant « armée de la Loire », si ce n'est par les journaux
français, prompts, sans doute, à prendre leurs désirs pour des réalités. Et
voilà que, le 9 novembre au soir, le télégraphe apportait au grand quartier
général de Versailles une nouvelle des plus fâcheuses : von der Tann s'était
heurté, dans la journée même, à une armée dont il n'était plus possible de
contester non seulement l'existence, mais encore la valeur, puisqu'elle avait
triomphé de 22 000 hommes parfaitement instruits, aguerris par trois mois
de campagne et pleins de la confiance que donne une suite ininterrompue
d'éclatants succès.

Cette armée de la Loire, qui venait de faire de si heureux débuts, se
composait de deux corps : le 15e, dont le général en chef, d'Aurelle de
Paladines, exerçait directement le commandement en même temps que
celui de l'armée, et le 16e, récemment formé à Blois, sous le général Chanzy.
Vers la fin d'octobre, ces deux corps réunis au camp de Salbris, en Sologne,
avaient atteint un effectif assez élevé et pris assez de cohésion pour qu'on

n'hésitât pas davantage à les envoyer à l'ennemi. Dans un conseil de
guerre tenu le 24 octobre et auquel assistait Gambetta, devenu l'âme de la
défense nationale, ainsi que M. de Freycinet, l'actif « délégué à la guerre »,

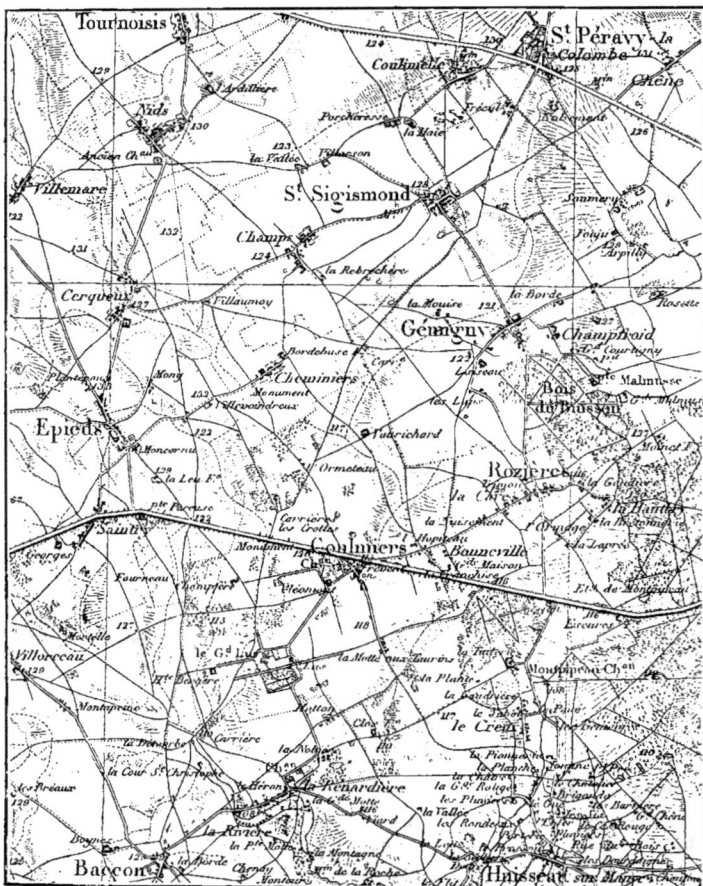

CHAMP DE BATAILLE DE COULMIERS.
(Extrait de la carte de l'État-major au 1 : 80 000.

il avait été décidé d'un commun accord que le gros de nos forces (environ
70 000 hommes), porté sur la rive droite de la Loire, marcherait de Blois
sur Orléans, tandis qu'une division de 25 000 hommes, aux ordres du général
Martin des Pallières, partirait de Gien, pour se rabattre également sur

Orléans et prendre ainsi von der Tann « entre deux feux ». Le mot, plus encore peut-être que la chose, a toujours exercé une grande séduction sur les novices et les profanes, et un vieux général aussi expérimenté que d'Aurelle aurait pu montrer aux membres du Gouvernement qu'un mouvement concentrique est toujours une opération aussi difficile à combiner avec toute la précision voulue qu'à exécuter ponctuellement, — comme l'expérience ne tarda pas du reste à le prouver ; toutefois, l'armée de la Loire possédait une assez grande supériorité numérique pour que le succès n'en parût pas cette fois douteux, à la condition qu'il n'y eût pas de temps perdu et que le secret fût gardé exactement. Mais il était difficile que von der Tann n'eût pas connaissance des grands mouvements de troupes qui s'exécutaient à si peu de distance de lui ; la présence de l'ennemi, signalée à Blois et à Mer, lui donna l'éveil, et, comme le terrain « coupé » qui entoure Orléans lui avait paru à juste titre peu favorable à la défense, en ce qu'il eût nécessité un éparpillement excessif des forces restreintes dont il disposait, il avait pris le parti d'évacuer à peu près complètement la ville, pour recevoir à quelques lieues en avant le choc dont il se sentait menacé. Dès lors, les deux adversaires se trouvaient face à face et l'attaque ne pouvait plus être différée davantage.

La position que le général bavarois avait choisie pour livrer bataille était perpendiculaire à la Loire, et coupée à peu près vers son milieu par la grande route d'Orléans au Mans. Elle présentait un développement d'environ 12 kilomètres et était « jalonnée », du nord au sud, par les villages ou hameaux de Saint-Péravy-la-Colombe, Saint-Sigismond, Champs, Cheminiers, Coulmiers, Le Grand-Lus, La Renardière et Baccon. A l'est de cette ligne, le pays offre le caractère commun à toute la banlieue d'Orléans, c'est-à-dire est couvert de bois, de vergers et de vignes ; à l'ouest, au contraire, on est dans la Beauce, c'est-à-dire sur un terrain mollement ondulé, généralement cultivé en céréales et, par conséquent, absolument nu pendant les mois d'hiver. En l'absence de tout accident topographique notable, de tout obstacle naturel, les lieux habités y acquièrent une importance tactique d'autant plus grande que les constructions y sont pour la plupart en pierres ou en briques, et que les groupes de bâtiments isolés, fermes ou maisons de plaisance, sont ordinairement entourés de murs solides ou tout au moins de fortes haies.

Les diverses localités mentionnées ci-dessus avaient été mises en état de défense par les Bavarois, et la résistance devait trouver en particulier d'excellents points d'appui dans les châteaux entourés de parcs que presque toutes possèdent. Celui de Coulmiers, appartenant à M. de Villebonne, était

comme le réduit général de la position, et l'on a bien fait d'élever à l'angle
nord-ouest de son beau parc, dont la possession fut disputée avec tant
d'acharnement, le monument commémoratif de la victoire : une massive
croix de pierre, effectant la forme générale d'une pyramide sur laquelle
sont inscrits les noms des corps et des généraux qui ont pris part à la lutte.
Mais si Coulmiers, flanqué par le hameau de l'Ormeteau et le château du
Grand-Lus était appelé à jouer le principal rôle au centre des Allemands,
le village de Baccon, situé à leur gauche, sur une éminence, n'avait guère
moins d'importance et devait être, avec les hameaux et châteaux qui en
dépendent, la Rivière et la Renardière, le théâtre de violents combats. Par
contre, la droite ennemie, entre la route du Mans et celle de Châteaudun,
vers Saint-Péravy, était plus faiblement constituée et se composait surtout
de cavalerie : von der Tann supposait que l'adversaire chercherait avant
tout à le couper d'Orléans, tandis que les Français avaient intérêt, au
contraire, à le rejeter vers cette ville, pour le refouler sur le corps de Martin
des Pallières et rompre ses communications avec Paris. En effet, le général
d'Aurelle avait décidé de diriger le 15ᵉ corps sur Baccon, le 16ᵉ sur Coulmiers et Saint-Sigismond, et de faire exécuter plus au nord un grand
mouvement tournant par la cavalerie relativement nombreuse qu'il avait sous
ses ordres (10 régiments commandés par le général Reyau), et que devaient
appuyer 6 batteries légères et divers corps francs. Exécuté avec à propos et décision, ce mouvement pouvait amener la destruction du corps de
von der Tann. Nous verrons qu'il échoua par des circonstances indépendantes
de la volonté du général en chef, dont le plan de bataille était parfaitement
approprié aux circonstances, et à qui on ne saurait en tout cas contester le
mérite d'avoir su, le premier, ramener la victoire sous nos drapeaux.

[Un excellent récit de la bataille de Coulmiers a été donné par l'officier supé-
rieur d'état-major qui signe « Pierre Lehautcourt » dans son Histoire de la
Défense nationale en 1870-1871 *(1ʳᵉ partie,* Campagne de la Loire. — *Paris*
1893, chez Berger-Levrault et Cⁱᵉ), — l'ouvrage le plus récent et le plus com-
plet qui ait été publié sur la seconde partie de la guerre. Malheureusement,
son développement et aussi sa précision toute technique nous empêchent de
lui donner place ici. Du moins a-t-il été mis à profit dans la relation plus
abrégée que nous avons fait paraître dans le Journal des Débats, *à l'occa-*
sion du vingt-cinquième anniversaire de la bataille, et qu'on ne nous en vou-
dra sans doute pas de reproduire faute de mieux.]

Transportées par les voies ferrées, dans les derniers jours d'octobre, sur la rive
droite de la Loire, l'armée de la Loire occupait depuis lors en avant de Blois une

bonne position « d'attente », ayant sa droite bien appuyée au fleuve, sa gauche couverte par la forêt de Marchenoir. Le général d'Aurelle de Paladines ne comptait prendre l'offensive qu'au moment où le général Martin des Pallières serait, de son côté, en mesure de se porter en avant, afin que l'attaque de l'aile gauche pût concorder exactement avec celle de l'aile droite. Mais, le 7 novembre, une forte reconnaissance de troupes allemandes de toutes armes, que dirigeait le général de Stolberg, avait rencontré à Vallière, en avant de la forêt de Marchenoir, une des brigades du général Chanzy et avait dû se retirer après avoir essuyé des pertes assez fortes. Ce premier succès, que notre grande supériorité rendait facile à la vérité, avait inspiré à nos jeunes troupes une confiance et une ardeur qu'il était prudent de ne point laisser refroidir. Presque aussitôt, du reste, on apprenait que le gros de l'ennemi avait quitté Orléans pour prendre position plus à l'ouest et poussé déjà ses avant-postes vers Coulmiers, à moins d'une journée de marche : il n'était donc plus possible d'attendre jusqu'au 11 novembre, date primitivement choisie pour l'action commune, et, dès le 8, le général d'Aurelle portait ses deux corps de l'autre côté de la forêt.

Avec des troupes aussi neuves et aussi inexpérimentées que les nôtres, ce mouvement à proximité de l'ennemi exigeait des précautions particulières. On n'eut garde d'y manquer et l'on prit des dispositions telles que l'ordre de marche devait être, à très peu près, l'ordre même de bataille. Mais les Allemands ne songèrent point à troubler l'opération, qui s'accomplit sans accident ni incident, avec une régularité de bon augure. Le temps, jusque-là humide et brumeux, s'était éclairci fort à propos, ce qui avait permis à nos hommes de supporter allègrement les fatigues de cette première journée de marche à travers bois ou à travers champs, malgré les poids, auquel ils n'étaient pas encore habitués, de leurs munitions et de leurs vivres de campagne. Le moral de l'armée était d'ailleurs aussi bon que l'on pouvait le souhaiter. On se savait en forces, et l'on avait foi dans ses nouveaux chefs. Les quelques jours de repos qui avaient suivi le passage de la Loire avaient été employés par d'Aurelle à mettre la dernière main à l'organisation de ses corps et à raffermir la discipline, qui laissait encore beaucoup à désirer quand on avait quitté le camp de Salbris. Régiments de ligne (ou plutôt « de marche ») et régiments de garde nationale mobile rivalisaient de zèle et d'entrain ; en un mot, on se trouvait dans les meilleures conditions pour affronter l'ennemi jusque-là si redouté. Dans la soirée, le général en chef prenait définitivement la résolution de livrer bataille le lendemain et, après une dernière conférence avec le général Chanzy, lançait ses ordres en conséquence.

Le 9 novembre donc, dès cinq heures du matin, tout le monde est sur pied ; les hommes sont un peu transis, car on a dû défendre d'allumer des feux, de crainte de donner l'éveil à l'ennemi ; mais, le café fait et avalé, les troupes se mettent gaiement en marche dans les diverses directions qui leur ont été assignées. « L'aspect de cette grande ligne de bataille traversant la plaine nue était des plus imposants, » dit le général Chanzy ; et d'Aurelle, de son côté : « Un silence solennel règne partout dans cette grande plaine, où bientôt va retentir le bruit du canon. Dans les rangs, calme profond, ordre parfait. Les troupes semblent marcher à une revue.... » A l'aspect de ce déploiement si correct, qui lui rappelle les soldats disciplinés de l'ancienne armée qu'il a commandés jusque-là, le général en chef sent redoubler sa confiance; une journée qui débute si bien ne saurait être une journée perdue.

Il était environ huit heures lorsque l'armée de la Loire avait prononcé son mouvement. A neuf heures et demie, les tirailleurs de la division Peytavin, du 15e corps, engagent l'action en avant de Baccon, ce qui confirme von der Tann dans la conviction assez irréfléchie que les Français ne cherchent qu'à le couper d'Orléans, et qu'ils vont imprudemment se risquer entre sa gauche et la Loire. En face d'une seule brigade (celle du général Rebillard), que ses instructions et les circonstances vouent à un rôle purement démonstratif, le général bavarois va entasser jusqu'au quart de son infanterie, en ne laissant plus que des détachements insignifiants au nord de la route du Mans, ce qui ne doit pas peu favoriser le mouvement débordant dont l'exécution est confiée au 16e corps. Au surplus, les troupes de Peytavin ne se laissent pas arrêter si aisément : bien soutenus par le feu de nos batteries qui, au grand étonnement des Allemands, finissent par prendre, pour la première fois peut-être, le dessus sur les leurs, nos fantassins se ruent à l'attaque du village de Baccon, qu'ils prennent d'assaut. Puis, c'est sur La Rivière et La Renardière que se concentrent les efforts du 15e corps. La Rivière, où s'est réfugié le bataillon bavarois chassé de Baccon, est enlevée assez facilement, par 3 bataillons auxquels l'artillerie a préparé les voies ; mais La Renardière, défendue par 4 bataillons et 4 batteries, résiste longtemps avec vigueur. La position, il est vrai, est des plus fortes et des mieux organisées : en avant, coule dans un fond marécageux le ruisseau de

MONUMENT COMMÉMORATIF
DE LA BATAILLE DE COULMIERS.
(D'après une photographie.)

la Mauve, qui la couvre du côté de Baccon; immédiatement au delà s'étend le parc, entouré d'un mur très épais et protégé du côté du sud par un fossé large et profond; en arrière, le château lui-même forme un réduit solide et résistant, dont une grande pièce d'eau interdit les abords vers le sud-est; enfin, à l'est, un bois de 600 mètres de long assure les communications et, éventuellement, la retraite des Bavarois. Peu à peu, néanmoins, la 2e brigade de la division Peytavin gagne du terrain de ce côté, pendant que la 1re attend, pour attaquer l'obstacle de front, que l'artillerie ait réussi à faire une brèche dans les murs du parc. Vers deux heures, deux ouvertures de 6 à 8 mètres y ont été pratiquées par nos obus, et le général Peytavin lance aussitôt ses bataillons à la baïonnette : effrayés, les Bavarois se replient sans attendre le choc et gagnent précipitamment le bois de Montpipeau. Notre aile droite a conquis ainsi un point d'appui qui doit lui permettre de poursuivre son offensive avec avantage; mais Peytavin croit devoir s'arrêter jusqu'à ce que Coulmiers soit tombé aux mains du 16e corps et se borne à faire occuper sur sa gauche le château du Grand-Lus, que l'ennemi, se trouvant sans doute trop en flèche, a commis la faute d'abandonner.

C'est près de là que l'artillerie du 15e corps se déploie pour coopérer à l'attaque de Coulmiers, tandis qu'au sud de Baccon, la brigade Rebillard, qui s'est rendue de bonne heure maîtresse du château de La Touanne, croit que ses instructions lui défendent de franchir la Mauve et laisse retirer tranquillement une brigade bavaroise d'abord postée à Huisseau. Von der Tann, voyant que nous n'avons décidément pas l'intention qu'il nous avait prêtée tout d'abord de le déborder vers la Loire, n'hésite plus maintenant à dégarnir sa gauche pour renforcer son centre et sa droite, qu'il voit sérieusement menacés.

Il y a déjà, en effet, quelque temps que, de ce côté, le 16e corps est entré en action, quoique avec moins d'élan, au début, que le 15e. L'une des deux divisions de Chanzy (général Barry) s'est portée droit sur Coulmiers, tandis que la seconde (amiral Jauréguiberry) se dirige un peu plus au nord sur Champs et Cheminiers. Barry, pris en écharpe par plusieurs batteries bavaroises, ne fait d'abord que peu de progrès et est même obligé de s'arrêter pendant quelque temps pour attendre des renforts d'artillerie. Mais quand, à sa gauche, l'amiral, qui est arrivé seulement de la veille pour prendre son commandement et qui « étonne les troupes par son intrépidité et son audace », commence à gagner du terrain ; quand, à sa droite, les Allemands ont évacué La Renardière et rendu ainsi à la division Peytavin sa liberté d'action, le combat s'engage, furieux, à Coulmiers même, et le village est attaqué à la fois par la droite du 16e corps et par la gauche du 15e (brigade d'Aries). L'ennemi, toutefois, fait preuve de beaucoup de solidité, et c'est à grand'peine que nos tirailleurs parviennent à se maintenir dans les quelques jardins extérieurs où ils ont réussi à prendre pied.

C'est alors que le général d'Aurelle fait avancer l'artillerie de réserve et, après un redoublement du feu de toutes les batteries, ordonne l'assaut général. Voici en quels termes il a raconté lui-même les émouvantes péripéties de ce moment décisif, dans lequel est vraiment assuré le sort de la journée : « .... Mais les Allemands, s'abritant derrière chaque arbre et derrière les pans de murs écroulés, par de nouveaux efforts désespérés, avaient chassé nos soldats de Coulmiers et étaient redevenus maîtres de la position. Le général Barry mettant alors pied à terre se place à la tête de ses troupes, les enlève au cri de : « En avant ! Vive la France » ! et à son tour force l'ennemi à reculer. La lutte se prolonge dans le village en flammes. En même temps, le général d'Aurelle fait approcher la brigade d'Aries, qui a formé la réserve du 15e corps, pendant la journée ; il lance cette brigade sur le village. Les troupes sont enlevées avec un irrésistible élan par leur vaillant général. Bientôt Coulmiers est emporté d'assaut par la division Barry et la brigade d'Aries, rivalisant de courage et d'ardeur.... » Il est à peu près quatre heures du soir.

Le canon, il est vrai, grondait toujours du côté de Champs et de Cheminiers. La division Jauréguiberry avait affaire là à si forte partie qu'il s'en fallut de peu qu'une de ses brigades ne lâchât pied complètement ; mais la retraite fut bien vite arrêtée par le brave amiral qui, suivant le mot d'un témoin oculaire, « commandait par son exemple tout autant que par ses ordres : son visage placide, sa voix calme, son geste tranquille, affermissaient tous les courages autour de lui ; il était héroïque avec un tel dédain de la mort qu'il excitait l'admiration générale ». Des soldats ne pouvaient reculer longtemps sous les yeux d'un tel chef ! Grâce à son énergique impulsion, la marche offensive est reprise ; Champs est enlevé, ainsi que l'Ormeteau, et bientôt l'aile droite bavaroise, informée de la tournure défavorable que le combat a prise autour de Coulmiers, abandonne des positions où elle désespère de pouvoir se maintenir. A la nuit tombante, le corps bavarois est en pleine retraite dans la direction d'Artenay.

Pourquoi faut-il que le manque de coup d'œil et d'initiative du général qui était à la tête de la cavalerie ait empêché l'armée de la Loire de remporter une victoire complète ? Reyau, fort brave homme, mais moralement et physiquement usé, avait été inopportunément tiré du cadre de réserve et on avait eu, par surcroît, la malencontreuse idée de confier à ce septuagénaire un des commandements qui exigent le plus de hardiesse et de vigueur. Son rôle, pourtant, était aussi nettement tracé que possible dans les instructions qu'il avait reçues la veille : « Couvrir le flanc gauche de l'armée française du côté de Chartres, en se dirigeant sur Saint-Péravy, et en même temps couper la retraite de l'ennemi sur la route de Paris. » Mais il paraît n'avoir compris à aucun moment ce qu'on attendait de lui et de la belle troupe dont il avait charge. Après s'être fort inutilement attardé à un combat d'artillerie contre des fermes, entre Champs et Saint-Sigismond, il prit pour des troupes allemandes les franc-tireurs du colonel Lipowski, avec lesquels il lui était recommandé de se tenir en communication, crut son flanc et ses derrières menacés par un corps ennemi venu de Chartres, et prit finalement le parti peu héroïque de regagner ses cantonnements de Prénouvellon, à l'instant même où il aurait pu rendre les plus signalés services. Il en résulta que le général Chanzy, ayant des craintes pour sa gauche, à la suite des renseignements erronés transmis par la cavalerie, ne crut pas devoir prolonger lui-même, comme il l'aurait voulu, son mouvement débordant, et que les Bavarois purent se retirer sans être inquiétés davantage.

Il était difficile de les poursuivre, du moment que le général Reyau se mettait lui-même hors de cause ; notre infanterie était harassée de fatigue ; le temps redevenait très mauvais et il eût été imprudent d'entamer, sous la neige fondue qui tombait, une poursuite de nuit : à des soldats aussi jeunes, dit le général Canonge, « il ne fallait pas trop demander pour une première fois ». Seule, l'artillerie, admirablement commandée pendant toute cette journée par le général de Blois, qui avait conservé, dans un âge avancé, l'énergie qui faisait trop visiblement défaut au commandant de la cavalerie, accompagna pendant quelque temps de ses salves un ennemi trop heureux de s'en tirer à si bon compte. Et pourtant, le lendemain matin encore, un officier hardi et intelligent, le commandant de Lambilly, digne officier d'ordonnance de l'amiral Jauréguiberry, accomplissait avec une poignée de cavaliers un coup de main qui montrait assez quels résultats on eût obtenus la veille avec un peu d'audace. « Apprenant au point du jour, raconte le général d'Aurelle, que les Bavarois étaient en pleine retraite et que leur dernière colonne d'artillerie et de bagages traversait Saint-Péravy, il n'hésita pas à se jeter à sa poursuite avec ce qu'il avait sous la main : les pelotons d'escorte de l'amiral comprenant environ 50 dragons et hussards, qui furent appuyés à distance par un bataillon d'infanterie. Ils rejoignirent la colonne ennemie à sa sortie de Saint-Péravy, gagnèrent au galop la tête du convoi en sabrant tout ce qui se trouvait sur leur passage, et ramenèrent 2 canons, 29 voitures de munitions et une centaine de prisonniers. » On en avait fait environ 2 000 non blessés, pendant la lutte ; mais les Allemands n'avaient eu que 783 hommes hors de combat, tandis que nous en laissions environ 1 500 sur le terrain.

Que la victoire de Coulmiers soit malheureusement restée inféconde, c'est ce qui n'est que trop certain, et nous en avons déjà dit les causes. Mais elle n'en reste pas moins un brillant, un franc succès, le seul absolument incontesté de toute la campagne. Les Allemands eux-mêmes n'ont jamais essayé de le nier ; mais ils ne se sont pas fait faute de le rabaisser tant qu'ils ont pu, d'abord en refusant de reconnaître à la journée l'ampleur qu'elle a eue en réalité : pour eux, c'est un combat (*Treffen*) et non une bataille (*Schlacht*), ensuite en alléguant notre grande supériorité numérique. Soit ! mais tout est relatif, — c'est bien le cas de le rappeler ici ; et, à notre tour, nous sommes en droit de faire remarquer que nos jeunes troupes eurent tout le temps à s'avancer, sous le feu, *en terrain découvert* ; — que, pour son coup d'essai, cette armée improvisée fut obligée d'enlever des positions retranchées que l'on avait pu organiser à loisir ; — enfin, que si les « exploits » de ces *65 000 hommes* de nouvelle levée, vainqueurs de *22 000 soldats* éprouvés, doivent le céder à d'autres, ce n'est toujours point à ceux des 40 000 Prusso-Bavarois battant à Wissembourg les 7 000 Français du général Douay, ni des 126 000 Allemands triomphant des 45 000 hommes du maréchal de Mac-Mahon dans la journée de Frœschwiller !

XXIX

Champigny

(30 NOVEMBRE ET 2 DÉCEMBRE 1870)

DEPUIS plus de deux mois déjà, Paris était étroitement bloqué par les armées allemandes et aucune tentative sérieuse n'avait encore été faite pour percer, sur un point quelconque, les lignes d'investissement. La population si nerveuse de la capitale commençait à s'irriter de cette inaction prolongée, dont elle ne comprenait point la cause, et s'en prenait à l'homme qui réunissait les fonctions de gouverneur de la place à celles de président du gouvernement de la Défense nationale, le général Trochu. Dans une certaine mesure, elle n'avait sans doute pas tort : Trochu n'était point à la hauteur de la lourde tâche qu'il avait assumée et qui eût écrasé des épaules plus solides que les siennes. « A une situation si exceptionnelle, a fort bien dit le général Canonge, il eût fallu un homme exceptionnel ; cet homme ne s'est pas trouvé. La foi la plus complète dans la possibilité d'une défense intelligemment conduite ; une énergie s'affirmant par des actes et non par des paroles ; une volonté de fer s'exerçant contre les ennemis du dedans aussi bien que contre ceux du dehors : telles sont les qualités qu'aurait dû posséder le gouverneur de Paris!... » On sait trop que ce n'était point par celleslà que se distinguait le général Trochu.

Toutefois, en ce qui touche plus particulièrement aux projets de sortie, il ne faut pas oublier que ce n'était point dès les premiers temps du siège qu'on pouvait songer à « rompre le cercle de fer », comme les clubs le demandaient à grands cris : avant de lancer une armée au dehors, il fallait l'organiser, la discipliner, l'aguerrir ; en un mot, la mettre en état de se mesurer, sans trop d'infériorité, avec les forces redoutables qu'elle allait trouver devant elle. Paris renfermait certainement beaucoup d'*hommes*, mais peu de *soldats*, et ce n'était qu'au bout d'un certain temps que de tels éléments,

43

d'une valeur très inégale d'ailleurs, pouvaient être mis en œuvre avec quelque chance de succès. Il est vrai que ce temps, d'autre part, ne pouvait manquer d'être mis à profit par l'ennemi pour se fortifier sur les positions qu'il occupait tout autour de Paris et qui, en général, se prêtaient admirablement à la défensive contre la place. Les Allemands, nullement disposés à tenter l'aventureuse entreprise qu'eût constituée une attaque de vive force et attendant l'inéluctable solution du temps, c'est-à-dire de la famine, s'étaient bornés à prendre leurs dispositions pour repousser toute tentative de sortie, et ils les avaient bien prises. Partout on devait les trouver sur leurs gardes et fortement retranchés ; le plus souvent, leur immense « circonvallation », méthodiquement organisée, comprenait trois lignes successives, pour les avant-postes, le gros et les réserves, chacune de ces lignes ayant d'excellents points d'appui, des batteries préparées, des défenses accessoires de toute espèce : abatis, murs crénelés, barricades, etc. Toutes ces positions étaient reliées entre elles et avec le grand quartier général de Versailles par des lignes télégraphiques et des postes volants de cavalerie ; et si l'adversaire, occupant la circonférence du vaste cercle dont nous tenions le rayon, semblait avoir à première vue moins de facilité à faire affluer les renforts sur le point menacé que nous-mêmes à nous y présenter en nombre, il importe de tenir compte, d'un autre côté, des embarras particuliers de la traversée et du débouché de Paris pour des forces considérables. Tout projet de sortie exigeait ainsi de longs mouvements préparatoires qu'il était bien malaisé de dissimuler à la vue ou à la connaissance des Allemands. Dans de telles conditions, il eût sans doute été préférable de s'en tenir à des travaux de contre-attaque à courte distance, qui eussent permis, sinon de briser d'un seul coup le cercle d'investissement, du moins de l'élargir progressivement, en s'inspirant du système qu'employa avec tant de succès l'illustre Todleben dans la défense de Sébastopol et grâce auquel il parvint à retarder si longtemps la chute de la place. Malheureusement, cette méthode était incompatible avec l'état d'esprit de la population, qui rêvait d'une « trouée » formidable, et aussi avec l'espoir que l'on nourrissait de voir Paris délivré par les armées de province, auquel il fallait aviser à tendre la main.

Mais si l'on voulait absolument opérer « la grande sortie », encore fallait-il choisir la direction la plus avantageuse ou la moins défavorable. Après une étude attentive du terrain et de la distribution des corps de blocus, le général Ducrot avait acquis la conviction qu'il était préférable à tous les points de vue de faire effort dans la direction de l'ouest : en conséquence, il proposait de passer la Seine à Bezons et à Argenteuil, c'est-à-dire de déboucher par la presqu'île de Gennevilliers, pour, de là, gagner Pontoise et Rouen. « Ce projet, très soigneusement élaboré, était, quoi qu'on en ait pu

dire, très susceptible de réussite, d'autant qu'il se trouvait habilement approprié à la répartition des troupes assiégeantes[1], » et il avait obtenu, en principe, l'approbation du gouverneur de Paris. Comment en vint-on à y substi-
tuer celui qui préconisait l'attaque vers l'est ? Uniquement parce que, dans
l'intervalle, étaient arrivées à Paris la nouvelle de la victoire de Coulmiers et
l'annonce, au moins prématurée, de la marche de l'armée de la Loire sur
Fontainebleau. Dès lors, l'opinion, surexcitée, demanda impérieusement que
l'on allât au-devant de ses libérateurs, et le général Trochu crut devoir céder
à ces sommations inconsidérées. Il faut dire qu'il avait eu lui-même le tort
de ne point faire connaître avec toute la précision voulue, à la Délégation de
Tours, les dispositions déjà prises pour exécuter le plan du général Ducrot
et en assurer le succès. Mieux éclairés sur la valeur incontestable de ce plan
et formellement invités à concourir à sa réalisation, Gambetta et M. de Freycinet eussent vraisemblablement renoncé à celui qu'ils avaient formé eux-
mêmes, et combiné avec plus de soin les opérations de l'armée de la Loire
avec celle de l'armée de Paris. Rouen, et non plus Fontainebleau, fut alors
devenu leur premier objectif, et quant à Ducrot, s'il devait jamais parvenir
à se dégager, c'était plutôt du côté où les difficultés et les périls inhérents à
tout projet de sortie étaient réduits à leur minimum. Quelle différence, en
outre, entre les résultats d'un succès obtenu à l'ouest et ceux d'une bataille
gagnée du côté de l'est ! Dans le premier cas, on se rapprochait sûrement de ses
renforts ; dans le second, on risquait fort de rencontrer auparavant ceux que
le prince Frédéric-Charles amenait à l'ennemi, de Metz. Sorti par Argenteuil, on pouvait le soir même atteindre Pontoise et y passer l'Oise pendant
la nuit ; dès lors, on se trouvait couvert sur ses derrières par cette rivière,
sur son flanc par la Seine, et, du premier coup, on sortait de la zone particulièrement dangereuse, alors que, vers l'est, on se jetait à l'aventure dans
un pays où les Allemands étaient depuis plus longtemps, et, par suite, plus
solidement installés. Pour réussir dans une entreprise aussi aventureuse, il
aurait fallu disposer de vieilles troupes capables, comme celles du premier
empire, de se battre le jour, de marcher la nuit et de passer au besoin sur
le corps de forces supérieures en nombre, — ce qui n'était rien moins que
le cas de celles que le général Ducrot pouvait mener à l'attaque.

Ces troupes étaient cependant les meilleures entre toutes celles que renfermait la capitale : c'était la « 2ᵉ armée », comprenant les trois corps de
Blanchard (1ᵉʳ) — divisions de Malroy et Faron — de Renault (2ᵉ) — divisions de Susbielle, Berthaut et de Maussion — et de d'Exéa (3ᵉ) — divisions d'infanterie Carrey de Bellemare et Mattat, et division de cavalerie de

1. Général Canonge. — *Histoire militaire contemporaine* (déjà citée).

Champéron. L'effectif total était de 100 000 hommes, en nombres ronds, et dans sa composition n'entraient que des régiments de ligne ou de marche, avec un petit nombre de bataillons de garde nationale mobile, triés du reste avec soin. La 3ᵉ armée (général Vinoy) formée d'éléments plus disparates, était destinée, ainsi que le « corps de Saint-Denis » (amiral de la Roncière le Noury), à opérer simultanément dans le sud, l'ouest et le nord, des diversions propres à faciliter l'opération principale. Celle-ci devait avoir lieu sur la Marne, dans la boucle que la rivière décrit vers Joinville-le-Pont, et avait par conséquent, pour objectif les plateaux de Villiers et de Cœuilly. Elle avait d'abord été fixée au 29 novembre ; mais, par suite d'un fâcheux concours de circonstances, les ponts sur la Marne ne purent être jetés à temps et les diversions, qu'on eut le tort de ne pas contremander, eurent seules lieu ce jour-là, au moins du côté du sud. L'adversaire ne se méprit pas sur leur but et sur leur portée, et accorda beaucoup plus d'attention à une opération préliminaire de l'opération principale, effectuée également le 29 : l'occupation du plateau d'Avron, en avant des forts de Rosny et de Nogent. Ce mouvement, rapproché de l'accumulation des troupes dans le bois de Vincennes et aux abords, lui donna l'éveil ; des renforts furent aussitôt envoyés ou préparés ; et lorsque la 2ᵉ armée déboucha, le 30 novembre, sur la rive gauche de la Marne, elle se heurta à un adversaire complètement sur ses gardes et qui n'avait rien négligé pour tirer parti des avantages de sa position.

Jetons maintenant un coup d'œil sur celle-ci.

La Marne, principal affluent de droite de la Seine en amont de Paris, décrit de nombreuses sinuosités dans la dernière partie de son cours. Rencontrant, au sortir de la Brie, le plateau de Romainville, qui domine la capitale au nord-est, elle s'infléchit brusquement vers le sud ; mais alors elle se heurte à un plateau symétrique, celui de Villiers, qui la rejette à l'ouest ; elle décrit une première boucle, vers Joinville ; une seconde, beaucoup plus grande, en sens inverse, qui enveloppe la presqu'île de Saint-Maur, et s'en va tomber enfin dans la Seine, à Charenton.

Avant que Paris n'eût été muni d'une enceinte bastionnée, couverte elle-même par des forts extérieurs, la plateau de Romainville devait jouer forcément un rôle décisif dans l'attaque et la défense de la capitale, et c'est, en effet, celui que nous avons vu lui échoir en 1814. Puis, lorsqu'il eût été occupé lui-même par de grands ouvrages (les forts de Rosny et de Nogent), le terrain de la lutte, dans ce « secteur » de la banlieue parisienne, se trouva reporté de l'autre côté de la Marne, c'est-à-dire sur le plateau de Villiers. Aujourd'hui, ce dernier a été maîtrisé à son tour par des forts et englobé dans le périmètre du grand camp retranché de Paris ; mais, en 1870, la

Marne marquait la limite extrême de nos positions du côté de l'est et en constituait comme l' « avant-fossé » : sur la rive gauche, on était en plein pays ennemi, et les Allemands n'avaient pas manqué de faire du plateau de

CHAMP DE BATAILLE DE CHAMPIGNY.
Extrait de la carte de l'État-major au 1 : 80 000.)

Villiers, retranché avec beaucoup d'art, le principal point d'appui, vers l'est, de leurs lignes d'investissement.

Ce plateau, qui domine de 50 à 70 mètres le cours de la rivière, est divisé en deux parties par une dépression que suit la ligne de Mulhouse ; au nord, c'est le plateau de Villiers proprement dit, auquel le village de ce nom sert de réduit intérieur, et les villages de Noisy-le-Grand et de Bry-sur-Marne d' « avancées » ; au sud. c'est le plateau de Cœuilly, qui s'avance jusqu'au-dessus de Champigny et surplombe immédiatement les bords de la Marne jusqu'au delà de Chennevières et d'Ormesson, pour encadrer ensuite la petite vallée latérale du Marbras. Quand on aborde le plateau par l'ouest, comme devait le faire l'armée de Ducrot, au moyen de ponts jetés sur la Marne à Joinville et au-dessus, on traverse d'abord, en laissant à gauche le domaine de Poulangis, un terrain plat et en partie découvert qui s'étend jusqu'à Champigny. Ce village est bâti à droite et à gauche de la grande route de Provins, qui s'élève aussitôt après sur le plateau par deux branches, dont l'une en atteint le sommet à Mont-Idée, et l'autre, menant aussi vers Cœuilly, à Bel-Air[1]. De Champigny même s'en détache un chemin dont le point culminant se trouve au « Four à Chaux » et qui conduit à Villiers, en traversant obliquement la dépression dont il vient d'être question ; d'autres chemins montent également à Villiers, directement, de Bry-sur-Marne et de Noisy-le-Grand. Le pays est très coupé, comme dans toute la banlieue de Paris : les jardins, les vergers y alternent avec les terres labourées, et les maisons de plaisance y sont nombreuses. On y rencontre aussi plusieurs châteaux, entourés de parcs plus ou moins étendus et plus ou moins bien clos : ceux de Champigny (notamment le « Parc en pointe »), de Villiers et de Cœuilly joueront, en particulier, un rôle capital dans les journées du 30 novembre et du 2 décembre.

Le plan d'attaque présenté par Ducrot et accepté par Trochu assignait aux divers corps de la 2e armée les directions suivantes : à droite, le 1er corps devait franchir la Marne à Joinville et marcher ensuite droit sur Champigny ; au centre, le 2e corps, passerait la rivière en face de Bry et se porterait sur Villiers ; à gauche, enfin, le 3e corps, débouchant par Noisy-le-Grand, aurait pour mission de tourner et de « déraciner » la droite ennemie. Mais il fallait que les Allemands fussent chassés du plateau dès le soir du premier jour, sinon ils auraient le temps de grouper sur la Marne des forces suffisantes pour arrêter l'élan de leurs adversaires ; le 29 novembre, on n'eût trouvé devant soi que les trois brigades de la division wurtembergeoise et une brigade saxonne : le 30, le reste du corps saxon (XIIe), le Ve corps et une brigade du IVe se tenaient prêts à soutenir les Wurtembergeois ; le 2 décembre, la supériorité numérique passait décidément du côté de l'ennemi.

1. C'est à Champigny qu'a été élevé le monument commémoratif des batailles de la Marne. C'est une vaste crypte précédée d'une galerie et surmontée d'une pyramide, où l'on a recueilli les ossements de plus de 3 000 soldats français (et de quelques soldats allemands). — On y lit l'inscription suivante : *Monument | élevé par l'État | à la mémoire | des soldats | morts pendant le siège de Paris | Bataille de Champigny*. — Outre ce grand monument, inauguré le 2 décembre 1878, et qui se trouve sur la gauche de la Grande Rue (route de Provins), une pyramide a été spécialement érigée « aux Mobiles de la Côte d'Or », sur le chemin de Bry, près du Four à Chaux ; en outre, dans Champigny, non loin de la Mairie, une plaque sur un mur indique l'endroit où est tombé leur brave colonel, M. de Grancey.

La relation ci-dessous des journées du 30 novembre et du 2 décembre est tirée, comme celle de la bataille de Sedan, de la GUERRE DE FRANCE, de M. Charles de Mazade (Paris, Plon, Nourrit et Cie, Éditeurs).

Le 30 novembre, au jour naissant, par un froid et beau temps d'hiver, le mouvement commençait sur tous les points. En moins de deux heures le 1ᵉʳ et le 2ᵉ corps avaient passé la Marne et se hâtaient dans leur marche. La division Faron, composée de la brigade La Mariouse, — 35ᵉ 42ᵉ de ligne, mobiles de la Vendée, — et de la brigade Comte, — 113ᵉ et 114ᵉ de ligne, — s'avançait sur Champigny, suivie de la division Malroy. On avait déjà rencontré l'ennemi, on commençait à essuyer le feu des hauteurs. Le 113ᵉ de ligne, résolument enlevé, abordait Champigny et en chassait vivement les Saxons, qui se repliaient assez en désordre. On tenait le village, qu'une partie de la division Faron traversait dans sa longueur, se portant à la tête de Champigny même, et n'attendant qu'un signal pour assaillir les coteaux de Cœuilly et de Chennevières. La division Malroy prenait à gauche dans le village, se dirigeait sur une position bien connue, celle du « Four à Chaux », attaquant ainsi les pentes dans l'intervalle qui sépare Villiers de Cœuilly. De son côté, le 2ᵉ corps, dépassant ce qu'on appelle la « Fourche de Champigny », s'engageait sans perdre de temps sur la route de Villiers. On se jetait sur un petit village touffu appelé le Bois-du-Plant, qu'on enlevait lestement en faisant quelques prisonniers, et presque aussitôt on se trouvait en face d'une voûte barricadée du chemin de fer de Mulhouse qui coupe la route en cet endroit.

Le général Ducrot, qui est en tête de la division Maussion, s'aperçoit que les tirailleurs ont l'air de regarder autour d'eux ; sentant le danger d'un moment d'hésitation au début de l'action, il court à cheval sur la barricade au mépris de la fusillade qui le reçoit et qui va démonter à quelques pas un des commandants de brigade, le général Avril de l'Enclos : il ébranle de sa main les gabions, excitant familièrement les soldats en leur montrant que « ce n'est pas plus difficile que cela ». En un instant, la barricade est enlevée, et aussitôt on se met à gravir la rampe de Villiers. La division Berthaut, avec les brigades Bocher et de Miribel, suit la division Maussion sur la droite, en s'appuyant à la ligne du chemin de fer. A ce moment, vers dix heures, le général Renault reçoit un éclat d'obus qui le met hors de combat. Le général de Maussion prend le commandement du corps d'armée, et est remplacé lui-même à la tête de sa division par un de ses chefs de brigade, le général Courty. Jusque-là, sauf ce pénible accident, tout marchait bien. On avait gagné du terrain. Dès lors, sur toute la ligne, de Villiers à Champigny, s'engage une lutte acharnée, pleine de sanglantes péripéties, entre l'ennemi défendant ses positions et l'armée française s'efforçant de prendre pied sur les plateaux qu'elle a devant elle.

Le 2ᵉ corps n'avait pas eu de peine à gravir les pentes, à s'élever jusqu'à la ligne de faîte, là où le terrain se déprime légèrement pour se relever presque aussitôt vers le château et le village de Villiers. En face, après cette légère ondulation, à moins de 500 mètres, se déployait le parc de Villiers, fortement crénelé, flanqué de pièces de canon à ses deux extrémités, défendu à l'intérieur par de l'artillerie, par une brigade wurtembergeoise, soutenue par d'autres batteries échelonnées jusqu'à

Cœuilly. Atteindre les bords du plateau n'était rien ; franchir à découvert l'espace qui séparait du parc, arriver sur les retranchements ennemis, s'emparer de ce réduit hérissé de défenses, c'était là le difficile, d'autant plus qu'on ne pouvait guère battre en brèche le mur du parc, à demi couvert par une déclivité du terrain, et que notre artillerie, suivant les mouvements du combat, ne pouvait paraître sans être foudroyée par les batteries allemandes de Villiers et de Cœuilly. Tout cela cependant, on le tentait, on le faisait autant que possible.

Il était à peu près onze heures du matin. Les batteries du 2ᵉ corps, sous l'énergique impulsion du général Boissonnet, s'avançaient hardiment à droite et à gauche de la route, engageant avec l'artillerie allemande un duel des plus violents et des plus meurtriers. Nos fantassins touchaient au sommet des pentes, ils ne pouvaient plus faire un pas sans être sous le feu de l'ennemi à 400 mètres. C'était le moment décisif. Une première colonne d'attaque s'élançait sur le parc ; mais elle était bientôt ramenée, laissant nombre de morts, parmi lesquels se trouvaient Neverlée, cet intrépide capitaine de l'état-major du général Ducrot qui, peu de jours auparavant, était allé prendre une patrouille prussienne jusque dans Saint-Cloud. Les Wurtembergeois, sortant du cimetière et du parc de Villiers, essayaient de se jeter sur notre ligne et, à leur tour, ils se voyaient vigoureusement repoussés.

On allait recommencer l'assaut, lorsque tout à coup, sur la gauche, du côté de Noisy-le-Grand, on voit des masses s'avancer. Le général Ducrot, qui est là, croit d'abord que c'est son 3ᵉ corps qui arrive ; mais il ne tarde pas à être détrompé et à reconnaître que ce sont des Saxons. Il fait coucher ses hommes, leur recommande de ne pas tirer un coup de fusil et d'attendre l'ennemi à bonne portée. Aussitôt que les Saxons sont à 100 mètres, sur l'ordre du commandant en chef, nos soldats se dressent et ouvrent un feu violent sur les Allemands, qui tourbillonnent et reculent en désordre. Alors Ducrot se précipite à cheval sur le plateau, suivi de tout son état-major, entraînant ses troupes, qui s'élancent la baïonnette en avant. On arrive sur les Saxons, qui plient de plus en plus ; le général en chef, combattant au premier rang, brise son épée sur l'un d'eux. La mêlée est terrible lorsque le feu de Villiers, se rouvrant sur nous, force encore une fois nos troupes à s'arrêter et à se remettre à l'abri derrière les crêtes. Ces efforts sanglants, qui coûtaient déjà cher à l'ennemi, ne s'étaient pas accomplis sans des pertes sensibles pour nous. Des 4 régiments de la division Courty, 2 avaient perdu leurs chefs : les colonels Du Puy de Podio et Sanguinetti, qui avaient été tués ; les deux autres colonels avaient été atteints. La plupart des officiers du général Ducrot avaient été blessés ou démontés. Beaucoup d'hommes étaient restés sur le terrain, et la division Courty avait redescendu les pentes, assez désorganisée. On tenait toujours néanmoins les abords du plateau de Villiers avec l'aide de la division Berthaut et de l'artillerie, qui ne cessait de soutenir le combat.

Nos affaires ne suivaient pas une marche très différente du côté de Champigny. Dès qu'on avait pris le village dans la matinée, on s'était mis en devoir de se porter en avant. La division Malroy, avec la brigade Paturel et la brigade Martenot, composée des mobiles d'Ille-et-Vilaine et de la Côte-d'Or, avait été dirigée vers le « Four à Chaux », et, par le fait, pendant toute la journée, elle se trouvait peu engagée. Sur ce point, la lutte n'était soutenue que par l'artillerie, par les batteries Fly Sainte-Marie et Buloz, qui appuyaient énergiquement l'attaque de Villiers et l'attaque dirigée au même instant par la division Faron sur les hauteurs de Champigny, de Cœuilly et de Chennevières. Le général La Mariouse, particulièrement chargé de ce dernier mouvement, s'était hâté de lancer au delà de Champigny 2 bataillons du 35e de ligne, qui gagnaient rapidement le sommet des coteaux. Le général Faron, ne croyant pas sans doute ces forces suffisantes, avait successivement poussé en avant le dernier bataillon du 35e, qui avait été laissé en réserve, le 42e de ligne tout entier, le 114e, les mobiles de la Vendée, qui allaient s'agglomérer sur les hauteurs.

Ici, il y avait à enlever une position à peu près semblable à celle de Villiers : c'était le parc de Cœuilly, où l'ennemi se trouvait aussi fortement retranché à l'abri de murs crénelés, sous la protection de ses batteries. Plusieurs fois on se lançait contre le parc de Cœuilly, on échouait toujours.

De plus, on n'avait pas réfléchi à une chose : cette accumulation de troupes sur un espace assez resserré offrait comme une proie facile au feu de l'ennemi, qui faisait dans nos rangs de cruels ravages, qui empêchait nos batteries de venir prendre position de ce côté, et qui finissait par produire une véritable panique parmi les mobiles de la Vendée, rejetés confusément à travers les pentes. Malgré tout, on n'était nullement menacé sur cette partie du plateau. Le 42e, un des vaillants régiments du siège, montrait la plus énergique solidité. Le 35e ne déployait pas moins de fermeté et d'ardeur ; déjà même un de ses bataillons, sous le commandant Sancery était en marche sur Chennevières, lorsque tout à coup, entre deux et trois heures, ces troupes, qui ne demandaient qu'à combattre, qui avaient vu plusieurs fois depuis le matin l'ennemi reculer devant elles, recevaient un ordre de retraite. D'où pouvait venir cet ordre si imprévu ? A coup sûr, il ne venait pas du commandant en chef. Le général Ducrot se trouvait à ce moment vers le « Four à Chaux », et il n'était pas de bonne humeur, parce qu'on n'avait pas construit des épaulements qu'il avait demandés. Il songeait si peu à la retraite que, lorsqu'un officier d'état-major venait lui annoncer ce qui se passait, il ne pouvait contenir sa colère ; il faisait dire au général Blanchard, commandant du 1er corps, que, sous peine de mort, il était défendu d'abandonner aucune position ; mais c'était déjà fait. Le général Ducrot, en descendant lui-même à Champigny, trouvait une partie de la division Faron refluant en arrière du village, qui était presque évacué, il était obligé de donner immédiatement l'ordre de se reporter en avant de Champigny, et, en effet, rien n'expliquait un tel découragement.

On n'avait pas été repoussé par le fait devant Champigny, et on était toujours devant Villiers. Le général Ducrot ne se tenait nullement pour battu ; il se disait tout au plus que c'était une affaire à recommencer le lendemain avec son 3e corps, qui lui avait manqué. Il en était là quand, subitement, entre trois et quatre heures, il entendait un feu violent de mousqueterie dans la direction de Villiers. Il courait aussitôt dans cette partie du champ de bataille, croyant à un retour offensif des Prussiens ; c'était le 3e corps qu'il avait attendu vainement à midi et qui arrivait après trois heures.

Que s'était-il donc passé ? Il y avait eu évidemment bien du temps perdu. Les divisions Mattat et de Bellemare avaient erré inutilement au delà de la rivière toute la matinée, malgré les pressants appels du général en chef. Le commandant du 3e corps ne se hâtait pas. On n'avait pas passé la Marne sous Neuilly, quoique le

44

général Princeteau se fit fort de préparer le passage pour dix heures, et on n'avait
même pas tenté le mouvement par Noisy-le-Grand. Devant Bry, le commandant
Rieunier avait eu une peine extrême à établir les ponts sous le feu de l'ennemi, qui
occupait encore à ce moment le village. Il n'arrivait à tout surmonter qu'à l'approche de trois heures. Alors la division de Bellemare attaquait Bry avec impétuosité, chassant les Saxons ; puis elle s'élevait rapidement à son tour par les pentes
de Villiers, allant renouveler les assauts du matin. Trois fois les zouaves de la brigade Fournès s'élançaient sur le parc de Villiers avec la plus fougueuse intrépidité :
ils ne pouvaient arriver, mais ils ne se repliaient que pas à pas, se retournant à
chaque instant pour faire feu, intimidant l'ennemi, à qui ils reprenaient 2 canons
abandonnés le matin, et laissant plus de 600 des leurs sur le terrain pendant ce
combat de quelques instants. Voilà ce que le général Ducrot entendait de Champigny sans pouvoir soupçonner que c'était le 3e corps qui attaquait à cette heure. S'il
l'avait su, c'était le moment de ramener toute l'armée en avant; il ne l'apprenait
qu'en se rapprochant de Villiers, et, s'emparant aussitôt des troupes qu'il avait
sous la main, il faisait de son côté une charge nouvelle ; mais déjà la nuit tombait,
venant interrompre cette lutte, qui laissait après tout l'armée française sur quelques-
unes des positions conquises le matin.

Le but de la grande opération n'en était pas moins manqué et le général
Ducrot, qui ne le sentait que trop bien, inclinait à ramener son armée sur
la rive droite de la Marne dès le 30 novembre au soir. S'il n'en fit rien, ce fut
sans doute dans la crainte que la retraite ne provoquât, dans la capitale, une
émeute analogue à celle qui avait si tristement marqué la journée du 31 octobre. Les troupes furent donc maintenues sur leurs emplacements, malgré
une recrudescence subite du froid, dont elles eurent beaucoup à souffrir. On
désirait montrer par là que, si l'on ne pouvait se dire vainqueur, on pouvait du
moins affirmer qu'on n'avait pas été battu. Mais les Allemands voulaient, de
leur côté, un succès complet, et ils décidèrent de faire un vigoureux effort, le
2 décembre au matin, afin de reconquérir les positions perdues l'avant-veille
et de rejeter définitivement les Français sur la rive droite de la Marne.

Le 2 décembre, au matin, subitement, brusquement, l'ennemi massé sur toutes les
hauteurs se jetait sur toutes nos positions de Bry à Champigny, et, un instant, cette
irruption soudaine produisait parmi nos jeunes troupes fatiguées et émues une véritable panique qui aurait pu devenir désastreuse. Le grand prévôt de l'armée, le commandant Lambert, n'avait que le temps de se jeter aux ponts de la Marne pour arrêter le torrent des fuyards. Le général Ducrot, établi à la ferme de Poulangis, dans
la petite plaine de Joinville, accourait au bruit de la fusillade, et, saisissant la situation, il prenait immédiatement ses mesures pour raffermir la résistance d'abord,
puis pour la soutenir. Sa première pensée était d'appeler à lui la division Bellemare,
qui avait repassé la rivière depuis la veille, et la division Susbielle, qui était restée
à Créteil. En même temps, il faisait demander au général Clément-Thomas d'amener

devant Nogent, le long de la Marne, une certaine masse de garde nationale mobilisée, comme une réserve dont on pourrait se servir au besoin, et qui, dans tous les cas, présenterait à l'ennemi un assez sérieux déploiement de forces. En attendant, il fallait tenir tête à l'orage; il fallait arrêter le débordement d'ennemis qui était arrivé sur nous à l'improviste.

Dès le point du jour, la lutte s'était engagée partout de la manière la plus violente, la plus acharnée; heureusement elle n'offrait pas partout les mêmes caractères : elle n'avait pas surpris tout le monde, et, les premiers moments de confusion passés, la situation apparaissait telle qu'elle était, toujours grave sans doute, mais nullement désespérée.

Dans la partie des positions faisant face à Villiers, vers le chemin de fer de Mulhouse, la division Berthaut, habilement disposée par son chef, retranchée de façon à être défilée de l'artillerie ennemie et à pouvoir supporter une attaque, avait arrêté net sur son front le mouvement audacieux des Allemands. Plus loin, dans l'autre partie des revers de Villiers, la division Courty, prudem-

MONUMENT COMMÉMORATIF DES BATAILLES DE LA MARNE,
À CHAMPIGNY.
Cliché Meunier, à Paris.

ment tenue en éveil, avait reçu avec beaucoup de fermeté les Saxons, qui s'étaient jetés sur elle impétueusement, et elle les avait repoussés. Plus loin encore, d'autres Saxons venant de Noisy-le-Grand avaient essayé de se précipiter sur Bry, dans la pensée évidente de tourner nos positions et de nous couper la retraite sur la Marne; ils avaient même pris les premières maisons du village, mais aussitôt ils avaient rencontré la brigade Daudel, de la division Mattat, qui leur barrait le passage et les empêchait d'avancer. La brigade Daudel était d'ailleurs efficacement secondée par des batteries placées en arrière de la Marne, et qui, voyant les Saxons descendre de Noisy-le-Grand, les couvraient d'obus à mesure qu'ils paraissaient, les forçant à reculer ou les désorganisant. Ainsi, de ce côté, la situation, sans cesser d'avoir sa gravité, n'était nullement entamée; on ne s'était pas laissé ébranler, on avait résisté aux premiers assauts, et c'était beaucoup, puisqu'on déjouait ainsi une partie du plan de l'ennemi.

Le péril, en réalité, était devant Champigny, où la surprise avait été à peu près complète. A la tête de Champigny, il y a ce qu'on appelle la nouvelle route de Chennevières et l'ancienne route, montant par la gauche vers le plateau. A la bifurcation se trouve une maison au delà de laquelle s'étend un parc faisant face à un autre parc et à des jardins qui bordent la vieille route. Ces parcs avaient bien été occupés dans l'après-midi du 1er décembre par des compagnies du 42e; mais ces compagnies n'avaient pas d'outils pour se barricader et créneler les murs. De plus, par suite d'un malentendu, elles se croyaient sous la protection d'avant-postes qui n'existaient pas. Dans les positions avoisinantes du « Four à Chaux », auxquelles on se reliait et qui étaient censées gardées par la brigade des mobiles du général Martenol, les mesures de précaution n'avaient pas été prises non plus, ou elles avaient été mal prises, et, dans tous les cas, on n'en avait pas surveillé l'exécution. Les mobiles de la Côte-d'Or, à qui on avait remis, le soir du 1er décembre, le service de grand'garde, ne trouvaient rien de mieux que de s'en aller coucher à Champigny, de sorte qu'on était, sans le savoir, absolument à découvert, lorsque le matin, avant le jour, les Allemands arrivaient en trois colonnes d'attaque, l'une essayant de percer entre le village et la Marne, l'autre abordant la tête de Champigny par les parcs, la troisième se portant dans la direction du « Four à Chaux ».

Le premier moment fut rude. Vers la Marne, les Allemands avaient de la peine à percer. A l'autre extrémité, du côté du « Four à Chaux », c'était une confusion extrême. Vainement le chef des mobiles de la Côte-d'Or, le colonel de Grancey, essayait de rallier son monde ; il ne réussissait qu'à rassembler quelques hommes et à se faire tuer en se portant intrépidement à l'ennemi. Les mobiles d'Ille-et-Vilaine, qui tenaient d'abord un peu mieux et qui faisaient même des pertes sérieuses, se repliaient bientôt à leur tour jusqu'au delà de Champigny, et cette retraite désordonnée de la brigade Martenot tout entière laissait tout à coup dans notre ligne une trouée des plus dangereuses. Dès lors, tout le poids de la lutte retombait sur la brigade Paturel, appuyée par les 2 batteries Buloz et Fly Sainte-Marie, qui se portaient au combat avec la plus énergique décision.

Le général Paturel était obligé tout à la fois de défendre ses positions et de remplir le vide ouvert par la retraite de la brigade Martenot. Il tenait tête vigoureusement. Dans cette matinée, le général Paturel lui-même était blessé ; ses deux régiments, le 121e et le 122e avaient perdu leurs chefs, les colonels Maupoint de Vandeuil et de la Monneraye ; la plupart des chefs de bataillon étaient hors de combat, le commandement de la brigade restait au dernier chef de bataillon demeuré debout ; cependant on s'était maintenu et on se maintenait.

A la tête même de Champigny, le choc n'avait pas été moins rude. Les compagnies du 42e, disposées dans les deux parcs, s'étaient vues assaillies et débordées avant d'avoir pu se reconnaître. Quelques-unes s'étaient repliées, d'autres se retranchaient dans les jardins et opposaient une indomptable résistance. Une de ces compagnies tint six heures durant sans reculer, épuisant ses munitions jusqu'à la dernière cartouche, se voyant réduite à 15 hommes. Les Allemands avaient pris les premières maisons et essayaient de s'avancer à travers les murs ; mais on leur opposait le même travail de sape et de cheminement. On se fusillait de maison à maison, d'un côté de la rue à l'autre. Pendant ce temps, on avait disposé dans l'intérieur du village des lignes successives de défense contre lesquelles toutes les attaques venaient successivement se briser. Vers la Marne, la brigade Comte, retranchée et barricadée, arrêtait l'ennemi. En un mot, la division Faron, si violemment assaillie sur son front, avait repris par degrés son équilibre, et maintenant elle faisait la meilleure contenance, si bien que, lorsque le général Trochu venait un peu après midi dans cette partie des lignes, se promenant sous les balles et les obus qui pleuvaient de tous côtés, le général de la Mariouse pouvait lui dire qu'il n'y avait plus rien à craindre, que la résistance était organisée à la tête de Champigny, et qu'on tiendrait toujours.

On tenait en effet, et, à partir de ce moment, même avant midi, on peut dire que l'attaque allemande avait définitivement échoué, puisqu'elle n'avait pu avoir raison de troupes fatiguées et surprises. L'armée française, jusque-là réduite à une pénible défensive, pouvait songer maintenant à se reporter en avant. Sur ces entrefaites, arrivaient la division Susbielle et la division de Bellemare. Bientôt commençaient à se montrer sur les hauteurs de l'autre rive de la Marne 30 bataillons de garde nationale, à peu près 15 000 hommes, qu'on ne parvenait pas trop aisément à placer et qui n'avaient du reste aucun rôle actif dans ce grand drame militaire. Dès lors, tout était réparé, tout prenait une tournure favorable. Les deux divisions de secours appelées sur le champ de bataille ne pouvaient paraître plus à propos. Le général de Bellemare, s'avançant par la gauche des pentes de Villiers, allait relever une partie de la division Berthaut, qui combattait depuis le matin, et soutenir vers le « Four à Chaux » la brigade Paturel, si rudement éprouvée.

Des batteries divisionnaires portées en avant allaient canonner avec vigueur Villiers et Cœuilly. C'était, après tout, une bataille bravement rétablie, si bien rétablie que les Allemands, rejetés sur les hauteurs, ne renouvelaient plus leurs tentatives. Leur infanterie cédait de toutes parts le terrain, lassée par l'opiniâtre résistance qu'elle avait rencontrée. Les Allemands continuaient toujours, il est vrai, un violent combat d'artillerie, et ne cessaient de couvrir de feu les pentes de Villiers, surtout du côté de la division de Bellemare. C'est là, vers trois heures, qu'un obus prussien allait atteindre et blesser mortellement le brillant Franchetti, le commandant des éclaireurs de la Seine, au moment où il exécutait un ordre du commandant en chef. Bien d'autres victimes tombaient à chaque instant. Impatienté de cette obstination meurtrière du canon allemand, le général Ducrot, pour en finir, faisait avancer 6 batteries de la réserve, qui ouvraient un feu formidable sur les hauteurs. En peu de temps les batteries prussiennes commençaient à se taire. De la division Bellemare partaient les dernières salves dirigées sur Cœuilly. Vers quatre heures, il n'y avait plus que des feux épars; le silence se faisait par degrés. La bataille était finie, et l'armée française se retrouvait encore une fois au bord du plateau, maîtresse de ces positions où l'élan du 30 novembre l'avait portée et que les Allemands avaient vainement voulu lui enlever dans cette journée du 2 décembre.

Dans la journée du 30 novembre, nous avions engagé 55 000 hommes et 288 pièces contre 45 000 Allemands, avec 186 bouches à feu ; dans celle du 2 décembre, 62 000 hommes contre 72 000 et 276 canons contre 274. Nos pertes totales étaient de plus de 9 000 hommes et celles des Allemands de 6 000 seulement, — ce qui n'a rien de surprenant puisqu'ils combattaient généralement à l'abri. Nous leur avions enlevé une partie de leurs positions, mais nous nous n'avions « percé » nulle part ; en somme, nous n'avions pas mieux réussi le second jour que le premier. Il paraît qu'on agita un moment la question de savoir s'il n'y aurait pas lieu de tenter un nouvel effort le 3 décembre ; mais Ducrot fut le premier à le déconseiller, en alléguant l'état lamentable des troupes : son armée, en effet, était totalement désorganisée et, en lui demandant davantage, ce n'était pas à une victoire que l'on marchait sûrement, mais à un désastre irréparable.

Ainsi, la seule tentative de sortie, la seule bataille véritable livrée pendant le siège de Paris n'aboutissait qu'à faire constater un fait : c'est que la capitale était absolument impuissante à se débloquer elle-même. Les armées de province n'y parvenant pas davantage, il ne restait plus qu'à résister « jusqu'à la dernière bouchée de pain » : c'est ce que l'on fit, et ceux qui ont blâmé cette obstination, qui ont qualifié cette résistance passive d' « héroïque folie », oublient que c'est là surtout ce qui a fait du siège de Paris un événement grandiose, une entreprise gigantesque, un fait militaire sans précédent dans les annales d'aucun peuple, ni d'aucun temps.

XXX

Pont-Noyelle

(23 ET 24 DÉCEMBRE 1870)

GÉNÉRAL
FAIDHERBE
Cliché Pierre Petit.

GÉNÉRAL
DE MANTEUFFEL
Cliché Société de pho-
tographie de Berlin.)

DES diverses armées organisées en province par la Délégation du gouvernement de la Défense nationale, c'est peut-être l'armée du Nord qui, sur le théâtre d'opérations restreint où elle se trouvait forcément confinée, a déployé le plus d'activité et donné le plus de mal aux corps ennemis qu'elle retenait devant elle. A cela, il est vrai, devait se borner son ambition : d'un effectif bien inférieur à celui des armées de la Loire et de l'Est, puisque, à aucun moment, il n'atteignit, tout compté, que 40 000 hommes ; formée d'éléments encore plus médiocres, encore plus disparates ; plus mal armée, plus mal vêtue et plus mal équipée qu'aucune autre ; presque entièrement dépourvue de cavalerie et n'ayant qu'une artillerie insuffisante, elle a lutté avec ténacité, sinon toujours avec bonheur, pendant près de trois mois. Elle a livré plusieurs combats et quatre batailles, défendu, directement ou indirectement, contre les entreprises de l'ennemi, de riches contrées d'où il eût pu tirer d'immenses ressources. Son rôle, dans la défense du pays, a donc été à la fois honorable et utile.

De tels résultats furent certainement dus, pour la plus grande partie, à l'habileté et surtout à l'indomptable énergie du chef que l'armée du Nord avait reçu du Gouvernement de Tours, et dont le nom restera inséparablement lié au sien : le général Faidherbe. Mais il serait injuste d'oublier la part que prirent à l'organisation de cette armée, d'abord le général Bourbaki, qui apporta, quoi qu'on en ait dit, autant de zèle que d'expérience dans la tâche ardue de la *tirer du néant* et qui eût probablement rendu dans cette sphère limitée plus de services que sur un plus vaste théâtre ; ensuite le général Farre, homme modeste, peu brillant, mais non dépourvu de mérite, qui, après avoir conduit les premiers pas du corps à la formation duquel il s'était activement employé, redescendit, sans regret, au rang de simple chef d'état-major de Faidherbe, qui trouva en lui jusqu'au bout le plus docile et le plus dévoué des collaborateurs.

Que les débuts de l'armée du Nord, sous le commandement de Farre, n'aient été que médiocrement heureux, c'est ce qui n'est point fait pour surprendre, si l'on veut bien songer qu'à la bataille d'Amiens (le 27 novembre), elle n'avait pu mettre en ligne que 25 000 hommes, contre 39 000, et 60 bouches à feu, contre 174. Sa résistance fut pourtant des plus opiniâtres, et elle infligea à un adversaire qui l'emportait si manifestement sur elle à tous les points de vue des pertes presque égales à celles qu'elle éprouvait elle-même. Finalement, forcée de battre en retraite, elle sut se dérober avec assez d'adresse et de célérité pour que la cavalerie allemande fût impuissante à découvrir la direction qu'elle avait prise. Quelques jours après, elle passait sous les ordres du général Faidherbe, qui mettait tous ses soins à la reconstituer et à la renforcer, et, dès le commencement de décembre, la remettait en campagne. Le 8, le château de Ham était cerné par un de ses divisionnaires, le général Lecointe, qui obtenait, par intimidation, la capitulation de la petite garnison prussienne : fait sans grande importance assurément, mais unique du côté français, dans l'histoire de cette guerre !

Mais déjà le mouvement en avant de Faidherbe avait produit un autre résultat fort appréciable : il avait sauvé le grand port du Havre, menacé par le général de Manteuffel, commandant supérieur des forces allemandes dans le nord et le nord-ouest, et qui, sans cette opportune diversion, fût vraisemblablement tombé au pouvoir de l'ennemi avec toutes ses richesses. Manteuffel, revenu en toute hâte à Amiens, avec son corps d'armée (le VIIIᵉ), une brigade du Iᵉʳ corps et la division de cavalerie qu'on lui avait adjointes, apprit que les Français l'attendaient à une dizaine de kilomètres au nord-est de cette ville, sur les hauteurs de la rive gauche de l'Hallue : il prit aussitôt toutes ses dispositions pour les en chasser, ce qui ne constituait point, à ses yeux, une opération fort difficile.

L'Hallue est une petite rivière qui se jette dans la Somme, à Daours, un peu en aval de Corbie. Elle coule du nord au sud dans une vallée marécageuse, boisée dans les fonds, et que dominent, de part et d'autre, d'assez hautes croupes ondulées et très découvertes. Celles de la rive gauche (de l'est), qu'occupaient les Français, commandent en général celles de la rive droite, et leurs pentes, sans être d'un accès difficile, sont plus raides que du côté opposé. La grande route d'Amiens à Albert, droite comme une voie romaine, les coupe obliquement à environ 4 kilomètres du confluent des deux rivières, descend rapidement sur le village de Pont-Noyelles, où elle

franchit l'Hallue, traverse immédiatement après le pont un second village,
celui de Querrieux, puis remonte sur le plateau de la rive droite en se

CHAMP DE BATAILLE DE PONT-NOYELLES.
(Extrait de la carte de l'État-major au 1 : 80 000.)

rapprochant progressivement de la Somme. Au-dessus de Pont-Noyelles et
de Querrieux, sur le bord de l'Hallue, on rencontre successivement quatre
villages qui se touchent presque : Fréchencourt (rive droite), Béhencourt et
Bavelincourt (rive gauche), Beaucourt-sur-l'Hallue (rive droite), — les deux

derniers presque en face l'un de l'autre; — puis, un peu plus loin, se faisant également vis-à-vis, Contay et Vadencourt. Entre Pont-Noyelles et Daours, au confluent de l'Hallue et de la Somme, on ne trouve aucun lieu habité sur la rive gauche, et seulement un village sur la rive droite : Bussy-lès-Daours, — Vecquemont, au confluent même, ne faisant pour ainsi dire qu'un avec Daours.

Toutes ces localités, comme la plupart de celles de la région, se composent de maisons basses et ordinairement dispersées, ce qui n'en fait pas des points d'appui très solides pour la défense. Faidherbe, du reste, ne les considérait que comme des postes avancés : quoique l'Hallue, par sa profondeur relative et la nature de son lit, ne pût pas être aisément passée en dehors des ponts, la véritable position, pour lui, était constituée par la ligne des hauteurs en arrière, que l'ennemi n'aborderait, par suite, qu'après s'être « usé » dans des combats de détail sur la rivière même. Par la force des choses cependant, le gros de l'action devait se passer dans les fonds : bien que les troupes françaises eussent reçu l'ordre de ne pas s'obstiner dans la défense des villages, il y avait trop d'intérêt à ne pas laisser l'ennemi en déboucher à son aise, pour que l'on ne tentât point de les lui reprendre s'il venait à s'en emparer; d'ailleurs, il était nécessaire de rester maître des passages si l'on voulait reprendre l'offensive le cas échéant. Il en résulta que ce furent les Français qui s'usèrent dans les luttes dont les bords de l'Hallue devinrent le théâtre dès le début de la journée, et que les Allemands, se contentant d'un succès relatif, n'eurent pas besoin de se lancer à l'assaut des hauteurs proprement dites. Il faut ajouter que Faidherbe n'avait pas assez de monde pour garnir, comme il eût convenu, une ligne de plus de 12 kilomètres de développement, de Daours à Contay. Sa gauche, appuyée à la Somme, dont les ponts avaient été coupés, ne pouvait pas être tournée; mais il n'en était pas de même de sa droite, restée fort en l'air, et Manteuffel, qui se proposait de la déborder, y eût réussi sans peine si la courte durée d'une journée d'hiver eût permis à la division chargée de ce mouvement de s'élever davantage sur le flanc de l'armée ennemie.

Pour avoir une bonne vue du champ de bataille, il faut se transporter entre Pont-Noyelles et Lahoussoye, un peu au-dessus du monument commémoratif de la bataille. De là, on embrasse tout le pays jusqu'à Amiens, dont la haute cathédrale émerge dans le lointain; toutefois on n'aperçoit pas de là Daours, qui reste caché derrière une colline, non plus que Contay et Vadencourt, situés à l'autre extrémité. Le monument lui-même est assez beau : c'est une colonne surmontée d'une croix gothique et dont le fût est orné d'anneaux dorés, avec inscriptions latines; d'autres inscriptions, en français, gravées sur les tables de marbre noir du piédestal, rappellent la date et les circonstances générales de la bataille, et énumèrent, d'autre part, les divers corps qui y ont pris part. Un autre monument, plus modeste, en contre-bas de la route d'Albert, indique la sépulture d'un certain nombre de Français, et d'autres tombes militaires se trouvent dans le cimetière de Pont-Noyelles, centre de la bataille à laquelle il a justement donné son nom[1].

Faidherbe, qui avait fait, dès le 20 décembre, dans une voiture de paysan, avec ses généraux, habillés comme lui en « civils », une reconnaissance générale de la ligne de l'Hallue — ils faillirent même être enlevés vers Contay par les uhlans — avait assigné à ses troupes les positions ci-après : le 22ᵉ corps (général Lecointe) occupait au centre, avec la division Derroja, Pont-Noyelles, Querrieux et Fréchencourt, et à la droite, avec la division du Bessol, les villages compris entre Béhencourt et Vadencourt; le 23ᵉ corps (général Paulze d'Ivoy) devait former la gauche à Daours, Vecquemont et Bussy-les-Daours, où il n'avait toutefois que sa 1ʳᵉ division (Moulac), la 2ᵉ (Robin), composée de mobilisés et d'une solidité douteuse, étant gardée provisoirement en réserve derrière la droite ; en fait, un seul des régiments de la division Robin fut engagé, de sorte que 24 000 ou 25 000 hommes seulement, avec 78 pièces (dont 12 de montagne) prirent réellement part à la lutte de notre côté. Quant au général de Manteuffel, il disposait de 23 000 hommes d'infanterie, 2 300 chevaux et 108 pièces. La 15ᵉ division prussienne (général de Kümmer), devait attaquer de front, à Querrieux et à Daours, tandis que la 16ᵉ (général de Barnekow) se porterait sur Fréchencourt et au delà, pour tourner notre flanc droit. En somme, les forces « agissantes » étaient à peu près égales de part et d'autre; mais si l'on songe à la supériorité des Allemands, au point de vue de l'entraînement et de la capacité manœuvrière, on s'étonnera qu'ils ne soient point parvenus à briser plus vite et plus complètement la résistance de troupes aussi inexpérimentées que celles qu'ils trouvaient devant eux.

[*Un officier suédois qui servait en « volontaire » dans l'armée du Nord, le capitaine Axel de Rappe (aujourd'hui lieutenant-général et ministre de la guerre dans son pays), nous a laissé un récit fort attachant et naturellement très impartial des batailles auxquelles il a assisté. C'est à son livre : LA CAMPAGNE DE L'ARMÉE DU NORD EN 1870-1871, traduite par le lieutenant Communal (Paris, 1884, in-12; à la Société des Publications périodiques), qu'est empruntée la relation suivante.*]

Le 23 décembre, le temps était clair et froid : le thermomètre marqua ce jour, ainsi que le suivant, 8 degrés au-dessous de zéro. Le général Faidherbe ne s'attendait

1. Cependant les Allemands l'appellent plutôt « bataille de l'Hallue », dénomination également très acceptable.

pas à être attaqué ce jour-là et avait décidé que cette journée serait employée à mettre en état de défense les villages situés au-devant de ses positions. Cependant, aussitôt que les premiers coups de feu eurent éclaté aux avant-postes, et que le général Faidherbe fut instruit que les Allemands s'avançaient en masses, ses troupes se rendirent en hâte sur les positions qui leur avaient été assignées.

A neuf heures trente, l'action s'engagea au bois d'Allonville, devant Querrieux. C'était la 15ᵉ division prussienne qui s'avançait en première ligne. Naturellement, les avant-postes français se replièrent, laissant les Allemands s'étendre entre la route d'Amiens à Albert et la Somme. Sur les deux rives de l'Hallue, les batteries prenaient position ; et, à dix heures et demie, l'artillerie des deux armées ouvrait le feu sur toute la ligne. L'aspect de ce champ de bataille était grandiose ; du village de Lahoussoye, point culminant des hauteurs à l'est de l'Hallue, d'un coup d'œil, l'observateur pouvait saisir tous les détails du combat et en suivre les développements.

Bientôt, les Prussiens commencèrent l'attaque des villages de Querrieux et de Bussy-lès-Daours, occupés par les 18ᵉ et 20ᵉ bataillons de chasseurs. Le premier de ces villages fut tourné sans que les Français aperçussent le mouvement, et tombait aux mains des Allemands. Bussy était mieux défendu. Contre cette position, marchait la 29ᵉ brigade de la 15ᵉ division prussienne. Sur les hauteurs, entre Allonville et Lamotte, les Allemands avaient plus de 60 pièces en batterie, auxquelles les Français ne pouvaient opposer, sur le plateau entre Pont-Noyelles et Daours, et sur celui à l'est de Fréchencourt, que les 36 pièces des divisions du Bessol et Moulac. Il faut ajouter que cette dernière division, retardée dans sa marche, n'atteignait les positions indiquées qu'après midi. Pour cette raison, le général du Bessol avait été forcé d'étendre sa ligne de bataille vers le sud, de sorte que sa division formait toute la gauche à elle seule. C'est ce qui explique pourquoi ce général trouva inutile de prolonger la défense de Bussy, qui est situé sur la rive droite de l'Hallue et que dominent les hauteurs qu'occupaient les Allemands. A midi et demi, les Français évacuaient Bussy.

Pendant ce temps, les Allemands avaient canonné vivement Pont-Noyelles, Vecquemont et Daours. Vers midi, le 8ᵉ bataillon de chasseurs prussiens quitte sa position, sur la rive gauche de la Somme, à Lamotte, et participe au mouvement des bataillons du 1ᵉʳ corps qui, avec toute la 29ᵉ brigade, se portent sur les trois villages cités plus haut. Du côté des Français, le lieutenant-colonel de Gislain avait envoyé à Pont-Noyelles, au secours du 18ᵉ bataillon de chasseurs, les bataillons du 91ᵉ régiment d'infanterie ; les matelots de l'amiral Moulac se hâtaient vers Vecquemont et Daours. Le combat s'animait, et, malgré leurs efforts, les Allemands ne réussissaient pas à s'emparer des villages.

Jusqu'à ce moment de la journée, la 1ʳᵉ division du 22ᵉ corps français n'avait pris que peu de part à la lutte. Suivant les instructions du quartier général, le général Derroja, avec la brigade Pittié, avait occupé le plateau à l'est de Fréchencourt, tandis que la brigade Aynès, de la même division, devait prendre position sur la hauteur à l'est de Bavelincourt, et aux environs de Contay, sur la rive droite de l'Hallue [1].

---

1. Ce fut vers trois ou quatre heures du soir seulement que la brigade Aynès prit la position indiquée sur la rive droite de l'Hallue, à l'est de Contay. (*Note du traducteur.*)

La garde des villages situés au-devant de la position avait été confiée aux bataillons de garde mobile, qui ne comprirent que trop bien l'importance secondaire attribuée à la défense de la vallée de l'Hallue, dans le plan général du combat. En effet, aussitôt que la 16e division prussienne eut, avec les 8 batteries qui lui étaient attachées, commencé l'attaque des villages devant l'aile droite des Français, les gardes mobiles se retirèrent, après une très faible résistance, sur la position principale.

Afin d'avoir raison de la fermeté des Français du côté de Pont-Noyelles et de Daours, les Allemands font entrer en ligne la 30e brigade de la 15e division; le 3e régiment prussien de la 3e brigade (1re division du 1er corps), un escadron et une batterie renforcent leurs colonnes d'attaque à l'extrémité de l'aile droite. De nouveau, les batteries allemandes couvrent d'obus Pont-Noyelles: les Français sont enfin forcés d'abandonner les premières maisons du village; vers deux heures de l'après-midi, les tirailleurs prussiens pénètrent aussi dans Daours.

Pont-Noyelles et Daours étant tombés presque entièrement au pouvoir des Allemands, leurs efforts allaient se concentrer sur la position principale des Français. Le colonel Pittié reçut le premier choc des Prussiens; le plateau à l'est de Fréchencourt, très dominant, était la clef de la position, et de sa possession dépendait l'issue de la journée. La 30e brigade prussienne se porta à l'attaque avec beaucoup de bravoure et de ténacité; mais, quoique sur ce point les Français fussent inférieurs en nombre, l'avantage du terrain et des feux d'artillerie bien dirigés leur permirent de repousser les tentatives des Allemands, qui, à plusieurs reprises, essayèrent de s'avancer au delà du village de Fréchencourt.

La 16e division prussienne avait pour objectif l'aile droite des Français. Par la route de Cardonnette-Saint-Gratien et l'ancienne voie romaine, le général von Barnekow avait évolué à l'est, et gagné les hauteurs sur la rive droite de l'Hallue, en face de Bavelincourt. Aussitôt que son artillerie eut préparé l'attaque, sa division franchit la vallée et s'avança sur la hauteur à l'est de Bavelincourt. A ce moment, le commandant de la division de la garde nationale mobilisée, le « général » Robin, qui s'était enfin approché de Bavelincourt avec une partie de ses troupes, n'opposa aucune résistance et se replia immédiatement [1]. Mais, à ce moment, le général Derroja, avec la brigade Aynès, arrivait de Contay et prenait en flanc le général von Barnekow, qui fut obligé d'arrêter sa marche en avant et contraint de se borner à défendre ses positions dans le village de Bavelincourt, en essayant de se retirer peu à peu sur la masse principale de l'armée allemande.

De Pont-Noyelles, enfin tout à fait abandonné par les Français, les Allemands commencent un feu très vif contre les tirailleurs du lieutenant-colonel de Gislain. La concentration des troupes qui s'était faite sur ce point depuis longtemps indiquait que les Allemands avaient l'intention de tenter une attaque décisive. Mettant à profit le moment de désordre accidentel causé par la retraite des défenseurs de Pont-Noyelles, les Allemands s'élancent résolument sur le plateau et s'emparent même de 2 pièces mollement défendues par le bataillon des mobiles de la Somme. Alors le brave 18e bataillon de chasseurs et le bataillon du 33e se portent de nouveau

---

1. Le « général » Robin était un ancien capitaine d'infanterie en retrait d'emploi qui avait surpris, on ne sait comment, la confiance du Gouvernement de la Défense nationale. Sa conduite, dans toutes les circonstances, fut pitoyable, et l'on s'étonne que le général Faidherbe ait tant tardé à le faire révoquer. (M.)

en première ligne, reprennent les canons et repoussent les Allemands, que quelques salves bien dirigées obligent à regagner Pont-Noyelles.

L'artillerie française, bien qu'inférieure en nombre, se montra, pendant toute la journée, l'égale de l'artillerie allemande. Les 24 pièces en position à Daours souffrirent beaucoup du feu de la masse d'artillerie que l'ennemi concentra contre elles. Cet effet se fit sentir surtout lorsque les Allemands eurent été renforcés de ce côté par l'arrivée du 3e régiment et de sa batterie. Plusieurs pièces furent mises hors de service et un grand nombre de servants et de chevaux furent tués. A ce moment, les Français se virent obligés d'abandonner tout à fait Daours, et entre trois et quatre heures de l'après-midi les Allemands étaient maîtres de cette position. Aussitôt que

MONUMENT DE LA BATAILLE
DE PONT-NOYELLES.
(D'après une photographie.)

les Allemands eurent occupé ce village, ils continuèrent l'attaque par les hauteurs en arrière de ce point. Mais ce mouvement eut le même résultat que les autres : les Allemands furent contenus et éprouvèrent des pertes sensibles. Sur toute la ligne, de Contay à Daours, les Français, avaient donc repoussé victorieusement toutes les attaques des Prussiens contre leur position principale.

L'heure décisive était venue. Si les Français voulaient assurer leur victoire, il fallait qu'ils chassassent les Allemands des villages de la vallée de l'Hallue. Après avoir canonné vivement les villages de Daours et de Pont-Noyelles, en flammes, l'attaque commence. Le général Faidherbe suit lui-même le mouvement de la division de l'amiral Moulac. La brigade Payen s'élance sur Daours avec une grande

vigueur ; malgré les feux de salve des pièces allemandes, tirées à 30 pas, ce village est réoccupé, et à la nuit tombante, quand le général Faidherbe quitte Daours, il a la certitude que ce point important est en son pouvoir.

Au centre, le général Lecointe dirige la colonne dont la reprise de Pont-Noyelles est l'objectif ; malheureusement, il n'a sous ses ordres que le régiment de mobiles de Somme et Marne, qui, jusqu'à ce moment, n'a pris que très peu de part au combat. La distance à parcourir n'était que de 2 kilomètres et demi ; cependant, bien que le feu des Allemands se fût beaucoup ralenti, la marche se fit très lentement. L'attaque sur Pont-Noyelles n'aurait pu réussir que si les Français se fussent jetés rapidement sur les Prussiens, encore débandés par les effets de l'artillerie. Au contraire, les mobiles avançaient pas à pas, et les Prussiens, qui avaient eu tout le temps de se reformer et qui s'étaient embusqués derrière les talus du chemin près de Pont-Noyelles, ouvrirent sur eux, à 30 pas, une fusillade rapide et meurtrière. Des troupes mobiles ne pouvaient résister à une pareille surprise : aussi se débandèrent-elles en un instant, et quand, parvenus à regagner les hauteurs, ces hommes peu aguerris essayèrent de se rassembler, ils furent reçus par les feux d'un bataillon du 91e de ligne qui, dans l'obscurité, les prit pour des Allemands.

Les chasseurs du 18e bataillon et une partie du 91e de ligne tentèrent à ce moment un effort désespéré pour s'emparer à nouveau de Pont-Noyelles. Les Allemands qui occupaient ce village avaient épuisé leurs munitions, et le général von Manteuffel dut porter une partie de ses ressources au secours de sa 29e brigade.

Malgré la résistance des Prussiens, les Français s'emparent des premières maisons de Pont-Noyelles et s'y maintiennent. Mais la nuit étant devenue complète, les adversaires ne pouvaient plus se reconnaître et les derniers défenseurs de Pont-Noyelles, entourés par les forces allemandes, furent faits prisonniers.

Du côté de Fréchencourt, les Français n'avaient dirigé qu'un faible effort, l'ordre d'attaquer cette position ayant été donné trop tard. A l'aile droite, le général Derroja s'était avancé jusqu'au bois de Saint-Gratien ; vers sept heures, ce général était complètement convaincu que l'avantage était resté aux Français, lorsqu'il apprit que les troupes du général Robin avaient abandonné leurs positions. A cette nouvelle, le général Derroja lance le régiment de mobiles du Pas-de-Calais sur Bavelincourt, où restaient encore quelques détachements allemands, et il occupe ce village. Cette rencontre termine la journée du 23 décembre.

Le général Faidherbe donnait à ses troupes l'ordre de bivouaquer sur leurs positions, et les Allemands, se retranchant dans les villages dont ils s'étaient emparés, y passèrent la nuit, ainsi qu'à Allonville et Cardonnette, en arrière de la ligne de bataille.

La nuit fut excessivement pénible aux jeunes troupes françaises : la température continuait d'être très basse et le froid pénétrant ; les combustibles manquaient et la distribution des vivres se fit d'une manière rien moins que satisfaisante.... A l'aube, l'armée française, dont les munitions avaient été renouvelées pendant la nuit, était prête à supporter de nouveau le choc des Allemands ; mais ceux-ci avaient renoncé à s'emparer des hauteurs. Cependant, de part et d'autre, le feu des tirailleurs ne s'interrompit pas durant la matinée. Le 17ᵉ bataillon de chasseurs, qui occupait le terrain entre les hauteurs à l'est de Bavelincourt et de Fréchencourt avec des tirailleurs dans le vallon, souffrit du feu que les Allemands dirigeaient du village de Bavelincourt. Les Français se décidèrent enfin à canonner ce village pour contraindre les Allemands à cesser le feu.

Vers dix heures, sur la rive droite de l'Hallue, de fortes colonnes allemandes se concentraient (infanterie et cavalerie). Les Français pensèrent d'abord qu'une attaque se préparait de ce côté : une batterie de 12 et une de 8 de la division Derroja furent envoyées sur le plateau à l'est de Fréchencourt, afin de préparer aux Allemands une digne réception. Mais bientôt les Français reconnurent que leurs adversaires commençaient à se retirer sur Amiens, ne laissant derrière eux qu'un petit corps fortement retranché dans les villages de la vallée de l'Hallue.

Les chefs de corps de l'armée française étaient presque unanimement d'avis de continuer la bataille : le général Derroja, dont les troupes avaient toujours été victorieuses, insistait particulièrement dans ce sens. Mais rompre les lignes allemandes aurait coûté de grands sacrifices, et si le combat eût duré jusqu'au troisième jour, les Français se seraient trouvés à court de munitions : même en admettant qu'ils eussent réussi à chasser les Allemands de leurs positions, la citadelle d'Amiens, toujours au pouvoir de ceux-ci, eût constitué un nouvel obstacle ; et si les Allemands se fussent maintenus en ligne à l'aide des renforts qu'ils attendaient d'instant en instant (la brigade du prince Albrecht était arrivée sur le lieu du combat), il eût été possible que les Français se trouvassent exposés à une défaite, toutes leurs forces disponibles ayant déjà pris part à l'action.

D'ailleurs, le peu de consistance des mobiles avait ébranlé la confiance du général

Faidherbe, et, pour cette raison, ses plans devinrent moins hardis. En tout cas, il était impossible de faire bivouaquer encore une nuit la petite armée française. Le général Faidherbe décidait donc de conduire ses troupes en un point où elles pussent se rétablir et prendre quelques jours de repos. Il choisit une position où aucune surprise ne fût à craindre, même de la part d'un adversaire disposant de forces deux ou trois fois supérieures, derrière la Scarpe, entre Arras et Douai. A deux heures après midi, commença la marche des Français vers le nord. Les Allemands n'essayèrent même pas d'inquiéter ce mouvement.

Telle fut la bataille de Pont-Noyelles, qui a été racontée de tant de façons diverses, chacune des deux armées se croyant fondée à s'attribuer la victoire. A vrai dire, ni l'une ni l'autre ne l'avait remportée.

Le général von Manteuffel n'était pas forcé, pour le moment, d'aller au delà d'Amiens, et n'avait pas besoin, au point de vue stratégique, de percer les lignes françaises. Son dessein était de continuer ses opérations en Normandie, qu'il ne pouvait reprendre avant de s'être débarrassé de l'armée du Nord; et il avait en partie atteint ce résultat, puisque cette armée reculait jusque derrière la Scarpe.

Mais le général Faidherbe avait réalisé le plan qu'il avait formé : recevoir dans des positions admirablement choisies, et sans reculer, le choc de son ennemi [1].

Le premier essai que le général Faidherbe avait fait de ses forces était bien pour l'encourager à tenter de nouvelles entreprises, lorsqu'il aurait donné à ses troupes les quelques jours de repos dont elles avaient grand besoin. Cependant, suivant la remarque fort sensée de Pierre Lehautcourt, il aurait peut-être agi plus sagement en ne se repliant pas si loin, ni d'une seule traite, et en exécutant une retraite « en échelons », comme venait de le faire Chanzy sur la Loire, d'Orléans au Mans. Le moral de son armée n'aurait pu qu'y gagner et les Allemands auraient été tout au moins forcés d'ajourner le siège de Péronne, que le général de Goeben, successeur de Manteuffel, devait ouvrir dès le 27 décembre. On allait être obligé de livrer une nouvelle bataille pour essayer de délivrer la place, et c'est dans cette vue que nous verrons Faidherbe recommencer ses opérations le 1er janvier, sans se laisser arrêter par la rigueur de la température, ni par la pénurie de moyens auxquels il continuait à être réduit.

1. Des deux côtés, les pertes étaient sensiblement égales : environ 1000 hommes du côté des Français; un peu plus de 900 du côté des Allemands.

XXXI

Bapaume

(3 janvier 1871)

A près la bataille de Pont-Noyelles, les deux partis en présence dans le nord avaient conservé, pendant une semaine, une attitude expectante, qui s'expliquait assez, de la part de Faidherbe, par la nécessité de refaire son armée, — « cette machine à rouages défectueux qu'il fallait réparer après chaque mise en marche », suivant la définition piquante d'un de ses historiens, — du côté de Manteuffel, par l'embarras où le mettait l'obligation de faire face à la fois sur la Somme et sur la basse Seine. Obligé, dans ces conditions, de diviser son corps en deux, le général allemand se fût volontiers tenu sur une stricte défensive, au moins du côté du nord. Mais il avait reçu d'autre part, l'ordre d'accélérer le siège de Péronne, forteresse bien placée pour servir de *pivot* aux opérations de l'armée française, et, pour la même raison, Faidherbe devait avoir à cœur de ne point la laisser tomber au pouvoir de l'ennemi. Toutes les nouvelles représentaient la place comme vivement pressée et sa résistance comme bien près de toucher à son terme : le commandant en chef de l'armée du Nord comprit qu'il était urgent de se porter à son secours, et passa outre à l'observation, d'ailleurs assez fondée, qui lui était faite, que des troupes comme les siennes étaient certainement capables de résister avec avantage dans des positions bien choisies, mais beaucoup moins de se mesurer en rase campagne avec un ennemi aussi redoutable que celui qui l'attendait en avant de Péronne.

Il est vrai que cet ennemi n'était pas très nombreux. Le général de Gœben, chargé de couvrir le siège avec la division d'infanterie de Kümmer et 2 divisions de cavalerie, ne comptait guère plus de 15 000 à 16 000 hommes ; de plus, ses troupes étaient fort éparpillées : mal renseigné sur notre situation, il s'était cru obligé de garder toutes les routes et avait eu recours au détes-

GÉNÉRAL FARRE
(Cliché Appert.)

GÉNÉRAL
DE GRUEBEN
(Cliché Société de photographie de Berlin.,

46

table système du « cordon ». Néanmoins, le gros, posté à Bapaume, avait eu soin d'organiser fortement la position, de façon à pouvoir y arrêter quelque temps des forces supérieures.

Bapaume, centre et réduit de cette position, est bâti sur le plateau à larges ondulations, et très fertile, quoique presque sans eau, qui sépare le bassin de l'Escaut de celui de la Somme. Du clocher de l'église Saint-Nicolas, ou du beffroi de l'hôtel de ville de Bapaume, on découvre le champ de bataille dans toute son étendue. En se tournant vers le nord-ouest, on voit courir, sur sa droite, la grande route d'Arras, qui laisse à l'est les villages de Favreuil et de Beugnâtre, traverse un peu plus loin ceux, très rapprochés, de Sapignies et de Béhagnies, puis celui d'Ervillers, au delà duquel elle se perd dans le nord. En face de soi, on a le chemin d'Achiet-le-Grand (dès lors doublé d'un petit chemin de fer d'intérêt local), qui passe successivement à Avesnes-lès-Bapaume, simple faubourg de la ville, à Biefvillers et à Bihucourt, deux villages assez importants, dont le clocher et les toits émergent du milieu de grands arbres, comme c'est le cas de la plupart des localités dans ces vastes plaines autrement si nues. Enfin, à gauche, on aperçoit Grévillers, autre village voisin d'un *vrai* bois (le seul qui existe dans ces parages), et, en arrière de sa gauche, la route nationale d'Amiens, au sud-est de laquelle l'action ne s'est guère étendue que vers l'agglomération formée par Warlencourt-Eaucourt et Ligny-Thilloy.

Quant à la ville elle-même, ce n'est qu'un simple chef-lieu de canton d'un peu plus de 3 000 habitants, mais qui fut longtemps place forte et qui a, en cette qualité, une histoire. Déclassée en 1846, son enceinte servit alors à des expériences de tir de siège, mémorables dans les annales de l'artillerie et du génie. Elle a néanmoins conservé une partie de ses remparts et de ses fossés, précisément du côté de l'ouest, que menaçait principalement l'attaque française, et les pionniers prussiens eurent peu à faire pour achever de la mettre en état de défense ; ils avaient notamment crénelé plusieurs maisons à l'entrée nord de la ville, vers la gare, et barricadé la grande rue qui prolonge la route d'Arras, ainsi que celle qui débouche sur le marché, près du bel hôtel de ville, qui date de la domination espagnole. C'est là que s'élève aujourd'hui une remarquable statue en bronze, du général Faidherbe, érigée dans ces dernières années et qui est le véritable monument commémoratif de la bataille. Il en existe cependant un autre (une petite pyramide tronquée en pierre bleue), élevée par les soins du conseil général du Pas-de-Calais, à l'intersection de la route d'Arras et du chemin de Favreuil à Biefvillers (environ 2 kilomètres au nord de la ville). Enfin, dans le cimetière, une grande croix de pierre, dressée sur un rocher artificiel, est consacrée à la mémoire des Français tombés dans la journée. L'inscription qu'elle porte a soin de rappeler, en même temps que l'effectif de l'armée du Nord : — 35 000 hommes, — le nombre des troupes réellement engagées (12 000). Ce dernier chiffre est plutôt un peu faible ; mais il est certain que les Allemands ont encore allégué ici à tort leur « énorme » infériorité numérique :

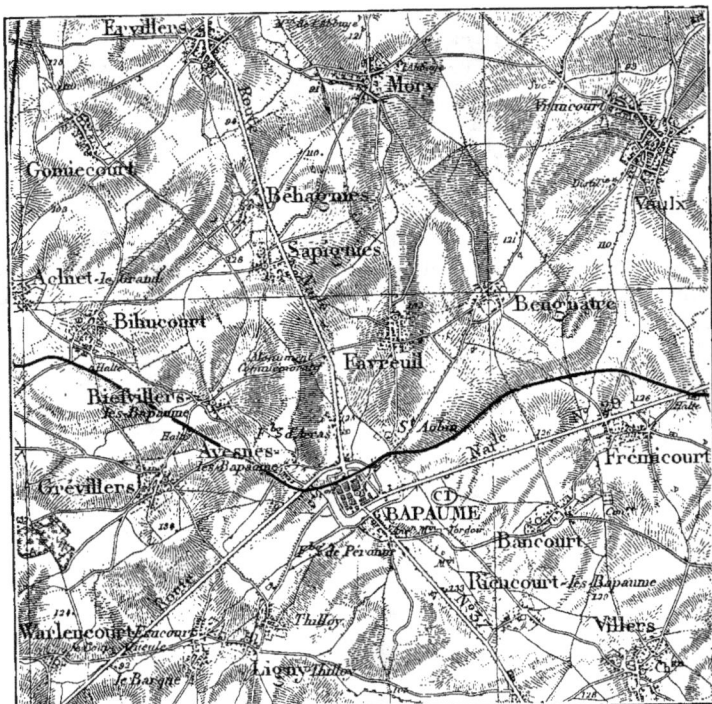

CHAMP DE BATAILLE DE BAPAUME.
Extrait de la carte de l'État-major au 1 : 80 000.)

s'il est indéniable qu'ils ne purent opposer que 20 bataillons, 24 escadrons et 13 batteries aux 56 bataillons, 6 escadrons et 15 batteries dont disposait *en tout*, le général Faidherbe, il n'est pas moins sûr que celui-ci ne put utiliser que le tiers à peu près de son effectif « global », c'est-à-dire les seules troupes de l'armée active : pour une opération offensive comme celle qu'il avait entreprise, les mobiles ne valaient pas grand'chose et les mobilisés rien du tout, — surtout ceux qu'était censé « commander » l'inepte « général » Robin. C'est particulièrement à l'armée du Nord qu'on peut appliquer le

mot bien connu du maréchal Bugeaud, que rappelle à propos Pierre Lehautcourt, et qui est bien profond sous son apparence plaisante : « A la guerre,
c'est toujours les mêmes qui se font tuer! »

Quoi qu'il en soit, l'armée de Faidherbe s'était mise en mouvement le
1er janvier : le 23e corps se dirigeait à gauche sur Bapaume ; le 22e se dirigeait à droite sur Achiet. Ce village fut attaqué et enlevé le 2 janvier, par la
division du Bessol, pendant que la division Payen, du 23e corps, livrait un
combat d'avant-garde moins heureux à Béhagnies et Sapignies. Dans la
matinée du 3, nos troupes se portaient en avant dans l'ordre ci-après, bien
concentrées, cette fois, sur un front de 8 kilomètres : à droite, la division
Derroja avait pour objectif Grévillers ; au centre, la division du Bessol, déployée entre Achiet-le-Grand et Sapignies, marchait sur Biefvillers-lès-Ba-
paume ; à gauche, la division Payen, s'avançait à l'est de Sapignies, menaçant Favreuil; à l'extrême gauche enfin, la division Robin, formant échelon
en arrière, n'avait reçu d'autre mission que de protéger le flanc de l'armée.
En face, la ligne allemande se déployait en demi-cercle autour de Bapaume,
fortement occupé, avec Biefvillers et Favreuil comme principaux points
d'appui. Le général de Gœben voulait tenir ferme, au centre, le plus longtemps
possible, pour donner aux deux ailes — les brigades de cavalerie du prince
Albert de Prusse, à droite, et du général de Grœben, à gauche — de se porter
en avant et d'envelopper l'ennemi. C'était, en vérité, un plan de bataille bien
hasardeux : prétendre déborder par les deux ailes un adversaire auquel on se
sait inférieur en nombre n'est pas de la hardiesse, mais de la témérité pure,
et Gœben aurait pu payer son imprudence plus cher qu'il ne le fit.

[*Le récit suivant est extrait, comme celui de la bataille de Pont-Noyelles, de la*
CAMPAGNE DE L'ARMÉE DU NORD EN 1870-1871 *du capitaine Axel de Rappe*
(traduction du lieutenant Communal]. Paris, à la Société des Publications
périodiques.]

Le 3 janvier, à six heures du matin, la division du Bessol était réunie à Achiet-
le-Grand et prête à marcher sur Béhagnies et Sapignies. La fraction principale de
cette division était formée en colonnes serrées immédiatement à l'est de Bihucourt
et d'Achiet ; le bataillon d'infanterie de marine et le 20e chasseurs formaient l'avant-
garde dans la direction de ces villages. A cette heure matinale, par un temps brumeux et froid, il était difficile de distinguer les mouvements des troupes sur le
terrain couvert de neige. Les villages ayant été minutieusement reconnus, et les
rapports constatant que les Allemands ne les occupaient point, le général du Bessol
donne l'ordre à son avant-garde de rejoindre le gros près de Bihucourt, et ne laisse
que 2 compagnies à Sapignies, pour appuyer son aile gauche et conserver les
communications avec le 23e corps.

Le jour commençait à poindre, et les Allemands se montraient du côté de Bapaume, sur le flanc droit de la division du Bessol : celle-ci opère immédiatement un changement de front à droite et porte son aile gauche en avant, tandis qu'un bataillon du 43ᵉ de ligne avance sur Biefvillers, dont il essaye de s'emparer.

Sur ce point, les Français rencontrent une vigoureuse résistance, et 2 compagnies de chasseurs sont peu à peu envoyées au secours du 43ᵉ régiment de ligne. Mais, malgré ce renfort, les Français ne réussissent pas à se rendre maîtres du village. Au contraire, les Allemands prennent l'offensive et font des attaques répétées contre les Français. Alors le général du Bessol fait appuyer ses troupes engagées par quelques pièces d'artillerie.

Pendant ce temps, la division Derroja avait quitté Achiet-le-Petit, ayant ordre de se porter sur Grévillers. A l'aile gauche, la division Payen s'approche de Béhagnies et de Sapignies, où elle a combattu le jour précédent.

Il est près de neuf heures du matin.

Biefvillers était sans conteste le point le plus important de la position devant Bapaume, et les Allemands en défendirent l'approche avec ténacité. Le général Derroja envoie le 2ᵉ bataillon de chasseurs de sa 1ʳᵉ brigade à l'appui du bataillon de la 1ʳᵉ brigade de la division du Bessol, qui attaquait le village par le nord. Ce bataillon de secours marche de Bihucourt sur Biefvillers, avec une compagnie à droite du chemin, une autre à gauche, une troisième sur le chemin même, toutes ces compagnies précédées de tirailleurs, le reste du bataillon en colonnes, derrière.

Malgré le feu violent des Allemands, le 2ᵉ chasseurs pénètre dans le village par l'ouest, et le combat continue dans les rues, dont il faut presque assiéger chaque maison. Enfin, après de grands efforts, le bataillon du 43ᵉ de ligne et le 2ᵉ chasseurs demeurent maîtres de la place, que les Allemands abandonnent en désordre, poursuivis par un feu de salve qui leur cause de grandes pertes.

A partir de ce moment, le village resta en notre pouvoir.

Pendant ce temps, la division Derroja continue son mouvement, ayant en première ligne les troupes régulières, et les mobiles en seconde ligne. Sur le plateau, entre Biefvillers et le moulin à vent, au nord de Grévillers, le général fait déployer toutes ses troupes de la 1ʳᵉ ligne, et les mobiles s'arrêtent dans le vallon entre Bihucourt et Biefvillers. Le général Derroja, toujours très habile dans l'emploi de l'artillerie, fait immédiatement mettre en batterie, à l'ouest de Biefvillers, 15 pièces qui ouvrent le feu contre l'artillerie prussienne, en position entre Tilloy et Bapaume. Le général von Kummer, qui commandait les troupes allemandes à Bapaume, disposait de 6 batteries (36 pièces) ; le général Derroja n'avait que 12 pièces de 4, et seulement 3 de 12. Un puissant combat d'artillerie commence, et bientôt les Français étendent leur ligne de feu au delà même de Biefvillers, où le général du Bessol place 2 batteries de sa division sur la crête de la hauteur : une batterie de 4 et une de 12. — total 12 pièces. La 2ᵉ division déploie sa première ligne entre Biefvillers et Sapignies : sa seconde ligne de combat, comme celle de la 1ʳᵉ division, se tient très en arrière, hors de la portée de l'artillerie allemande.

Tous les efforts que tentent les Français pour se porter en avant de Biefvillers restent infructueux, à cause de la canonnade violente des Allemands, toujours plus nourrie, et du feu bien dirigé de leur infanterie, dont la position, derrière le chemin de Bapaume-Arras et dans la coupure du chemin de fer, près d'Avesnes, est on ne peut mieux couverte. Enfin, une compagnie de chasseurs et une compagnie du 65e s'élancent sur Avesnes, et, malgré tous les obstacles, assaillent le chemin de fer. Mais ces braves, exposés à un feu des plus meurtriers, ne peuvent réussir à atteindre le village, et sont obligés de se replier sur Grévillers, momentanément abandonné par les Prussiens. Au moment même où ces 3 compagnies se jetaient dans Grévillers, 3 bataillons de la brigade Pittié entraient dans ce village par le côté nord-ouest et en occupaient les abords. Alors, les Allemands essayent de reprendre ce point; mais les Français, qui s'y étaient déjà solidement attachés, les repoussent sur Bapaume.

Cependant les deux artilleries étaient toujours aux prises, sans diminution d'intensité. Ce ne fut qu'à midi, après une lutte de trois heures, que l'artillerie française réussit à faire cesser le feu de l'artillerie allemande qui se retire.

A l'aile gauche des Français, la division Payen s'était avancée jusqu'à Favreuil, la brigade Delagrange marchant en tête. Après Pont-Noyelles, cette brigade avait été renforcée de 6 bataillons (le 47e régiment de mobiles du Nord, auquel avait été joint le 24e bataillon de chasseurs, un bataillon du 65e de ligne et un bataillon du 33e pris à la brigade de Gislain). Un bataillon de garde nationale de la division Robin avait été aussi ajouté à la brigade Delagrange.

A la tête du bataillon de garde nationale mobilisée et de 2 bataillons de sa brigade le colonel Delagrange attaque Favreuil par la gauche, tandis que le reste de sa brigade se porte sur le front. Le mouvement est appuyé par la 3e batterie de la division du Bessol, qui n'avait pas encore été employée et qui était maintenant en position sur la route d'Arras à Bapaume. Les Allemands opposent une vigoureuse résistance, mais ils sont obligés de reculer, et les barricades qu'ils avaient élevées dans le village sont bientôt prises par la 2e brigade dont la conduite fut, dans cette action, digne de toutes les louanges.

Par la chute de Favreuil, la première position des Allemands était tout entière au pouvoir des Français. Le combat fut interrompu, et les adversaires profitèrent de ce délai pour prendre de nouvelles positions.

Bientôt le colonel Pittié occupait la hauteur au sud-est de Grévillers; la brigade Aynès, précédée de tirailleurs, marchait sur Avesnes et occupait ce village.

Comme sur un champ de manœuvre, le général du Bessol, avec toute sa division, quittait sa première position entre Biefvillers et Sapignies, et marchait pour occuper le terrain entre le faubourg d'Arras et Saint-Aubin. Pendant le changement de front que nécessita l'exécution de ce mouvement, les intervalles entre les bataillons se serraient peu à peu, de telle sorte qu'à l'arrivée des troupes sur la nouvelle position, elles formaient une ligne presque ininterrompue. Les tirailleurs occupaient aussitôt les premières maisons du faubourg de Bapaume.

A l'aile gauche, la brigade Delagrange suivait le mouvement général en avant. Les bataillons de mobiles tenus en seconde ligne se rapprochaient aussi de Bapaume : les mobiles de la brigade Aynès s'échelonnaient le long du chemin creux d'Avesnes à Sapignies; les autres, formés en colonnes serrées, et abrités, autant que le terrain le permettait, se tenaient derrière leurs brigades respectives.

Déjà quand les Allemands avaient été chassés de Grévillers sur Bapaume, les tirailleurs de la brigade Pittié les avaient poursuivis et avaient poussé au delà de la route de Bapaume à Albert. Profitant de l'avantage, le 17e bataillon de chasseurs et le 1ᵉʳ bataillon du 24ᵉ de ligne marchent à présent sur le moulin situé au nord-ouest de Tilloy, et, sans répondre au feu bien nourri des Prussiens, ces 2 bataillons, sans coup férir, réussissent à s'emparer du dit moulin et des maisons environnantes.

Dans sa nouvelle position, l'armée française entourait Bapaume au nord et à l'ouest, et le moment paraissait arrivé de tenter une attaque décisive contre la dernière position des Allemands. Il était deux heures après midi.

Lorsque l'artillerie du général de Bessol eut fait taire celle des Allemands, ses troupes se répandirent dans la banlieue nord de Bapaume. Le colonel de Gislain occupe avec 2 bataillons deux moulins à vent et une tuilerie sur la route de Bapaume à Arras (depuis que le bataillon du 33ᵉ avait été attribué à la brigade Delagrange, la brigade de Gislain ne possédait plus que 3 bataillons de ligne). Un autre moulin, situé plus avant, est également pris par les Français. A la droite de la brigade de Gislain, le colonel Fœrster marche sur la ville même; le bataillon d'infanterie de marine s'empare du cimetière et des maisons qui en sont les plus rapprochées; le 2ᵉ bataillon du 43ᵉ et le 20ᵉ bataillon de chasseurs, encore plus à droite, passent à travers les haies, et successivement se rendent maîtres de chaque maison jusqu'à une grande sucrerie, sur la route d'Amiens.

Les Français avançaient de plus en plus; mais, arrivés aux vieilles fortifications, il fut impossible de franchir les fossés, malgré tous leurs efforts. Ils se bornèrent donc à tirer sur les Allemands des positions qu'ils occupaient, et le combat se continua, de cette sorte, jusqu'au soir.

La brigade Aynès, de la 1ʳᵉ division, était à Avesnes-lès-Bapaume avec 2 batteries (une de 8 et une de 4). Le général en chef donne ordre à cette brigade de former une colonne avec le 2ᵉ bataillon de chasseurs et 2 bataillons du 75ᵉ pour attaquer Bapaume de ce côté. Mais, malgré la plus grande bravoure, le 2ᵉ chasseurs, à la tête duquel le colonel Aynès s'élançait le premier contre les Allemands, dut s'arrêter devant le feu terrible qui, comme une grêle, sortait des haies qui entouraient la ville, des meurtrières percées dans les maisons, des barricades, etc., décimant de tous côtés les assaillants. Ayant perdu beaucoup d'hommes en quelques minutes, le colonel Aynès fait cesser l'attaque et se retire, avec son avant-garde, à Avesnes, où ses troupes restent jusqu'à la fin de la journée.

A l'aile droite, 2 batteries (une de 4 et une de 12, de la réserve), postées sur la hauteur à l'est de Grévillers, canonnaient les restes de la citadelle de Bapaume et les pièces que les Allemands avaient encore en batterie sur ce point. L'artillerie allemande ne répondant que faiblement, le 17ᵉ bataillon de chasseurs commence à occuper les maisons proches de la gare. Le général Lecointe allait donner l'ordre au colonel Pittié d'attaquer Bapaume par le sud avec toutes ses troupes de ligne, quand il apprit que Tilloy et Ligny, sur le flanc droit des Français et en arrière de leurs positions, étaient occupés par les Prussiens, auxquels, en outre, des renforts arrivaient par la route d'Albert, où la marche d'une colonne avec de l'artillerie était signalée. C'était le général von der Grœben qui s'avançait après s'être emparé, avec la réserve de Sailly, des deux villages susnommés.

Toute la journée, l'attention du général Lecointe avait été dirigée sur le flanc droit de l'armée; des cavaliers prussiens se montraient souvent dans la direction d'Albert, et il pensait que les Allemands préparaient peut-être un mouvement de ce côté. Le 22ᵉ corps n'ayant presque pas de cavalerie, le général Lecointe avait été obligé de placer des lignes de vedettes d'infanterie qui s'étendaient jusqu'au bois de Grévillers. Les quelques cavaliers de la division couraient entre les vedettes et le quartier général qui, de cette façon, était sans cesse informé du mouvement des Prussiens. Fait remarquable : les tirailleurs du 17ᵉ bataillon de chasseurs passèrent à 50 mètres de Tilloy, sans qu'un seul coup de feu y décelât la présence des Allemands.

Aussitôt que le général Lecointe est assuré du mouvement contre son flanc droit, il donne ordre au colonel Pittié d'arrêter l'attaque sur Bapaume, et de se porter sur Tilloy. De la hauteur à l'est de Grévillers, deux batteries canonnent ce village pour préparer l'attaque. Le 2ᵉ bataillon du 24ᵉ, qui jusqu'alors avait été en réserve, s'élance ; les jeunes hommes qui le composent déploient le courage de vieux soldats, et, malgré la bravoure des Prussiens et leurs forces supérieures sur ce point, les obligent à reculer. Vers Ligny, les deux compagnies du 65ᵉ régiment (qui depuis l'occupation de Grévillers suivaient la 2ᵉ brigade de la 1ʳᵉ division) sont moins heureuses, et ne réussissent pas à chasser leurs adversaires.

Cependant, avec la batterie de 12, les Français canonnent la colonne de von der Græben, qui est obligé de renoncer au mouvement tournant qu'il préparait. Mais la ligne de Ligny-Tilloy est de trop d'importance pour que les Allemands ne tentent pas de s'en emparer. Si les Français réussissaient à s'établir fortement sur ce point, le général von Kümmer se trouverait sérieusement menacé dans sa retraite sur Bapaume. Les Allemands ne laissent donc à Bapaume que la 29ᵉ brigade ; la 30ᵉ brigade, soutenue par l'artillerie qui vient du siège de Péronne, postée sur les hauteurs bordant le chemin de Péronne, et le général von der Græben, qui s'était posté à l'est du chemin d'Albert, poussent ensemble l'attaque sur Tilloy. Mais les Français résistent, Tilloy est en flammes et les projectiles allemands couvrent la place. Cependant, le 17ᵉ bataillon de chasseurs et le 1ᵉʳ bataillon du 24ᵉ se portent au secours des défenseurs, qui gardent jusqu'au commencement de la nuit le poste important qui leur a été confié. A l'aile gauche, la division Payen avait rencontré la cavalerie du prince Albrecht qui, par Frémicourt, essayait de s'approcher de Bapaume. Mais on ne fit, des deux côtés, aucun effort sérieux pour gagner du terrain. Il était sept heures du soir ; le combat ne continuait qu'à Tilloy. La défaite des Prussiens était indiscutable : partout ils avaient reculé, et parfois en désordre ; ils ne défendirent Bapaume avec une telle énergie que parce qu'ils étaient dans l'obligation de continuer la lutte jusqu'à ce que la nuit leur permit de se retirer sans être poursuivis. Du côté des Français, qui avaient eu un aussi grand nombre de villages à assaillir, les pertes étaient encore plus grandes [1]. Mais les soldats, qui, toute la journée, avaient été victorieux, brûlaient du désir de conserver les avantages de leurs succès, et étaient disposés à ne pas laisser, cette fois, échapper les Allemands. Cependant, il faut reconnaître que le combat de Béhagnies, le 2, avait un peu ébranlé la division Payen, et que la garde mobilisée, sous Robin, avait montré, le 2 et le 3, une si faible tenue, qu'il n'était pas possible de compter sur elle pour une action future.

Le quartier général délibérait. La plupart des généraux pensaient que la victoire

---

1. D'après Axel de Rappe, nous perdîmes 2010 hommes, dont 183 tués, 800 « disparus », le reste blessé. Les Allemands n'avaient que 698 hommes et 52 officiers hors de combat.

devait être achevée; ils étaient convaincus que le succès serait décisif si un nouveau combat — éventualité d'ailleurs peu probable — devenait nécessaire le lendemain pour en finir avec les Allemands battus.

Telle n'était pas l'opinion du général Faidherbe. Il était d'avis de se contenter du succès obtenu : il donna donc l'ordre de quitter Tilloy, Avesnes et la banlieue de Bapaume. Il ordonnait à la division du Bessol de se placer à Biefvillers et à Grévillers, à la division Derroja d'occuper Achiet-le-Grand, et à la division Payen de retourner sur Favreuil. La division Robin devait se placer *comme bon lui semblerait*, et le jour suivant, à huit heures du matin, toute l'armée française se mit en marche, pour prendre de nouveaux quartiers à 10 kilomètres au nord.

La bataille de Bapaume s'était terminée par « l'occupation des dehors de la position ennemie », suivant l'euphémisme savant employé par la *Relation officielle prussienne* : en bon français, cela signifie que les Allemands avaient été délogés de tous les points qu'ils occupaient au début de la journée, sauf de Bapaume même. Le succès *tactique* des Français n'était donc pas contestable, tout en ayant besoin d'être complété, et surtout affirmé. Le général de Gœben en jugeait si bien ainsi que, le 4 au matin, il faisait partout replier ses troupes. « Mais, dit encore l'état-major allemand, le mouvement était déjà en pleine exécution, quand les avant-postes annoncèrent que l'ennemi avait évacué de son côté les villages au nord et à l'ouest de Bapaume. » Ce n'était que trop exact, et Faidherbe se mettait par là même hors de cause.

Les raisons qu'il a invoquées pour expliquer cette retraite malencontreuse sont assurément plausibles : la nuit avait été très froide et nos troupes, exténuées par deux jours de marches et de combats, n'étaient guère en état de fournir un nouvel effort. Cet effort, toutefois, il n'était nullement besoin de le leur demander, et si Faidherbe avait eu la constance de demeurer seulement jusqu'à midi sur le champ de bataille conquis, il aurait eu la joie de voir l'ennemi lui abandonner, non seulement Bapaume, mais encore la ligne de la Somme, — car, devant Péronne, tous les préparatifs de la levée du siège étaient déjà faits. En cette circonstance donc, il faut bien le reconnaître, le vaillant commandant en chef de l'armée du Nord se montra inférieur à lui-même et se départit fort inopportunément de cette belle ténacité dont il avait déjà donné et devait donner encore tant de preuves.

XXXII

Villersexel

(19 JANVIER 1871)

L E nom de Villersexel nous rappelle encore une
joie éphémère, la dernière qu'il nous ait
été donné de ressentir au cours de cette malheureuse guerre, et la plus décevante de toutes!
Comme la campagne de la Loire, en effet, celle de
l'Est n'a débuté par une victoire — si toutefois
le mot n'est pas empreint ici de quelque exagé-
ration — que pour se poursuivre au milieu des
revers et pour se terminer par un désastre. Mais qu'était celui qu'avait
éprouvé l'armée de Chanzy, sous Le Mans, auprès de la catastrophe qui devait
engloutir l'armée de Bourbaki après Héricourt?

Ce fut, sans contredit, une conception séduisante et juste *en soi* — le même
mot doit forcément revenir sous notre plume — que celle de la grande opération ayant pour objet de couper les communications des armées allemandes
retenues devant Paris, dans l'ouest et dans le nord, à une distance considérable de leur « base ». Napoléon a dit lui-même qu' « il y a deux manières
de forcer l'ennemi à abandonner sa position : la première, qui est de l'y
attaquer et de l'en chasser; la seconde, qui est de manœuvrer de manière
qu'il ne puisse plus la tenir. » Mais le grand capitaine qui a toujours si bien
su joindre l'exemple au précepte a déclaré, d'autre part, qu' « à la guerre,
rien ne vaut que par l'exécution », et montré que les plans les plus beaux sur
le papier, les projets plus rationnels en théorie, sont voués à un insuccès certain quand les circonstances sont défavorables à leur mise en œuvre et
surtout quand on ne dispose pas de toutes les ressources nécessaires pour les
mener à bonne fin. C'est cette disproportion manifeste entre le but et les
moyens, qui avait déjà été cause du lamentable dénoûment de la marche de
Mac-Mahon sur Metz ; ce sont des raisons identiques qui feront échouer non
moins misérablement celle de Bourbaki sur Belfort.

GÉNÉRAL
BOURBAKI
(Cliché Braun.)

GÉNÉRAL
DE WERDER
(Cliché Société de pho-
tographie de Berlin.)

Il aurait fallu, en premier lieu, qu'elle fût effectuée beaucoup plus tôt, comme l'avait proposé Chanzy, et avec la plus grande partie de l'armée de la Loire avant que celle-ci n'eût été désorganisée par une série d'actions malheureuses. Dans les derniers jours de l'année, par un froid rigoureux, sous le climat où il se fait sentir plus que nulle part ailleurs, en France, et où les communications sont habituellement rendues très difficiles par la neige pendant la mauvaise saison, il y avait plus que de l'imprudence à s'embarquer dans un mouvement à si grande envergure, et dans une direction trop rapprochée de la frontière, à laquelle on risquait de se trouver acculé, en cas de défaite. On voulait, du même coup délivrer Belfort? Soit; mais cette place, qui résistait si vaillamment, se serait vue débloquée en même temps et peut-être plus sûrement que Paris, si l'on avait porté un coup vigoureux sur la véritable ligne de communication des Allemands — le chemin de fer de Paris à Strasbourg — et si l'on avait su ou pu le diriger à propos sur le point le plus vulnérable de cette ligne, c'est-à-dire entre Nancy et Châlons. De ce côté, l'objectif était tout au moins plus rapproché, plus facile à atteindre ; nous ne nous exposions pas, en voulant couper les communications de l'ennemi, à voir celui-ci intercepter les nôtres, démesurément allongées, — ce qu'il ne manqua pas de faire ! Mais le mauvais choix du théâtre des opérations, aussi bien que du moment, ne devait avoir qu'une influence relative sur l'issue de l'entreprise : l'erreur capitale, la grande faute, c'était de croire qu'on pourrait la tenter avec des éléments aussi insuffisants, aussi défectueux que ceux que l'on possédait. Là où il aurait fallu des troupes exercées, endurcies à la fatigue et par-dessus tout manœuvrières, on ne pouvait faire appel qu'à des corps sans homogénéité, sans cohésion, à des soldats sans expérience et sans endurance. Ajouterons-nous que, lorsqu'on aurait eu besoin d'un chef audacieux, aventureux, ne doutant de rien et surtout pas de lui-même, on ne trouvait qu'un général, plein de bravoure et d'honneur, à coup sûr, et résolu à faire tout son devoir, mais n'augurant rien de bon d'une expédition engagée dans de telles conditions et manquant, par cela même, du « feu sacré » qui n'eût pas été de trop pour la conduire.

Encore l'opération décidée eût-elle pu aboutir à un certain résultat si l'on avait agi avec une grande rapidité et si l'on avait pu garder le secret le plus absolu. Il n'en fut rien : les transports par voies ferrées, commencés le 20 décembre, s'effectuèrent avec une lenteur qui aurait suffi à tout compromettre, et, dès le 24, le mouvement de l'armée de l'Est était connu du grand quartier général de Versailles. Il est vrai que ce dernier n'en démêlait pas encore bien clairement la destination — et c'était notre dernière chance favorable ! Un moment, il crut que Bourbaki allait se rabattre sur Paris, par l'est, et se prépara à lui barrer la route. A toute éventualité cependant, il constitua immédiatement sous les ordres de Manteuffel, une « armée du Sud » composée des IIe et VIIe corps, et envoya au général de Werder, qui couvrait le siège de Belfort avec le XIVe, à Dijon, l'ordre de se replier sur Vesoul et de se bien tenir sur ses gardes.

Quoi qu'il en soit, Bourbaki finit par rassembler les quatre corps que comprenait son armée sur la ligne Dôle-Auxonne, d'où il se porta vers la vallée de l'Ognon, dans l'ordre que voici : à droite, le 24e corps, sous le général Bressolles ; au centre, le 20e, aux ordres du général Clinchant ; à gauche, le 18e corps, commandé par le général Billot ; en arrière, enfin, comme réserve générale, le 15e corps, à la tête duquel était le général Martineau des Chesnetz. L'effectif total était de 125000 hommes, en y comprenant la division Cremer, rappelée de Dijon, où elle était malheureusement remplacée par le rassemblement de troupes incohérent placé sous les ordres de Garibaldi. Werder n'avait à opposer à ces forces considérables qu'environ 35000 hommes ; mais, certain d'être soutenu avant peu par l'armée de Manteuffel, il n'avait besoin que de gagner du temps et multipliait autour de lui les reconnaissances pour être exactement tenu au courant de la direction et des progrès de l'ennemi. Lorsqu'il apprit que les Français débouchaient dans la vallée de l'Ognon, il ne douta plus que Belfort ne fût leur objectif, et résolut de se porter de Vesoul sur leur flanc gauche pour les retarder. Ce mouvement amena, le 9 janvier, le combat de Villersexel.

Le bourg de ce nom est situé sur la rive gauche (au sud) de l'Ognon, belle rivière aux eaux abondantes et claires, au milieu de la région accidentée qui s'étend entre le Jura et les Faucilles. L'Ognon, dans cette partie de son cours, serpente à travers des prairies, souvent marécageuses en hiver, et est généralement trop profond pour pouvoir être aisément franchi en dehors des ponts. A Villersexel même, où il reçoit le Scey, il se divise en deux bras, puis fait un grand coude vers le sud, enveloppant ainsi à demi la croupe allongée sur laquelle est assise la partie haute du bourg. C'est sur cette éminence que se trouvent l'église, la mairie et le château, vaste et magnifique édifice dominant la rivière, jusqu'à laquelle descend le grand parc dont il est entouré. Témoin, en 1871, du principal épisode de la journée, et complètement détruit par l'incendie vers le soir [1], ce château a été rebâti dans le plus grand style par le marquis de Grammont, son propriétaire. A l'époque, c'était déjà un des plus beaux de la province, et sa façade, ornée d'un pavillon central et de deux

---

1. Nous donnons plus loin la vue du château après l'incendie, d'après une photographie qui nous a été obligeamment fournie par M. le marquis de Grammont. Quant au monument commémoratif de la journée, il a été érigé en 1896, en présence d'une nombreuse assistance, où l'on remarquait l'absence du général Bourbaki, qu'on avait, paraît-il, oublié d'inviter.

ailes, ne mesurait pas moins de 70 mètres de longueur. A ses pieds, vers le nord, se trouvent des forges et un moulin ; puis, tirant vers l'est, le quartier bas, qu'un pont et une passerelle unissent à la rive droite et des rues ou ruelles à pente rapide à la partie haute du bourg.

Le coteau sur lequel s'élève Villersexel est commandé du côté du nord par

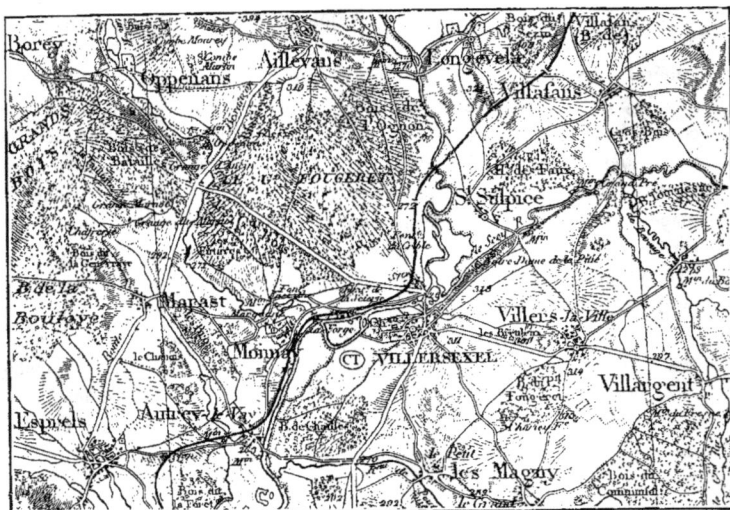

CHAMP DE BATAILLE DE VILLERSEXEL.
(Extrait de la carte de l'État-major au 1 : 80 000.)

le massif boisé du Grand-Fougeret, que longe la route de Lure et sur le revers opposé duquel se trouve le village d'Aillevans. A une plus grande distance, vers l'ouest, au delà de Mormay, de Marast et d'Esprels, s'élèvent les collines des « Grands Bois » et du bois de Chassey, entre lesquels file la route de Vesoul, qui rejoint, vers Vallerois-les-Bois, la ligne ferrée reliant cette ville à Besançon. Au sud enfin, vers Autrey-le-Vay, Pont sur l'Ognon et Rougemont, la contrée devient plus tourmentée encore, et de petites montagnes aux pentes abruptes y atteignent 400 mètres et plus. Mais l'action ne s'est point étendue jusque-là, et c'est surtout Villersexel, dont elle porte à bon droit le nom, ainsi que les villages voisins, à l'ouest, qui en ont été le théâtre.

[*Entre les nombreux récits du combat de Villersexel, celui du colonel suisse Secretan, dans son* ARMÉE DE L'EST EN 1870-71 (*Neuchâtel, 1894, grand in-8°; chez Attinger frères*), *se distingue par sa précision et son impartialité.*

Si nous lui donnons la préférence, c'est surtout parce que c'est celui qui a ra-
conté avec le plus de détails la terrible lutte pour la possession du château,
qui constitue certainement l'événement capital de la journée. En voici les
principaux passages.]

La nuit du 8 au 9 avait été très froide. Les routes et les chemins étaient couverts
de glace. A l'aube du 9, il neigeait abondamment, mais plus tard le ciel s'éclaircit
et jusqu'aux brouillards du soir la journée fut belle....

Entre huit heures trente et neuf heures du matin, l'avant-garde de la division
Schmeling débouchait sur la lisière sud du Grand-Fougeret, en face de Villersexel,
qu'occupaient depuis la veille les avant-postes du 20ᵉ corps français, tandis que
le gros de la division, marchant sur Aillevans, commençait de jeter à l'est de ce
village un pont sur l'Ognon. Dès qu'elle fut en vue de la ville, s'étalant en amphithéâtre sur l'autre bord de la rivière, dominée par le château dont la masse se pro-
filait au sommet de la pente, la tête de l'avant-garde reçut le feu des défenseurs du
pont, éloigné seulement de 800 à 900 mètres. Le général Tresckow installa 2 batteries, au nord de la route, à la lisière du bois. Elles prirent sous leur feu la barricade du pont, les maisons avoisinantes d'où partait la fusillade et le château.
Pendant ce temps, 2 compagnies du 25ᵉ régiment se déploient, s'avancent jusqu'à
300 mètres environ du pont barricadé, puis, très entreprises par le feu, s'embusquent
derrière les quelques maisons de la rive droite....

Le général Tresckow constate bientôt l'impossibilité d'attaquer de front le pont
sur l'Ognon. Il ordonne à 2 compagnies de prolonger sa ligne à droite et de
marcher contre les bâtiments d'une grande forge, située en face de l'extrémité
ouest du parc de Grammont, auquel la relie une étroite passerelle suspendue, si
peu large qu'on ne peut la traverser qu'homme par homme. Une soixantaine
d'hommes la défendent : ils sont rapidement dispersés. Les 2 compagnies franchissent la rivière, pénètrent dans le parc, gravissent prestement la pente et
enlèvent le château, faiblement défendu, en faisant prisonniers 3 officiers et
94 hommes. De la terrasse du château et du parc, l'infanterie allemande prend à
revers les défenseurs du pont, qui cèdent enfin le passage de la rivière et battent en
retraite, soit par les rues de la ville, soit le long du ruisseau le Scey. 4 compagnies
allemandes franchissent alors le pont, chassent l'ennemi des maisons avoisinantes,
occupent la ville, pénètrent jusqu'à la lisière sud, qu'elles occupent et poursuivent
l'adversaire en retraite. 80 prisonniers tombent entre leurs mains. Les barricades
du pont sont rapidement démolies. Le 1ᵉʳ régiment de uhlans traverse la ville et
poursuit l'ennemi.

Entre onze heures et midi, Villersexel était aux mains des Allemands. Le
25ᵉ régiment occupait le château et toute la lisière sud de la ville. L'ennemi avait
disparu. 2 batteries françaises, qui avaient un instant occupé les hauteurs au
sud-ouest de la ville, s'étaient retirées. 17 officiers et près de 500 hommes étaient
tombés aux mains du vainqueur [provisoire].

Ce fut la première phase de ce combat sanglant. Une accalmie se fit et dura
environ une heure. Le général de Werder occupait, avec son état-major, sur
les hauteurs au midi d'Aillevans, un poste d'observation d'où le regard embrasse
le plateau au delà de Villersexel. Le ciel s'était éclairci et on voyait au loin.

Le général vit bientôt déboucher sur toutes les routes les têtes de colonnes françaises, en marche dès le matin, mais trop éloignées et trop lentes dans leurs mouvements pour avoir pu soutenir les troupes avancées, délogées de Villersexel dans la matinée. Sur la rive droite de l'Ognon, venant de Cognières, c'était la division Feillet-Pilatrie, du 18e corps, marchant sur Villersexel. Sur la rive gauche, c'était la division Ségard, du 20e corps, dont les avant-postes venaient d'être bousculés. Plus à l'est, c'étaient les 1re et 11e divisions, généraux d'Aries et Thibaudin, du 24e corps. Reconnaissant qu'il avait devant lui des forces considérables, le général de Werder donna aussitôt les ordres suivants : au détachement du général von der Goltz, en formation de rassemblement à Grange-d'Anein, au croisement des routes Noroy le Bourg-Villersexel et Esprels-Aillevans, de couvrir le flanc droit des positions, en occupant Marat et Moimay, et de porter aide à l'avant-garde du général Tresckow dans Villersexel, si celui-ci demandait du secours ; au général de Schmeling, à Aillevans, d'occuper avec sa division Saint-Sulpice et le pont du ruisseau le Scey en amont du pont de l'Ognon....

Cependant, le 20e corps français avait commencé vers deux heures à se déployer devant la lisière méridionale de la ville, et son infanterie s'était avancée jusqu'à la lisière du bois des Brosses. On se bat dans le bois avec acharnement, avec des alternatives de succès et de revers pour les deux partis jusqu'à ce que, vers quatre heures, l'infanterie allemande soit obligée de céder le terrain et de se replier sur Moimay, précédée par l'artillerie qui reprend ses positions premières à la lisière sud des Grands-Bois, au nord du village. Le bois est tout entier aux mains de l'infanterie française, de même le village de Marat attaqué en vain, pour la seconde fois, par deux compagnies allemandes. Mais le général von der Goltz tient ferme à Moimay et y oppose à l'assaut des troupes françaises une tenace résistance. Moimay couvre la ligne de retraite des troupes engagées à Villersexel. Un ordre du général en chef enjoint qu'on s'y maintienne à tout prix....

Mais au moment où le combat est fortement engagé sur toute la ligne, le général de Werder arrive à la hauteur 309, sur la route de Villersexel à Villers-la-Ville. Il a appris par ses patrouilles de cavalerie que le mouvement de l'armée ennemie sur Arcey est arrêté et qu'on ne voit plus sur les routes se dirigeant vers ce point que de faibles détachements. Le général allemand en conclut que toute l'armée française fait front contre Villersexel : le contact avec l'ennemi est établi ; la marche des Français vers l'est est certaine. Aussi, Werder jugeant inutile de s'engager plus à fond ordonne-t-il au général de Schmeling de ne pas pousser plus loin son offensive, de se borner à occuper Villersexel et de s'y maintenir jusqu'au soir ; après quoi, la retraite s'effectuera par la rive droite de l'Ognon. Et le mouvement en arrière commence aussitôt par l'aile droite....

Le deuxième acte du combat est terminé. Le troisième, le plus sanglant, va commencer.

A la faveur du crépuscule, le centre de la ligne française s'est portée en avant. La brigade Perreaux, de la division Penhoat (18e corps), composée d'infanterie légère d'Afrique et du 92e de ligne, gagne du terrain, pratique une brèche dans le mur du parc de Grammont, pénètre dans l'intérieur et occupe le château abandonné. Il est quatre heures et demie. Le colonel von Loos, commandant le 25e régiment prussien, qui couvre le mouvement se voit tout à coup menacé sur son aile droite. Il rappelle la batterie en position au bois des Breuleux et lui ordonne de se retirer sur la rive droite de l'Ognon, puis il prend ses dispositions pour évacuer à son tour Villersexel avec son régiment. Le 1ᵉʳ bataillon bat en retraite par le cimetière ; les fusiliers, par la place du Marché, pour passer le pont à la suite du 1ᵉʳ. Le 2ᵉ bataillon couvrira le mouvement. Le 1ᵉʳ bataillon et les fusiliers ont gagné le pont, le 2ᵉ se dispose à en faire autant quand les têtes de colonnes françaises font irruption dans la ville.

Le moment est critique. Le général de Werder entendait bien ne pas pousser au delà de Villersexel ; mais il prétendait se maintenir dans la ville jusqu'à la nuit close. La retraite a été trop rapide et trop complète. Le général ordonne que Villersexel soit réoccupé. 3 bataillons et demi du gros de la 4ᵉ division de réserve traversent le pont et y rencontrent le régiment von Loos qui bat en retraite. Par un malentendu, le train de la division s'est avancé sur Villersexel par la route où stationnent déjà les caissons de munitions de l'infanterie engagée au combat. L'encombrement est complet sur le pont et aux abords. Un épais brouillard monte de la rivière et empêche de se rendre compte de la situation. Le colonel von Loos fait

CHATEAU DE VILLERSEXEL, APRÈS L'INCENDIE.
(D'après une photographie communiquée par M. le marquis de Grammont.)

faire demi-tour à son régiment, en même temps que les 3 bataillons et demi du gros, sous les ordres du colonel von Krane, se jettent de nouveau dans les rues de Villersexel occupées par l'ennemi. Un combat à bout portant s'engage alors, rendu plus terrible encore par le brouillard et l'obscurité. Deux compagnies du 25ᵉ parviennent à gagner la lisière sud-est de la ville, mais sur la place du Marché la résistance des troupes françaises est opiniâtre. Vainement l'infanterie du colonel von Loos fait le siège des maisons ; vainement elle cherche à pénétrer dans les ruelles étroites et à pente abrupte au centre de la ville. L'infanterie française fait pleuvoir les balles par les fenêtres et par les soupiraux des caves, tandis que d'autres détachements occupent les rues et pressent l'ennemi. Malgré les plus grands efforts, aucune des deux troupes n'arrive à repousser son adversaire. Les Allemands ne réussissent pas à avancer jusqu'à la sortie sud-ouest qui commande la route de Rougemont : les Français, malgré leurs assauts répétés, ne parviennent pas à rejeter l'ennemi sur le pont de l'Ognon. La mêlée continue ainsi, meurtrière, atroce. La nuit est glacée. Le brouillard s'est dissipé. Les étoiles scintillent au ciel. La lune se lève sur le carnage. Un noir nuage de fumée couvre la ville, qu'éclairent les flammes rouges et les gerbes d'étincelles sortant des maisons incendiées....

Tandis que le 25ᵉ régiment, sous les ordres du colonel von Loos, combattait dans les rues et sur la lisière sud, les bataillons du 2ᵉ régiment de landwehr de la Prusse orientale avaient été lancés à l'attaque du château par le colonel von Krane. Le bataillon de Wehlau prend la tête et se partage en 2 colonnes. La colonne de droite, forte de 2 compagnies, suit la rivière et pénètre dans le parc pour attaquer le château par le nord en gravissant la pente ; le demi-bataillon de gauche s'engage dans une petite ruelle longeant le pied du mur qui, à l'est du parc, sépare celui-ci de la ville et gagne l'entrée principale du domaine, située sur le plateau, en face de l'église. L'attaque du demi-bataillon de droite est d'abord arrêtée par la fusillade de l'infanterie française qui a occupé le château et domine la pente. L'attaque du demi-bataillon de gauche trouve de son côté une difficulté extrême à gravir la ruelle rendue très glissante par la couche de neige et de glace qui recouvre le sol. Abîmé par la fusillade du château, qui plonge dans la ruelle, empêché dans sa marche, le chef de la colonne se décide à revenir sur ses pas pour chercher un point d'attaque plus propice. Il fait demi-tour et vient tomber avec ses hommes dans le bataillon d'Osterode ; le major von Wussow, qui marche en tête de sa troupe, se dégage, continue son mouvement et, se croyant suivi de ses gens, débouche devant la principale entrée du parc, accompagné seulement d'une cinquantaine de fantassins. La grille est restée ouverte ; elle est flanquée à droite et à gauche de deux petits bâtiments, dont l'un sert de loge au concierge. Les Français les occupent. Le major von Wussow reçoit une grêle de balles. Il lance sa petite troupe à la baïonnette ; les Français lâchent pied. Il traverse la cour et pénètre dans le château par la porte principale, au centre du bâtiment. Les Français évacuent le vestibule en se retirant dans les caves et au premier étage, et les Prussiens occupent le grand salon du rez-de-chaussée dont les fenêtres donnent sur la terrasse, du côté de l'Ognon. Pendant ce temps, d'autres Français venant du dehors ont réoccupé l'entrée du parc. Le major von

MONUMENT DE VILLERSEXEL.
D'après une photographie.)

Wussow envoie un officier chercher son bataillon ; l'officier est entouré et fait prisonnier.

Sur ces entrefaites, le demi-bataillon de droite de Wehlau a gravi la pente du parc et gagné la terrasse. Les hommes d'Osterode ouvrent les fenêtres et la porte du salon et font entrer leurs camarades. Le major de Wussow divise ses soldats en deux groupes pour attaquer le premier étage par deux escaliers. Lui-même s'élance par l'escalier principal, gagne le salon du premier et y fait prisonniers 120 soldats et un officier. Mais toutes les autres pièces de cet étage, le deuxième et les caves sont encore au pouvoir des Français. A ce moment, débouchent sur la terrasse les 2 compagnies du bataillon d'Osterode qui, bousculées par le demi-bataillon de gauche de Wehlau, avaient dégringolé jusqu'au bas de la ruelle et gagné le parc par l'entrée de la rivière. Elles pénètrent à leur tour dans le salon du rez-de-chaussée, suivies de près par le demi-bataillon de Wehlau, dont l'autre moitié occupait déjà le bâtiment. Quant à la quatrième compagnie d'Osterode, elle avait remonté la ruelle, escaladé le mur du parc, enfoncé la porte de l'aile orientale, malgré le feu des Français qui pleuvait des fenêtres du premier étage, et gagné les salles du plain-pied.

Le colonel von Krane est arrivé, lui aussi. Il ordonne que les deux ailes du château seront occupées chacune par une compagnie, le corps de bâtiment central et la cour par les 6 autres. Il était environ huit heures du soir. Les Français occupaient encore le premier étage en partie, tout le deuxième, les combles, les caves, la cour et les deux bâtiments à l'entrée du parc. La lutte reprend de plus belle. Les Prussiens cherchent à pénétrer dans les caves, mais en vain. Les Français tirent d'en bas sur les hommes qui se présentent au haut de l'escalier. On se bat corps à corps dans les autres parties de l'édifice.

Le général von Schmeling a reçu l'avis que les Français résistent opiniâtrément dans le château et dans les caves. « *Nun, so rauchert sie hinaus!* » [soit! il faut les enfumer!] a-t-il répondu à l'officier qui lui a fait ce rapport. L'officier comprend ces paroles comme un ordre de mettre le feu au château. Il se met en route pour le communiquer à ses chefs et, chemin faisant, s'imagine voir le pont de l'Ognon au pouvoir des Français, c'est-à-dire la retraite coupée aux troupes qui occupent Villersexel. Il revient au château avec l'ordre d'incendier et la nouvelle alarmante de la perte du pont de pierre. Le colonel von Krane juge qu'il n'y a pas un instant à perdre. On entasse dans l'aile ouest du bâtiment des meubles, de la literie, de la paille, tout ce qu'on peut trouver d'objets et de matières inflammables et on y met le feu. Puis le colonel von Krane ordonne l'évacuation du château. Il est dix heures du soir environ. Une compagnie du bataillon de Welhau, sous les ordres du capitaine Czigan, le colonel von Krane et le major von Wussow avec une poignée d'hommes d'escorte demeurent dans l'aile orientale pour diriger de là et couvrir la retraite pendant que le gros des 2 bataillons descend par le parc pour gagner l'Ognon. Comme la passerelle de la forge a été coupée par le génie de la division Tenhont et qu'on croit le pont occupé, on décide de passer la rivière à gué en dépit d'un froid de 10 degrés au-dessous de zéro. Plusieurs hommes se noient. On ne s'aperçoit de l'erreur que quand on a atteint la rive droite.

Pendant ce temps, les Français, revenant à la charge, avaient occupé toutes les issues du château. Le colonel von Krane était bloqué. L'incendie se propageait dans l'intérieur avec une rapidité effrayante. Il y eut là pour la petite troupe des Prussiens quelques instants d'une horrible attente. Heureusement pour eux, le colonel von Knappe, qui combattait encore dans la ville, envoya vers onze heures deux compagnies du bataillon de Thorn dans la direction du château, au secours des troupes qui, croyait-il, y combattaient encore. Elles abordèrent l'édifice par le nord, furent reçues par une vive fusillade, eurent grand'peine à s'orienter dans les ténèbres, mais parvinrent cependant, après quelques hésitations, à reconnaître que la maison était évacuée, sauf par le colonel von Krane, bloqué avec sa troupe dans l'aile orientale. On put même s'entendre et se concerter. Les deux compagnies de Thorn devaient simuler contre les faces nord et est une vigoureuse attaque, tandis que le colonel von Krane chercherait à gagner, par la cour, l'entrée principale du parc. L'entreprise réussit. La baïonnette en avant et en poussant de vigoureux hourras, la compagnie Czigan se fraya un passage à travers les fantassins français, massés dans la cour et surpris par cette subite attaque. Les deux compagnies de Thorn se replièrent vers la ville.

Pour se donner de l'air et empêcher l'infanterie française du château de le presser trop fort sur le pont de pierre, sa seule retraite, le général von Schmeling ordonne aux 2 bataillons de Wehlau et d'Osterode et aux 2 compagnies de Thorn de se reporter en avant et de tenir les Français en échec dans le parc. Les bataillons franchissent pour la troisième fois le pont, rentrent au combat et poussent leurs lignes, en les prolongeant sur la rive gauche, jusqu'à la passerelle qui traverse la

Villersexel (9 Janvier 1871)

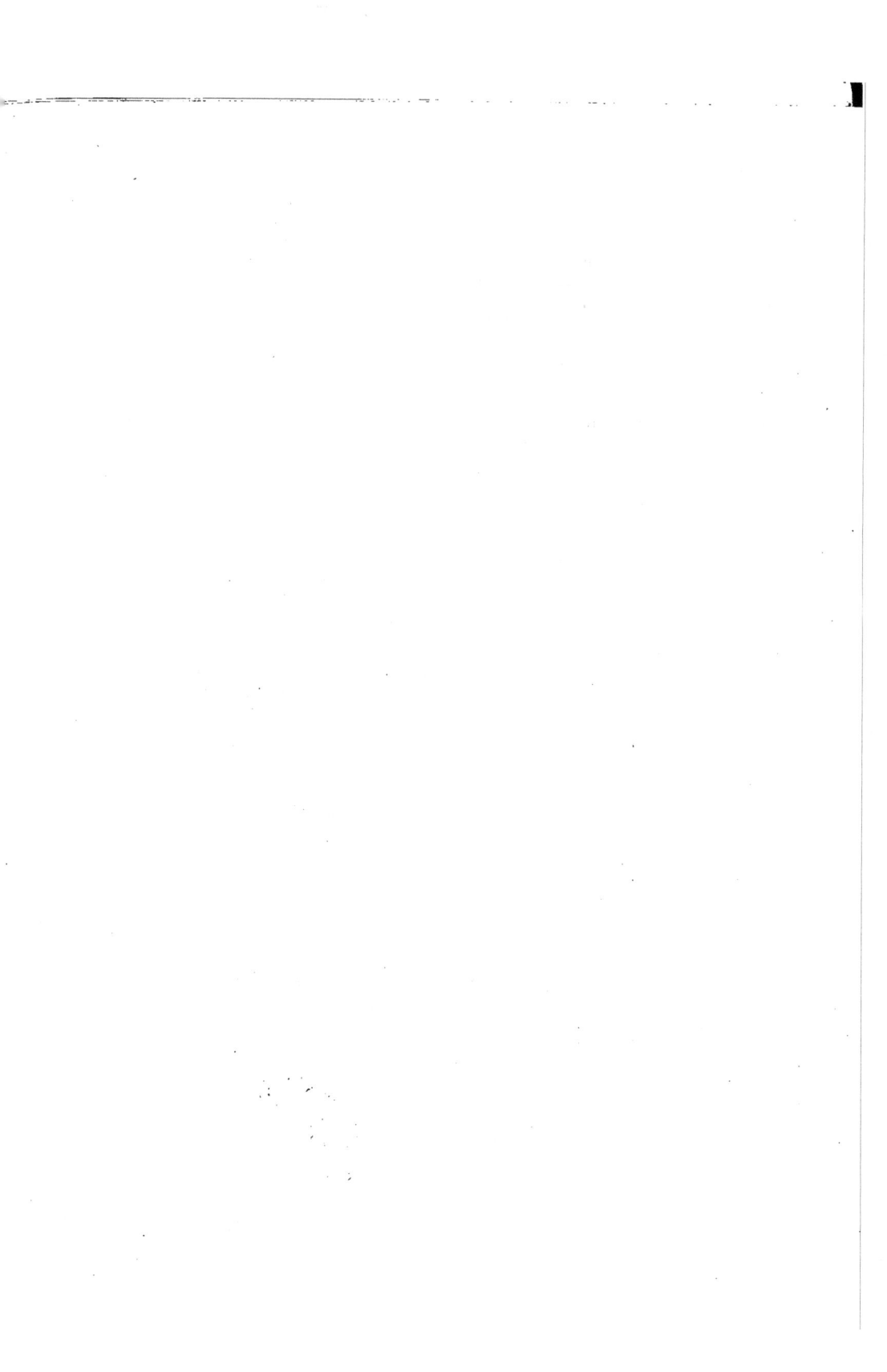

rivière. La fusillade recommence alors avec une violence nouvelle, entrecoupée de retours offensifs de l'infanterie allemande quand l'ennemi la serre de trop près. Enfin, l'ordre vient du général de Werder de rompre le combat et d'évacuer définitivement Villersexel. Dans les deux camps, les troupes étaient lasses.... Il était une heure et demie du matin!... A trois heures seulement, Villersexel était complètement évacué. L'incendie du château dura toute la nuit.

Ainsi se terminait le combat de Villersexel, un des plus acharnés de toute la guerre. Le gros de l'armée française resta en majeure partie au bivouac, sur la ligne Esprels-Magny-Villers-la-Ville, avec le quartier du général Bourbaki au château de Bournel, près de Cubrial.

La journée avait été sanglante. Les Français avaient perdu près d'un millier d'hommes, dont 200 environ dans l'incendie du château, plus 500 prisonniers dont 17 officiers. Les pertes des Allemands s'élevaient à 26 officiers et 558 hommes : ils avaient engagé environ 15 000 hommes avec 54 bouches à feu.

Nous avions eu finalement le dessus, le 9 janvier, cela ne saurait faire doute, et les historiens allemands eux-mêmes seraient plutôt portés à insister sur ce succès stérile de nos armes, comme s'il ne devait que faire ressortir davantage la grandeur de la défaite qu'elles allaient subir à bref délai. Peut-être eût-il mieux valu, en effet, que cette première rencontre n'eût pas eu lieu, car, si elle ne contribua pas peu à relever le moral de nos troupes, profondément déprimé sous la triple action du froid, de la fatigue et du dénûment, — d'autre part, elle eut pour résultat de nous faire perdre deux jours, employés à remettre un peu d'ordre parmi les corps engagés, en un moment où les heures mêmes étaient particulièrement précieuses, puisque Manteuffel accourait maintenant à marches forcées pour tomber sur notre dos. De plus, le combat de Villersexel achevait d'éclairer Werder sur nos intentions définitives, sans le mettre hors d'état de s'y opposer : bien loin de là, nous le rejetions sur Belfort, dont il eût fallu le couper, et c'est pourquoi, à tous les points de vue, il est permis de trouver que la fortune nous a fait payer bien cher son dernier sourire !

N'importe ! Ce fut une action honorable pour nos jeunes troupes, et l'on ne nous blâmera certainement pas si, laissant en dehors de notre cadre les vaines tentatives de la malheureuse armée de l'Est pour forcer les lignes de la Lisaine — d'autant qu'il ne ressort de ce lamentable échec aucun enseignement qui n'ait été mis en lumière ! — nous préférons en rester sur cette journée heureuse du 9 janvier 1871, comme sur une sorte de trait d'union entre le passé et l'avenir.

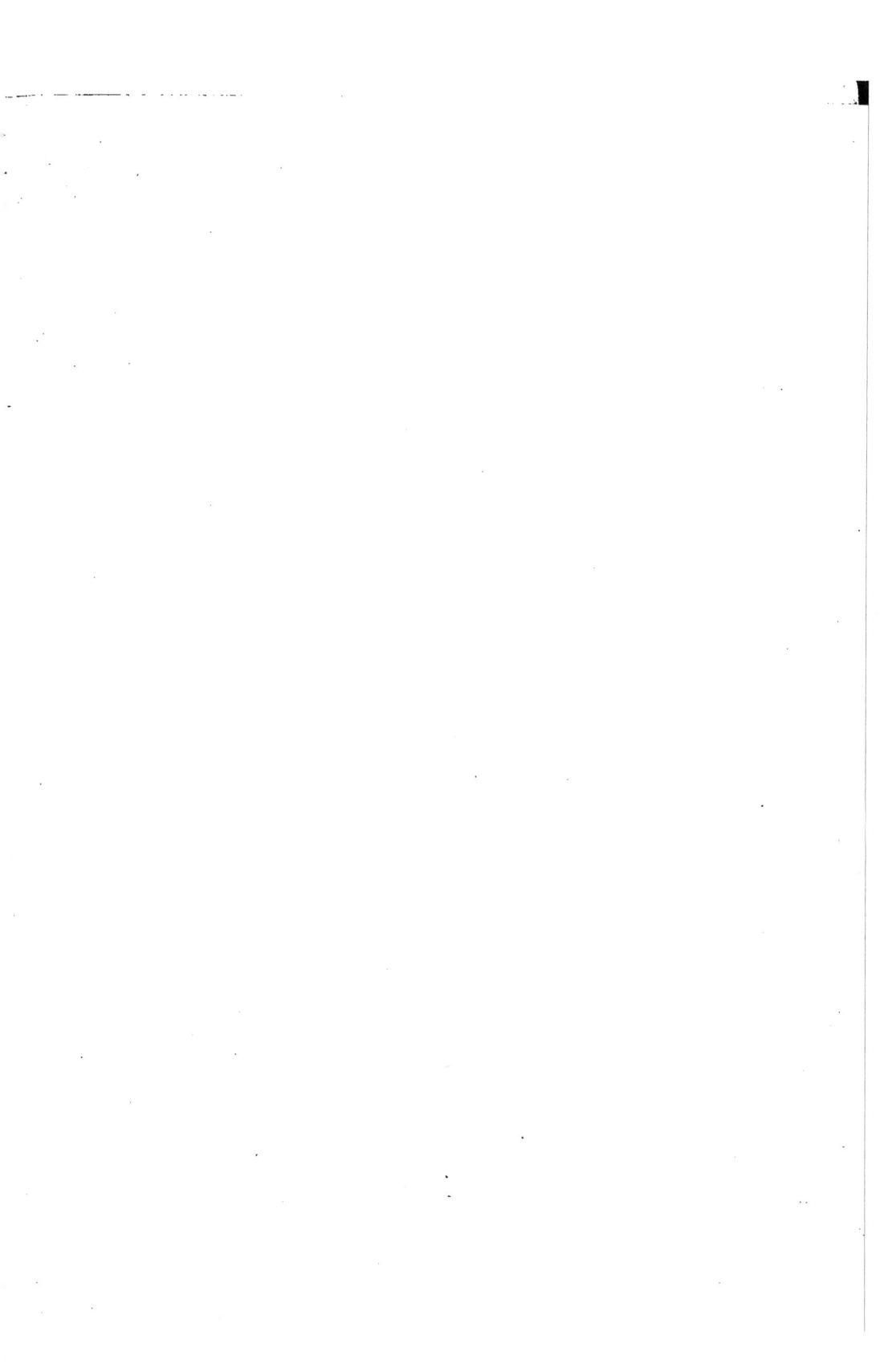

Table des Gravures

382   *TABLE DES GRAVURES.*

Table des Planches

Table des Cartes

DES CHAMPS DE BATAILLE

Table des Matières

1840-98. — CORBEIL. Imprimerie ÉD. CRÉTÉ.

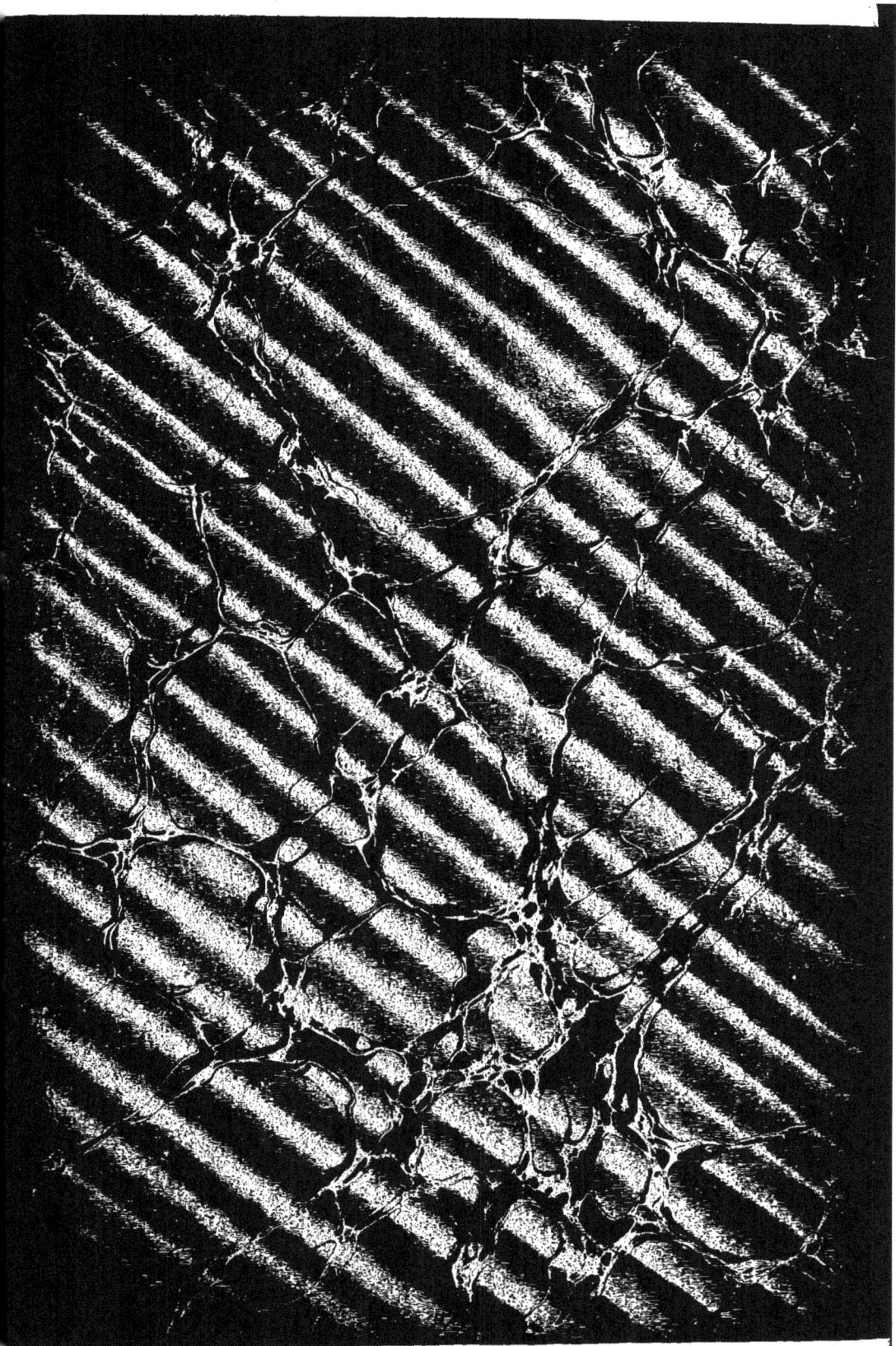

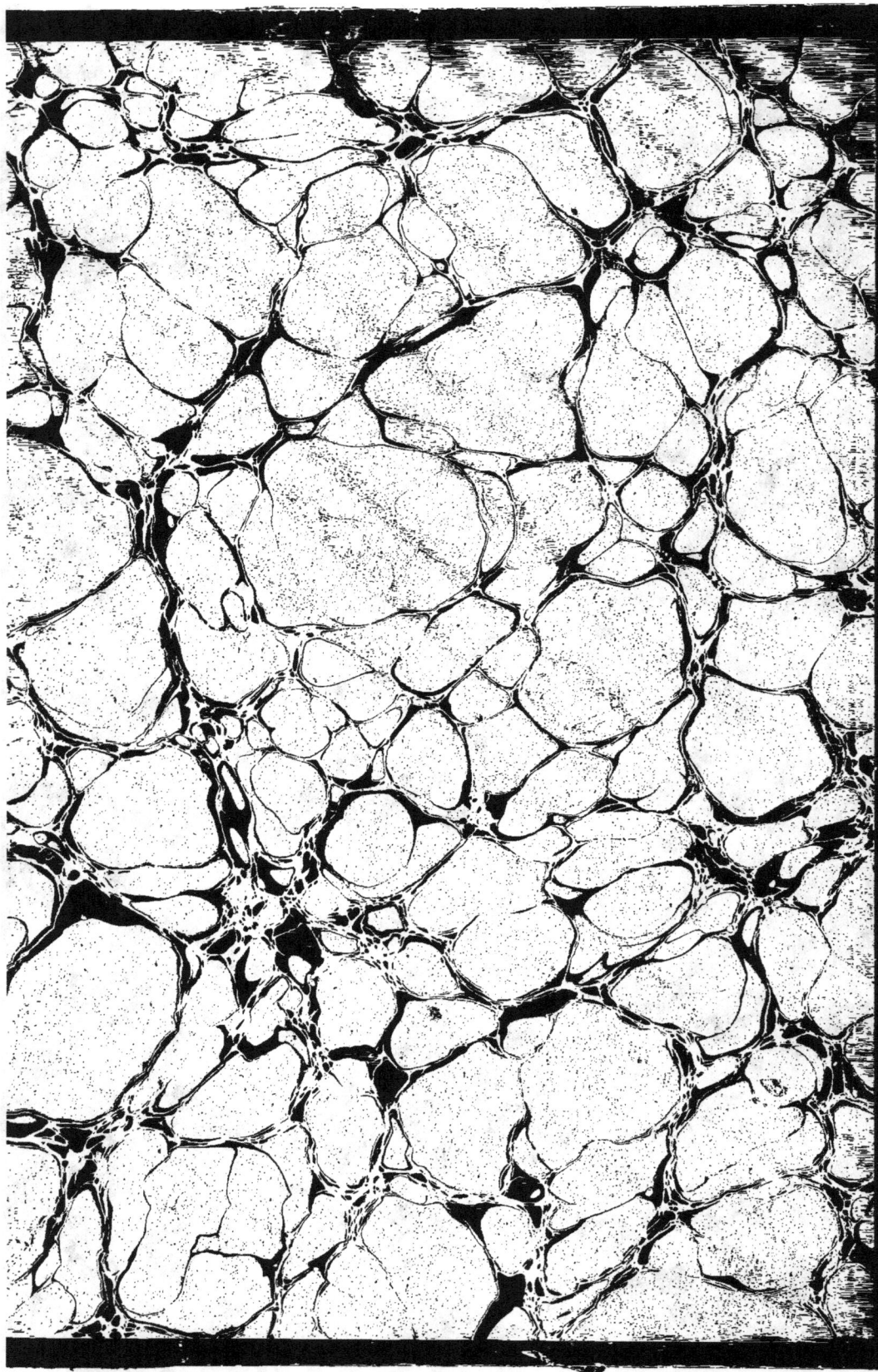

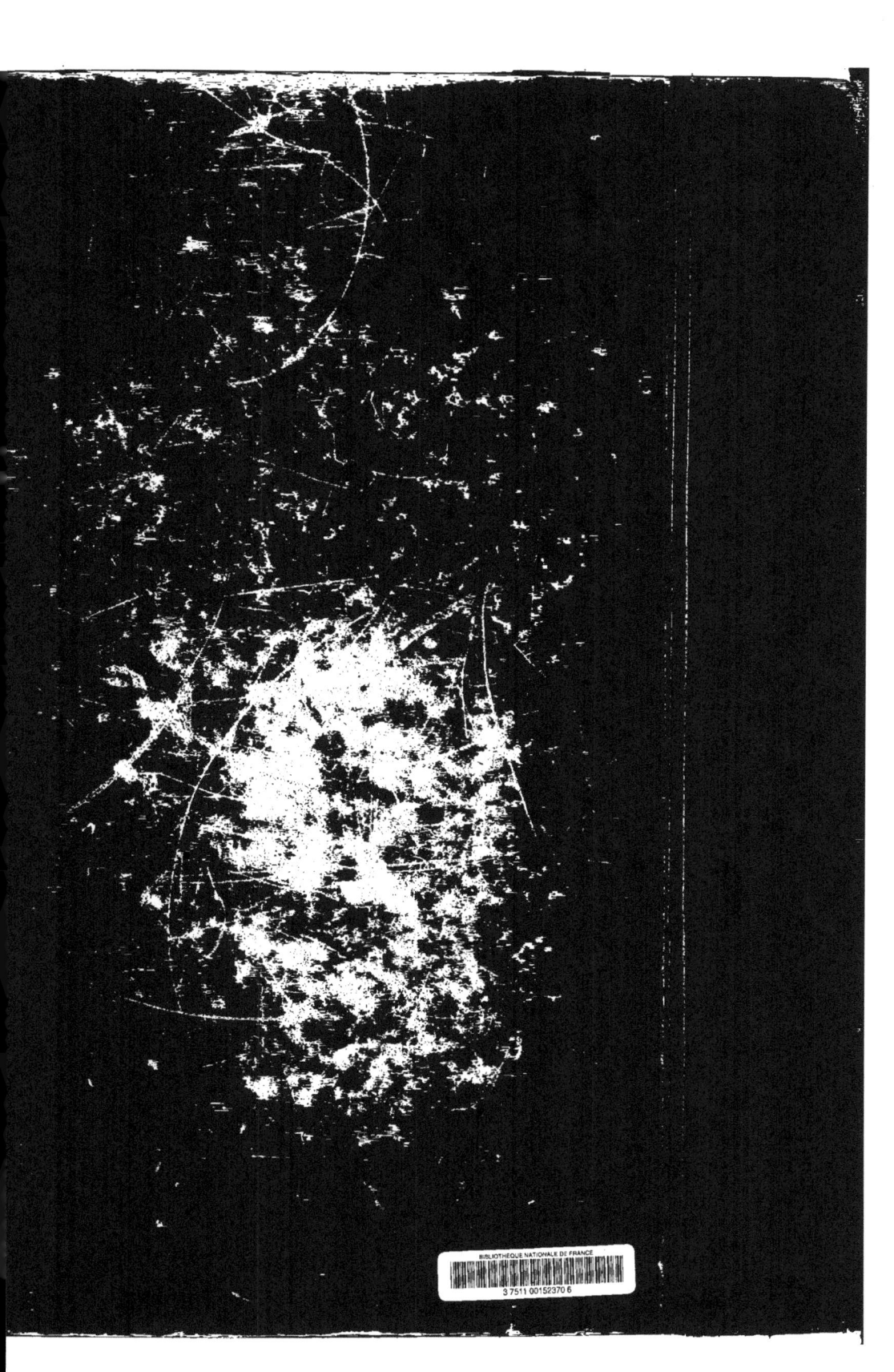

BIBLIOTHEQUE NATIONALE DE FRANCE

3 7511 00152370 6

www.ingramcontent.com/pod-product-compliance
Lightning Source LLC
Chambersburg PA
CBHW071959270326
41928CB00009B/1487